见识城邦

更新知识地图　拓展认知边界

# 希腊人的故事

## 1

## 民主的诞生

[日]盐野七生/著
计丽屏/译

中信出版集团·北京

图书在版编目（CIP）数据

希腊人的故事：全三册 /（日）盐野七生著；计丽屏等译 . -- 北京：中信出版社，2018.11（2025.5重印）
ISBN 978-7-5086-9571-6

Ⅰ . ①希… Ⅱ . ①盐… ②计… Ⅲ . ①古希腊－历史
Ⅳ . ① K125

中国版本图书馆 CIP 数据核字（2018）第 224464 号



希腊人的故事（全三册）

著　　者：［日］盐野七生
译　　者：计丽屏　徐越　田建国
出版发行：中信出版集团股份有限公司
（北京市朝阳区东三环北路 27 号嘉铭中心　邮编　100020）
承 印 者：北京联兴盛业印刷股份有限公司

开　　本：880mm × 1230mm　1/32　　印　　张：41.75　　字　　数：858 千字
版　　次：2018 年 11 月第 1 版　　印　　次：2025 年 5 月第 10 次印刷
京权图字：01-2018-5522
审 图 号：GS（2018）4700 号
书　　号：ISBN 978-7-5086-9571-6
定　　价：148.00 元（全三册）

# 前言：写给读者的信

——这是我个人的一点儿想法，只是有些长

首先，我来回答一个问题，因为我想这个问题一定会被问到。为什么直到现在才动笔写希腊人的历史？原因有两个。

在我的作品中，或多或少都会提及古希腊人。我以为，这“或多或少”对古希腊人很不公平，甚至很失礼。这是第一个原因。

西方文明的两大基础，一个是后来兴起的基督教，另一个就是古希腊罗马文明。后者甚至被冠以“希腊罗马时代”之称。

关于古希腊罗马文明中的罗马，我已经用15卷的文字进行了介绍。但关于希腊，仅在《罗马人的故事》第一卷中有所提及，单行本270页中仅占了52页。而且，我所写的希腊只是罗马人眼中的希腊。当然，如果希腊和罗马后来一直有关系，我大概都会写进书中。但是，自公元前453年，罗马元老院三议员视察正处于鼎盛时期的希腊后，在其后长达两个世纪的时间里，希腊和罗马之间再没有发生可称之为“关系”的关系，尽管在地理位置上，希腊和罗马仅仅相隔一个亚得里亚海。

为什么会这样呢？究其原因，在希腊人眼里，罗马太过弱小，不值得理会。即使在公元前6世纪，因为克里斯提尼的改革，雅典开始实行民主政体的同一时期，罗马也放弃君主政体，转向了民主政体，罗马依然没有引起希腊人的重视。

要了解古希腊，一定要读希罗多德、修昔底德、色诺芬、柏拉图、亚里士多德以及阿里斯托芬等人的作品。其中阿里斯托芬是讽刺喜剧作家，从他的作品中可以了解当时的民心所向。然而在他们所有人的作品中，完全看不到代表罗马人的“R”字样，无论你看得多么仔细。对于希腊本土的希腊人来说，意大利半岛的居民中，只有生活在意大利南部的希腊系殖民城市的人，才是他们的“伙伴”，例如叙拉古人、塔兰托人等。尽管罗马和希腊相距不过500公里，但是，在希腊本土的城邦国家从兴盛走向衰落的岁月里，罗马人始终没有进入希腊人的视野。说难听点儿，罗马人甚至没有被希腊人正眼瞧过。对此，罗马人只能苦笑一声，用一句“罗马不是一天建成的”来掩饰自己的失落感。

用运动会选手来做比喻，希腊人犹如短跑运动员，而罗马人则更像长跑运动员。年轻的亚历山大大帝创造了辉煌之后，希腊渐渐沉寂下去。而就在那个时代，罗马完成了称雄意大利半岛的壮举。而且，其统治地域之广绝非希腊可比。曾经被希腊人看轻的罗马人，在元老院三位元老组成的视察团视察过希腊之后，虚心向希腊学习，吸取希腊人好的经验，舍弃希腊人的缺陷，做到了扬长避短。

希腊人是一个极富改革创新意识的民族。他们有“一件”唯一未取得创新成功的事。罗马人意识到这件事的重要性并将其付诸实施，从而成功建立了囊括希腊在内的庞大帝国。

《罗马人的故事》全面介绍了罗马人的历史。9 年之后的今天，我想书写那个时代的希腊人——那些从未正视过罗马人的希腊人。因此，本书的主角变成了希腊人。在写作本书时，我依据的资料是那个时代的希腊人所写的著作。因此，我需要和他们一样，把自己变成希腊人，不去正视罗马人。

在写本书的过程中，每每想到《罗马人的故事》第一卷，我就会觉得好笑。但是，本书不仅丰富了《罗马人的故事 1：罗马不是一天建成的》中关于希腊人的内容，而且将更加详尽。

书中人物多姿多彩。这次我是将自己当作希腊人来写希腊人的故事，所以，自然增加了很多《罗马人的故事》中不曾提及的事情。因此，别说 50 页，甚至需要三卷的篇幅才能完成。

不过，我想也就这么多了。因为，用人的一生来做比喻，《罗马人的故事》第一卷写的是人近 30 岁之前的罗马人。从时间上来说，本书所写的希腊人正好也处于这个年龄段。但是，希腊是突然崛起又迅速衰落的，所以，感觉刚进入青春期，就已经走向了人生的最后阶段。从年代上来说，《罗马人的故事》第一卷所写的那个年代，希腊人的历史事实上已经结束。希腊人终究只是短跑运动员，当然，他们是世界纪录保持者，至今尚未有人破此纪录。

最后，我想简单说说写希腊人的第二个原因。

近来，有关民主主义的辩论突然兴起，诸如民主主义究竟为何物，民主政体下的领袖应该如何云云。针锋相对展开辩论的是政治家和所谓的有识之士，他们常常出现在大众媒体之上。

我也参与过辩论。但是很快，我厌倦了。我不再看报纸、杂志等上面的相关报道，甚至电视上一出现此类话题，我就立即换频道。因为我认为，不管辩论多么激烈，对立的双方都不可能提出可以驳倒对方的论据。

民主政体和该政体下的领袖能力如何，对某一个体来说很重要。因为严格地说，有些事情可以通过个人的努力得到解决，有些事情只能由国家出面才能解决。两者完全不同。因此，我选择回到古希腊，特别是回到雅典，因为他们才是民主政体的创始者。

因此，本书中，类似民主主义应该怎样、民主政体下的领袖应该如何作为、选民应该怎样参与其中等，一概不提。

在这里，我要介绍的是，为什么他们可以创造出迄今从未有人想到过的民主政体，什么时候、是谁、又是怎样推动民主政体的，在国家存亡的危机关头，有决定权的选民是怎样做出选择的，为什么他们可以这样做，之后又有怎样的结果，等等。

我曾经用《罗马人的故事》做书名，并把此书名看作他们的语言拉丁语中的RES GESTAE POPULI ROMAN，即“罗马人的行为”。而追踪“行为”（GESTAE），就是我最大的目标。因此，在本书中，尽管主角变成了希腊人，但是追踪他们“行为”的宗旨不变。同时，对现代人来说，他们的“行为”是否有意义，有怎样的意义，交由读者来判断的态度也没变。

下面，就让我们走进古希腊人的世界吧。

盐野七生

2015 年夏

# 目 录

第三章

## 抵抗侵略者波斯

第四章

## 希波战争以后

公元前 5 世纪的希腊及爱琴海沿岸

黑海
拜占庭
达达尼尔海峡
特洛伊（伊利昂）
斯沃斯岛
萨迪斯
以弗所
萨摩斯岛
爱奥尼亚
米利都
罗德岛
地中海

# 第一章　希腊人是谁?

# 奥林匹克运动会

运动会每4年举办一次，地点选择在奥林匹亚，实在是一个妙不可言的决定。奥林匹亚位于伯罗奔尼撒半岛西端，与不断崛起的强大城邦国家斯巴达、雅典、科林斯和底比斯等之间的距离都很合适。

奥林匹亚处于茂密的森林包围之中。对于生活在希腊的人们来说，这样的环境是他们心向往之的。希腊土地贫瘠，希腊人大多生活在岩石裸露的土地上。因此，一走进森林，便觉神清气爽，内心安宁。而且，这片森林不像北欧的森林那般昼夜昏暗阴沉。在这里，阳光透过树叶缝隙，洒落在南欧森林中的每个角落。你遇到的任何动物，与其说是猛兽，不如说更像精灵。希腊人把奥林匹亚森林叫作“神圣之林”。

第一次在“神圣之林”举办盛大的运动会是在公元前776年。选择此时举办运动会绝非偶然。不久前，希腊人开始大举向地中海各地开展殖民运动，此时已告一段落。同时，留在本土的住民更强烈地意识到自己是住民共同体“城邦国家”的一员。此时在奥林匹亚举办的运动会，既可以个人名义参加，也可代表国家（城邦国家）参加。

奥林匹亚建起了比赛场馆。观众席设在两侧，跑道在中央。跑道的长度一圈为 185 米左右。今天，在英语中，我们把赛场叫作“stadium”（运动场），这一名称就始于 2700 多年前的这个时候。

最初，比赛项目好像只有赛跑，也就是沿跑道竞跑。但是，希腊人是个富有创新意识的民族。不久，比赛项目中增加了跳远、掷铁饼、标枪、摔跤、拳击等。其中摔跤和拳击项目比赛中，无论选手如何出手都无须担心违反规则。此外，还增设了“五项全能”：一人参加包括赛跑、跳远、掷铁饼、标枪和摔跤在内的 5 个项目比赛。在很长一段时间里，“五项全能”赛作为运动会的压轴赛事，令观众为之痴狂。

其间，供奉希腊众神之王——宙斯的大神殿也建成完工。运动会开幕之日，全体参赛选手参拜神殿，并在神像前宣誓，保证比赛公平公正。后来，这一仪式被固定下来，成了惯例。

其间，比赛项目不断推陈出新，呈现出多样化。希腊城邦国家的士兵通常指重装步兵，叫“hoplite”。他们头戴头盔，遮挡住半个头部，身佩胸甲，脚缠绑腿，手持长矛和圆形盾牌。这是上战场时的装束。他们就身着这样的装束参加比赛，在运动场跑上几圈。运动会的高潮是战车赛，战车由四匹马牵引。选手驾驭马匹一出现在赛场上，观众席立刻一片沸腾，全体观众齐刷刷地站立起来。

四马战车竞赛最早出现在奥林匹亚，是在公元前 680 年，即奥林匹克运动会迎来第 25 届的那一年。因为这一项目太受欢迎，所以后来作为固定的压轴项目，安排在运动会的最后进行。

选手驾驭四马战车出现在赛场上已然非常壮观，而战车还要绕运

动场竞跑 10 圈。这是一项比拼技能和耐力的运动。在希腊城邦国家，男性到了 30 岁才被承认可以独当一面。因此，驾驭四马战车全力以赴参加比赛的大概是正值壮年的希腊男性吧。

运动会规定，参加比赛时，运动员必须赤身裸体。希腊人认为最美不过匀称的体形、壮硕的体格。他们相信只有健美的肉体才能拥有健全的灵魂。而奥林匹亚举办运动会的时间是 7 月至 8 月的盛夏季节，运动员即使全身赤裸，也不会受寒。应该说，希腊的夏季，气候宜人。

观看比赛的除了希腊人，还有外国人和奴隶。但是，没有女性观众。在希腊，男尊女卑的思想比罗马有过之而无不及。

古希腊人的创造力惊人，但耐力极差，差到让人觉得不可思议。然而，奥林匹亚的运动会却被长期保留下来，并且每次都能信守公平原则。这又是为什么呢？这是因为，希腊人需要这种形式的运动会。

在古希腊，有希腊人，却没有一个叫希腊的国家。希腊是大大小小无数个城邦国家的总称，包括规模极小的国家，加起来有 500 个以上。因此，古代有雅典人、斯巴达人，却没有希腊国家的人。

有资格参加奥林匹克运动会的只有希腊人，在当时指的是：

一、说希腊语的人。

二、信仰希腊诸神的人。

## 诸神的世界

通过《希腊神话》，我们知道了希腊诸神。众神之王是宙斯，他是守护全希腊的神，住在希腊东北部的奥林匹斯山上。他一生气就会打雷，因此，闪电是他的象征。

宙斯的妻子是赫拉，她是家庭主妇的守护神。赫拉的嫉妒心很强，大概是因为她有一个到处拈花惹草、私生子无数的丈夫吧。这位女神的象征是孔雀和石榴。

女神雅典娜是宙斯的私生女。她是智慧女神，也是城邦国家雅典的守护神，其象征是猫头鹰和橄榄。

这位女神掌管的“智慧”，定义有点儿广。在荷马的叙事诗《伊利亚特》和《奥德赛》中，有英雄无数，而该女神最钟情，甚至不惜施以援手的是《奥德赛》中的主人公奥德修斯。

女神最爱的既不是攻打特洛伊的希腊联军统帅阿伽门农，也不是勇猛果敢的美男子阿喀琉斯，而是用“木马计”结束了长达10年的特洛伊攻防战的功臣奥德修斯。可以说，女神雅典娜掌管的“智慧”包括“狡诈”，这位女神守护下的雅典人很清楚这一点。

男神阿波罗是宙斯的私生子。我们常常用美貌和年轻来形容他。他是阳光和音乐的守护神，其象征是月桂树和竖琴。因为他掌管的是人类必不可少的快乐，因此希腊人对他无比崇拜，甚至在德尔斐建起了供奉他的神庙，人气之旺，尤胜奥林匹亚供奉宙斯的神庙。阿波罗神庙常有人前往拜祭，而不是 4 年一次。人们去神庙的目的除了祭拜，更多的是为了祈求神谕。如果你说去德尔斐，那就表示你是去聆听通过女祭司之口赐予的神谕。

至于如何解读神谕，在那个时代，方法无疑是多种多样的。我想，可能有点儿类似日本神社的签，全看女祭司如何为你解读。但是，大多数古希腊人都深信神谕，甚至连苏格拉底也会用“去德尔斐”来打发向他讨教但他无意回答的人。

男神阿波罗有一个双胞胎姐姐叫阿耳忒弥斯，拉丁语叫“Diāna”（狄安娜），英语叫“Diana”（戴安娜）。这个女神和她的双胞胎兄弟不同。弟弟喜欢追求年轻姑娘，而她追赶的是活跃在森林中的野猪。她是狩猎女神，对男性毫无兴趣，弓箭是她的象征。阿耳忒弥斯守护贞洁，大概也是因为反感弟弟的行为举止吧。我觉得她很适合做女权主义者的守护神，只是在欧美，一神教一统天下，所以大概行不通。

众神之王宙斯的另一个私生女阿佛洛狄忒，拉丁语叫“Venues”，英语叫“Venus”（维纳斯）。这位女神在诸神中长得最漂亮，作为爱与美的女神而闻名。阿佛洛狄忒没有什么特别的象征，是因为她绝无仅有的女性身体本身就是象征。她的身边常有手持弓箭的丘比特相随。

继母赫拉很妒忌她的美丽，逼着她嫁给了长相丑陋的赫菲斯托斯为妻。赫菲斯托斯是赫拉与宙斯生的孩子。不用说，这对夫妻的关系极不和谐。阿佛洛狄忒整天在外面招蜂引蝶，只要她看上哪位男性，就命令丘比特射出爱情之箭，使那个男人成为自己的玩物。所以，女神的桃色事件层出不穷。

赫菲斯托斯几乎成了“绿帽子”的代名词，虽然他是一位稳重踏实的勤劳之神。他是冶炼商的守护神，教会了人类在冶炼金属时如何用火。他的象征是铁锤和长凳。

波塞冬是宙斯的弟弟，在英语中叫“Neptune”（尼普顿）。在兄弟之争中落败后，他离开奥林匹斯，住到了海里。也许是因为和哥哥宙斯发生争执后带着怒气离开的，波塞冬的脾气很暴，动不动就发怒。只要他一生气，大海就会波涛翻滚。因此，水手少不了向他祈福，祈祷平安。此男神通常用壮年男子的形象来表现，其象征是三叉戟。一旦他挥舞起三叉戟，不仅可以搅起狂风暴雨，甚至还可能引发地震。或许，海啸也是波塞冬的杰作吧。

赫耳墨斯是宙斯的另一个私生子，英语中叫“Mercury”（墨丘利）。人们常用年轻男性的形象来表现他。他有一个特殊技能：走路速度极快。因此，很多时候他充当宙斯的信使。其象征是带羽翅的手杖。赫耳墨斯不仅是旅行者的守护者，也是商人的守护神。不知为何，他还是小偷的守护神。希腊人把商人和小偷一视同仁，很令人费解。但是，把诸神视为与人类一样，这就是希腊人的世界。

在希腊诸神的等级制度中，上述诸神加上战神阿瑞斯和守护家庭的女神赫斯提、得墨忒耳等构成了最高一层。酒神狄俄尼索斯和医神阿斯克勒庇俄斯、爱神厄洛斯属于第二等级。第一等级和第二等级的诸神构成了希腊的神话世界。也就是说，这些神是古希腊人的信仰所在。

然而，如果你认为众神的世界没有纷争，那就大错特错了。围绕特洛伊的攻防战持续10年未决出胜负，就是因为互相对立的雅典娜和阿佛洛狄忒、波塞冬各持己见，互不相让。雅典娜支持希腊联军，阿佛洛狄忒和波塞冬支持特洛伊。为此，每每惹得充当调解员的宙斯大动肝火，带来电闪雷鸣，降祸于人间。

特洛伊战争因为“木马”的出现而终结。但是，人类的现实世界却没有如此幸运，因为人类世界没有一个宙斯这样既权威又强大的调解员。几乎每年夏天，希腊都会战争频发。也许你会说，他们可以选择休战。但是，休战协议过不了多久就会被撕毁。这就是希腊人。

他们思来想去，最后想到了在奥林匹亚举办运动会。希腊人钟爱体育竞技，所以，只要规定在运动会期间休战，应该没有人会撕毁休战协议。运动会开幕时，代表各城邦国家的运动员要在建于奥林匹亚的神殿内向宙斯的神像宣誓。要求他们起誓“我宣誓，保证堂堂正正地战斗”，是有充分理由的。因为宣誓的对象不是别的神，正是充当诸神调解员的宙斯。宣誓仪式结束后，选手们全力以赴，投入深受人们喜爱的比赛之中。

运动会4年举办一次，包括7天的比赛时间，休战时间只有1个月。古希腊人不会因为你在战争中败北而取消你的参赛资格，也不会因为敌视某个国家而联合抵制其参赛。就好像现代赛车比赛，一旦有安全车进入，所有参赛车辆都不得超车一样。昨日之前还在战场上针锋相对，今日随着赛期的到来，在接下来的1个月里，大家暂时相安无事。

希腊人需要奥林匹克运动会。否则，他们不可能偃旗息鼓坚持休战那么长时间。也许因为向宙斯发过誓，不能随意破坏誓言的想法支撑他们坚持了下来。奥林匹克运动会正是战争不断的古希腊人发明的、基于人性的“智慧”产物。

运动会的最后环节是冠军表彰仪式，月桂冠是冠军的标志。虽然月桂冠只是用希腊随处可见的月桂树枝叶编成，但是冠军是他所属城邦国家的骄傲。赢得月桂冠，一定会让城邦的全体公民欣喜若狂。冠军回国后，大概也无须再担心今后的生存问题了。到了用餐时间，无论走进谁家，他都会受到盛情的款待。去商店买面料做短衣，店主不仅免费赠送，还会因此深感荣幸，说这是自己店的店规，等等。即使只是一介普通士兵，只要成为冠军，也会载入古希腊人撰写的著作中，被称为××届奥林匹克运动会冠军。××届奥运会好像形容词似的，成为固定的修辞用语。在奥林匹亚举行的运动会上夺冠，是他所属城邦国家的荣耀，是家乡全体父老乡亲的大喜事，举国为之欢欣鼓舞。比赛结果甚至可能改变战斗的结果。就好比因安全车进入而一度休战期间，曾经处于劣势的一方在奥林匹克运动会上夺冠而士气大振，重启战斗之后，他们可能一举扭转不利局势。对于古希腊人来说，奥林匹克运动会的重要性正体现于此。因此，他们就连计算年份也采用××届奥林匹克运动会之年的说法。

在奥林匹亚举办的运动会始于公元前776年，终于公元393年，持续时间长达1169年。因每4年举行一届，奥林匹克运动会共举办了 292 届。

罗马帝国皇帝狄奥多西接受洗礼之后，成了一名基督徒。他不仅于公元 394 年终结了奥林匹克运动会，还规定基督教为罗马帝国的唯一宗教，其余宗教一律归为邪教。

基督教是一神教。一神教之所以为一神教，是因为它不承认其他宗教。对于基督徒狄奥多西来说，奥林匹克运动会供奉的是邪教众神之首宙斯。因此，他绝不允许举行这样的活动。而且，早期的基督徒既不喜欢运动员赤身裸体，也不喜欢借体育运动的名义展开竞赛。奥林匹克运动会失去了继续存在的意义。

事实上，在被废除之前的六百多年里，奥林匹克运动会早已变得死气沉沉，没了生气。罗马建立包括希腊在内的地中海帝国之后，因为热爱希腊文明、敬仰希腊文明，给了雅典和斯巴达自由城邦的待遇。除了不能发动战争，他们享有所有国内自治权。原因只有一个，就是希腊人留下了伟大的业绩。

奥林匹克运动会的主要意义在于“安全车”的进入能够使频发的战争进入休战期。到了“Pax Romana”（罗马帝国统治下的和平）时代，人们对运动会的热爱程度自然而然地发生了变化。因为罗马帝国统治下的和平是无战争的代名词，这个时代已经不再需要“安全车”。此外，曾经代表城邦国家参赛的选手也变成以个人名义参加比赛了。尽管如此，奥林匹克运动会依然有其继续存在的理由：

第一，崇尚匀称的身材、强壮的体格这一审美意识始终未变。

第二，不说希腊语的其他民族也可以参加运动会了。

罗马帝国的第二任皇帝提比略在登上皇位之前，曾经驾驭四马战车参加过奥林匹克运动会，并一举夺得冠军，戴上了月桂冠。这个时期，还有来自北非和中近东的选手参加运动会。因此，运动会期间的奥林匹亚，不再像以前那样只能听到希腊语。这时，拉丁语、腓尼基语等各种语言也会传进你的耳朵。此时的运动会变成了纯粹的体育技能竞赛大会。

## 向海外发展

通常，尚处于“未成年”期的住民共同体，无论是像希腊那样的“城邦国家”（polis），还是像罗马那样的“共和制国家”（Res publica），首先都应整顿充实内部。但是，希腊人却不然。

走进希腊，让人感受最深的是“小”，而且土地极度贫瘠，甚至连建造神庙也只是把随处可见的岩石从左侧搬到右侧而已。在希腊，可称为平原的地方只有中部的色萨利等地。

好在希腊冬天是雨季，夏天光照充足，非常适宜种植橄榄树和葡萄。绵羊和山羊仅靠岩石间长出来的草也能生存。不过，用作主食的小麦，产量想必一定很低。

村庄、城市紧贴狭窄的山谷而建，隔着陡峭的山峰，另一面就是别的城邦国家。除了4年一届的奥林匹克运动会期间，这些城邦国家之间总是纷争不断，或攻打别人或挨别人打。

我曾经穿越法国，从马赛前往多佛海峡。当时，有两点让我感受很深。一是在农业为主要产业的时代，法国竟然如此富裕；二是在这个国家，理所当然早早实现中央集权。与法国相比，意大利的地势复杂得多。与意大利相比，希腊的地势更加复杂。

坐大巴车在山上绕行，到达海边时，视野豁然开阔，让人顿觉心旷神怡。爱琴海不是一个一望无际的大海。这里岛屿遍布，波澜不惊。爱琴海在日语中译为“多岛海”，非常形象。如果像赫耳墨斯神那样穿上带羽翅的鞋，顺着一座座岛屿飞行的话，到达彼岸的小亚细亚似乎并非难事。由于这样的地理环境，没有人会想到要修建陆地公路，人们只会选择坐船出行吧。

不管称作王政还是君主政体，这种政治体制的特点是权力集中于一人之手。它的优点是可以控制部族首领和豪族，防止他们割据一方。但是，希腊的地势不允许建立君主政体。群雄割据的时代持续了很长时间。

希腊历史中，雅典和斯巴达这些城邦国家的时代叫“古典希腊”。在此之前叫“古代希腊”，也叫“希腊的中世”。所谓中世，是一个“即使没有开花也布满根茎”的时代，不提希腊史中的“中世”，就无法讲述其后的“古典希腊”。而希腊史中的“中世”最大的特点，就是向地中海各地开展殖民运动。

在地势狭窄的希腊，一方面各城邦之间冲突不断，另一方面希腊人又特立独行，欠缺协调精神。只要其中一方不退让，事态就会难以收拾。没有陷入胶着的内战状态是不幸中的万幸。但是，这也并非因为他们具备良好的判断力，而是因为古代希腊尚未达到足够富裕的程度，不值得他们不惜一切困守家园。因此，犹如全民总动员一般，希腊人带着一家老小，纷纷开始向海外发展。

他们尽量避开已经建立起国家的地方，例如埃及，也不会选择尚无人类居住的地区。他们会赶走原住民或逼他们为奴，在当地从零开始，建设只为自己所用的城镇和港口。

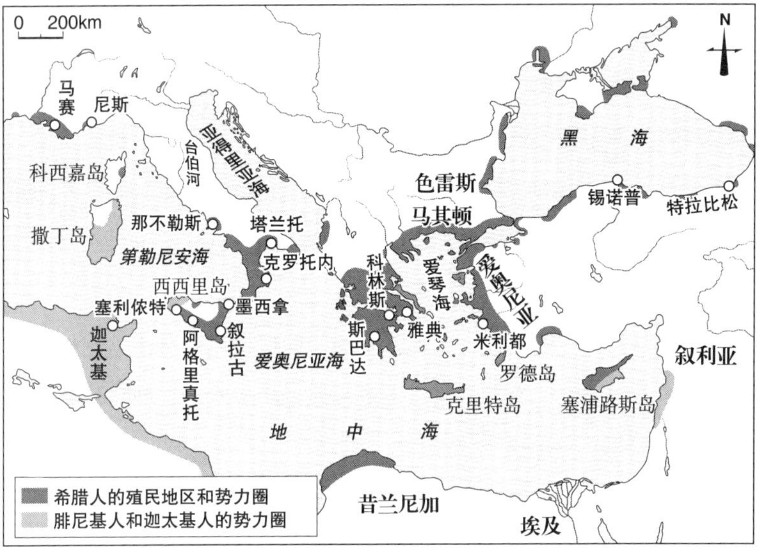


希腊人的殖民地区

那不勒斯始于雅典人的殖民，塔兰托是斯巴达人建立的殖民国家，叙拉古是科林斯人殖民以后发展起来的……诸如此类，仅列举一些有代表性的殖民地，就可以看出他们在选择地理位置时有独到之处，令人不能不为之感叹。所有殖民地都面朝大海，背靠肥沃的土地。也就是说，殖民之后希腊人有了适合耕作的土地。其后，犹如宗家“分家”一般，殖民城市的数量有增无减。

意大利南部和西西里在希腊人殖民以后发展迅速，一时变得异常繁荣。和母国希腊相比，这里甚至享有了“大希腊”的称号。就知识领域的大事来说，毕达哥拉斯在这一地区开设学校，欧几里得在此发表学说，柏拉图来访此地，这里还出现了阿基米德。这些事件标志着这里的居民的知识层次在当时达到了极高的水平。

与其把精力耗费在无穷无尽的战事中，不如向海外拓展。这无疑是正确的选择。当然，因上述原因走向海外，使得这些殖民城市和母国之间的关系非常松散，甚至可以说极其疏远。殖民地的统治机构和社会阶层也和母国有所不同。例如，那不勒斯虽然始于雅典人的殖民，但是并没有像母国雅典那样走上民主化的道路。这也再次印证了希腊人的独立精神。

当然，也有一致的地方，那就是他们同样使用希腊语，同样信仰希腊诸神。因此，他们有资格参加奥林匹亚的运动会，而且也确实参加了比赛。

与这一切相比，更重要的是，因为殖民运动，希腊人的经济圈不再局限于爱琴海，而是扩大到了地中海全域。可以和希腊人相抗衡的，当时只有起始于腓尼基人殖民的迦太基。

希腊人的殖民运动最初在爱琴海对岸，也就是其后不久取名为爱奥尼亚地区的小亚细亚西岸。这里距离希腊较近，沿着爱琴海上的岛屿即可到达。紧接着，是向意大利南部和西西里发展。这个时期叫第一次殖民运动时期。第一次殖民运动结束后，希腊人又开展了第二次殖民运动。第二次殖民运动是以爱奥尼亚地区各城邦国家和雅典为首开展起来的，殖民对象从希腊北部直到黑海南部。爱奥尼亚地区各城邦国家是第一次殖民运动的殖民地，它们迅速成长起来后，参加了第二次殖民运动。爱琴海正如其名，成了真正的“希腊人之海”。

斯巴达没有参加第二次殖民运动。它位于内陆地区，原本就缺少向海外发展的条件。因此，与雅典人的殖民城市数量众多相反，斯巴达人的殖民地只有塔兰托。当然，斯巴达有斯巴达特有的情况。我想，公元前 8 世纪末，希腊的“中世”接近尾声之时，他们似乎有意优先强化自身实力，即优先积蓄国家力量。

因此，在送走“古代希腊”，迎来“古典希腊”的这一时期，走在前面的不是雅典，而是斯巴达。

# 第二章　纷纷建国

## 斯巴达——吕库古“宪法”

斯巴达不同于希腊其他城邦国家的地方是，它是来自北方的多利安民族入侵后建立起来的国家。斯巴达最大的特点在于，其后很长时间内，征服者和被征服者的关系泾渭分明。而其国内的等级制度又因吕库古实施的改革而稳如磐石、坚不可摧。

从奥林匹亚举办第一届运动会算起，公元前 8 世纪接近末尾的时候，人们迎来了第 15 届运动会。这时，斯巴达出现了一位名叫吕库古（Licurgos）的男子。在这里我只能用公元前 8 世纪接近末尾来表达，因为进入“古典希腊”之前，希腊尚处于传说中的世界。在依赖传说和代代口耳相传的时代，要获得准确的信息本身就是不可能的，更别说某人出生于何年何月何日或长相如何了。

此人不是国王，但是社会地位应该很高，其学识之渊博深得斯巴达人的尊敬。

大约过了中年不久，他开始周游列国。当然，他不是漫无目的地旅游，而是带着明确的目标进行考察。据说他游遍了东地中海的波浪能够冲刷到的所有地方，更别说当时的大国埃及了。回国后，他制定了为数众多的法令。这就是众所周知的“吕库古改革”。

后世研究者中，很多人将吕库古改革称为“改革”（reform），而我认为应该用“宪法”（constitution）治国来表述更准确。

因为改革的前提是已有相关法律存在。但是，吕库古之前的斯巴达只有惯例，没有可称之为法律的东西。

也许是因为有雅典随后进行的“梭伦改革”，因此才取名为“吕库古改革”的吧。但是，梭伦的改革是“改革”，而吕库古的改革实质上是为斯巴达制定了“宪法”。吕库古的“改革”不仅明确了斯巴达的国体，还规定了斯巴达人的生活方式。

之后，斯巴达人开始频频使用“守法”一词，意思是遵守吕库古“宪法”中明确规定的法律。

吕库古没有改变斯巴达特有的社会阶层。非但没有改，反而让这种社会阶层进一步固化。

城邦国家斯巴达有“斯巴达人”“庇里阿西人”“希洛人”。斯巴达人是入侵斯巴达后定居于此的征服者，庇里阿西人指归顺或早早向入侵的斯巴达人投降但未能进入统治层的人，希洛人则属于最下层的人。不同阶层的人，居住地不同，分工明确。

斯巴达人——唯一享有公民权的群体。他们只负责军务。因为是城邦国家的公民，所以他们有权参与国政。所谓的“斯巴达公民”，指的就是他们。

庇里阿西人——生产、制造并向斯巴达人提供所需物资的群体。他们从事手工业和商业，无权参与国政。但是，作为主要战斗力斯巴达战士的辅助战斗力，他们有时也要上战场。他们被允许享有迁居和婚姻自由等人类最重要的权利。

希洛人——他们不是奴隶，是斯巴达的农奴。除了务农和畜牧，他们还要纺织简单的布料。他们只有婚姻自由，除此之外没有任何权利。即使上战场，他们也只是作为斯巴达战士的仆从，负责照顾正统斯巴达人的生活起居，不能参加战斗。斯巴达军的主要战斗力重装步兵开赴前线时，每个士兵都要带希洛人，最多可以带 7 个。

城邦国家斯巴达的三个阶层，即斯巴达人、庇里阿西人和希洛人的构成比例，据说是 1 ： 7 ： 16。如果这一比例正确，那么，相对于很少超过 1 万人的斯巴达公民，庇里阿西人为 7 万人，希洛人则达到 16 万人。

在古代社会，享有公民权的公民，其首要职责是保护国家安全。因此，统计公民人数时，通常不包括女性和未成年人。上面提到 20 岁以上的斯巴达公民人数近 1 万人，我们假设这一数字是真实的。庇里阿西人和希洛人的人口数量是否仅指成年男子，尚无人给出明确答案，因为他们从事的手工业和商业、农业，女性和儿童大多可以胜任。所以我想 7 万人和 16 万人这两个数字中或许包括了女性和未成年人的数量。

尽管如此，1 ： 7 ： 16 这一人口比例，对统治者斯巴达公民来说，一定有不小的压力。也许严格划分居住区域就是减轻这种压力的一个手段吧。

居住在斯巴达城区的只有斯巴达人。希洛人的居住区域在城市外围的农耕地带，而庇里阿西人居住在农耕地带之外的各城镇中。

希洛人居住在斯巴达城的外侧，不是因为与庇里阿西人相比，斯巴达人更信任希洛人。相反，斯巴达人把希洛人当作假想敌，让他们毗邻城邦国家斯巴达而居，是为了防止他们勾结其他国家的住民，合谋图反。

后来，雅典市区的人口曾经达到10万人。但是，和雅典势均力敌的强国斯巴达城区人口只有3万左右。因为除了斯巴达公民和他们的亲属，他们讨厌不相关的人住到城内。作为军事强国，斯巴达声名显赫。但是，他们的政策是攘外必先安内，认为要防御外敌，必须从提防内部敌人开始。

斯巴达有5个监察官，叫“ephoros”。当地的孩子一生下来，就要在这5个监察官的监督下接受体能测试。只有身体健全的婴儿才能通过检测，被当作斯巴达人培养。他们认为，只有身体健全的孩子才可以被培养成一个合格的斯巴达战士，一个不会给斯巴达人丢脸的人。如果婴儿有残疾，马上就会遭淘汰。轻度残疾的婴儿被降为庇里阿西人或希洛人。如果是重度残障，则直接扔下悬崖，活活摔死。

通过体能测试的婴儿由母亲抚养至7岁，之后开始过集体生活。在集体生活中，除了学习简单的文化知识以外，他们每天都要进行体能锻炼，学习武艺。

所谓的宿舍只是简易的帐篷，仅用来睡觉。孩子们自己动手做垫子，在中间塞一些干草，直接铺在地面上。这就是他们的床。他们没有餐厅，吃饭时端着铁盆直接坐在地上吃。铁盆里装的是用肉块和蔬菜熬成的汤，由仆从希洛人从咕嘟咕嘟冒着泡的锅中舀出。

这种汤黑乎乎的，很浑浊。漂浮在上面的肉块硬邦邦的，没有味道。就连斯巴达人自己也承认这种食物难吃至极。这就是著名的“斯巴达大杂烩”。但是，要成为一名响当当的男子汉，岂能追求美食？孩子们的主食是黑面包，同样难吃，坚硬如石。饮料只有水。

吕库古认为，只有可以忍受恶劣的环境、经受无异于实战的严酷训练、接受劣质食物的人，才能成为真正的斯巴达战士。

吕库古的“宪法”还规定，从 7 岁开始到 20 岁结束的未成年期完结时，孩子们必须接受“达标仪式”的考验。

具体规定是这样的：孩子到了 20 岁就要半裸身体，仅持弓箭、剑、矛和盾走进山林原野，凭自己的本事在那里待上 7 天。没有食物，他们就靠偷窃希洛人的家畜或抓捕野猪等为食。在斯巴达，偷盗希洛人的东西无罪。至于睡觉，只能自己想办法。如果出生在冬季，20 岁时接受这一考验应该相当严酷吧。

满 7 天后，年轻人才能回到住处。可以说，他们经历的“达标仪式”已经超出了人类极限。然而，在斯巴达人的意识中，从来没有人类极限这种概念。

年轻人结束 7 天的山野生活回到住处时，必须带回一个希洛人的脑袋，以此证明他成功突袭了希洛人。只有完成了这一切，斯巴达男人才能真正进入成年人的行列。

然而，即使已经成年，在 30 岁以前他们依然要过集体生活，和之前完全一样。过了 30 岁他们才可以拥有集体宿舍之外的私宅，才可以娶妻生子，过家庭生活。不过一到晚上，他们还是要回宿舍睡觉。

在斯巴达，现役年龄从 20 岁到 60 岁。因此，斯巴达男人的大半生是在集体生活中度过的，这里只有男性。

在斯巴达，肌肉发达、体格健硕的女性最受欢迎，原因是她们可以生育健全的孩子。性情温和、身体柔弱的“女性”在斯巴达是不受欢迎的。因为特洛伊战争的导火索是斯巴达王妃海伦和特洛伊王子帕里斯私奔。而海伦就是个绝世美女。尽管这是遥远的往事，到吕库古改革时已过去了五百多年。

因为集体生活中只有男性，长期生活在这样的环境中，男人们难免会产生互相爱慕的念头。与希腊其他城邦国家相比，斯巴达人的同性恋倾向尤其严重。

这完全可以理解。毕竟，一个孩子刚满 7 岁就要离开父母身边，来到一个陌生的集体里，从人性上说，他一定会对周边的人产生依赖心理。而身边的人很多，一个个都比自己年长，见多识广。

据说监察官常常光顾宿舍。他们总要来检查是否有事情发生，否则寝食难安。监察官担心的不是这种肉体关系会让斯巴达男人变得软弱，而是担心一旦这种性取向成为主流，必定造成人口锐减。

因为斯巴达人从小开始锻炼，所以你可能以为他们一定会在奥林匹克运动会上独占月桂冠。然而，事实并非如此。在保留下来的公元前 5 世纪的史料中，半个世纪的奥运会冠军名单里，斯巴达人只有一个。

在奥林匹亚举行的 4 年一届的运动会上，尽管参赛选手代表城邦国家，但是说到底，比的终究是个人的能力。

斯巴达人个体足够强大，一旦集体作战，他们的强大即以几何级数增加。只要有同伴在，他们可以变得无比强悍。斯巴达重装步兵团被认为是希腊最强的军队，就是因为他们是集体作战。

如果把他们的强大归因于士兵的同性之爱，大概有失偏颇，因为这两者毫无关系。斯巴达人之所以强大，是因为长期以来，他们接受了这样的教育：

> 绝不让敌人看到自己的脊背。
>
> 在战场上，不胜即死。

关于吕库古改革以后的斯巴达，后世的评价是："一个建立在武器之上的国家"。也许吕库古从来没有想过要在奥林匹克运动会上夺冠。

像这样培养起来的"斯巴达式"战士，只有一件事可以自己做主，那就是留长发。他们的同性恋取向是被默许的，当然也不能太过分。但是，留长发是得到正式许可的。头发可以长过肩，人们可以自由决定编多少条辫子。至于允许士兵留长发的原因，我们并不清楚。有研究者认为，留长发的目的是固定沉重的头盔。但是，雅典的重装步兵同样佩戴沉重的头盔，他们的头发明显比斯巴达人短很多。而且，后来的罗马军团也证实，短发更适合将头盔固定在脖子上。因此，斯巴达战士留长发应该不是出于实用。有一个现象不知是否与此有关。战斗失利的前一个晚上，他们最后做的事情竟然是整理头发。

斯巴达人毕竟不是机器，他们是人。也就是说，他们也会有和其他人一样的缺点。对此，吕库古当然了然于心。

斯巴达的流通货币是铁币。此时的希腊早已开始流通银币，而斯巴达却逆潮流而行，规定只能使用铁制的货币。

长发战士

重装步兵

铁币自然不受其他国家商人的欢迎。这样一来，国外的商品就不会流入斯巴达。吕库古认为，斯巴达完全可以做到自给自足，满足人们的最低需要。斯巴达人的格言是质朴刚健。对于这样的斯巴达人来说，他们根本不在乎是否有来自外国的物品。

事实上，斯巴达公民并不富裕。在斯巴达，希洛人介于奴隶和佃农之间，翻译成日语，不知道用“农奴”好还是“隶农”好。总之，他们向主人——斯巴达人缴纳的“租费”是收成的二分之一。可见斯巴达人对希洛人的剥削并不厉害。一方面，他们或许是担心过度榨取会引起希洛人不满，导致暴动不断；另一方面，按照斯巴达人的生活水平，他们也不需要太多的钱。

鉴于这种情况，原本质朴的斯巴达人失去了储蓄的兴趣。不管生活水平多低，毕竟大家都一样。在没有贫富差距的社会里，没有妒忌，也没有羡慕。斯巴达甚至没有小偷，也没有权力之争，而在雅典，对权力的争夺犹如家常便饭。这种状况使斯巴达人的社会维持了长期的稳定。究其原因，当然是他们制造了“斯巴达式”的社会，也就是封闭的社会。

吕库古制定的城邦国家斯巴达的政体，从形式上看很简单，图示如下：

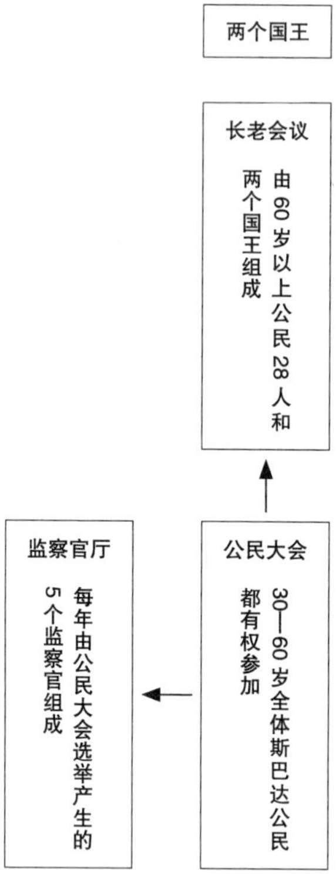


国王（BASILEIS）——斯巴达有两个自建国以来延续下来的王族，这两大名门各选出一人为国王，任期为终身。他们的地位最高，

最受尊敬，在正式活动中常常入座贵宾席。

两位国王的任务只是领兵打仗。他们率领斯巴达人引以为傲的重装步兵团战斗。之所以有两位国王，大概是为了一旦其中一位战死疆场，立即就有人顶替指挥吧。

两位国王的权限仅限于军事方面，他们几乎不被允许参与政治，无论是内政还是外交。

长老会议（GHERUSIA）——斯巴达人的年龄到60岁以上意味着已经退役，这是由28个60岁以上公民和两个国王共30人组成的机构。两个国王只要没上战场，就兼任长老会议的议长。因为吕库古的本意是军政分离，所以可以想象，他原本的设想很可能是让长老会议负责包括内政和外交在内的政治。按现代国家的体制来看，这个机构相当于“上议院”。

公民大会（APELLA）——由30—60岁全体公民组成的机构，相当于现在的“下议院”。在斯巴达，公民大会上不会出现热烈讨论的场面，表决也不采用投票或举手的方式，只能听到与会者喊出“哦”的声音。声音高亢，就表示通过。无论什么议题，也不管是否决定开战，都采用这样的表决方式。

斯巴达位于拉科尼亚地区。将“Laconia”（拉科尼亚）一词用作形容词，它所表达的意思不仅仅是斯巴达人，还有“沉默寡言之人”的意思，因为能说会道不是斯巴达男人的特点。为此，他们还受到同时代雅典人的嘲讽，说他们没有思想所以无话可说。即使到了现代，欧洲人对沉默寡言的解释，依然主要采用雅典人的说法，而不解释为“沉默是金”。

监督官厅（EPHOROI）——由一年一度的公民大会选举产生的5个监察官构成。

这是斯巴达特有的机构。为了使自己的“改革”植根于斯巴达，吕库古认为有必要实施监察与监督。

监察与监督机构必须拥有强大的权力。与其他机构相比，该机构更有可能成为“吕库古宪法”的短板。

此时，希腊尚处于“古代希腊”时代，确立国体要优先考虑国家安全。在这个意义上，不能不说吕库古体制是铜墙铁壁。

不仅如此，吕库古在掌控民众方面也显示了卓越的才能。他广而告之，说他的“宪法”不是他一个凡人臆想出来的，而是根据神谕制定的。因为他一次次去德尔斐，不停地向神祈求，最后得到了神谕。希腊人笃信神谕，其中以斯巴达人为最。

待斯巴达人完全接受了“宪法”之后，吕库古又采取了出人意料的举动。这个举动犹如画龙点睛之笔。

吕库古告诉斯巴达全体公民：“我要出一趟远门。我要大家发誓，在我回来之前，绝不改动已经定下来的规矩。”

不用说，所有人都发了誓。接着，吕库古离开了斯巴达。吕库古的“宪法”此时好像也受到了其他国家的好评。所以，他所到之处的各国国王纷纷向他取经，希望得到他的建议和忠告。对他来说，这次海外之旅是忙碌的。他忙着解答问题，应该比前一次愉快许多。这一次，吕库古没有回斯巴达，他最后客死他乡，连遗骸也不让他人送回祖国。

因为他的决绝，吕库古“宪法”变成了“宗教”而不是法律。因为法律可以随时代的变迁进行修正，而一旦成为宗教，就不能更改了。一想到这正是护宪主义的极致，不禁令人啼笑皆非。

到了公元前6世纪，希腊脱离“古代希腊”，进入“古典希腊”。曾经牢不可破的吕库古体制开始显现它的弊端。

国王——出身于两个王族、有资格登上王位的男性，按照王位继承顺序最有可能成为国王的人，可免除7岁开始的集体生活，也免除20岁时要经历的那个极不人性的“达标仪式”。这是吕库古“宪法”中明文规定的，本身并无问题。

免除集体生活，意味着他们不会受到以服从为天职的思想的影响，这是长期的集体生活灌输给斯巴达男人的思想。它还意味着他们比其他斯巴达人有更多的时间思考问题。然而，国王只有军事指挥权、政治上没有发言权的状态并无改变。

起初，国王对此并无怨言，因为他们什么都不知道。但是随着时代的变迁，随着王族的男性获得的知识不断积淀，他们开始产生疑问。为什么其他国家的国王同时也是国家政体的领导者，而只有斯巴达不是。

长老会议——随着时代的推移，这个机构逐渐变得有名无实。原因是在战事频繁的斯巴达，能够活过退役年龄，即活过60岁的人少之又少。幸存者无法担负起国家政事这一重任。

公民大会——这是所有公民有权参加并决定国家政事的机构。但是在斯巴达，公民就是士兵，他们只知道服从二字。这些受到雅典人嘲笑的沉默寡言的男人们，没有能力担负起立法机关的重任。

监督官厅——结果，这个由5个监察官构成的机构成了“内阁”。

把它叫作官厅，是因为 5 人之下还有一个叫执行官的男性群体。

监察官到青少年的训练现场监督青少年之间的同性恋是否在默许的范围内，这样做尚在情理之中。但是，他们还干涉国王的婚姻。国王没有子嗣，他们就要求他离婚另娶。如果国王拒绝，监察官则强行要求其纳妾。

与国王一起上前线时，监察官会逼问国王为何不开战。一旦开战，监察官又会不顾策略，一味要求把敌人杀得一个不剩。这就是监察官。他们深信，监督国王的行为举止、修正国王的战略战术是他们的职责。

倘若有其他城邦国家的使节来到斯巴达，出现在谈判桌上的也是 5 个监察官。在雅典，将军相当于大臣。即使雅典政府派来的使节只有一个将军，他的谈判对象也是 5 个监察官，而不是国王。“Strategos”（将军）是“strategy”（战略）一词的词源，将军们不仅担纲政治，同时也是军队的司令官。因为在雅典，政治和军事都是国家政事。而在斯巴达，无论内政还是外交，都属于监察官的职责范围。

斯巴达的监察官是在公民大会上从公民中选举产生的，任期只有 1 年。所以，每年都要换人。而且，在全体公民皆为士兵的斯巴达，一个人如果不是长老会议的一员，就意味着他尚未退役，还是现役士兵。由于他们长期过集体生活，又承受着严格的现役的约束，因此无论在意识上还是时间上，他们都无法独立思考，缺乏做独立判断的能力。

服从是双向的，一方要求服从，一方愿意服从，立场不同。率领几千名重装步兵的人和重装步兵中的一员，他们的立场不同，思考的问题、要决定的事情的复杂程度不同，所承担的责任也完全不同。公民大会由现役重装步兵构成，而5个监察官就从他们之中产生。

只要稍加留意斯巴达的历史就可以发现，斯巴达人做事总是拖拖拉拉。不仅做决定时优柔寡断，甚至将决定了的事情付诸行动时，也是慢条斯理的。

而且，国王和监察官之间常常发生对立。

当然，监察官履行他们的职责并不是为了一己私欲。在斯巴达，由于监察官每年都要换人，因此他们又叫“无面5人”。他们是吕库古“宪法”的忠实信徒，是坚持贯彻吕库古“宪法”的正义之士。一旦有违背“宪法”的行为出现，他们有权加以制止，以杜绝一切违宪行为。但是，斯巴达的监察官似乎没有机会行使这种权力。

对于斯巴达人来说，吕库古“宪法”早已成为一种信仰。因此，当国王与打着维护宪法旗号的监察官发生冲突时，最后让步的总是国王。假如国王坚持己见，那么等待他的只能是悲惨的结局。监察官的护宪行为容易给人假公济私的错觉。应该说，像监察官那样自以为肩负着纠正社会一切不正之风的人，更容易盲目自大、一意孤行。

然而，斯巴达战士是强大的。尽管早已破绽百出，但是吕库古“宪法”依然至高无上，原因就在于斯巴达拥有强大的军事力量。

我有一个习惯，脑子里一有想法，即使不在书桌旁也会随手记录下来。但是，随时记录下来的想法，我从来不会照搬进我的作品中。

唯独这一次，我很想把我随手记录下来的一些笔记介绍给读者朋友。我想，“如果能有所帮助，实乃我的荣幸”。

| | | |
|---|---|---|
| 斯巴达监察官 | —×— | 斯巴达国王 |
| 中世纪罗马教皇代理 | —×— | 率领十字军的司令官 |
| 伊斯兰教的哈里发 | —×— | 伊斯兰世界的苏丹 |
| 中世基督教世界的异端审判官 | —×— | 皇帝腓特烈二世和其后的伽利略·伽利莱 |

## 雅典——梭伦改革

雅典比斯巴达晚一个多世纪才开始实施名为“改革”的国体改造。什么原因呢？理由有两个：

一、在这一个多世纪里，雅典人热衷于向海外开展殖民运动。

二、雅典已有贵族政体存在，只是寡头政体不再适合雅典，因此需要进行改革。但是，存在本身却是不容置疑的。

前面介绍了斯巴达，下面就来介绍雅典。首先，我想用奥林匹克运动会做比喻，来说明斯巴达和雅典之间的不同。

斯巴达：吕库古的个人赛跑，自始至终他一个人独自往前跑。

雅典：参加的是接力赛，由梭伦、庇西特拉图、克里斯提尼、地米斯托克利、伯里克利 5 人团队完成。

当一种法律成为宗教，人类就不会允许对其进行修改。但是，如果法律始终是法律，则人们可以随时对其进行修改。

公元前 638 年生于雅典的梭伦出身名门，当时叫贵族。虽然血统高贵，但是其财力却只属于“中产”。原因大概在于他父亲。他父亲是个心地非常善良的人，总是有求必应，从不吝啬。我想很可能他借出去的钱很多时候都收不回来吧。当梭伦继承家业的时候，家里经济上已经捉襟见肘。于是，年轻的梭伦决定去海外闯荡。当然，说是去海外，并非移民，只是奔走于海外各地，一门心思地做生意挣钱。

吕库古在“改革”之前也遍访各国。他旅行的目的是调查和考察，以便回国后着手进行改革。梭伦和吕库古一样，足迹踏遍各国，但他只是为了做生意。当时的梭伦一定做梦也没有想到自己会成为一名改革者。

40 岁时，梭伦回到祖国雅典。他好像很有经商才能，此时的资产已经达到上流水平。不知为何，除了斯巴达人，希腊人大多擅长经商。梭伦的好友、哲学家泰勒斯也在某一年预计第二年橄榄会大丰收，于是早早备好榨油机器，狠狠地赚了一笔钱。梭伦觉得通过经商使家产置身上流水平已经足够，而泰勒斯也没有再进行此类投机。大概两人都很自律吧。

梭伦回到国内，发现在雅典，贵族和平民之间的对立比从前有过之而无不及。这是既得利益者和非既得利益者之间的对立。梭伦出身前者，但是贵族气并不浓，又因为长期生活在海外，没有加入对立的两个阵营中的任何一方。

贵族阶层强烈地意识到有必要消除阶层之间的对立，不是因为他们有更强的危机感，而是因为贵族有更高的认知能力，他们认识到了消除对立的必要性。他们开始注意梭伦，因为梭伦也是他们中的一员。

公元前 594 年，44 岁的梭伦当选为执政官，任期一年。执政官每年选出 9 人，这 9 人组成的机构相当于现在的内阁。作为内阁成员，执政官有提议法案的权力。有资格参选这一公职的只有贵族，因此只要他们联合起来，很容易选出自己派系中的人。也就是说，梭伦是经既得利益者推荐当上执政官的，是贵族们推选了他，给了他实施改革的职位。

梭伦

梭伦似乎很有政治才能。他首先针对人们最关心的事情进行立法，然后再实施全面改革。这是一种冲击疗法。毕竟任期只有 1 年，他不能保证自己会再次当选。

由梭伦提出、公民大会表决通过的法律如下：

> 废除以往无力偿还债务的人用身体偿还、债务人成为债权人的奴隶的法律。

城邦国家雅典的公民大会由贵族和平民构成。在那个时代，平民没有资格担任国家要职，但是他们有选举权，而且人数占大多数。

因为这一法律可能危及自己的既得利益，所以贵族很可能并不满意。但是，既然意识到有必要消除贵族和平民之间的对立，他们的视野自然更长远更宽广。于是，梭伦改革稳健地迈出了第一步。

那么，梭伦为什么会想到这一史无前例的措施呢？

按现代的说法，梭伦的这一法案不是为了帮助债主（银行），而是旨在减轻债务人的债务负担。

古代历史学家说到梭伦出身名门却财力不济的原因，只说是他父亲同情弱者，对于上门求助的人来者不拒，慷慨施援。因此我推测，他父亲借出去的钱大多没有收回来。当然，这只是我的推测，但却有据可依。

首先，如果梭伦的父亲忠于以前的法律，让债务人成为自己的奴隶并出售他们，梭伦家的资产绝不可能日渐减少。

其次，如果父亲死后继承家业的梭伦一改父亲温和的做法，和大多数贵族一样把无力偿还债务的人收为奴隶并出售的话，他也没有必要跑到海外去经商。但是，年轻的梭伦选择闯荡海外，通过经商来增加自己的资产。

不管怎样，梭伦提出并成功确立的这条法律，在古代无疑是具有划时代意义的。

站在人性的角度看，这是破天荒的一项举措。从活跃经济的角度看，更是前所未有的一项法律。

说到借款，人们往往认为那是因为穷得吃不上饭，不得已而为之。这种想法有失偏颇，因为借款还有前期投资的意思。事实上，大多数情况都是为了前期投资。

前期投资往往伴随着风险。例如天气不好收成不佳，货船遭遇暴风雨沉入海底，商品进口国和雅典爆发战争，使商品只能闲置于仓库等，各种风险都有可能出现。

无力偿还为前期投资所借的钱款时，不仅借款人要成为债主的奴隶，就连其家人也不能幸免。如果家人被分别卖到不同的主人家，以后可能再也无缘相见。有这样的风险，谁还愿意通过前期投资来增加财富呢?

结果必定只有财力雄厚的人才会借款进行前期投资，因为只有他们在发生意外的情况下依然有偿还能力。于是，富人越来越富，他们与其他公民之间的差距越来越大，社会也将因此产生动荡。

接着，梭伦又提出了关于如何解决已经发生的借款的方法。

他没有提出有人欢喜有人恨的方案，即借款一笔勾销的方案。他的方案自始至终没有提“借款”两字，他提出的是降低货币的价值。

雅典的流通货币是银币，重量单位为“米娜”。改革前，1 米娜的价值为 73 德拉克马，改革后，变成 100 德拉克马。不用说，这是使货币贬值的做法。一旦这个方案通过，债务人的债务负担可以减轻四分之一。

公民大会对这项提议进行了投票。人口占多数的平民自然投了赞成票，就连富人也有不少投了赞成票。因为对于无力偿还借款的人，不能逼其为奴的法律已经实施，所以，富人担心债务人因此不愿还钱。他们宁愿选择牺牲四分之一的债权，从而保证债务人还款的可能性。

这一改革带来了意想不到的连锁反应。其他国家的商人，也就是那些其他城邦国家的说希腊语的人，得知德拉克马银币贬值后，对移居雅典经商表现出了浓厚的兴趣。

对此，梭伦很快做出反应。他对这些人表示出高度的热情，欢迎他们来到雅典。但是，他们不享有雅典本国公民的权利。

首先，无论他们在雅典居住多久，都不会被授予公民权，因此他们不能参与国家政治。

其次，国家不允许他们拥有私人住宅和办公楼。外国人只能向雅典公民租赁。

最后，虽然是外国人，但是，因为在雅典得到了利益，所以他们有保护雅典安全的义务。雅典公民不会允许他们只在雅典获取利益而没有付出。

话虽如此，组建正规军是雅典公民的义务。住在城邦国家雅典的外国人只是危急时刻被临时征集的后备军事力量，其主要职责是提供后方支援。

移居雅典的外国人，可以期待得到相应的利益。

当然，“利益”不只是物质的，还有很多是无形的，例如得到他人的认可、容易找到工作等。对于这种无形利益，人的嗅觉也是相当灵敏的。

梭伦的好友泰勒斯是希腊哲学第一人，他出生于爱奥尼亚地区（后来的小亚细亚西岸），一生从未离开过此地。尽管希腊哲学第一人在爱奥尼亚地区，但是后来，包括哲学在内的希腊文明中心从爱奥尼亚转移到了雅典。梭伦的治国理念也充分显示出雅典是文明文化的中心。

3 年后的公元前 591 年，梭伦再次当选执政官。也许就在这一年，梭伦完成了他最重要的一项改革，即政体改革。

如果这一推测正确，那么这 3 年他一定没有虚度，因为梭伦的政体改革需要以人口普查为前提。这项改革是“财权政治”改革，在日语中曾经翻译为“金权政治”，意思是根据所持资产的多少，按比例确定人们参与国家政治的权利。

梭伦首先将所有雅典公民，也就是全体成年男性，分成四个等级。划分方法与出身家族、社会地位和名声无关，唯一的依据是收入的多少。

当时，雅典还是一个农业为主的国家。所以，收入按照农作物的收成来计算。基准单位是“斗”，1 斗小麦相当于 52 升。

第一等级——可收获 500 斗（约 200 吨）以上小麦或相当于这一数量的橄榄油、葡萄酒的土地所有者。在当时的雅典，这一等级属于超级富豪，人数自然不多。

第二等级——可收获 300 到 500 斗小麦的土地所有者。

第三等级——可以获 200 到 300 斗小麦的人。

第四等级——农作物收成在 200 斗以下的公民。在罗马，这个等级属于无资产者，叫“proletarian”。他们是需要每天通过劳动来赚取口粮的公民。

划分等级的目的不是为了征税，因为古代采用的是间接税，没有直接税。兵役相当于直接税，叫“血税”。可以认为，对于公民来说，如果他们的权利是参与国政，那么他们的义务就是保卫国家。

因此，四个等级的所有公民都有服兵役的义务。雅典也是一个全体公民皆为士兵的国家。

第一等级和第二等级的公民在军队中担任骑兵。作为骑兵，其装备不只是一匹马，还要带仆从、马夫等，负担很重。因此，也只有资产较多的富裕阶层才能担任。正因如此，骑兵人数极少。希腊城邦国家中，雅典的人口最多，但是其现役骑兵也只有 1000 人左右。

第三等级的公民人数最多。他们的兵役义务是担任重装步兵。装备中，矛和盾由国家统一分配，而头盔、胸甲、护腿、剑以及其他装备由个人配备。因此，需要具备中产阶层的实力。

第四等级的公民在陆战时担任轻装步兵。海战时，他们担任船只的操舵手或桨手。这是他们的义务。100 年后，战争状况发生了巨大的变化，这一等级的价值因此急剧提高。但是，在梭伦时代，他们还属于最底层的公民。

可以想象，着手此次改革之前，梭伦一定提出过进行人口普查。这次人口普查开历史之先河，其目的是调查可能从军的人数，因此，“数”是不容忽视的一个重点。在雅典，骑兵数在 1000 人左右，重装步兵超过 1 万人。这意味着，相对于属于第一等级和第二等级的公民的总数，相当于中产阶级的第三等级公民人数在其 10 倍以上。

但是，第三等级公民的身份是平民，在梭伦改革前，他们无权参与国家政治。梭伦进行政体改革时考虑到了这些因素。我将梭伦的改革结果列成了图表，如下所示，箭头表示参选的权利。

有人问梭伦，你有信心完成最好的改革吗？对此，梭伦的回答是：“在当今雅典公民所能接受的范围内，我有信心完成最好的改革。”

随后，他又开始游历各国。当然，他选择自我放逐并非担心遭到反对派的暗杀，而是担心自己一旦被杀，实施的所有改革都将付诸东流。

梭伦改革以前，贵族政治时代的雅典政体

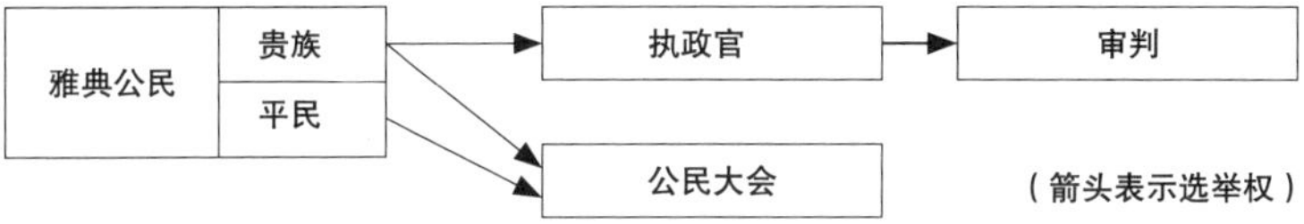


执 政 官：任期 1 年，由 9 个执政官组成
审　　判：由当选过执政官的人组成
公民大会：全体公民享有选举权，但仅限选举权，没有被选举权

梭伦改革以后的雅典政体（公元前 594 年—公元前 508 年）

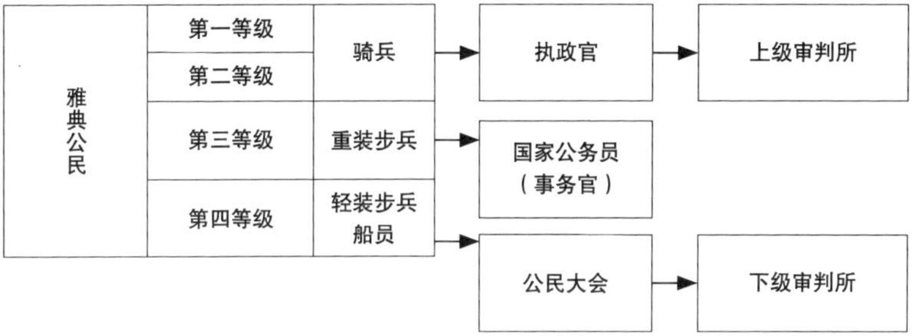


上级审判所：由当选过执政官的人组成
下级审判所：从四大部落中各选 100 人，合计 400 人组成
公 民 大 会：没有被选举权

出国时，他没有要求雅典全体公民发誓，在自己回国之前绝不修改业已完成的改革内容。因为他知道雅典人的批判精神极其旺盛，从不甘落后于人。如果他提出这样的要求，只会受到大家的嘲笑。

出发前，他明确宣布了自我放逐的期限。他说：“10 年后，我一定会回来。”10 年后，他真的回去了。因此，他的人生是在雅典结束的，坟墓也在雅典。

在斯巴达，吕库古将自己的改革变成了“宗教”；而在雅典，梭伦改革始终只是基于法律的“政治”。

接下来，我将介绍雅典的教育和兵役。这不是梭伦制定的规定，而是梭伦改革完成以后，在雅典自然形成并固定下来的。

雅典和斯巴达一样，也是全体公民皆为士兵的国家。只是在雅典，无论教育还是训练士兵，其方法和指导思想都与斯巴达截然不同。

首先，雅典不会对刚出生的婴儿进行筛选，也不要求孩子一到 7 岁就离开父母身边过集体生活。雅典的少年是在父母身边长大的。

到了 7 岁，他们要去学校开始学习。学校相当于现在的私塾。上午，他们在学校学习读写、珠算。

随着年级的升高，课程中逐渐增加了诗文朗读和背诵。雅典人重视学习，是为了培养孩子们表达思想的能力，他们要在增长学问、欣赏艺术的同时，学会用文人擅长的语言言简意赅地表达自己的思想。

教科书选用荷马叙事诗《伊利亚特》和《奥德赛》。即使在现代，它们依然被认为是世界文学史上的杰作。孩子们在学习过程中，在背诵诗歌的时候，一定把自己当作英雄阿喀琉斯或足智多谋的奥德修斯了吧。

在雅典，学习演奏鲁特琴，合着音乐节拍跳舞也是学校设置的重要科目。据说，学习这些科目是为了锻炼协调能力。

孩子满 12 岁以后，雅典政府不强制但是会鼓励孩子们下午去体育学校（Palestra）。体育学校这类机构不是国营而是私营，其运营费用依赖家长交来的学费。当然，既然国家鼓励，学费自然不贵。理论上，体育学校向全体公民子弟开放。只是，第四等级的公民的孩子需要帮父母干活，所以无法每天都去。第三等级及以上的公民子弟下午去体育学校是每天的惯例。

希腊人爱好体能锻炼，所以，即使是非强制性的，父母也愿意送孩子去体育学校。当然，孩子自己也很愿意去。

罗马时代乃至从罗马时代至今，依然有“Palestra”。这类机构大多不是孩子专用的，成年人也可以使用。因此，它变成了不分年龄大小的公民交际的场所。

在体育学校，所有人必须全裸或半裸进行肌肉锻炼。希腊雕塑因为艺术上的需要才用裸体来表现的观点不过是一种结果论。只有反映真实状态的作品才可成为“艺术”。

雅典也有同性恋。雅典人从不试图掩饰这种关系。希腊人追求真善美的世界。美既是善，同时也是真。当然雅典人无须担心这种性取向会影响人口增长，因为雅典不同于斯巴达。斯巴达人一生中大部分时间都在仅有男性的集体生活中度过，而雅典人并没有严格要求禁欲。当然，在全体公民皆为士兵方面，雅典和斯巴达完全一样，因此为了培养合格的士兵，训练必不可少。

在雅典，18 岁就算成人了。斯巴达有进入成人行列的“达标仪式”，而雅典没有。刚成年的年轻人只需去居住地官厅做士兵登记，回家后接受家人的祝福即可。在随后的一年里，不同等级的年轻人要在不同教官的指导下，分别接受骑兵、重装步兵、轻装步兵的训练。以人数最多的重装步兵为例，他们的武器是矛和盾。圆形的盾直径达 1 米，至于长矛，是身高的两倍。如果不能熟练使用这些武器，在战斗中就无法施展本领。因此，训练并不容易。

单人训练结束后，接下来是编队训练。希腊城邦国家的主要战斗力重装步兵只有集体发起进攻，才能发挥最大的威力。因此，教官的指导也更加严格。

相当于“实习期”的训练期为两年。第二年，这些年轻人要去分布于国境线上的各个基地接受训练。属于第四阶级的年轻人和居住在雅典的外国人也要前往各基地接受训练。雅典是统治阿提卡地区的城邦国家，因此，驻扎在该地区各处的要塞守卫边境，是公民的重要任务。

结束两年的实习期后，年轻人才能成为正式士兵。实习期结束后，国家配给盾和长矛，他们可以带回家，目的是一旦有征召令，即可赶赴集结地。所以，盾和矛放在士兵家中成了惯例。

无论骑兵还是重装步兵、轻装步兵，现役年龄都是20岁到50岁。过了50岁就转为“预备役”。18岁到20岁的实习期人员和50岁以后的预备役人员，只在现役士兵全部出征或关系到国家存亡的危机时刻才会征召。

当然，这个规定只适用于普通士兵，并不适用于指挥官。能力的积累和年龄的限制是一对不可调和的矛盾。

就这样，在和平时期，雅典士兵只是普通公民，而斯巴达人一生都是士兵。这也是雅典人与斯巴达人的不同之处。

关于斯巴达和雅典的军事力量，主要战斗力重装步兵的数量对比大体如下所示，即使加入了时代变迁的因素依然如此。

斯巴达：5000到8000千人。

雅典：8000到1万人。

位居这两个大国之后的是科林斯和底比斯，当然，它们之间的差距还是不小的。

古代希腊城邦国家中，卓越不凡的只有雅典和斯巴达这两个国家。而规划这两大城邦国家发展方向的分别是斯巴达的吕库古，和在雅典紧随其后迈出改革第一步的梭伦，以及之后接力团队中的其他 4 人。

## 雅典——庇西特拉图时代

公元前580年，梭伦结束10年的自我放逐回到国内，他看到的雅典出乎他的预期。

雅典政体维持了梭伦改革后的政体，所以不是改革本身出了问题。他希望通过改革彻底消除雅典内部的对立，这没有得到有效改善。其原因主要有四点：

第一个原因是城邦国家雅典的国土状况。阿提卡地区是雅典的领土，可粗分为四部分：首都雅典、雅典背后开阔的平原地区、沿海地区和山区。

与其他国家的平原相比，雅典的平原实在说不上开阔。好在这里没有丛生的岩石，很适合耕作。雅典的富裕阶层都在这个地区拥有或多或少的土地。

梭伦的改革划分了四个等级。这意味着这些人的经济基础不会遭到分割，可以完整保留下来。

第二个原因是沿海地区的经济实力不断提高。殖民运动让市场扩大到了爱琴海对岸。结果，商品流通越来越兴隆。我想，梭伦改革中属于第三等级的中产阶层，在这个过程中很可能一分为二，有人发达有人衰落。

第三个原因是，在这一系列变化中，生活在山区的人被远远地甩在后面。一方面，山区只有岩石裸露的土地，生产力低下；另一方面，生活在山区的人即使有心外出殖民，也找不到可以殖民的地方了。因此，他们被剩下来成为“底层人”，无限接近第四等级，而且情况可能更糟。在城里，只要不挑剔，总能找到工作，而生活在山间谷底的人却没有这样的机会。

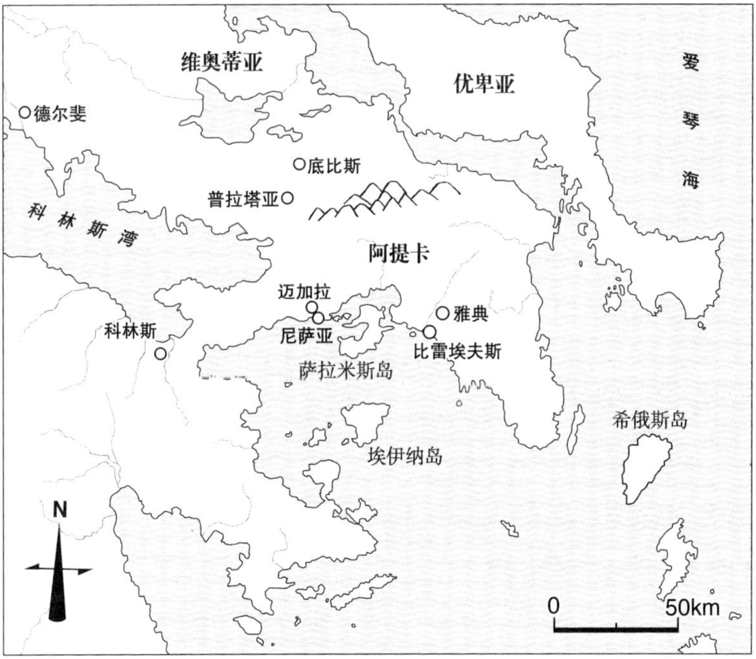


雅典及其周边

第四个原因是梭伦改革不包括海外资产，因此，雅典的富裕阶层人数不多却拥有强大的潜在势力。梭伦改革是根据财力高低划分等级的，所以又叫“财权政治”。

但是，不能因此把责任推到梭伦身上。希腊人以及其后的罗马人都承认私有财产，而且保护私有财产是他们法律的基本原则。海外资产是某人或某人的祖先承担风险后得到的果实。海外资产中的大部分是矿山。因为生活在那里的原住民没有认识到这些矿山的价值，而外来的雅典人不仅知道其价值，还具备挖掘其价值的能力。

雅典名人大多拥有海外资产，这多少有些出人意料。历史学家修昔底德被驱逐出雅典后，依然可以自由从事写作，也是缘于他有来自色雷斯矿山的收入。当然，修昔底德还算不上超级富豪。

关于私有财产，斯巴达和雅典的态度截然不同。斯巴达完全不承认私有财产。

梭伦一心致力于雅典的改革。按今天的说法，他是一个稳重的人，有时又是一个现实的人。

雅典公民之间纷争不断，但是要解开引起他们纷争的症结却不那么容易。于是，梭伦绞尽脑汁思索怎样做才可以让全体公民愿意暂时放下纷争。最后，他注意到了萨拉米斯岛。

萨拉米斯是爱琴海上的一个岛屿。为了绕爱琴海航行，船只拉起船帆，从雅典外港比雷埃夫斯出发，乘风波浪向前航行，最先映入人们眼帘的就是萨拉米斯岛。

雅典人原本就热衷于向海外发展，他们自然希望可以从比雷埃夫斯港自由且安全地驶向爱琴海。但是，要自由且安全地出入爱琴海，必须掌握邻近的制海权。从这个意义上来说，只有将对岸变成自己国家的领土，才能彻底将制海权掌握在手中。因此，对雅典人来说，占领萨拉米斯岛是他们自古以来的梦想。

雅典人有此野心，意味着邻近的其他城邦国家应该也有同样的想法。萨拉米斯岛东侧与雅典隔海相望，西侧则与迈加拉遥相呼应。雅典要想占领萨拉米斯岛，迈加拉不可能熟视无睹。也就是说，要占领萨拉米斯岛，与迈加拉之间的争夺战不可避免。

尽管如此，公民大会依然以多数票通过了关于攻占萨拉米斯岛的提案。只要争夺战一打响，国内纷争自然会平息。

梭伦回国后反复思考这件事，不知不觉转眼两年过去，梭伦已年过六旬。因为自我放逐，他离开祖国的时间长达 10 年。现在的年轻人在梭伦完成改革时年纪尚小。因此，如果梭伦依然相信自己对这些年轻人的影响力，显然过于乐观。但是，如果没有年轻人的支持，攻占萨拉米斯的提案就无法实施。

梭伦母亲家有一个亲戚，叫庇西特拉图（Peisistoratos），正值青春年华。梭伦离开雅典那年他才 10 岁，刚开始去体育学校。而此时他已经成长为一个英武的年轻人，时年 22 岁。

既然他已经 22 岁，自然完成了两年训练，作为士兵可以独当一面。不知为何，这位年轻人身边总是围着一群年龄相仿的同龄人。

根据我的想象，很可能 60 岁的老人梭伦叫来了这位 22 岁的年轻人，亲切地和他进行了交谈。22 岁的年轻人思维敏捷，当即理解了梭伦的想法。在公民大会上，英武的年轻人喊出了振奋人心的口号：

“让我们出征吧！让我们浴血奋战吧！为了那座美丽的岛屿！为

了洗掉曾经的屈辱！”

公民大会通过了占领萨拉米斯岛的作战方案，但是没有马上派兵出征。因为萨拉米斯是一座岛屿，要攻占这座岛屿需要海军力量。在公元前6世纪初，雅典还不是海军强国，虽然有船，但商船不同于战船。当时，拥有战船的希腊城邦国家中最强的是科林斯，其次是迈加拉和埃伊纳，雅典并不在前三名中。埃伊纳也是一个岛国，位于萨拉米斯岛的南面。

鉴于这种现状，尽管已经决定开战，雅典人却踌躇不决。好在雅典人是有智慧的，而他们的智慧中不乏狡诈。雅典首先盯上了迈加拉的内乱，因为雅典人知道，一旦他们出兵征服萨拉米斯岛，迈加拉一定会派援军进行干扰。

如果说雅典的外港是比雷埃夫斯，那么迈加拉的外港就是尼萨亚。城邦国家迈加拉的政府此时正为尼萨亚住民的叛乱而头痛不已。

庇西特拉图率领着一群和自己一样刚刚成为正规兵的年轻人登上了尼萨亚。他们煽动尼萨亚人说：“我们愿意帮你们打败迈加拉的总督。”同时又向萨拉米斯岛派出使者，意在说服他们和平归顺雅典。

鉴于这一情形，尽管公民大会上群情激愤，决议还是得以顺利通过。但是要真正付诸行动，尚需更多时日。

这时，梭伦又提出了自己的建议。他建议请斯巴达从中调解。斯巴达作为军事大国，做决定却总是踌躇不决、拖拖拉拉，因此又浪费了不少时间。但是，梭伦没有放弃。

他说服斯巴达，说荷马的《伊利亚特》中有一个英雄叫阿伊阿克斯。他是亚加亚人，也是萨拉米斯岛民敬爱的英雄。亚加亚地区归属雅典，因此萨拉米斯归属雅典合情合理。从小就学习荷马叙事诗的雅典公民一听就知道梭伦满口胡言。但是，不重视学习的斯巴达人一听到荷马的名字就晕头转向。最后，他们想出了一个令人啼笑皆非的解决方案：

雅典停止向尼萨亚提供军事援助，以确保尼萨亚为迈加拉外港。

作为交换条件，迈加拉同意萨拉米斯岛归属雅典。

请斯巴达出面居中调解，雅典得到了想要的好处。迈加拉接受了这个所谓的解决方案，尽管在他们看来，这个方案实在太过莫名其妙。

公元前 570 年，经过 10 年时间，萨拉米斯岛问题终于得到了解决。此时，梭伦已经 68 岁，能记起他的雅典公民已经不多了。而 30 岁的庇西特拉图则一举赢得了公民的爱戴，甚至被冠上“萨拉米斯英雄”的称号。

接力棒已经传下去了，但是庇西特拉图并没有马上起跑，因为有两个超级富豪严重妨碍了他起跑。

一个是吕喀古斯，另一个是麦加克勒斯。吕喀古斯是“平原派”的领袖，即在平原地区拥有肥沃土地的土地所有者的领袖。麦加克勒斯是“海岸派”的领袖，是雅典超级名门阿尔克迈尼翁一族的领袖。“海岸派”充分利用沿海地区的有利条件，大力开展与海外的商业贸易，因此实力雄厚。

梭伦改革以后，围绕雅典的领导权，两派依然争斗不休。他们看到年轻的庇西特拉图在市民中的声望如日中天，于是决定联手。

庇西特拉图出身名门，却不属于超级富豪阶层。虽然在市民的支持下他挑战了超级富豪，但是最终他决定让步。此时，他刚满 40 岁。庇西特拉图离开雅典城，移居到了阿提卡地区的山区。之所以采取这一策略性的退避，是因为他预料到对手内部早晚还会反目。果不其然，不出一年，他的预测变成了现实。

起因是“平原派”拒绝了“海岸派”提出的联合方案。于是，“海岸派”领袖麦加克勒斯转而拉拢庇西特拉图，条件是麦加克勒斯将自己的女儿嫁给庇西特拉图。

曾经的“萨拉米斯英雄”、年过四十的庇西特拉图，原配妻子为他留下两个儿子后，早早离开了人世。于是，庇西特拉图接受麦加克勒斯的建议回到了雅典，只是这次回归时间并不长。

和庇西特拉图结盟后，麦加克勒斯决定彻底铲除竞争对手“平原派”，却没有得到女婿的支持。原因是庇西特拉图不愿和雅典超级名门阿尔克迈尼翁家族走得太近。麦加克勒斯恼羞成怒，转而掉头又去联络“平原派”。两个强敌再次联手。

他们再度结盟是有原因的。一度策略性隐退后又重返雅典的庇西特拉图采取的一个行动，给了这两派既得利益者重新联合起来的理由。

庇西特拉图回到雅典后，有一天在街上遭到一群男人的袭击。虽说他只负了点儿轻伤，但是毕竟受伤了。因此，他在公民大会上提了一个要求，希望公民大会允许他带警卫出行。既然这是“萨拉米斯英雄”的愿望，公民大会以多数赞成通过了他的请求。然而公民大会没有规定警卫人数的上限，于是庇西特拉图的警卫人数不断增加。这就给了对手指责他的口实，他们说庇西特拉图要做“暴君”了。

事情发展至此，不管是出于策略性考虑还是非策略性考虑，庇西特拉图只能选择再次退避。这次他移居到阿提卡地区的山区好像并没能平息事态，于是已经44岁的庇西特拉图带着一家人去了位于希腊北部的卡尔息底亚地区。他的现任妻子好像也选择离开父亲，与庇西特拉图同行。不知何故，深受民众欢迎的男人也受到女人的青睐。

这次策略性退避长达10年。当然，庇西特拉图绝不是一个坐叹时运不济的男人。

卡尔息底亚地区离色雷斯不远。在这个矿产资源丰富的地区，庇西特拉图摇身一变成了矿山经营者。他开采新矿山，开发新技术提高矿产质量，拓展优质矿产销路。除了雅典和斯巴达，他的销售网点几乎遍及全希腊。因为雅典现在仍处于对手的控制之中，而斯巴达禁止外国商品的流入。

在拓展销路的过程中，他不忘与各地权贵建立起友好关系。卡尔息底亚地区的西北部与马其顿王国接壤。公元前6世纪的马其顿还不是王国，只是位于希腊边境的一个落后国家。庇西特拉图结交了马其顿国王，与其成了好友。他周游列国时结识吕戈达米斯，也是在这个时期。吕戈达米斯一直在寻找机会占有纳克索斯岛。于是，因经营矿山而致富的庇西特拉图为他组建了一支雇佣军，帮助其达到了目的。

当然，他也没有断绝与身在雅典的支持者之间的联系。他们是在他第一次策略性退避时认识的山区农民。10年的时光，他并没有虚度。

# 政变

公元前546年，庇西特拉图等待已久的计划开始付诸实施。1000名阿尔戈斯雇佣兵加上前来支援的山区农民，一支军队在马拉松平原附近的海岸登陆。马拉松距离雅典不足30公里。雅典迅速做出反应，派兵迎战。

双方曾正面交锋，但没有发生激战。这不是因为庇西特拉图和雅典方面的将领展开对话避免了激战，而是因为雅典方面的士兵选择弃战回家。

士兵返回市内，与他们相向而行往外出逃的是10年间在纷争中统治雅典的“平原派”和“海岸派”首领。他们的海外资产很多，所以逃到国外以后无须担心生计问题。

然而这些人没有预计到事态发展如此之快，他们没有充足的时间安排孩子们一起出逃。庇西特拉图如入无人之境，未遭遇任何抵抗就进入了雅典城。随后，这些被留下的孩子被带到了庇西特拉图面前。

庇西特拉图把这些孩子送到好友吕戈达米斯统治下的纳克索斯岛，名义是去海外留学。他在纳克索斯岛为孩子们安排了寄宿家庭，他们和在雅典时一样上学、去体育学校。

这次政变自始至终意外不断，但是几乎没流一滴血却是事实。

这次政变的主谋庇西特拉图一定在心里暗暗发誓：我要做到最好。22 岁时被梭伦看中，30 岁时成为“萨拉米斯英雄”的庇西特拉图时年已经 54 岁。

近现代历史学家认为庇西特拉图是“僭主”（独裁者），甚至把他的统治说成是“雅典独裁者统治的时代”。即使公正客观地评价他的人也说他是“僭主”。他是通过政变夺取权力的，所以这个称呼也算符合实际。只是，日语词典中，对僭主的解释是“自封帝王、君主之人”。因此，“僭主”不适用于庇西特拉图。他从来都没有自封为王，而且，对于梭伦的改革成果，他不仅没有摒弃，甚至采用了拿来主义。按照后世历史学家的说法，梭伦的改革是“走向民主政体的里程碑”。至于如何运用梭伦的改革，庇西特拉图自有他的“特色”。

下面，我要介绍的是独裁者统治下的雅典的 20 年。

回到雅典后，庇西特拉图以留学海外为名，把曾是强劲对手的孩子们送到了纳克索斯岛。这一做法当然很温和，但是人质终究是人质。趁着他们尚在自己手中，他要尽早采取一系列措施。

“平原派”逃走后，阿提卡地区的土地成了无主之地。庇西特拉图接手了这个地区，果断实行农田改革。他将这里的土地划成小块，分给之前的佃农和山区农民。于是，“平原派”的势力基础全面坍塌。

当然，庇西特拉图不是单纯的“穷人的救世主”。他向刚拥有私有土地的人征收赋税。土地肥沃的须缴纳收成的十分之一，土地相对

庇西特拉图

贫瘠的缴纳收成的二十分之一。当时，这个税率并不高。但是，这种形式的税收实质上是一种直接税。在只有间接税的当时，这是一项破天荒的举措。

庇西特拉图将这一税收用作城邦国家雅典各机构的运转经费。因为在这个时代，从政的人都没有报酬，因此未用于参政的人。曾经，重装步兵的装备国家只配发盾和长矛，其余由个人承担。此后，所有装备均由国家承担，这减轻了士兵的负担。同时，国家运转所需的其他零星费用、公共事业的财源也有了保障。

尽管每人缴纳的税费很少，但是因为人数众多，税费总数并不少。此外，庇西特拉图还鼓励农民缴纳税赋以后将剩余农产品拿到市场上出售，农民收入因此有增无减。自营农收获的农作物不仅满足了城邦国家雅典人的需要，送到市区和沿岸地区的农产品还通过海运销往希腊其他地方。之前从未走出过山区的农民与生活在城市和沿海地区的人之间，交流越来越密切。

庇西特拉图还向雅典的贸易商提供了自己在流亡期间拓展的销售渠道。因为没有附带条件，自然深受商人的称道。商品销往雅典新统治者庇西特拉图的朋友统治下的城镇街巷。不用说，因为有这层关系，与这些地方交易比以前简单多了。另一个曾经的强敌——“海岸派”的势力基础也因此被大大削弱。

送到纳克索斯岛的孩子们回到了父母身边。出逃的“平原派”和“海岸派”人员中，除了首领继续流亡，年青一代开始陆续返回雅典。因为雅典保留了梭伦推行的政体，所以他们要担任公职，也有服兵役的义务，他们也有选举权。雅典的精英有强烈的责任意识。庇西特拉图也就没有采取任何手段试图根除反对派。也许他在想：看你们有什么本事。

雅典要提升经济实力，需要满足三个条件：

一、大家都愿意接受的、有信誉的本国货币。

二、保证国内稳定，与他国建立友好关系。

三、生产高档商品。作为一个国土面积不大、人口也不多的城邦国家，要将重点放在制造附加值高的高档商品上，而不应追求廉价品的批量生产。也就是说，制造出来的东西虽然价格昂贵，依然有人愿意购买。

雅典有自己的流通货币，但是很不稳定。在与其他国家的贸易往来中，雅典人只能用科林斯银币或埃伊纳银币结算。庇西特拉图一改这种状况。于是，正面为女神雅典娜侧脸，背面为和雅典娜形影不离的猫头鹰的德拉克马诞生了。使用最广的是“泰特拉德拉克马”（四德拉克马银币），它作为雅典货币的代表，流通时间长达200年。

为了保证银币的铸造，必须确保银矿的开采，而这又是庇西特拉图擅长的。除了色雷斯地区的矿山，他又对阿提卡地区的矿山进行了开发。

梭伦改革给雅典以秩序，而庇西特拉图要给雅典的是稳定，并在

2500 年前的四德拉克马银币

现代希腊发行的 1 欧元硬币

稳定中提高经济实力。

由于没有取缔“在野党”，因此，不排除“在野党”的人进入 9 个执政官组成的内阁。为此，庇西特拉图将候选人圈定在自己的一派中，避免内阁变成在野党的巢穴。

作为法治国家的标志，法庭由公民大会选举产生的 400 人组成。庇西特拉图本人曾经作为证人，要求出庭作证。

至于和希腊其他城邦国家之间的关系，只能说他实施的是和平外交。没有一个城邦国家与雅典处于明显的敌对关系。先不说庇西特拉图在其流亡期间结交的底比斯、阿尔戈斯和埃雷特里亚，就连因萨拉米斯岛归属雅典而神经紧绷的埃伊纳、对雅典的崛起心生嫉妒的科林斯、常常带着怀疑的眼光看雅典的斯巴达等，这些曾经与雅典关系紧张的城邦国家也与雅典结成了友好关系。庇西特拉图与色萨利地区的统治者结交，只因告知对方自己为新生儿取名塞萨洛斯，二者就成了朋友。不能不令人感叹其手段之高明。

庇西特拉图的外交政策中有一个明确的信号，那就是让对方知道自己没有扩张领土的野心。这是全希腊人都知晓举办奥林匹克运动会的真正意图是暂时休战的时代，在这个时代里，城邦国家之间的纷争通常都围绕着领土问题。

没有史实证明庇西特拉图统治的20年间雅典发起过战争。在这期间，雅典人甚至没有听说过需要大规模派遣军队的战争。提高经济实力的第二个条件完全实现了。

提高经济实力的第三个条件是改变批量生产廉价商品的生产方式，取而代之的是制造高档商品。

庇西特拉图统治雅典之前，在制造高档商品方面，走在全希腊最前面的是科林斯。

城邦国家科林斯（Corinth）的完整名称是“Corinthos”，它面向海湾，准确地说，这个海湾更像一个内海。这条宽阔的海湾经过狭窄之地纳夫帕克托斯（后来的勒班陀）通往爱奥尼亚海。沿着它进入爱奥尼亚海以后一路往西，就可以抵达意大利南部和西西里。科林斯利用这一地理条件，将市场扩大到了地中海中部。在希腊人眼里，这些城邦虽然属于海外，却是希腊移民建设起来的。这些海外城邦的领地广阔，经济之富裕尤胜母国希腊，甚至被冠以“大希腊”之称。

通过同这些城市开展贸易活动，科林斯积累了可观的财富。与当时希腊的其他城邦国家相比，科林斯的船只数量最多。一条条船装着享誉世界的科林斯壶，不仅销往横渡爱奥尼亚海即可到达的西方，还绕过伯罗奔尼撒半岛，穿过爱琴海，销往东方。庇西特拉图是瓜分被科林斯垄断的高档商品市场。

壶是希腊人的生活必需品。他们习惯把所有东西都装进壶中。葡萄酒、橄榄油、磨好的面粉、豆类，几乎没有不装壶的东西。因此，只要有希腊人的地方就有制造壶的作坊。

其中，科林斯生产的壶最漂亮。科林斯的壶上画有人物，美不胜收。也有其他国家模仿科林斯在壶上作画的，但是无人能出科林斯之右。科林斯的画风让人一看就感到东方的宁静之美。

在雅典，制造壶的是梭伦改革中属于第四等级的匠人。不清楚庇西特拉图是怎样鼓动这些匠人的，总之他们的工作热情大大提高是毋容置疑的。

他们是小企业家，也是在梭伦改革中得到好处的人。他们借了钱，即使无法偿还也不必担心沦为奴隶。

如果庇西特拉图承诺匠人只需要专心制造优质产品，销售由他负责的话，相信会有不少匠人为之心动。之前他们主要依靠自己生产壶，最多只是让儿子们帮忙。有了庇西特拉图的承诺之后，他们开始考虑自己负责早期的设计和最后的润色，加工过程雇人来做，以此提高优质产品的产量。只是，雇用奴隶有些难度。

购买有制壶经验的奴隶，所需费用是自己一天劳动所得的 20 倍。购买技术过硬的奴隶，按现在的说法就是熟练技工，就要拿出自己一天劳动所得 500 倍的钱。因此，扩大规模难度很大，必须依靠借款做前期投资。

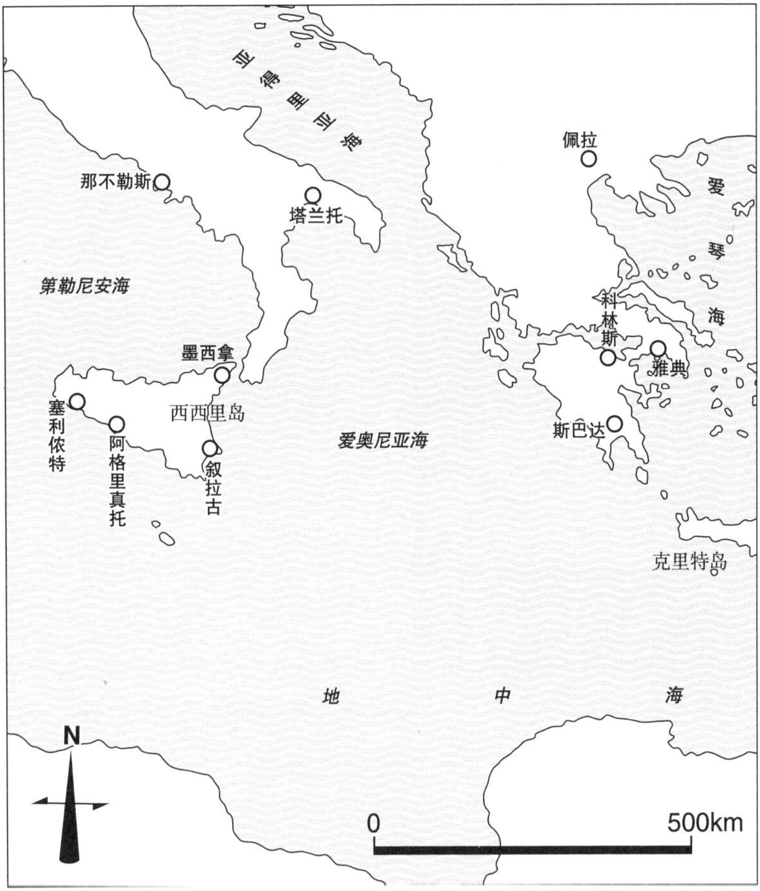


爱奥尼亚海及其周边

他们大概采用如下方法来克服困难：用自己一天劳动所得 4 倍的钱购买两个少年奴隶，让他们一边工作一边学习。再拿出自己一天劳动所得 20 倍的钱，买一个有经验的奴隶，制作过程交给他负责，而自己专心从事设计和最后的润色。梭伦改革中，前期投资失败也不会

绘有女性的科林斯壶

沦为奴隶的法律深得人心，庇西特拉图承诺的只要制造出优质产品，销售由国家负责的政策也一定深得人心。

就这样，占据当时制造业最重要地位的制壶业，在雅典迅速发展起来了。

他们既没有模仿科林斯，也没有靠批量生产降低成本来占领市场。雅典制造的壶好像在挑战科林斯壶一样，其颜色搭配主要采用红底配黑色、黑底配红色，上面绘以人物的造型。

雅典和科林斯制造的壶除了颜色不同，图案也不尽相同。首先，科林斯壶上的人物是静止的，而雅典壶上的人物是动态的；科林斯壶上的人物大多只有一个，而雅典壶上的人物较多。从荷马叙事诗中的一个场面到奥林匹克运动会上一群裸体男人赛跑的场面、四匹马拉着战车竞跑的场面等跃然壶上。

雅典壶上的图案题材丰富多彩，从雅典百姓的日常生活到鱼、鸟等造型都有。雅典人的想象力之丰富，令我们不得不自叹弗如。随着人们的想象力越来越丰富，绘画技术也越来越精湛，雅典出现了专业从事设计的“画师”。他们设计各种图案，提供给各作坊用于壶或碟子上。后来他们的名字也出现在壶和碟子上，充分反映了他们的声誉之高。

考古学研究已经证明，公元前 6 世纪下半叶庇西特拉图统治雅典以后，雅典制造的壶几乎席卷了整个地中海市场。罗马人无限敬仰希腊人的这种才能，在他们居住的意大利半岛出土了无数大大小小的壶和碟子。将这些壶和碟子与伊特鲁里亚制造的壶进行比较，彼此的不同显而易见，甚至连外行也能一眼分辨出来。尽管伊特鲁里亚制造的壶模仿自雅典壶。如此高端的商品只有属于第四等级的、罗马人定义的“无资产者”才能制造出来。在雅典，第四等级的人要维持日常生活，必须每天工作。

希腊有一个很有名的传说。传说国王米诺斯的手可以变凡物为黄金。看着雅典壶和碟子上华丽又风趣的画，不由得不让人浮想联翩，也许雅典人的手碰过的东西都将变身为“美”。

这种“美”就是黄金。因为只要卖出去，金币就会收入囊中。我想，看着外行都能辨认出的出自雅典人之手的壶和碟子，即使花上两倍的价格购买也心甘情愿吧。

雅典人的想象力因壶上的绘图而一发不可收拾。他们丰富的想象力也体现在雕刻上。雅典的雕刻，之前是古代风格，到庇西特拉图时代，变成了古典风格。静止的雕像变得富有动感，“古典希腊”吐蕊开花了。

“古典希腊”吐蕊开花，也惠及了神庙建筑。对于罗马人来说，他们的公共事业是修公路、水道及桥梁，但是对于希腊人来说，他们的公共事业首先就是造神庙。要修建神庙，用来支撑房梁的圆柱必不可少。公元前 7 世纪之前被广泛使用的多立克柱式圆柱简单粗壮，稳定性很好，但难免有些笨重。

**绘有四马战车竞技的雅典壶**

到了这个时代，多立克柱式换成了爱奥尼亚柱式，它简洁流畅、排列于四边，被称作柱廊。用于柱廊的爱奥尼亚柱式很美，别具风格。

世界文学巅峰之作荷马叙事诗《伊利亚特》和《奥德赛》，在此之前一直是通过人们口耳相传流传下来的。庇西特拉图将这些故事搬上羊皮纸，从而有了标准版本，也方便学校的教师使用。到了后世，除了庇西特拉图的标准版，又有了各种译本。因此会希腊语的人可以阅读标准版，不会希腊语的人可以阅读翻译成各国语言的译本。

举办活动是现在的说法。说起来有点儿不可思议，庇西特拉图竟是举办活动的鼻祖。“泛雅典娜节”就是他创办的。这是4年一度供奉女神雅典娜的活动。与奥林匹克运动会不同，这个活动比的是唱歌。只要是希腊人，无论属于哪个城邦国家，人人都可以参加。这里所说的歌，实际上是荷马的叙事诗，人们在竖琴的伴奏下，高声歌唱。

希腊人喜欢体育比赛，也喜欢歌舞比赛。荷马叙事诗有了标准版本后，就不能随便更改故事情节，也不能随意添加原版中没有出现的人物。“泛雅典娜节”对于这些世界文学史上的杰作的普及功不可没。

喜欢举办活动的人，大多自己乐在其中，也愿意看到别人乐在其中。

拉丁语中，狄俄尼索斯叫巴克科斯，他是酒神，是曾经属于第二个级别的神。庇西特拉图提高了他的地位，把他升为最高级别的神，继众神之首宙斯和雅典娜、阿波罗之后，与其他最高级别的神地位相当。狄俄尼索斯以前还是葡萄园的守护神，只属于葡萄园主。庇西特拉图扩大了他的守护范围，使其成为全体雅典公民的神。

酒喝多了，有人会发酒疯。这会让提升酒神地位失去意义。希腊人相信诸神时刻都在默默地帮助自己，因此，他们要为狄俄尼索斯寻找一个守护对象，于是戏剧充当了这个角色。也就是说，戏剧表演是献给狄俄尼索斯神的，因此，看完戏后饮酒作乐是得到狄俄尼索斯认可的。

就这样，希腊悲剧走向鼎盛的大门被打开了，半个世纪以后，出现了埃斯库罗斯。

没有史料记录在批判精神极其旺盛的雅典，庇西特拉图是如何做到统治雅典长达20年的。他既没有把雅典变成专制国家，也没有暗杀过反对派，甚至没有让公民坐牢，最多只是放逐过一些人而已。直至今日，依然未找到任何史料记录有这些情形。

有研究者认为，他本人出行有警卫保护，却禁止雅典公民携带武器，就是他独裁的证据。但是，禁止携带武器进城，在先进的现代国家是很寻常的治安规定。而距今2500年前的雅典人性格急躁易冲动，一旦发生争吵，难免升级成拔刀相向的严重事态。由争吵导致的流血事件曾经在雅典司空见惯，这一禁令使其彻底变成过去时。

即使是自诩绝对民主主义者的英国学者也不得不这样写：

“无疑，庇西特拉图是专制统治者，但他是个让人舒服的专制统治者。”

意大利语中有一个词叫“gagliardo”（活泼愉快），形容男性时，意思是“厚颜无耻却讨人喜欢的家伙”；形容葡萄酒时，则变成“vino gagliardo”，意思是“既烈又醇的高档葡萄酒”。

有一个意大利人说，庞西特拉图是 gagliardo 式的领袖。他还说：“庞西特拉图统治下的雅典，几乎每天都有展会（商品交易会）。”

引进外资、吸引外国人的大门早已被梭伦打开。庞西特拉图没有改变梭伦的改革，在他统治的 20 年间，城邦国家雅典的首都国际化程度越来越高。

在这位专制领袖的晚年时期，斯巴达牵头结成了伯罗奔尼撒同盟，原因是雅典越来越强大，引起了斯巴达的警惕。

我忍不住想，庞西特拉图统治的 20 年也许是“雅典的高速成长期”，而这也许是公元前 527 年这位专制统治者在自家床上安详地结束 73 年生命的重要原因。

庞西特拉图统治的 20 年间，作为反对派的“平原派”和“海岸派”都没有找到反击的机会，他们只能一直在海外过流亡生活。

但是，无论多么让人舒心，多么让人感觉轻松，这位僭主（通过政变或其他暴力手段夺取政权的独裁者）终究死了。

雅典人是一个擅于创作辛辣讽刺喜剧的民族。原本他们的批判精神就比其他国家的人高出许多，因此，当把持政权 20 年的专制统治者离世时，他们理所当然地认为，改变雅典的时机到了。只是，要找出一个合适的领导者并不容易。

庞西特拉图将所有土地划成小块分给了农民，“平原派”的势力基础因此大大受损，成为弱势群体。

相反，庞西特拉图鼓励海外贸易，沿岸地区的经济实力因此大大增强。“海岸派”的势力基础也因此被削弱。“海岸派”为首的是雅典尽人皆知的超级名门阿尔克迈尼翁家族，这个家族的领头人麦加克勒斯在流亡期间去世，继他之后成为阿尔克迈尼翁家族掌门人的是其长子克里斯提尼。

庇西特拉图发起政变，未流一滴血进入雅典成为统治者的那一年，克里斯提尼还是个刚满 19 岁的年轻人。从这一年开始直到庇西特拉图死去，他一直过着流亡生活，未回过祖国雅典，长达 19 年。因为他是“海岸派”的领袖，即使族中其他男人回到了国内，他也不能回去。

庇西特拉图去世的那一年，克里斯提尼 38 岁。无论从年龄上还是知名度上看，他都有充分的条件回国东山再起。但事实上他用了 17 年时间才完成真正意义上的东山再起。这是为什么呢?

简单地说，是因为庇西特拉图死后，“庇西特拉图体制”依然存在。那么，这种体制为什么可以延续 17 年呢?

庇西特拉图有两个儿子，分别是希庇亚斯和希帕克斯。他们的出生年月不详，只能根据死亡时间进行推断，当时，两人很可能都在 20 到 30 岁之间。兄弟二人都不是无能之辈，所以父亲一定想过把权力移交给这兄弟二人。

父亲庇西特拉图有特殊能力，能得到神谕，雅典公民对此深信不疑。但是两个儿子似乎很清楚自己并不具备这种能力。因此，他们既没有要求带随从保护自己，也没有像父亲那样过着高调的私生活。当然，他们秉承梭伦改革中确立的政体，而他们的父亲对这一政体也未做过任何修改。公元前 525 年，克里斯提尼当选为执政官，成为 9 人之一。这距离庇西特拉图去世，只过了两年。

克里斯提尼的东山再起开始了，但此时他还只是 9 人中的一个。

为了控制反对派在9位执政官中的人数，“庇西特拉图体制”规定在选举前要对候选人进行筛选。因此，已满40岁的克里斯提尼回到祖国，开始实施东山再起的计划，说到底还是受限于“庇西特拉图体制”。

随后的10年里，这位“海岸派”领袖好像一直都在雅典。其间，他也许再次当选过执政官，还曾是“亚略巴古”（areios pagos）的一员。“亚略巴古”是雅典的最高司法机构，由担任过执政官的人组成。他再次流亡的时间是在公元前514年以后，也就是庇西特拉图的儿子希庇亚斯统治的最后时期。

兄弟二人共治天下，大多数时候会分道扬镳。但是，庇西特拉图的两个儿子之间没有出现这种情况，原因是两人分工明确。兄长希庇亚斯全面负责国家政事，弟弟希帕克斯则专门负责举办活动。兄弟二人的专制统治之所以可以延续这么多年，我想很可能是因为雅典公民虽有求变的想法，却缺少正当理由，始终下不了决心。毕竟雅典公民并不认为雅典已经到了非改变不可的时候。

然而，公元前519年，就在兄弟二人的专制统治迎来第8个年头的这一年，“裂痕”开始显现。长达37年的时间里，雅典从未发生过战争，而此时出现了非派军队不可的状况。

起因是侵犯他国的惯犯底比斯攻打了普拉塔亚。普拉塔亚距离雅典不远，但他们选择向号称陆地最强军事大国的斯巴达求助。

在“庇西特拉图体制”下，雅典日新月异、蒸蒸日上，庇西特拉图死后依然保持繁荣。斯巴达人对此充满了戒备。他们认为，来自普拉塔亚的求助是把雅典引入战争的绝佳时机，于是推托说，从地理位置上，雅典距离普拉塔亚更近，普拉塔亚应该请求雅典派遣援军。

普拉塔亚转向雅典求援，希庇亚斯不能拒绝，公民大会也不能不同意。因为一旦普拉塔亚被底比斯控制，那么阿提卡地区势必与“侵犯他国的惯犯”成为邻居。

幸运的是，在与底比斯军的战斗中，雅典取得了胜利。但是，希庇亚斯统治下的雅典，却因此出现了两个不稳定因素。

一是与希腊城邦国家中的强国底比斯彻底为敌了。

二是底比斯好像故意挑衅雅典似的，将属于底比斯的维奥蒂亚地区南部赠予“庇西特拉图体制”的反对派阿尔克迈尼翁家族，作为他们的前线基地，为他们夺取雅典统治权所用。

如果发生此事时阿尔克迈尼翁家族的首领克里斯提尼就在雅典市内，也许后来的民主主义霸主会非常不好过。

与底比斯的战事让希庇亚斯有了新的麻烦，敌对势力增加了。国内有克里斯提尼领导下的阿尔克迈尼翁家族，国外有斯巴达，现在又加上了底比斯。

就在同一时期，庇西特拉图生前的好友、在他死后继续支持兄弟二人的纳克索斯岛僭主吕戈达米斯也去世了。对于希庇亚斯来说，吕戈达米斯的死不仅让他失去最值得信赖的朋友，还让雅典失去了商船的航线。包括爱琴海南半部在内的雅典商船航线失去了有力的保护。之前吕戈达米斯统治下的纳克索斯岛确保了航行于其近海的雅典船只的安全。

接踵而至的变故让希庇亚斯再难保持冷静，冲动之下，他尝试与

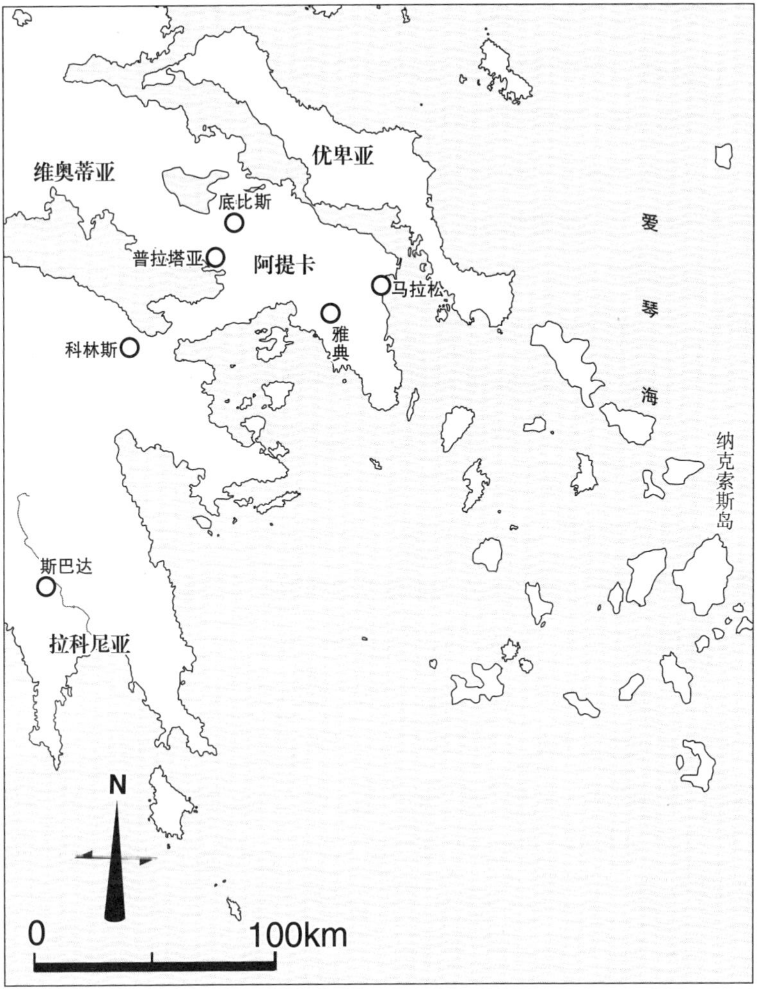


雅典及其周边

遥远的波斯帝国进行接触。好在此时，所有与雅典为敌的对手似乎都下不了决心，始终没有迈出决定性的一步。因此，兄弟二人的专制统治虽摇摇欲坠，却维持了下来。

突变发生在5年后的公元前514年。这一年，弟弟希帕克斯遭遇暗杀。凶手是两个雅典公民。雅典只有在祭祀战斗之神雅典娜女神的“泛雅典娜节”期间才允许公民携带武器，而希帕克斯正是“泛雅典娜节”活动的全权负责人。

两个犯人当场被捕并被处以死刑。根据梭伦改革的规定，这两个人都属于第一等级。他们的动机据说是个人恩怨。但是真相如何，无人知晓。

克里斯提尼认为，此时只剩下了希庇亚斯一人，是反击的绝佳时机。他回到底比斯赠予他作为前线基地的维奥蒂亚地区，带领一家老小进军阿提卡地区——城邦国家雅典的边境。

得此消息后，希庇亚斯向父亲时代的同盟国家色萨利求助。因为色萨利和底比斯交恶，所以对方马上派来了援军。就这样，克里斯提尼的军队尚未踏上阿提卡地区的土地，就早早宣告失败。

已经50岁的克里斯提尼不得不承认，仅靠自己的力量无法与希庇亚斯抗衡。他马上改变策略，决定请其他国家军队支援。

阿尔克迈尼翁家族属于富裕阶层，而且是超级富豪阶层。其拥有的海外资产超级庞大，因此无须担心资金问题。

35年前，阿波罗神庙毁于一场大火，一直未被修复。克里斯提尼决定出资在德尔斐重建阿波罗神庙。

说到德尔斐的阿波罗神庙，人们自然而然想到吕库古。对斯巴达人来说，德尔斐是很重要的地方，只要遇到难处，他们就会去阿波罗神庙祈求神谕。看到重建后的宏伟神庙，斯巴达人非常感动，他们对克里斯提尼顿生好感。

后来，有一个出自哲学家亚里士多德之口的传闻说，克里斯提尼用钱收买了阿波罗神庙的神官，让他们通过女祭司之口告诉前来祈求神谕的斯巴达人："你们要帮助雅典人，把他们从庇西特拉图的枷锁中解救出来。"

斯巴达人向来缺乏决断力和行动力，因此虽然有女祭司进言，他们仍然迟迟没有表态。希帕克斯被杀 3 年后的公元前 511 年，克里斯提尼的策略终于奏效。第二年春天，斯巴达派出小规模军队登陆了阿提卡地区。

然而，色萨利的 1000 名骑兵早已等候在那里。斯巴达的重装步兵不敌骑兵全军覆没，连队长也丢了性命。

这次战败大大刺激了斯巴达人的自尊。对斯巴达战士来说，胜负关乎他们的尊严。他们不再想着帮助雅典人推翻庇西特拉图，也忘记了阿波罗神庙女祭司口中的神谕。他们只有一个念头，那就是雪耻。向来缺乏决断力和行动力的斯巴达人，这次行动出乎意料地神速。克里昂米尼率领重装步兵前往雅典。

希庇亚斯指挥下的雅典士兵和色萨利骑兵一败涂地。队列整齐的斯巴达军队进入雅典市内后继续追杀希庇亚斯。希庇亚斯带着残部逃到了卫城，斯巴达军追到此处，包围了这个建于山丘之上的城堡。

国王克里昂米尼知道斯巴达的重装步兵并不擅长攻城战。因此他向希庇亚斯派去使者，承诺只要希庇亚斯投降离开雅典，就可以确保他和追随他的所有人的安全。希庇亚斯接受了他的建议，离开雅典，去了希腊北部。那里有他的土地。

就这样，公元前510年，雅典专制统治宣告结束。“庇西特拉图体制”历经36年，在庇西特拉图死后又持续了17年以后，终于走到了尽头。虽然借助了他国之力，克里斯提尼终究赢了。

## 雅典——克里斯提尼改革

对于斯巴达人来说，公民就是战士，就是吕库古规定的要将终身奉献给保卫国家事业的人。在他们的认识里，从事手工业和商业活动的庇里阿西人和从事农业生产的希洛人不是公民，虽然我们认为城邦国家斯巴达的存续离不开他们。正因如此，庇里阿西人和希洛人没有公民权，也没有资格参加公民大会。

另一方面，在雅典，梭伦改革后，匠人、商人和农民都是公民。虽然根据收入的不同，他们可能没有被选举权，但是，既然他们是公民，就有资格参加公民大会，既然承认他们有参与国家政事的权利，他们就是堂堂正正的、享有公民权的公民。

公元前510年，斯巴达帮助克里斯提尼赶走庇西特拉图的儿子希庇亚斯，不是为了感谢克里斯提尼在德尔斐重建了阿波罗神庙。

“民粹主义”是现代人的说法，当时尚无此词。斯巴达人因为雅典的“民粹主义”，即“庇西特拉图体制”，早已对雅典充满了戒心。在雅典，庇西特拉图致力于提高农民、匠人和商人的经济实力；而在斯巴达，享有公民权的人绝不允许身为商人、匠人和农民的庇里阿西人和希洛人进入公民社会。他们感受到了来自民粹主义的危险，担心民粹主义给自己国家的下层人带来不良影响。因此，赶走“庇西特拉图体制”的继承者希庇亚斯，斯巴达自有斯巴达的理由。

在赶走希庇亚斯之后，斯巴达人并没有打算帮助克里斯提尼上位。

克里斯提尼出身超级名门，属于既得利益者。他的势力范围在阿提卡地区的沿海地区，当地住民大多是匠人和商人。在斯巴达人看来，领导这一新兴阶层的克里斯提尼同样是一个危险分子。不要忘了，掌握斯巴达国家政权的不是两个国王，而是每年在公民大会上选举产生的 5 个监察官。他们都坚定不移地维护吕库古确立的斯巴达国体。用现在的话来说，他们是顽固的保守派。

用军事力量推翻“庇西特拉图体制”后，斯巴达人考虑在雅典建立一个与斯巴达相似的政体，也就是在雅典引入“寡头政治”（少数人统治的政体）。

斯巴达看上了一位名叫伊萨哥拉斯的男人。此人以前常去斯巴达，父母是亲斯巴达的雅典人。

两年后，斯巴达国王克里昂米尼率领一支小规模部队进驻雅典，成功使伊萨哥拉斯当选执政官。因为 9 人执政官的被选举权只属于富裕阶层，即资产达到第一等级或第二等级的公民，因此，伊萨哥拉斯很可能出身富裕阶层。

当选执政官后，伊萨哥拉斯因为有斯巴达国王这一靠山，在公民大会上十分专横。他向公民公布了三个决定：

一、开除所有亲庇西特拉图派的公民的公职。

二、将克里斯提尼及其家族赶出雅典。

三、解散公民大会，新的机构将由新当选的执政官，也就是伊萨哥拉斯决定。

伊萨哥拉斯的言行极大地激怒了雅典公民。他们联合起来围住斯巴达国王和伊萨哥拉斯居住的卫城城堡。尽管斯巴达国王带来的斯巴达士兵英勇无比，无奈对方人数太多，又正逢群情激愤之时。斯巴达国王坚持了两天，最后，他未征求身在国内的监察官的意见就选择了让步。

国王克里昂米尼接受公民提出的所有要求，然后带着士兵安全撤退。伊萨哥拉斯和他的追随者将交由雅典公民处死。不知道伊萨哥拉斯是怎么做到的，据说他一人成功出逃，去了斯巴达避难，之后就再也没有他的消息了。

这场混乱结束之后，雅典公民终于想到接克里斯提尼回来了。

公元前 508 年，从庇西特拉图统治雅典的那一年开始，历经 38 年，克里斯提尼终于结束流亡生活回到雅典，实现了真正意义上的回归祖国。他 19 岁开始流亡，此时已经 57 岁。步入暮年的克里斯提尼非常清楚，公民之所以把他请回雅典并非心甘情愿，只是因为他们找不出别的人选。

在半个多世纪里，我写过西方史上的文艺复兴、中世和古罗马。我深切地感受到，进行真正意义上的改革的人、开创新时代的人，只能出自既得利益阶层。

属于既得利益阶层的人，并非只考虑如何保住自己的既得利益，不都是单纯的保守主义者。他们当中总有人敢于正视自己所属阶层的弊端。

进行改革，首先必须向既得利益者开刀。执刀之人，必须对症结了然于心。如何对症下药，用罗马人的话说，只能从“餐桌杂谈”中体会。这种“经验”非一朝一夕所能得到，即便出身新兴阶层的杰出人物也是一样。那个时代没有相应的教育机构，获取这类经验只能依靠在家庭中耳濡目染。

接下来我要介绍克里斯提尼的改革。乍一看，克里斯提尼改革似乎从根本上动摇了他本人所属的特权阶层赖以存在的基础，将国家大事交给了公民。

但事实果真如此吗？答案是否定的，绝对是否定的。

如果真的将国家大事交给公民处理，就不可能有40年后的伯里克利，他是雅典改革接力赛的最后一位选手。伯里克利与克里斯提尼同出一门——雅典的名门望族阿尔克迈尼翁家族。直至今日依然如雷贯耳的“雅典民主政体”就是由这些超级精英创立起来的。

古代雅典的“民主政治”不是“公民掌控国家政治方向”，而是“精英构思并提出国家政治方向，交由公民决定”。

克里斯提尼并没有从根本上推翻自己所属的特权阶层。不仅如此，他还力图保留这个阶层。他只是要重新分配当时的雅典社会力量，以此彻底切除特权阶层的毒瘤。

雅典的民主政体不是产生于高深的意识形态思考，而是产生于现实的需要，是理性选择的结果。只有领袖人物认识到了这个问题，雅典的民主主义才会在这个时代发挥巨大的作用。当民主政体转为意识形态的时候，等待城邦国家雅典的就只剩下衰败了。

出人意料的是，鼎盛时期的雅典，几乎所有领袖人物都出自名门，只有一个例外。看看雅典改革接力赛的选手名单——梭伦、庇西特拉图、克里斯提尼、伯里克利，他们都出身世袭名门。这甚至让人不得不三缄其口，告诫自己绝不能说世袭的弊端。

雅典的统治者虽然使用的统治方法不尽相同，但他们都热爱女神雅典娜。他们不是单纯的、置人性于不顾的理想主义者，只是以意识形态为名追求自身的理想罢了。

克里斯提尼是典型的雅典人，有那么一点儿狡诈。我们来看看他是如何大刀阔斧打破自己所属阶层的基础，从而建立起新型政体的。这种政体可以进一步激发特权阶层的潜力。

众所周知，“克里斯提尼改革”内容相当复杂。我曾经为此绞尽脑汁，冥思苦想。

让我苦苦思索的克里斯提尼改革方案，绝不是一朝一夕完成的，一定是克里斯提尼在长达 30 多年的流亡生活中不断摸索出来的结果。

对于生活在后世的我们来说，理解这极其复杂的改革内容并不困难，这要归功于亚里士多德。他是一个兴趣广泛的哲学家，用《诗学》论述悲剧。在《雅典的政体》(*Athenaion Politeia*)中，他又分析了雅典政体的变迁。

这本讲述雅典政体的书通俗易懂，直到 2000 多年以后的公元 1891 年才被发现并第一次出版。这意味着城邦国家雅典从历史上销声匿迹以后，在漫长的岁月里被彻底遗忘，甚至连法国大革命时代、拿破仑时代的欧洲人对这本书也一无所知。如果他们了解雅典，了解雅典的政体，就一定能体会到仅靠一知半解的想法是不可能实现自由、平等和博爱的。

在这里，我也想介绍一下“克里斯提尼改革”，比亚里士多德的讲述更简单明了。哲学家亚里士多德生活的那个时代，比克里斯提尼晚 150 年，当时城邦国家雅典尚存，而我们生活的当今世界距离那个时代已过去了 2300 多年，城邦国家雅典早已杳无踪迹。因此，要了解 2500 多年前的雅典，做进一步的简化是必要的。

不管内容多么复杂，克里斯提尼的真实意图是明确的：

一、绝不允许僭主政治在雅典死灰复燃。因为不管让人多么舒服，僭主政治终究不是一个全体公民平等参与国家政事的体制。

二、必须建立一个可无限激发人力资源——雅典公民活力的体制。

第一个内容继承了梭伦改革的精神，第二个内容继承了庇西特拉图的政治。由此可见，克里斯提尼不是彻头彻尾颠覆改革之人。

前面已经介绍过，城邦国家雅典的领土阿提卡地区分 3 个部分，即首都所在的城区、朝海的沿岸地区和内陆山区。

克里斯提尼在此基础上做了进一步划分，把每个部分再分成 10 个区：

城区——从 1 区到 10 区。

沿海地区——也是从 1 区到 10 区。

内陆山区——同样从 1 区到 10 区。

如果区域划分到此为止，那么雅典一共划分成 30 个区。但是，克里斯提尼的设想不会止步于此。因为他真正的意图是，让土地分成小块，同时还要防止过度分散。

他对 30 个区进行了重组。3 个地区的各区之间进行合并，产生了 10 个“部落”，拉丁语叫“tribus”。这是后世的人还在使用的一个词语的词源。

例如，城区的第一区和沿海地区的第一区、内陆山区的第一区进行合并，构成“第一部落”。

第二区以下照此进行合并，共产生10个“部落”。

无论是在克里斯提尼之前的雅典，还是在现代的伊斯兰国家，“tribus”的意思都是“部落”。无论是通过血缘关系、地缘关系抑或是利害关系联系在一起，都是一个自然形成的人类群体，其核心是当地权贵。

克里斯提尼改革的核心就在于此。首先划分出30个小区，再对其进行重组建成10个“部落”。曾经“tribus”的最佳译词是“部落”，但在这里，“部落”不同于我们一般意义上认为的部落。因为自然形成的部落变成了人为建立起来的住民共同体“行政区”。因此，说到城邦国家雅典的部落，只能用“tribus”而不能用部落一词。①

无论领导人叫国王还是叫僭主，抑或称君主，权力集中在一人手中的政治体制唯一的好处是可以防止属下各“部落”轻举妄动。

克里斯提尼构思的改革，目的是要在雅典建立起这样一个政体：尽管没有国王或僭主，却能防止各“部落”肆意妄为，以确保国内统一。一直以来，让雅典伤透脑筋的内部对立都是由权贵家族所属“部落”的争斗引起的。

阿提卡地区被划成了若干小片区，因此权贵人家分布于各地的土地也被碎片化了，他们不敢再说这是自己祖先留下来的土地，也不能

① 为方便表达与理解，本书在提及“tribus”时，使用加引号的“部落”，以示与一般意义上的部落有所不同。——编者注

在那些地盘上耀武扬威了。首当其冲成为解体对象的“部落”，自然是克里斯提尼所属的阿尔克迈尼翁家族。有此先例，我想公民大会一定会以多数赞成的结果通过克里斯提尼的提案。

当然，克里斯提尼并没有满足于解体旧势力。在完成这一改革后，他没有停下改革的脚步。

城区的第一区和沿海地区的第一区、内陆山区的第一区合并成为“第一行政区”后，其余区照此进行合并，共产生了10个行政区。接着，他又将每个行政区划分成3个“特里提姆”（trittium），各特里提姆再分成5个“德谟区”（demos）。

至此，城邦国家雅典的阿提卡地区全域划分终于完成，共产生了10个“部落”、30个特里提姆和150个德谟区。德谟区的数量后来又增加到170个。可以认为德谟区就是现代国家“城镇”或“村落”的雏形。

距今2500多年前，克里斯提尼就为全体雅典公民建立了“户籍”，即英语中的“identity card”。

通过实施户籍制度，城邦国家雅典的安全保障基础得以确保。可见，他确实是一个非同寻常之人。

在现代国家，正确掌握户籍和住民票[①]所在地，通常是出于税收的需要。但是，古代只有间接税，没有直接税。古代的直接税是兵役，也叫“血税”。公民是符合兵役条件的、20岁以上的成年男人，他们又是享有城邦国家公民权的人。

---

① 住民票是日本记录现居住地的证件。——译者注

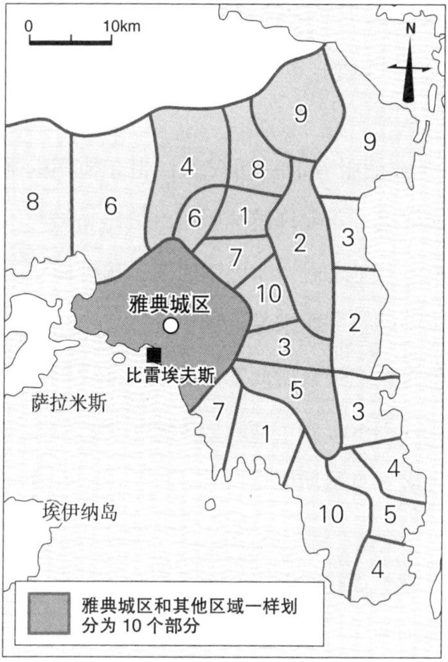


“部落” 10 个

↓

特里提姆 30 个

↓

德谟区 150—170 个

雅典行政区划

还有一个说法，据说克里斯提尼要求 10 个“部落”分别上报 3000 个满足兵役条件的人名，共计 3 万人。在全体公民皆为士兵的雅典，公民总人数不过 4 万人左右，却有 3 万人作为现役军人被登记在册。尽管有骑兵、重装步兵和轻装步兵之分，但是，仅在人员数量上，雅典超过了公认陆战实力最强的斯巴达两倍之多。

克里斯提尼一定还记得庇西特拉图时代末期，由斯巴达牵头成功缔结的伯罗奔尼撒同盟。

庇西特拉图统治期间，雅典发展迅速，让斯巴达产生了危机感。

于是，斯巴达号召位于伯罗奔尼撒半岛的各城邦国家结成同盟，这就是伯罗奔尼撒同盟。随后，斯巴达的霸权政策出现了 180 度的大转变。

结盟以前，斯巴达会剥夺被征服者的一切权利，剥夺他们的地位，使他们沦为底层人，犹如奴隶。若允许被征服国继续维持城邦国家的状态，则要求高额的贡税。结盟之后，斯巴达改变了这种做法。

斯巴达对伯罗奔尼撒同盟国的唯一要求是，斯巴达发动战争时为其提供兵力支援。斯巴达重装步兵之强众所周知。除了阿尔戈斯，位于伯罗奔尼撒半岛的大多数城邦国家都表示加入伯罗奔尼撒同盟。阿尔戈斯未加入同盟是因为历史上一直与斯巴达交恶。而伯罗奔尼撒同盟是留在克里斯提尼心里的一件事。

斯巴达人一旦确定目标，就会勇往直前。雅典人与他们不同，确定目标以后并不一定勇往直前。斯巴达人只觉得雅典的户籍制度非同寻常，却找不出可以提出抗议或质疑的理由。雅典通过明确户籍所在地，有效地保障了兵源。当然，除此之外，户籍制度还有其他不少好处。

克里斯提尼改革以后，雅典公民的名字发生了变化。一个人的名字中必须包括其户籍所在的德谟区名、父名和本人的名字。例如：

“户籍在阿洛裴盖德谟区的苏弗洛尼斯科之子苏格拉底。”

“户籍在克拉尔戈斯德谟区的克桑提普斯之子伯里克利。”

名字中不再出现代表出身阶层的家族名称。因此，克里斯提尼的名字中也删去了雅典众所周知的阿尔克迈尼翁之称。

如此一来，是不是重视个人才华的时代已经到来了呢？

正如亚里士多德评价的那样，克里斯提尼的改革并没有止步于“极大地推动了民主政体的建立”。

不断推进建立民主政体，是为了推动雅典向实力主义（meritocracy）发展的进程。

25年后雅典出现了统治者中唯一一个“非名门出身”的人。他就是地米斯托克利。

“meritocracy”是后世造的词，融合了拉丁语和希腊语，它在古代希腊和罗马都不存在。尽管当时没有这个词，却不表示没有这个意思。在我的理解中，“民主政治”和“meritocracy”的意思惊人地相似。

克里斯提尼的改革使雅典公民拥有了户籍。只是，当时的户籍只显示一个人的户籍所在地，并不表示他必须居住在此地。

例如，出生于内陆山区的人可以去沿海地区从事贸易活动，也可以租住在城区学习在壶上绘图。也就是说，雅典允许公民自由选择居住地，这种自由是雅典不同于斯巴达的又一个方面。

当然，雅典和斯巴达相同的一点是，两国都是全体公民皆为士兵的国家。一到18岁，雅典的年轻人必须回自己的德谟区申请参加兵役训练。毕竟，一旦敌军入侵、国家沦陷，原本享有最高平等权利的全体公民就会变得一无所有。

因此，介绍兵役也就是介绍克里斯提尼改革后的雅典新政体。

克里斯提尼保留了梭伦改革中建立起来的政体，但他没有全盘照搬。

梭伦的政体在历史上叫作“财权政治”，它根据收入的多少，将其划分为从富裕阶层到无资产者四个等级。也许你会以为，土地划分成小片，富裕阶层的富裕程度会大打折扣。然而贫富差距终究存在。而且富裕阶层还有海外资产，这部分资产并不包括在梭伦改革中。在没有直接税的时代，自然没有累进税。我想在那个时代，第一等级和第二等级的骑兵义务，恐怕就是另一种形式的累进税吧。

第三等级的兵役是担任重装步兵，除了盾和长矛之外，其余装备由个人负担。到了庇西特拉图时代，重装步兵的所有武装改由国库提供。既然如此，属于第四等级的无产者匠人和商人，是不是也可以成为重装步兵呢？

事实确实如此。属于第四等级的公民，尽管不是所有人都从轻装步兵升为重装步兵，但至少有一部分人升为重装步兵了。

有研究显示，克里斯提尼时代的城邦国家雅典，享有公民权的人数在 4 万人左右，即 20 岁以上的成年男子有 4 万人。当然，这个数字包括了 50 岁以上已经退役的预备兵和已无力参加预备役的老年人。

15 年之后发生在马拉松平原的战斗中，雅典总共投入了 9000 名重装步兵，占全体成年男性总人数的四分之一。尽管后来雅典成年男性人数不断增加，但是相对于成年男性总数，城邦国家雅典可以送往前线的重装步兵数的比例并没有太大变化。也就是说，在雅典，虽然男性人数增加了，但是重装步兵的人数始终保持在斯巴达的 2 倍左右。

地米斯托克利创建海军之前，陆地上两军交战，主要战斗力是重装步兵，轻装步兵只是辅助力量。因此，在地米斯托克利创建海军的 15 年之前，克里斯提尼在雅典改革的过程中致力于扩充重装步兵力量是有充分理由的。

尽管克里斯提尼保留了梭伦改革后的政体，但是根据庇西特拉图时代的状况和划分小片区后出现的改变来看，克里斯提尼改革的内涵已经发生了变化。

执政官的被选举权只属于第一等级和第二等级，以前是 9 人，此时增加到 10 人。原因是每个“tribus”都要选出 1 个执政官，10 个“tribus”就有 10 个执政官。人数增加，每个人的权限却大大缩小了。执政官成了一种名誉，而不再是决策者，因此他们的组织也不能称为内阁了。与此相应的司法机构亚略巴古的权限也缩小了。这个机构由担任过执政官的人构成。也就是说，富裕阶层的权限因为他们中的一人——克里斯提尼的缘故大为缩水。

执政官的权力弱化了，10 位“将军”（strategos）组成的机构取而代之登上了历史舞台。这一机构成了“内阁”，不仅负责政治事务，也负责军事行动。古代国家大多军政不分，明确有文武官之分的只有斯巴达。斯巴达人的语言中一定不存在“strategos”一词，尽管它是“战略”（strategy）一词的词源。

克里斯提尼像
（现收藏于美国俄亥俄州议事堂）

10 位将军均由公民大会选举产生，任期只有 1 年，每年改选，可以连任。只要是 20 岁以上的成年男子，不论什么等级都可参与投票。

法治国家的政策一定是用法律

梭伦改革以后的雅典政体（公元前 594 年—公元前 508 年）

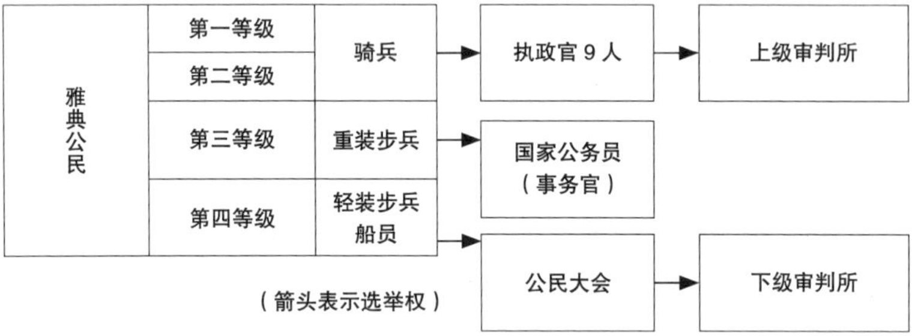


克里斯提尼改革以后的雅典政体（公元前 508 年—公元前 322 年）

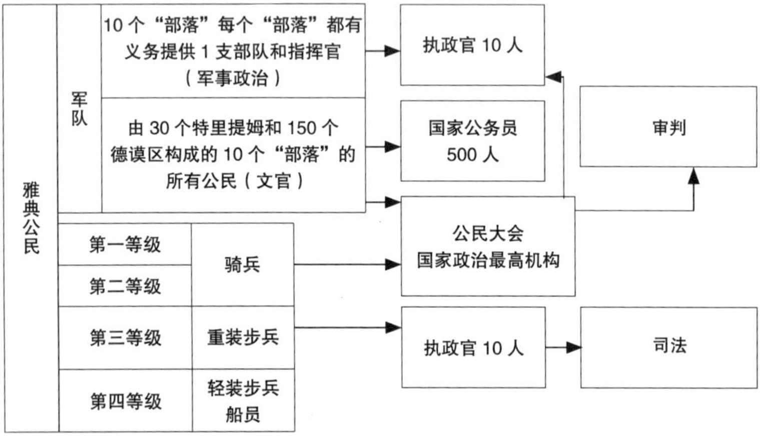


制定的。法律虽然重要，但如果拘泥于法律，就会成为欧洲人口中的“法律的奴隶”，其后果很可能适得其反。克里斯提尼虽然重视法律，却没有固执到不知变通的地步。

克里斯提尼还创设了一个机构，叫“布列”（bule），由 500 人组成。雅典是直接民主政体的国家，如果把公民大会看作下院的话，我认为“布列”就相当于上院，当然它与近现代国家的上院并不相同。

我想，它更像是梭伦改革中的事务官僚机构。

构成 500 人委员会的布列成员不是通过选举产生的，而是通过抽签的方式，从 10 个“部落”满 30 岁以上的居住者中分别抽取 50 人构成。

如果你觉得抽签随意性太强，那只能说明你没有真正了解古代雅典人。对于他们来说，抽签意味着神意，是诸神的决定。可以想象，克里斯提尼引入抽签的方法，其目的大概是给所有雅典公民担任公职的机会吧。

雅典全面负责国家政治和军事的是“将军”，他们是通过选举产生的，不是凭抽签。雅典人在灵活运用神的意志和人的意志方面，也很有天赋。直接民主政体之所以能在雅典长期存在，应该缘于雅典人的灵活机敏，毕竟直接民主政体是一个容易出现麻烦的政体。

亚略巴古作为司法机构，长期被富裕阶层独霸。随着这一机构权力的弱化，梭伦改革中业已存在的“陪审法庭”（eliaia）的作用得以大大提高。“陪审法庭”相当于法院，全体公民都有被选举权。于是，与雅典公民相关的民事案件都转到此机构进行审理了。

就这样，人类史上诞生了普通公民也有权参与政治的政体。

“公民大会”（ecclesia）成了国家政治的最高决策机构。在公民大会上，20 岁以上的所有成年男性都有投票权。公元前 508 年，克里斯提尼开始改革，经过几年时间得以最终完成。这一政体持续了 170 多年，直到公元前 322 年。其间虽有过小的变动，但是基本形式保持不变。

公元前 322 年是亚历山大大帝在波斯去世的第二年。亚历山大大帝生前为了东征，曾经对雅典的国家政治不闻不问，任由城邦国家雅典自生自灭。亚历山大大帝死后，帝国遭肢解分割，雅典最终沦为马其顿国王的属国，告别了独立城邦国家的历史。

在克里斯提尼实施的改革中，也有昙花一现的内容，那就是陶片放逐。

读者们即使不知道克里斯提尼的名字，对陶片放逐也一定有所耳闻吧。

## 陶片放逐

一方面，当时造纸所需的原材料纸莎草需要从埃及进口，非常昂贵；另一方面，雅典的壶和碟子制造业非常发达，人们常常为如何处理陶器碎片而苦恼。

于是，城邦国家雅典采用陶器碎片代替纸张进行投票。每个人自带小刀，在公民大会上将自己的意见刻于陶器碎片上。即使投票的目的不是决定放逐某人，也以陶片（ostracon）为纸进行投票。

按照亚里士多德的说法，陶片放逐是克里斯提尼的一大发明。决定是否对某人采取陶片放逐时有严格的规定，不同于普通投票。

第一，目的明确，只为决定是否放逐某个人。此人有可能给城邦国家雅典带来危害。

第二，以放逐为目的的投票一年一次。

第三，参加投票的人数不能少于 6000 人，少于 6000 人自动流会，投票无效。

第四，票数超过半数，处以当事人流放国外 10 年的惩罚。

成为陶片放逐对象的是“可能带来危害的人”，不是“造成危害的人”。

因此，决定是否放逐某人的不是审判官而是公民，也就是说这不属于司法问题，而属于政治问题。

遭到陶片放逐的人不是罪犯，因此他们的资产不会被没收，家人也可以留在雅典。只是本人在被流放的10年间不得踏入阿提卡地区。其间他可以指定资产管理人，也允许他让管理人给自己送钱。

要凭陶片放逐一个人，至少要有3000名以上雅典公民以“可能带来危害”为由，将其名字刻在陶片上，因此这样的人一定声名显赫。可以说，遭到陶片放逐，意味着这个人是雅典政界的大人物。

在那个没有电话也没有电子邮件的时代，离开政治中心长达10年，其政治影响力不可避免地会大大降低。因此，陶片放逐的真正目的大概只是为了让一个人好好反省自己的所作所为。毕竟放逐本身完全不会损害一个人的名誉。10年以后，他可以毫无顾忌地出现在国内，而且有可能再次当选将军。不仅如此，只要公民大会同意，不满10年也可以回国。这一制度实施了25年以后，遭陶片放逐的人频频出现，这种状况令人不能不产生疑问。

对于政治家来说，剥夺10年政治权利的处置相当严厉。那么这一决定是否真的是3000人以上的公民的意愿呢？

举行公民大会如果是为了决定是否放逐某人，参会总人数必须超过6000人。假设投票者的总人数在6000人以上，过半就是3000人以上。

随着时代的变迁，城邦国家雅典的公民数，也就是有投票权的人的总数从4万增加到了6万。当然，这个数字是研究者们推算出来的。即便如此，3000 除以 4 万是 7.5%。

这意味着史上著名的“陶片放逐”实际上只是有投票权的人中 7.5% 的人决定的。

克里斯提尼活着的时候雅典从未出现过陶片放逐的牺牲者。但是，从他死后的第 8 年开始，有实力的政治家纷纷遭到陶片放逐。

公元前 484 年，伯里克利的父亲克桑提普斯。

公元前 482 年，阿里斯泰德。

公元前 471 年，地米斯托克利。

公元前 461 年，客蒙。

陶片放逐成了排挤政敌的一种手段。最后一次陶片放逐是在公元前 417 年。这一年，随着形势的发展，对立的两个大人物中必须有一人被放逐。但是两人秘密达成协议，结果被放逐的是毫无关系的第三者。

雅典公民也许因此觉醒了。这一年后，雅典废弃了陶片放逐制度。此时，从确定陶片放逐制度算起已经过去了 85 年。

当我看到考古发掘出来的陶片时，不禁感慨万千。我惊讶于当时雅典公民的识字率竟如此之高。刻在陶片上的不是 × 或○，而是人名，甚至详细到某人之子。在采用记名投票的日本，没有人注意过日本的识字率有多高。而且，当今世界采用符号——例如用 × 或○等进行投票的国家仍不在少数。2500 年前的雅典，应该很少有人为了讨论某项议案或投票而特意前往卫城吧。但是我想，他们个人的智商应该都相当之高。

## “弃权”？“尊重少数人的意见”？

联想总是一个接一个，我又想到了另一个问题。

那就是决定是否陶片放逐某人这一重大议题时，公民大会的参会人数规定在6000人以上，这是不是意味着决定其他议题的公民大会参会人数要少很多呢？至今尚未发现有史料记载参会人数的要求。那么是不是说除了决定陶片放逐的大会，其余都不要求最少参会人数呢？

在讽刺喜剧作家阿里斯托芬的作品中，有一段引导公民进会场的描写。雅典人个性独立，个个能言善辩、伶牙俐齿，一句“开会了，请大家依次入场”，很难让大家老老实实地进入会场，甚至很难说大会几时才能开始。所以，引导者就像羊倌，吃力地把羊群——参会公民赶进会场。这个场面一定非常滑稽。但是根据这一描述，可以推测参会人数应该数千人。

因此，出席公民大会的人数通常在4000人左右的这一推测是成立的。也就是说，直接民主政体下的雅典人讨论一个议题时，参与投票的人为有投票权者总数的10%左右。

于是，又出现了一个疑问。我睁大双眼，努力从那个时代的雅典人撰写的作品中寻找有关“弃权”或“尊重少数人的意见”的内容。

在我力所能及的范围内，结果是0。我完全没有看到“弃权”或“少数人的意见”之类的字样。

那么，是否可以认为，在2500年以前创造了民主政体的雅典人的意识中，既没有弃权之说，也没有尊重少数人的意见的想法呢？如果是的话，我想，也许那些男人是这样想的：

> 公民有投票的权利，但是否行使这一权利是每个公民的自由。
>
> 不行使这一权利，即弃权的话，则有义务服从参与投票的人做出的决定。

因此，雅典人不会把弃权现象看作问题。至于少数人的意见，既然公民大会上经过激烈辩论做出了决定，那就足够了。

如果上述推论正确，那么过分看重弃权或少数人的意见本身就是反民主政治。而且，未经过认真冷静的思考，就无法让民主政体发挥作用。

欧美文明源自古希腊和古罗马文明。在欧美，现在依然有很多人认为创造雅典民主政体的人是梭伦。但是我认为，真正意义上的创造者应该是克里斯提尼。

爱琴海上的岛屿希俄斯和距离雅典不远的迈加拉也试行过民主政体，而雅典与这两个城邦国家之间的不同之处只在于是否确立了民主政体。

为什么会出现这种不同呢?

因为雅典成功确立了中产阶层的地位。最先由梭伦迈出第一步，接着庇西特拉图大大提高了雅典的经济实力，继他们之后的克里斯提尼又实施了进一步的改革。至此，雅典出现了“健全的中产阶层”，他们亲力亲为参与生产。

将领土划成小片，再对小片进行重组，这样的做法缩小了社会差距。没有中产阶层的社会很难实行民主政治，这不只是历史现象，现代的世界形势也充分证明了这一点。

克里斯提尼确立的民主政体完成于公元前 6 世纪末。对城邦国家雅典来说，能够在这一时期完成它，犹如神赐一般幸运。如果晚些时候完成，很可能赶上前所未有的国难当头之际，也就是波斯入侵之时，那么民主政体很可能毫无用武之地了。

“克里斯提尼改革”和第一次希波战争之间相隔 15 年时间。

15 年足以让雅典公民了解民主政体，足以让他们每一个人认识到城邦国家雅典不只是富裕阶层的国家，而且是所有人的国家，足以让他们意识到作为雅典公民，面对入侵的敌人拿起武器不只是义务，而且是责任，是为了保护自己的家人，保卫自己的家，保住自己的工作。

真想对克里斯提尼说一句:“你太幸运了，克里斯提尼先生。”

第一次希波战争爆发的两年前，克里斯提尼在祖国雅典安详地过世，享年 73 岁。

从流亡到回国，又过去了 18 年。身为雅典政界的翘楚，克里斯提尼没有留下一丝一毫的私人逸事。他的私生活如在雾中不为人知，人们只知道他有一个女儿。这是因为人们知道伯里克利的母亲和克里斯提尼的女儿是表亲。

有一些作家认为，评价一个人只需要用“作品”说话，不应该扯上私生活。克里斯提尼与这些作家颇有相似之处。他用他的智慧创造出来的“作品”就是“雅典的民主政体”。

# 第三章　抵抗侵略者波斯

# 波斯帝国

从未有过如此不同的民族书写同一段历史的先例。

波斯人和希腊人几乎都在公元前6世纪崛起。无论平时还是战时，波斯人和希腊人一直关系密切。到了公元前333年，时任波斯帝国国王大流士三世完败于马其顿年轻的国王亚历山大，波斯走向了灭亡。

在此5年前，在与马其顿的交战中，雅典和底比斯联军败北，希腊城邦国家时代宣告结束。

长达200多年的岁月里，专制君主国家波斯和民主政体下的雅典为代表的希腊，同生共死。

在公元前6世纪，没有人想到波斯帝国会在25年的短暂时间里迅速崛起，将辽阔的土地置于他们的统治之下。其疆域之大打破历史纪录。

公元前539年，尊称为“大王”的居鲁士征服巴比伦。从此，中东全域进入波斯统治之下。

继居鲁士之后，冈比西斯尽管在位时间只有短短7年，但是他只需要继承居鲁士的方针即可。

中近东最先沦陷。于是，以陆地军队见长的国家波斯有了船只——腓尼基人的船只。腓尼基是一个以贸易立国的民族，有较长的海运历史。

公元前525年，埃及沦陷，也被纳入波斯的统治之下。波斯征服中东、中近东以及从埃及到利比亚的北非东半部分后，作为一个多民族国家，它发展成一个伟大的帝国。在东方君主中，波斯国王赢得了“王中之王”的赞誉。

同一时期，雅典在庇西特拉图的统治下，正处于经济高度发展的时期。

第三代国王大流士一世在位的时间是公元前522年—公元前486年，共计36年。因其在位时间长，所以他是名副其实的“王中之王”。也是他将帝国首都定在帕塞波里斯。

阿契美尼德王朝的波斯统治者虽然实行专制君主制，但他们是现实而精明的统治者。

征服，依靠的是军事力量。被军事力量征服的人是否接受胜利者的统治，要看统治者的政治才能。

波斯统治者首先将辽阔的波斯帝国划分成20个行省，分别任命行省总督（satrape），由他们管理各个行省。担任总督的，则是被征服者中的权贵。

这个职位为世袭，总督的后代可以继承总督之位。当然，他能否一直坐在这个位置上，则取决于国王的意愿，毕竟波斯是一个君主专制国。

行省总督享有极大的自治权，但是他们要尽三项义务：

一、参加一年一度在苏萨召开的、由国王主持的最高会议时，必须携带符合臣服之礼的贡礼。

二、各行省用金或银缴纳年贡。没有史料显示年贡具体是多少，想必数额一定不低。

三、“王中之王”御驾亲征之时，按要求提供兵力，由总督本人或行省高官指挥随同作战。

就这样，“王中之王”在实施宽松的专制统治的同时，确保了帝国运行所需的资金来源。也确保了主要战斗力波斯军队以外的军事力量的来源。

波斯帝国对宗教信仰的态度也是宽容的。他们的宗教是拜火教。拜火教是一神教，但不强制异教徒改教。因此在波斯帝国，无论是一神教信徒犹太人，还是多神教信徒希腊人，在信仰上都享有充分的自由。

到了大流士一世时代，波斯帝国开始将目光投向西方。

首先，它将临近小亚细亚西岸的萨迪斯收入囊中。萨迪斯是内陆城市，不靠爱琴海。接着，它开通了从苏萨到萨迪斯的公路。

这条路取名为“王之道”，全线用石头铺就，相当于当时的高速公路。每隔一天行程建有一个驿馆，人们可以在驿馆换马。200 年后，罗马铺设亚壁古道时就模仿了这条路。只是，波斯人建成这一条公路以后就心满意足了，而罗马人却建起了密密麻麻的公路网。两者如此不同，也颇有些意思。大概是因为前者只注重“王中之王”的权威，而后者更看重效率吧。

尽管如此，这条“王之道”无疑具有里程碑式的意义。波斯人并不重视这类基础设施，希腊人更无兴趣。对于这条公路，希腊人除了感慨一番，自然不会留下任何记录。

感慨不等同于关心。大多数希腊人似乎并没有意识到这条“王之道”的真正意义，而这条路的终点就在爱琴海的不远处。

也许他们认为，波斯国王既然已经拥有如此辽阔又肥沃的土地，不可能会觊觎希腊和爱琴海吧。毕竟希腊的土地不仅贫瘠而且狭窄，而爱琴海又遍布小岛。

但是，对领土有强烈霸占欲的人不会在意土地是否贫瘠，也不会在意海上的岛屿是大还是小，他们唯一的念头就是掌控所有的土地，否则绝不会罢手。

波斯国王出征时通常会给被征伐国送去一个通告，要求献上“土地和水”。这一要求也充分说明波斯是一个领土控制型国家。

接受这一要求，该国自然成为波斯属国；拒绝这一要求，那就准备迎战波斯军队的进攻吧。

送别公元前6世纪，刚迎来公元前5世纪的这个时期，希腊各城邦国家开始陆续收到通告。此时的雅典在公民的支持下，正在不断巩固克里斯提尼的改革成果。

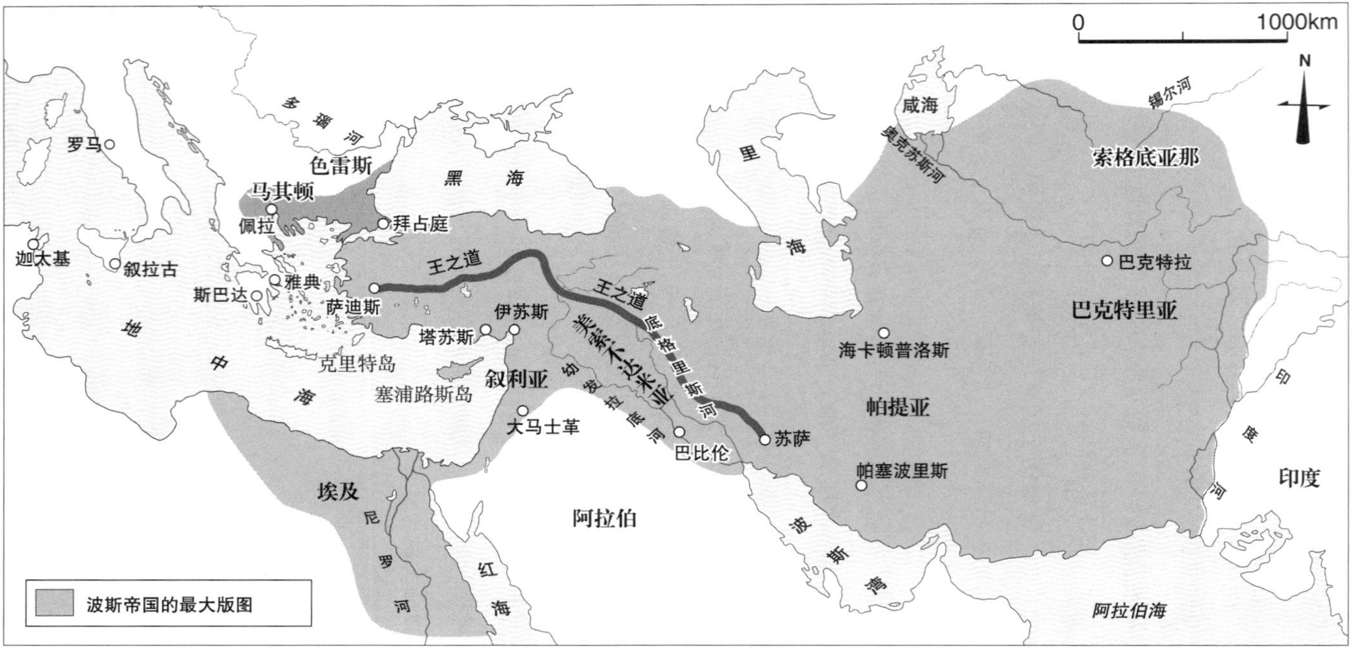
0
1000km
N
罗马
迦太基
叙拉古
斯巴达
雅典
佩拉
马其顿
色雷斯
多瑙河
黑海
拜占庭
萨迪斯
王之道
伊苏斯
塔苏斯
克里特岛
塞浦路斯岛
叙利亚
大马士革
地中海
埃及
尼罗河
红海
阿拉伯
美索不达米亚
幼发拉底河
底格里斯河
巴比伦
苏萨
里海
咸海
奥克苏斯河
锡尔河
索格底亚那
巴克特拉
巴克特里亚
海卡顿普洛斯
帕提亚
帕塞波里斯
波斯湾
阿拉伯海
印度河
印度
波斯帝国的最大版图
波斯帝国领土和“王之道”

## 第一次希波战争

古代希腊文明最先诞生于爱奥尼亚地区。哲学家泰勒斯是米利都人，历史学家希罗多德出生于哈利卡纳苏斯，数学家毕达哥拉斯也是爱奥尼亚地区的本地人，医学家希波克拉底的出生地是科斯岛，因波斯军入侵，为避战祸，他逃到意大利南部的克罗托内，并在那里开设了学校。

应该说，具有划时代意义的文明不可能产生于和平之地，因为那里没有来自异域的刺激。身处祖国这一温室中的人不可能创造出有巨大影响力的文化，这种文明也不可能自然诞生。

生活在小亚细亚西岸的人是从希腊本土移居过来的，身上流淌着希腊人的血液，他们和埃及交流频繁。当时，埃及是一个发达国家，这里所说的频繁交流主要指生意往来。通过与异域的交流，爱奥尼亚地区的经济实力大增。

经济实力增强不一定会创造出新的文明，但是，没有经济实力的地方一定不会产生新的文明。

爱奥尼亚地区不同于希腊本土，它在地理条件上有一个很大的劣势。位于爱奥尼亚地区的各城邦国家面向大海，与海外开展贸易往来十分方便，但时时感受着背后来自领土控制型国家波斯的威胁。城邦国家住民总人数不会太多，即使每个住民的生产力极高，也不会提高人口数量。相反，对领土充满贪欲的波斯，其“能量”是要用“数”和“量”来体现的。

波斯国王大流士成功占领萨迪斯的时候，生活在爱奥尼亚地区的希腊人一定意识到了波斯人的入侵绝不会止步于此。他们很清楚，用

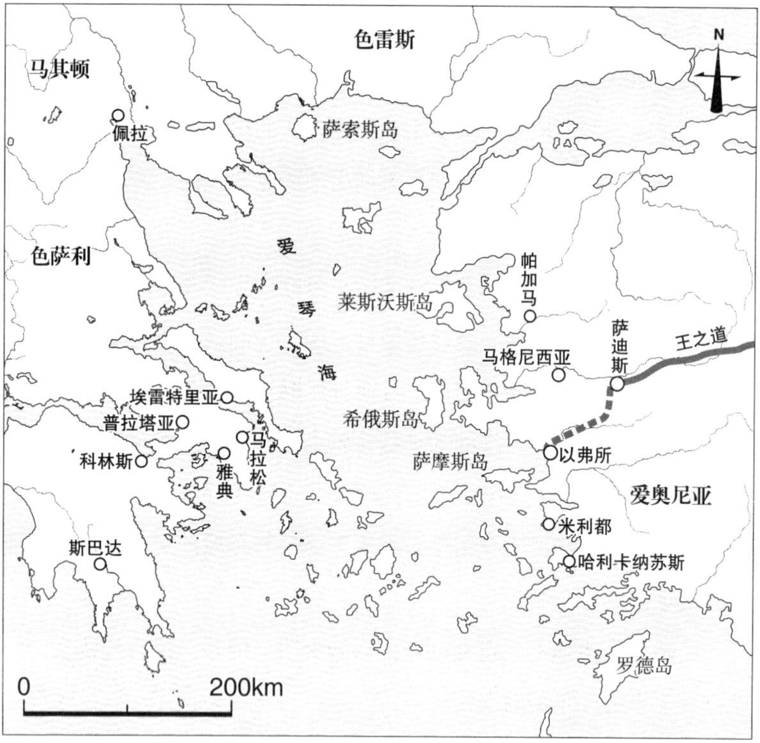


爱琴海周边

不了多久，自己的担心就会变成现实。

和波斯帝国辽阔的版图相比，希腊不过是一块巴掌大的地方。尽管如此，大流士还是把目标锁定在希腊，稳稳地踏出了侵略的脚步。马其顿屈服于“土地和水”的要求，成为大流士的属国。波斯征服色雷斯的行动同时进行，虽然稍微花了点儿时间，也成功完成了任务。色雷斯位于爱琴海北部，聚集了雅典富裕阶层的海外资产。为了保护自己的财产，那些雅典人和他们率领的原住民进行了顽强的抵抗。为此，大流士不得不派军队进行镇压，最后色雷斯也被置于波斯帝国的统治之下。

大流士以萨迪斯为前沿基地，在同时展开的入侵爱奥尼亚地区各城邦国家的行动中，除了色雷斯，没有遇到像样的抵抗，征服行动异常顺利。连接萨迪斯和苏萨的“王之道”让大流士侵略这些地方变得容易了许多。此时的苏萨集中了首都的功能。以弗所、米利都、哈利卡纳苏斯这些极尽繁荣，甚至被誉为爱奥尼亚地区珍宝的城邦国家悉数归入了大流士的统治之下。

爱奥尼亚地区成为波斯领土，也决定了那些靠近爱奥尼亚地区的爱琴海群岛的命运。莱斯沃斯岛、希俄斯岛、萨摩斯岛等纷纷屈服于波斯。接着，大流士把“王之道”从萨迪斯延伸到了以弗所。因为他选中了萨摩斯岛，决定将此岛作为波斯海军集结地。萨摩斯岛位于以弗所附近的海面。

波斯本质上是一个以陆地力量著称的国家，没有海上力量。海上军队也不会诞生于一个没有海运传统的国家。但是，包括腓尼基在内，波斯已将中近东置于自己的统治之下，他们可以征用腓尼基人的船，连同船员一起。当时，腓尼基人是最强的海洋民族。只是在波斯人的意识里，船只是用来输送兵力的工具，他们从未想过海上作战。

爱奥尼亚地区成了波斯领土，但是居住在此地的是希腊人，他们的想法自然与东方民族波斯人不同。

波斯人重视“土地和水”，因为他们认为只有农业才是富裕的根本。但是，希腊人认为，即使缺少“土地和水”，依然可以创造财富。尤其是生活在爱奥尼亚地区的希腊人，他们用贸易促进经济，非常富裕。因此，在这一地区的希腊人的意识中，这种想法更加强烈。

当然，两者还有一个不同之处。关于这点不同，没有史料可用来参考，只能想象。我想，波斯帝国要求向国王进贡的贡税，会不会是一种直接税呢？

希腊城邦国家都采用全体公民皆为士兵的制度，按惯例，直接税是以兵役的形式来体现的。但是，波斯帝国的军事力量除核心部队以外，其余部分的惯例是，每逢战事临时征集军队。因此，在波斯人的意识中，兵役始终只是附加要求而不是义务。既然不是“义务”，也就不是“税”了。根据波斯国王的要求，各行省总督每年从属下全体公民中征收一定金额的钱献给国王作为感恩之礼，感谢国王允许自己生活在他的保护之下。也就是说，进贡只是为了感恩而不是“税”，住民自愿缴纳，是他们作为王国一员主动呈献的。

对于这样一种体系，东方人或许没有异议，希腊人是否很不情愿接受呢？不管希腊人接受与否，我认为这不是制度的优劣问题，只是不同民族的习惯不同而已。

爱奥尼亚地区反抗波斯力量的最后堡垒是米利都。直至米利都沦陷，爱琴海东岸全域进入了波斯国王的统治之下。形势变化至此，不可能不影响到雅典，因为雅典和爱奥尼亚地区仅隔着一个爱琴海。此时，克里斯提尼时代已经结束，新一代领导人登上历史舞台。或许可以说，他们的崛起本身就是波斯国王大流士侵略的结果。

在雅典，以名门和富裕阶层为核心的集团消失了，但派系依然存在。因为利益集团可以被消灭，不同的想法却不会随之消失。而且，人类本就是喜欢拉帮结派的生物。

想法不同，就会产生对立，对立的阵营之间就会展开激烈的权力之争。当然，他们之间的权力之争不是为了权力本身，是为了实现他们各自的理想。为了让自己的想法变成国策从而落到实处，他们需要权力。雅典是一个民主政体的国家，没有公民的支持就不可能掌握权力。

就在这个时期，波斯的矛头开始刺向雅典的胸口。作为新一代领袖人物，阿里斯泰德当时三四十岁，正是年富力强的时候。他也出身名门，曾多次与克里斯提尼并肩作战。他是一个非常理性的人，好像没有经历过青春期就直接长大成人似的。人们对他的评价很高。

另一方面，比阿里斯泰德小 6 岁的地米斯托克利 30 岁出头。他出生于雅典，却不是名门出身。非但如此，他的母亲还不是雅典人。他的母亲出身色雷斯，在雅典人眼中只是一个外国女人。而且，他的父亲也只是一个默默无闻的雅典公民。如果身处罗马时代，地米斯托克利大概属于“新移民”（Homo Novus）吧。

此后的 20 年间，这两人平分秋色，是雅典政界的佼佼者。

研究者把阿里斯泰德和他那一派叫“稳健派”，把地米斯托克利领导的一派叫“激进派”。但是，我总觉得这两个叫法并没有真实地反映当时的情形。

两人之间的对立缘于对国家危机的认识不同。波斯军队入侵时，他们会放下对立的立场，精诚合作，当危机过去，重回对立的两个阵营。

我想，对国家危机的认识不同，与先见之明或长远目光似乎并无直接关联。

对于波斯入侵，阿里斯泰德最初希望通过外交手段来解决，就像克里斯提尼尝试过的那样。也许他认为，大流士的征服欲会满足于侵占爱奥尼亚地区、马其顿和色雷斯等希腊北部地区，不会继续南下至希腊中部。当时，斯巴达人的想法也与阿里斯泰德一样。所以在希腊本土，怀着侥幸心理静观其变的态度占据了上风。

我想，这也许就是米利都请求援军支援时斯巴达拒绝的原因，也是雅典只派出 20 艘大帆船的原因。雅典仅提供 20 艘船，显而易见是不想刺激波斯。但是，地米斯托克利认为希腊和波斯之间的战争不可避免，然而“新移民”的影响力终究太过弱小。

雅典向米利都提供了 20 艘大帆船。尽管只是区区 20 艘，但在“王中之王”大流士看来，这已然表明了反波斯的立场，他绝不会原谅这一行为。萨摩斯岛是波斯运送军队的船只集结地，他决定从萨摩斯岛出发横渡爱琴海，直捣雅典和埃雷特里亚，因为埃雷特里亚也向米利都送去了增援船只。好像故意让雅典人难堪似的，大流士让庇西特拉图的儿子希庇亚斯随波斯军队同行。希庇亚斯是被雅典驱逐出去的，让他随行表明征服雅典以后，波斯帝国将把他扶上雅典统治者的位置。第一次希波战争前夜，就在这样的氛围中度过。

雅典一筹莫展，好在幸运频频降临。

首先，年届六十的大流士大概认为，攻打雅典无须自己亲征，于是把波斯军队的指挥权交给了两个属下。后来，拿破仑说过这样一句话：非凡的双将不如平凡的单将。

国王不亲征，意味着与国王如影随形的1万名号称“不死军”的近卫军精锐士兵也不会参战。“不死军”的意思不是士兵不会战死疆场，而是一旦有人战死即刻有人补充上去，保证1万人的数字不变。这种叫法确实很可笑，但是“不死军”无疑是由正宗的波斯人组成的精锐部队。

也许是大流士小看了希腊人，大流士只派遣了小规模的骑兵，远远达不到可称为骑兵团的规模，尽管骑兵是波斯军队的骄傲。在马拉松平原这一利于骑兵作战的地势上，波斯军队未能充分发挥出他们的优势，这可以说是原因之一，也是雅典的第二件幸运事。

正当雅典被波斯军队逼得走投无路之时，上天恩赐，为雅典送来了一个人。这是雅典的第三件幸运事。

此人就是米提亚德（Militiades）。他和波斯军队交过手，有过和波斯军队作战的经验，熟悉波斯军队。他对波斯怀有强烈的憎恨，是波斯人把他赶出了色雷斯——早已被他当成自己永远的家乡的地方。这些是阿里斯泰德和地米斯托克利无论如何也得不到的经验和经历。

米提亚德也出身雅典名门。他所在的家族和克里斯提尼所属的阿尔克迈尼翁家族实力难分伯仲。在雅典人称“僭主政治”时代的庇西

波斯帝国的近卫军“不死军”

特拉图和其儿子希庇亚斯的时代，他与克里斯提尼的做法截然不同。在僭主政体时代，克里斯提尼选择主动流亡国外，而米提亚德选择了顺从。他迎娶了希庇亚斯的亲戚为妻，多次当选相当于内阁成员的执政官。

34 岁那年，他的人生出现了转机。因为兄长去世，他接管了曾经由兄长全面掌控的父亲留下来的海外资产。

所谓的海外资产是雅典人在殖民地开垦取得的资产。资产规模大了，就要交给当地的总督进行管理。因此，在位于希腊北部的色雷斯，34 岁的米提亚德当上了最东端地区的总督。这里靠近亚欧交界的达达尼尔海峡，也是军事和经济重地。

米提亚德在此地生活了 25 年。驱逐希庇亚斯之后，雅典成了克里斯提尼的天下。虽说已是 20 多年前的事，但是因为和希庇亚斯的关系，米提亚德并不认为自己可以光明正大地回到国内。

20 多年前，米提亚德来到色雷斯，不久爱上了色雷斯国王家族中的一个女孩子。他与妻子离异后与该女子结婚，生下儿子取名客蒙。

米提亚德在色雷斯生活得非常舒心，然而波斯国王大流士的一纸“土地和水”通告，将他赶出了色雷斯。

最初，米提亚德并没有意识到事态的严重性。但是，当他看到波斯军队的士兵经过达达尼尔海峡，源源不断进入色雷斯的时候，他终于意识到波斯国王的真正用意不只是“土地和水”，还有这片土地上的一切，包括人。

于是，他把所有住民动员起来，不管是来自雅典的人还是色雷斯当地的人，共同抵抗波斯军队。尽管他们英勇善战，但劣势很快显现。他安排了 4 艘船，让尽可能多的雅典人离开色雷斯回到雅典。公

地米斯托克利

阿里斯泰德

元前 492 年，米提亚德已经 58 岁。

米提亚德刚回国就遭到了举报。举报他的理由之一是，他是僭主政体的支持者，尽管这已是 25 年前的事情了。理由之二是，他在色雷斯实施僭主政治。举报他的是稳健派领袖之一克桑提普斯。稳健派中的绝大多数人，只要一听到僭主政治就心生厌恶。

克桑提普斯因为有一个叫伯里克利的儿子（此时的伯里克利还只是一个 3 岁的幼儿）才成为历史名人。这样说对他显然有失公允，因此在后面的介绍中，不再注解“伯里克利的父亲”，而直接用克桑提普斯的名字。他和克里斯提尼同出一门，属于阿尔克迈尼翁家族。在这一时期，掌控雅典政界的就是他们。克里斯提尼一贯坚持反对庇西特拉图和其子希庇亚斯实行的僭主政体，因此米提亚德刚回到国内，就遭到了雅典政界大人物的举报。

也许是通过母亲的关系，地米斯托克利了解了米提亚德在色雷斯时的情况，因为他母亲也是色雷斯人。他决定帮助米提亚德。至于他采取了怎样的行动，又是如何行动的，没有史料记载，只能想象。在我的想象中，可能是下面这样的。

33 岁的地米斯托克利找了年长自己 6 岁的阿里斯泰德，请求他说服克桑提普斯撤销对米提亚德的举报。阿里斯泰德和克桑提普斯一样，同属稳健派。也许地米斯托克利认为，自己作为激进派领袖公开为米提亚德辩护，不如让稳健派内部消化此事。

两人相差 6 岁，在世人眼里他们是竞争对手。但是，不知何故，两人虽为竞争对手，一旦需要，却都愿意坐下来对话。这两个男人的性格、想法等也许截然不同，但他们的出发点可能都是保障城邦国家雅典的利益吧。

不管怎样，对米提亚德的举报最后不了了之。而且仅仅一年以后，米提亚德就在公民大会上当选为下一年度即公元前 490 年的将军。米提亚德未在雅典抛头露面长达 25 年之久，如果不是稳健派和激进派一起做工作，他应该不可能在如此短暂的时间里，得到公民的支持。

决定第一次希波战争走向的马拉松会战，在半年之后的公元前 490 年夏天打响了。

波斯军队好像全然无视雅典内部的变化一样，从集结地萨摩斯岛出发，一路向西横渡爱琴海，直驱希腊本土。

研究者认为，历史上称为第一次希波战争的战争中，大流士侵略希腊的兵力总数为 2.5 万人是比较可信的数字。2.5 万名士兵中，骑兵 1000 人，运送这支军队的船只 300 艘，其中超过半数的船是已处于波斯统治之下的腓尼基船。因此，船上坐的是波斯士兵，操纵船只的掌舵手、桨手都是腓尼基人。

国王大流士把总数达 2.5 万人的军队交给了两个将军指挥。两人没有上下级之分，即他们不是总指挥官和副总指挥官的关系。他们兵分两路，第一路为 1 万人，由行省萨迪斯的总督阿尔塔费尼斯率领，第二路为 1.5 万人，由来自波斯的达提斯指挥。这样一来，这两路军队该如何协同作战呢？也许这不是“王中之王”应该操心的事。总之，率领 2.5 万人前来攻打雅典的波斯军队指挥权压在了两个司令官的肩上。2.5 万人，这是希腊任何一个城邦国家，包括雅典和斯巴达在内都不可能有的兵力数量。

波斯军队进犯的消息传来时，雅典公民大会刚刚通过新当选的将军米提亚德的提案——要求斯巴达参战的提案。原因是，雅典拒绝了大流士的“土地和水”的要求，斯巴达也拒绝了。

但是，要斯巴达做出决定并付诸行动常常需要漫长的等待。雅典只好先加强自身的力量，第一步迅速组建了迎战部队，由 9000 名重装步兵构成。率领该军队的是 10 位将军。与雅典总是保持一致的城邦国家普拉塔亚为雅典送来了 1000 名重装步兵。

史料中只明确记录了 10 位将军中的米提亚德和另一个人的名字。但是，阿里斯泰德和地米斯托克利都参加了马拉松会战，他们分别率领各自“部落”的士兵参战，所以，他们应该也是将军。雅典的 10 位将军是从 10 个“部落”中选出来的，每个“部落”有一位将军。

指挥系统在很大程度上左右着战斗的结果，而雅典军队中将军多达 10 人，那么雅典是如何统一指挥体系的呢？

军队组建完成后，率领这支军队的 10 位将军也准备完毕，只是，雅典不知道应该把军队送往何处迎战来犯的波斯军队。

原因是波斯军队一路向西，中途转道去了爱琴海上的纳克索斯岛。

4 年前，米利都人抵抗波斯入侵，最后遭到波斯镇压。在他们发起反击前，纳克索斯岛是他们的集结地。波斯国王大流士对此耿耿于怀，他下令彻底摧毁纳克索斯岛。

一旦波斯军队登陆，纳克索斯岛完全没有胜算。岛民虽然进行了顽强的抵抗，该岛还是很快沦陷，所有住民沦为奴隶，将被带到苏萨作为送给大流士的礼物。这支军队的主要任务是征服埃雷特里亚和雅典，因此波斯军队决定暂时将他们留在俘虏收容所，待收服埃雷特里

第一次希波战争

亚和雅典之后，再次转道此地将他们带走。

波斯军队再次登船前往西北方向。船队航行于爱琴海上直奔埃雷特里亚。城邦国家埃雷特里亚因为派了 5 艘船支援米利都而激怒了大流士。

埃雷特里亚位于优卑亚半岛。优卑亚半岛与希腊本土之间夹着一个海峡，属于希腊本土。公元前491年秋天，波斯军队成功登陆埃雷特里亚附近海岸。

秋天到来意味着作战季节已近末尾。埃雷特里亚人得知纳克索斯岛民的结局后，拼死抵抗。对于波斯军队来说，攻克埃雷特里亚远比想象中困难得多。埃雷特里亚沦陷后，波斯军队不得不在优卑亚半岛过冬。

这样一来，他们给了雅典强化士兵训练的时间，同时也给了遇事拖拖拉拉的斯巴达做出决定的时间。

## 马拉松

冬季过去了，公元前490年的春天来临。不管你如何一厢情愿，这一年波斯军队的目标就是雅典。

不清楚这个时候波斯军队的两个指挥官制定了怎样的战术，我们只知道两人没有采取共同行动。

第一路军队负责埃雷特里亚的战后处理，埃雷特里亚也遭遇与纳克索斯岛相同的命运。第二路军队向雅典进发。不清楚第一路军队是打算处理完埃雷特里亚的事情后在马拉松与第二路军队会合，还是计划登陆马拉松后走陆地，在临近雅典的海港法莱隆与第二路军队会合。总之，雅典只知道波斯的军队正源源不断地在马拉松登陆。

尽管如此，雅典依然不知道该将军队派往何处。总之，一切都已准备就绪，雅典决定派遣军队向马拉松出发。雅典距离马拉松大约40公里，他们一定是急行军到达马拉松的。走直线的山路更近，但他们却选择了沿海道路，可能是为了监视从海上不断向雅典接近的敌方船队吧。

马拉松平原背后森林环绕。雅典军到达森林一端时，眼前开阔的平原上已经集结了成群结队的波斯士兵。将军们一眼就看出眼前的波斯兵远比雅典兵多，而这还不是对方的全部兵力。雅典军队加上普拉塔亚的1000名士兵，也不过1万人。

当然，波斯军队也很快得知雅典军已经到达马拉松，因为雅典军队没有隐藏在森林之中，而是直接出现在平原上。大概这也是计划之一，让敌人知道自己已经到了。

就这样，两支军队在马拉松平原相遇了。

两军并没有立刻进入战斗状态，波斯军队没有动，雅典军队也没有动。也许，波斯方面在等待第一路军队的到来，而雅典方面在等待斯巴达的援军。

对峙状态好像持续了五六天。其间，雅典方面的将军没有浪费时间，他们在这几天里理顺了指挥体系。因为他们知道指挥体系很重要，可能左右战斗的结果。

城邦国家雅典有10位将军，按照规定，每个将军分别担任4天总指挥。这是一个民主政体国家，指挥权也必须平等。

但是，如果忠实于这一规定，那么即使是公认最优秀的指挥官，执掌总指挥权的时间也只有4天，这4天一过，只能等36天后才能再次担当总指挥官。我们不清楚是谁，总之有人认为面对两倍于自己的敌人时，没有必要拘泥于法律的规定。

他提出“根据理性判断，在此基础上灵活运用法律”。当然，米提亚德是不可能说出这种话的。他是一位率性的人，在战场上是个天才，政治上却有点儿迂腐。当然，这个意见也不会是公认的正义之士阿里斯泰德提出来的。提出这种建议的人，一定是为了达到目的可以不择手段的人。最后，在此人的提议下，其他 9 人经过理性判断，做出了决定。

10 位将军中的 9 人将总指挥权“委托”给了米提亚德。注意，这里用的是“委托”，而不是放弃。

于是，尽管雅典在兵力上不及波斯军队一半，但是指挥体系得到了有效统一。

名义上是 10 人之一、事实上是唯一的总指挥官米提亚德，在马拉松平原上给其他几位将军交上了满意的答卷，很好地证明了他们的决定是多么正确。

打破两军对峙状态的是雅典军队。

米提亚德在等待斯巴达军队到来。他担心在斯巴达军队到来之前，波斯的两支军队先行会合。于是，他决定用现有兵力与波斯军队决一雌雄。他反复研究战术，并征得了全体将军的同意。

这是波斯军队和雅典军队的一场对决。波斯军队 1.5 万名士兵，雅典军队包括普拉塔亚的 1000 人在内，共计 1 万名士兵。

在对峙的几天里，米提亚德观察分析后认为，这场马拉松会战将是步兵与步兵之间的对决。

骑兵是富裕阶层的角色，所以雅典军队中骑兵数量很少，不能作为主要战斗力量。希腊城邦国家的主要战斗力始终是重装步兵。

波斯军队非常重视骑兵的战斗力，他们在辽阔的美索不达米亚和埃及战场上有丰富的作战经验。波斯骑兵不仅攻击力很强，灵活性也非常好，他们可以在疾驰的马背上准确射箭。

但是第一次希波战争中，大流士只派出了 1000 名骑兵，而且在马拉松会战中，这 1000 名骑兵事实上没有参战。也许是攻陷埃雷特里亚之后，波斯骑兵的大部分编入第一路军队参加全面征服优卑亚半岛了吧。总之，马拉松平原上的波斯骑兵规模很小，不能算是一股战斗力。

同时，米提亚德一定也注意到敌军的 1.5 万名步兵在数量上占绝对优势，但他们是轻装步兵。米提亚德在达达尼尔海峡附近生活了 20 多年，那里与亚细亚接壤，所以他只要看一眼武器就可以判断出当时的波斯士兵属于什么兵种。

重装步兵和轻装步兵的不同，不仅体现在作战用的剑、长矛或弓箭等武器的优劣，更在于防御用的头盔、胸甲、护腿、盾等装备的优劣。这些装备可以保护士兵在与敌作战时减少伤亡。

历史上著名的马拉松会战是一场数量占优的轻装步兵和数量处于劣势的重装步兵之间的对决。

我想，以战胜波斯军队为最大目标的战术大概是米提亚德在两军对峙的几天时间里制定的。因为，波斯方面在对峙期间调整了阵形，完全遵循会战的作战常识。

会战中的阵形通常采用左翼、中路和右翼的布阵方式，敌我双方一样。所以，从战斗开始直到结束，战场上始终是我方左翼军队攻打敌方右翼军队，我方中路军队对阵敌方中路军队，我方右翼军队打击敌方左翼军队。

达提斯将手下的波斯军队编成了左翼、中路和右翼，其中，中路的士兵人数最多。大概他设想的战术是由左翼和右翼保护中路，提高中路军队必胜的信心，并在右翼军队和左翼军队的协助下一举拿下战斗吧。

雅典军队的总指挥官米提亚德也把雅典军编成了左翼、中路和右翼三部分，和波斯军队一样。只是，各部分的兵力分配和波斯军队相反，两翼人数较多，中路军兵力很少，甚至可以说少得可怜。

很多古代名将都采用过围歼战术，例如后来的亚历山大大帝，再后来的汉尼拔，打败汉尼拔的罗马武将西庇阿、尤利乌斯·恺撒等。

只是他们依靠的是骑兵，而米提亚德需要依靠步兵，也只能依靠步兵来达到相同的目的。

我想，米提亚德一定召集全体将军举行了会议，在会上做了如下说明，并下达了指令。

> 敌军和我们相距 1400 米。
>
> 如果快速跑过这段距离，重装步兵必定消耗很多体力，导致在之后的战斗中无法正常发挥我们的战斗力。
>
> 波斯军队的弓箭射程最远只有 200 米。因此，进入弓箭射程距离前的 1200 米中，我军以正常速度前进。
>
> 一旦进入射程范围，举起盾牌遮挡敌人射来的箭，同时加快速度，迅速拉近与敌人之间的距离。
>
> 我军重装步兵的长矛和剑都长于波斯军队，因此只要开始近距离作战，战斗必将有利于我们。

波斯军队长矛的长度不到 2 米，雅典军队长矛的长度是他们的 2 倍。同样，波斯军队的剑长是 40 厘米，雅典军队的剑长接近波斯军队的 2 倍。

奥林匹亚举行的运动会上，有一个比赛项目要求运动员身戴沉重的装备绕运动场竞跑若干圈。而这也是米提亚德在马拉松战场上对士兵的要求，不同的只是“选手”负重疾跑是在嗖嗖的箭声之中还是观众的呐喊声中进行。

指挥体系统一了，要有效发挥这一体系的作用，就必须让所有参与者彻底了解各自的行动。在马拉松，最先理解米提亚德战术的自然是各位将军，接着士兵们也清楚并记住了米提亚德的战术。

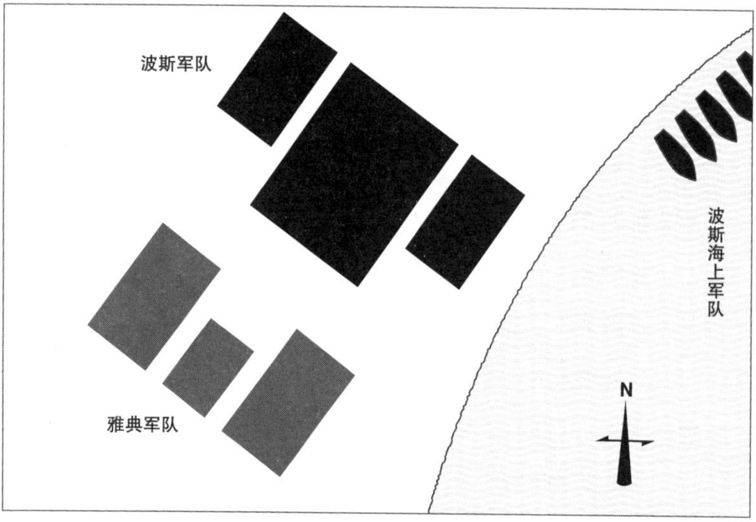


马拉松会战中的两军布阵图

上图是两军的布阵图示。

雅典军队右侧能看到大海，波斯军队左侧能看到大海，运送波斯军队的船队就停靠在他们左后方的海边等待会战的结果。如果波斯军队在战斗中失利，船队就是他们逃跑的后方。

米提亚德要求雅典右翼军队击破波斯军队左翼后尽快结束战斗，不给波斯军队逃向船队的时间。

卡里马科斯是将军会议的议长，右翼军队由他指挥。因此，马拉松会战中，名义上的总指挥官就是他。因为在城邦国家时代的雅典，按惯例，右翼军队必须由总指挥官率领。

米提亚德亲自指挥左翼军队。他们的任务是攻打敌军的同时，绕到敌人背后，对敌军形成包围之势。无疑，这一任务相当艰巨。

最后是中路部分。尽管兵力很少，但是米提亚德要求他们面对五六倍于自己的敌人发起猛烈进攻，要顽强作战，绝不能被敌人击破。不仅如此，米提亚德还要求中路部分的军队有序后退，因此任务非常艰难。因为他们不仅要以寡敌众，还要在敌人未察觉的前提下步步“后退”。

中路部分的军队这样做的目的是帮助右翼和左翼展开围歼。之所以说中路部分任务艰巨，是因为中路部分一旦崩溃，围歼战也将化为泡影。60 岁的米提亚德把承担这一重要任务的中路部分交给了 40 岁的阿里斯泰德和 34 岁的地米斯托克利。

作为雅典政界的新生代，正不断崛起的这两个人常常针锋相对，互为竞争对手。但是在马拉松战场上，他们又是并肩作战的战友。

我们只知道历史上著名的马拉松会战发生于公元前 490 年夏天，详细月份和日期并不清楚。因为关于这次会战，希罗多德是唯一做过记录的历史学家。也许他对战斗发生的时间不太关心吧。近现代研究者认为，战斗大概发生在8月末至9月初的某一天。

战斗完全按米提亚德设想的那样开始、展开并结束。结果是：

波斯军队阵亡6400人。

雅典军队阵亡192人。

指挥右翼军队的卡里马科斯和另一位将军也在192人的阵亡者名单中。因为战斗中，雅典军队的指挥官一定身先士卒。

波斯方面损失的兵力是6400人，在1.5万名士兵中，死亡人数高达42%。雅典方面的损失是192人，在1万人中只占1.2%。雅典军队同时缴获了波斯军队的7艘船只。

波斯军队的残兵抛下阵亡者，甚至丢下伤员，跳上船仓皇逃离了马拉松。

雅典军队虽然取得了战斗的胜利，但他们没有时间享受胜利的喜悦。因为波斯军队虽然败北，但是他们的兵力还有8000多人，而且还有未参加马拉松会战的第一路军队。

一旦波斯第一路军队和第二路军队的残兵会合，尚有近2万人的兵力。这支波斯军队就在雅典附近。

马拉松会战中，雅典投入了全部兵力，因此雅典城内正处于不设防状态。一想到波斯军队可能趁虚而入，将士们哪里还有庆祝胜利的心情。战斗结束后，士兵只休整了一小会儿。

米提亚德留下阿里斯泰德和他的部下负责埋葬阵亡者和安排伤员，自己率领余下全军匆匆回雅典。为了尽快回到雅典，这次他选择走山路。他没有遇到不慌不忙前来支援的斯巴达军队，因为斯巴达军走的是沿岸的路线。

斯巴达军队到达马拉松已是战斗结束后的第二天。迟到的斯巴达士兵进入战场后，绕战场走了一圈，看着堆满波斯军队阵亡者尸体的战场，对阿里斯泰德说了这样一句话：“完胜！”

在希腊和波斯的第一次正式会战中，雅典没有依靠希腊最强大的陆战国家斯巴达的帮助，仅靠自己的力量取得了完美的胜利。

阿里斯泰德全权负责战后处理，他记录下每一位雅典阵亡者的名字，记录下他们所属的“部落”名字之后，将其火葬。波斯没有火葬的习惯，所以处理完雅典阵亡者尸体后，他把波斯军队阵亡者集中埋在了一处。

然而，波斯军队没有攻打雅典。大概是率领第一路军队的阿尔塔费尼斯和率领第二路军队残部的达提斯在马拉松吃了败仗后决定避免冒更大的风险吧。

专制国家的臣子都有官僚习气。如果选择继续作战，万一再次落败，阿尔塔费尼斯会丢掉萨迪斯总督的职位，这可是一个高收入的职位。而来自波斯的达提斯有可能脑袋搬家。两人经过考虑，一致决定将埃雷特里亚和纳克索斯岛的住民带到苏萨献给国王，以此减轻大流士的愤怒。

雅典民众得知波斯军队的船队向东离去，这才从心底松了一口气。

第一次希波战争就这样结束了。

发生于马拉松平原的这场战役历史意义巨大。

因为它证明了无敌的波斯并非真的战无不胜。事已至此，波斯国王大流士也不得不接受这一事实。这一事实不仅传遍希腊全境，甚至也传到了中东和埃及。

现代的奥林匹克运动会上有一个比赛项目叫“马拉松”，此名称就源于第一次希波战争的“马拉松”。

## 两次希波战争之间的 10 年

米提亚德在雅典公民中的声望达到了前所未有的高度，没有人记得仅仅两年前，这位马拉松英雄曾经被起诉。公民大会以绝对多数票再次选举米提亚德为次年的将军。

这时，60 岁的米提亚德一定踌躇满志。距离被波斯军队赶出色雷斯，灰头土脸回到国内还不到 3 年时间，从人生最低谷一跃上升到人生巅峰，他一定喜不自胜吧，毕竟他是一个感性又率真的人。公元前 489 年如常共选出 10 位将军，但是感觉似乎只有米提亚德一人。雅典公民期待他下次取得更大胜利。

克里特岛位于爱琴海南部。这里有一片海域，是名副其实的多岛海域，基克拉迪（Cyclades）群岛就位于这里。自北向南，仅著名岛屿就有安德罗斯岛、米克诺斯岛、提洛岛、纳克索斯岛和帕罗斯岛等。这片海域东侧有萨摩斯岛、科斯岛。只要到了这里，爱奥尼亚地区就在眼前了。也就是说，马拉松会战以后，尚在波斯帝国统治之下的爱奥尼亚地区和雅典之间，仅隔着几座岛屿。

第一次希波战争之前，这些岛屿几乎都纳入了波斯的统治之下，除了提洛岛和纳克索斯岛以外，几乎所有岛屿都屈服于大流士，成为波斯的属国。提洛岛因为当地希腊人笃信诸神这一原因，大流士没有染指；纳克索斯岛因为和米利都关系密切而明确表示追随希腊，米利都曾经顽强抵抗波斯国王的入侵。结果，拒绝“土地和水”通告的纳克索斯岛遭到了毁灭性打击，大多数岛民沦为奴隶，不得不离开爱琴海，被送到遥远的美索不达米亚地区。

以绝对优势当选将军后，米提亚德决定攻打帕罗斯岛，他要求公民大会提供 60 艘船。公民大会以绝对多数赞成通过了这一要求。帕罗斯岛是基克拉迪群岛之一，距离纳克索斯岛最近，因接受“土地和水”通告而成了波斯的领土。

目标的选择完全正确。只是，我想米提亚德有些急于求成，在执行任务的过程中选择了并不正确的战术。

纳克索斯岛遭受的打击绝对是毁灭性的，岛上几乎只剩老幼病残了。在这种情形下，他们依然坚持拒绝“土地和水”的要求。因此，米提亚德完全可以登陆这个亲希腊的纳克索斯岛，以此为前沿基地攻打相距不足 10 公里的帕罗斯岛。

然而，米提亚德没有将纳克索斯岛作为前沿基地，而是直接攻打帕罗斯岛。在登陆作战前，他向帕罗斯岛发出最后通牒，提出只要支付 100 塔兰特，就接受他们重回希腊。

1 塔兰特相当于 6000 德拉克马。在一个匠人的月收入为 15 德拉克马的时代，100 塔兰特等于 60 万德拉克马，相当于 4 万匠人的月收入。如果重回希腊需要支付如此巨额的赔款，帕罗斯岛民宁可选择继续留在波斯国王的统治之下。毕竟，虽然要向国王纳贡，但数额并

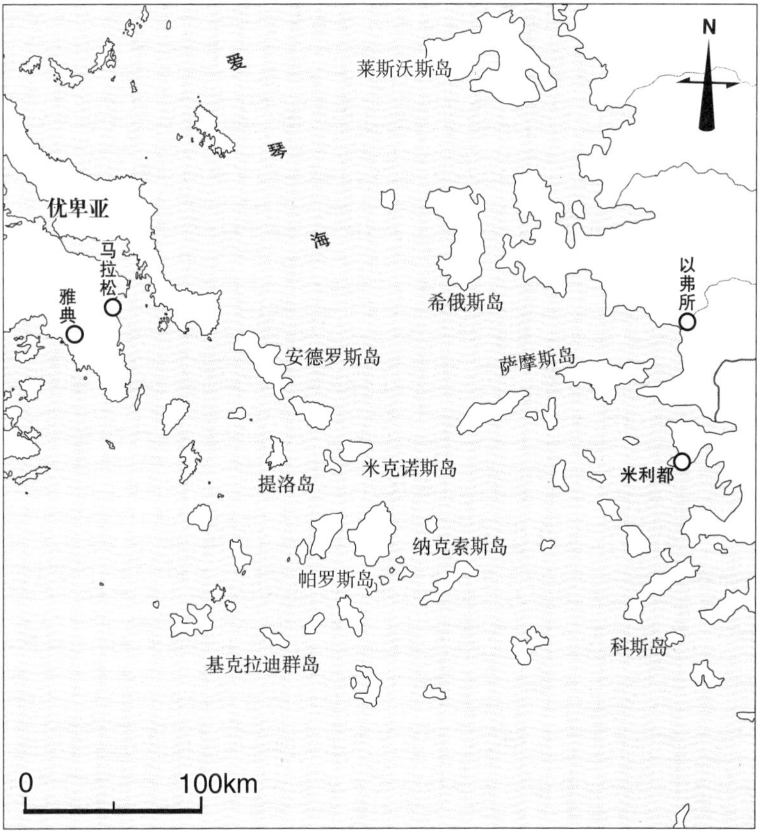


爱琴海群岛

不大。

攻防战在 8 月炽热的阳光下展开，不清楚 60 艘船上乘坐了多少名士兵。

虽说有 60 艘船，但是当时的雅典不可能拥有 60 艘适合作战的三层加莱船（trireme），史料中也没有说明是“三层加莱船”，因此很可能是60艘兼做商船的普通船只。雅典军队登陆帕罗斯岛后，20天过去了，不见有任何进展。

不仅如此，总指挥官米提亚德还受了伤。在马拉松与波斯大军展开激烈战斗时，米提亚德都不曾受伤，而在帕罗斯岛与帕罗斯守军作战时，他的右大腿受了重伤。尽管帕罗斯守军的兵力不足马拉松会战中波斯军队的十分之一。

时间悄然流逝，很快到了秋天。往日的爱琴海总是风平浪静，但是随着冬季临近，天气变化无常，大海常常翻卷起层层波涛，拍击着停靠在悬崖边的船只，不少船只变成了一块块木板。海神波塞冬一旦发起怒来，连众神之首宙斯也束手无策。

米提亚德决定在波塞冬真正发狂之前踏上回程，这一决定正合士兵们的心意。就这样，为攻占帕罗斯岛而来的雅典军队未达目的就撤离了，距离发出最后通牒只过去了26天，除了米提亚德身负重伤，损失倒是不大。这次远征没有造成太多伤亡是不幸中的万幸。

回到雅典，开始接受治疗的米提亚德面对的是自己再度被举报，罪名是“作为城邦国家雅典的领导者背叛雅典公民”。举报者还是稳健派领袖之一克桑提普斯。

克桑提普斯和阿里斯泰德同属稳健派，米提亚德和地米斯托克利是激进派的领袖，两者的不同在于对波斯问题的认识不同。

马拉松会战之后，稳健派更希望通过外交手段解决波斯问题，而激进派从来没有想过用外交手段解决，他们坚信波斯一定会卷土重来。

3年前的举报因为有人暗中做了工作而被撤销。当时是地米斯托克利积极奔走，阿里斯泰德好像也出了力。不知道是否因为有过上一次教训，这次进行了公开审理。

米提亚德因受重伤未能出庭。在被告缺席的情况下，法庭判他“背叛了雅典公民”而不是“背叛了雅典公民的期望”。公民对他期望很高，因此失望更大，他们把怒气全部撒在了米提亚德的身上。稳健派则充分利用了公民的这种心理。

地米斯托克利极力为米提亚德辩护，他知道，一旦“背叛了雅典公民”的罪名成立，等待米提亚德的将是死刑。他指出，米提亚德是取得马拉松会战胜利的最大功臣。

对此，举报人克桑提普斯疾言厉色地反驳说，在马拉松之战中，阵亡的总指挥官卡里马科斯的功劳更大。

此时，阿里斯泰德就坐在法庭上。在马拉松会战中，他是米提亚德的副将，他很清楚，马拉松会战的战略和战术都是米提亚德制定的。但是，他保持了沉默。

地米斯托克利拿出米提亚德身负重伤一事，成功减轻了公民大会对米提亚德的处罚，死刑改为了罚款。

米提亚德的罪名是“背叛了雅典公民的期待”，罚款金额是 50 塔兰特，相当于 2 万个匠人的月收入总和。要拿出如此巨额的罚款，对于被迫回国、之后又一心扑在研究马拉松会战战术上的米提亚德来说，绝无可能。

米提亚德的儿子、已经 20 岁的客蒙提出分期缴纳，得到了审判长的同意。

米提亚德得知判决后不久就去世了，因为受伤部位化脓造成全身感染。所以，即使没有这场审判，他也难逃一死。就这样，马拉松之战的英雄离开了人世。

在对待波斯的问题上，激进派领袖只剩下35岁的地米斯托克利了。

而波斯帝国经过马拉松一战，所受打击也着实不小。

在民主政体下，要维持一个国家的统一并不容易，但是，如果因此就认为专制君主政体下维持一个国家的统一要容易得多，也是大错特错。

自诩“王中之王”的波斯国王大流士面前，跪着属国和行省的总督。原因如下：

一、他们认为既然大流士是拜火教至高之神阿胡拉·马兹达在地上的代理，那么他本人也是神。既然他是神，就不可能犯错。因此，只要追随他，自己就是安全的。

二、他们认为大流士统率的波斯军队享有无敌之誉，是战无不胜的。因此听从这位波斯国王的命令，就不会有危险。

马拉松会战失利对波斯国王来说，军事上的打击并不大，因为他有能力召集更强大的军队。派往希腊的兵力只有2.5万人，按照波斯当时的国力，即使第二年再次入侵希腊，依然可以派出10倍于此的兵力。因此，大流士受到的真正打击来自上面两个方面。也就是说，马拉松会战的失利打破了“王中之王”“战无不胜”的“神话”。

以雅典士兵为主的希腊军队只有1万人的兵力，波斯大军完败于这样一支军队，导致多于此数10倍的行省住民纷纷揭竿而起。波斯国王大流士顾不上向雅典报仇雪耻，匆匆撤离马拉松。镇压埃及不断蔓延的叛乱，耗费了他 4 年以上的时间。

公元前 486 年，不知是否因为操心过度，属国住民暴动的野火尚未完全扑灭，“王中之王”大流士就死了。

战无不胜、天下无敌的大流士统治时间长达 36 年。他就这样离开了人世，追根溯源正是由于马拉松会战的失利。他给儿子薛西斯（Xèrxes）留下了遗言：希腊之仇非报不可。薛西斯是继他之后的“王中之王”。

薛西斯是在 33 岁那年登上波斯帝国王位的。根据历史学家希罗多德的说法，薛西斯是个身材高挑的美男子，他血统纯正，是波斯至高无上的国王的最佳人选。

其父大流士虽出身王室，却是旁系。大流士完全凭借自己的能力攀上阿契美尼德王朝建立者居鲁士国王之女，与她结姻后掌握了权力。

大流士的行动力极强，在他的统治下，波斯的疆域版图得到了极大的扩张，形成一个大帝国。儿子薛西斯是他的长子，薛西斯的母亲是居鲁士国王的女儿，因此薛西斯一出生就拥有绝对的权力和权威。此人性格略显温和，待人接物彬彬有礼。

作为“王中之王”，只要薛西斯在位，就算没有父亲的遗言，他也不可能避开希腊问题。无论入侵方波斯还是迎战方希腊，对他们双方来说，第二次希波战争都是不可避免的。

好像为了证明雅典是民主政体国家似的，同一时期，雅典内部的派系之争再次上演。这种派系之争不会出现在君主专制政体的国家，

薛西斯

却常常可以在民主政体的国家看到。把人类称为“政治种族”的正是希腊人亚里士多德。

在马拉松会战取得胜利以后，雅典出现了四个派系。按当时雅典人的称呼，它们分别是：

阿尔克迈尼翁派：克里斯提尼所属的名门望族领导的一派，领袖有阿里斯泰德、麦加克勒斯、克桑提普斯。

庇西特拉图派：公民组成的派系，他们对曾经的僭主时代心存留恋。此时的领袖好像是庇西特拉图的孙子希帕克斯。

贵族派：马拉松英雄米提亚德领导下的人们组成的一派。在我的想象中，他们可能是那些因波斯军队入侵而失去海外资产的人们。

民众派：地米斯托克利领导下的第三等级中的下层公民和第四等级的公民。

四个派系两两联手合并成两个派系。在民主政体下，这种现象极为常见。就这样，从马拉松会战取得胜利到米提亚德攻打帕罗斯岛的一年里，雅典形成了两个派系：

前两派结成了"稳健派"。

后两派结成了"激进派"。

"稳健派"和"激进派"的名称是后世研究者为了方便而取的，结合当时的实际情况，应该称为"对波斯态度缓和派"和"对波斯态度强硬派"。

"对波斯态度缓和派"认为，波斯在马拉松吃了败仗后疲于应付埃及的暴动，因此波斯问题完全可以通过外交手段和平解决。

"对波斯态度强硬派"看法与此相反。他们认为，波斯迟早会卷土重来，因此极力主张雅典尽早备战。

对立的这两派中，最早受到打击的是"对波斯态度强硬派"。

首先，米提亚德早早退出了这场派系之争。因为攻打帕罗斯岛失利，他回国后不仅横遭弹劾，更因伤势加重不幸离世。

强硬派领袖只剩下地米斯托克利，他一个人要面对四个政敌，分别是阿里斯泰德、克桑提普斯、麦加克勒斯和希帕克斯。

尽管如此，地米斯托克利毫不退缩。他不断在公民大会上、在市场上激情洋溢地宣传自己的观点，与人展开激烈的辩论。

波斯必定卷土重来。

抵御敌人、保护雅典的防线在海上，必须尽快建造战船。

36岁的他慷慨激昂，但是对于他的演说，别说是政敌，就连公民也反应平平。当然，从某种意义上来说，这也很自然。

首先，毕竟人类更愿意看到或听到有利于自己的预测。后来，罗马的尤利乌斯·恺撒说过这样一句话：

人类并非个个都能正视现实，大多数人只愿意看到自己希望看到的事情。

其次，马拉松会战的胜利完全是陆上军队的功劳，也就是重装步兵的功劳。对雅典人来说，无论你再怎么坚持，他们也很难理解下次战斗必定发生在海上的说法。

当时的雅典还不是一个海上军事强国。在希腊城邦国家中，拥有三层加莱船最多的是科林斯，其次是埃伊纳。包括爱琴海对岸的爱奥尼亚地区各城邦国家在内，雅典只能排在第5或第6位。必要的时候，雅典就向科林斯请求支援。而拥有战船最多的科林斯，三层加莱船也不足百艘。

地米斯托克利提出雅典必须建造200艘战船，超过科林斯和埃伊纳，成为希腊最强的海上军事大国。雅典公民听闻此言，相信一定目瞪口呆。在这种情况下，他不可能得到公民大会的支持。

前面已经介绍过，地米斯托克利不是雅典名门出身，按照梭伦改革中的收入划分，其父亲大概属于第三等级，而母亲出身色雷斯，对雅典人来说只是一个外国女人。因此，母亲一方的亲戚都不在雅典。

尽管如此，在雅典，怀抱政治野心的优秀年轻人还有一条路可走，那就是和名门之女联姻。名门望族无论在知名度方面还是在政治、经济方面都占据优势。庇西特拉图和克桑提普斯都娶了阿尔克迈尼翁家族的女子为妻。

但是，地米斯托克利没有选择这条捷径。在雅典，担任要职的最低年龄是 30 岁。30 岁前，他移居到了雅典的百姓居住区，决定将此地发展为自己的势力地盘。生活在这个区域的都是陶器制造业者，因为需要用火，所以这个区域位于远离市中心的郊外。

年轻的地米斯托克利来到这里后，没有从事壶和碟子等陶器的制造业工作。他是律师，主要为民事案件做辩护，所以他每天都要去市中心的审判所。但是他上下班的时候，很少从家直接去审判所再直接回家。他是一个移动咨询点，经常走进陶瓷作坊，询问匠人的工作情况，倾听他们的意见，若他们有司法方面的需求，就为他们辩护。像这样，上下班路上他总是走走停停。在他坚持不懈的努力下，他建立了自己的地盘，扩大了自己的势力范围。我甚至想，他是一个善于利用口碑的政治家，可以说，他这样的政治家在古代极为罕见。

然而，当他提出雅典需要 200 艘战船组建海军时，他的支持者也只会面露惊讶之色，难以理解。在这一点上，他们与社会生活和经济上享有特权的其他公民反应无异。

但地米斯托克利是一个勇于坚持的人。面对这一现实，他毫不气馁。因为这些人是雅典公民，就算他们没有能力理解他的政策，至少他们手中握有选票。

## 排除政敌

公元前487年，地米斯托克利已近37岁。他要采取行动，用强硬手段击垮政敌。

他决定利用克里斯提尼改革中制定的、迄今尚未启用过的陶片放逐制度。

目标是希帕克斯。他是4个政敌中最容易扳倒的人。他曾经是庇西特拉图派的领袖，身上流着“僭主”的血，后来与阿尔克迈尼翁派结盟，成了稳健派的一员。他最容易被扳倒是因为，阿尔克迈尼翁派的人一听到僭主的话题就会备感警觉。如果说希帕克斯企图复辟僭主政体，那么，他们不会在他被陶片放逐时施救于他。

陶片放逐的投票结果不出地米斯托克利的预料。就这样他少了一个政敌。

重申一下，所谓的陶片放逐既不会损害一个人的名誉，也不会没收他的财产，在他流亡期间，家人可以留在雅典。对被放逐者的唯一要求是他要在国外生活10年，其间不得回雅典。不用说，离开雅典政界10年，他的影响力必将大大弱化。

第二年，即公元前486年，地米斯托克利再次利用了陶片放逐制度。

这次的目标是麦加克勒斯。作为政治家，此人能力有限，但他是超级名门阿尔克迈尼翁家族的直系后代。他被陶片放逐的理由是秘密串通波斯国王。

与地米斯托克利的“对波斯态度强硬派”不同，麦加克勒斯既然是“对波斯态度缓和派”的一员，同波斯之间有联系本无可非议。但是，作为名门阿尔克迈尼翁家族的领袖，麦加克勒斯的政治才干并不出色，在市民中的声望也不高。我想，或许这才是他被轻松搞垮的原因吧。就这样，地米斯托克利的第二个政敌退场了。

前面提过，陶片放逐制度一年只能行使一次，而且参加投票的公民人数必须超过6000人，其中过半数的公民在破碎的陶片上刻下同一个人的名字，陶片放逐才会生效。

建立陶片放逐制度的是克里斯提尼。他的目的是防止雅典重回僭主政体，保证自己的改革成果——民主政体在雅典落地生根。他一定没有预想到，这一制度会成为地米斯托克利排挤政敌的手段，我想，当时有思想的人必然对此忧心忡忡。

利用这一制度成功排除了4个政敌中的两人后，地米斯托克利没有再采用同一手段排除剩下的两个人。原因如下：

第一，陶片放逐一年只有一次，如果每年都有政敌遭陶片放逐，有一定的风险，因为很可能被公民识破自己的“真正意图”——排除政敌。

第二，已退出雅典政治舞台的两个人在雅典的影响力较小。与他们相比，留下来的克桑提普斯和阿里斯泰德的势力要强得多。要想用陶片放逐制度来解决这两个人，需要慎之又慎。

第三，排除两个政敌后效果已经显现。地米斯托克利成功引导公民大会通过了他的提议，即逐步增加新建船只数量。当然，这个数目距离 200 艘的数字还有较大的差距。

第四，雅典造船能力开始稳步提高。地米斯托克利要求的不只是船只的数量，还有质量。这一切也在逐渐成为现实。他需要将精力投入造船事业中，因此暂停了与政敌之间的争锋。

希腊的地势不适宜骑马出行，适合乘船出行，后者轻松得多。

雅典人一出生就与船和大海为伴。对他们来说，船和大海早已司空见惯，他们对船和大海的熟悉程度是斯巴达人难以想象的。只是，他们看惯的是运送人或物产的商船，不是战船。商船和战船绝不能相提并论。

为了运输更多的商品，商船越大越好，船身越轻越好。当时，包括贸易大国腓尼基、农业大国埃及以及希腊各城邦国家在内，几乎所有船只都是商船。本书的重点之一、历史上第一场海战“萨拉米斯海战”发生在后来，在那之前，古代世界里从未有过真正意义上的海战。因此，这个时代人们心目中的船就是商船，也就无可厚非了。

船一旦用于军事目的就完全不同了。

在陆地上作战，没有一个总指挥会选择一望无际的平原作为战场，无论他带领的是一支多么强大的军队。因为他知道，要想赢得战斗的胜利，必须集中使用兵力。

而兵力处于劣势的军队，总指挥在选择战场时更需要慎之又慎。

理论上，海战也一样。选择辽阔的海面作为战场是极其愚蠢的做法。作为海战战场，海域的宽窄也是左右战斗结果的重要因素。

爱琴海上风向多变，在爱琴海上选择狭窄的海湾作为战场时，不仅要考虑风向，还必须考虑海潮。

按照地米斯托克利的要求，雅典建造的三层加莱船体积小却很重。因为只有这样，才可能将风向和海潮的影响控制在最小范围内。海战开始以后，船上的所有船帆都要落下，仅靠划桨接近敌人。因此，大型船只虽然适合在辽阔的海面航行，但在海战中，它的优势难免会变成劣势。

波斯没有海运传统。波斯需要从其属国腓尼基或埃及征调船只为自己的入侵服务。但来自腓尼基或埃及的船只不仅大，还很轻。

已经 39 岁的地米斯托克利不仅很有远见，还很重视当下。

最初，他告诉公民波斯一定会卷土重来，极力主张雅典建造 200 艘新型战船。而此时，他改变了策略。曾经，他力图让人们意识到未知的危险，现在，他提示人们注意眼前的危险。

萨拉米斯岛往南不到 20 公里的海面上有一座岛屿叫埃伊纳。在希腊各城邦国家中，该岛的整体实力属于中等。但是，作为海运国家，它的实力远在雅典之上。

自从雅典占领萨拉米斯岛以后，埃伊纳人不再掩饰他们的危机意识，他们明确站到了波斯阵营中。

这意味着距雅典不足 20 公里的海面上有一个波斯的同盟。雅典拒绝接受波斯国王的“土地和水”的通告，埃伊纳却接受了通告。为此，两国之间的关系进一步恶化。不久，它们进入了战争状态。

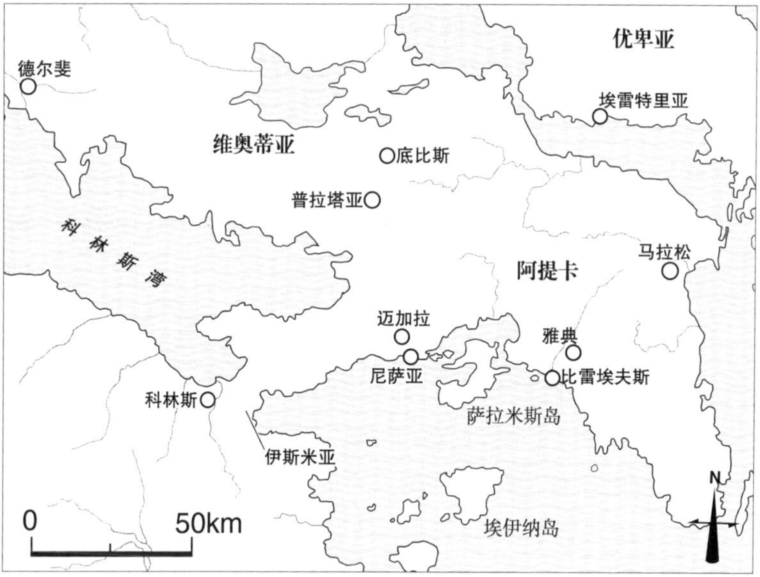


雅典及其周边

这场战争的结果很不确定。因为雅典输送士兵前往埃伊纳岛的船只有 40 艘，加上科林斯支援的 20 艘，总共不过 60 艘。而埃伊纳岛作为一个先进的海运国家，轻轻松松就可以组织起 60 艘船的船队。

要攻占漂浮于海上的岛屿，船只必不可少。船只不仅要运送士兵，还要运输粮食。

在公民大会上，地米斯托克利将这个问题提了出来，提醒公民雅典面临的危险，再次强调有必要建造 200 艘战船。

这次地米斯托克利提出的问题引起了公民大会的重视，公民们在会上展开了认真的讨论。然而，“对波斯态度缓和派”的壁垒实在太坚固。大流士死了，继承波斯王位的薛西斯是位绅士。也许，稳健派领袖比以前更固执地认为应该通过外交手段解决波斯问题吧。他们极力反对建造战船，理由是此举只会刺激波斯国王采取行动。

公元前484年，地米斯托克利40岁了。这一年，他第三次请求公民拿起陶片，实施陶片放逐。

他的目标是克桑提普斯，理由是克桑提普斯在与埃伊纳岛的作战中没有采取有效的战略战术。

36岁的克桑提普斯率领雅典军在埃伊纳岛作战，前一年回到雅典。因为一直未能解决埃伊纳问题，公民对他极其不满。大家不约而同地在陶片上刻下了他的名字。历史学家修昔底德笔下完美的大政治家伯里克利此时11岁，成了被放逐者的儿子。

因为陶片放逐了克桑提普斯，地米斯托克利成功引导公民大会通过了建造100艘新型战船的提议。

当然，说是“新型战船”，其实并非建造全新的船只。

所谓的“新型战船”，只是三层加莱船的改进版。船身得以加固，

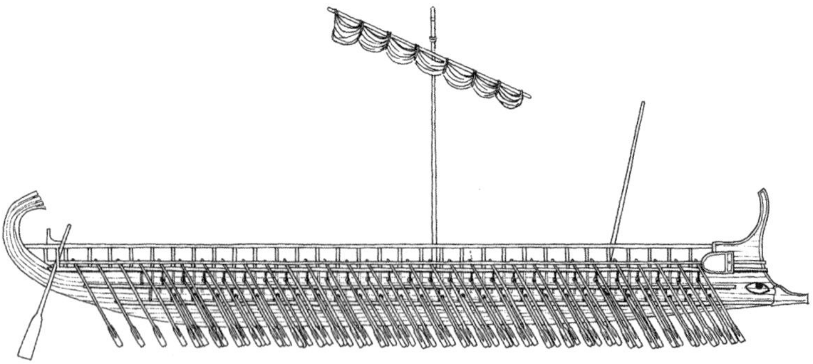

**雅典新建船只“三层桨大帆船”**

同时为增加船只重量，船底装了很多石块。

石块堆放在船底，容易造成船只重心不稳。因此，石块的堆放必须认真细致。

堆放好的石块要固定，不能随着船身的晃动而来回滚动。

船只重量变了，自然需要训练船员适应这种重量。

地米斯托克利设想的“建造新型战船”是长期思考的结果，包括他一直以来的全部设想与智慧。在地米斯托克利的意识中，这就是未来雅典的海上力量。

地米斯托克利和反对他的稳健派之间真正发生冲突，是在两年之后。因为这一时期，人们在雅典附近的拉夫里翁发现了银矿。围绕银矿收益的使用问题，双方的对立显现出来。

42 岁的地米斯托克利理所当然地认为银矿的收益应该全部用于建造 200 艘新型战船。

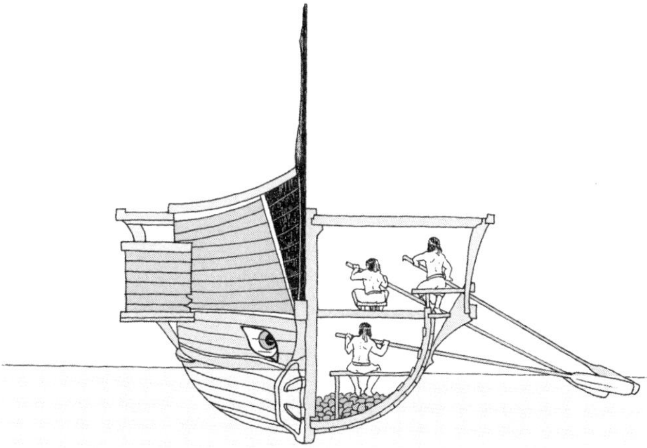

**新建“三层桨大帆船”的桨手和堆放了石块的船底**

阿里斯泰德比地米斯托克利年长6岁，他以前只让年轻的克桑提普斯出面，自己在后面运筹帷幄。克桑提普斯遭到陶片放逐之后，他不得不亲自上阵了。他提出，来自拉夫里翁银矿的收益应该平均分配给所有雅典公民，以提高公民的生活水平。

地米斯托克利没有要求公民赞成自己的意见或阿里斯泰德的意见，他让公民们用陶片放逐的办法来做选择，即在公民大会上，只要阿里斯泰德的意见遭否决，他将自动被陶片放逐，这样就可以排除阿里斯泰德了。

陶片投票的结果是阿里斯泰德遭陶片放逐，尽管他提出的意见对公民有利。

公元前482年，波斯国王终于结束镇压埃及的叛乱，开始大张旗鼓地准备攻打希腊了。也许正因为如此，雅典公民终于愿意认真倾听地米斯托克利的主张了。

关于这一年的陶片放逐现场，《希腊罗马名人传》的作者普鲁塔克写过这样一段逸闻：

> 陶片放逐现场，一个男人叫住了阿里斯泰德。此人很可能来自远离首都的地方，也可能出于其他原因，总之他不认识阿里斯泰德。他请阿里斯泰德帮忙，说："你能帮我写一下阿里斯泰德的名字吗？我不会写字。"
>
> 阿里斯泰德问他："阿里斯泰德做了什么坏事？"
>
> 男人摇摇头回答："没有，我根本不认识他。只是我走到哪儿都能听到人们说阿里斯泰德是正义之士，让我很烦。"

阿里斯泰德没有再说什么，默默地在男人递过来的陶片上刻下自己的名字，还给了他。这一年，阿里斯泰德被赶出了雅典。

只看这段逸闻，你一定会认为陶片放逐制度是一个相当不严肃的制度。

但是，普鲁塔克是个求知欲极其旺盛的希腊人。他是一个乡绅，生活在罗马帝国的鼎盛时期，即五贤帝时代，是六百多年以后的人。在那个时代，即使没有社会地位、没有强大的经济实力也无须担心生计。因此，缺少危机意识也属正常。

普鲁塔克给了阿里斯泰德极高的评价，而阿里斯泰德本人大概比任何人都看重“正义之士”这一评价吧。作为超级名门又超级富裕的阿尔克迈尼翁家族的领袖，他本人并不富裕，可以说他是在贫穷中度过一生的。如果在那个时代，雅典的选举口号是“宁选众望所归之人，不选一心向权之辈”的话，大概没有哪一个政治家可以超过阿里斯泰德成为“众望所归之人”。

刻有阿里斯泰德名字的陶片

相反，地米斯托克利却是“一心向权之辈”的典型。作为政治家，他可以列举一件件可能给城邦国家雅典带来危害的例子，提出为了保卫自己的国家，雅典应该如何应对，每一个公民应该怎样做。

雅典公民不可能人人都识字。但是包括这些不识字的文盲在内，大多数公民此时已经意识到在遥远的地平线彼岸，波斯军队正蠢蠢欲动。于是，他们果断选择地米斯托克利，放弃了阿里斯泰德。因为此时公民心中都已有了危机意识。

相差 6 岁的阿里斯泰德和地米斯托克利两人尽管想法和做法截然相反，却有一个共同点。

那就是，作为政治家，两人都以国家利益为重。

在雅典，担任公职没有报酬，自然没有通过为国家服务来挣钱的概念。因此雅典不会发生有人因贪污公款而被起诉的事情，因为他们从未想过把国家的钱揣进自己的腰包。

但是，因滥用公款罪被起诉的事情是有的。滥用国家的钱意味着滥用政策，因为滥用政策而给国家带来危害，就是所谓的滥用公款罪。

至于陶片放逐，先不论这一制度的好坏，用这一制度来惩罚“还没有带来危害，但是有可能带来危害”的人，说起来也算是一种预防措施。

在民主政体下的雅典做政治领袖是要付出代价的。小林秀雄也写过这样的话：

我不知道修昔底德的《历史》讲述的是怎样一种情形。

至少《希腊罗马名人传》中的英雄都是政治家。当然，作者（普鲁塔克）不可能有现代人的想法，即政治家类型的人。他应该是根据当时的社会现状，认为有德又有行动力的人必定是政治家……

政治不是一种职业，也不是一种技术，而是高度紧张的生活。因此，普鲁塔克笔下的人们无论身处何地何种情形，看上去似乎都在展示各自的一切经验……

像空谈政治和对政治毫无兴趣的言论，对于那个时代的有识之士来说，完全无法理解。这是值得重新思考的问题。

对于生活在当今世界的我们来说，如果拘泥于条条框框，就无法理解生活在古代的人。我们应该充分发挥想象力，用心体会他们的“全部经验”，唯有如此才能理解他们。

没有什么做不到的。只要我们不用 21 世纪的现代眼光去看他们，只要生活在 21 世纪的每一个人追忆 2500 年前时，用心体会生活在那个时代的人的生活就可以了。

公元前 482 年，阿里斯泰德离开后，雅典全力以赴投入建造新型战船的工作。200 艘船一艘接着一艘下水了。

造船体制已经确立，但这并不意味着只要建成 200 艘船即大功告成。造船体制的确立意味着在必要时可以随时根据需要建造新的船只，同时也方便改造和维修已投入使用的船只。造船体制一旦确立，造船工人必须常驻船坞。

随着新建战船的增加，对船员的需求随之增加。在操控战船的船员中，人数最多的是桨手，对他们的需求量也最大。

桨手的作用相当于现在的马达。船只扬帆航行会受到风向的左右，而靠人划桨前行则自由得多。海战中，敌我双方交战前需要降下船帆，依靠划桨接近敌船。因此，确保有经验丰富的桨手就成为重中之重。

在东方，桨手通常是奴隶，这一传统一直延续到以帆船为主的时代。但是在古代希腊，自古以来桨手都是自由公民。因为希腊是城邦国家，人口较少，一旦战船接近敌船，双方的桨缠在一起，桨手就要弃桨拔剑，变身为一名战士。

梭伦改革中，无资产者被划归到社会最底层的第四等级。正是这一等级的公民在地米斯托克利组建的雅典海上军队中担负起了桨手的重任。

地米斯托克利不仅让这些雅典无资产者有了稳定的工作，还让他们有了保卫国家的意识。

新型战船建造体制确立之后，地米斯托克利着手改造雅典政体。在所有政敌都被铲除的此时，公民大会对他几乎言听计从。尽管如此，他依然只进行了最低限度的改革。理由有二：

第一，地米斯托克利不像梭伦和克里斯提尼，他无意成为一名改革者。

他的心思只在一件事上，迫在眉睫的一件事，即如何迎战即将来犯的波斯军队。

如何解决眼前的根本问题可能影响到“百年大计”，这样的例子在历史上并不少见。

当时，雅典面临第二次希波战争。因此，当时地米斯托克利的唯一目标就是战胜波斯。

第二，地米斯托克利从心底里感谢雅典的现有体制，即民主政体。如果不是这样的政体，像他这样出身在普通公民之家又没有太多财富的人是不可能获得如今的地位的。他是雅典民主政体的受益者。

需要强调的是，与出身名门、资产丰厚的前辈改革者一样，他意识中的“民主政体”不是唯心的“主义”。在他看来，“民主政体”是一种“手段”，是最大限度运用城邦国家雅典的资源，即运用每一个公民力量的手段，这种政体远比君主政体、僭主政体和贵族政体高效。

在雅典，领袖人物可以提出法律和政策，他们同时又是创造逻辑学和修辞法的希腊人，他们可以运用这些技能来引导公民。

但是，决定“同意”或“不同意”的始终是公民大会，年龄在20岁以上、享有公民权的公民都有资格参加。也就是说，你可以运用你的语言能力来引导公民，但是，最终决定权仍在公民大会。

因为国家最高决策机构是公民大会，它是雅典直接民主政体的基础。

然而，“形式”上的民主政体和这种形式能否发挥实际作用是不同的。对于民主主义来说，最大的敌人是“不作为”，是“没有结果”。因此，在尊重民主政体的前提下，地米斯托克利想到的、请求公民大会做出决定的是具体的对策，即面对波斯军队的入侵，在维持雅典民主政体的同时如何充分发挥这一政体的作用。

一百多年前，雅典的最高官职叫执政官，那是梭伦改革的产物。梭伦改革根据公民收入的多少将公民分为四个等级。执政官的被选举权只属于第一等级和第二等级，也就是富裕阶层。因此，当选此官职的人一定属于这两个阶层。

克里斯提尼推行全面改革的时候保留了执政官的职位，新设了将军一职，被选举权属于全体公民。执政官有 9 人，将军有 10 人。由于新设将军这一职位，相当于雅典“内阁”成员的执政官的影响力和权力大大缩水。

地米斯托克利提议进一步削弱执政官的权力，一改以前的选举方式，用抽签的方式选出 9 人执政官，从而使这一机构变得有名无实。公民大会通过了这一提议。

“选举”是对个人能力的认可，而“抽签”在希腊人的意识中是神意。将“选举”的方式改为“抽签”的方式，就缺少了要求当选者承担责任的依据。在民主政体的雅典，抽签方式仅用于选举行政人员，按现在的说法就是选举“官僚”。地米斯托克利将抽签方式用在了任命执政官上，因此，执政官必然失去原有的影响力和权力。

地米斯托克利还要求公民大会修改将军制度。

我想他或许是在马拉松会战中受到了启发吧。因为他本人作为将军之一参加了马拉松会战。

随着执政官权力的丧失，将军开始全面掌管城邦国家雅典的政治和军事事务。

克里斯提尼的改革确立了雅典的民主政体，在这一政体下，10 位将军权力均等。战时，10 人轮流担任总指挥官，每人 4 天，依次轮换。由此可见，这种体系下责任很不明确。

如果囿于这种体系，那么无论在战时还是在平时，统一指挥体系就是一句空话。

在9年前的马拉松会战中，除米提亚德以外的9位将军（包括阿里斯泰德和地米斯托克利）将自己的4天总指挥权委托给米提亚德，从而解决了统一指挥体系的问题，也因此取得了希波战争的第一场胜利。

地米斯托克利不曾想到当时的应变方案还会再次被用到。当时大家主动让出总指挥权。既然是让出，就会有人愿意有人不愿意。既然10人平均享有4天总指挥权，难免有人拒绝让出这一权力。

地米斯托克利认为这样的假设完全可能变成现实。于是，他考虑将“主动出让”变成“法律要求”。

他提议增设“首席将军”（strategos autokrator），相当于10人内阁中的总理大臣，从10位将军中选出1人担任。余下9人相当于10人内阁中的9个大臣。该内阁任期内发生的任何问题由首席将军负全部责任。战时，首席将军为最高指挥官。

在民主政体的雅典，10位将军的任期是1年，首席将军也是将军，因此任期也是1年。对于地米斯托克利提出的上述所有提议，公民大会都以多数票赞成通过。

地米斯托克利就任下一年度的首席将军。

选举他出任下一年度即公元前480年的最高指挥官，不是通过掷色子决定的。

当时，根据得到的情报，雅典人得知波斯国王薛西斯率领军队离开首都苏萨，正在向西行进。

波斯国王率领军队沿着“王之道”这条波斯唯一全线铺设的道路

一路向西，到达终点萨迪斯时一定已进入秋季。因此，可以推测薛西斯离开萨迪斯向希腊发起总攻的时间是在第二年的春天，也就是公元前 480 年的春天。

可以预测，入侵的波斯军队将会遇到这样一个问题。

一支大军攻打敌国，粮食补给必不可少。要在敌国筹措如此大规模的军用物资，即便对于“王中之王”的波斯国王来说也绝非易事。

而且，波斯国王的目标是将埃及和中东全境都置于自己的统治之下，因此从时间上来说，他不可能把精力一直耗在这里。国王一定希望尽快拿下希腊。

地米斯托克利想到了上述种种情况，于是主动提出担任公元前 480 年的最高指挥官。

39 岁的波斯国王薛西斯决定在第二年，即公元前 480 年将希腊全境纳入自己的统治之下。

与此相对的是，44 岁的地米斯托克利决定在公元前 480 年击退波斯军队的进攻。

迎战的准备工作在雅典如火如荼地展开。

造船厂满负荷运转。以最高指挥官为首，下属 9 个指挥官（将军）的统一指挥体系已经确立。以重装步兵为主要战斗力的陆上军队集合完毕，因为这是一个全体公民皆为士兵的国家。

这些事情安排好之后，地米斯托克利提请公民大会决定可否召回被放逐者。

他说，国家正当生死存亡的危机时刻，全体公民应该团结起来一致对外。他提议召回因陶片放逐而流亡国外的人。公民大会以多数赞成通过了他的提议。

3 年前被放逐的克桑提普斯和 1 年前遭放逐的阿里斯泰德因此回到了国内。

这二人是强硬的“在野党”，政策方面总与地米斯托克利唱反调，但是要说战场上的指挥能力，他们完全有能力担任将军。

地米斯托克利开了一个先例，即被放逐者一旦回国，不管还差多久才满 10 年，统统一笔勾销。

不管怎样，面对一心想征服希腊的波斯国王薛西斯，希腊方面的兵力只有敌人的十分之一。说此时正值雅典生死存亡的危机关头并不夸张。

## 战争前夜

波斯国王薛西斯要求此战必须获胜。

10 年前，只因为在马拉松会战中战败，他的父王大流士不得不在其后的 4 年时间里为镇压巴比伦和埃及的叛乱而殚精竭虑，而且，镇压行动并没有因大流士的去世而结束。薛西斯继承的不只是王位，还有叛乱。这位坐拥疆域从中东到埃及的大帝国波斯的国王，最终得以腾出手来准备攻打希腊，是在父亲去世两年以后了。尽管在波斯人的眼中，希腊不过是“一把小麦”。

薛西斯需要承受父亲大流士不曾感受过的压力。

他是尊称为“大王”的波斯阿契美尼德王朝的创立者居鲁士的亲外孙，他的母亲是大王居鲁士的女儿。仅此一点，在波斯帝国臣民眼中，他就是波斯国王——“王中之王”的最佳人选，波斯帝国的王位非他莫属。

鉴于这一背景，他自然不能输给“一把小麦”。对于这位温和且富有人情味的东方贵公子来说，入侵希腊是他人生中最大的一次挑战。

39 岁的薛西斯进行了周密的准备。

他首先确保父亲大流士在10年前第一次希波战争中征服的地区的稳定。

爱奥尼亚地区位于小亚细亚西岸，面向爱琴海，因为距离波斯前线基地萨迪斯较近，在马拉松之战后依然处于波斯的统治之下。距离米利都不远的萨摩斯岛上一直驻扎着波斯船队。这意味着爱琴海东侧全域依然是波斯的领土。

同样，位于爱琴海北侧的色雷斯和马其顿在这10年间也一直处于波斯的统治之下。他们接受波斯国王送来的“土地和水”通告而成为波斯的属国。

因此，希腊人生活的地方，即希腊世界的东部和北部，在第二次希波战争开始之前已经被纳入波斯帝国的统治之下。

于是，为成功征服雅典，薛西斯制定的战略是波斯军队从萨迪斯出发，横渡达达尼尔海峡进入希腊，接着从希腊北部向雅典发起进攻。

年轻的波斯国王做了一个决定，这是其父大流士从未想过的事，那就是与迦太基结盟。

当时地中海西侧有两个强国，是波斯和雅典都不能不承认的强国。它们是叙拉古和迦太基。叙拉古位于地中海最大的岛屿西西里岛东部，迦太基在非洲北部。

叙拉古与希腊之间的关系始于希腊人的殖民。迦太基与东方之间的关系则始于腓尼基人的殖民。此时，迦太基人的母国腓尼基已经臣服波斯帝国。

薛西斯和迦太基结成同盟并非希望迦太基提供兵力支援。他对迦太基的要求是迦太基军队登陆西西里岛，从背后给叙拉古施压，让叙拉古接到雅典的求助时，因自顾不暇而无法支援。

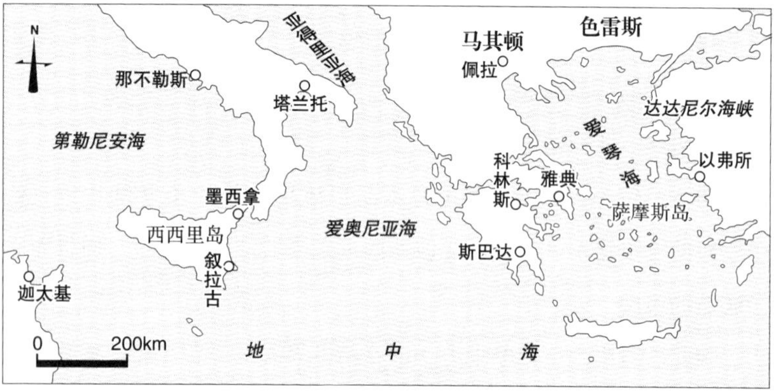


爱奥尼亚海及其周边

最后是重整军队，这是所有战争必不可少的基础。

为了确保此次入侵希腊绝对成功，“王中之王”需要表明他的态度。

在第一次希波战争中，大流士没有亲征，而且只派出 2.5 万人的兵力，按东方人的标准来看，军队规模过小。

第二次希波战争时，一切都不同了。无论从哪个角度来看，这一次都只能用大规模来形容。

率领大军的是“王中之王”薛西斯。包括他的几位胞弟，几乎所有王室成员随军同行。当然他们不只是随行，还肩负着指挥战斗的重任。这就意味着，他们战死的可能性也很大。既然王室成员都参战，帝国境内各行省的总督自然也要参战。公元前 481 年末至公元前 480

年初的冬季，波斯帝国的首都功能好像转移到了萨迪斯一样。

这位年轻的东方君主知道希腊是城邦国家的集合体，并无一个叫希腊的国家。他也知道城邦国家是以城市为中心形成的国家，每个城邦国家的人口都很少。

因此，波斯国王首先考虑以“量”取胜，给希腊来一个下马威。曾经，波斯帝国利用人海战术成功收服了巴比伦和埃及。

希罗多德是那个时代唯一一位描述希波战争的历史学家。根据他的描述，第二次希波战争发生于公元前 480 年。为成功收服希腊，波斯国王带去的士兵多达 180 万人，此外，还有随从和当地的非战斗人员共 500 万人。这个数字还只是陆上部队，不包括海上部队。

现代历史学家认为这个数字“不现实”。他们提出的理由有两个：

一、如果 180 万名士兵全部投入希腊战线，波斯帝国内部就会变成空城。对于波斯国王来说，只要他还没有忘记美索不达米亚地区和埃及的叛乱，就不可能冒如此大的风险。

二、加上非战斗人员，波斯需要解决远远超过 600 万人的饮食问题。

波斯军队的船队只用于运输武器和武装类的东西，饮食问题在当地解决。也就是说，由那些屈从于波斯国王提出的“土地和水”通告而成为波斯属国的地方来解决。但是在环绕爱琴海的希腊境内，找不出一个地方有如此实力能提供如此大规模的食物补给。这是学者们的共识，我深有同感。

据此，在公元前 480 年至公元前 479 年的第二次希波战争中，从波斯方面采取的所有行动来看，学者们推测波斯军队的全部兵力为大约 20 万人出头。其中包括与国王如影随形的 1 万名精锐组成的“不死军”和波斯引以为傲的 1 万名骑兵，余下的 18 万是希腊人眼中的轻装步兵。

再看希腊方面。即使斯巴达和雅典达成共识联合作战，这两个国家能派出的全部兵力合计也不超过 2 万人。因此，希腊要迎战的是仅陆上军队就 10 倍于自己的敌人。

波斯没有海运传统，对波斯国王来说，海上部队只能依靠自己统治下的异族国家。根据希罗多德的描述，波斯国王有三层加莱船 1200 艘、小型运输船 3000 艘。

此外，运输船的数量难以想象，暂且不论。学者们只能就“主要战斗力”三层加莱船进行分析。按照不同民族，各国提供的战船情况如下：

来自腓尼基的船只——300 艘。

来自包括爱奥尼亚地区和爱琴海群岛在内的希腊境内的船只——300 艘。

来自埃及的船只——200 艘。

除此之外，还有一些在各地征用的船只，数量不多。而非主要战斗力的运输船则不计其数。

古代腓尼基人生活在现在的中东地区，这里有叙利亚和黎巴嫩。他们以擅长通商和海运闻名，作为海上战斗力最受波斯国王的器重。腓尼基人的航运海域在东地中海，大型船只较多。按照东方人的习惯，桨手由奴隶担任。

爱奥尼亚船队的300艘船只，活动范围仅限爱琴海，因此，与腓尼基船相比吨位较小。但是，谈到操控力，由于爱琴海风向多变，所以爱奥尼亚船优于腓尼基船。另外，按照希腊人的习惯，担任桨手的是自由公民。对于波斯国王薛西斯来说，这是仅次于腓尼基船队的、值得期待的海上战斗力。

波斯国王不太信任来自埃及的200艘船。埃及是个农业大国，没有海运传统。埃及的船只大部分只是内河用船，航行在尼罗河通往地中海的河道上。和腓尼基一样，桨手也是奴隶。与腓尼基船、爱奥尼亚地区的希腊船相比，他们甚至不曾有过打击海盗的海战经验。

入侵希腊的波斯军队最高司令官薛西斯似乎没有料到海上的战斗力将决定这次战争的结局。

波斯人只要脚不踏在土地上，就会心生不安。所以，对波斯人薛西斯来说，海军只是输送兵员和补充物资的运输工具，是波斯军队与雅典军队发生陆战时用来封锁海面的力量而已。也许正因为如此，他征用的船只中有好几千艘运输船，目的只是在兵力对比上给敌人一个下马威，一旦开启海战全无用武之地。

相对于这支波斯海上军队，我们再来看希腊方面的海上战斗力。参战的各城邦国家包括雅典和斯巴达在内，船只全部加起来也不足400艘，虽然相比陆地战斗力的10 ∶ 1要好许多，但希腊方面在海上也不得不迎战2倍于自己的敌人。

公元前481年冬季，身在萨迪斯的波斯国王薛西斯与当年他父亲大流士一样，向希腊几乎所有城邦国家包括爱琴海群岛派出使节，送去了“土地和水”通告。只有雅典和斯巴达没有接到通告。原因是第一次希波战争时，只有这两个国家拒绝了“土地和水”的要求。这次波斯国王以此表明第二次希波战争的目标就是雅典和斯巴达。

与此同时，希腊方面也召集各城邦国家代表举行了会议。未接受“土地和水”通告的希腊城邦国家的代表聚集到了伊斯米亚。伊斯米亚是一条狭窄的海峡，将雅典所在的阿提卡地区和斯巴达所在的伯罗奔尼撒半岛一分为二。

已当选此年度最高指挥官的地米斯托克利作为雅典代表出席了会议。斯巴达代表是两个国王，色萨利、底比斯、科林斯也分别派了代表参加，正与雅典打得难解难分的埃伊纳的代表也出席了会议。

议题当然是商讨如何击退入侵的波斯军队。

有一个提议得到了全体代表的一致同意，即希腊城邦国家之间停止一切纷争，直到把波斯军队赶出希腊。

雅典和埃伊纳暂时放下了纠缠不清的敌对关系，埃伊纳也决定改变以往亲波斯的立场，明确站到了希腊阵营中。

对于地米斯托克利来说，这是一件值得高兴的事，因为他坚持认为和波斯之间的决战将在海上展开。在他看来，埃伊纳成为盟友意味着制海权所及海域范围大大增加。之前，雅典的制海权仅限于外港比雷埃夫斯到萨拉米斯岛之间的海域，现在，海域扩大到萨拉米斯岛至埃伊纳岛，再从埃伊纳岛到伯罗奔尼撒半岛的东侧。也就是说，雅典海上战斗力的行动范围大幅度扩大。

讨论到其他议题时就没有这么顺利了。希腊人特有的能言善辩，使得做出一个决定异常艰难。好在地米斯托克利擅长驾驭这种局面，不断引导大家回到正题上。

看到波斯即将入侵希腊，战争一触即发，希腊人自然理智许多，他们尽力控制争辩的冲动，共同商讨在何处迎战波斯军队。

根据派出去的侦察兵以及安插在敌人内部的情报人员带回的消息，他们弄清了几个问题。

首先，是波斯军队的规模。

其次，是波斯军队攻打希腊的路线。

根据得到的情报，敌军规模在己方10倍以上，雅典人和斯巴达人对此甚至不曾表现出一丝不安。

情报显示，敌军的进攻路线是海上军队从萨摩斯岛出发，在爱琴海上一路向北，陆上军队横渡达达尼尔海峡，两军在塞尔玛（后来的塞萨洛尼基）会合。

波斯国王亲自率领陆上军队离开萨迪斯到达达达尼尔海峡。因为军队规模庞大，依靠船只往返运送需要好几天时间。按照国王的要求，这里已经准备好了“浮桥”。浮桥是用绳索将一条条船连起来再放上木板做成的，共有两座。全军通过浮桥进入欧洲。在达达尼尔海峡搭建浮桥横渡海峡的方法是薛西斯的首创，在第一次希波战争中不曾使用过。

仅靠侦察兵的情报，希腊方面未能掌握波斯军队在塞萨洛尼基会合后的行军路线。此时，关于在何处迎敌，希腊各城邦国家的代表有三个选择。

第一个选择是在添普士山谷迎击敌人。添普士山谷位于希腊中部的入口，是从塞萨洛尼基沿海边大道进入希腊中部的必经之地。

第二个选择是在温泉关山顶阻止敌人陆上军队南下。温泉关位于添普士山谷南边，两地相距 150 公里。与此同时，海上军队北上进入亚德米西林，阻止敌人海陆两军会合。

第三个选择是在伊斯米亚迎战敌军。伊斯米亚位于伯罗奔尼撒半岛入口，位于温泉关的南边，直线距离也是 150 公里。此时，各城邦

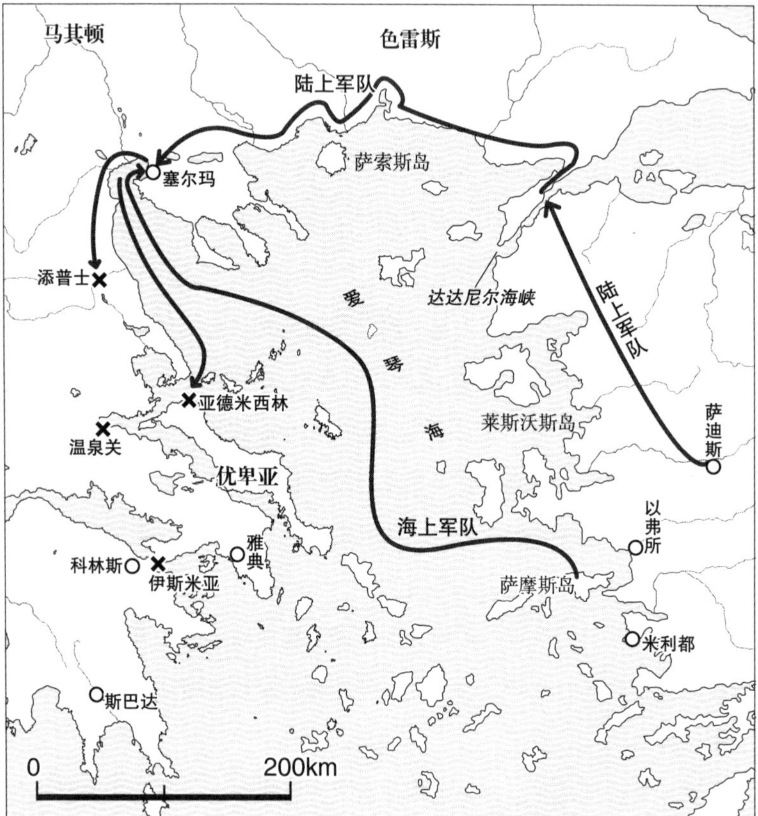


第二次希波战争

国家代表正会聚此地商讨迎敌对策。狭窄的伊斯米亚已有双重屏障，为伯罗奔尼撒半岛上的两个强国斯巴达和科林斯所建。

第一个选择早早就遭到了淘汰。

敌军离开他们的属国马其顿，刚进入希腊中部就将他们击退的话，当然最好不过。但是，在鲜有平原的希腊，色萨利地区是个例外，这里是一片开阔的平原。除了添普士山谷，还有几条南下的路线。同时，该地区临海的位置找不到适合大量船只停靠的地方。也就是说，这里不适合海陆两军合力迎敌。

然而，放弃这一选择意味着放弃希腊中部的北半部。

出席伊斯米亚会议的色萨利代表表情沉重。他表示，仅靠我们自己的力量难以抵抗波斯大军，既然放弃这一选择，我们只能接受“土地和水”通告了。

屈服于“土地和水”的要求意味着归入波斯国王的统治之下。在战时，必须按要求向波斯军队提供一切军用物资，包括粮食。

不仅如此，波斯方面一定还会要求提供兵力。这就意味着，色萨利士兵将作为波斯军队的组成部分与包括雅典人和斯巴达人在内的希腊人为敌，意味着他们与生活在爱奥尼亚地区、爱琴海群岛上的希腊人一样，在第二次希波战争中站在波斯阵营中。

尽管如此，出席伊斯米亚会议的希腊城邦国家代表依然决定放弃第一个选择。他们不惜放弃色萨利一地，也要为保卫希腊而战，陆战在温泉关，海战在亚德米西林。

此时，代表雅典出席会议的地米斯托克利一定会感觉孤立无助。

三个选择都把赌注放在陆地战上了，不同的只是迎战地点。无论是第一个选择，还是第二个选择，抑或是第三个选择，海上军队都不过是陆上军队的辅助力量。

这完全背离了地米斯托克利关于“海上战斗力”的设想。他设计中的海上战斗力不是“辅助战斗力”而是“主要战斗力”，两者有天壤之别。

陆上军事大国波斯把赌注压在陆地战上理所当然。但是，兵力不过波斯军队十分之一的希腊为什么也把赌注压在陆战上呢？

那是因为，一直以来，希腊的主要防卫力量都是重装步兵，公民的义务就是作为重装步兵保卫国家，这在雅典指的是第三等级以上的公民。

应对发生在希腊各城邦国家之间的作战，这一体系是奏效的，因为城邦国家之间的作战是性质相同的部队之间的作战。

但是，现在的敌人是波斯。就算建立了共同战线，迎击敌人的兵力也不过敌人的十分之一。在这种情况下，“赌注”不是应该押在敌人最薄弱的环节上吗？

地米斯托克利很早就认识到了这一点，所以在马拉松战役取得胜利后的第一次希波战争与第二次希波战争之间的10年里，他一直致力于提高雅典的海上力量。即使采用强硬手段、利用陶片放逐制度将反对他的雅典政界大人物一个个逐出雅典，也要把雅典建设成为希腊第一的海上军事强国。

结果，雅典的海上军事力量从以前的40艘三层加莱船增加到随时可出动200艘的实力。随时可出动200艘战船意味着还有船只在港口待命以应对不时之需，例如出现海战这类人为突发事件或暴风雨等天灾，船只受到重创回港修理时，待命的船只可及时补充上去。因此，至少还需要百艘以上。

10年里，在地米斯托克利的坚持下，雅典战船从40艘增加到了300艘，雅典海上战斗力超过以前位居第一和第二的科林斯与埃伊纳，一跃成为希腊第一。

但是，并非人人都有能力预知未来并采取相应的措施。在商讨第二年春季将展开的与波斯对决的伊斯米亚会议上，以陆上军力为主要战斗力的方针没有改变。

其主要原因在于希腊城邦国家的形成过程和在此过程中形成的希腊人的特性。

公认的希腊首屈一指的陆上军事大国斯巴达就不用说了，雅典、底比斯和其他所有城邦国家都把保卫国家的重任交给了重装步兵。由中坚阶层的公民组成的重装步兵团是希腊城邦国家的骄傲。属于第四等级的公民即无资产者因为享有公民权，自然也有义务服兵役。但在战场上，他们始终只是作为重装步兵的辅助力量。

战斗中只有打垮敌人才能获得胜利。击垮敌人是主要战斗力量的任务，辅助战斗力量只起协助作用。

然而，一旦演变成海战，情况将截然不同。

重装步兵是纯粹的战斗人员，当然要坐上三层加莱船。但是，按照指挥官的指示让船逼近敌船的是操控船只的船员，是桨手的任务。战斗开始后，船帆落下，战船仅靠桨手划桨接近敌船。因此，这又是一项来不得一丝马虎的工作。

古代的无资产者需要每天劳动才能维持生活。在雅典，他们属于第四等级。无产者，后来的罗马叫作 proletariat，在海战中是极其重要的、不容忽视的战斗力。

我想在那个时候，希腊人一定很抵触这一点，他们一定不愿轻易承认这一点。这也是希腊人很难放弃陆上军队作为主要战斗力的想法的主要原因。

但是，已届 44 岁的地米斯托克利是一个坚定的人。坚持己见需要超强的忍耐力。作为其时已是名副其实的雅典领袖，他的坚持就是“等待时机”。

当然，所谓的等待并非无所作为地被动等待。他用心观察各方动静，伺机而动。当然，等待时机同时也意味着机会来临之前，即使盟友受创也要忍耐。

不过，出席此次伊斯米亚会议的代表中，我想还有一个人清醒地认识到了他们面临的现实，只是大多数人没有意识到。

此人就是斯巴达国王列奥尼达。在温泉关迎战 39 岁的薛西斯率领的波斯陆上军队的任务落在了这位年已六旬的斯巴达勇士肩上。

公元前 481 年冬天，在第二次希波战争前召开的伊斯米亚会议上，决定参加抵抗波斯之战的希腊城邦国家代表还商讨了各国分别可提供的战斗力，毕竟第二年春季的这场战斗将不可避免。统计结果如下：

地图是参战城邦国家的分布图。

表是各城邦国家可提供的战斗力情况，当然分陆地战斗力和海上战斗力。

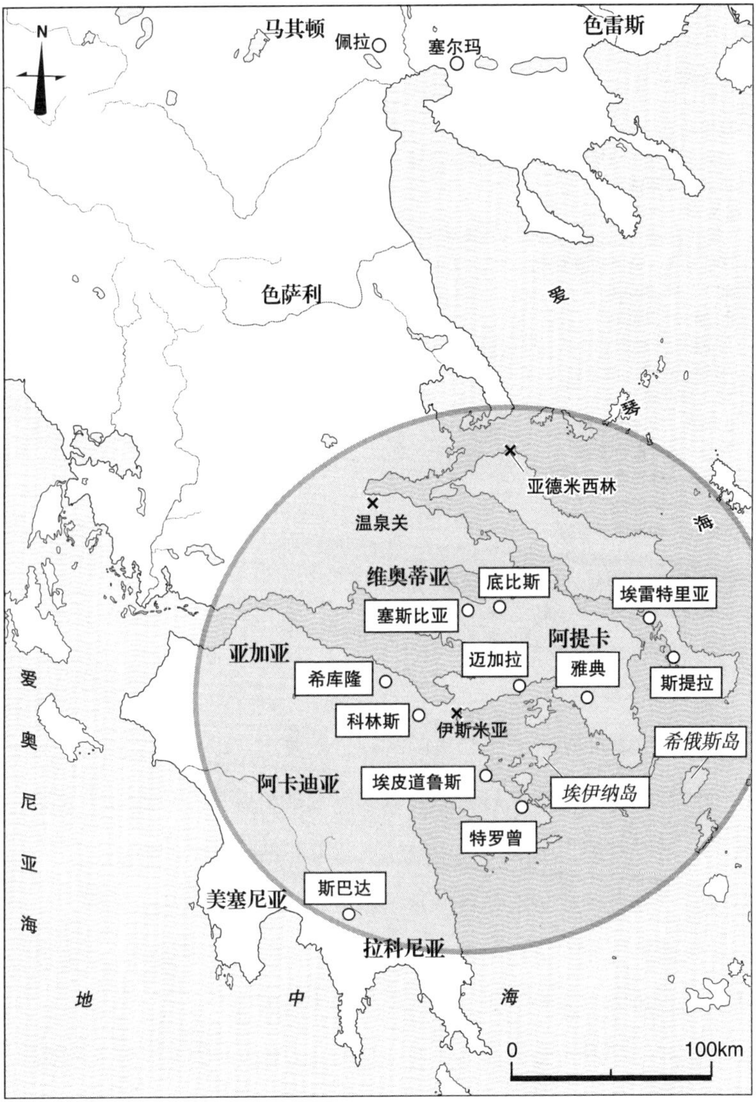

N
马其顿
佩拉
塞尔玛
色雷斯
色萨利
爱
琴
海
亚德米西林
温泉关
维奥蒂亚
底比斯
埃雷特里亚
塞斯比亚
阿提卡
亚加亚
迈加拉
雅典
斯提拉
希库隆
科林斯
伊斯米亚
希俄斯岛
阿卡迪亚
埃皮道鲁斯
埃伊纳岛
特罗曾
斯巴达
美塞尼亚
拉科尼亚
爱奥尼亚海
地
中
海
0
100km

公元前480年（第二次希波战争第一年）希腊城邦国家联军战斗力

| 海上战斗力 | 陆地战斗力 |
| --- | --- |
| 总指挥官：欧里拜德斯（斯巴达）<br>雅典海上军队指挥官：地米斯托克利（事实上的总指挥官）<br>200艘——雅典<br>（其中20艘船上坐的是来自卡尔息底亚地区的难民，逃离了波斯军队统治的人们）<br>40艘——科林斯<br>20艘——迈加拉<br>18艘——埃伊纳<br>12艘——希库隆<br>10艘——斯巴达<br>8艘——埃皮道鲁斯<br>7艘——埃雷特里亚<br>5艘——特罗曾<br>2艘——斯提拉<br>2艘——希俄斯小型船 | 总指挥官：列奥尼达（斯巴达）<br>300人——斯巴达重装步兵<br>3400人——伯罗奔尼撒同盟步兵<br>700人——塞斯比亚步兵<br>400人——底比斯步兵<br>1000人——富丘亚地区步兵<br>1000人——色雷斯地区的难民组成的士兵队伍 |
| 合计324艘船中包含了9艘小型帆船，因此三层加莱船数为315艘 | 合计6800人，再加上来自希腊其他城邦国家的士兵，共约1万人 |

希望读者朋友看地图和表的时候，不要忘记以下几点：

一、地图上的圆点只表示各城邦国家的首都所在位置。所谓城邦国家，是以首都为中心向周边呈放射状分布的住民共同体。

二、表中的数字不是各城邦国家全部战斗力的数量。任何一个城邦国家都不会允许自己的国家成为空城。因此，可提供的战斗力已经从全部战斗力中减去了保卫国境线的战斗力数量。

此外，斯巴达是个例外。作为伯罗奔尼撒同盟的盟主，除了保卫自己的国家，它还要抽出一部分兵力保护伊斯米亚地峡。

雅典也是一个例外。雅典海上军事力量增强，三层加莱船上的纯战斗员即重装步兵的数量也增加了。

雅典可提供的海上战斗力按200艘战船计算，每艘三层加莱船所需的士兵包括重装步兵、船员和桨手至少200人。200人乘以200艘，即需要4万人。

因为地米斯托克利坚持认为这一战的胜负将在海上决出，所以雅典没有抽出兵力参加以斯巴达为主的陆上军队。

三、与士兵数和船只数多少无关，地图和表中记录的是参战的所有城邦国家。

我只是为了提醒读者朋友记住，**希腊并非一个国家。古代希腊只是众多城邦国家的集合体。**

同时，我也希望读者朋友记住，**古代希腊的历史就是如此众多的城邦国家之间冲突不断的历史。**正因为如此，才有了奥林匹克运动会，尽管只是4年一届，至少在运动会期间，各城邦国家做到了和平共处。

还有一点，我也希望读者朋友认真思考。

**这是一个关于独立性和协调性的问题。**在并不辽阔的地域内，如此众多的城邦国家分而治之，意味着希腊人的独立意识极强。

正因如此，共同对抗波斯的联盟中，由哪个城邦国家的人担任最高指挥官，大家始终达不成一致意见。如果是其他民族，一定是由提供兵力最多的国家出代表担任。如果希腊人有这种意识的话，想必如此众多的城邦国家分而治之的状态就不会长期存在了。

斯巴达是公认的陆上军事力量第一强国，斯巴达人要求派他们的人担任陆上军队最高指挥官。对此无人表示异议，提议顺利通过，因为其他城邦国家都承认斯巴达是希腊首屈一指的陆上军事强国，特别是在士兵的“素质”方面。

代表雅典出席会议的地米斯托克利也参加了竞选，却遭到科林斯的强烈反对。

科林斯曾经是希腊第一的海上军事强国，他们认为自己失去第一的地位都是拜地米斯托克利所赐。因此他们绝不能让雅典人担任最高指挥官，尤其是地米斯托克利。

如果你认为在科林斯仅提供 40 艘战船而雅典参战战船达 200 艘的情况下，科林斯反对地米斯托克利担任总指挥官没有道理，只能说明你太不了解希腊人。再说，与其他参战国家相比，科林斯尽管只提供 40 艘战船，却也是仅次于雅典位居第二的。

地米斯托克利深谙退一步海阔天空的道理。他注意到科林斯只是反对他当选最高指挥官，并没有提出新的建议。于是，他要求与斯巴达代表单独会谈。他建议斯巴达代表不仅要求担任陆地最高指挥官，而且还应该要求担任海上最高指挥官。对此斯巴达代表欣然接受，科林斯也表示同意。

就这样，统帅总数 300 多艘战船的海上力量最高指挥官一职落在了斯巴达代表的身上，尽管雅典一个国家就提供了半数以上的船只，而斯巴达只提供了 10 艘战船。不用说，这个结果一定正中科林斯代表的下怀。

地米斯托克利不是一个心口绝对一致的人。虽然他让斯巴达代表担任了最高指挥官，却不会拱手让出指挥权。他建议斯巴达代表担任海上军队最高总指挥官不过是迫于形势压力的权宜之计。斯巴达代表欧里拜德斯并不熟悉大海，对于海上作战并无良策。结果，各国代表于会议结束前签署的共同抵抗波斯海上军队协议附带条款中增加了一个条款：“雅典海上军队的指挥权由雅典公民地米斯托克利负责。”

科林斯得知此事已是后话。他们能做的也只是要求自己国家的40艘船由科林斯代表安德马托斯指挥。

不管怎样，对抗波斯的希腊海上军队的总指挥权实质上已经落到了地米斯托克利的手中。陆上军队指挥体系已经统一起来，列奥尼达是最高总指挥。海上军队的指挥体系也统一由地米斯托克利负责。因为有名义上的总指挥官、斯巴达人欧里拜德斯的支持，这件事并没有遇到阻力。

那么，在波斯入侵前会聚在希腊中部和伯罗奔尼撒半岛之间的伊斯米亚地峡的希腊各城邦国家代表，为什么会同意在温泉关和亚德米西林战线迎战波斯军队呢？

对此，历史学家希罗多德没有做过多介绍，他似乎对参战的人更感兴趣。因此，要弄清这个问题只能依靠我们的想象。

我想，选择在温泉关和亚德米西林迎敌的战略不是随便定下来的，应该是充分讨论后决定的。

陆地在温泉关、海上在亚德米西林的战线设计，粗看似乎采用了“人盯人”的防守战术。但是仔细研究参战同盟各城邦国家的所在，就会发现这是“区域防守”的战略，以温泉关为顶点的一线将希腊一分为二。

借用足球术语就是“链式防守”（catenaccio）。这个词原是意大利语，因AC米兰队采用这一战术成功阻挡住对手的进攻而成为国际通用语。这一战术的目的是用“链条”来巩固防守，等待敌人自我消耗，等待敌人出现焦虑情绪。

公元前5世纪，对于此时的希腊来说，只要在这条战线上成功拖住敌人两个月，那么对波斯一方来说，早期的有利条件就可能变成不利条件。

冬季已经悄然临近。在敌方地盘上作战的波斯军队，加上非战斗人员超过40万人，饮食问题的压力必定越来越重。

同时，薛西斯还必须时时留意背后的美索不达米亚地区和埃及的动静。他会急于结束入侵希腊的行动，早日回国。

如果敌人的想法果真如此，如果链式防守能坚持两个月，那么，波斯国王就有可能放弃进一步南下的计划，波斯军队也有可能撤离希腊。这不是异想天开，而是有过先例的。10年前，仅仅因为在马拉松会战中失利，波斯军队就撤退了。既然有过一次，很难说不会有第二次。

波斯军队是一支大部队，军队转移需要较长时间。可以预计，波斯军队出现在温泉关的时间将在进入夏季之后，实际战斗发生的时间大概会在8月初。因此，链式防守的时间只有8月和9月两个月。

在这一战中，肩负艰巨任务的是斯巴达国王列奥尼达。公元前480年的链式防守能否成功，取决于这位斯巴达勇士。而地米斯托克利的任务是率领海上军队北上直抵亚德米西林，负责海上警戒并切断敌人从海上向陆上军队提供补给的补给钱。

## 温泉关

这一年，斯巴达国王列奥尼达已经60岁了。普通的斯巴达士兵一到60岁就退役了，但是，肩负指挥军队之职责的斯巴达国王没有退役年龄。

列奥尼达出身于斯巴达两个世袭王族之一。因为种种原因，在继承王位的排序中，他的排位过于靠后。因此，与排序靠前的其他亲属不同，后者接受的是帝王教育，而他接受了和普通斯巴达少年相同的教育。

所谓种种原因大概是只有斯巴达才有的原因吧。当时，5个监察官担心他父王生不出儿子，于是建议他父王休掉王后另娶他人。

国王一口拒绝，他对监察官介入自己的私生活非常愤怒。但是5个监察官并不气馁，他们自认为是斯巴达国体的真正守护者。于是他们提出，既然国王不肯休妻，那就纳妾吧。

于是，深爱王后的国王有了侧室，这个女人很快为他生了一个儿子，取名克里昂米尼。

克里昂米尼出生不久，王后也生了一个儿子，取名多莱奥斯。接着，王后又生了一对双胞胎儿子。

根据王位继承排序，第四子列奥尼达被认为继承王位的可能性最小，于是，他和普通斯巴达少年一样，7 岁至 20 岁在以培养士兵为目的的集体生活中长大。

那是一种相当严酷的寄宿生活，甚至缺少人性。一到 20 岁，他还要经历野蛮至极的达标仪式，在荒山野岭依靠个人的机智和力量生存一个星期，还要杀死一个希洛人，取下他的头颅带回营地。经历过这一切的斯巴达国王大概只有他一人。这就是列奥尼达的前半生。

他之所以能登上王位，是因为他父王死后，同父异母的兄长克里昂米尼继承了王位，哥哥多莱奥斯对此心怀不满，他离开斯巴达后死在了意大利南部。其后不久，双胞胎中的哥哥也死了。斯巴达有两个国王，兄长克里昂米尼已是两个国王之一，他以列奥尼达娶自己的女儿为妻作为条件，将另一个王位给了他。

列奥尼达接受了这一条件。他是典型的斯巴达人。想必确立斯巴达国体的吕库古知道后，一定对他大加赞赏。

公元前 480 年，列奥尼达成为第一个正面与进犯的波斯大军交锋的希腊武将。对于他来说，温泉关将是决定他生死的地方。

波斯军队从色萨利地区南下而来。对他们来说，温泉关无疑是一个会妨碍他们顺利进入阿提卡地区的关卡。

温泉关隘口直线距离只有 5 公里，但是因为道路曲折多弯，实际长度超过 10 公里。两侧都是悬崖，站在南下的波斯军队一侧，左侧的悬崖下面是一条河，右侧的悬崖是陡峭的山体，犹如刀劈过一般。山路蜿蜒曲折，宽度就是两个悬崖间的距离。要通过这里，着实需要勇气。

到了21世纪的现在，站在温泉关之上，很难想象2500年前那场战斗的悲壮场景。理由至少有二：

一、从波斯军队的位置看在左侧、从希腊军队的位置看在右侧的河流，经过2500年的时间向北移动了1公里以上。因此，陡峭的悬崖看上去和缓了许多。

二、历史上著名的“温泉关之战”过去600年后，希腊被罗马帝国吞并。出于罗马人追求合理性的特有精神，他们劈山建路，削去陡峭的山体，拓宽了道路。

这就是罗马人。再比如亚壁古道，就因为道路上上下下、绕来绕去，他们认为很不合理，于是从百米高处削去面海的悬崖，建成了亚壁古道。尽管他们非常敬仰希腊文明，但是在保留古战场遗迹和方便希腊人出行的选择上，他们毫不犹疑地选择了后者。当然，那时希腊人早已成为罗马帝国的成员。

因此，曾经非常险峻的温泉关，现在已经没有那么险峻了。

在罗马时代，温泉关是自北向南通往雅典的主干道。所以，罗马帝国选择修建温泉关山路而非保存古战场遗迹无可厚非。但此时，波斯军队只要过不了这条路，就无法进入希腊。

此外，在公元前480年，波斯军队的补给来自海上，只有通过温泉关，他们才能看到停靠在岸边的船队，得到所需的补给。

正因如此，即将迎战波斯军队的希腊联军决定，由列奥尼达率领陆上军队在温泉关抗击敌人，同时由地米斯托克利率领海上军队在附近的亚德米西林湾阻击敌人。

斯巴达国王列奥尼达从斯巴达重装步兵中只挑选了 300 人前往温泉关。关于这一事实，现代研究者中有人指出，列奥尼达也许从一开始就怀揣壮烈牺牲的想法。我却认为，他或许有这个想法，但绝不是“从一开始就有”。斯巴达战士从小接受的教育是绝不让敌人看到自己的脊背。因此对他们来说，战斗非胜即死。

肩负阻挡敌军的重任，列奥尼达一路向北来到温泉关。此时已过六旬的他心中或许想过不得已就以死相拼吧。

300 个斯巴达人都是已婚的人，并且都已有了儿子。选择他们是因为即使他们英勇牺牲，也不至于断子绝孙。斯巴达战士不会在战斗开始前就想到要壮烈牺牲。因为如果随随便便就牺牲生命，又怎么取得战斗的胜利呢？但是，如果战场上的形势发展需要他们献出生命，他们也会视死如归。

面对南下的 20 万波斯大军，迎战的希腊军队加上辅助战斗力量不过 1 万人，兵力对比是 20 ∶ 1。在此情形下，列奥尼达依然没有要求自己的国家斯巴达和以雅典为首的其他城邦国家增派兵力。不仅如此，由于温泉关以外还有两条近道，他又从 1 万人中派出两支 1000 人的小队，分别防守那两条近道的要冲。

也许他认为在狭窄险峻的山路上作战，需要的不是“量”而是“质”。也许他认为，只要是精锐，无须太多士兵就可以与敌人抗衡。人数少意味着在战斗中可以做到灵活多变。斯巴达重装步兵从小接受训练，这方面的能力已是至臻至强。

波斯军队有 20 万人。也许他认为，在温泉关这样的险要之地，企图以量取胜的波斯军队很难发挥他们的优势。

首先到达温泉关的是列奥尼达率领的希腊军队。他们没有等很久，敌军也到达了此地。波斯军队离开塞萨洛尼基以后，在希腊中部平坦的地方一路加速南下，经过 12 天的急行军，很快出现在温泉关。波斯国王薛西斯将指挥部设在距离温泉关山麓不远的一个镇上。

第二天，波斯军队各部指挥官按照国王的命令，让尽可能多的波斯士兵出现在温泉关山顶，只为了让等候在山顶入口的希腊士兵看到。当然，他们提醒士兵不要进入对方的弓箭射程之内。这是波斯国王向希腊发起的挑衅，其目的是震慑希腊士兵。他希望希腊士兵看到如此规模的大军心生惧意，弃械逃跑或投降。

尽管看到敌军规模惊人，希腊军队的将士没有出现丝毫慌乱。非但如此，根据波斯侦察兵带回的近距离侦察结果，在希腊阵营内，士兵们正专心致志地整理各自的头发，看不出有一丝恐惧。

时年 39 岁的波斯国王不明白对方是什么意思。他叫来随行的斯巴达人询问，得到如下回答：

> 斯巴达战士以质朴和刚健为宗旨，纪律严明。只有一件事他们可以自己决定，那就是头发。他们大多长发及肩，喜欢不时整理，保持干净漂亮。

这位东方君主依然不理解。大敌当前，他们非但不惧怕，反而从容不迫地整理自己的仪容。他觉得斯巴达人很可怕。

尽管如此，波斯国王并没有改变战术，他依然决定用优势兵力强行突破温泉关。第二天，他向希腊军指挥部派去了特使。特使穿着东方风格的漂亮服装，向列奥尼达传达了国王的意思。

“放下武器，各回各家。”

列奥尼达接见了波斯国王的使节。他只回答了一句话：

“想取我脑袋，请便。”

这句话成为一句名言，一直流传到后世。后世的人一听说斯巴达战士，条件反射似的脱口而出的就是这句话。

这样一来，波斯国王想轻而易举地通过温泉关隘口的希望落空了。

尽管如此，薛西斯依然没有下定决心。作为绝对专制的君主，此人遇事习惯找家臣一起商量，当然，最终决定还是由他来做。也许你会觉得他这样做纯粹是浪费时间，而历史学家希罗多德给他的评价却是“好人”。

尽管波斯 20 万大军已到温泉关，却几乎没有采取任何军事行动。

列奥尼达

就这样，4 天过去了。

再说海上。波斯军队在塞萨洛尼基兵分两路，国王率领陆上军队走陆路南下，海上军队在海上一路南下，与此同时希腊联军正一路北上，两军不断接近亚德米西林海角。

波斯的海上军队尚未到达亚德米西林海域，就已经遭遇了相当严重的损失。来自埃及的船队不熟悉爱琴海，遭遇暴风雨后或沉入海底或毁损严重，几乎派不上用场了。根据希罗多德的描述，此时，波斯海上军队的 1200 艘船中有近三分之一脱离了战线。尽管如此，波斯与希腊海上军队的战斗力之比依然高达 8 ∶ 3。

希腊人在家门口作战，因此占较大的优势。

希腊的海上军队是沿优卑亚半岛与阿提卡之间的海峡北上的，因此未遭遇暴风雨，顺利到达亚德米西林的希腊海上军队船只总数据说是 271 艘。其中，来自雅典的船只 147 艘，包括从波斯的进攻中成功逃脱的 20 艘难民船只。来自科林斯的船只 40 艘，来自斯巴达的船只 10 艘。余下的来自其他各城邦国家。

率领希腊海上军队的总指挥官是斯巴达的欧里拜德斯。前面已经介绍过，这是各方妥协的结果，尽管斯巴达方面参战船只只有 10 艘。

接近 150 艘的希腊船由地米斯托克利指挥，而反对地米斯托克利担任总指挥官的科林斯也要求自己国家的 40 艘战船由本国的安德马托斯指挥。

因此这一年，希腊城邦国家联合海军有了三个总指挥官。

地米斯托克利非常重视统一的指挥体系，他不可能对这种状况坐视不理。在沿优卑亚半岛向亚德米西林北上的途中，他说服了两位同僚。

说服斯巴达人欧里拜德斯很容易，因为他对担任海军总指挥官一职本来就没有信心。科林斯人安德马托斯在地米斯托克利不厌其烦的劝导下也接受了他的意见，尽管科林斯与雅典互为竞争对手，并且安德马托斯作为熟知海战的将领有丰富的海战经验。在随后的战斗中，这二人成了地米斯托克利最好的搭档。

就这样，在抵达亚德米西林海域前，统一指挥体系的问题已经得到解决。名义上，欧里拜德斯与安德马托斯分别是希腊海上军队的总指挥官和来自科林斯海上军队的指挥官，但是他们一致同意希腊海上军队的实际总指挥由地米斯托克利担任。指挥体系统一后，地米斯托克利成了事实上的总指挥官。

所谓说服力就是让他人接受自己想法的能力，不是在尊重并接受他人意见的基础上通过妥协寻找合作可能性的能力。

看上去君主专制国领袖薛西斯似乎更民主，而民主政体下的雅典领袖地米斯托克利却不太“民主”。的确，第二次希波战争的两大主角——39 岁的薛西斯和 44 岁的地米斯托克利，不仅分别代表波斯人和希腊人两个不同的民族，彼此的性格也截然不同。

在温泉关，敌我双方对峙了 4 天。终于，薛西斯下定了决心。

既然列奥尼达回答说“想取我脑袋，请便”，那就去取吧。薛西斯决定第二天一早发起总攻。

波斯军队试图以人数取胜，一举击败对方。然而，第一次进攻以波斯军队的完败告终，波斯方面阵亡士兵多达 2 万人。

等候在山路拐角处的斯巴达精锐攻击勇敢、精确。很快，走在狭窄山路上的波斯士兵变成一座座尸山。仅这一天，波斯方面就失去了全部兵力的十分之一，难怪平日里温文尔雅的薛西斯在司令部得知这一消息后勃然大怒。

同一天，亚德米西林海角外，波斯与希腊海上军队之间也展开了第一场海战。

地米斯托克利认为，与其打败敌人的海上军队，不如阻止他们进入海湾与陆上军队会合重要。因此，希腊海军虽然成功地给在暴风雨中已遭严重损失的波斯海上军队又一次沉重的打击，但是没有继续扩大这一天的战果。日落前，两军分别返回各自的营地。

次日，波斯军队在温泉关发起了第二次进攻。

这天，波斯国王投入了国王的近卫军 1 万人的“不死军”。率领这支波斯精锐之师投入战斗的是国王的两个弟弟。

然而，这天波斯又以彻底失败告终。不仅号称“不死军”的精锐士兵一个接一个地倒下，甚至这支精锐之师的指挥、国王的两个弟弟也变成两具尸体，被抬回了指挥部。这次希腊方面也牺牲了 2000 人，但是他们连续两次成功击退了敌人的进攻。

这天晚上，结束战斗回到指挥部时，列奥尼达接到了一个报告，是来自近道防守部队的报告。

报告称，波斯军队已经知道了近道的所在，并向驻守在那儿的希腊士兵发起了进攻。

近道逆河流而上，因为是小道，所以不适合大部队通行，但不影响小规模部队的通行。一旦波斯军队通过这条小道到达温泉关隘口的出口，防守温泉关的希腊联军就会受到前后夹攻。

列奥尼达马上召集了希腊陆上军队的全体指挥官，向他们说明了情况。随后，他说：

我们一定会留下，但是，我不阻止想走的人。在现在这种形势下，撤离并不可耻。但是，如果决定离开，必须马上动身，必须在敌人尚未出现前离开。明天我们将在这里做最后一搏。

总指挥官把去留的决定权交给了各城邦国家的指挥官和他们的士兵，大多数人选择离开温泉关。

决定留下来的只有斯巴达士兵 300 人、塞斯比亚士兵 700 人和底比斯士兵 400 人，共计 1400 人。

这个数字是希腊联军刚到温泉关时以上三个国家的士兵总数。在波斯军队发起的两次总攻中，波斯方面损失 2 万人，希腊方面损失了 2000 人。也就是说，希腊方面最初的 1 万人中已有 2000 人死在战场上，其中应该有来自斯巴达、塞斯比亚和底比斯的士兵。因此从 1400 人中减去已经阵亡的士兵数，这个数字必定大幅缩水。

在敌人的前两次总攻中，300 名斯巴达精锐士兵除了一人身负重伤离开战场，其余人都无大碍，这充分证明了斯巴达战士的作战能力。他们的勇敢善战，别说是希腊各城邦国家，即使与当时的陆军强国波斯的士兵相比也毫不逊色。

不管怎样，列奥尼达率领斯巴达 300 勇士和另两个城邦国家的约 800 名士兵准备在温泉关做最后一搏，以微不足道的兵力迎战 18 万大军。

波斯军队的指挥部调整了第二天的作战战术。

经过前两次的失败，他们认识到在近身战方面波斯人不是斯巴达军队的对手。因此，波斯军队决定远距离作战，用人海战术让希腊军队在箭雨之下被一个个射死。

希腊城邦国家重装步兵的盾呈圆形，面积较大，非常结实。箭射到盾上会反弹回去，射箭数量少难见效果。因此，波斯国王下令万箭齐发，箭矢犹如倾盆大雨砸向希腊士兵。

因为波斯军队已发现近道的位置，波斯国王薛西斯决定采用前后夹击的方法攻打希腊联军。他下令从近道包抄希腊军队，在天色未明之前出发。

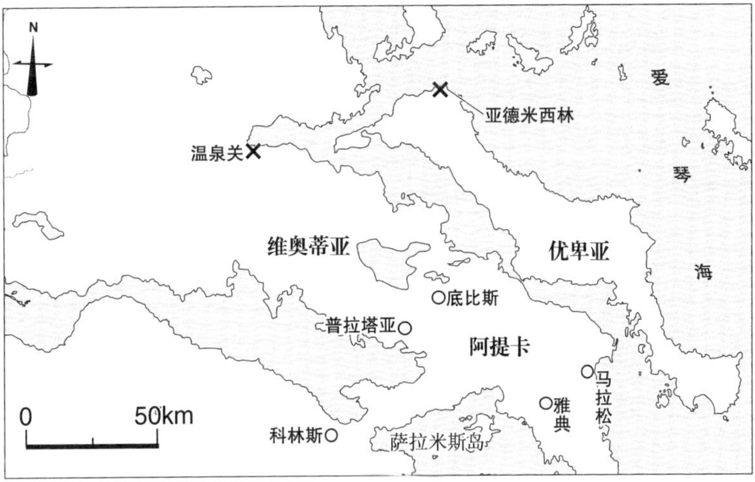

温泉关和亚德米西林

地米斯托克利在亚德米西林海面随时关注着温泉关的战况。为了及时掌握温泉关战场的情况，他派不少侦察士兵不间断地向他报告，因此，他十分清楚温泉关战场上的形势变化。他很遗憾，原本计划只要坚持两个月或许就能成功的链式防守战术仅仅一星期就以失败告终。但是，他没有时间感伤，因为他还要指挥希腊海上军队彻底阻止波斯海上军队登陆希腊。

指挥温泉关战斗的毕竟是列奥尼达，人们很难预计会出现怎样的结果。而且，战斗结果本来就很难预料。地米斯托克利决定不受温泉关战况的影响，按原计划在亚德米西林海面与希腊海上军队决战。

就这样，波斯陆上军队对战希腊陆上军队、波斯海上军队对战希腊海上军队的酣战在直线距离不足 80 公里的温泉关隘口和亚德米西林海面于同一天同一时刻爆发。

这一天，在温泉关，入侵希腊的波斯军队最高司令官薛西斯没有和前两次一样留在司令部等候战斗结果。他命人将国王的宝座搬到隘口入口附近。宝座是用纯金打造的，国王走到哪里就要带到哪里。他要上前线，目的是让士兵知道国王亲自督战，以此鼓舞士气。

不管有多少士兵坠入深渊，国王也绝不改初衷。他决定无论损失多大，也要拿下温泉关。自上而下、从左到右，波斯军队射出的箭雨落在希腊士兵的头上、身上、前后左右。

关于这场战斗，希罗多德没有做任何描述。因此，我们只能想象。尽管希腊陆军防守顽强，终究不敌密集而来的箭雨。落败的迹象最早应该出现在隘口出口附近。

如果这一天希腊军在隘口的布阵分为前卫、中路和后卫三个部分的话，那么可以认为，底比斯的 400 名士兵作为后卫，防守区域在隘口出口附近。

底比斯 400 名士兵抵挡不住敌人的进攻率先投降了，总指挥官里列奥尼达对此却毫不知情。

也许负责攻打这一阵地的波斯指挥官在发起进攻的同时，向希腊联军发起了喊话：“只要投降即可回家。”

不管怎样，来自底比斯的 400 名士兵脱离了战场。结果，希腊联军只剩下斯巴达的近 300 名士兵和塞斯比亚约 500 名士兵，合计不足 800 人。

不足 800 人的希腊士兵不仅受到连续不断的、来自前后左右的箭雨的威胁，更要命的是他们还要躲避来自峭壁之上如骤雨般落下的飞箭，根本无法施展近身战。一旦倒下，他们甚至来不及出声就死在蜂拥而至的波斯士兵的剑下。

来自塞斯比亚的近 500 名士兵大概在这天的前半阶段激战中就已经全体阵亡，坚持到最后一刻的是斯巴达的“300 勇士”。

国王列奥尼达是指挥官，他需要了解战斗形势，寻找反击的机会，也需要身先士卒以鼓舞士气。他冒着密集的箭雨探头查看战况，不料身上中了好几支箭。

斯巴达战士绝不会将自己受伤的指挥官交到敌人手中。

列奥尼达身负重伤，动弹不得。士兵们为保护国王改变了阵形。他们以列奥尼达为中心围成了一个圆，却为波斯军队创造了极好的机会，越来越多的箭落到了这个牢固的圆阵中。

发生在公元前 480 年 8 月的这场战斗——历史上著名的“温泉关之战”，以斯巴达最后一个士兵战死宣告结束。

可以说“非胜即死”是一种哲学思想。在这场战斗中，斯巴达战士自始至终贯彻了这一思想。壮烈牺牲的列奥尼达和他率领的斯巴达“300 勇士”可谓典型的斯巴达战士。

来自波斯的威胁过去以后，希腊人在温泉关竖起了一块纪念碑，上面刻有如下文字：

异乡的人啊，请告诉斯巴达人，为了我们热爱的祖国而献出生命的我们长眠于此。

这场战斗以斯巴达“300勇士”壮烈牺牲而告终。战斗结束以后，波斯国王说要看看战场，抬腿就走了过去。国王薛西斯视察了激战后的战场，他最大的愿望是在现场亲自验证斯巴达国王列奥尼达的尸体。

找出列奥尼达的尸体并不难，因为他的尸体就在死去的斯巴达士兵中间。

39岁的波斯国王久久俯视着这位年过六旬、胆敢挑战“王中之王”的斯巴达国王的遗体，然后下令砍下他的头颅挂在矛尖上，在全体波斯士兵面前示众。

历史学家希罗多德这样写过：“这位高贵的波斯人对战场上勇敢作战的士兵，不论敌我都会表现出敬意，然而此时，他却做出了极为少见的残忍举动。”

我深表赞同。我当然认为砍下头颅示众是极其残忍的行为。

但是，我又觉得此时薛西斯的愤怒完全可以理解。

在波斯眼里，希腊不过是“一把小麦”。然而，就是这“一把小麦”让“王中之王”的波斯国王蒙受了如此巨大的羞辱。

对手让自己率领的波斯军队失去了十分之一的士兵。

更何况，他们让国王的近卫军“不死军”死伤无数。

更何况，他们让国王的两个弟弟惨死在温泉关。

更何况，他们让波斯军队被困温泉关长达一星期，尽管希腊联军的兵力只有波斯军队的二十分之一。

也许这就是让这位39岁的国王忘记自己高贵的身份，做出野蛮之举的原因吧。

最高指挥官的态度难免影响到士兵。在随后的一年时间里，波斯士兵始终无人理会倒在温泉关隘口的希腊阵亡者的尸体。

同一天在亚德米西林，地米斯托克利结束与波斯海上军队的战斗，回到了营地。负责侦察的士兵气喘吁吁地跑回来向他汇报了温泉关的战斗结果。随即，他决定采取下一步行动。

他召集希腊联合海上军队的全体指挥官，一五一十地将侦察兵带回来的消息告诉了他们。他认为在这里继续与波斯海上军队周旋已无必要，遂下令让全体海上军队撤离此地，南下前往萨拉米斯湾。

他说：“我们失去了温泉关要冲，已无法阻挡波斯军队继续南下，因此，接下来的决战将在海上展开。”

全体指挥官一致表示同意。于是，地米斯托克利下达了指示：

> 在波斯海上军队注意到我们撤退之前，要尽最大可能拉开与他们之间的距离。为此，今晚营地所有帐篷前都要点起火把，让对方误以为我们的士兵都在睡觉。同时，为了不引起敌人的注意，所有船只通过优卑亚海峡南下，因为走这条航线无须经过敌船停泊的港口。

地米斯托克利

他严令这一切必须于今晚完成。所有人再次表示同意。

地米斯托克利另派了两艘雅典战船执行其他任务。

他认为波斯陆上军队已经成功突破温泉关，而敌方海上军队向陆上军队提供补给后一定也会南下。他判断敌人海上军队南下的航线应该在优卑亚半岛靠爱琴海一侧的海面，因为这里大型船队更容易通过。此时还是盛夏，他知道敌人船队必定随时靠岸以补充淡水。

于是，地米斯托克利想到了一计。

他向执行任务的两艘雅典战船下达了秘密指令：

一、离开联合海军船队，沿优卑亚半岛爱琴海一侧南下。

二、在可补充淡水的所有地方登陆，在泉水旁醒目处张贴布告。

布告是用希腊语写成的，内容如下：

希腊城邦国家联合海军指挥官地米斯托克利致参加波斯军队的爱奥尼亚地区的希腊人：

爱奥尼亚的男子汉们，你们正走在背离正义的路上。你们攻打的希腊本土是你们的祖先曾经生活过的地方。波斯军队企图将希腊人变成奴隶，现在，你们和他们站在同一条战线上。这是一条背离正义之路。

因此，我奉劝各位阵前倒戈。

考虑到实际困难无法倒戈时，我建议各位保持中立。对于生活在希腊本土的希腊人来说，这也是对我们莫大的支持。

如果现状使你既不能倒戈又无法保持中立，也不是没有可能回到正确道路上来。路，还有一条。

那就是当波斯与希腊的海上军队发生交战之时，站在波斯阵营参战的你们，请想一想10年前的第一次希波战争。那是生活在爱奥尼亚地区的希腊人发起的反抗波斯的战争。所以，作为希腊人，你们迫不得已参加战斗的时候，只要消极怠战就是回到正确的道路上了。

难道这是地米斯托克利的希望吗？他是在期待敌人阵营中的希腊人倒戈吗？

当然不是。一个多月以后发生在萨拉米斯海面的海战中，离开波斯海上军队加入希腊阵线的船只只有6艘，是波斯阵营中的希腊参战战船300艘中的区区6艘。

难道地米斯托克利是希望他们保持中立吗？

绝对不是。

爱奥尼亚地区位于小亚细亚西岸，而波斯帝国入侵希腊的前哨基地就在萨迪斯，因此，爱奥尼亚人随时都能感受到来自波斯帝国的威胁，因此当波斯和希腊本土发生酣战时，生活在这一地区的希腊人不可能保持中立。

那么，难道地米斯托克利是希望海战爆发时，参加波斯阵营的爱奥尼亚船只消极怠战吗?

当然也不是。一旦战端开启，必定是一场近距离搏杀，敌我双方的船桨会缠在一起。在这样的情形下，士兵根本无暇考虑如何消极怠战。

那么，地米斯托克利究竟在期待什么呢?

也许他认为，无论倒戈还是保持中立抑或消极怠战，劝告一下总没有损失吧。毕竟，为了胜利，任何方法都值得一试。

然而，地米斯托克利的真正用意并非在此。他只是想让波斯国王薛西斯看到自己写的布告，因为薛西斯看到这个布告后可能会对来自爱奥尼亚地区的300艘战船心生猜疑。

波斯帝国没有海运传统，海上战斗力只能依赖帝国统治下的其他民族。最受国王器重的腓尼基海上军队虽然熟知东地中海，却不了解爱琴海。熟悉爱琴海的是来自爱奥尼亚地区的300艘希腊战船。实际上，波斯海上军队离不开希腊本土军队。即使只为补充淡水，来自腓尼基的船队也需要希腊人带路。而海上战事一旦爆发，战场就在爱琴海上。

站在波斯国王薛西斯的立场上，只要想一想爱奥尼亚海军有可能全体倒戈，他一定会担心得寝食难安吧。

在扑克游戏中，握有一手好牌未必一定会赢，拿一手不太好的牌也不一定会输。只要成功地让对方变得疑心重重，让对方变得畏手畏脚，就会有胜算。

39 岁的东方国王是否意识到他的敌人已不再是 60 岁的斯巴达男人，而是 44 岁的雅典男人了呢?

我甚至想，如果此时的他早早意识到这一点，也许后来也不会变成“多疑之人”了。

地米斯托克利得知温泉关的战果后，马上撤出亚德米西林的时间，大致在 8 月中旬的话，那么距离萨拉米斯海战仅有 1 个月时间。

在这短短 1 个月里，地米斯托克利做了这么多事。尽管 40 岁出头的他正当盛年，这依然让人心生敬佩。

以地米斯托克利的性格，他不是一个静静坐在扑克牌桌前一心一意和对手打心理战的人。他一定常常离开牌桌，又随时带着新的心理战术回到牌桌前。可以肯定，一旦与他为敌，他必定是一个极难对付的人。

公元前 480 年，地米斯托克利主动请缨，坐上了首席将军的位置。

首席将军是 10 位将军之首，类似危机管理内阁的首相，任期 1 年。后来，在共和政体时代，罗马曾经采用过临时独裁制度，或许就模仿了雅典此时的做法。

不管怎样，这一年，城邦国家雅典的命运就掌握在地米斯托克利的手中。在军事上，他是最高指挥官；在政治上，他是最高领袖。当然，责任也要他一人承担。

得知温泉关的战果后，他决定离开亚德米西林。在返回雅典的船上，这位 44 岁的雅典男人思考了以下战略问题。

斯巴达国王列奥尼达勇敢战斗却未能守住温泉关防线。列奥尼达指挥下的底比斯军队向波斯国王缴械投降，使希腊中部城邦国家中的强国之一底比斯如今也站到了波斯阵营之中。

这就意味着，波斯军队将通过温泉关一路南下。能阻挡波斯军队南下的，在希腊中部只剩下雅典了。

然而，雅典的重装步兵作为三层加莱船的重要战斗力，几乎都在海上。就算他们悉数上岸迎敌，兵力也不足 1 万人。薛西斯率领的波斯陆上军队，尽管在与列奥尼达率领的斯巴达“300 勇士”的作战中减少了十分之一，依然是一支超过 18 万人的大军。

## 强制疏散

地米斯托克利认为在陆地上迎战强敌绝无胜算。因此，他决定将雅典市内的所有住民转移出去。只要雅典变成一座空城，他就没有了后顾之忧，就可以在海上与一路南下而来的波斯军队决一雌雄。

只能说这是一场赌博，因为波斯国王未必会如他所愿。

但是，地米斯托克利有两个有利因素：

第一，波斯国王薛西斯要在年内结束战争的愿望非常强烈。因为波斯国王需要随时关注波斯帝国的重要属地中东和埃及的任何异动。对于波斯国王来说，在希腊的每一天他都过得心神不宁，他不能长期留在希腊。

第二，列奥尼达和他率领的“300 勇士”壮烈牺牲，波斯国王对待列奥尼达的残忍之举更激怒了斯巴达人，斯巴达国内掀起了一股强烈的反波斯浪潮。

之前，斯巴达这个封闭社会中的住民目光只停留在伯罗奔尼撒半岛内。为了迎战敌人，他们最远只到过通往半岛入口处的狭窄地峡伊斯米亚。对于斯巴达来说，越过此地，将军队送往温泉关已是一个相当积极的难得之举。

温泉关战役以后，斯巴达人的视野开阔了，至少扩大到了希腊中部。雅典就位于希腊中部，因此对于雅典领袖地米斯托克利来说，他手中有了一副好牌。

在地米斯托克利看来，此时他面临的最大难题在于如何使雅典变成一座空城。因为没有人会心甘情愿地抛下早已熟悉的城市和家，迁往一个陌生的地方。

雅典是当时希腊最大的城市，居民人数达数万。现在他要将这数万人全部疏散出去，不论身份高低，不论贫富贵贱，也不分男女老幼，全体自由公民和所有奴隶都要疏散。

关于疏散一词，词典上是这样解释的：为最大限度地减少敌人入侵造成的人为损失而采取的措施。

地米斯托克利最大限度地利用了危机管理内阁首相的权力，采取了强制疏散的手段。

当然在这之前，他尽可能做了周到的安排：

一、与一些城邦国家达成协议，让他们接收雅典公民，确保疏散后的公民有住所。

于是，萨拉米斯岛和埃伊纳岛，以及位于伯罗奔尼撒半岛东侧的许多小城邦国家成了雅典公民暂时落脚的地方，包括特罗曾。

二、用国库的钱在雅典住民暂住地为未成年孩子修建了教养学校和体育学校。

也就是说，连培养孩子必不可少的教养学校和体育学校也都疏散出去了，教员和体育辅导员自然也在这支疏散队伍之中。

下一个时代出现了一位大政治家，叫伯里克利，这一年他 15 岁，此时也一定是这支疏散队伍中的一员。因为在城邦国家雅典，男子达到服兵役的 18 岁之前都属于未成年人。

为了完成强制疏散，地米斯托克利动员了雅典所有类型的船只。他指挥下的三层加莱船自不必说，为运输货物往返于附近岛屿的帆船，甚至捕鱼的小船等，只要在海面上可以移动的船，全部动员起来了。对于私有船只，均由国家出资有偿使用，理由有二：

一、避免有人因囊中羞涩而不得不留在雅典境内。

二、由于无法预计何时才能回来，为了让雅典居民在暂住地尽可能过得舒适，日常生活所需的各种用品都要带上。要在疏散时带上所有用品，多少船都是不够用的。因此哪怕只有一个帆、一个船员、一次只能运送一家的小船，也都用上了。

但是无论怎么动员，还是有人不愿意离开自己的家。对于这样的人，地米斯托克利作为危机管理内阁的首相，权力再大也无能为力，毕竟他不能用绳索将他们捆起来拉走。正当他陷入左右为难的境地时，他听到了一个祭司说的话，这位祭司在供奉女神雅典娜的神庙任职。

祭司说，养在神庙中与女神形影不离的蛇这几天都没有吃为它准备的蜂蜜面包。

地米斯托克利一听，计上心来。他叫来那位祭司，让他把这些话讲述给那些犹豫不决的公民听。

祭司按要求向举棋不定的公民讲了地米斯托克利希望传递的意思。

他说，与女神形影不离的蛇从几天前开始就不肯再吃面包，原因是这条蛇已经不在雅典。蛇不在雅典就意味着常与蛇相伴的女神也一定离开雅典了。

于是，犹豫不决的人的数量大大减少。

尽管如此，还是有人坚持不肯离开雅典，这些人数量不足 100 人，其中以高龄者居多。他们拿出早些年的传说，表示无论如何也不会离开雅典。

他们拒绝离开的理由是，雅典只要有“木”保护，别国侵略者就不会进入雅典。他们坚称，卫城有圆木护栏围着，只要固守在卫城之中，雅典就绝不会沦陷。

地米斯托克利告诉他们，传说中的“木”指的是用木头建造的三层加莱船，与雅典城市无关。但是，固执的老人根本不听。结果，他只好由着他们，让他们留了下来。

这次强制疏散行动仅用了不到 1 个月的时间，非常完美，效率之高令人吃惊。然而，地米斯托克利还有一个亟待解决的难题。

## 前往萨拉米斯

为了抵抗波斯入侵，希腊城邦国家结成了联盟。此时，温泉关—亚德米西林防线已经被突破。那么，接下来应该在何处迎战敌人呢？在这个问题上，各国出现了意见分歧。

科林斯认为选择伊斯米亚为最佳方案。伊斯米亚是希腊中部和伯罗奔尼撒半岛之间的狭窄地峡。伯罗奔尼撒同盟盟主斯巴达赞成在伊斯米亚迎敌。

如果采用这一战略，意味着联盟要放弃雅典。与此同时，派出20艘战船加入希腊海上军队的迈加拉也将遭放弃。毋庸置疑，地米斯托克利坚决反对此提案。

地米斯托克利代表雅典出席伊斯米亚会议，他认为在伊斯米亚迎战敌人，海上军队将无所作为。他列举以下事实，极力说服其他城邦国家代表放弃这一方案。

一、伊斯米亚附近的海域过于开阔，有利于大型船只为主的波斯海上军队。

二、雅典近海萨拉米斯湾海域较窄。将战场设在此地，波斯海上军队的优势就会变成劣势。船体不大却很稳重的三层加莱船受潮流影响小，行动自如，最适合在这里迎战敌人。

但是，波斯军队认为船只只是用来输送战斗人员的，而此时的希腊人也这样认为。

毕竟靠海战决定战争胜负史无前例，因为历史上首开先河的就是萨拉米斯海战。

鉴于这样一种认识，尽管地米斯托克利极力劝导，同意将萨拉米斯海湾作为战场的城邦国家依然很少。

地米斯托克利不得已采用了威胁的手段。他提出，如果战场不设在萨拉米斯，雅典将退出对抗波斯的希腊联军，雅典所有船只将带着所有雅典人迁往意大利南部。

出席伊斯米亚会议的希腊城邦国家代表都知道地米斯托克利的强制疏散将雅典变成了一座空城，他们也知道这次强制疏散行动时间短、结果圆满。所以，听到地米斯托克利的话后，他们毫不怀疑他会把全体雅典人迁往意大利南部。

尽管如此，依然有个别城邦国家表示反对。

于是，地米斯托克利又采取了另一个对策。

他有一个家庭教师，负责孩子们的教育。家庭教师是爱奥尼亚地区的希腊人，原是奴隶，精通波斯语。此人非常崇拜地米斯托克利，甚至愿意为他去死。

地米斯托克利让此人作为自己的使节前往波斯营地，去见波斯国王薛西斯。他要求此人一定要面见国王，用波斯语转达地米斯托克利的意思。

为了不留下证据，他让使者口头转达他的意思，内容是：希腊城邦联盟意见分歧严重，雅典对此深感绝望，欲与波斯国王单独讲和。

这位家庭教师做好了有去无回的打算，然而波斯国王的反应完全出乎他的意料。薛西斯对他说："你回去告诉你的主人，我对此很有兴趣。"

波斯国王薛西斯认为，在希腊城邦国家中，雅典与斯巴达势均力敌。如果希腊强国雅典脱离联盟，波斯入侵希腊就成功了一半。波斯军队在温泉关已经打败斯巴达，论海上战斗力，仅雅典就占了全希腊海上军队的一半以上，如果雅典能够脱离联盟，那么……想到这些，39 岁的国王不免喜形于色。

这位家庭教师回来后，向地米斯托克利做了汇报。之后，地米斯托克利再也没有理会波斯国王，但是他故意放出风声，让别人误以为雅典和波斯有可能单独讲和，以此给固执己见、坚持要在伊斯米亚迎敌的城邦国家代表施加压力。

尽管如此，要让希腊联合海军将迎敌战场从伊斯米亚海面转移到萨拉米斯湾，还需要进一步的推动力。

这时，阿里斯泰德正好回国了。两年前，地米斯托克利用陶片放逐制度将他逐出了雅典，在国家面临生死存亡之际，地米斯托克利认为每一个雅典人都应该为保卫祖国效力，于是建议公民大会向陶片放逐者发出召回令。

10 年前的马拉松会战中，阿里斯泰德是指挥官之一，曾经与地米斯托克利并肩作战。这次回国，他是带着"见面礼"回来的。回来前，他对波斯现状做了充分的研究，掌握了一定情况。

阿里斯泰德来到伊斯米亚，叫出正在开会的地米斯托克利，向他讲述了一个情况。

他说，自己在回国途中顺道去了一趟埃伊纳岛，看到停泊在法莱隆港的一支波斯海上部队横越萨拉米斯和埃伊纳之间的海面，正在向萨拉米斯西侧行进。

显然，波斯海上军队的战术是从东西两侧夹击停泊在萨拉米斯湾的希腊海上军队。

众所周知，此前的10年间，44岁的地米斯托克利和50岁的阿里斯泰德作为雅典政界的两大人物互为对手。地米斯托克利不是一个受情绪左右的人，而此时也不是纠缠于政治斗争的时候。因此，当他听到希腊海上军队可能遭左右夹攻的消息时不禁面露喜色，他说：

这是一个好消息。

第一，波斯方面发起海战的行动已经明朗化。

第二，如果东西两侧同时遭封锁，停泊在萨拉米斯湾内的希腊海上军队只能在湾内与敌人展开决战。

他说："由我说明这一情况，恐怕其他国家的代表未必相信。所以，我希望由你来向大家进行说明。毕竟你是公认的正义之士，大家都相信你绝不会说谎。"

在城邦国家代表面前，阿里斯泰德将自己亲眼所见以及埃伊纳岛民的证言等一切关于波斯海军动向的信息讲给了大家。

效果出人意料。所有代表当即同意波斯与希腊海上军队决战的战场就定在萨拉米斯湾。

没有别的选择。既然两侧被封锁，就只能选择在中间地带作战。地米斯托克利成功地让大家接受了背水一战的设想。

# 萨拉米斯海战

波斯国王，包括公元前 490 年企图占领希腊的大流士和 10 年后继承父亲遗志正在进犯希腊的薛西斯，都知道希腊是独立性很强的众多城邦国家的集合体。

他们也知道城邦国家之间争斗不断，甚至需要每隔 4 年在奥林匹亚举行运动会来休战。

他们利用希腊人的这一特点，用“土地和水”通告对其分而治之。这一战略已经取得了相当程度的成功。

位于小亚细亚西侧的爱奥尼亚地区和与爱奥尼亚地区近在咫尺的爱琴海群岛，包括莱斯沃斯岛、希俄斯岛、萨摩斯岛等，在第一次希波战争期间已经归入波斯国王的统治之下。

还有伯罗奔尼撒狭窄海峡对岸的欧洲部分，包括色雷斯和马其顿在内的希腊境内北部地区，也因接受“土地和水”通告而变成了波斯的属国。

第二次希波战争开始后，辽阔的色萨利地区屈从了“土地和水”通告，南侧毗邻维奥蒂亚地区的强国底比斯，其军队作为希腊联军的组成部分，曾经在列奥尼达指挥下参加了温泉关之战，却在最后时刻举旗投降，现在也成了波斯军队的一员。在波斯军队离开温泉关直奔雅典的行军途中，薛西斯就安排刚刚归顺的底比斯士兵担任先锋。

波斯军队南下异常顺利。因为底比斯的临阵倒戈，再无希腊人阻挡波斯军队直捣雅典。

也许是因为行军太过顺利让人心情大好，也许是因为心血来潮要尊重他国宗教，总之，薛西斯下令对沿途城市村庄可以毫不留情地进行掠夺，唯独对德尔斐不得肆意妄为。可能是他想到征服希腊在即，要考虑占领希腊以后的统治策略，因此他要求海上军队在提洛岛上也不得胡作非为。德尔斐和提洛岛是希腊人的信仰中心，或者说这两地是希腊人遇事必去祈求神谕的地方。39 岁的波斯国王下令不许掠夺这两个地方，或许是因为他心中已经把征服希腊并实行统治当成了既成事实。或许他想借此发出一个信号：只要归顺波斯国王的统治，就保证信仰自由。

尽管如此，貌似宽宏大量的大流士和薛西斯唯独对雅典和斯巴达准备严惩不贷。原因是波斯第一次和第二次入侵时，这两个国家拒绝了波斯国王发出的“土地和水”通告。

波斯国王的使者带着“土地和水”通告来到雅典，被斩首后抛尸郊外。波斯国王的使者带着通告来到斯巴达，被推下悬崖摔死。这两个国家采用如此强硬的手段，目的是彻底切断国内和平派与波斯媾和的通道。

对波斯国王薛西斯而言，这两个国家的做法是在向身为“王中之王”的父子二人宣战。因此，站在波斯人的立场上，他要彻底摧毁雅典和斯巴达无可厚非。

39 岁的波斯国王进入了雅典。攻占希腊中心雅典的任务，父亲大流士没有完成，作为儿子的他眼看就要实现梦想。

然而，他进入的是一座空城，城里不仅看不到一个人影，甚至连猫和狗都不见踪迹。地米斯托克利在强制疏散的过程中，将猫和狗也一并带走了。

只有卫城山上仍有一群男人，他们不知恐惧地待在木栅围绕的卫城之内。波斯骑兵很快将他们杀得一个不剩。

薛西斯下令火烧所有神庙，包括卫城之上供奉雅典守护神雅典娜的神庙。既然敌人是雅典，自然无须尊重他们的信仰。

此时，希腊将士正站在萨拉米斯湾内的船上向雅典眺望，卫城山上熊熊燃起的大火刺痛了他们的双眼。来自雅典的船只占希腊海上军队的一半以上，这些船上的雅典重装步兵和桨手站在甲板上，眼睁睁地看着远处的这一情形。设在萨拉米斯港附近的希腊海上军队总指挥部内，以地米斯托克利为首的全体指挥官也呆呆地看着熊熊燃烧的卫城。

所谓“背水一战”是说，在无路可退的情况下作战。只有成功将盟友逼入绝境，这个战术才会奏效。地米斯托克利制定的“背水一战”战术非常完美，剩下的只是如何实施了。

波斯国王占领雅典以后，不仅下令火烧卫城，还下令在市内各处放火，整个雅典变成了一团大火。也正因如此，波斯国王尽管成功进入雅典，却失去了可以休养生息、用以休整的地方。迫不得已，他把临时宫殿安置到了波斯海上军队的集结地——港口城市法莱隆。

在法莱隆，波斯国王召开了作战会议，陆海两路军队的全体指挥官参加了会议。海上作战已经拉开序幕，来自埃及的海上军队前往萨拉米斯西岸，在那里与来自法莱隆的两支军队将希腊方面的海上军队封锁在萨拉米斯湾内。当然，这并不表示它们已经在萨拉米斯湾与希腊海上军队开战。

在陆上军队方面，大多数人认为他们应该继续南下进军伊斯米亚，在那里首先击败希腊的陆地力量。对于纯粹的波斯人来说，海上战斗力始终只是用来为陆上军队提供补给，也就是说，他们完全没有在海上决一死战的想法。

不仅陆上指挥官这样认为，就连海上指挥官中也有人主张陆战优先的战略。海军指挥官中有一位女性叫阿尔泰米西娅，是小亚细亚西南部国家卡里亚王国的王妃。因为丈夫去世，她现在是摄政王妃。她出生在克里特岛，是希腊人。这一次，她作为波斯阵营中的一员带领卡里亚的船队前来参战。

她反对与雅典为首的希腊海上军队展开海战。当然，她只是表示反对，并没有提出有说服力的依据或建议。因此，在波斯军队大多数指挥官倾向于展开海战的情况下，她的意见属于少数派。

所有指挥官都发表了意见，接下来就是服从国王薛西斯的决定了。前面已经介绍过，作为绝对专制国家的领袖，这位年轻的东方国王的做法着实令人匪夷所思。在作战会议上，他总是让全体参会者充分表达自己的意见。在这次会议上，他还郑重其事地向其中唯一的女性阿尔泰米西娅表示了感谢。当然，他的决定是少数服从多数，也就是说，最终的战场定在海上。

也许温泉关的胜利让这位年轻的39岁的东方国王信心十足，相信波斯会在萨拉米斯之战中取得胜利吧。

也许薛西斯的心里还打着一个如意算盘。地米斯托克利已经表现出与波斯单独讲和的意愿，如果地米斯托克利指挥下的雅典海上军队真的主动投怀送抱，那么摧毁整个希腊海上军队不是轻而易举的事吗？

萨拉米斯海战前夜，薛西斯相信己方此次海战必胜。我的依据有两点：

第一，波斯海上军队的总指挥是他年轻有为的弟弟。

第二，他下令把纯金宝座搬到悬崖边，在那里可以俯视整个海战现场，他要求所有家臣和陆上将领一同观战。

表面的理由是国王亲自督战可鼓舞士兵斗志，但真实原因并不在此。他坚信萨拉米斯海战将是征服希腊的最后一战。在父亲未能征服的希腊，他已经取得了一次次成功。现在，他要亲眼目睹这最后一战的辉煌战果。这一年远征，除了留守首都的长子，他带来了其他所有王子。因此，在悬崖上陪伴国王观战的人中，还有众位王子。

在战场的另一边，向西直线距离法莱隆不足10公里的萨拉米斯湾内，民主政体国家的领袖人物地米斯托克利却表现得丝毫不民主。他完全不听别人的意见，只管果断地向众人发出一个又一个指令。

首先，他命令科林斯的40艘战船向西绕过海湾，打击波斯方面的100艘埃及战船，尽管科林斯此前与雅典一直都是竞争关系。

他这样做当然不是为了摆脱掣肘。地米斯托克利指挥下的雅典海上军队将在萨拉米斯湾东部与敌人主力海战部队展开决战，为此，必须解决敌军从背后攻击的后顾之忧。因此，他交给科林斯的任务意义重大。科林斯的指挥官安德马托斯对此心领神会，他将率领科林斯40艘战船对阵2倍以上的敌人。

以海战决定一场战争的最终结果，萨拉米斯海战首开先河。关于波斯和希腊双方投入的战斗力量，古往今来，历史学家做了种种推测。

首先是处于同一时代的希罗多德。

《历史》一书的作者希罗多德认为，波斯方面的船只总数为1207艘。其中，来自腓尼基的300艘、来自埃及的200艘以及希腊的500艘战船构成了主力。希腊船队来自波斯统治下的爱奥尼亚地区、爱琴海群岛以及克里特岛。

至于希腊方面的船只总数，希罗多德指出是380艘。

仅看参战的船只数量，雅典作为主力军派出了200艘船，在数量上领先其他希腊国家。当然，这200艘船中包括为卡尔息底亚地区难民所用的20艘船。

继雅典之后是科林斯的40艘、埃伊纳的30艘、迈加拉的20艘和斯巴达的16艘船。

余下13个城邦国家提供的船只数量从1艘到10艘不等。还有6艘是脱离波斯船队回到希腊阵营的纳克索斯、米洛斯和利姆诺斯的船只。

当然，上述数字仅指用于海战的三层加莱船，波斯方面不计其数的运输船不包括在内。

也就是说，根据希罗多德的描述，萨拉米斯海战是波斯海上军队的1207艘战船与雅典海上军队的380艘战船之间的一场战斗。

对于希罗多德提出的数字，后世研究者并不认同。

他们认为这个数字包括了之前已损失的船只数量。波斯军从塞萨洛尼基南下的途中在爱琴海遭遇暴风雨，不少船只因此沉入海底，在亚德米西林海面的战斗中，波斯方面也损失了一些船只。

因此，他们推断，参加萨拉米斯海战的波斯海军船只总数应该在900艘左右。

而希腊方面减去在亚德米西林海战中的损失，参加萨拉米斯海战的船只总数应该是375艘。

也许后世历史学家提出的这些数字更接近真实情况吧。在爱琴海暴风雨的袭击中，埃及船只损失最大。因此，参加萨拉米斯海战的埃及船只很可能只有总数200艘中的一半。

波斯人善用人海战术，常常喜欢夸大事实。而希罗多德大多数时候可能信以为真了。

不管怎样，发生于公元前480年秋季的历史上著名的萨拉米斯海战在拥有900艘战船的波斯帝国和不足400艘战船的希腊城邦国家联军之间展开了。

战斗力量的对比如此不利，地米斯托克利必须设法扭转这种局面，变被动为主动，取得最后的胜利。

根据阿里斯泰德回国时提供的情报，地米斯托克利已知埃及的200艘战船负责封锁西侧。

根据侦察兵的报告，地米斯托克利得知集结在法莱隆港的波斯海军编队的情况。腓尼基的300艘战船作为主力负责左翼，已归顺波斯的希腊地区船队作为主力负责右翼。

希腊方面对阵埃及海上军队的是科林斯的40艘战船。余下的335艘必须迎战800艘敌船，不只是迎战，还必须取胜。

地米斯托克利决定将335艘战船分成左右两翼。

根据惯例，军队分成左翼和右翼后，通常己方右翼进攻敌人左翼，左翼攻打敌人右翼。但是，地米斯托克利不会受这种条条框框的束缚。在萨拉米斯海战中，他制定的战术是己方右翼打击敌人的右翼，左翼进攻敌人的左翼。

由135艘战船组成的希腊海上军队右翼，由名义上的总指挥官、斯巴达人欧里拜德斯率领。但是斯巴达人不熟悉大海，而且参战船只只有16艘。因此，实际指挥右翼作战的是埃伊纳的指挥官。埃伊纳的参战船只是30艘。

对于这样的安排，斯巴达方面没有提出任何异议。斯巴达男人个个都是勇士，但是他们不熟悉大海，他们很清楚，指挥官的能力直接关系到战斗的结果。

希腊海上军队的左翼是来自雅典的船只。在200艘战船中，180艘船上的参战人员从重装步兵到桨手都是雅典公民，此外是难民志愿者驾驶的20艘船。这是主力军，指挥官当然是地米斯托克利。

地米斯托克利是整个希腊海上军队事实上的最高指挥官。根据他的构思，己方右翼迎战敌军中的爱奥尼亚军队，而他指挥下的200艘雅典战船包围腓尼基的300艘战船。因此，希腊海上军队的左翼承担的任务最艰巨，也最有挑战性。

这位 44 岁的雅典男人决定用自己的主力攻打敌方的主力。

说到波斯海上军队，通常都指来自腓尼基的海上军队。这是地中海地区人所共知的。

地米斯托克利决心一定要让波斯国王亲眼目睹自己如何摧毁腓尼基的 300 艘战船。他要给薛西斯以沉重一击的愿望必定异常强烈。

根据地米斯托克利的设想，由斯巴达和埃伊纳负责的右翼即使不能完全消灭波斯军队中的爱奥尼亚军队，让他们逃之夭夭也无所谓。

但是，他率领的左翼绝对不能给敌方的腓尼基海上军队留下逃跑的机会，他必须全歼敌人。1 个月前，发生在亚德米西林海面的海战未分出胜负。地米斯托克利认为，那次战斗不能算给了入侵者波斯军队真正意义上的迎头痛击。

为此，他采取了一切可以采取的策略。

他也给刚回国的阿里斯泰德指派了重要任务。

萨拉米斯岛和雅典本土之间有一个小岛叫普斯塔雷阿。这个岛很小，只有近海渔民常常上岸小憩。但是，在地米斯托克利的战术中，这个小岛有着很重要的作用。

只有波斯海上军队的左右翼分别从此岛两侧进入狭窄的萨拉米斯湾内，地米斯托克利的战术才能奏效。自从波斯军队集结到法莱隆以后，该岛已被波斯士兵占领。

阿里斯泰德的任务是带领一队重装步兵消灭这个岛上的波斯士兵。这一行动的目的也是为了给敌军的心理造成威慑。

他预料一旦波斯军队得知该小岛被希腊军队夺回，为了挽回损失，一定会选择从该小岛两侧进入萨拉米斯湾。也就是说，夺取小岛是诱使波斯海上军队从该岛两侧进入萨拉米斯湾的一个策略。

这一行动取得了意想不到的成功。

公元前 480 年 9 月 23 日，朝阳从右后方冉冉升起。波斯军队的 800 艘战船离开法莱隆，分左右翼从普斯塔雷阿东西两侧向着萨拉米斯湾开始北上。因为船只较多，左翼和右翼都排成了三列纵队。

希腊海上军队也离开了萨拉米斯的港口。他们是两列纵队，右翼先行，左翼紧随其后。

波斯海上军队一定以为自己刚通过小岛就要进入战斗。

然而，航行在最前面的希腊海上军队右翼到达目的地后，不仅没有改变方向向波斯军队发起进攻，还转向左前方，继续向海湾深处行进，甚至不惜将船身暴露给不断接近的波斯右翼军队。

波斯海上军队的右翼见此情形以为敌人要逃跑，于是紧追其后，却没有注意到以埃伊纳船队为首的 135 艘希腊右翼船队开始绕向右侧。

在 200 艘雅典战船组成的希腊海上军队左翼，地米斯托克利一定坐在最前面的大帆船上。因为紧随其后的所有船只排成两列纵队，看着总指挥官乘坐的船，也就是“旗舰”前进。

希腊军队的左翼同前面的盟军右翼一样，刚遇到腓尼基的船队时先向左打舵，将船身暴露在从右后方不断靠近的敌军眼前，然后突然改变方向，这一行动远比右翼军队复杂得多。

右翼军队还在不断向右绕行。与右翼军队一样，地米斯托克利指挥下的左翼军队将敌人诱入了萨拉米斯湾深处。接着，他们的行动开始变得困难起来，尤其是左翼的行动更加复杂。

他们首先需要向左拐一个很大的弯，几乎接近掉头，然后将敌人

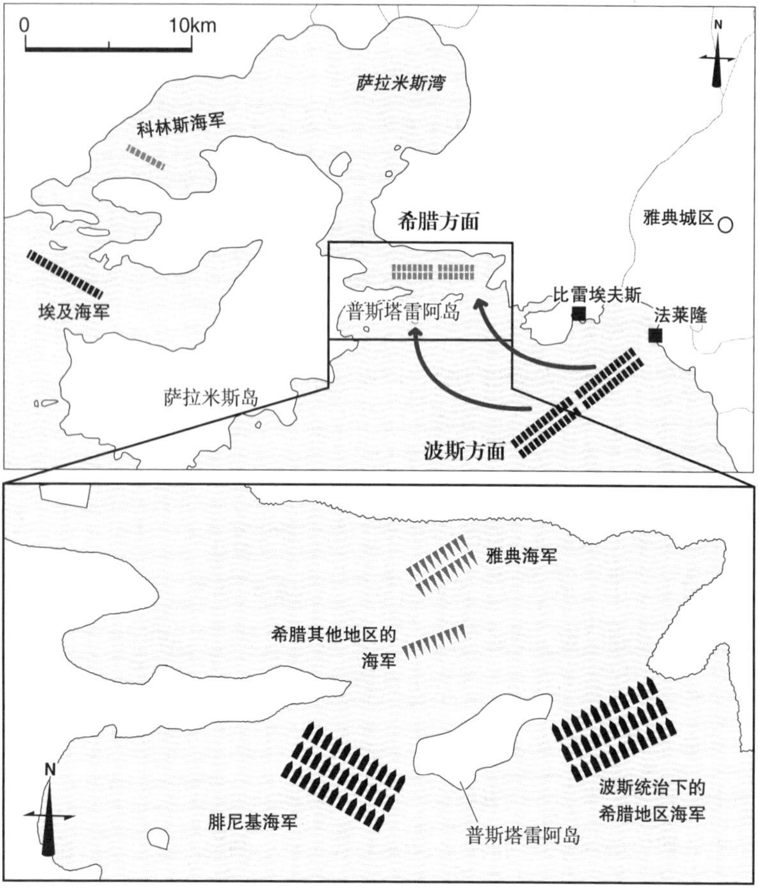


萨拉米斯海战

包围起来。这一过程必须严丝合缝。

由雅典公民组成的船员出色地完成了地米斯托克利交给他们的这项艰巨任务。

在古代海战中，通常的战术是落下船帆，仅靠划桨接近敌船，然后或撞击敌船或桨手扔下桨拿起剑或矛杀入敌船。

敌我双方远距离的海战是大炮出现以后的事情，也就是特拉法尔加海战以后。此前的海战和陆战一样，都是短兵相接的肉搏战，不同的只是战场在海上。

地米斯托克利决定采用撞击战术，他设计的雅典船有了用武之地。

与腓尼基船相比，地米斯托克利设计的雅典三层加莱船船体小但重量大。船身太重，操纵起来相对困难。因此，地米斯托克利一直很注重训练船员尽快适应操控重量大的战船。雅典人本来就对操控船只不陌生，因此进步很快。

此时，雅典的 200 艘战船成功诱使腓尼基的 300 艘战船进入了萨拉米斯湾深处。接着，地米斯托克利发出了下一个行动的信号。

船员全力划动船桨，沉重的船体向着腓尼基的大船船腹猛烈地撞

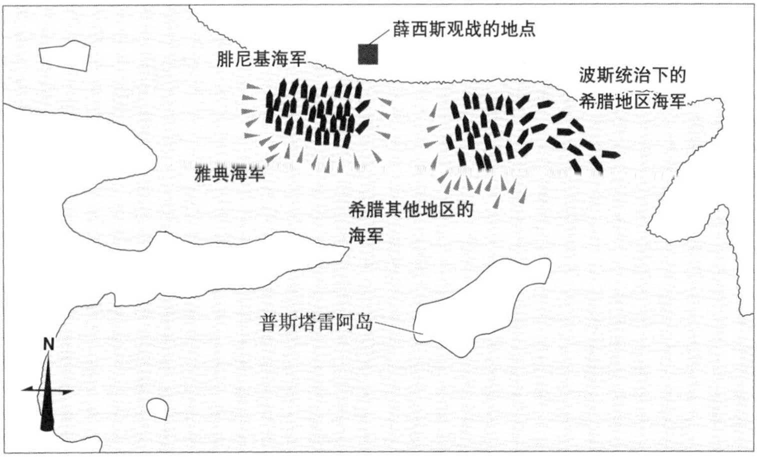


萨拉米斯海战的最后阶段

去，犹如竭尽全力举起又重又大的铁球砸向前方。腓尼基船体积大，因此撞击命中率极高。

腓尼基的300艘战船上的士兵顿时陷入恐慌。他们熟悉的环境是地中海，本来就不擅长小弧度的转弯，而且在萨拉米斯湾内还排成了三列纵队。于是，己方船队中相互撞击的船只越来越多，许多船纷纷沉入海底。

相反，雅典的战船船身小、便于转弯，在乱作一团的敌船之间穿行自如，又利用船体本身的重量不断撞向敌船，就好像围成一圈的狼群撕咬着牛群中一只只体型肥硕的牛一般。

如果这时希腊海军右翼的135艘船被敌人的500艘船撞击陷入被动，大概地米斯托克利的战术不可能发挥出如此效果。因为波斯右翼船队一旦冲破希腊右翼船队的纠缠，就有可能从外侧反包围正在攻击腓尼基船队的那200艘雅典战船。这样一来，包围敌船的雅典船只有可能遭到内外夹攻。

幸运的是这两种情况都没有发生。

首先，率领希腊海军右翼军队的总指挥官名义上是斯巴达将军，实际上是来自埃伊纳的30艘战船的指挥官。

埃伊纳不愧是希腊城邦国家中的海运强国。在雅典海上力量崛起前，埃伊纳拥有的三层加莱船数量与科林斯不相上下。

虽然仅有30艘船，但是他们冲锋陷阵、英勇善战，逼得敌船自顾不暇，更谈不上从背后包抄希腊船只，给腓尼基的部队以有效的支援。

其次，希腊右翼船队攻打的波斯右翼是来自希腊的船队，敌人都是希腊人。

他们生活在爱奥尼亚地区、希腊北部以及爱琴海群岛等，这些地区原本都是希腊人开辟出来的。第一次希波战争以后，他们被迫纳入波斯国王统治之下，从时间上推算，最多不过10年。

他们看到了10年前曾是同胞的地米斯托克利的劝说告示。内容是：如果无法临阵倒戈，战场上还可以采取消极战法。他们看到这一劝说告示是在温泉关之战结束以后，就在1个月前。

以500艘对135艘，波斯非但没赢，波斯右翼船队还抛弃了正遭毁灭性打击的300艘腓尼基战船临阵脱逃。究其原因，我想可能因为他们同为希腊人。这种感情束缚了他们的手脚，最重要的是揪住了他们的心，使他们心生疑虑、举棋不定。

不管怎样，在萨拉米斯海战的主战场上，雅典的200艘战船与腓尼基的300艘战船战斗激烈，在这里看不到一丝迟疑，也看不到一点儿彷徨。

薛西斯坐在悬崖上，把眼前的一切全都看在眼里。

以国王为首的波斯帝国权贵所在的这个悬崖大概是最佳观战地点。悬崖下面，腓尼基船只正与雅典船只浴血奋战。左侧不远处的海面上，是波斯右翼对阵希腊右翼的战斗。

没有史料记录波斯国王薛西斯此时是怎样的心情，也没有史料显示他看到眼前的这一切是否勃然大怒。可以想象，39岁的年轻东方国王一定陷入了绝望——一种他从未感受过的绝望，非勃然大怒不能发泄的绝望。他最看重的腓尼基船队就在他的眼皮底下惨遭毁灭。

关于历史上著名的萨拉米斯海战的结果，历史学家推测如下：

波斯方面：沉没加烧毁的船只总数——300到400艘。

希腊方面：沉没加受损严重拖回港口维修的船只总数——40艘。

双方死伤者人数不详。

但是，史料中记录了指挥官级别的阵亡者。希腊方面没有指挥官伤亡，波斯方面国王的弟弟阵亡，他作为总指挥官坐在腓尼基的指挥舰上。悬崖上，39岁的波斯国王只能眼睁睁看着年轻的弟弟死去。

发生于公元前480年9月23日的萨拉米斯海战以希腊的绝对胜利结束。

这是一场以弱胜强、以少胜多的战斗，是一场战斗力处于劣势的一方利用有效战术取得胜利的战斗。

战斗结束后，双方分别回到各自的基地。波斯方返回法莱隆港，希腊方回到萨拉米斯港。

回到基地后，双方的状态有天壤之别。

在法莱隆，全体指挥官神色黯然，一言不发地站在刚从悬崖上观战回来的薛西斯面前。

在萨拉米斯，人们兴高采烈，忘却了曾经的争斗，互相拥抱在一起，有人甚至流下了激动的泪水。

士兵们的表现更直截了当。这个晚上，在萨拉米斯，人们欢呼雀跃；但在法莱隆，连各帐篷前燃起的火把都显得无精打采。

在萨拉米斯，根据地米斯托克利的要求，希腊方面的临战状态并没有被解除。

相距不足10公里的法莱隆，敌人还有一半以上的兵力。也就是说，敌军剩余船只数量和希腊海军的现有战斗力旗鼓相当。只要他们不放弃，尚有足够的战斗力在次日发起进攻以雪前耻。

作为事实上的总指挥官，雅典人地米斯托克利和之前一样，继续派遣侦察兵侦察敌情，同时要求停泊在港口的全体船队做好随时迎敌的准备，不得懈怠。他的命令得到了欧里拜德斯和安德马托斯的支持。前者是名义上作为总指挥官的斯巴达人，后者是给了埃及船队以毁灭性打击的科林斯船队指挥官。

然而在法莱隆，人们完全没有了一雪前耻的斗志。

作为主要战斗力量深受国王倚重的腓尼基船队惨遭全歼。

作为波斯国王的全权代表，担任船队总指挥的国王亲弟弟死在了战场上。

在希腊右翼船队的猛烈攻击下成功逃脱的波斯船只，大部分是波斯国王统治下的希腊人的船队，薛西斯对于他们并不放心。

在这种状况下，何谈报仇雪耻?

面对这个出乎意料的结果，波斯国王一心只想尽早离开希腊，不愿意多逗留一分钟。而时间也临近冬季，到了不适合作战的季节。

但是，他是“王中之王”，不能灰溜溜地打道回府。

薛西斯有苦说不出，好在重臣之一马多尼乌斯向他提了一个建议。

他说:“我们在海战中失败了，但是陆上战斗力尚存。我提议将这支战斗力量交给我，由我带领这支军队在波斯人控制下的色萨利地区越冬。我们擅长陆战，来年我们就用陆战一雪前耻。”

39 岁的年轻东方国王一口允诺。在马多尼乌斯的请求下，他甚至同意将波斯陆上军队引以为傲的全体骑兵也留了下来，同时他还决定留下 1 万人的近卫军“不死军”，这曾经是和波斯国王寸步不离的一支军团。总之，薛西斯将骑兵、重装步兵外加近 20 万人的轻装步兵都留给了马多尼乌斯。包括非战斗人员，这又是一支超过 30 万人的大军。

还有一个人也提了一个建议。对心情沉重的薛西斯来说，这多少也算是个安慰吧。

她就是指挥官中唯一的女性——卡里亚国王的未亡人阿尔泰米西娅。在萨拉米斯海战中，她参加了波斯右翼船队的战斗，其间看到形势不妙，立即降下船帆上的卡里亚旗帜，换上雅典的旗号，才得以成功逃离战场。

她说愿意用船将波斯王子们送到以弗所，请薛西斯安心沿陆路北上，横渡达达尼尔海峡回到亚细亚。

对此，波斯国王也当即表示同意。

要做到不露痕迹地撤退，最好尽可能轻装。轻装上路也方便随机应变。

说到底，薛西斯终究是个波斯人，波斯民族只有双脚踏在坚实的土地上才会踏实。

他下令把纯金宝座等所有可能成为旅途累赘的豪华用品全部搬上船运到亚细亚。负责运输的船大多是希腊船只，来自爱奥尼亚以及爱琴海群岛等波斯统治下的地区。他甚至不假思索地允诺，只要他们完成任务，即可返回各自的国家。此时，39 岁的波斯国王心里大概只有一个念头，就是尽快回到亚细亚。

然而，正因为波斯海上军队的解散，薛西斯犯了一个很严重的错误。

交给马多尼乌斯率领的波斯陆上军队计划在下一年报仇雪耻，他们没有了来自海上部队的补给。

“后勤”是负责补给和运输的体系，不仅负责粮食补给，还负责作战所需的武器、装备等的补给。

300 年后，罗马帝国军团以无往不胜闻名遐迩。甚至有人说“罗马军的胜利归功于完善的后勤保障”。

但凡著名的优秀武将，没有不重视后勤的，忽略后勤保障很难取得战斗的胜利。因为战争是综合实力的体现，仅靠当地筹措，仅靠士兵的精神力量，很难在战斗中赢得胜利。

如果说一国领袖是这个国家的最高指挥官，那么只能说薛西斯没有资格坐在这个位置上。同时，没有向国王要求后勤保障的马多尼乌斯也缺少对胜利的执着追求。

一心一意只想赢得胜利的是地米斯托克利。

根据派出去的侦察士兵的报告，希腊海上军队得知波斯海上军队事实上已做鸟兽散。于是，指挥官们在萨拉米斯指挥部就下一步行动展开了讨论。

在会上，地米斯托克利提出了自己的意见。

他提出船队立刻沿爱琴海北上，破坏波斯军队在达达尼尔海峡为横渡海峡而建的浮桥，切断波斯国王回国的通道。

对此，参加了萨拉米斯海战的斯巴达代表欧里拜德斯表示反对。

他说，这样做只会使波斯国王陷入更深的绝望之中，逼着他与留下来的马多尼乌斯会合。留在希腊的波斯陆上军队受国王情绪的影响，一定会产生破釜沉舟的想法。一旦他们带着这样的心情来攻打希腊，对希腊很不利。所以，对于希腊来说，让薛西斯顺利回到亚细亚才是上策。

出席会议的参战国代表齐刷刷地把目光投向了地米斯托克利。

对于希腊来说，这是振奋人心的一年。首先各国在伊斯米亚结成了反抗波斯的希腊城邦国家联盟，接着在温泉关和亚德米西林同时与波斯军队展开了激战，而短短 1 个月之后又赢得了萨拉米斯海战。

一切尽在地米斯托克利的预料之中。因为参战各城邦国家全体代表的支持，这其中当然包括名义上的最高指挥官欧里拜德斯的支持，希腊船队在萨拉米斯取得了压倒性的胜利。这一战果的最大功臣是地米斯托克利，就算没有人说出口，这也是公认的事实。

现在，地米斯托克利——这位最大的功臣，听了反对意见后会做出怎样的表态呢？所有人都好奇地等待着。

这位 44 岁的雅典男人沉默了数秒钟后明确表示：

“我同意，我认为欧里拜德斯的意见更稳妥。”

阻止波斯国王横渡达达尼尔海峡的北上计划取消了。当然，地米斯托克利不是一个因此不再有作为的人。他想起萨拉米斯海战战俘中有一个跟随国王弟弟的随从。国王的这个弟弟已经战死在战场上。

他命人带来这个波斯人。地米斯托克利告诉他要释放他，条件是他要带一封信给波斯国王，而且他必须亲手把信交给国王。信中是这样写的：

“在希腊指挥官中有一个意见占了上风，那就是乘胜追击，率领船队一路北上，切断贵军为横渡达达尼尔海峡而建的浮桥，剪断绳索。我们雅典对此提出了反对意见。讨论的结果难以预料，我只想让你知道这件事。”

这位年轻的东方君主又一次钻进了地米斯托克利给他设的圈套。

他甚至不知如何保持“王中之王”的体面。

薛西斯一路向北，在马多尼乌斯率领的波斯军队的保护下，顺利到达色萨利。在此与留下来越冬的波斯陆上军队分手后，他仅带着最低限度的护卫队继续北上，一溜烟儿似的越过马其顿、色雷斯和希腊北部地区来到了达达尼尔海峡。

他是庞大的帝国的国王，因此撤退时所带的士兵人数在五位数以上。途中薛西斯要求他们加速行军，自己更是快马加鞭，一路疾驰。结果从法莱隆到达达尼尔海峡他们仅用了 45 天。作为庞大帝国的领袖，在如此短暂的时间内走完这段路，也只能用“一溜烟儿”这个词来形容了。

当他确认连接浮桥的两根绳子完好无损、浮桥安然无恙时，应该大大松了一口气吧。但是，他没有时间回味那种轻松的感觉，匆匆走过浮桥进入了亚细亚。紧接着，他从小亚细亚西部一路南下，到达萨迪斯后才彻底放心。

波斯城市萨迪斯位于辽阔帝国的最西北端，薛西斯回到这里时已经是 12 月了。对于这位 39 岁的波斯国王来说，提心吊胆的撤退之行在两个月的长途跋涉后终于结束。

其间，地米斯托克利虽然不像薛西斯那样提心吊胆、惴惴不安，却也神经紧绷。

首席将军，即危机管理内阁首相的任期结束前，他要做的事情堆积如山。此时，1 年的任期就快结束了。

首先，他和雅典主要掌权者一起视察了波斯军队离开后的雅典。雅典市区已经化为一片焦土，已疏散出去的人失去了他们的家园。

然而，波斯军队撤离雅典很可能只是暂时的。因为波斯军队虽然离开了雅典，却在色萨利过冬。他们还停留在希腊中部的北半部分。

色萨利同雅典所在的阿提卡地区并不直接接壤。但是，两地之间的维奥蒂亚地区有一个强国底比斯。温泉关战役之后，底比斯已是波斯的盟友。

很难预料波斯军队什么时候会让底比斯军队打头阵再次进入雅典。因此，还不到将疏散出去的普通公民接回的时候。

地米斯托克利决定继续保持雅典被疏散后的现状。

既然雅典的现状如此，那么这个城邦国家的首都功能也只能继续暂留在萨拉米斯，城邦国家雅典的最高决策机构公民大会也在萨拉米斯召开。

在这一年年底，还有两大问题需要解决。

首先是希腊方面应该以怎样的姿态迎接下一年，即公元前 479 年。

地米斯托克利坚信萨拉米斯海战给了波斯以“决定性”的一击。但是，马多尼乌斯率领的 20 万波斯大军还停留在希腊本土。

他相信来年必将与这支波斯军队有一场陆上激战。他确信，这场陆战才是抵抗波斯军队入侵的“最后一击”。

为此，20 多个希腊城邦国家的代表再次聚集在伊斯米亚地峡，讨论这一议题。

对于希腊来说，这一年值得庆幸的是出席会议的全体代表通过了地米斯托克利制定的战术。除了陆上决战，全体代表还通过了另一个提案，那就是率领胜利后士气高涨的船队，一口气横渡爱琴海攻打米卡勒。可以想象这个提案也是地米斯托克利提出来的，因为如此大胆的战略也只有他才想得出来。

米卡勒海角距离萨摩斯岛不远。如果希腊海上力量成功拿下米卡勒，就有可能夺回萨摩斯岛。此时，这里是波斯攻打希腊的船队集结港。

此事一旦成功，彻底将波斯人赶出爱琴海将成为现实。

萨拉米斯海战取得完胜以后，此次会议上各项议题的讨论进展非常顺利。

公元前 480 年年末的这次会议与公元前 480 年年初的会议不同，此时没有一个城邦国家代表再提在伊斯米亚狭窄的地峡迎战波斯军队。

这就意味着位于伯罗奔尼撒半岛内的城邦国家无须像斯巴达和科林斯那样派主力守卫伊斯米亚防线了。

斯巴达向温泉关战场只派去 300 名士兵，这次决定派 5000 人。未向温泉关派遣一兵一卒的科林斯这次也决定出兵 5000 人。还有，因全部兵力投入海上而无力向温泉关战场派遣军队的雅典，这次也决定派遣重装步兵 8000 人。由此可见，全体代表一致认为来年将是给波斯“最后一击”的一年。

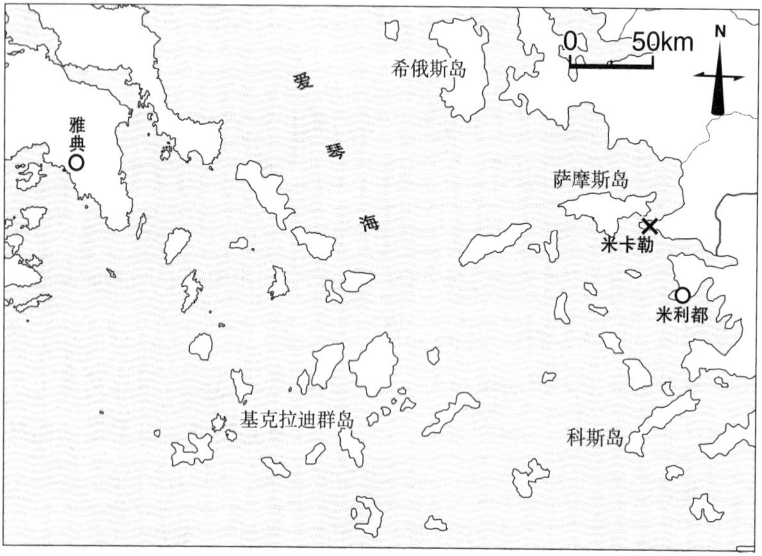

爱琴海周边

有史料记载，这次会议的“茶歇时间”里，代表们在轻松愉快的气氛中进行了投票。

投票内容是这一年即公元前 480 年，在抵抗波斯之战中，最大的功臣是谁，谁排名第一，谁排名第二等。各城邦国家代表慎重地投出了自己手中的一票。

这次投票充分反映了希腊人的特点。20 多个参战国代表都提名自己国家的指挥官排名第一。排名先后无关参战船只的数量，像雅典那样派遣 200 艘和与此形成鲜明对比的只派 1 艘，与提名之间全无关系。

因此，最大功臣的候选人名单中出现了各城邦国家指挥官的名字。至于第二名，全体代表一致投给了地米斯托克利。

不对，不是全体。因为雅典将第一名的票投给了地米斯托克利，将第二名的票投给了埃伊纳总指挥官。在萨拉米斯海战中，他曾经率领 30 艘战船勇敢战斗。

仔细分析一下雅典人的心理，也不难理解。在萨拉米斯海战中，正因为埃伊纳的 30 艘船牵制住了敌军的右翼，雅典的 200 艘战船才能集中精力全歼波斯船队主力腓尼基的 300 艘船。

埃伊纳和雅典的关系完全是希腊式的。几年来，两个国家之间小摩擦不断。但是，为抵抗波斯入侵，一旦结成联盟，就摈弃彼此的隔阂共同抗敌。

无疑，波斯国王进犯希腊对纷争不断的希腊城邦国家团结起来起到了一定作用。

这一年，即公元前 480 年年末，还有一件事必须决定。这是民主政体国家雅典才有的事情。

这一年，地米斯托克利是首席将军。

这个职位相当于危机管理内阁首相。一年前，地米斯托克利向公民大会提议获得通过后走马上任。其后的罗马在共和政体时代创立的“临时独裁者”大概就源于此。

首席将军一人独揽大权，任期只有 1 年。也就是说，地米斯托克利行使这一权力的时间截止到这一年年末，而给波斯的“最后一击”在第二年。

民主政体国家雅典的最高决策机构是公民大会，20 岁以上的雅典公民都享有投票权。

但是，雅典的最高执行机构是10位将军组成的机构，每个“部落”各选1个将军，他们享有平等的权限。

雅典10位将军中只有首席将军独揽大权。如果地米斯托克利继续留任，就违背了克里斯提尼确立的雅典民主政体。

如果当时雅典有媒体调查的话，萨拉米斯海战以希腊绝对胜利结束的公元前480年秋冬，地米斯托克利的支持率一定会大幅飙升。如果他以下一年彻底结束希波战争为由，提出继续留任首席将军的话，相信公民大会以绝对多数赞成通过此提案的可能性很高。也就是说，他很可能会连任最高指挥官。

但是，这位44岁的雅典男子没有这样做。他不仅没有要求公民大会同意他连任，甚至从未想过提这样的要求。等任期一到，他就辞去了首席将军一职。

没有史料表明他是否当选了下一年的将军。因此，10位将军中很可能有他。也就是说，作为内阁成员，他留在了最高执行机构。

在选举10位将军时，地米斯托克利好像推荐了两个候选人，这个举动有些非同寻常。此时的地米斯托克利深得人心，既然是他推荐的，这两个人自然轻松当选了将军。

他们是年届五旬的阿里斯泰德和40岁的克桑提普斯。两人同属名门望族阿尔克迈尼翁家族，属于稳健派。在第一次和第二次希波战争之间的10年里，他们都是激进派领袖地米斯托克利的政敌，总是反对地米斯托克利提出的政策，并且态度坚决。

为此，地米斯托克利采用陶片放逐这一强硬手段，于公元前484年将克桑提普斯赶出雅典，又在公元前482年把阿里斯泰德也逐出了雅典。

但是，当国家面临生死存亡的危机时刻，地米斯托克利认为应该充分发挥所有人才的作用，于是请求公民大会解除对他们的放逐，并要求他们即刻回国。

地米斯托克利推荐二人为下一年的将军理由充足。

10 年前，第一次希波战争爆发之时，阿里斯泰德作为雅典将军，曾在马拉松会战中协助总指挥官米提亚德共同作战。虽然他缺乏统揽全局的才能，但是，率领成千上万名士兵夺取一场战役的胜利却游刃有余。

地米斯托克利决定让阿里斯泰德出任雅典军队总指挥，在下一年与斯巴达军队联合，在陆上战斗中给波斯军队以致命一击。

克桑提普斯并没有傲人的战绩。因为他一直未能解决雅典与埃伊纳之间的纷争，公民们毫不留情地在陶片上刻下他的名字，将他赶出了雅典。

地米斯托克利似乎认为，长期纷争和短期决战是两回事。在短时间内决出胜负的战斗中，年轻的克桑提普斯或许可以发挥出他的潜力。

地米斯托克利将不再亲临战场。但是，关于下一年，即公元前 479 年，希腊联军队如何迎战波斯军队，他订下了作战计划。陆上作战由阿里斯泰德负责，同时展开的海上作战，即攻占米卡勒之战，交由 40 岁的克桑提普斯负责。

有人认为共和政体时代的罗马“临时独裁者”（任期 6 个月）深受地米斯托克利创设的“首席将军”的影响。总之，在 1 年的任期内，地米斯托克利独揽大权，政治和军事两个方面都由他一人说了算，其他将军无权反对。

地米斯托克利主动辞去这个职位，也断了他人竞选此职位的念头。而他利用任期最后一点儿时间，制定了下一年的政治策略和军事策略，正所谓“趁热打铁”。

他之所以能够完成这一切，很大程度上是因为他是萨拉米斯海战的胜利者。

虽然地米斯托克利在萨拉米斯海战中赢得了重大胜利，但是他并没有想过功成身退，毕竟此时的他还不到 45 岁。

战场上的指挥权交给了另外两个人，地米斯托克利要开始一件势在必行的工作，那就是“搞建设”，重建被战争严重破坏的雅典。此时，只有他才能想到建设一事，只有具备先见之明的人才能想到重建之事。我想，他一定认为，要开展这项工作离不开公民的大力支持。萨拉米斯海战的胜利使他很容易争取到公民的支持。

不管怎样，地米斯托克利绝不是一个只想着功成身退的人。他并不看重荣誉。在他的意识里，荣誉不过是服务于下一个任务的手段而已。

在首席将军任期结束前安排好这一切以后，地米斯托克利接受了斯巴达的邀请。

斯巴达人向来不喜欢雅典人。他们并非讨厌雅典人，只是认为雅典人的存在对他们来说是一种威胁。他们担心雅典人给自己的国家带来不良影响。所以，斯巴达人极不希望雅典人出现在自己身边。

在斯巴达的全体住民中，只有 4% 的人享有公民权，只有这 4%

的公民才是真正意义上的“斯巴达人”。庇里阿西人和希洛人都没有公民权，这就是斯巴达。城邦国家斯巴达长期推行“寡头政治”，即“少数人领导的政体”。即使同为希腊人，斯巴达对其他城邦国家始终紧闭门户，从不尝试改变封闭的社会结构。

而在雅典，梭伦改革开始提出尊重人权，虽然根据收入的不同，公民所属等级不同，但是他们都享有参政的权利。无资产者也是享有投票权的公民，手中握有一票。无资产者在萨拉米斯海战中曾作为桨手英勇奋战，此后他们更可以在路上昂首阔步了。他们独一无二的领袖正是地米斯托克利。

当然，斯巴达男人是纯粹的战士。作为战士，他们有能力辨别战场上总指挥官指挥能力的优劣。

斯巴达人第一次郑重其事地邀请雅典人访问斯巴达。当然，斯巴达人邀请地米斯托克利不是因为他是雅典的领袖，而是因为他是卓越的战略家和战术家。因此，在斯巴达，地米斯托克利在所到之处都受到了热烈的欢迎。

只是斯巴达人的信条是质朴和刚健，他们不会用抛洒鲜花之类的举动来表达对地米斯托克利的崇拜之情。

但是，全体王族成员、长老、全体现役战士一律身着白色长袍出迎的场面不可谓不壮观。

欢迎仪式在神庙前的广场举行，尚在学习武艺的未成年少年也被允许参加。他们一个个带着崇拜的神情紧紧盯着这位来自雅典的英雄。

虽然同是希腊人，斯巴达人不像雅典人那样伶牙俐齿，他们不擅长用言辞来表达自己的感受。雅典人地米斯托克利在斯巴达感受到的只有崇拜。他成了斯巴达青少年的偶像。

访问斯巴达期间，地米斯托克利结识了一个眉清目秀的年轻人。此人出身王室，是温泉关战役中壮烈牺牲的列奥尼达的侄子，到下一年才满 34 岁，因此比地米斯托克利小 11 岁。

此时的地米斯托克利一定不会想到，这位年轻人会继自己之后在下一年与波斯军队的决战中成为主角。这个年轻人态度友善，这在斯巴达并不多见。地米斯托克利是萨拉米斯海战胜利的领导者，这个斯巴达年轻人将是普拉塔亚陆战胜利的领导者。当然，任命指挥官是各城邦国家自己的事。

地米斯托克利在斯巴达受到了举国上下的欢迎。几天后，他提出要返回雅典。因为雅典市内已是一片焦土，所以他回的是公民的疏散地萨拉米斯。回国之时，他享受到斯巴达有史以来最高级别的待遇，斯巴达派出了 300 个年轻重装步兵将他送至国境线。

就这样，对于地米斯托克利来说，不，对于雅典来说，激动人心的公元前 480 年过去了。

## 普拉塔亚陆战

薛西斯回到了亚细亚，马多尼乌斯率领陆上战斗力留在色萨利地区越冬。其间，他发现了几个很重要的问题：

第一，国王没有授予他指挥 20 万士兵的权力。

20 万士兵中，有 4 万人属于萨迪斯总督率领的军队，他们甚至有权采取单独行动。马多尼乌斯可以要求他们派援军，却不能指望他们马上做出回应。

第二，波斯陆上军队中有相当数量的士兵弃营逃跑。

萨拉米斯海战的影响太过巨大，大部分来自波斯统治下的爱琴海群岛的士兵，在见识了雅典海上军队的实力后，强烈希望回归希腊。不仅如此，面向爱琴海的内陆地区也不愿再受波斯国王的统治了。此时虽然没有发生明显的叛乱，但是生活在这些地区的希腊人显然出现了心理上的变化，他们已不甘心继续屈从波斯的统治了。

逃兵不断出现是因为有人暗中帮助他们。趁着夜色离开帐篷逃出去的都是希腊的士兵，而家乡在埃及和美索不达米亚地区的波斯士兵没有一个逃跑。

第三，后勤问题。波斯的海上船队实质上已经解散，因此他们彻底失去了后勤补给。

除了食物，大多数必需品补给也中断了。不仅如此，他们甚至无法安置军中伤病员，也无法运走战场上毫无用处的冗余物品。例如，薛西斯留下了一大批帐篷。这些帐篷华丽至极，象征着波斯帝国最高权力者的身份。

薛西斯的本意是为了尽快回到亚细亚而选择轻装上路。但他贵为东方的一国之君，有些话自然不能明说。他只是对马多尼乌斯说，“为了你在这里越冬舒服些，这些东西都留给你”。既然国王有此话，马多尼乌斯自然不能丢弃这些东西。其实若后勤有保障，留下再多的东西也无所谓。但现在，马多尼乌斯不得不走到哪儿都把这些又庞大又笨重的东西带在身边，无论行军还是上战场。

尽管诸多不利因素纷纷显现，但马多尼乌斯手中的兵力少说还有 12 万人，乐观地说可能多达 15 万人。

其中 1 万人是骑兵。他们是波斯民族特有的战斗力量，是波斯军队的骄傲。即使在疾驰的马背上射箭，他们依然可以百发百中。

仅次于这 1 万骑兵的是波斯军队中的重装步兵。他们是国王的近卫军，又叫“不死军”。在波斯军队中，他们是精锐中的精锐。这支军队以往与波斯国王如影随形，但薛西斯“撤离”希腊时，把它留给了马多尼乌斯。

除此之外，大部分是来自亚细亚的步兵，是希腊人眼中的轻装步兵。在希腊人看来，轻装步兵甚至算不上主要的战斗力量，但是在采用人海战术的波斯军队中，他们不是单纯的辅助战斗力量。

当然，公元前 479 年，马多尼乌斯率领的波斯陆上军队中也有希腊士兵。他们大多来自波斯统治下的地区，例如位于小亚细亚的爱奥尼亚地区、希腊北部的色雷斯地区等。在希腊士兵中，马多尼乌斯唯一信任的是来自希腊中部的城邦国家底比斯的士兵。

这不是因为底比斯士兵比其他国家的士兵更加勇敢，而是因为他们在前一年的温泉关之战中抛下斯巴达国王列奥尼达和他指挥下的 300 名斯巴达勇士，投降了波斯国王。之后，波斯军队南下火烧雅典时，底比斯人又是波斯军队的急先锋。

得知斯巴达这次派遣了大规模的军队，底比斯的士兵们一定知道等待他们的是什么。斯巴达人不可能忘记温泉关，底比斯人很清楚自己的结局不是死在战场上就是死在斯巴达人手里。

在希腊中部的城邦国家中，底比斯算得上是一个强国，但还没有强到可与雅典、斯巴达和科林斯相提并论。从人口规模来说，派遣 2000 名士兵参战已是极限。

尽管底比斯士兵人数不多，但马多尼乌斯依然要求他们负责右翼。原因是其他士兵大多是雇佣兵，受雇作战只是他们的工作。

全体公民皆为士兵的希腊城邦国家没有雇佣兵的概念。而在君主专制国家波斯，雇佣兵制度极为普通。这又是欧洲和亚细亚之间的不同之处。

像这样，马多尼乌斯在越冬期间为诸多问题苦恼不已。这时，他忽然想到了一个主意。

马多尼乌斯的出生日期不详，我们只能依据想象推测他的年龄。在波斯帝国，有资格担当重任的不是王公贵族出身就是积累了一定阅历的人。因此，此人大概已过 50 岁。

如果是这样，我们不知道发生在 10 年前的第一次希波战争中，他是否参加了马拉松会战。但是我们至少可以肯定，他知道马拉松会战。

在那场战斗中，本该并肩作战的斯巴达军队未及时赶到战场，结果，只有 1 万的雅典军队以寡敌众，战胜了拥有 2.5 万人的波斯军队。

萨拉米斯海战前夜，地米斯托克利曾经给薛西斯送去一封信，暗示雅典有意单独讲和。

马多尼乌斯想起了这两件事。因此，第二年一开春，他就向雅典，准确地说向仍在萨拉米斯的雅典政府提出了单独讲和的要求。

中间人是马其顿国王。马其顿是波斯属国，因为他们接受了波斯国王送去的“土地和水”通告。雅典坚拒“土地和水”的要求，所以是波斯攻打的对象。马其顿和雅典虽然立场不同，但是马其顿国王和雅典的关系不错，所以请他做中间人非常合适。

马多尼乌斯这样做的意图很明显，他想离间以斯巴达为首的其他希腊城邦国家与雅典之间的关系。马多尼乌斯认为，即使雅典不站到波斯阵营中来，只要保持中立，以现有的波斯军队完全可以战胜希腊联军。

中间人带着单独讲和的请求而来。雅典当然不能像对待带着“土地和水”通告的使者一样，将其杀死后抛尸野外。想必这位中间人带来的要求一定会呈现在 10 位将军（这一年叫军队指挥官）面前，其中包括地米斯托克利、阿里斯泰德和克桑提普斯。因为这是在民主政体国家雅典，地米斯托克利辞去“首席将军”一职以后，雅典恢复了以前的集体合议制。

马多尼乌斯送来的讲和条件内容如下：

一、原谅雅典前一年让波斯国王备受屈辱的种种行为，不追究任何人的责任。

二、归还雅典在此次战争中失去的所有领地和权益。

三、波斯国王承认城邦国家雅典完全独立并享有完全自治权。

四、波斯方面负责重建被波斯军队烧毁的所有神庙。

五、达成和解后，在自由平等的基础上，波斯和雅典互为合作伙伴。

可以想象，看着这些内容，雅典的10位将军一定嗤之以鼻。

首先，以离间敌人为目的的讲和不应该发生在吃了败仗之后。

其次，在萨拉米斯海战前夜，地米斯托克利去信暗示波斯国王，单独讲和只是地米斯托克利的一个佯动战术。

所谓“佯动战术”是这样的：为了欺骗和迷惑敌人而制造假象，从而扰乱敌人的计划。

这一战术用在萨拉米斯海战前夜的薛西斯身上是有效的。同样，用在下一年的马多尼乌斯身上似乎也有效。

10个司令官无须对此展开讨论，因为答案早已有了。

除了地米斯托克利，其余9人当即表示拒绝。只有地米斯托克利回答“我们考虑一下再做答复”。

他想应该将马多尼乌斯提出单独讲和的事告诉同盟军斯巴达。

他要利用这件事刺激优柔寡断、行动拖沓的斯巴达人。

斯巴达有两个国王。但是国王的权力仅限于指挥军队作战，至于与哪个国家交战、派遣什么规模的军队等，都由公民大会每年选举产生的5个监察官决定。

5个监察官从重装步兵中产生，他们在非人性的集体生活中过了10年以上，只有底层士兵的经历，从未担任过指挥官。也就是说，他们从未有过一人承担全部责任的经验。

斯巴达军队的所有事情都采用5人合议制。优柔寡断、行动拖沓正是这个体制的弊端。当然，一旦决定出兵，斯巴达军队的行军速度还是很快的，急行军不分昼夜，一天的行程是70公里。

但是，雅典人不可能因为斯巴达的国体问题而对他们表示同情或理解。尤其是本年度10位将军中的阿里斯泰德和地米斯托克利，他们不仅参加了10年前的马拉松会战，还是当时10位将军中的两人。他们亲历了总指挥官米提亚德因等不及斯巴达军队的到来而不得不仅靠雅典军队展开的与波斯的决战。

如果不想重蹈马拉松的覆辙，就要催促斯巴达尽快做出决断。只要有效果，无论是来自波斯方面的单独讲和要求还是其他什么别的要求，都值得加以利用。

可以想象，对于地米斯托克利提出的又一个佯动战术，余下9人一定面带微笑，愉快地表示同意。

事实上，这一佯动战术十分奏效。

地米斯托克利说要考虑考虑再做答复，这让马多尼乌斯心里很不踏实。时间已进入春季，大军可以行动了。马多尼乌斯下令让波斯军队开始南下，他们一口气进入了雅典城区。之所以这样做，是因为他期待雅典的答复可以如他所愿。

然而，雅典城内依然空空如也。当地住民仍然疏散在外，雅典政权也还在萨拉米斯岛。因此，对于马多尼乌斯的这次行动，雅典全然不当回事，依然表示还在“考虑之中”。但是，斯巴达有了反应。

斯巴达的这次行动打破了长期以来斯巴达一直坚持的本国保护主义和一国和平主义的原则。

本国保护主义乃至一国和平主义，可以说是斯巴达的“宪法”，自吕库古改革以来，斯巴达人在长达200多年的时间里始终坚守的法律。此时，斯巴达为什么会突然违背这一法律呢？

首先，他们清醒地认识到，温泉关之战中列奥尼达和“300勇士”壮烈牺牲的意义。

列奥尼达率领的300名斯巴达士兵在温泉关壮烈牺牲。他们是勇士，让斯巴达男人备感自豪。不仅如此，其他城邦国家的希腊人听到他们的壮举，也会热血沸腾。甚至在2500年后的今天，只要说到斯巴达，就会有人接腔说“温泉关、列奥尼达和300勇士”，还有人制作了以此为题材的漫画和电影。在2500年后的现在，只要有人说到“300勇士”，听者就知道所指为何。可见他们的影响力之大。不过，电影中列奥尼达的扮演者有些过于年轻了。

但是，在古代还是有所不同。“300勇士”的任务是坚守温泉关两个月，然而仅仅过了一个星期，他们就全体阵亡了。从军事角度来说，这无疑就是失败。

如果希腊人在1个月之后的萨拉米斯海战也失败的话，第二次希波战争就会以希腊方面的连败终结，陆上是温泉关，海上是在萨拉米斯。

一旦出现这种结果，波斯大军就会轻松突破伊斯米亚地峡的双重屏障。在他们的疯狂抢掠之下，伯罗奔尼撒半岛上的城市将被夷为平地，生活在半岛上的希腊人会纷纷遭屠杀。而自建国以来从未屈服于他国统治的斯巴达，将不得不接受波斯国王强加给他们的“土地和水”通告。

斯巴达人曾经认为，思考是喜欢夸夸其谈的雅典人的专利。但是现在，他们也要开始认真思考了。

斯巴达人知道，单靠自己无法抵御波斯这样的强敌。如果不与其他城邦国家联手，特别是不与雅典联手，很难说斯巴达是否还能继续存在下去。

斯巴达人开始了全面的思考。波斯提出与雅典单独讲和的消息对他们来说是致命的。一旦雅典脱离联盟，希腊联军能够依靠的就只有斯巴达了。他们知道仅靠斯巴达一个国家很难与波斯军队一争高下。相比兵力至少在 10 万人以上的波斯军队，斯巴达所能派遣的兵力甚至不足对手的十分之一。

英勇牺牲的故事是打动人心的，是振奋士气的。公元前 5 世纪的斯巴达男人为形势所迫，完全有勇气接受这样的结果。但他们是单纯的，又是传统的，在他们的意识中，只要还有一口气就要全力奋战，直至壮烈牺牲。

公元前 479 年，斯巴达做出改变的第二个原因很可能是斯巴达国内局势发生了变化。

斯巴达 5 个监察官坚信，对斯巴达国政提出自己的意见是其职责所在。但此时，他们却受到了来自上下两方面的压力。也许正因为如此，他们才不得不改变以往的做法吧。

“上面”是指国王。他们不能参与国家政治，唯一的任务就是站在最前线指挥军队作战。

“下面”是指斯巴达年轻的战士。他们曾经怀着崇拜的心情，用炽热的目光欢迎应邀来访的地米斯托克利。

在他们看来，无论是马拉松会战还是萨拉米斯海战，无论在陆地还是在海上，与波斯作战并取得胜利的总是雅典。在马拉松会战中，斯巴达晚到一天没有参加战斗。萨拉米斯海战中，斯巴达仅派出 16 艘船，无异于未参战。而在温泉关之战中，列奥尼达带去的士兵只有 300 人，结果还全体牺牲了。

可以想象，这对斯巴达人来说绝对是一种耻辱。因此，尽管 5 个监察官坚信只有自己才能保护斯巴达，但是受到来自上下两方面的压力，他们不得不暂时放下原则吧。

如果没有这些原因，就无法解释这一年斯巴达为何会投入这么多作战兵力。他们从未向伯罗奔尼撒半岛之外的战场派出如此众多的男人，这甚至让全希腊人为之惊讶不已。

下表有很多数字需要分析。

第一，海战中能否灵活操纵三层加莱船最重要。在陆战中，决定胜败的是主要战斗力即重装步兵的行动。因此，在这个表中，最有意义的是重装步兵的人数，即 38700 这一数字。

**公元前 479 年（第二次希波战争第二年）希腊城邦国家联军陆上战斗力量**

| 城邦国家 | 主要战斗力 =<br>重装步兵 | 辅助战斗力 = 轻装步兵等 | 小计 |
|---|---|---|---|
| 斯巴达 | 1 万人（其中 5000 名斯巴达公民，5000 名柏里伊赛人） | 3.5 万名希洛人（1 个斯巴达公民即 1 名重装步兵带 7 个随从）<br>5000 名柏里伊赛人（1 个柏里伊赛人带 1 个柏里伊赛人） | 5 万人 |
| 雅典 | 8000 人 | 800 名弓弩兵<br>8000 人<br>（1 个重装步兵带 1 个随从） | 16800 人 |
| 科林斯 | 5000 人 | 5000 人<br>（1 个重装步兵带 1 个随从） | 1 万人 |
| 迈加拉 | 3000 人 | 3000 人<br>（1 个重装步兵带 1 个随从） | 6000 人 |
| 希库隆 | 3000 人 | 3000 人<br>（1 个重装步兵带 1 个随从） | 6000 人 |
| 19 个中小城邦国家 | 根据各国能力，参战人数在 150—200 人之间，合计 9700 人 | 1800 名轻装步兵 | 11500 人 |
| 城邦国家数合计 24 个 | 38700 人 | 61600 人 | 100300 人 |

除了这一主要战斗力量，另外的 6 万人与海战中的运输船情况相似，数字是否准确对战局的结果没有太大意义。

也就是说，相对于波斯 12 万人的兵力，希腊方面的兵力不足 4 万人。

第二，斯巴达自建国以来一直恪守吕库古制定的“宪法”，坚持本国保护主义。囿于这一政策，斯巴达从未尝试过改变僵硬的、封闭的社会结构。

结果，斯巴达的人口不断减少。斯巴达和雅典一样，都是全体公民皆为士兵的国家。但是，在斯巴达享有公民权的只有统治阶级。因此，公民权所有者的人数始终不见增多。

在斯巴达，庇里阿西人只能专门从事手工业、商业工作，希洛人专门从事农业。他们住在斯巴达却没有斯巴达公民权，因此没有服兵役的义务。原因是斯巴达公民担心他们一旦有了武器就会造反。斯巴达的这种社会结构又造成了斯巴达的主要战斗力量重装步兵总是处于后继乏人的局面。

在不改变吕库古“宪法”的前提下，斯巴达人想到了一个解决方法。那就是在迫不得已时允许部分庇里阿西人加入重装步兵。但庇里阿西人加入重装步兵团后依然得不到公民权，他们是“二级重装步兵”。

派往温泉关的300名士兵都是“一级重装步兵”，没有“二级重装步兵”。

公元前479年，除去保护本国和伯罗奔尼撒半岛入口伊斯米亚的兵力，斯巴达派出了1万名重装步兵，其中“一级重装步兵”5000人，“二级重装步兵”5000人。“一级重装步兵”几乎倾巢而出。

派出1万人的战斗力量，大概是故意做给雅典看的。因为雅典派出的陆上军队是8000人，当然雅典还派出了海上军队。不管怎样，至少证明在这一年，斯巴达下定了决心要依靠自己的力量赢得战斗的胜利。

看上表时，还有一点希望读者朋友注意，那就是重装步兵的随从人数。

一个雅典重装步兵所带的随从最多只有一人，海战时甚至一个都不带。坐在雅典战船上的都是重装步兵。在地米斯托克利的努力下，雅典已经开始重视海上力量，与其留空间让随从上船，不如多上去几个桨手。

然而斯巴达重装步兵一人可以带 7 个希洛人作为随从。可见在斯巴达社会，享有公民权的“一级重装步兵”的地位之高。

因为只有他们才是公认的希腊最强军事国家斯巴达的主力军队。

既然投入了 5000 名超级精英，就不允许一败涂地。第二次希波战争爆发的第二年，斯巴达人摩拳擦掌，决心以斯巴达的力量来赢得战斗的胜利。

看表，细心的读者可能还注意到了另一点。

希腊城邦国家联军中只列出了作为主要战斗力的近 4 万名重装步兵，没有显示骑兵的数量。

骑兵团除了骑士，还需要马匹、马具、马夫、随从等相应的配备，这样才可能组成一支战斗力量。因此，在君主政体国家，服骑兵役是贵族需要承担的义务。在这方面，波斯领先于其他国家。

另一方面，从社会结构上看，以公民为最高决策者的希腊城邦国家缺少组建独立骑兵队伍的必要条件。骑士阶层也就是富裕阶层人口原本就少，这是希腊骑兵不能成为独立战斗力量的重要原因。

希腊人意识到骑兵优势并充分发挥这一优势要到 150 年以后马其顿年轻君主亚历山大大帝的时代。他注意到了骑兵的优势。但是在希波战争期间，连波斯也不曾意识到骑兵的重要性。

公元前 5 世纪，希腊没有能力将骑兵作为重要的战斗力。这一事实意味着公元前 479 年在波斯和希腊之间展开的陆战中，希腊只能依靠重装步兵迎战骑兵和轻装步兵组成的波斯军队。

此时，由谁来指挥希腊联军这个问题尚未确定下来。

雅典决定由51岁的阿里斯泰德率领本国的8000名士兵。

前一年，为抵抗波斯入侵而结成的希腊城邦国家联盟在伊斯米亚举行第一次会议时，已经决定希腊联军由斯巴达人担任总指挥官，包括海军和陆军。前一年的萨拉米斯海战中，尽管雅典的参战船只在数量上占绝对多数，但名义上的总指挥官仍是斯巴达人。

今年，加上“二级重装步兵”，斯巴达仅陆地战斗力就派遣了1万人。因此，无论是名义上还是实质上，对于斯巴达将领担任全希腊陆上军队总指挥官一事，没有人提出异议。

只是关于具体人选，斯巴达人着实花费了一番心思。原因是找不到合适的人。

斯巴达有两个国王，这两个国王必须出自斯巴达建国初始就已存在的两个名门望族。

出身于这两个家族的男性，王位继承排序靠前的从小接受帝王教育。他们不会像普通公民的子弟那样，从7岁就开始过集体生活，学习武艺。他们也不会像普通公民的子弟那样，一到20岁就要经历极不人性的达标仪式，以获得成人资格。

可一旦登上王位，他们就要率领斯巴达战士出征，身先士卒保卫斯巴达。这是他们的责任。

只要听到斯巴达国王这一称号，我就会条件反射似的想到生活在非洲辽阔草原上的雄狮。

雄狮身边每天围着几头雌狮和幼狮，看上去既快活又享受。找食物是雌狮的事，养育幼狮也是雌狮子的工作。雄狮不仅有权优先享用食物，而且好像整天只会睡觉。

然而与雌狮相比，雄狮的寿命短得多，因为雄狮担负着重要职责。当其他雄狮试图征服它的狮群时，它必须奋力保护自己的狮群。其战斗之激烈，常用“死守”一词来形容。因此，雄狮的生存率很低。不少狮群有两头雄狮，这样的狮群大概就相当于两个国王的斯巴达吧。

斯巴达国王的寿命也受外敌入侵频率的影响。在希波战争期间，这一影响尤其突出。

列奥尼达是两个国王之一，战死在温泉关。另一个国王克里翁布罗托虽然没有死在战场上，却在这一年的年末，在结束伊斯米亚会议回到国内后也死了。此时的斯巴达，没有国王。

就算有两个国王，这种情况偶尔也会发生。从这个意义上来说，雅典因为有 10 位将军，国家政权稳定比较有保证。

虽说没有国王，却也不能随便找一个人担任总指挥官。在斯巴达，率领军队出征的必须是国王。而且，公元前 479 年，斯巴达为了表明决心，派出的大军人数前所未有。因此，率领这支军队的首先必须是本国人，同时他要能得到其他希腊人的认可。

经过再三斟酌，斯巴达人最后将这一重任交给帕萨尼亚斯。选择帕萨尼亚斯不是因为他将继承国王的王位，甚至可以说他基本上没有可能登上王位。

但他是王室出身，前国王克里翁布罗托是他父亲，另一个前国王列奥尼达是他伯父。下一任国王——列奥尼达的儿子年纪尚小，帕萨尼亚斯是他的监护人，代替他的亲生父亲照顾他。

前一年，地米斯托克利应邀访问斯巴达时，帕萨尼亚斯 33 岁。

公元前479年，他34岁。

之前两个国王健在，无人知晓他是否上过战场。但是有一点可以肯定，他没有指挥军队作战的经验。总之，这位从未想过做狮群之首的年轻雄狮，只因斯巴达人才匮乏，才被选出来统率大军迎战波斯陆上军队。

不管怎样，他当选总指挥官得到了所有人的认可。斯巴达人认为他是代替年纪尚幼的国王出征。其他地区的希腊人则认为，他是列奥尼达的侄子，列奥尼达在温泉关壮烈牺牲了，因此侄子替儿子上战场为温泉关一役报仇，这种做法于情于理也说得过去。

鉴于此种原因，这位刚满34岁的斯巴达年轻人顺理成章地成了希腊联军的总指挥官。当然，他是否有能力承担起这份重任，对所有人来说都是未知数。5个监察官虽有勇气将1万名斯巴达士兵交给这个年轻人，却没有能力看出这个年轻人是斯巴达人中的另类——一位不受条条框框束缚的人。

在温泉关英勇牺牲的列奥尼达是典型的斯巴达男子，但他的侄子帕萨尼亚斯不是。这位34岁的斯巴达男子从来没想过壮烈牺牲，他甚至不允许自己有这样的想法。

帕萨尼亚斯深知自己责任重大，包括自己直接指挥的1万名斯巴达重装步兵在内，近4万名希腊士兵的生死都系于他一人身上。他知道，如果士兵听到总指挥官阵亡的消息，这支军队将不战而败。

因此，担任全军总指挥的这位年轻统帅是不允许自己死在战场上的。在斯巴达战士的格言“要么胜利，要么战死”中，他只能考虑前半部分。

44 岁那年，在萨拉米斯大获全胜的地米斯托克利在战争爆发前有 10 年的准备时间。

而 34 岁时突然被委以重任的帕萨尼亚斯没有准备的时间。但是，他必须赢得胜利。

帕萨尼亚斯和地米斯托克利都是希腊人。除此之外，他们还有一个共同点：

**两人都清楚，只要受雅典人或斯巴达人的“条条框框”束缚，就不可能赢得胜利。**

公元前 479 年夏天，也就是第二次希波战争第二年的夏天，波斯军队和希腊军队决战的战场定在了普拉塔亚。这也是波斯军队总指挥官马多尼乌斯所希望的。

薛西斯回到了亚细亚，马多尼乌斯则带领波斯陆上军队留在了希腊。马多尼乌斯是一个真正的军人，不是君主专制国家中常见的宫廷中人。也就是说，这个波斯人和希腊将军一样，做好了一人承担全部责任的准备。

然而，他上了地米斯托克利的当，尽管他所犯的错误没有他的君主薛西斯那么严重。

时间一天天过去，他始终未接到雅典有关单独讲和的答复。其间，他得到的消息是以斯巴达和雅典为首的 20 多个城邦国家组建了希腊联军。听闻此消息，想必马多尼乌斯的心情一定十分沉重，他只能下决心在战场上与希腊人一决高下了。为了离间希腊人，他再次占领了已经化为一片焦土的雅典。

作为波斯军队的总指挥官，他深知国王将军队交给他的真正意图。那就是，用胜利一雪萨拉米斯之耻。

不用说，希腊联军一定自南北上。他决定将战场设在希腊中部平原普拉塔亚，依据大概是底比斯要人提供的情报。底比斯自温泉关战役之后就站到了波斯阵营之列。马多尼乌斯根据底比斯情报做出这一决定有充分的理由。

第一，底比斯就在普拉塔亚以北 10 公里处，不必担心前后受敌。同时，在海上补给无望的情况下，相距 10 公里的底比斯是补给的重要保障。对于超过 10 万人的大军来说，有了这一保障就可以少一份担心。

只是这个平原叫“普拉塔亚平原”，在这个平原的西南数公里处有一个叫普拉塔亚的城邦国家，它是希腊阵营中的一员。不过作为一个城邦国家，普拉塔亚规模很小，向希腊联军提供的兵力仅有 600 人。也许马多尼乌斯认为这样一个小国家完全可以忽略不计。

第二个理由是，普拉塔亚平原中央有一条东西向的河流。马多尼乌斯将指挥部设在这条河的北岸，下令沿河筑起防护栏，以保护所有士兵的安全。

同时，波斯军队无须担心饮水问题。在盛夏的希腊，没有一个男人能够在缺水的情况下全力以赴地投入战斗。

第三，选择普拉塔亚作为战场充分反映了东方人的传统。马多尼乌斯认为决定战斗结果的关键在于优秀步兵的“数量”和骑兵的“破坏力”。而希腊实际上并没有骑兵力量。

阿佐珀斯河的河道窄，水流缓慢。不用说骑兵，就连步兵也可以轻松蹚水而过。

马多尼乌斯猜测战斗将在这条河的南岸展开。这样一来，他们可以将敌人赶至南岸辽阔平原背后的丘陵地带。

一旦敌军进入这片丘陵地带，数量占优势的步兵和战斗力强悍的骑兵就可以决定战斗结果了。

出于上述种种原因，波斯军队抢先进入了普拉塔亚平原。

波斯军队集结到普拉塔亚平原的时候，希腊城邦国家联军也开始了行动。

他们并非号令一下即全军集合完毕。毕竟这是一支分散在全希腊各地的大、中、小城邦国家组建的联军。

疏散至萨拉米斯的雅典人不得不用船将参战的近 9000 名士兵从萨拉米斯送往集结地埃莱夫西斯。担任海上军队指挥官的是该年度的将军之一克桑提普斯。他的第一项任务是将担任陆上军队指挥官的将军阿里斯泰德和他手下的雅典士兵送到希腊本土。

曾在萨拉米斯海战中依靠 30 艘船牵制住敌人船队的埃伊纳也表示将派遣 500 名重装步兵参加这一年的陆上战斗。埃伊纳是萨拉米斯南部海域上的一个岛屿，也是需要首先将这 500 人送上陆地的城邦国家之一。

此外，还有不少城邦国家需要先用船将士兵送到希腊本土，然后再派军前往集结地。尽管他们提供的重装步兵数不多，每国 200 人或 300 人。但爱琴海毕竟是一个多岛海域，所以要运输的士兵总数不少。

最后到达集结地的依然是斯巴达人。他们晚到的理由听起来很荒唐，不是类似未及时完成军队编组这样的理由。

斯巴达每年夏天都要举办一场运动会，运动会上人人手举风信子花。他们解释说，等到运动会一结束就集合队伍出发。

斯巴达人的死板已经到了冥顽不化的程度。事实上，全体希腊人都知道他们极其缺乏灵活性。但现在，敌人已经等候在希腊中部的普拉塔亚了。听了他们的解释，惊呆不已的不只是雅典人，在场的所有希腊人都目瞪口呆。

雅典、迈加拉和普拉塔亚这三个城邦国家负责催促斯巴达尽快出兵。三个国家的使节即刻动身前往斯巴达。他们要求斯巴达立即出兵，说一旦错过时机，波斯军队就会围攻伯罗奔尼撒半岛。然而，迎接他们的 5 个监察官只答应 10 天后出兵。

这个情形实在令人啼笑皆非。打破这一僵局的据说是以帕萨尼亚斯为首的、摩拳擦掌的斯巴达年轻人。他们请出了一个 5 人监察官不敢小觑的大人物，成功改变了这 5 个“小肚鸡肠的人”的决定。

不管怎样，这一年斯巴达男人手举与其极不相称的风信子花参加比赛的运动会取消了。在帕萨尼亚斯的率领下，斯巴达军队终于出发了。

一旦做出决定，斯巴达军队的行动还是很迅速的。他们经过伊斯米亚地峡，离开伯罗奔尼撒半岛，横穿迈加拉，很快到达了集结地埃莱夫西斯。

埃莱夫西斯建有宏伟的神庙，因圣礼而闻名。将此地作为集结地大概是考虑到了希腊公民的共性，即他们相信神明的力量。

从埃莱夫西斯到波斯军队严阵以待的普拉塔亚直线距离不到 50 公里。

波斯大军仅主要战斗力就有10万人，他们已等候在战场上。希腊城邦国家联军指挥官在去往战场的途中确定了作战方案。

帕萨尼亚斯率领斯巴达一级和二级重装步兵共1万人负责右翼。

这位34岁的将领不只是斯巴达军队的指挥官。根据希腊城邦国家结盟时达成的协议，陆、海两军的总指挥官都是斯巴达人。因此，他又是由4万人组成的希腊联军的总指挥官。

科林斯5000人、迈加拉3000人、希库隆3000人以及来自其他中小城邦国家的兵力，共计2万人，负责中路阵线。

左翼除了来自雅典的8000名重装步兵为主要战斗力之外，还有普拉塔亚的600人和其他小城邦国家的兵力，共计1万人，由雅典的阿里斯泰德负责指挥。这是继11年前的马拉松会战之后，51岁的阿里斯泰德第二次参加与波斯军队的战斗。

仅看这样的阵容就可以知道，公元前479年发生在普拉塔亚平原的战斗中，希腊军队沿用了11年前在马拉松会战中采用的战术，即主力放在两翼，中路军负责牵制敌人。

其中的原因是希腊城邦国家虽然全体公民皆为士兵，但缺少骑兵，重装步兵不得不同时担负起骑兵的任务。

希腊军队到达普拉塔亚平原前的丘陵地带时，时间已是8月。流经平原中央的河流对岸已经布满了波斯士兵。波斯军队营地的右后方，波斯国王留给马多尼乌斯的奢华至极的东方式帐篷正闪烁着金蓝色的光。

希腊军队的营地设在丘陵地带，那不是光秃秃的连绵不绝的丘陵，而是在希腊并不多见的树木茂盛、随处可见平地的丘陵地带。

作为夏季野营之地，这里的环境相当不错，只是饮用水的问题不好解决。

到达战场后的最初两天，希腊方面没有任何动作。不，应该说是没办法有所动作。看着3倍于自己的敌军，说好听点儿是观望，实际上他们真的是被惊到了。

最先采取行动的是波斯军队。

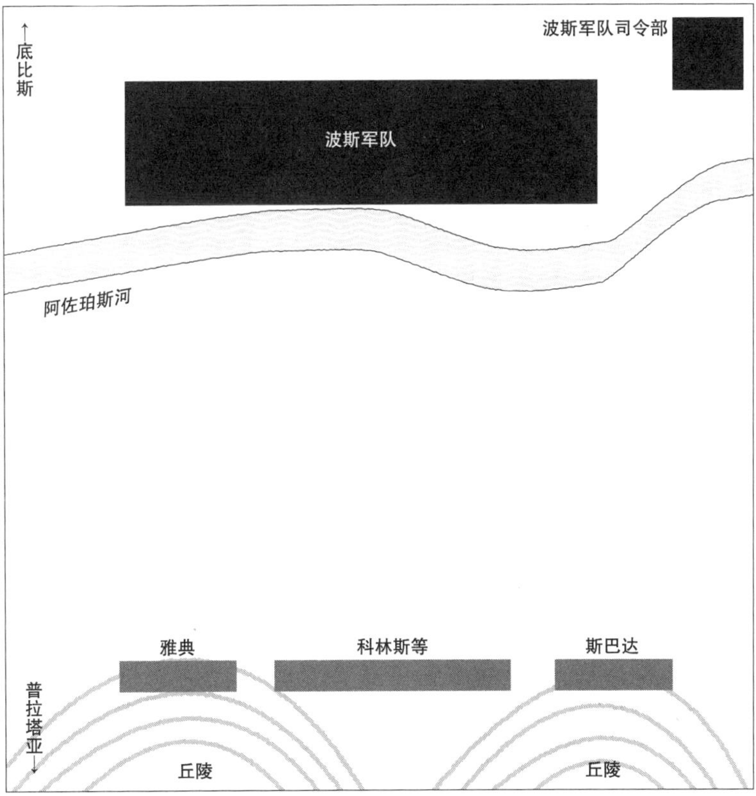


普拉塔亚战役布阵图

波斯军队先于希腊军队到达战场，因此，总指挥官马多尼乌斯已经视察了普拉塔亚平原及其南部连成一片的丘陵地带。他知道丘陵地带有两个缺陷。

第一是饮用水不足。

第二是希腊军队只能在丘陵地带扎营。从地势上来看，那里高高低低，面对波斯军队的攻击，很难采用横向排成一线的阵型，也就是说，很难采取全军同时迎战的战术。

马多尼乌斯决定在敌人还没有完成布阵时迅速采取行动。

他决定首先派出最具灵活性和机动性的骑兵。马多尼乌斯让旗下的1万名骑兵渡河，在对岸整理好队形后一口气穿过平原，向守在丘陵地带的敌人发起进攻。

“力量”一词涵盖了耐力和瞬间爆发力。

我想，波斯军队的总指挥官只了解来自辽阔的波斯帝国各地的士兵和用钱雇来的雇佣兵，却不了解全体公民皆为士兵体制下的希腊城邦国家士兵的“力量”。

斯巴达人在成为真正的士兵前，专心学习武艺长达10年以上。就算斯巴达是特例，雅典公民在20岁正式服役前也要接受为期两年的训练，一年接受军事训练，一年戍守边境。除了这两个国家以外，其他城邦国家的体制也大同小异，因为这些国家的公民最重要的职责就是保卫祖国。

也就是说，只要是希腊城邦国家的公民，他们都要在20岁开始服兵役，平时过普通的日常生活，一旦需要立即变身一名战士。

这意味着他们不仅有耐力，同时也具备瞬间爆发力。

马多尼乌斯下令发起的普拉塔亚初战失败了。原因是：

第一，骑兵在平原上的机动灵活性无与伦比，但是在树木茂盛的丘陵地带却难以正常发挥水平。

第二，波斯人没有预计到希腊士兵的瞬间爆发力如此强大。

第三，率领波斯骑兵闯入敌阵的骑兵队长不幸阵亡。

波斯军队投入了全部骑兵，但损失不是很大。因为得知自己的指挥官战死后，几乎所有骑兵都立即掉头回营了。

指挥官的生死对部下士气的影响就是这么大。在战场上，为了保护指挥官，在其身边作战的常常都是精锐，毕竟指挥官过早死在战场上总是一件麻烦事。

指挥官的生死也会影响对方的士气。希腊士兵受到敌人的猛烈突袭，他们依靠瞬间爆发力进行了顽强抵抗。战斗结束之初，他们一定不是沉浸在胜利的喜悦中，而是心有余悸吧。

希腊士兵用担架抬回了敌军将领的尸体。我想应该是帕萨尼亚斯下达的命令，因为这种事情只有总指挥官才有资格下令。他下令将敌方将领的尸首示众，之后就不清楚是就地埋葬还是送回敌方阵营了。

不管怎样，希腊军队所有士兵亲眼看过敌方将领的尸首后，才真切地感受到他们的初战胜利了。

也许是因为自信心增强了，希腊方面决定转移营地。他们离开丘陵，转移到河流南侧开阔的平原上。

在这里，完全可以横向摆出一字阵形。最重要的是饮用水的问题得到了解决。中路部队和左翼部队可以从阿佐珀斯河取水，远离河道的右翼部队可以饮用丘陵方向流下来的泉水。

波斯军队初战失利，希腊军队无须再担心饮用水的问题，两军隔着河流对峙了整整 8 天。

第 9 天，马多尼乌斯改变了战术。他没有直接攻打希腊军队，而是采用阻断希腊军队粮食补给的战术。

这一战术成功地给希腊军队制造了极大的混乱。

波斯军队后方有底比斯，这是一个可靠的补给地。希腊军队后方没有这样的补给地。距离最近的普拉塔亚是个小国，没有能力提供 4 万人的军粮补给。原本可以成为最佳补给地的雅典已经化为一片焦土。因此，希腊军队的军粮补给只能依赖其他城邦国家源源不断地送过来。但是现在，补给队伍在运输途中遭遇袭击，运送军粮的人马惨遭杀害。希腊方面陷入了困境，他们不得已将营地搬回丘陵地带，因为这里距补给路线较近。

4 万人转移必然出现混乱。见此情形，马多尼乌斯决定抓住这个绝佳机会发起进攻。他下令全军过河，超过 10 万人的大军在对岸开阔的平原上声势浩大地布下了战阵。

波斯的右翼是以底比斯为首的来自希腊已归顺地区的士兵。

中路部分是来自波斯帝国的重要组成部分——辽阔的美索不达米亚和埃及地区的士兵。

左翼是清一色的波斯士兵。波斯军队引以为傲的骑兵和称为“不死军”的超级精锐在左翼担任主要战斗力量。

在这个阵形中，波斯军队右翼将对阵以雅典军为首的希腊军队左翼，波斯军队中路部分对阵以科林斯为首的希腊军队中的中小城邦国家联军，清一色由波斯人构成的左翼对阵保护希腊军队右翼的斯巴达士兵。

得知敌军的阵容后，帕萨尼亚斯好像心生一丝不安。

于是，这位34岁的斯巴达年轻指挥官找到率领雅典军队护卫左翼的指挥官阿里斯泰德。他开诚布公地提出希望左翼军和右翼军互换位置，由雅典军队负责右翼，斯巴达军队负责左翼。理由是10年前阿里斯泰德在马拉松会战中与波斯军队作战，有取得胜利的战绩。

对于34岁的年轻人的请求，51岁的阿里斯泰德一口答应。

于是，左右翼开始调换位置。原本为右翼军队的斯巴达1万人去了左翼，原本为左翼军队的雅典1万人去了右翼。为了不引起敌人的注意，这次行动是在夜间进行的，却因此造成了极大的混乱。

结果，第二天，朝阳升起的时候，人们发现两翼分别回到了原来的位置。想起来着实令人啼笑皆非。

既然如此，这位斯巴达年轻指挥官只好下定决心，让相当于希腊全军主力的斯巴达军队对战波斯军队的主力。

在一年前的萨拉米斯海战中，地米斯托克利率领希腊船队中的主力——雅典船队，主动承担了对阵敌军主力——腓尼基船队的重任。

在一年后的普拉塔亚陆战中，敌我双方也将以主力对阵主力的方式展开激烈战斗。

在萨拉米斯，向波斯军队发起进攻的是雅典人。在普拉塔亚，向波斯军队发起战斗的是斯巴达人。

在萨拉米斯海战中，制定战术的是雅典的地米斯托克利。在普拉塔亚陆战中，制定战术的是斯巴达的帕萨尼亚斯。

这位34岁的斯巴达人想到了萨拉米斯海战时的地米斯托克利，

想到了温泉关战场上的列奥尼达。列奥尼达不仅是他的同胞，还是他的伯父。

一年前，60 岁的列奥尼达得知自己带领的斯巴达重装步兵只能有 300 人时，挑选的都是已有后代的士兵，因为无论战死还是生还，这些士兵的家族都不会绝后。

城邦国家斯巴达长期坚持闭关锁国，王室以外的普通公民中，有不少人的家族历史悠久。列奥尼达深知，对斯巴达人来说，最痛苦的事莫过于家族无后。

一年后，帕萨尼亚斯率领的是享有公民权的“一级重装步兵”5000 人和没有公民权的“二级重装步兵”庇里阿西人 5000 人，共计 1 万名士兵。

“列奥尼达和 300 勇士”的故事流传很广，“300 勇士”都是“一级重装步兵”。就“一级重装步兵”而言，列奥尼达率领的士兵有 300 人，而帕萨尼亚斯率领的士兵有 5000 人。

人数上了 5000，挑选士兵时自然无暇顾及其是否有后代。别说后代，甚至连尚未成婚的年轻士兵也不得不带上。斯巴达不允许不同阶层之间通婚。为此，重装步兵常常处于严重短缺状态。我想，斯巴达派出 5000 人的战斗力应该已是极限。

斯巴达和雅典一样，都是全体公民皆为士兵的国家，士兵的现役年龄都是 20 岁到 60 岁。正在服役的士兵中，45 到 60 岁的一代叫“老兵”，他们通常被派往边境戍守国境线。斯巴达是伯罗奔尼撒同盟盟主，除了保护斯巴达，它还需要分出一部分兵力保护狭窄的地峡伊斯米亚地区，这里是通往伯罗奔尼撒半岛的入口。

可以想象，在帕萨尼亚斯的率领下前往普拉塔亚的斯巴达士兵大部分是年轻士兵。

当然，帕萨尼亚斯此时的任务不是和列奥尼达做比较，而是必须率军获胜。只有这样才能让属下的士兵不会白白牺牲，不会让他们因献出生命而抱憾。

那么，如何才能取得胜利呢？这位斯巴达年轻统帅心里一定只有这一件事。

波斯在历史上和传统上是一个靠陆军力量立国的国家。同样，即将与波斯大军展开激战的斯巴达在历史上和传统上也是如此，不同的是波斯有骑兵，斯巴达没有骑兵。

帕萨尼亚斯一定思考过这些。

敌人的主力将攻打斯巴达负责的右翼。那么，如何仅靠重装步兵来削弱敌军最具机动灵活性、攻击力最强的骑兵呢？他知道，这是决定战斗结果的关键所在。

真正意义上的重装步兵只存在于希腊。

如果有人问波斯军队中1万名特级精锐组成的“不死军”是不是重装步兵，答案只能是否定的。

“不死军”步兵的装束非常华丽、花哨，头上戴的是帽子而不是头盔，他们也没有胸甲来保护最重要的胸部。盾看上去很精致，却徒有其表，圆形的盾直径60厘米，在希腊只为骑兵或轻装步兵所用。剑是长剑，一旦展开肉搏战，非常不便。长矛不足2米，只比身高长一点儿。上战场时的服装还是东方风格的长袍。也许你会问，这个样子也能打仗？能打，因为当时以波斯为代表的东方战法采用的是“人海战术”。

数量从来不占优势的希腊城邦国家必须提高每个士兵的防御力和攻击力。

结果，他们的头盔大得夸张，犹如扫地用的扫帚，视觉效果比实际用途更具威慑力。一旦开始战斗，士兵们就会拉下头盔，只露出眼睛和嘴。

古代留存至今日的雕像都是用裸体来呈现的。因此你可能以为他们在战场上也是赤身裸体。事实并非如此，因为战场既不是运动场也不是体育学校。战场上，希腊男子身着短衣，外披胸甲遮挡整个胸部和背部，腿上还绑金属护具。

他们的盾呈圆形，很结实。直径足有 1 米，盾上装有两个环，用来固定在胳膊上。

一旦开始肉搏战，他们就拔出吊在腰部的剑。就重装步兵来说，最强大的武器是长矛。长矛的长度是他们身高的两倍以上，两端装有尖尖的、闪闪发亮的刀锋。两头都装刀锋的目的是一旦长矛断裂，还可以继续利用刀锋杀敌。

希腊城邦国家的重装步兵首先必须具备随心所欲操控长矛的能力。

帕萨尼亚斯注意到了波斯军队与希腊军队的不同，注意到了希腊重装步兵无论在个人防御能力还是个人进攻能力上都优于波斯军队。

于是，他决定采用“战略性撤退”的战术。

首先在平原尽头接近丘陵地带的位置部署兵力，尽可能把敌人引诱过来，然后突然撤离。欲乘胜追击的敌方骑兵进入他们难以施展优势的丘陵地带时，先用长矛攻击其马匹，致使敌军骑兵不得不下马。

只要敌方骑兵变成步兵，希腊军就有了胜算。距离远就用长矛进攻，距离近则用剑和防御力超强的盾作战。

论长矛，与波斯军队不足 2 米的矛相比，希腊军队的长矛接近 4 米。

论盾，无论是大小还是结实程度，希腊方面占绝对优势。

帕萨尼亚斯决定采用这一战术战胜 4 倍于己的敌人。

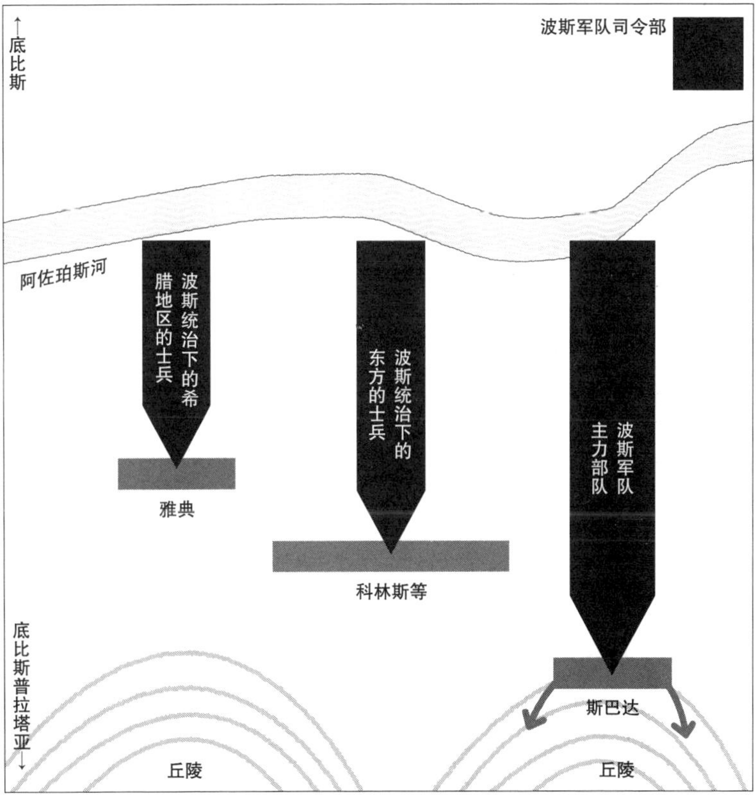


普拉塔亚战役决战图

但是，他的这一战术遭到了部下强烈的反对。5000 名“一级重装步兵”中，老兵的反对尤其激烈。

他们向总指挥官提出了抗议。

“我们从小只知道斯巴达战士绝不能让敌人看到自己的脊背。无论敌人多少，我们就是这样打过来的。从敌人眼前撤退简直是无稽之谈。难道这就是你想看到的吗？！你要这样强迫我们吗？！”

这些老兵都比帕萨尼亚斯年长，面对以老兵居多的斯巴达士兵，年轻的总指挥官耐心地做了解释。他强调这不是单纯的退却，是为了胜利而进行的战略性撤退。

但是，斯巴达战士坚信最可耻的行为莫过于让敌人看到自己的后背，因此要他们接受这一战术着实不是一件易事。有一个老兵甚至拿起长矛往地上一戳，强硬地表示绝不后退一步。

34 岁的年轻人很有耐心。他叫来一个持反对意见的士兵队长，进行了一对一的说服工作。

两人发生了激烈的争论，甚至在指挥官帐篷外的士兵都能听得一清二楚。当这位队长最后表示服从时，开阔平原的远处，东方已经开始泛白。

对斯巴达战士来说，他们的信条除了“绝不让敌人看到自己的脊背”，还有对上级的“绝对服从”。

然而，这样一件斯巴达士兵人人皆知的事情，波斯方面却毫无知觉，不能不说是一件怪事。

纵观希波战争期间，希腊人热衷于派遣侦察兵，让他们乔装打扮成羊倌接近敌人阵地进行秘密侦察，以此获取情报，尤其是雅典军队。没有史料记载波斯方面也有此类行动。对于坚信“人海战术”的波斯人来说，也许刺探敌情纯属多此一举吧。

总之，马多尼乌斯完全不了解帕萨尼亚斯制定的这个战术。

正因为他不知道，公元前 479 年 8 月 28 日一早，未对部署于河对岸的己方阵形做任何更改，马多尼乌斯就发出了进攻的命令。

由归顺波斯的希腊士兵组成的右翼军队攻打以雅典军队为主的希腊军队左翼，来自美索不达米亚和埃及的士兵组成的中路部分攻打科林斯率领的希腊中路部分，由清一色波斯士兵组成的、以 1 万名骑兵和 1 万名“不死军”战士为主力的左翼军队攻打斯巴达的 1 万人。

第二次希波战争中，陆地最大战役“普拉塔亚战役”就这样在辽阔的平原上分三个部分展开了。

正像后世的战争史学家一致指出的那样，普拉塔亚战役的主战场是波斯军队主力与斯巴达激战的地方。就如同萨拉米斯海战中的主战场在雅典的 200 艘战船猛烈撞击腓尼基 300 艘战船的地方一样。

阅读战争史学家们的研究成果，得知战斗完全按帕萨尼亚斯的设想展开，不禁感叹不已。这正是区别名将和一般将领的地方。

平凡的将领只会循规蹈矩地制定战略战术。

著名的将帅不会墨守成规，他们会综合考虑各种因素，预测各种可能出现的情况。同时，他们除了考虑情况对己是否有利，甚至还会考虑对敌是有利还是不利，在此基础上再制定战术。

战斗开始后，对可能出现的情况指挥官都了然于心，而且早有应对之策。因此战局一定会按他们的设想展开，结果他们自然会成为胜利者。

波斯军队和斯巴达军队展开激战后，战况一如帕萨尼亚斯设想的那样开始、展开和结束，他取得真正意义上的胜利仅用了半天时间。当然，战斗过程异常激烈。

前面已经介绍过，斯巴达重装步兵分“一级重装步兵”和“二级重装步兵”。通常指挥官会让“二级重装步兵”首先冲锋陷阵，在关键时刻再投入“一级重装步兵”，给敌人以致命一击。

但是帕萨尼亚斯没有这样做。

斯巴达的“一级”和“二级”之别不仅在于有无斯巴达公民权，还在于士兵是否有长年训练出来的技能。

帕萨尼亚斯决定充分发挥“一级重装步兵”的作用，因为他们即使拿着笨重的金属武器和盾，也能灵活使用近 4 米长的长矛。

“二级重装步兵”作战技能较差，如果让他们首先冲锋陷阵，只会在敌人骑兵的踩踏下堆砌起一座座尸山，这会成为“一级重装步兵”作战时的障碍，使树木繁茂的丘陵地带这一原本就不利的条件更加不利。

他的战术成功了。波斯骑兵胯下的马在斯巴达重装步兵的长矛攻击下纷纷倒下。波斯骑兵不得不弃马作战。敌方骑兵变成了步兵，这时防御力占绝对优势的防护装备和两倍于敌的长矛就成了决定胜负的重要因素。

而波斯方面原本引以为傲的“人海战术”让他们陷入了窘境。在总指挥官下达进攻命令后，已经出动的波斯军队士兵不知前方的情况，前拥后挤，陷入了一片混乱，身处前面的士兵甚至动弹不得。

这就是军队规模庞大的弊端。在此情况下，即便是精锐部队也无法发挥他们的作用。内部的混乱成了失败的主要原因。

希腊中路部分和左翼部分的战场在平原的西侧。他们也分别参与了激烈的战斗。

不用说，由中小城邦国家士兵组成的中路部分也是希腊城邦国家的重装步兵。尽管敌人数量占优势，但他们的武装和装备只有轻装步兵的水平。面对那些来自中东和埃及的士兵，希腊方面引导战局向有利于自己的方向展开并非难事。

以雅典军为主体的左翼军队对阵的敌人是波斯阵营中以底比斯人为主的希腊人。因此，左翼战场上演的是重装步兵之间的战斗。

51岁的阿里斯泰德指挥下的8000名雅典重装步兵打得非常出色。在前一年的萨拉米斯海战中，他们是三层加莱船上的海军士兵。现在他们是在陆地作战的陆军士兵，感觉自然不同。这次他们的脚实实在在地踩在土地上，也许正因如此，他们的士气极高。左翼的战况同样向有利于希腊军队的方向发展。

这时，传来了马多尼乌斯战死的消息。这种消息无须刻意传播，瞬间即可传遍全军上下。

这一天，8月28日，波斯军队总指挥官马多尼乌斯亲自上阵，指挥波斯军队主力发起进攻。他从“不死军”中特别挑选了1000名精锐士兵保护自己。这1000名精锐士兵就围在马多尼乌斯身边作战。

有一个斯巴达士兵认识马多尼乌斯，从远处向他投去一块石头。石头正中马多尼乌斯的头部，他从马背上摔了下去。为了保护总指挥官，不让他落入敌人之手，1000名精锐士兵马上加强了防守。

但是，斯巴达战士不会放过敌人的任何破绽。他们扔下长矛拔出剑冲了上来。在他们面前，波斯军队的1000名精锐士兵不堪一击。

尽管如此，波斯军队的1000名精锐士兵没有一人逃跑。他们一边保护受伤的总指挥官一边奋勇作战，纷纷倒在血泊中。这一场面犹如列奥尼达和他的“300勇士”在温泉关壮烈牺牲的翻版。

消息很快传遍战场。总指挥官阵亡的消息犹如给波斯军队全体士兵下达的撤退号令。

波斯军队全面溃败。他们纷纷蹚过河逃进防御栅栏内。希腊士兵乘胜追击，对于他们来说，逃进寨内的波斯士兵犹如待宰的羔羊，消灭他们只是杀戮而不是战斗。

波斯军队中幸存下来并保持完整队形的只有阿尔塔巴兹率领的4万人。因为在这天的战斗中他们处在靠后的位置，一得知马多尼乌斯的死讯，他们立即逃跑。

余下的8万名士兵中，除了向北逃往底比斯的希腊士兵，不清楚还剩下多少波斯士兵。根据希罗多德的描述，仅有3000人幸存。

如果真是这样，在普拉塔亚战役中，波斯方面的阵亡人数就超过7万人了。如果这一说法是真实的，那么对于自誉为陆上军事大国的波斯帝国来说无疑是一次不容置辩的完败。

另一方面，希腊方面的阵亡情况如下：

右翼（以斯巴达人为主）——91人

中路（科林斯人等）——16人

左翼（以雅典人为主）——52人

合计——159人

历史学家希罗多德记录下的这个数字大概是主要战斗力重装步兵的阵亡人数。后来普鲁塔克说，包括掷石兵等轻装步兵在内的死亡人数是1360人，是这个数字的近10倍。

不管怎样，这次战役希腊方面取得了重大胜利。

从另一个方面来看，普拉塔亚战役与萨拉米斯海战不同，对于当时的超级大国波斯来说，这是一场不容置辩的失败。

在萨拉米斯海战中，战败的是腓尼基船队。波斯方面可以说，战败的是其属国腓尼基的船队而不是依靠陆上军事力量立国的波斯。

但在普拉塔亚战役中，波斯投入的是其陆上军队主力。因此，这绝对是一次无以辩驳的完败。

后世有一位战争史学家这样评价普拉塔亚战役：

“胜利的荣誉百分之百要归功于帕萨尼亚斯和他的重装步兵。”

杀戮结束后，回到阵地的斯巴达士兵来不及洗掉满身的血污就团团围住了总指挥官。

他们要求总指挥官砍下马多尼乌斯的脑袋，就像波斯国王薛西斯对温泉关阵亡的国王列奥尼达做的一样。他们要求把马多尼乌斯的头挂在矛尖上，在全体希腊士兵前示众。

对此，帕萨尼亚斯断然拒绝。他说，如果我们这样做，就成野蛮人了。

斯巴达男人似乎不喜欢变成野蛮人，他们接受了帕萨尼亚斯的意见。

希腊人洗去波斯军总指挥官马多尼乌斯脸上、耳朵里的污渍，用白布将遗体包裹起来，郑重其事地埋在了丘陵最高处。

这一夜，欢庆活动在波斯国王薛西斯留给马多尼乌斯的豪华帐篷内举行。希腊城邦国家全体指挥官和他们的士兵都参加了此次活动。在活动中，总指挥官帕萨尼亚斯说：“波斯已经富甲天下，薛西斯为什么还想征服贫穷的希腊呢？”

听闻此言，大家都笑了。据说平时一向表情严肃的阿里斯泰德也笑了。

但是接下来，大家突然都变了神色。看到端上来的盘中食物，除了斯巴达人，所有人顿时泄了气。帕萨尼亚斯只说了这样一句：因为波斯军队的厨师逃跑了。

盘中装的是漂着肉块的浑浊不堪的汤。这是斯巴达人在集体生活中吃的传统食物，被认为是世上第一难吃的食物。

就算厨师逃跑是事实，想象一下，在象征东方富裕生活的金蓝色为主色调的豪华帐篷里，喝着象征斯巴达极简生活的、世上最难以下咽的汤，这会是怎样一种感受呢？只能说，它证明了这位 34 岁的斯巴达年轻人不仅是一位无与伦比的武将，也是一位颇具幽默感的人。

但是，就算幽默感再强，他们在这里喝着这种被称作“黑色大杂烩”的、世上最难以下咽的汤，决定的却是严肃的正事。

第一，不乘胜追击，任由阿尔塔巴兹指挥下的 4 万士兵逃之夭夭。

这些波斯士兵逃回亚细亚的速度一定不会比萨拉米斯海战后波斯国王逃回亚细亚的速度慢。所以，听之任之未尝不可。

第二，关于底比斯的问题。从战场上逃走的底比斯士兵数量不少。

关于这件事，帕萨尼亚斯提出交由他来处理。

在温泉关战役中，底比斯是希腊联军的一员。但是后来他们置列奥尼达和300名斯巴达战士于不顾，投降了波斯。帕萨尼亚斯说，对底比斯的处置应该交给斯巴达，希望由斯巴达单独来解决。其他城邦国家代表知道前因后果，没有人表示反对。

第二天，帕萨尼亚斯带领1万名斯巴达士兵，追击逃跑的底比斯士兵。

站在底比斯城门前，帕萨尼亚斯要求底比斯人交出向温泉关和普拉塔亚派兵的底比斯军队责任人。

底比斯方面紧闭城门，拒绝交人。

帕萨尼亚斯下令火烧底比斯城。

围城战没打多久。尽管底比斯在温泉关战役后站到了波斯阵营，但他们还没有愚蠢到看不清形势。他们知道，普拉塔亚战役之后，他们在希腊被彻底孤立了。

他们答应向斯巴达交出3个责任人，条件是进行公开审判。

帕萨尼亚斯下令将这3个底比斯人送到科林斯，在公开审判前暂时将他们拘禁在那里。在送他们前往科林斯之前，帕萨尼亚斯偷偷给负责押送的队长下了一道密令。

“一到科林斯就杀死他们。”队长向一位科林斯将领口头传达了帕萨尼亚斯的命令。在普拉塔亚战役中，这位将领是以科林斯士兵为主的中路阵线的指挥官之一。不用说，这位科林斯人忠实地执行了帕萨尼亚斯的密令，因为在半个月的作战期间，他对帕萨尼亚斯产生了极大的好感。

除了这 3 个主要负责人，帕萨尼亚斯没有对底比斯公民动一根手指。帕萨尼亚斯不会为了报温泉关之仇而把一个城邦国家的人斩尽杀绝，因为那样做太过丧失理智。也正因如此，有一些老兵向他投去了不满的眼光，但这位 34 岁的年轻统帅对此视而不见。

解决了底比斯问题之后，帕萨尼亚斯率领军队开始北上，前往一年前的激战之地温泉关。列奥尼达和 300 名斯巴达士兵已经在这里曝尸一年，此时只见由一具具白骨堆成的山，分不清都是谁的尸骨。

帕萨尼亚斯下令找齐所有白骨，用马车带回斯巴达。就这样，普拉塔亚战役的最大功臣——斯巴达重装步兵带着勇士们的遗骨返回了祖国。

回国途中，他们顺道去了德尔斐。德尔斐是供奉男神阿波罗的神庙所在地，是斯巴达人的信仰中心。阿波罗神庙是斯巴达人最喜爱的神庙。但凡有事，他们都会前往这里乞求神谕。这是他们的圣地。

在德尔斐，他们应该没有忘记为勇士遗骨净身。当然，活下来的勇士也不会忘记感谢阿波罗神，因为他们相信自己的胜利离不开阿波罗神的庇护。

34 岁的斯巴达年轻统帅与他的士兵一样，向阿波罗神表示了感谢。他是全军的指挥官，是他率领心怀感恩之心的士兵取得了战斗的胜利。于是，作为赢得胜利的统帅，他向阿波罗神敬献了一块铜板，上刻：

“帕萨尼亚斯，希腊联军总指挥官。为感谢神助我消灭波斯军队，特献立此铜牌。”

此时的帕萨尼亚斯做梦也没有想到他的这一举动会刺激到5名监察官——掌握斯巴达国家政事的那5个人。

关于5名监察官，我想提请读者朋友注意：

在阅读本书时，只要看到“5名监察官”的字样就要想到，他们不是单纯的“5名监察官”，而是“小人闲居为不善”的5个“小人”。

词典对于“疑心”一词的解释是“嫉妒猜忌”，而嫉妒猜忌的情绪只有闲居的小人才会有。

斯巴达人极度厌恶个人崇拜。在斯巴达，像帕萨尼亚斯这样直截了当地刻上个人的名字尚属首例。

但是，他终究只有34岁。我们完全可以认为，这是他卸下沉重压力之后的一声呐喊，就像全力奔跑的运动员跑过终点时的一声大吼，是紧张感获得释放之后的一声吼。毕竟在过去的半个多月时间里，他承受的压力是如此之重。

如果是懂得换位思考的普通人，大概不会因为这种事情而猜忌。但是，斯巴达的监察官是“小人”，这些小人不能与人为善，他们自以为是且心胸狭隘。这种人在意大利语中叫“piccolo uomo”。

当然，“小人”有小人的生存之法。尽管他们心怀猜忌，却知道应该择机而动。因此，帕萨尼亚斯和1万名普拉塔亚之战中的勇士在斯巴达公民的热烈欢呼声中回到了祖国。

## 爱琴海重回希腊

第二次希波战争的第二年，即公元前479年，名震天下的不只是斯巴达，雅典也充分调动了已跃居希腊第一的海上战斗力。

根据历史学家希罗多德的描述，公元前479年8月末的一天，希腊联盟的海上军队在米卡勒取得胜利的消息和陆上军队在普拉塔亚取得胜利的消息于同一天传到了希腊后方。

在普拉塔亚平原，希腊联军给予波斯陆上军队以毁灭性的打击。在米卡勒半岛，希腊海上军队成功歼灭了波斯海上军队。这两个消息几乎同时到达临时设在萨拉米斯岛的雅典政府办公地点。

希腊海上军队一口气横渡爱琴海直取敌人船队基地的战术可谓大胆至极，这应归功于前一年秋天他们在萨拉米斯取得的胜利。

爱琴海是名副其实的多岛之海，海面上散布着大大小小数不清的岛屿，其中大部分在萨拉米斯海战前屈从了波斯国王的“土地和水”通告。因此，当地岛民虽然是希腊人，却处于波斯的统治之下。从波斯统治下的这些岛屿之间穿过去直捣敌军基地的行动近乎于自杀。

但是，因为希腊海上军队在萨拉米斯取得了全面胜利，这些岛屿纷纷脱离波斯的统治，回到了希腊阵营。否则，萨拉米斯海战之后的希腊海上军队没有可能在安德罗斯岛越冬。因为之前的 10 年里，安德罗斯岛一直处于波斯的控制之下，希腊船只想在这里靠岸补充淡水都没有可能。

此时回到希腊阵营的仅限于爱琴海南半部分的岛屿。位于爱琴海北半部分的利姆诺斯、莱斯沃斯、希俄斯等大岛东侧靠近爱奥尼亚地区，而爱奥尼亚地区尚在波斯的统治之下，因此这些大岛仍缺乏回归希腊的勇气。

萨摩斯岛位于爱琴海南北交界处。第一次希波战争和第二次希波战争中，这里是波斯方面的船队基地，波斯船队攻打希腊时常常从这里出发。

米卡勒是一个半岛，紧邻萨摩斯岛，相距不过 5 公里，中间仅隔着一个海峡。希腊海上军队选择攻打米卡勒而不是萨摩斯岛，是因为波斯的防守力量集中在萨摩斯岛，而米卡勒的防守相对薄弱许多。攻打米卡勒期间，雅典海军指挥官克桑提普斯向萨摩斯岛秘密派去使者，策动当地岛民起来反抗波斯。

这一年，希腊城邦国家联盟的海上军队由 250 艘三层加莱船组成，他们不费吹灰之力就成功拿下了米卡勒，萨摩斯岛民与之呼应，奋起抗击，赶走了占领当地长达 20 年的波斯军队。

波斯海上军队在萨拉米斯遭受重大打击之后，停泊在萨摩斯的船只不足 200 艘，其中还有不少毁坏严重，无法使用。因此，希腊海军这次在数量上也占尽优势。在希腊海上军队的猛烈攻击下，波斯海上军队遭到了灭顶之灾，3 个指挥官无一幸存，只有极少数士兵成功逃至位于内陆的萨迪斯得以幸存。

拿下米卡勒、夺回萨摩斯岛的“米卡勒之战”很快显现出连锁效应。

米卡勒半岛东南方向40公里处，有爱奥尼亚地区的一大强国——城邦国家米利都。海上向北50公里处有爱奥尼亚地区实力雄厚的海港城市以弗所。

萨摩斯岛回归希腊，意味着米利都和以弗所回归希腊的时机已经到来，也意味着位于爱琴海北半部分的主要岛屿利姆诺斯、莱斯沃斯和希俄斯将不日回归希腊。

希腊军发动米卡勒之战的目的就是引发这一连串连锁效应。这一战术的成功实施应归功于地米斯托克利和克桑提普斯这两位雅典将军。地米斯托克利留在萨拉米斯岛制订作战计划，克桑提普斯在前线实施作战计划。

俗话说“打铁要趁热”，但是打在不同位置，效果大相径庭。

米卡勒之战胜利后，希腊军彻底肃清了爱琴海南半部分的波斯军队。随后，参加希腊联盟海上军队行动的各城邦国家指挥官在萨摩斯岛举行了会议，讨论接下来应该采取什么行动。

总指挥官斯巴达国王列奥提吉达斯主张就此结束本年度抗击波斯的行动，参战人员各回各国。他年事已高，又是典型的斯巴达人，总觉得留在海上心里不踏实。

对此，雅典指挥官克桑提普斯表示反对。时间刚刚进入9月。他说：“现在我们军队的士气正旺，我们应该继续北上，乘胜占领达达尼尔海峡，彻底切断波斯入侵希腊的路线。”

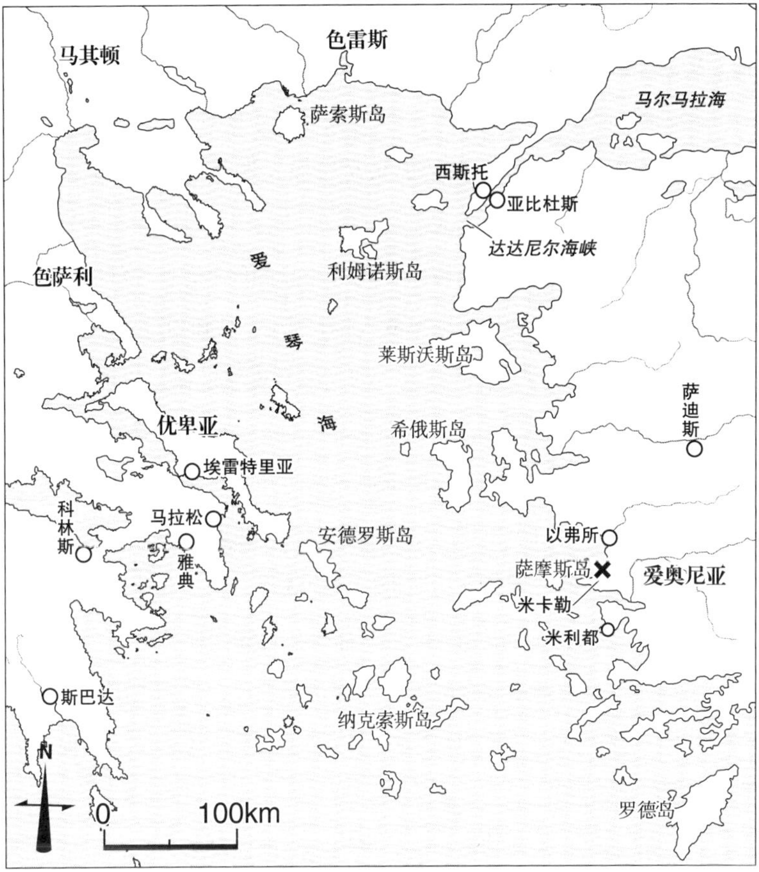


爱琴海和爱奥尼亚地区

但是，斯巴达人坚持不放弃自己的主张。他们说，他们对海外没有兴趣。对于大多数斯巴达人来说，所谓本土就是伯罗奔尼撒半岛以内地区，除此之外的地方，不管是陆地还是海洋都属于海外。

结果，前往达达尼尔海峡成了雅典海上军队单独的行动。之所以说是单独行动，是因为250艘战船中雅典船占了200艘。总之，参加米卡勒战斗的绝大多数战船在克桑提普斯的指挥下挥师北上。

北上的过程中，攻占米卡勒的连锁效应不断显现出来。希俄斯、莱斯沃斯、利姆诺斯等各岛的船队纷纷加入雅典的海上军队。一路上，雅典船队的规模越来越大。

达达尼尔海峡最窄处的西岸有西斯托城，东岸有亚比杜斯城。连接这两个城市的海面就是波斯军队入侵希腊经过的地方。国王薛西斯下令在这里用牢固的绳索将排成一列的船只连接起来，再铺上木板，搭建了两座浮桥。

当然，波斯方面部署于这两个地点的防守力量很强，特别是在西斯托。克桑提普斯命令雅典海上军队全力攻打西斯托。

防守西斯托的波斯海上军队抵抗得很顽强。因为萨拉米斯海战以后，薛西斯经过浮桥回亚细亚时留下命令：死守西斯托。

于是，克桑提普斯改变战术，放弃正面进攻，采用围困战术。他在等待当地住民起义，因为西斯托虽然处于波斯的统治之下，但生活在此的都是希腊人。

波斯守军担心粮食越来越少，更担心当地住民起义。在坚持了两个多月后，他们在一个深夜跳上船逃到了对岸的亚比杜斯。

敌人逃跑了，当地住民打开了城门。希腊军队切断连接浮桥的绳索，进攻西斯托的作战宣告结束。这时，已接近公元前479年12月。

希腊海上船队不顾冬季大海的变幻莫测，返回了雅典外港比雷埃夫斯。据说在回程中，船队一直拖着作为战利品的绳索。

取得普拉塔亚胜利后，雅典人结束了被强制疏散离开雅典的生活，纷纷回到国内。雅典重新焕发了活力。来到城门口欢迎海上军队凯旋的雅典人群中，大概有克桑提普斯的长子伯里克利，在疏散期间，他已长到 16 岁。

就这样，第二次希波战争的第二年也过去了。

第一年是公元前 480 年，希腊联军给了波斯人以“毁灭性的一击”，战场在萨拉米斯海面上。

第二年是公元前 479 年，希腊联军给了波斯以“致命的一击”，战场在普拉塔亚平原、米卡勒和西斯托。终于，爱琴海重新回到了希腊人的怀抱。

希腊军夺回西斯托又造生了一系列连锁效应。因为不必再担心波斯军从陆地打过来，位于希腊北部的色雷斯地区回归了希腊，位于色雷斯西侧的马其顿、马其顿以南辽阔的色萨利地区和爱琴海回归了希腊，希腊本土也回到了希腊人的怀抱。

认为希腊不过是“一把小麦”的波斯彻底输给了这“一把小麦”。

其间，波斯国王薛西斯一直停留在萨迪斯。这是波斯入侵希腊的内陆前线基地。

得知普拉塔亚战役大败和米卡勒被攻占的消息时，薛西斯就在萨迪斯。

他再也抑制不住内心的狂怒，一见家臣劈头盖脸就是一顿大骂，也不管对方是谁。如果他发泄怒火的方式仅止于此，倒也可以理解。

但是，真正把这位 40 岁的波斯国王推向痛苦深渊的不是愤怒，而是一种难以名状的情感。

这位东方君主彻底失去理智大概始于萨拉米斯海战之后，而非得知普拉塔亚和米卡勒战役结果以后。

他彻底失去了自制能力，甚至霸占了儿子的爱妻。王后得知此事后勃然大怒，命人砍去儿媳的四肢。王室内部乱作一团。作为当事人的薛西斯不仅不想办法解决问题，反而一味沉溺于荒谬的行为，完全不计后果。

据说他得知普拉塔亚战役失败的消息后才离开萨迪斯回到苏萨。从萨迪斯岛前往苏萨要经过波斯唯一的大道——王之道。一路上，这位 40 岁的人格严重分裂的男人坐在御轿上会想些什么呢？

根据希罗多德的描述，薛西斯是波斯和希腊两军指挥官中外貌最帅气的一位。

回到苏萨后，他在波斯帝国国王的宝座上又坐了 14 年。在这 14 年间，尽管他依然叫“王中之王”，但完败于希腊一事成了他人生中永远抹不去的一道阴影。

在辽阔的帝国疆域内，叛乱此起彼伏，犹如家常便饭，让他疲于应对。其间，唯一能让他高兴的，不，准确地说，唯一可以让他内心感觉宁静的是看到建筑工程师、装饰工匠和他们设计的图纸的时候。想想这确实有些悲哀。

在薛西斯的全力支持下，苏萨和波斯波利斯变成了当时令世人叹为观止的美丽城市。这是始于父亲大流士的事业，只可惜父亲尚未完成建设就撒手人寰了。

薛西斯终究是个悲剧人物，他未能寿终正寝。54 岁那年，他被一位企图篡权夺位的家臣暗杀。

薛西斯死后，这个家臣和国王长子之间发生了王位争夺战。一年后，家臣和长子都遭暗杀，这场乱斗才终于结束。

这就是从希腊回到波斯以后，失去了统治者风度的东方君主的残生。

根据多数历史学家的说法，因为希波战争的胜利，希腊人认识到了自己的才能，开始变得自信起来。对此我深表赞同。此后的希腊，尤其是雅典，迎来了鼎盛时期。

连续两次希波战争，尤其是第二次战争中的第二年，为希腊人确定今后的发展方向起了很大的作用。换句话说，就是为希腊人指明了发展方向。

波斯（东方）执着于“人海战术”，凭借将士的“数量”进犯希腊。希腊（西方）更重视调动个人能力，依靠将士的“素质”迎战强敌。

这里所谓的“素质”，不是指每个人的个体素质，而是有效调动起来的全体公民的集体素质。也就是说，领导人利用公民素质的能力。

正因如此，在双方兵力对比悬殊的情况下，希腊以“一把小麦”之力战胜了庞大的波斯帝国，取得了全面的胜利。

以希波战争为契机，在希腊文明发展成为欧洲文明起源的过程中，依靠集体力量的精神在希腊人心中落地生根，这成了欧洲精神的重要组成部分。

如果这一想法正确的话，那么延续至今的欧洲与东方之间的差异，可以说就诞生于希波战争——准确地说是诞生于第二次希波战争的第二年。

**那就是，决定输赢的是“质”而不是“量”。**

# 第四章　希波战争以后

公元前478年，第二次希波战争结束，波斯军队被彻底赶出环绕爱琴海的希腊领土。

直到亚历山大大帝于公元前334年开始东征，这144年间，希腊和波斯之间再也没有发生过可以称得上是“战争”的战事。

当然，这144年间希腊世界并非风平浪静，尤其是后三分之一的时间里，甚至可以用一个词语来形容希腊世界，那就是“乱象丛生”。因此我想，希腊世界维持和平局面的时间只是希波战争结束之后的100年。

那么，如何理解他们的和平局面呢？

难道仅仅是历史发展的必然趋势保证了100年的和平吗？

或者是各国为了维护和平局面，战后制定并实施了各种新的政策，从而保证了100年的和平？

对于同一段历史，不同时代的人看法不尽相同。后人看历史，相信都会选择这是历史发展的必然趋势，而生活在那个时代的人很可能选择这是制定和实施了各种保障政策的结果。

历史是在不断向前发展的过程中形成的。因此在后人眼里，生活在当时的人所做的一切努力似乎都是枉费心机。至于比常人付出更多的领袖人物则比常人更加愚蠢，因为他们的所作所为不过是为了争权夺利。

持此种观点的人用“peace”来表现长期安全的状态也许是最合适的。因为英语中的“peace”给人的感觉是，无论说与不说，和平都可以实现。而“peace”的词源——拉丁语“Pax”，给人的感觉则不同。

古罗马人用这个词创造了“Pax Romana”（罗马帝国统治下的和平）的说法。由此可见，古罗马人已经认识到“和平”是指“长期的和平局面”，他们认为和平局面是人们理性和冷静的结果。

如果你想到了这一层，就不会再认为当权者和领袖人物为保障百姓的安全而付出努力是愚蠢之举了。即使在后人眼里这种努力是徒劳的，也绝不是愚蠢的。

因为制定政策时预想了种种可能出现的意外，所以，尽管只有短短的100年，希腊人也充分享受到了“和平”，他们无须再担心波斯人的入侵。

如果你坚持认为他们的所作所为只是为了地位和权力，那么，请允许我用一个难听的词，这是“小人之见”。带着如此消极的态度去看待历史，除了“小人之见”，我找不出更合适的词了。

地米斯托克利因萨拉米斯海战一举成名，此后他再也没有作为最高指挥官率领希腊联军抗击过敌人，无论在海上还是在陆地。对此，不少历史学家觉得很不可思议。

的确，公元前480年秋，地米斯托克利在萨拉米斯打败波斯海上力量以后，再也没有上过战场。也许他当选过每年一届的10位将军（指挥官）之一，只要他愿意，以他当时的声望，再次率领军队出征应该不会有人反对。

从年龄上来看，公元前479年，即希腊给波斯以致命一击的那年，地米斯托克利才45岁。

公元前479年对希腊全境来说，是非常重要的一年。这一年，雅典率领军队上战场的两位将军，陆地上是阿里斯泰德，海上是克桑提普斯。来自雅典的这两位将军和来自斯巴达的帕萨尼亚斯联手圆满完成了他们的任务。公元前 479 年成了“给波斯致命一击的一年”。

那么这一年，45 岁的地米斯托克利做了些什么呢？难道他只是无所事事地守在雅典临时设在萨拉米斯的政府机构里吗？难道他对所有事情都漠不关心吗？当然不是。

雅典向普拉塔亚战场派出了 8000 名重装步兵外加 800 名弓弩手。对于雅典来说，这已是可派出的全部兵力了。因为在陆战的同时，为了攻打米卡勒，雅典派出了 200 艘战船。多达 200 艘的三层加莱船需要 4 万人的兵力，包括重装步兵和轻装步兵，当然也包括舵手和桨手。因此，对于雅典来说，向陆上战场派遣 8800 人已是极限。

陆地战斗中，担任雅典军队指挥官的是 51 岁的阿里斯泰德。他在马拉松会战中有过对战波斯的作战经验，因此，就算他没有统率全军的能力，作为助手也完全可以胜任其职。马拉松会战中，地米斯托克利和阿里斯泰德曾是并肩作战的指挥官，前者一定很清楚后者的能力，所以举荐了后者。我想，萨拉米斯海战之后，以地米斯托克利的声望，如果他反对，阿里斯泰德应该没有可能担任陆上指挥官之职。

因为此时还没有人知道帕萨尼亚斯的能力。不仅他的国人斯巴达人不了解，雅典人心中对此也是个未知数。因此，雅典需要派遣有经验的指挥官指挥自己的军队，这样即便帕萨尼亚斯没有克敌制胜的韬略，雅典军队依然可以保障自身的安全。无疑，阿里斯泰德是一个合适的人选。

在米卡勒之战中，雅典投入了全部海上力量——200 艘战船。米卡勒海角距敌人海军基地萨摩斯岛较近，攻占米卡勒可激励萨摩斯岛民反抗波斯。这样的战术除了地米斯托克利，估计没有人能想得到。

10 年前的第一次希波战争以后，萨摩斯岛成了波斯海上军队的集结地。一口气横渡爱琴海，打击敌人海上军队集结地的意义并不仅仅在于攻占敌人的集结地本身。

只要成功拿下波斯人在爱琴海最大的海上军队基地，就可以促使爱奥尼亚地区和爱琴海群岛的居民向前迈出关键的一步。萨拉米斯海战以后，这些地区的希腊人仍犹豫不决，始终没有足够的勇气脱离波斯的统治。

一石激起千层浪。这种出乎敌人意料、效果奇佳的作战构思，我想除了地米斯托克利再无第二个人能想得出来。

而且，米卡勒之战没有止步于将波斯军赶出萨摩斯岛。

成功夺回萨摩斯岛后，斯巴达人对继续推进爱琴海上的作战失去了兴趣，他们离开希腊联盟的海上军队回到斯巴达。雅典决定仅靠自己的战斗力量继续在爱琴海北上。为了将波斯军队彻底赶出希腊，可以运用一切必要的手段。这就是地米斯托克利的想法。

在爱琴海继续北上的目的是切断波斯陆上军队入侵希腊的路线。狭窄的达达尼尔海峡将欧洲和亚细亚彻底分隔开来。

希腊人的具体做法是，到达达达尼尔海峡以后首先攻占位于欧洲一侧的西斯托，接着破坏连接西斯托和亚比杜斯的浮桥，切断连接浮桥的牢固绳索，使敌人无法轻易往返亚细亚与欧洲之间。

波斯是超级大国，又是一个以陆上军事强国闻名的大国。当年，波斯军队入侵希腊时走的就是陆路。而“西斯托之战”的目的就是切断他们的陆上道路。

这一作战计划的目的非常明确，这个目的达到以后，世人都明白“希腊走出了来自波斯的威胁”，即便不懂用兵韬略的普通希腊人也知道他们从此无须再担心敌人来自陆地的进犯了。

很难相信这一作战计划是克桑提普斯想出来的。一方面，他是第一次上前线，缺乏实战经验。另一方面，我不认为他有制订这种作战计划的才能以及将其付诸行动的决断力。

只有不按常理出牌的地米斯托克利才会有一个接一个的奇思妙想，因此才会取得一次又一次的成功。

也许你会说，既然如此，他为何不亲自挂帅呢？先不说统率普拉塔亚战役的陆上军队，仅凭他在萨拉米斯的作战经验，只要他愿意，完全可以率领海战军队前去攻打米卡勒和西斯托。

我想，这是因为地米斯托克利已经清醒地认识到此时的他已走上了人生巅峰。

我想，这是因为他知道到达巅峰之后，前面只有下坡路了。

萨拉米斯海战胜利以后，地米斯托克利应邀访问了斯巴达。斯巴达人坚守闭关锁国的政策和一国和平主义的路线，但他们隆重迎接了这位英雄。按现在的标准，他受到了国宾级的礼遇。

平日里，斯巴达人总是带着怀疑的眼光看雅典人，但是对地米斯托克利，他们却大加赞赏。他们将月桂冠戴到这位雅典人的头上，就好像他是奥林匹克运动会的冠军一般。

尽管他是雅典人，但是斯巴达老兵都十分认可他作为武将的才能，青少年更是用崇拜的眼神看着地米斯托克利。

不久后的奥林匹克运动会上，发生了这样一个插曲。

在运动场上，比赛正在如火如荼地进行。这时，地米斯托克利来到了观众席上。原本正在专心观看比赛的观众扭头齐刷刷地向刚走进观众席的地米斯托克利望去，运动员都被冷落了。

地米斯托克利不仅是雅典最有名的人物，而且成了整个希腊境内最负盛名的人物。

萨拉米斯海战以后，地米斯托克利没有再上过战场。如果你以为他是担心战果不佳会损害自己的荣誉，那才是“小人之见”呢。

他担心的不是自己的荣誉受损，而应该是担心自己重蹈马拉松之战后米提亚德的覆辙吧。

公元前 490 年，马拉松平原上发生了马拉松会战。这一次战役与公元前 480 年的温泉关之战以及萨拉米斯海战并称为三大著名战役，是希腊联军迎击入侵的波斯军队的三大重要战役。即使过去了 2500 年，欧洲人对这三大战役依然耳熟能详。尤其是马拉松会战，成了近代恢复的奥林匹克运动会压轴赛事马拉松赛的起源。马拉松长跑应该无人不知无人不晓，即便是对历史漠不关心的人也都知道。

马拉松会战是一场以少胜多的战役，希腊军队仅靠 1 万人的兵力完胜兵力 10 万的波斯军队。其最大功臣是实际上的总指挥官米提亚德，是他最大限度地发挥了己方的战斗力。

传递捷报的信使为了将胜利的消息尽早送到正翘首以待的祖国，从马拉松平原一路跑向了雅典。他一刻不停地跑呀跑，终于将胜利的喜讯送到了祖国。然而，信使刚说完这一喜讯就一头栽倒在地，气绝身亡。这就是马拉松长跑的起源。最初，“马拉松”还只是一个普通地名，但在马拉松之战大获全胜后，雅典人有理由对这个地名备感骄傲和欢欣鼓舞。

第一，波斯人在马拉松会战中失败后士气大落，直接选择了撤退。第一次希波战争仅此一战即告结束。

第二，希腊联军虽说是联军，实际参加战斗的只有雅典公民组成的部队。尽管雅典军队在数量上处于劣势，却以绝对优势打败了一直所向披靡的波斯军队。雅典公民对重装步兵有了更大的信心，重装步兵是保卫雅典的主力军。

第三，马拉松距离雅典不远，虽然雅典在这个地点取得了胜利，但是如果敌人不甘心失败，就会直逼雅典。而胜利的消息使雅典公民的担忧烟消云散，他们为此欣喜若狂。

取得胜利后，米提亚德的声望飙升。雅典公民开始觉得，只要由他指挥，战斗一定可以取得胜利。

60 岁才享受到如此盛誉，也许米提亚德飘飘然了吧。第二年年初，在公民的要求下，他率领海上军队发动了攻打帕罗斯岛之战。

由于准备不充分，再加上米提亚德身负重伤，不到一个月，雅典军队就撤离了帕罗斯，无功而返。

米提亚德回到国内，遭到雅典公民的一致声讨。这位身负重伤的总指挥官被起诉。

当时最坏的结果是，这位“马拉松英雄”可能被判死刑。

这时，站出来为米提亚德辩护并成功使其免于死刑的正是地米斯托克利。他是马拉松会战中的指挥官之一，曾协助米提亚德取得了战斗的胜利。这位年轻人努力争取到的结果，仅仅是将死刑改为罚款。

一年前，米提亚德还沉浸在一片赞誉声中，而此时却被判处 50

塔兰特的巨额罚款。他的儿子客蒙以分期赔付的代价使其避免了死刑。但是不久，米提亚德因伤势恶化不治身亡。

这一年，地米斯托克利 35 岁。我想，他一定从中得到了深刻的教训。

他认识到，民众对他的期望越大，一旦不能兑现，他们的失望也会越大。

他一定也认识到，民众不会反省自己，他们只会在过高的期望未变成现实时，更强烈地感受到巨大的失望，并因此怨恨让他们备感失望的当事人。

马拉松会战结束后，米提亚德已经 61 岁。而萨拉米斯海战结束后，地米斯托克利只有 45 岁。45 岁的他还有事情要做。

接下来他要做的是一件大事，只有勇于革新的地米斯托克利才会想到的一件大事。萨拉米斯海战之后，他传遍全雅典甚至全希腊的声誉将极大地有助于他实现这一计划。即使在雅典有人反对，即使不采取陶片放逐之类的强硬手段，这至少可以让反对派领袖住嘴。在萨拉米斯海战前，他曾多次采用过陶片放逐的办法。

既然地米斯托克利另有打算，萨拉米斯海战后他不再上前线也就不成为问题了吧。

制定战略战术不一定要在前方，在后方也可以完成。而且，雅典有合适的人担任指挥官奔赴前线。毕竟地米斯托克利是一个实用主义者，只要适合，他可以起用任何人。对他来说，让曾经的反对派、自己曾经利用陶片放逐制度驱逐出雅典的阿里斯泰德和克桑提普斯分别担任陆上军队和海上军队的指挥官，做出这样的决定完全不需要再三犹豫，毕竟一年前向公民大会提议召回并重用流放国外的这两个人的也是他。

这两人在公元前479年的第二次希波战争中，分别在陆上和海上给了敌人“致命一击”。

萨拉米斯海战之后，地米斯托克利没有再上战场，我想应该归因于他有较强的自制力。“自制力”是一种能力，是只有“意志坚定”的人才具备的能力。

## 雅典与比雷埃夫斯的城市一体化

地米斯托克利认为，强制疏散城市住民的手段不可反复使用。

公元前480年，面临波斯军队的入侵，他将雅典全体住民疏散到了希腊各地，使雅典变成一座空城。同时，他将决战的赌注放在海上，并一举取得成功。但是他认为，这种战略不能重复使用。

如果每次敌人来犯都采用这种手段的话，敌人就会制定相应的对策。而且，由于这次强制疏散的时间不长，住民很快就回到了雅典。因此他担心，如果还有下一次，无论采取多么强硬的手段也很难疏散得如此彻底。

出其不意的计策是不能反复使用的。

于是，地米斯托克利制订了一个大计划，一个无论什么人来犯都可以在不采取强制疏散手段的前提下保障雅典安全的计划。那么，如何实现这个计划呢？

环绕雅典城建一座既高又坚固的城墙是一个办法。但是，这个方案早早就被他放弃了。那个时代由于军事技术尚不成熟，围绕城市的攻防战几乎都采用围城战，而雅典是当时希腊人口最多的城市。

地米斯托克利认为，在人口较多的雅典，无论建起多么坚固的要塞都很难守得住。

雅典在希腊城邦国家中已经跃升为海上战斗力最强的国家。如果能有效运用这支海上军队的力量，即使敌人采用围城战术，雅典应该也不会陷入被动。

此时，爱琴海已经回归希腊。这意味着雅典可以用自己的船只从海外运来粮食等生活必需品。

但是，雅典不靠海，距离外港比雷埃夫斯还有 7.5 公里。

于是，地米斯托克利考虑将雅典和比雷埃夫斯连成一体，在相距 7.5 公里的两地之间铺设一条直线道路，两侧以城墙相围。一旦此计划变成现实，那么雅典不临海的不利因素就没有了。

这是一项庞大的基础设施工程。它不是将环绕雅典的城墙重建使之更坚固，也不是用等长的城墙围绕比雷埃夫斯，而是用一条长 7.5 公里、宽 180 米的直线道路连接两地，再在道路两侧建起 6 米高城墙的大工程。

比雷埃夫斯地区除了历史悠久的雅典外港比雷埃夫斯港以外，还有两个港口。根据地米斯托克利的设想，港口功能应集中到比雷埃夫斯港，另两个港口用来造船。因为要保持希腊最强海运国家的地位，造船能力必须保证希腊第一。

为了有更多的选择，他还考虑在雅典到法莱隆的道路上也采用同样的方法，在道路两旁建起高墙。

在萨拉米斯海战时，法莱隆是波斯海上军队的基地。法莱隆有一个缺陷，就是必须随时清理内河带来的泥沙。尽管如此，它也成了地米斯托克利的选择之一。

当然，首先要建设的是雅典与比雷埃夫斯之间的联络线。仅这条道路的建设也不是一件轻而易举的事情。

毫无疑问，大多数雅典公民并不理解这个计划的重要性。公民的真实想法是应该优先重建被波斯军队破坏了的城市。但是，因为这是地米斯托克利的提议，它在公民大会上还是获得了通过。

在公民大会上，他向参会公民做了说明。他说，比雷埃夫斯与首都雅典一体化之后，前者除了保有海港功能外，还要建设并完善仓库群，使商品交易成为常态，从而成为希腊世界一大贸易中心。

先见之明是一种超越常人的才能，并非人人具备。大多数人只能看到眼前的事情，想象力也只停留在触手可及的范围内。

地米斯托克利的提议一定超出了当时雅典人的想象。但是在雅典享有投票权的公民中，至少有一半人仅仅因为这是地米斯托克利的提议就投了赞成票，另一半考虑到这可能对自己有利而投了赞成票。

这另一半人包括：

一、雅典越重视海运职业对其生活越有保障的造船技师和船员。

二、只要制造出来的产品都能卖出去就心满意足的以制壶业为首的手工业者。

三、对开拓新兴市场反应敏锐的贸易商。

也就是说，他们是雅典社会中资产收入属于中下层的第三等级和第四等级的公民。

当然，地米斯托克利不是理想主义者，他不会要求全体公民都理解这个计划的种种好处。

关于与这些职业相关的优惠政策，他提出了具体方案，请公民大会进行表决。

首先，对于从事海运业的人，保证每年有 20 艘三层加莱船下水。

其次，对于手工业者和商人，大幅度降低税赋。

这些优惠政策的出台必然大大提高相关从业者的信心，同时吸引更多的年轻人进入这些行业。

因此，这一关于公共事业的提议在往常争论不休的公民大会上出乎意料地得以顺利通过。当然，并不是完全没有人反对，既然是民主政体，有人反对也是情理之中的事情。

提出反对的依然是阿里斯泰德和他的那一派人。

阿里斯泰德属于比较有意思的一类人。他比地米斯托克利年长 6 岁，此时刚刚 50 岁出头。他是稳健派的首领，出身于名门望族阿尔克迈尼翁家族。长期以来，这个家族为雅典政界源源不断输送了不少人才。作为稳健派的首领，阿里斯泰德经常与激进派领袖地米斯托克利唱对台戏。

当然，在第二次希波战争中，两人精诚合作，为保卫祖国雅典做出了贡献，因为人人都明白第二次希波战争关系国家的生死存亡。

如果说萨拉米斯海战的英雄是地米斯托克利的话，那么第二年发生的普拉塔亚战役中，率领雅典军队取得胜利的就得数阿里斯泰德。

然而，无论是在决定第一次希波战争结果的马拉松会战中，还是在第二次希波战争中给了波斯最后一击的普拉塔亚战役中，阿里斯泰德都是副手，不是总指挥官。他从来没有担任过全军总指挥官，没有站上过决定整个战局胜负的最关键的位置。

“决定胜负的最关键人物”是制订全军作战计划并率领军队与敌人主力展开决战的人。在马拉松，这个人是米提亚德；在萨拉米斯，这个人是地米斯托克利；在普拉塔亚，这个人是帕萨尼亚斯。不管战斗结果如何，最关键人物将承担全部责任。希腊就是在这一前提下取得胜利的。

正因如此，人们盛赞这三人是英雄。

在这个意义上，阿里斯泰德不是英雄，他是配角，他的重要性始终不及主角。他没有机会成为主角，因此也没有机会赢得众人的赞誉。

不是说他没有能力担任主角，只能说他缺少勇气，或者说缺少魄力。就算机会出现在眼前，他也做不到一跃而起果断将其抓在手中。

对人有一定辨识能力的人一定会认为阿里斯泰德从小就少年老成。他有一个做法很奇怪。

他喜欢躲在幕后，让别人为他冲锋陷阵。

第一次和第二次希波战争之间的10年里，地米斯托克利坚持主张增强雅典的海上军事力量。对此，雅典政界的稳健派始终持反对态度。在前面与地米斯托克利唱对台戏的是克桑提普斯，阿里斯泰德只在他背后为他出谋划策。

因此，地米斯托克利利用陶片放逐来排除政敌时，36岁的克桑提普斯年纪轻轻就被赶出了雅典。直到这时，阿里斯泰德才不得不亲自上阵，两年后，他也遭到了陶片放逐。

波斯军队入侵时，两人同时被召回国内。他们协助地米斯托克利，为解救雅典于危难之中做出了贡献。关于这一事实，我想已无须重复。

这件事至少可以说明，两人并非不分青红皂白一味反对地米斯托克利。按现在的说法，他们是“有责任心的在野党”。只是，他们的“责任心”仅体现在国家存亡的危急时刻。一旦威胁解除，他们又恢复了“在野党”的本性。

因此，危机过后，当地米斯托克利提出雅典与比雷埃夫斯一体化这一宏大计划时，阿里斯泰德不惜亲自登场，唱起了反调。

这绝不是因为年过五旬的阿里斯泰德突然觉醒，有了承担风险的勇气。

这种“勇气”只可能有与生俱来和后天养成两种情况。

阿里斯泰德亲自上阵，是因为没有人替他登台呐喊。

克桑提普斯曾经呐喊过。但是，克桑提普斯在率领海上军队成功拿下米卡勒和西斯托后的第二年，就从历史上销声匿迹了，享年不详。他是下一代雅典政坛第一人——伯里克利的父亲，本人又有获胜战绩的荣耀，因此，如果他死在战场上，无论如何都应该会留下记录。既然没有任何记录，只能认为他是病逝的。

克桑提普斯的儿子伯里克利当时只有 17 岁，就算阿里斯泰德有心将他推到台前，他终究年纪太小。在古代，无论希腊还是罗马，公认男子可以独当一面的年龄是 20 岁以上，可以担任重要职位的年龄是 30 岁以上。也就是说，此时的阿里斯泰德因为没有合适的人选，不得不亲自出马。

阿里斯泰德反对地米斯托克利，是有一定道理的。

那个时期，雅典大多数公民对雅典与比雷埃夫斯一体化建设的理解，就是为防止波斯军队再度入侵而制订的安全保障计划。

波斯是陆上军事强国，陆上战斗力很强。如果波斯再次入侵希腊，一定会从陆路而来。关于这一点，全体公民早已有了共识。

一方面，在波斯输掉萨拉米斯海战、失去萨摩斯岛海上基地的情况下，很难想象波斯会从海上打过来。另一方面，此时的雅典已经成为希腊海上军队规模最大、实力最强的国家。因此，雅典担心的只是来自陆地的进攻。鉴于此种原因，公民大会顺利通过了地米斯托克利的提议。

但是，希腊也有陆上军事强国，那就是斯巴达。

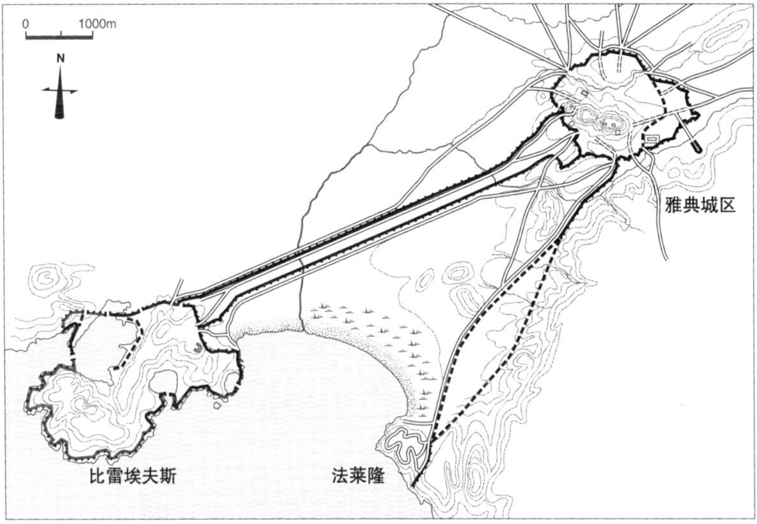


连接雅典和比雷埃夫斯的城墙

阿里斯泰德指出，雅典的这一做法可能会刺激到斯巴达。

他说，为共同抵抗波斯，希腊各城邦国家之间结成联盟，雅典和斯巴达建立了良好的关系。但是，如果雅典启动了雅典与比雷埃夫斯一体化建设的工程，势必导致这一良好关系出现裂痕。因此，对雅典来说，这个一体化建设计划并非良策。

难道地米斯托克利没有考虑斯巴达的因素吗？

不能说完全没有考虑过，也不能说认真考虑过。

总之，地米斯托克利在决定一件大事时不管是否有先例，他的想法是：

**圆满达成一个目的本身，有利于实现其他任何目的。**

后来的罗马道路网很好地证明了他的这种想法是多么正确。

不管怎样，雅典的最高决策机构公民大会通过了地米斯托克利的提案，阿里斯泰德成了少数派。于是工程破土动工。在民主政体下，雅典人没有尊重少数派意见的习惯，既然公民大会已经通过提案，少数派就要服从决议，对此没有人会提出异议。

工程开工了，雅典沸腾了。然而，就像是为了印证阿里斯泰德的担心并非多余似的，斯巴达向雅典提出了强烈抗议。

“我们不是你们的假想敌国，请立刻停止这项工程。”

斯巴达是友好国家，对于他们的抗议，雅典自然不能置之不理。

地米斯托克利决定亲自前往斯巴达做解释，他还要求阿里斯泰德随后也赶往斯巴达。

离开雅典前往斯巴达之前，他秘密召集了工程的全体负责人，给他们下达了指令。

他下令突击建造此项工程，要求无论时间多么紧张，连接雅典和比雷埃夫斯的道路宽度必须按既定方案施工，建于道路两侧的城墙高度和厚度也必须忠实于既定方案。

也就是说，这项工程必须突击完成，而重要地方必须保质保量按计划完成。安顿好这一切后，地米斯托克利才前往斯巴达。

地米斯托克利是雅典的全权代表，迎接他的不是国王，而是5位监察官。

前面已经反复提到，在城邦国家斯巴达，决定国家大事的不是世袭的国王，而是每年在公民大会上选举产生的5位监察官。地米斯托克利代表雅典来到斯巴达后，谈判对象也是5名监察官，他们相当于斯巴达的“事务官”。

5位监察官提出，雅典的这项工程显然针对斯巴达，是把斯巴达当成了假想敌。他们要求地米斯托克利立刻停止这一工程。

对此，地米斯托克利明确回答：“我们的假想敌是波斯，绝不是斯巴达。”

地米斯托克利解释说，阿里斯泰德曾经强烈反对建设此项工程，现在连他也服从了公民大会的决议，很支持这项工程。为了向斯巴达表明态度、说明原因，随后阿里斯泰德也会来到斯巴达。地米斯托克利说：“只要你们听一听他为什么会同意建设这一工程，就一定会理解我们的做法。”他不打算直截了当地向斯巴达人解释清楚此事以打消他们的疑虑。

地米斯托克还一本正经地假装抱怨阿里斯泰德怎么还没有到，对阿里斯泰德迟迟未到表示意外。

姗姗来迟的阿里斯泰德向斯巴达做了解释。

阿里斯泰德郑重其事地表示，雅典与比雷埃夫斯的一体化工程只是一项安全保障措施，目的是防止波斯再度入侵。不用说地米斯托克利本人，大多数公民都在公民大会上投了赞成票，因此他完全接受公民大会的决议。

5个监察官知道阿里斯泰德是正人君子，绝不会说谎。

但是，斯巴达的5个监察官是疑心很重的人。而且他们坚信，正因为他们疑心重，斯巴达国体的安全才得以确保。

阿里斯泰德的解释对于消除他们的疑虑并没有起到决定性的作用。

于是，地米斯托克利又开口说道：

“你们亲自去一趟雅典，亲眼看一看这项工程怎么样？我作为人质留在这里，直到你们回来。”

疑心重并不代表他们有过人的洞察力，相反，因为受疑心的干扰，很多时候他们的洞察力比常人还要差。斯巴达的这5位监察官认为，既然地米斯托克利这样说，那么就把他当作人质留在斯巴达，应该不用担心什么。于是他们留下地米斯托克利，和阿里斯泰德一起去了雅典。

只是，他们不知道地米斯托克利此时已让一个随从带着密令返回了雅典。密令中说，尽可能将5个斯巴达人留在雅典市内，实在留不住，再带他们去工程现场。

就这样，监察官们去了雅典，地米斯托克利作为人质留在了斯巴达。在斯巴达逗留期间，他过得很舒心。他可以自由外出，因此他还观看了著名的斯巴达重装步兵的训练。

看到地米斯托克利，士兵们欣喜万分。他是萨拉米斯海战的英雄，老兵带着敬意欢迎他。至于年轻的士兵，就好像见到摇滚明星的粉丝一样把他团团围了起来。

世上第一难吃的汤，里面有猪肉块还有猪血，黑乎乎的，很浑浊，这是斯巴达质朴和刚健的象征，想必地米斯托克利和士兵们一起喝下了这种汤吧。他的目的只是消磨时间，强忍着把汤喝下去也是值得的。

时间一天天过去，5个监察官终于回来了。他们怒不可遏。原来，到雅典后，他们莫名其妙地被困了好几天，后来终于去了工程现场，却发现工程已接近尾声。他们知道自己上了当，回国后能平心静气才不正常呢。于是，他们一回国就把这份怒气发泄到了地米斯托克利身上。

事已至此，还能怎样？这时，地米斯托克利也撕下了假面具。他要求召集全休斯巴达公民，也就是全体重装步兵，发表讲话。他当着5个监察官的面，当着国王的面，向全体重装步兵做了演说。

建设连接雅典和比雷埃夫斯的城塞通道，源自萨拉米斯海战前夜雅典实施强制疏散的教训。我们决定建设这项工程，只是为了不再出现类似情况，为了保障雅典安全。

雅典安全有了保障，不仅有益于雅典一个国家，它与整个希腊的安全保障也密不可分。经历希波战争之后，我们希腊人都应该理解这一点。

也就是说，这项工程在保障雅典安全的同时，也可以保护雅典的同盟者——全体希腊城邦国家。

我们雅典发誓，即使将来与希腊其他城邦国家之间出现矛盾，也会在完全平等的基础上，通过对话的方式和平解决矛盾。

另外，为了保障自己国家的安全，我们欢迎其他城邦国家学习雅典。大家可以模仿雅典，可以向我们取经，也可以什么都不做，只要接受雅典的做法即可。究竟怎么做，各城邦国家可以自己决定。

如此这般，地米斯托克利理直气壮地发表了自己的意见。

两国之间的风波就这样平息了，结果自然是双方相安无事。斯巴达人最后认可雅典的做法并无不当，是因为他们不想和雅典撕破脸皮，至少现在不想，毕竟雅典已是强悍的军事大国之一。

地米斯托克利毫发无损地回到了雅典。雅典与比雷埃夫斯的一体化工程也接近尾声。

也许你会说，既然要发表演说，为什么一开始不这样做呢？这是因为人类社会并没有那么单纯。

人的本性，包括斯巴达人的本性，都是一样的。人们对于任何尚未成为既成事实的情况都要说三道四，不愿耐下心来听对方解释。

但在既成事实面前，即使内心依然不愿承认，但只要有人耐心解释，人们往往会选择妥协。

我想，地米斯托克利大概一开始就已经打定主意，等到他们看到工程已近尾声再做解释，以此来取得他们的谅解吧。

他的目的当然是完成雅典与比雷埃夫斯的一体化建设。如果在不损害斯巴达人感情的前提下达成此目的，自然是最好不过了。

罗马是首都，奥斯提亚是它的外港。罗马与奥斯提亚之间有台伯河相连，但是雅典与比雷埃夫斯之间没有河流。

罗马与奥斯提亚相距 22 公里，但雅典和比雷埃夫斯相距只有 7.5 公里。

雅典与比雷埃夫斯的一体化建设不仅有长远意义，而且有现实需求。如果把罗马和奥斯提亚比作两个不同的人，那么可以说雅典和比雷埃夫斯是同一个人，雅典是这个人的上半身，比雷埃夫斯是这个人的下半身。

雅典与比雷埃夫斯的一体化建设这一庞大工程，前无古人后无来者，是地米斯托克利创作的唯一一件“作品”。

后来的研究者指出，由于他的“作品”是突击施工而成，所以存在很多问题。例如没有充足的时间对材料精挑细选，因此石材规格不统一，有时甚至用墓碑来充数，工程质量不尽完美。

但最重要的是，这项工程的建设完全遵循了既定方案。

与罗马人不同，希腊人并不太重视社会资本。因此对他们来说，建造这项基础设施工程已是难得之举。继地米斯托克利之后成为雅典领袖的伯里克利对此工程进行了重大改造。经过这次改造，这项基础设施才达到了真正的完美。

这项大工程很快传遍整个雅典，甚至一提到“城墙”，人们就知道所指为何。这项工程的建成正像地米斯托克利说过的那样，使雅典成了希腊的一大通商中心。

在海上作战、运输和贸易等方面，雅典彻底赶超了曾经走在希腊最前面的科林斯和埃伊纳。

后来，在雅典国内政治陷入低迷的时代，这里依然保持了爱琴海一大通商中心的地位。不仅如此，它应该还是东地中海地区的一大通商中心。

雅典不再是通商中心是在埃及的亚历山大港建成以后。亚历山大港由马其顿年轻的亚历山大大帝所建，那时距地米斯托克利时代已过去了 150 年。

所以说，地米斯托克利不只是“萨拉米斯英雄”。

# 年轻的斯巴达将军

同一时期，“普拉塔亚英雄”又在做些什么呢？

第二次希波战争爆发后的第二年，即公元前479年，帕萨尼亚斯只有34岁。这一年，他率领希腊城邦国家联军在普拉塔亚平原将波斯帝国引以为傲的陆战主力部队打得落花流水。帕萨尼亚斯年纪轻轻就立下如此功绩，想必他一定抑制不住内心的喜悦吧。

在德尔斐拜祭阿波罗神庙时，他敬献了一块铜板，上刻“帕萨尼亚斯，希腊联军总指挥官。为感谢神助我消灭波斯军队，特献立此铜牌”。为此，他惹来了5个监察官的猜忌。

斯巴达是一个极度讨厌个人主义的国家，只知道一味遵守吕库古的“宪法”而不知变通。即便是国王，只要他有个人主义倾向，一样会被猜忌。不仅如此，斯巴达对国王的约束更加严格，因为吕库古的“法”就是通过牵制权力来保证国内稳定的。

既然斯巴达是这样一个城邦国家，那么5名监察官坚信自己的使命是监督每一个斯巴达人严守法纪，也就无可厚非了。

5名监察官一知道帕萨尼亚斯在德尔斐的所为，立刻从斯巴达赶到德尔斐，要求帕萨尼亚斯取回已经献立的铜牌，修改上面的内容。

他们要求从“帕萨尼亚斯，希腊联军总指挥官”中删去“帕萨尼亚斯”5个字。

他们没有给予帕萨尼亚斯任何处分，但是，这位年轻有为的斯巴达指挥官因此上了监察官的黑名单。

的确，帕萨尼亚斯可能缺少谦虚的美德。但是，谦虚的美德与超常的天才这两者原本就很难兼而有之，难道不是这样吗？

在这一点上，斯巴达人帕萨尼亚斯更像希腊人。

普拉塔亚战役结束后，有这样一个小插曲。斯巴达部下逼帕萨尼亚斯下令砍下敌将马多尼乌斯的脑袋，就像波斯国王在温泉关对列奥尼达所做的那样。他们希望将马多尼乌斯的脑袋挂上矛尖在全军士兵面前示众。但是，这位34岁的指挥官一口拒绝。

“这是野蛮人的行为，不是我们希腊人应该模仿的事情。”

在献给德尔斐阿波罗神的铜牌上，他刻的是“帕萨尼亚斯，希腊联军总指挥官”，而不是“帕萨尼亚斯，斯巴达军队指挥官”。

有一个现代研究者评价帕萨尼亚斯说，他不是典型的斯巴达人。

如果他完全不像斯巴达人，也许他会有别样的人生选择。他的不幸在于他只是50%不像斯巴达人，还有50%仍是斯巴达人。

我想，普拉塔亚战役之后，5个监察官的真实想法大概是让帕萨尼亚斯立即回国，在国内将他软禁起来吧。

但是在这个时期，斯巴达完全找不出可以领军打仗的人，因为有资格率领斯巴达军队的人必须是现任国王，或仅次于国王地位的人，也就是像帕萨尼亚斯这样的人。他是前国王的儿子，又是尚未成年的下一任国王的监护人。在希波战争的余波尚未彻底消散的这一时期，很难找到这样一个合适的人选。

在普拉塔亚战役中，帕萨尼亚斯的功绩是有目共睹的。他刚过35岁。在其他城邦国家，谁也不会认为帕萨尼亚斯继续担任总指挥官率领军队上前线，是破坏宪法的行为吧。

但是，在长达250年的时间里，斯巴达一直是吕库古“宪法”的忠实执行者。在斯巴达，作为个人，可以接受赞誉的只有列奥尼达，因为列奥尼达在温泉关战役中壮烈牺牲。也许在斯巴达人的心目中，“死了的英雄”无害，而“活着的英雄”难免会带来危害吧。

虽然不能说是“小人闲居为不善”，但此时的5个监察官为了帕萨尼亚斯，为了斯巴达，也为了全希腊，的确要为“不善”了。

帕萨尼亚斯刚从普拉塔亚凯旋就被革去了斯巴达陆上军队指挥官的职务。

现任国王列奥提吉达斯取而代之，担任了这一职务。他是帕萨尼亚斯为战胜波斯军队而殚精竭虑制定战术的同一时期，与雅典的克桑提普斯合力将波斯海上军队赶出萨摩斯岛的总司令官。

成功夺回萨摩斯岛以后，雅典军队继续北上攻打达达尼尔海峡要塞西斯托。列奥提吉达斯认为爱琴海与斯巴达没有关系，于是带着斯巴达士兵离开希腊联合海军回到了斯巴达。

在5个监察官看来，也许此人才是符合斯巴达国家利益的人选。他们大概认为，他一定会是忠实执行斯巴达安全保障政策的司令官，绝不会允许敌人进入伯罗奔尼撒半岛。

列奥提吉达斯取代帕萨尼亚斯担任了斯巴达陆上军队指挥官的职务。5个监察官随即将他派往希腊中部色萨利地区。因为普拉塔亚战役的前一年，色萨利地区是马多尼乌斯率领下的波斯陆上军队的冬季营地。

然而，斯巴达于公元前478年派出的镇压色萨利的部队无功而返。

这并不奇怪。波斯大军入侵时，位于希腊中部的色萨利地区被迫归顺了波斯，成为波斯军队的冬季营地。当波斯军队在普拉塔亚彻底战败以后，色萨利自然重新回到了希腊阵营，因此斯巴达派兵前去镇压纯属多此一举。事实上，雅典就没有派兵前往色萨利的想法。

公元前478年，5个监察官革去了帕萨尼亚斯的职务，但没有软禁他。他们虽然可以让帕萨尼亚斯删除献给阿波罗神的铜牌上的名字，却不能剥夺他“普拉塔亚英雄”的称号。

因此，刚刚卸下陆上军队指挥官一职的帕萨尼亚斯又被任命为海上军队指挥官。

接下来，这位35岁的斯巴达年轻指挥官在海上取得的战果又一次大大出乎监察官们的预料。

萨摩斯岛夺回了，达达尼尔海峡沿岸的西斯托也已收回了。萨拉米斯海战之后，爱奥尼亚地区和靠近这一地区的岛屿都回归了希腊。希腊人普遍认为波斯军队已被彻底赶出爱琴海。因此，公元前478年，他们似乎无须再向爱琴海派遣大规模作战力量，也许他们认为保证已回归希腊的这些地区现有的安全就已足够。

当然，希腊各国似乎还没有考虑就此解散为对抗波斯而组建的希腊城邦国家联军，它们甚至还向刚就任联合海军总指挥官的帕萨尼亚斯提供了近百艘三层加莱船。

以斯巴达为首的伯罗奔尼撒半岛提供了20艘战船，雅典提供了30艘。余下的船只来自爱奥尼亚地区各城邦国家和莱斯沃斯岛、希俄斯岛、萨摩斯岛、罗德岛等岛屿，这些地区刚刚摆脱波斯统治回归希腊。

帕萨尼亚斯掌握着近百艘战船，任务却只是在海上巡逻，没有明确的攻击目标。也许因为波斯军队已经彻底离开爱琴海了吧。

但是，这位35岁的年轻将领并没有将这个闲职当成闲职来做。

帕萨尼亚斯率领百艘战船离开爱琴海，进入东地中海，突然接近了塞浦路斯岛。

接近塞浦路斯岛并非完全师出无名。该岛距离地中海东岸较近，虽然是波斯的领地，当地住民却是希腊人。因此，把希腊人从波斯统治之下解救出来的理由是成立的。

在地中海各岛屿中，塞浦路斯岛是排在西西里岛、撒丁岛和克里特岛之后的一个大岛。帕萨尼亚斯率领船队绕岛一圈后，方知仅靠百来艘船的战斗力拿下此岛难度很大。

同时，该岛距离腓尼基较近，一旦发生战斗，波斯方面不可能坐视不管。而且两年前腓尼基人在萨拉米斯遭到毁灭性打击后，其心中一定余怒未消。帕萨尼亚斯知道自己已过于深入敌方区域，于是决定离开。

帕萨尼亚斯选择撤离塞浦路斯，另找一个进攻目标。士兵上船后，他指挥百艘战船回到爱琴海，在爱琴海继续北上，通过达达尼尔海峡，横渡马尔马拉海，直抵拜占庭。一到拜占庭，他就下令发起进攻。

拜占庭在当时的希腊语里叫“Βυζάντιον”，到了罗马时代后期改叫“君士坦丁堡”。公元 15 世纪，被土耳其征服后，它又改名“伊斯坦布尔”。

拜占庭帝国时代的这座城市不过是希腊世界边境的一个小城，既不受希腊人的重视，也没有引起波斯人的关注。

决定攻打这座城市只能证明帕萨尼亚斯不是典型的斯巴达人。那个时代没有人关注这个地方，甚至连雅典人都没有注意到此地。

但是仔细想想，帕萨尼亚斯攻打这个“盲区”的行为完全可以理

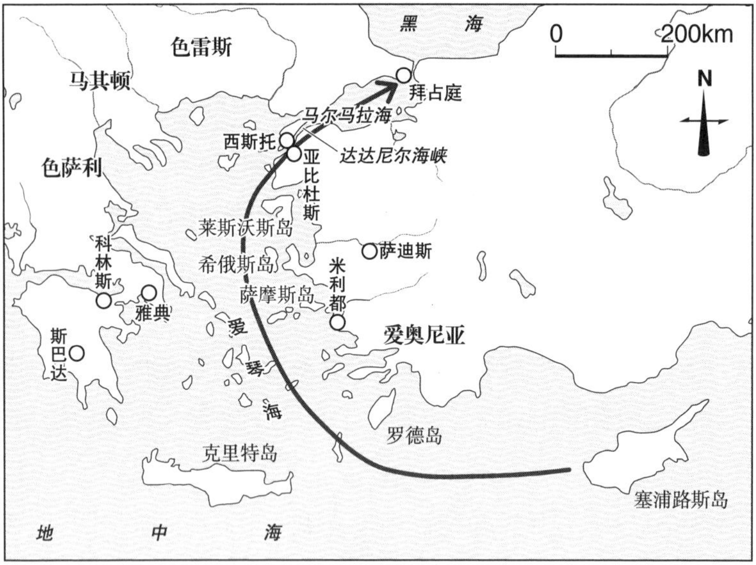


攻打拜占庭

解。因为要彻底切断波斯的入侵之路，仅控制达达尼尔海峡要冲西斯托远远不够。只有将位于其东北的拜占庭（现在的伊斯坦布尔）也掌握到自己手中才能彻底放心。

那么，连地米斯托克利都没有注意到的小地方拜占庭，帕萨尼亚斯又是怎么注意到的呢?

普拉塔亚战役结束后，排在波斯阵形最后面的萨迪斯总督阿尔塔巴兹和他带领的 4 万名士兵几乎不损一兵一卒就逃离了战场。帕萨尼亚斯没有乘胜追击，但他也许注意到了他们的逃跑路线。

阿尔塔巴兹和他的 4 万名士兵落败而逃。他们逃跑的过程并不顺畅。原定的路线是横渡达达尼尔海峡回到亚细亚，但是当地希腊人得知普拉塔亚战役结果后，纷纷揭竿而起反抗波斯，阻断了这位总督和他的 4 万名波斯士兵返回亚细亚的路线。

阿尔塔巴兹是一位很务实的总督，波斯军队战败后，他希望尽可能避免与希腊军队再次交战。因此，他放弃了横跨色雷斯地区的这条近道，选择绕道而行。他率领 4 万名士兵沿山脚绕过一个大弯到达拜占庭，然后从拜占庭回到亚细亚。出征时至少有 12 万名士兵的波斯军队，顺利回到祖国的只有这 4 万人。他们逃回国未经过西斯托的浮桥，而是绕道遥远的拜占庭。

因此，要从根本上彻底消除亚细亚入侵欧洲的威胁，就有必要控制从拜占庭到西斯托的所有地方。

前一年秋天，雅典人克桑提普斯已经夺回达达尼尔海峡的要地西斯托。时隔一年，斯巴达人帕萨尼亚斯让拜占庭也回到了希腊的怀抱。

当然，攻取拜占庭并没有那么容易。与西斯托一样，波斯人深知这个地方的重要性，在此留下了守军。因此，帕萨尼亚斯必须首先打败波斯守军，当地住民发动起义反抗波斯则是之后的事情。

夺取西斯托跨了两个年份，彻底攻下拜占庭也是在公元前 477 年以后了。

斯巴达人不是海洋民族，因此对斯巴达人来说，凭借海上力量取得胜利，这是第一次。

希腊城邦国家为共同抵抗波斯入侵而结成联盟后，根据最初的约定，陆军和海军的总指挥官都由斯巴达人担任。

无论是亚德米西林还是萨拉米斯，抑或是米卡勒，尽管参战的主力军来自雅典，但是全军的总指挥官都是斯巴达国王。

当然，他们很有自知之明，知道自己不熟悉大海，因此无论制定战术还是确立事实上的总指挥官，他们都交给雅典的地米斯托克利和克桑提普斯来负责。

与以往不同，无论名义上还是实质上，拜占庭之战的总指挥都是斯巴达人。这一战是在斯巴达人帕萨尼亚斯的指挥下取得胜利的。

斯巴达为此举国沸腾。但是，欢欣鼓舞的只是士兵，5 名监察官并没有表现出兴高采烈的样子。

与雅典一样，斯巴达也是全体公民皆为士兵的城邦国家。不同的是，雅典士兵是“兼职”的，而斯巴达士兵是“专职”的。以专职士兵自居的人，更容易为胜利而欢欣鼓舞。

5 个监察官以吕库古“宪法”的执行官自居。因此，站在他们的立场上，他们很难为帕萨尼亚斯的胜利表现出由衷的高兴。

首先，帕萨尼亚斯的行动严重违背了吕库古的“宪法”，即以保卫斯巴达本国为首要任务。

其次，帕萨尼亚斯的行动严重违反了迄今为止的斯巴达国策，即斯巴达的管辖范围仅限于伯罗奔尼撒半岛。

很早以前，伯罗奔尼撒同盟就在斯巴达的倡议下成立，但是这个同盟从未将目光投向过爱琴海。

5 个监察官不知道该如何对待成功攻取拜占庭的帕萨尼亚斯。因为在斯巴达国内，帕萨尼亚斯深受士兵爱戴，支持率直线上升。

雅典得知斯巴达的这一情况后决定好好加以利用。

达达尼尔海峡将欧洲和亚细亚一分为二。为切断波斯军队的入侵路线，控制达达尼尔海峡极其重要。要控制达达尼尔海峡，没有什么比破坏连接西斯托和对岸的浮桥更重要的了。雅典军切断了波斯的入侵路线，促使色雷斯地区顺利回归了希腊。广阔的色雷斯地区位于达达尼尔海峡西侧。由于切断了波斯的入侵路线，当地住民得以从波斯的统治中解放出来。

一直以来，雅典人热衷于殖民色雷斯地区。该地区矿产资源丰富，雅典人的大部分海外资产集中于此。

希波战争的胜利使色雷斯重归雅典。雅典控制了西斯托，所以保证了色雷斯的安全。

但是，斯巴达人攻占拜占庭使雅典人又有了新的想法。在希腊民族中，雅典人的经济头脑超乎想象的发达。对此，斯巴达监察官甚至觉得很不可理喻。

对雅典人来说，占有拜占庭意味着新的机会——开拓黑海沿岸这一新兴市场。拜占庭位于通往黑海的入口处，掌握这个地方不仅可以彻底切断波斯军队入侵的路线，出入黑海沿岸还可以带来经济上的收益。

无论从战略角度上看还是从经济角度上看，这片海域无疑都有极其重要的地位。但是此刻，拜占庭在斯巴达人帕萨尼亚斯的手中。雅典人想掌握从西斯托到拜占庭，即从爱琴海到黑海的所有地方，首先必须将帕萨尼亚斯赶出拜占庭。那么，如何才能赶走帕萨尼亚斯呢?

雅典收集了有关帕萨尼亚斯的信息，整理成材料后送到了斯巴达反帕萨尼亚斯的监察官手中。他们相信这些材料足以赶走帕萨尼亚斯。

斯巴达5个监察官不太相信雅典政界大人物地米斯托克利，他们承认他是优秀的指挥官，但他们更清楚地米斯托克利的支持者多为雅典庶民。他们害怕地米斯托克利会给斯巴达下层百姓带来不良影响。因为在斯巴达，作为下层百姓的庇里阿西人和希洛人没有公民权。

少数人统治（寡头政治）体制下的斯巴达人比较相信地米斯托克利的政敌阿里斯泰德。他们认为，与激进派领袖地米斯托克利相比，稳健派领袖阿里斯泰德更值得信赖，后者出身于雅典首屈一指的名门阿尔克迈尼翁家族。

就这样，雅典的稳健派开始收集有关帕萨尼亚斯的材料，将其送到了斯巴达监察官的手中。他们没有采用密告的方式，而是受斯巴达掌权者的委托收集相关材料。当然，他们收集到的所谓的材料不过是道听途说，是无中生有的造谣诽谤。

他们提供的材料中说，这位刚满36岁的斯巴达年轻将军企图凭借波斯的力量征服希腊。

他们提供的材料中说，这个年轻人向波斯国王提亲，要与波斯国王的一个女儿结婚。

他们提供的材料中说，他向波斯国王表示，波斯征服希腊之后他愿意做国王的第一心腹。

他们提供的材料中说，他在拜占庭深受波斯风俗熏染，出门必带由波斯俘虏组成的卫队。

他们提供的材料中说，他没有杀死拜占庭攻取战中的俘虏。这点可以不追究，但是他独断专行，对参加拜占庭攻取战的雅典和其他城邦国家的人态度蛮横。

掌握这些材料后，监察官决定马上召回帕萨尼亚斯，等他一回国立即进行审判。

斯巴达监察官坚信“法”可以挽救权力拥有者的不自律行为。他们手握审判大权，对于滥用职权者，即使是国王也绝不姑息。

在斯巴达，5 个监察官同时又是检察官，做出判决的是“长老会议”。长老会议由 60 岁以上已经退役的 28 人外加两个国王共 30 人组成。

36 岁的帕萨尼亚斯被召回国后接受了长老会议的判决。结果如下：

对待同盟国盟友态度蛮横、独断专行，判处此项罪名成立，予以警告。关于其他诉讼，因证据不足判处无罪。

于是监察官又提了一个要求：帕萨尼亚斯从此不得领军作战。对此长老会议表示同意，5 个监察官的目的也算达到了。

从此帕萨尼亚斯成了一个普通人。他在斯巴达又逗留了一段时间，不少王室成员好像很同情他的处境，甚至有一人还将自己的女儿嫁给他为他生儿育女。

但是监察官对他依然心存戒心，不依不饶。也许他厌烦了这种感觉，于是选择离开祖国。他将列奥尼达的遗子、尚未成年的国王托付给弟弟，随后带着妻儿和愿意追随他的几个人坐上三层加莱船，移居到爱奥尼亚地区最东北的海边城市克罗奈伊。

克罗奈伊以北 30 公里处有一个特洛伊古战场。按照帕萨尼亚斯的性格，他一定对《荷马史诗》中的英雄怀有一种亲切感。或许这也是他选择在此处安家的理由。

不管怎样，已经变成普通人的“普拉塔亚英雄”从此开始了平静的人生第二阶段的生活。

我把斯巴达 5 名监察官看成闲居不善的“小人”是有原因的。他们没有远见卓识，却偏偏掌握着斯巴达的国家政权。这样的权力机构除了斯巴达，恐怕再难找出第二个。

对帕萨尼亚斯做出判决以后，5 个监察官派遣多吉斯取代帕萨尼亚斯管理拜占庭。

雅典不可能坐等多吉斯来到拜占庭，他们早已抢先一步将客蒙送到了拜占庭，当时他就在相距不远的西斯托。客蒙是“马拉松英雄”米提亚德的儿子，时年 38 岁。与父亲一样，他很有战略天赋，是阿里斯泰德为对付地米斯托克利而培养的一名年轻将领。

多吉斯晚于客蒙到达拜占庭。他不仅到得晚，还是个无能之辈。别说掌控拜占庭，他甚至和留守此地的斯巴达士兵一起被客蒙赶出了拜占庭。

斯巴达人遇到突发变故时，有一个很不好的习惯。他们不会努力扭转局面，总是选择退避三舍。

帕萨尼亚斯案件给斯巴达带来了两个后果：

第一，从爱琴海到黑海的所有要地都掌握在斯巴达的竞争对手雅典手中。

第二，生活在爱琴海周边地区的希腊人认为斯巴达是靠不住的。

作为生活在那个时代的人，他们的想法不难理解。

希波战争始于爱奥尼亚地区的城邦国家米利都，因米利都反抗波斯统治而引发。

当时，米利都请求雅典和斯巴达提供援助。斯巴达一口回绝，理由是他们对爱琴海没有兴趣。雅典没有拒绝，却也只是象征性地派遣了 20 艘三层加莱船。

为此，不仅米利都对希腊本土的两大强国深感失望，小亚细亚西岸辽阔的爱奥尼亚地区和相距不远的海上诸岛也纷纷接受了波斯的统治。第二次希波战争中，很多希腊地区的人站在波斯阵营参加了海上和陆上的作战，因为他们没有别的路可选。

改变这一状况的是“萨拉米斯海战”、“普拉塔亚战役”和“米卡勒之战”。

自此，波斯军队从爱琴海上彻底消失了。

爱奥尼亚地区和爱琴海岛屿从波斯的统治下解放了。

形势变化至此，斯巴达竟然还说跟他们没有关系。

不管怎样，希腊各地区的人再也不愿意重回波斯的统治之下。因此，他们理所当然唯雅典马首是瞻。而此时的雅典已是一个拥有 200 艘战船的海上军事大国，再也不是只有 20 艘战船的国家了。

斯巴达的 5 个监察官成了“提洛同盟”的接生婆。

## 提洛同盟

“提洛同盟”不仅在希腊史上有名，甚至在西方史上都很有名。命名为“提洛同盟”是因为同盟的本部设在提洛岛上，那是一个因阿波罗神而闻名地中海的岛屿。

就这样，以雅典为核心的提洛同盟诞生了，它与存在已久的以斯巴达为盟主的伯罗奔尼撒同盟并驾齐驱。

两个同盟的目的都是几个国家相互合作开展集体防守。但是，现代学者一致认为，成立提洛同盟不是雅典提出来的，但这“正中雅典下怀”。

第一，因为成立提洛同盟不是雅典提出来的，而且又是斯巴达离开后成立的，因此斯巴达没有理由表示反对。

另外，组建提洛同盟的目的是集体保护爱琴海域的安全，而成立伯罗奔尼撒同盟的目的是保障伯罗奔尼撒半岛的安全，两者没有利害冲突。

第二，雅典为保障自身安全，完成了首都与比雷埃夫斯的一体化工程建设。对雅典来说，影响遍及爱琴海全域的提洛同盟是一体化工程的延伸，成立这个同盟是一件大好事。

第三，雅典在建造船只和保有船只方面的能力强于其他同盟国10倍以上。因此，雅典担任盟主顺理成章。

这就是雅典人，一旦机会来临，就毫不犹豫地一把抓住。

为了讨论与同盟相关的事宜，会议在爱琴海南部海域上的提洛岛召开。这片海域是多岛之海，刚过一个岛，下一个岛就会映入你的眼帘。按照希腊的惯例，关于政治的重要决策都在冬季讨论制定。在这个季节出海很难保证绝对安全，但是来到提洛岛的城邦国家代表之多，充分表明成立同盟乃众望所归之事。

52岁的阿里斯泰德作为雅典首席代表参加了此次会议。

“为达目的可以不择手段”是地米斯托克利的观点。

“即使为达目的，也应有所为有所不为”是阿里斯泰德的观点。

两种观点反映了希腊的战时领袖和和平时期领袖之间的不同。在和平时期讨论同盟事宜，也许和平时期的领袖更加合适。

地米斯托克利总是不按常理出牌。因此在他面前，人们容易感到紧张。而公认的正义之士阿里斯泰德则可以让人放松情绪。因为他好像不是一个会说谎的人。

阿里斯泰德似乎很擅长协调工作，各国代表很快达成一致意见，提洛同盟成立了。

包括“微型”城邦国家在内，参加同盟的城邦国家达三百多个。当然，将一年到头纷争不休的希腊人统一起来的确并非易事。毕竟希腊人为了短暂的休战，甚至需要4年一度在奥林匹亚举行运动会。

提洛同盟成立以后维持了半个多世纪。之所以能存续这么久，有如下几个理由：

第一，希腊人真切地意识到为了保护自己不受大国波斯的威胁，只能有赖于集体防守。就算邻国之间有可能关系交恶，对波斯的警惕是共有的。

第二，加入同盟的城邦国家不论大小都要缴纳成员费。金额设有下限，不设上限。各城邦国家根据各自的国力、各自的情况缴纳。

在三层加莱船时代，一艘大型帆船包括操纵船只的船员、起到船只马达作用的桨手在内，船上至少需要 200 人。

如果雅典派出 200 艘船，就需要派遣 4 万名雅典公民。提洛同盟中，埃伊纳岛、莱斯沃斯岛和希俄斯岛的海上军事力量较强，却也只相当于雅典的十分之一到五分之一。

这是提供船只的数量。此外，根据国力的强弱，各国每年向同盟缴纳的成员费有所不同。有些小城邦国家甚至无力提供一艘三层加莱船。这样的城邦国家只需要每年缴纳一次成员费即可。

由于交纳了成员费，一旦自己的国家受到进攻，可以期待其他国家前来救援。这就是集体防守的好处。

提洛同盟之所以能存续这么久，第三个原因是形式上很民主，而实际运作中又是非民主的。提洛同盟“正中雅典下怀”，他们从同盟成立之初就彻底掌握了同盟的主导权。

哪些城邦国家有义务提供船只，提供多少；哪些城邦国家要缴纳成员费，缴纳多少等，这一切都在雅典的主导下决定。

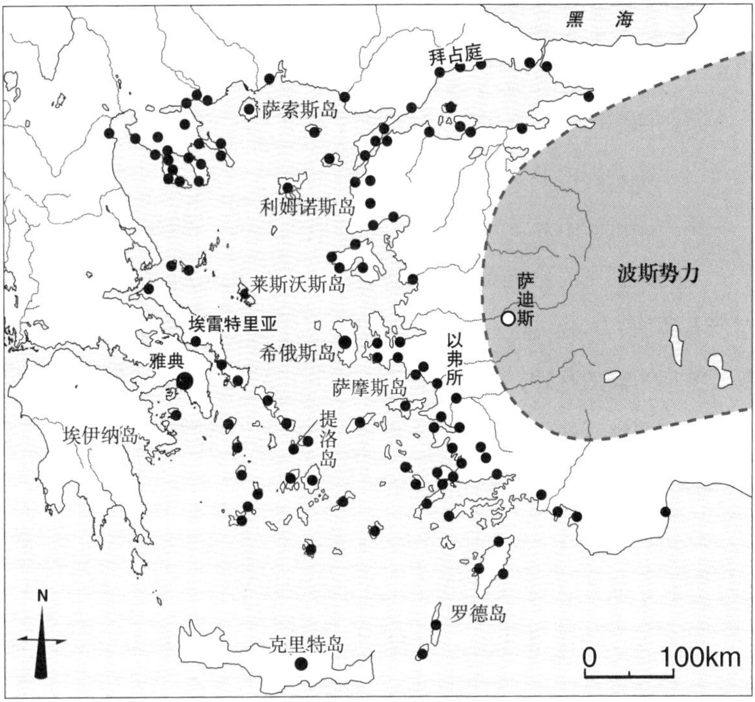


**提洛同盟的主要城邦国家**

各国缴纳的成员费保管在提洛岛上的阿波罗神庙内，但是从经费的使用到其他一切事务都由雅典政府的官员负责。当然，与其他城邦国家相比，雅典的组织体系要完善得多也是原因之一。

这种看似非民主的运作方式在明确责任方面非常有效。在战场上，指挥体系必须职责明确，和平时期要让组织机构正常发挥作用，其领导体系同样必须职责明确。

成立于公元前 477 年的提洛同盟在 30 年后，于公元前 5 世纪中叶迎来了鼎盛期。这个时期，参加同盟的各国实力进一步增加。爱琴海上甚至看不到一艘波斯战船了。

提洛同盟的成功不仅在于它有助于军事上的集体防守，还在于爱琴海沿岸希腊境内形成了一大经济圈。

销声匿迹的不只是波斯战船，连海盗也不见了踪影。

当然，彻底消除波斯的影响指的是波斯军事力量的影响，并不针对所有波斯人。爱奥尼亚地区的繁荣离不开希腊与波斯帝国之间的贸易。波斯帝国的百姓，包括波斯人、腓尼基人和埃及人，似乎都不在意提洛同盟针对的是波斯，也不反感与希腊人保持贸易关系，虽然这些希腊人大多是提洛同盟成员国的人。

提洛同盟在之后的存续期间或多或少发生过改变，在改变中又维持了很久。究其原因，我想就是上述诸多缘由吧。

如果说提洛同盟只是“正中雅典下怀”，不免过于强调运气。事实上，机会这种东西，只会留给善于利用的人。

## 英雄的余生

公元前 471 年，地米斯托克利遭陶片放逐，流亡到了国外。

这是萨拉米斯海战之后的第 9 年。

是普拉塔亚战役之后的第 8 年。

是雅典与比雷埃夫斯实现一体化之后的第 7 年。

也是提洛同盟成立后的第 6 年。

我们只能认为，至少在提洛同盟成立后的 6 年间，雅典与斯巴达从未停止过合谋。

“合谋”一词是后来才有的，希罗多德撰写的《历史》和以后修昔底德所著的《战争史》中都没有出现过这个词。但是仔细阅读他们描述的各部分细节，人们很容易想到“合谋”这个词。

为了将地米斯托克利和帕萨尼亚斯彻底赶下台，合谋的一方是斯巴达的 5 个监察官，另一方是雅典的阿里斯泰德和他那一派人。

为什么他们在这个时候能够如此轻易地将地米斯托克利和帕萨尼亚斯赶下台呢？

在当事人强大的时候，无论如何都很难把他拉下台。

因为这个时候，危机已经远离希腊全境。

也许你会说，危机离去不正是那两个人的功劳吗？但是，有一句话说得好，叫“此一时彼一时”。世上总有那么一些人，他们只记得住别人的坏而记不住别人的好。容易忘记别人的好是人类的特性之一，于是有人展现出了人性中的这一特点。

这6年间，雅典一帆风顺。

来自波斯的威胁解除了。

比雷埃夫斯与雅典一体化以后，一跃成为爱琴海最大的港口。另外两个港口的造船所周边渐渐集中了从事造船相关工作的技师和匠人。

地米斯托克利提议雅典每年新建20艘三层加莱船下水，公民大会予以通过。于是，与造船业相关的人群有了长期稳定的工作。提洛同盟成立以后，雅典又开始接受其他中小同盟国的订单，因为这些中小城邦国家没有造船能力。

既然提洛同盟以雅典为主导，那么由雅典人担任同盟海上军队总指挥官一事自然无人反对。于是，不到40岁的客蒙年纪轻轻就连任了这个职位。

客蒙是“马拉松英雄”米提亚德的儿子。他很像他父亲，有非常敏锐的战略天赋。在这位年轻将领的指挥下，爱琴海作为“希腊人之海”越来越安全，大多数雅典公民甚至认为，只要交给客蒙就可以高枕无忧。

客蒙之所以深受雅典人的爱戴，不仅因为他是“马拉松英雄”的后代。萨拉米斯海战中，根据地米斯托克利的要求，客蒙担任了其中一艘战船的指挥员。当时这位年仅31岁的年轻人表现出势不可当的英勇气概，不禁让人联想起那位被处以巨额罚款、最终不治身亡的“马拉松英雄”。人们惊叹，他原来是米提亚德的儿子。

当时客蒙并未引起阿里斯泰德的注意，因为此时年长客蒙 10 岁的克桑提普斯尚在，完全可以与地米斯托克利较量。

然而第二年，克桑提普斯在米卡勒和西斯托两场战役中大显身手以后，悄然退出了历史舞台。我们不清楚真实的原因，只能推测他因病去世。阿里斯泰德注意到客蒙正是在此之后。

为了实现雅典与比雷埃夫斯的一体化建设，雅典开始建造带有城墙的道路。斯巴达对此提出了强烈抗议。为说明建造此工程的目的，阿里斯泰德继地米斯托克利之后去了斯巴达，客蒙随行前往。正是在这个时候，阿里斯泰德决定培养客蒙，让他成为自己抗衡地米斯托克利的帮手。

因为父亲被判 50 塔兰特的罚款，年轻的客蒙负担很重。尽管已经支付了一部分，但那仅仅是一小部分，距离还清还差很多。

当时，雅典有一个大富翁叫卡里乌斯。没有确切证据证明是阿里斯泰德给客蒙和卡里乌斯牵的线。但是阿里斯泰德领导的雅典政界的稳健派毕竟与地米斯托克利领导的激进派不同，它是集中了富裕阶层人士的一个圈子。

卡里乌斯是这一富裕阶层的一员，他提出如果客蒙同意将妹妹嫁给自己，他愿意替客蒙交清罚款。

客蒙长得很魁梧，可以想象他妹妹很可能是个米洛斯的维纳斯式的美女。不管怎样，客蒙肩上的重担因此卸下去了。

其次是客蒙自己的婚姻。这一次，是阿里斯泰德主动提出的。

嫁给他的是出身名门望族阿尔克迈尼翁家族的女孩儿，还是统帅麦加克勒斯的孙女。在这个闻名全希腊的名门中，她绝对是血统纯正的直系后代。也许你会认为在民主政体国家，这样做会不会不利于他的发展。但是，普通百姓总是向往“高贵的血统”。

把客蒙拉进阿尔克迈尼翁家族后，阿里斯泰德总算达到了自己的目的，客蒙成了他抗衡地米斯托克利的有力帮手。

但是，客蒙不是一个满足于做豪门女婿的人。

此时，像萨拉米斯海战、普拉塔亚战役这样关乎生死存亡的战斗已不存在。但是，提洛同盟有存在的必要性，这是为保障包括雅典在内的希腊各城邦国家的安全而建立的集体防守体系。如果止步于制定制度而懈怠于管理，那么很难指望这个同盟会长久发挥有效作用。

维持提洛同盟，有低调的做法，也有高调的做法。

客蒙很有战略天赋，但行事一向高调。为了得到金矿而攻占萨索斯岛后，客蒙得到了据称是雅典建国始祖忒修斯的遗骨。不管真假，他把遗骨当作真迹带回雅典，让雅典公民为之疯狂。这就是客蒙。

客蒙是战略天才，却不是谋士。阿里斯泰德与斯巴达的5个监察官关系很好，却从不表现出来，而客蒙公开与斯巴达交好。他为儿子取名“Lakedaimonias”，意思是“斯巴达之子”，完全不掩饰自己对斯巴达的好感。因此，雅典公民认为他是一个坦诚的人。

就这样，客蒙不仅成了阿尔克迈尼翁家族的一员，而且取得了辉煌的战果，回到国内后他的声望日益高涨。与此相反，地米斯托克利逐渐淡出了人们的视线。同39岁的客蒙相比，地米斯托克利已经53岁了。

公元前471年，在决定陶片放逐的公民大会上，正是客蒙强烈要求放逐地米斯托克利。

以修昔底德为首的同时代史学家没有一个人明确记载陶片放逐地米斯托克利的理由。

尽管如此，流放国外长达10年，一定有一个能让人接受的理由，只是究竟是什么理由，至今尚不清楚。

也许正如希罗多德在《历史》一书中暗示的那样，萨拉米斯海战之后，参战的各指挥官瓜分了波斯国王遗弃的财宝。10年后旧事被重提。当然，没有证据证明地米斯托克利被放逐是因为此事。

现代学者从卫城山上发掘的陶片中找出所有刻有“尼奥克勒斯之子地米斯托克利”的陶片，进行了仔细比对，结果发现大多出自一人之手，因为刻在上面的字不仅字形相同，甚至出错的位置都一样。

普鲁塔克在《希腊罗马名人传》有关阿里斯泰德的章节中有这样的描述：雅典公民并非人人识字，其中也有文盲。所以，不排除有人事先将“尼奥克勒斯之子地米斯托克利”的字样刻在陶片上，然后交到既不会刻字也不认字的公民手中，让他们投进投票箱的可能性。当然，上面刻了谁的名字他们自然不会如实相告。

如果这是事实，那么雅典人就不仅仅是民主政体的发明者，同时也是弄虚作假的始作俑者。

不管怎样，“萨拉米斯英雄”在海战之后的第9个年头遭到了陶片放逐。

53岁时突遭此变故，地米斯托克利却好像没事人一样，完全看不出他受到了很大的打击。

“我被流放了？哦，知道了。”好像这就是他的反应。他把家人留在雅典，一个人痛痛快快地离开雅典，移居去了阿尔戈斯。

现代学者认为，此时的他本该小心行事，却选择了阿尔戈斯作为流放地，实非明智之举。

也许地米斯托克利根本没想过自己应该表现得谨慎一些。作为排挤政敌的手段，他自己就利用过陶片放逐制度。而且，目的达到以后，他又在必要的时候召回政敌，让他们担任要职，给了他们大显身手的机会。在他眼里，陶片放逐不过是权宜之策。也许他认为，一旦需要，公民大会随时可能召他回国。

然而，阿里斯泰德不是地米斯托克利。

陶片放逐制度只规定被放逐者要在国外待上10年，并没有规定只能去何处。所以，只要在雅典国境以外，选择任何地方都可以。那么，地米斯托克利为什么会选择阿尔戈斯呢？理由尚不清楚。

阿尔戈斯是希腊城邦国家之一，位于伯罗奔尼撒半岛东部，其南侧与拉科尼亚地区接壤。拉科尼亚的首都就是斯巴达。但是，不，也许应该说正因为如此，历史上阿尔戈斯与斯巴达之间的关系一向紧张，阿尔戈斯甚至仅仅因为总指挥官是斯巴达人而拒绝加入共同抵抗波斯的希腊城邦国家联军。

走陆路，只要穿过伊斯米亚狭窄的地峡进入伯罗奔尼撒半岛，再向东横穿迈加拉即可从阿尔戈斯到达雅典。如果走海路就更容易了。坐船绕过埃皮道鲁斯，经过埃伊纳、萨拉米斯，一路北上，当天即可到达雅典。

得知地米斯托克利移居阿尔戈斯后，年届六旬的阿里斯泰德会有什么想法呢？他知道，要让长期以来的政敌彻底威信扫地，仅靠陶片放逐是不够的，因为他本人仅流放一年就被召回国了。而且此时雅典支持地米斯托克利的势力依然强大。

另一方面，总是疑神疑鬼的斯巴达监察官们知道地米斯托克利被流放国外之后，大概觉得终于了却了一桩心事吧。

也许他们认为“萨拉米斯英雄”倒台了，那么推翻“普拉塔亚英雄”也就不难了。带着这样的想法，5个监察官命令帕萨尼亚斯即刻回国。此时，帕萨尼亚斯就在特洛伊古战场附近的克罗奈伊过着隐居的生活。

这位“普拉塔亚英雄”已经43岁，作为普通人，他已经过了6年隐居生活。

事实上，因与监察官不和而主动选择流亡的斯巴达人并非只有帕萨尼亚斯一人。主动选择流亡的斯巴达人大多出身王室，他们或逃往波斯，或去了意大利半岛。从某种意义上来说，他们是监察官主宰的斯巴达体制的叛逆者。但是，监察官从来没有向那些人发出过召回令，也没有派刺客暗杀过他们。也许他们认为，只要这些人离开斯巴达，就不会对他们构成威胁了吧。

但是，帕萨尼亚斯不同，他是“普拉塔亚英雄”，即使他离开了祖国，在监察官眼中依然有害。也就是说，他们认定帕萨尼亚斯会给肩负斯巴达未来的青少年带来不良影响。

斯巴达的监察官制度的弊端就在于监察官除了多疑猜忌之外，还有所谓的使命感。

不要忘了，帕萨尼亚斯有 50% 是斯巴达性格，还有 50% 不是斯巴达性格。

正因帕萨尼亚斯采用了非常规的策略，他才能在普拉塔亚战役中歼灭波斯军队。而“战必胜”的信念是典型的斯巴达式的想法，因为这是斯巴达男人们最看重的事。

监察官只有当士兵的经历，他们从未担任过总指挥官。总指挥官需要一人承担全部责任。帕萨尼亚斯认为没有指挥官经历的监察官没有资格审判自己。

而且 6 年前，对他的审判结果是无罪。因此，他以为这次召回令只是上一次的重复。然而这一年，5 名监察官从一开始就认定他有罪，甚至还准备了物证。

认定帕萨尼亚斯有罪的依据可能是以下两点：

第一个罪名是，与波斯国王暗中勾结，企图利用波斯的军事力量征服希腊。

第二个罪名是，为达到以上目的，煽动斯巴达国内的希洛人揭竿而起反对斯巴达。

认定他与波斯国王暗中勾结的证据是他写给波斯国王的信，发信地是拜占庭。因为帕萨尼亚斯攻下拜占庭后不久就被勒令离开，所以通信事件应该是在公元前 477 年，即 7 年前的事。

关于这件事情，起诉内容与上一次大同小异。煽动希洛人起义的罪名是这次新增的，这是叛国罪。这一次，审判权不在“长老会议”而到了 5 个监察官的手中。

关于信件这一“物证”，历史学家修昔底德说它是可信的。

斯巴达指挥官帕萨尼亚斯写给波斯国王薛西斯

我有一个想法，可能合您的心意。

我想娶您女儿为妻。作为交换条件，我可以将包括斯巴达在内的希腊全域献给您。

至于具体如何实施，我愿意听从您的忠告和建议。

如果您对我的要求感兴趣，请速派可靠的使者前来。

薛西斯看到这封信后非常高兴。他马上指示萨迪斯总督阿尔塔巴兹前往拜占庭，将国王写的回信亲手交到帕萨尼亚斯手中。

波斯国王的家臣见到帕萨尼亚斯后，将国王的信交给了他。

国王写给帕萨尼亚斯

我非常愿意接受你的请求，无论白昼还是黑夜，我都希望没有障碍能够阻挡你兑现你的承诺。

如果需要组编强大的军队，无论需要多少钱我都愿意提供。你可以随心所欲地差遣阿尔塔巴兹。他是个有能力的人，可以帮助你实现你我二人的愿望。

这就是所谓的勾结波斯国王、背叛希腊的确凿“物证”。

那么，斯巴达5名监察官是如何得到这件物证的呢？帕萨尼亚斯有一位好友叫艾尔基尼奥斯。据说他看到这封信后非常害怕，于是将它交给了监察官。

关于帕萨尼亚斯煽动斯巴达农奴起义的证据是否真实存在，尚不清楚，至少修昔底德没有提及。

为了证明所谓的物证纯属伪造，人们竟然用了 2300 多年的时间，只能说历史学家修昔底德的影响力太过强大。

2300 多年里，古希腊人和罗马人，甚至从中世到近世再到近代的欧洲人都相信帕萨尼亚斯是一位杰出的将帅，同时也是一个可恨的卖国贼。

直到 20 世纪以后，一位德国学者首先提出物证是伪造的。他认为要证明此物证系伪造甚至无须高深的学问。

第一，当时抗击波斯的战斗刚刚结束，波斯高官不可能大摇大摆地出现在拜占庭街头。

第二，帕萨尼亚斯成功拿下拜占庭的这一年，波斯国王薛西斯已经回到波斯首都苏萨。

苏萨位于中东，阿尔塔巴兹统治下的萨迪斯位于小亚细亚西部。其间虽有一条全线铺设的大道——王之道，但是，这条路从头走到尾至少需要两个月时间。

假设帕萨尼亚斯真的给波斯国王送去了信，那么，送信人必须从拜占庭到萨迪斯，再从萨迪斯前往苏萨。

第三，假设波斯国王看到这封信后，指示萨迪斯总督阿尔塔巴兹带着回信去拜占庭。从帕萨尼亚斯写信过去到国王送来回信，一个往返最快也需要 6 个月时间。

而帕萨尼亚斯攻取拜占庭以后不久就被召回斯巴达。他应该没有这么多时间完成此事。

进入 20 世纪以后，德国学者最先提出的伪证说主要依据的就是这条线索。以此为开端，欧洲出现了帕萨尼亚斯冤案说。现在普遍认为这才是真相。

希罗多德记录此事时，心中多少是怀有几分疑惑的，而认为自己书写的历史比希罗多德更加真实的修昔底德却没有表现出一丝一毫的怀疑。这又是为什么呢？

因为修昔底德不喜欢帕萨尼亚斯。

只要是关于帕萨尼亚斯的负面消息，甚至比街头巷议更具有杀伤力的逸闻，他都会不加分析拿来就用。

修昔底德所著的《伯罗奔尼撒战争史》描写的不是波斯与希腊之间的战争，是其后不久发生的雅典与斯巴达之间的战争。

修昔底德是雅典人。对他来说，帕萨尼亚斯是一个时代之前的重要人物，更是敌国斯巴达的人。

帕萨尼亚斯指挥的军队在普拉塔亚战役中取得了重大胜利。他承认这一战的胜利非常重要。但是对于雅典人修昔底德来说，那只是敌国斯巴达取得的一场胜利而已。

很多历史学家认为，历史学家应该公正叙述历史，不应该以一己之好恶来书写历史人物。

但是这样一来，人类行为的集大成——历史就会失去光彩。

历史学家有好恶之分，他们会在写作过程中表明自己的立场，这有助于读者阅读。

不管怎样，因为修昔底德，帕萨尼亚斯不仅被斯巴达监察官当成了“卖国贼”，在其后漫长的历史过程中也一直被看成“卖国贼”。

也许正因为如此，希腊历史上的著名人物都留下了他们的雕像，唯独看不到帕萨尼亚斯的雕像。

古希腊人的雕像能够保留至今要归功于古代罗马人，他们仿制的雕像多到不计其数。罗马人对希腊的崇拜之情无以复加，无论在公共图书馆还是在自家书房里，他们都喜欢摆放古希腊伟人的雕像。

没有帕萨尼亚斯的雕像只能说明无往不胜的罗马人也认为帕萨尼亚斯是一个“卖国贼”。

正因如此，关于“普拉塔亚战役”和“萨拉米斯海战”，后世的评价截然不同，尽管希腊军在普拉塔亚也将波斯军打得落花流水。

以斯巴达人为主导的战斗中，流传至今的只有列奥尼达和 300 名斯巴达勇士壮烈牺牲的温泉关之战。

没有人想过，在战斗中活着取得胜利远比牺牲生命以致失败难得多。

帕萨尼亚斯接到命令后回到国内去了一个朋友家。他甚至没有时间好好看一眼离开 6 年的祖国，5 个监察官就出现在他面前，宣布他被捕了。

他听后大吃一惊，仓皇从后门逃了出去。因为事发突然，他甚至连短剑也没带，一路逃进附近的神庙正殿，锁上了门。

见此情形，5 个监察官下令彻底封锁神庙。他们用泥土封住通往正殿的门，揭去屋顶瓦片，把帕萨尼亚斯困在了里面。

没有食物，也没有水。白天，强烈的太阳光暴晒；夜里，寒气逼人。在这样的环境中，43 岁的帕萨尼亚斯想到了什么，我们不得而知。我们也不知道他坚持了多少天。在没有屋顶、除了并不雄伟的神像没有任何东西的空荡荡的正殿里，在来自神庙缝隙的窥探和监视中，“普拉塔亚英雄”走向了死亡。

没有人验证过在这种状态下，人可以存活多少天。因此我找到了一位相识的日本医生。他的专业是脑神经外科，他为我咨询了法医。下面就是他给我的答案：

> 在完全没有食物和水补充的情况下，通常人三四天就会死亡。考虑到最大的可能性，生存一周已是极限。
>
> 没有食物但是有水分补充的话，生存1—2个月是有可能的。
>
> 斯巴达战士藏匿的神庙绝不可能有食物，而补充水分却是可能的，因为可以利用降雨。因此，降雨情况如何成了决定其生存时间长短的主要因素。
>
> 一个人通过呼吸，每天每公斤体重会令其蒸发掉15毫升（气温为28度以下）的水分（叫无感蒸发）。
>
> 如果一个人的体重为80公斤，那么一天就会从体内流失1200毫升无感蒸发的水分。如果在阳光下，水分流失会更多。
>
> 为了生存，一个人一天至少需要摄入2000毫升甚至更多的水分。如果不能保证这个量，绝无可能存活1—2个月。
>
> 因此，是否有可能依靠降雨来补充水分是关键。但是，考虑到地中海性气候，再加上他经受过斯巴达战士必须经历的严酷训练以及尚不满45岁等因素，从逃进神庙到死亡，生存时间最长一周左右。

由于没来得及带短剑，他甚至没办法自尽。揭去屋顶上的瓦片说明此时很可能是夏季，而不是冬春季。也就是说，按照地中海气候，此时不是雨季。

他躲在神庙中。这是神圣之地，即便是一只小虫也要在一口气尚存时赶出神殿，否则很不吉利。因此，监察官对外正式发布的说法是，帕萨尼亚斯被拖出神圣场所不久就死了。

同时公布的还有所谓的“物证”——信件。斯巴达方面的解释是，因阴谋暴露，帕萨尼亚斯选择了绝食而亡。

帕萨尼亚斯一死，斯巴达监察官宣告此事尘埃落定，他的朋友、近亲和孩子都没有受到牵连。

帕萨尼亚斯的儿子顺利长大成人，继列奥尼达的儿子之后登上了斯巴达的王位。他为自己的儿子，也就是为帕萨尼亚斯的孙子取名帕萨尼亚斯。60 多年之后，这位帕萨尼亚斯登上斯巴达王位。

帕萨尼亚斯的孙子成为国王以后，曾尝试改革监察官制度，但终究没能撼动早已植根斯巴达社会的这个牢固的壁垒。

最危险的事情莫过于将生杀大权交给所谓有使命感的人。

中世纪的异端审判官单凭捕风捉影就能判决男女通奸，他们用火刑烧死了无数无辜男女。古代人从未接触过基督教，他们没有感受过中世纪异端审判官的恐怖行径。因此，在他们描述的历史中，对监察官制度的弊端缺少切身感受。这也是没有办法的事。

斯巴达的监察官逼死了帕萨尼亚斯之后，决定不追究与他相关的人。这好像也是斯巴达人的行事风格。

斯巴达派特使前往雅典，正式向雅典提出了一个要求。

他们的要求是，帕萨尼亚斯煽动斯巴达国内的希洛人发起反政府运动一事，身在邻国阿尔戈斯的地米斯托克利不可能不知晓。因此，雅典必须调查此事，并在此基础上对地米斯托克利进行审判。

陶片放逐地米斯托克利之后，雅典政府把客蒙推到了前面，但实际掌握权力的却是阿里斯泰德。

阿里斯泰德认为，地米斯托克利在公民中的支持率依然居高不下，仅靠陶片放逐将其逐出雅典还不够彻底。因此，斯巴达的要求正中他的下怀。我们不清楚他具体采取了怎样的行动，总之，雅典政府向居住在阿尔戈斯的地米斯托克利发出了即刻回国的命令。理由是根据斯巴达的要求，他必须回国接受讯问，并根据讯问结果接受审判。

身在阿尔戈斯的地米斯托克利大概知道了帕萨尼亚斯的死讯，而且也一定知道所谓的罪状。因为帕萨尼亚斯死后，斯巴达监察官公布了这一切。

地米斯托克利也知道要求自己立即回国的雅典权力机构现在掌握在阿里斯泰德的手中，知道他还没有消除对自己的敌意。

于是，地米斯托克利决定无视回国命令。

随即，雅典政府和斯巴达政府同时发出了逮捕令，执行这一命令的部队分别从雅典和斯巴达向阿尔戈斯扑来。

已经 54 岁的地米斯托克利被流放国外，现在又遭到了“国际通缉”。

他决定逃跑。有人为他提供了船只。他坐船绕过伯罗奔尼撒半岛，进入爱奥尼亚海继续北上，最后逃到了科孚岛。

在科孚岛上，上至国王下至普通岛民，都对这位逃亡者表现出异常的热情。他们没有忘记这位“萨拉米斯英雄”。

但是，雅典和斯巴达的使节很快来到科孚岛，他们要求引渡地米斯托克利。他们威胁说，如果拒不交人，两国的海上军队将联合攻打此岛。

如果雅典和斯巴达真的打过来，科孚岛是不堪一击的。看到国王左右为难，地米斯托克利决定离开此地。

按照地米斯托克利的要求，科孚岛国王为他准备了前往希腊本土的船，同时还送给他数额不小的金币。

如果只是陶片放逐，地米斯托克利可以保全所有资产，亲朋可以从国内送钱给他。但是一旦遭到通缉，国内的所有资产就被没收了。地米斯托克利没有海外资产，因此逃难用的资金只能依靠他人资助。

他离开科孚岛，到了相距不远的伊庇鲁斯。这里的国王同样热情地迎接了他。然而很快，他又被雅典和斯巴达找到了。

于是，他逃到了马其顿王国。马其顿国王为他安排了住处等。但是，不久他又不得不离开此地。

后世的我们之所以可以追踪到地米斯托克利的逃亡之行，是因为每次他的避难之地被发现后，雅典和斯巴达都会派军队前去抓他。

从 54 岁到 60 岁，他是在逃亡中度过的。但是他的逃亡之行并不孤单，也不是惶惶不可终日。

不管逃到哪里，他都会受到热情的欢迎。当然他不会让帮助他的人为难，而帮助他的人个个心甘情愿，甚至为能够帮到他而深感荣幸。他的逃亡之行与其说是逃亡，不如说是冒险。

当然，逃亡的日子不会过得舒心，因为他必须时时注意不让雅典和斯巴达发现。

色雷斯地区集中了雅典公民的海外资产，这里他从未踏足过。

除了追缉令，还有悬赏令。

悬赏令是萨拉米斯海战以后波斯国王薛西斯发出的。只要抓到地米斯托克利，不论死活，赏金200塔兰特。在当时，200塔兰特绝对是个天文数字。

如果地米斯托克利还是希腊最受尊敬的人，他完全不必在意这个悬赏令。但现在他是两个国家的通缉犯。从这个意义上来说，他的逃亡之行同时也是冒险之旅。

也许是因为厌倦了逃亡生活，被通缉的第二年，地米斯托克利毅然决然地选择了一个雅典政府绝对想不到的地方。

那就是以弗所，爱奥尼亚地区最重要的城市之一。雅典海上军队的基地萨摩斯岛就在这个城市附近。

俗话说得好，越是危险的地方越安全。以米卡勒海角为中心，雅典人在以弗所、萨摩斯岛、米利都一带常来常往。雅典政府无论如何也不会想到有人会将这里作为避难之地，而地米斯托克利就选择了此地。

以弗所面临大海。站在以弗所，看着雅典战船从眼前的海面上驶向萨摩斯岛，地米斯托克利会是怎样一种感受呢？想到这些，我曾经为他感到难过，但现在我不再为他伤感了。

海军士兵没有忘记雅典海军船队的创始人是地米斯托克利。

雅典海上军队颇有些自负，后来他们经常违抗本国政府的命令，因为他们认为是海军保证了城邦国家雅典的安全。

让他们如此自信的是率领他们取得萨拉米斯海战胜利的指挥官地米斯托克利。

因此我猜想，正因为相距较近，海军中一定有人频频从萨摩斯岛来到以弗所，秘密资助在此避难的地米斯托克利。

接下来长达4年的时间里，雅典政府一直没有找到地米斯托克利。

其间，在朋友的帮助下，地米斯托克利还与家人团聚，在以弗所当地一位有权势的人提供的住宅里悠然度日。

但是，地米斯托克利不是一个甘于平淡生活的人。

这座房子的主人是希腊人，与波斯人有往来。有一次，地米斯托克利在和房子主人的聊天中得知薛西斯已于前一年去世，继任的新国王已登上王位。

尽管此时已年过六旬，地米斯托克利依然决定赌一把。他请此人帮忙安排他和刚继任王位的波斯国王见面。

此人是个商人，经营范围极广。他在波斯宫廷上下活动，成功说服了新国王同意见面。

不清楚他们在何处见面。总之，两人面对面坐到了一起。担任翻译的大概就是安排此次会面的那位房主。

60岁的雅典人对31岁的波斯国王说：

“我是地米斯托克利，打败你父亲的人就是我。现在，我来到了你的面前。”

据说刚刚登上波斯帝国王位的31岁的国王这一天甚至没有开口说一句话。

他是国王的次子，参加过对希腊的远征。当时除了把长子留在首都，薛西斯带上了其他所有儿子。

因此，刚登上王位的阿尔塔·薛西斯曾经与父亲一起在悬崖上目睹了发生在16年前的萨拉米斯海战。

对于年轻的国王来说，15岁那年的那一天是无法从记忆中抹去的“一个秋日”。

那一天，正是此时此刻坐在自己面前的这个人，在父王的眼皮底下将波斯海上军队打得落花流水，也因此将父王推入了绝望的深渊。我完全理解他说不出话来的心情。

两人决定第二天再见。就在这天夜里，国王寝室中传出了奇怪的声音。

我的想象是：

卧室里只剩下31岁的年轻国王一人。他一件件脱去象征国王威严的衣装，抑制不住内心的激动，在房间里情不自禁地手舞足蹈起来。

“地米斯托克利来了，哈哈哈！来了，来了，来了，哈哈哈。”

第二天，两人的对话很有意思。

年轻的国王说：“我们有一个悬赏令，是悬赏捉拿你的，赏金是200塔兰特。现在既然你自己找上门来了，这份赏金是不是应该给你？”

地米斯托克利没有理会他的话，他说：

“我来这里是为了寻求您的庇护，我愿意为国王您统治下的波斯效力。只是在此之前，我需要一年时间学习波斯语，同时我要想想我能做些什么。”

波斯国王一口答应。他不仅答应了地米斯托克利的请求，还任命他担任马格尼西亚和另外两地的总督，出自这三个地方的收入全部归他支配。

不清楚波斯国王为什么选择马格尼西亚，但这绝对是一个妙不可言的选择。

首先，年轻的国王没有怨恨地米斯托克利的个人理由。

他的父王在征服希腊的野心被地米斯托克利彻底打碎后，精神出现异常，以致最终遭家臣暗杀，甚至连累本该继承王位的长子也遭杀害。如果没有这一系列变故，这位年轻的国王将无缘波斯王位。

在波斯，长子继承王位天经地义。他是次子，本无缘登上王位，现在却当上了国王，细想想，不能不说与“萨拉米斯海战”有密不可分的关系。

波斯帝国版图辽阔，除了中东还包括中近东、埃及和小亚细亚的大部分地区，中东境内还有两条大河——底格里斯河和幼发拉底河。拥有如此庞大的帝国，国王阿尔塔·薛西斯如果只是单纯地“恩赐”地米斯托克利，有的是可赠予的城市。但是他却选择了位于小亚细亚西端的马格尼西亚。这又是为什么呢?

波斯曾经企图占领希腊，最后大败而回。因此，也许有人认为他有“穷鸟入怀”，仁人所悯的心理。但是，我认为对于现任国王阿尔塔来说，这个理由并不成立。

打败波斯军队的希腊军队主力来自雅典和斯巴达。也许他想，地米斯托克利此时被雅典和斯巴达追得四处藏匿，正好可以利用此事来恶心恶心这两个国家。

因此他才安排地米斯托克利去统治马格尼西亚。

马格尼西亚距离以弗所 30 公里，距离萨摩斯岛 60 公里，距离米利都 40 公里。也就是说，这里与爱奥尼亚地区的任何一个主要城市相距都不远。

这些城市曾经都在波斯的统治之下，萨拉米斯海战之后回归希腊，现在是雅典主导的提洛同盟的成员国。

爱奥尼亚地区已经彻底回归希腊。波斯国王交给地米斯托克利统治的地方，以马格尼西亚为首，都在波斯帝国境内，与爱奥尼亚地区近在咫尺。

这一次，先不论斯巴达原本就对伯罗奔尼撒半岛以外的地方漠不关心，就连雅典也不能轻易出手，尽管雅典认为爱琴海现在已经完全属于希腊人。

而且，知道地米斯托克利一定会迎战前来追捕自己的人，雅典的指挥官中谁还胆敢前去攻打那个地方？

马格尼西亚与爱奥尼亚地区接壤，但是在这里，对地米斯托克利的通缉令彻底失效。只要地米斯托克利移居到此地，就有充分的自由，他可以随时与希腊人交流，住在雅典的朋友也可以大大方方地去拜访他了。

另外，马格尼西亚和另外两个地方保证了地米斯托克利的年收入绝不亚于雅典的那些大富豪。

不知道是不是对“入怀的穷鸟”充满了同情，总之，31 岁的波斯国王对待年已六旬的地米斯托克利相当慷慨。

年轻的波斯国王似乎有点儿心急，没等到一年，就邀请地米斯托克利一同外出狩猎。

允许他一同前去狩猎意味着允许他携带武器。

一年后，波斯国王依然屡次邀请地米斯托克利同去狩猎。

每一次，年轻的国王都会带着问题请教地米斯托克利，地米斯托克利也会给出合理的意见、忠告或解决办法。

位于苏萨的波斯宫廷内，地米斯托克利成了“最能影响国王的人”。

波斯国王从不要求地米斯托克利做这做那。

对于年轻的国王来说，也许把地米斯托克利留在身边就已足够。至少他不必再担心这位出色的将领会率领雅典的海上军队与波斯作战了。

对于地米斯托克利来说，掌管马格尼西亚和另外两个地方易如反掌。只要捋顺了各机构的工作内容，在各个位置安排好合适的人选，他只需要掌握大方向即可，这远比指挥海上作战容易多了。

作为外国人，他施行善政，深得管辖地内住民的欢迎。他去世后，当地住民不仅在马格尼西亚中央广场为他修建了宏伟的墓地，还坚持每年给他的遗属送去当年的收益。可见，地米斯托克利还有做地方行政官的才能。

那么，地米斯托克利有没有担心的事呢？他会不会担心波斯国王有一天要求他担任总指挥，入侵希腊呢？

我想应该没有。

为了征服希腊，从祖父大流士到父亲薛西斯都发动过入侵希腊的战争，结果节节败退，不得不撤回亚细亚。对于这一事实，现任波斯国王阿尔塔·薛西斯铭记于心。他不会忘记每次攻打希腊最后遍体鳞伤的总是波斯。

与希腊军作战，波斯不只会损失兵力，还要面对一连串的连锁反应，例如辽阔的帝国境内各地纷纷揭竿而起。阿尔塔·薛西斯的祖父和父亲曾经为镇压各地叛乱而心力交瘁。至于父亲，更是一个典型的反面例子。希波战争的失败使父亲国王的威严尽失，遭到家臣的暗杀。

阿尔塔·薛西斯是看着父亲的变化长大的，他在心里早就下定决心，绝不再挑衅希腊。作为帝国最高统治者，他这样想完全可以理解。

年轻的国王心中藏着这样的打算。地米斯托克利一定也认为波斯与希腊之间不会再有大规模战争。狩猎时，他一定细心观察过国王的言行，而且越观察越对自己的判断有信心吧。

这一时期，雅典在战争天才客蒙的指挥下向波斯发起了进攻。但是波斯方面没有展开大规模的反击。

到了公元前 449 年，雅典与波斯之间签署了和平条约。

此条约被命名为“卡里阿斯和约”，和约规定两国互不侵犯。卡里阿斯是雅典的代表，此和约就以他的名字命名。

那时地米斯托克利已去世 10 年。和平条约的签订意味着互相承认既成事实，既往不咎。

提出签订和平条约的是波斯当时 46 岁的国王阿尔塔·薛西斯，雅典积极响应并极力促成此事的是同样 46 岁的伯里克利。伯里克利是地米斯托克利思想的拥趸，他继承和发展了地米斯托克利的思想。

比地米斯托克利小 30 岁的波斯人和希腊人实现了波斯与雅典之

间的和平。

有一种人，肉体死了，但“灵魂”不灭。

公元前459年，地米斯托克利在马格尼西亚的家中结束了他波澜壮阔的65年生涯。

有一个说法是，波斯国王要求他率军攻打雅典，地米斯托克利不愿意接受这个命令，于是选择了服毒自杀。但是，历史学家修昔底德明确否定了这一说法，指出他的确是病故。

我完全相信修昔底德的说法。我还认为他不是单纯的“病死”，而是“厌倦了舒适的生活，终至病故”。

他不再遭人迫害，生活稳定富足。这样的舒适生活，他过了5年。

修昔底德出生在地米斯托克利去世的前一年。我想介绍一下历史学家修昔底德对地米斯托克利的评价，而不是生平概要。

> 地米斯托克利的横空出世本身就是一件不可思议的事。
>
> 一旦需要，他那无与伦比的坚强信念就会随时被激发出来。
>
> 还有那随机应变的灵活性、独创性。他的独创性也许只能用天赋二字来解释。
>
> 他的大脑充满了智慧，他可以自如地运用学过的知识以及实践中得来的经验。
>
> 他的洞察力既敏锐又深刻，只需一看就能把握状况。不管采用什么方法，哪怕是用阴谋，他也会毫不犹豫地付诸行动。无论是眼前的问题还是未来可能出现的状况，他都能找

出有效的解决方案。

关于他做过的事情，他深知付诸实施的所有行为的意义，同时为了便于他人理解，他能做出最简洁、最明了的解释。

关于他不曾做过的事情，他所下的判断和提出的对策从不曾出错。

尤其值得一提的是他很有先见之明。别人尚未看出端倪，他已经对将来可能发生的事态做出了正确的判断。

他的洞察力不仅停留在眼前，还可以达到遥远的将来。

不得不说，地米斯托克利是一个天赋异禀、才华盖世的天才。

他有着超人的精神集中力和瞬间爆发力。每当遇到问题，他瞬间就能找出解决方案。这样的才能令人惊叹。这就是地米斯托克利。

这是地米斯托克利时代之后的雅典人对他做的评价。而地米斯托克利在选择长眠之地时，宁愿放弃宏伟的墓穴，也要回到祖国。

为了实现他的遗愿，朋友们悄悄将他的骨灰带回雅典秘密埋了起来。

由于对他的通缉仍然有效，所以即使已化成骨灰，城邦国家雅典也不会允许一个罪人回到国内。

当然，雅典当局者即使知道也会睁一眼闭一眼。

写完对地米斯托克利的评价和他的死亡之后，历史学家修昔底德这样结束对这个时代的描述：

> 就这样，斯巴达人帕萨尼亚斯和雅典人地米斯托克利走完了他们各自的人生。
>
> 两人都为希腊争了光。他们的光辉不仅留在他们大有作为的时代，也留给了此后的希腊。

人可以成就伟大，同样难免做出愚蠢的行为。

人总是充满矛盾。为了让矛盾的人类觉醒，为了让矛盾的人类充满理性，“哲学”应运而生。

而对人类智慧和愚蠢等所有事件做出的描述，就是“历史”。

**创造“哲学”和“历史”的都是希腊人，这绝非偶然。**

# 年表

| 年代（公元前） | 希腊世界 | 希腊之外的世界 |
|---|---|---|
| 8 世纪前后 | 希腊各地纷纷建立城邦国家 | （597、586 年）巴比伦国王尼布甲尼撒将古犹太人囚禁于巴比伦城——“巴比伦囚虏”事件（耶路撒冷沦陷） |
| | 希腊人纷纷开展殖民运动，第一次在爱奥尼亚地区、意大利南部和西西里地区等，第二次在希腊北部、黑海周边等 | |
| | 爱琴海成为“希腊人之海” | |
| | 荷马完成叙事诗《伊利亚特》和《奥德赛》 | |
| 776 年 | 第一届奥林匹克运动会在奥林匹亚“神圣之林”举办 | |
| 8 世纪末 | 吕库古制定“宪法”，斯巴达确立身份制和政体 | |
| 594 年 | 雅典开始梭伦改革（从贵族政体转向民主政体）。禁止将债务人变成奴隶，货币贬值促进经济活跃，根据资产确立公民权利和义务 | |
| 580 年 | 梭伦结束自我流放回到雅典。雅典公民之间的对立激化 | |

续表

| 年代（公元前） | 希腊世界 | 希腊之外的世界 |
|---|---|---|
| 578 年前后 | 梭伦联合亲属之一的庇西特拉图占领萨拉米斯 | |
| 570 年 | 萨拉米斯成为雅典领地。“萨拉米斯英雄”庇西特拉图赢得公民的强有力支持，同时反对庇西特拉图的势力增强 | |
| | 庇西特拉图退至希腊北部，在色雷斯开采矿山，积聚财富。开始接触近邻马其顿的国王和欲霸占纳克索斯岛的吕戈达米斯等人 | |
| 546 年 | 庇西特拉图发动政变，率领军队登陆马拉松平原附近。雅典军队不战而退，庇西特拉图顺利进入雅典 | （公元前 539 年）阿契美尼德王朝即波斯帝国的居鲁士大王征服巴比伦，中东全域归入波斯统治之下<br><br>（公元前 538 年）居鲁士允许犹太人回归耶路撒冷 |
| | 庇西特拉图开始实施统治和改革，雅典进入“古典雅典”时代。在庇西特拉图的统治下，雅典实行农地改革，鼓励工商业和海外贸易，铸造独立货币德拉克马等；添加了精湛绘画的制壶业欣欣向荣；荷马史诗《伊利亚特》《奥德赛》出版了标准版本 | |
| | 庇西特拉图统治下的雅典稳步发展，越来越强大，引起斯巴达的警惕，伯罗奔尼撒同盟随之成立 | |
| 527 年 | 庇西特拉图去世（73 岁）。其子希庇亚斯和希帕克斯继位。流亡中的名门望族阿尔克迈尼翁家族领袖克里斯提尼回到雅典 | |
| 525 年 | 克里斯提尼当选执政官（40 岁） | 波斯征服埃及<br><br>（公元前 522 年）大流士一世即位波斯国王 |
| 519 年 | 底比斯入侵近邻国家普拉塔亚。普拉塔亚向斯巴达求援未成，转而向雅典请求支援 | |
| | 希庇亚斯向普拉塔亚派遣援军，与底比斯的战斗初战告捷 | |

续表

| 年代（公元前） | 希腊世界 | 希腊之外的世界 |
|---|---|---|
| 519 年 | 底比斯将维奥蒂亚地区南部赠与阿尔克迈尼翁家族，支持其反对庇西特拉图的继承者 | |
| | 庇西特拉图的盟友、纳克索斯的吕戈达米斯去世 | |
| 514 年 | 克里斯提尼再度流亡 | 大流士占领小亚细亚西岸附近的萨迪斯，铺建从苏萨到萨迪斯的“王之道” |
| | 希帕克斯遭暗杀 | |
| | 克里斯提尼回到前线基地维奥蒂亚地区，率领其族人进军雅典边境 | |
| | 克里斯提尼自费在德尔斐重建神庙，赢得斯巴达人的好感 | |
| 511 年 | 克里斯提尼与斯巴达建立共同战线。春季，斯巴达军队登陆阿提卡地区，但败于色萨利骑兵队 | |
| 510 年 | 斯巴达国王克里昂米尼率领重装步兵进军雅典，击败雅典军队和色萨利骑兵队 | |
| | 希庇亚斯投降，前往希腊北部。庇西特拉图体制终结 | |
| 508 年 | 克里昂米尼对民主政体下的雅典充满戒心，力推亲斯巴达的雅典人伊萨哥拉斯，助其当选执政官，欲建立伊萨哥拉斯政权，却受挫于公民的抵制。伊萨哥拉斯成功逃离雅典，克里昂米尼放弃控制雅典 | |
| | 克里斯提尼重回雅典，着手改革。承认普通公民参与国家政事的权利；按地区将各势力圈划成 10 个区，再分别合并成行政区（“部落”），各行政区内再划分德谟区 | |

续表

| 年代（公元前） | 希腊世界 | 希腊之外的世界 |
|---|---|---|
| 508年 | 执政官以外增设10个将军掌管军事和行政事务，设500人委员会（布列），“公民大会”为国家政治最高决策机构，引入陶片放逐制度 | |
| 494年 | 集中了希腊殖民者的爱奥尼亚地区城邦国家米利都归顺波斯国王大流士。随之，以弗所、哈利卡纳苏斯等也归入波斯的统治之下 | 大流士将“王之道”延伸至以弗所，继续侵占爱奥尼亚地区 |
| | 接着，爱琴海上的莱斯沃斯、希俄斯、萨摩斯等岛屿也归入波斯统治之下 | |
| | 米利都请求支援，斯巴达拒绝，雅典仅派出少量大帆船支援 | |
| 492年 | 克里斯提尼去世（73岁） | |
| | 出身豪门、现任色雷斯东部地区总督的米提亚德被波斯军队赶出色雷斯回到雅典 | |
| 491年 | 米提亚德当选次年度的将军 | 波斯开始进军希腊本土 |
| | 波斯军队离开前线基地萨摩斯岛，开始向西进军。途中，兵分两路。第一路军队1万名士兵由萨迪斯总督阿尔塔费尼斯率领，第二路军队1.5万人，由波斯将军达提斯率领 | |
| | 雅典要求斯巴达共同迎敌，普拉塔亚明确表示参加战斗 | |
| | 波斯军队占领纳克索斯岛 | |
| | 秋季，波斯军队登陆优卑亚半岛埃雷特里亚附近海岸，攻占埃雷特里亚，在优卑亚半岛越冬 | |

续表

| 年代（公元前） | 希腊世界 | 希腊之外的世界 |
| --- | --- | --- |
| 490 年 | 第一次希波战争正式开始 | |
| | 春季，波斯第二路军队（1.5 万人）开始进犯马拉松平原 | |
| | 希腊军队（雅典军队 9000 人、普拉塔亚军队 1000 人）前往马拉松 | |
| | 夏季，两军在马拉松平原相遇（马拉松会战），指挥官米提亚德的战术成功奏效，希腊军队大获全胜。斯巴达军队晚一天到达战场，波斯第一路军队未出现在战场上，直接选择了撤离 | |
| 489 年 | 米提亚德率领军队攻打波斯统治下的帕罗斯岛 | 波斯军队在马拉松会战中失利，在波斯统治下的行省以埃及和巴比伦为首，当地住民的叛乱此起彼伏 |
| | 8 月，帕罗斯攻防战爆发，米提亚德腿部重伤 | |
| | 秋季，攻防战结束，希腊军队无功而返 | |
| | 米提亚德回到雅典后，遭到反对派举报，被判有罪。因腿部伤势恶化，不治身亡（61 岁） | |
| 488 年 | 与米提亚德同属对波斯态度强硬派的地米斯托克利，与对波斯态度缓和派的阿里斯泰德、克桑提普斯、麦加克勒斯的希帕克斯，两派之间的对立加剧 | |
| 487 年 | 地米斯托克利利用陶片放逐，将希帕克斯赶出雅典 | |
| 486 年 | 地米斯托克利用同样的手段，赶走麦加克勒斯 | 大流士去世，薛西斯继承波斯王位 |
| | 地米斯托克利推进高性能战船的建造 | |

续表

| 年代（公元前） | 希腊世界 | 希腊之外的世界 |
| --- | --- | --- |
| 485 年 | 为了抗衡波斯统治下的海军大国埃伊纳，地米斯托克利提议建造更多战船，受到稳健派阻挠，理由是这会引起斯巴达人误会 | |
| 484 年 | 地米斯托克利（40 岁）利用陶片放逐赶走克桑提普斯，接着又于公元前 482 年赶走阿里斯泰德。开始建造新型战船，数量超过 200 艘 | |
| 481 年 | 地米斯托克利就任“首席将军”，全面掌握政治和军事权力，并亲自担任下一年度最高指挥官 | 薛西斯率领波斯军队离开苏萨，冬季在萨迪斯集结 |
| 480 年 | 第二次希波战争开始。波斯军队派遣陆上军队 20 万人，海上战斗部队 800 艘船。与此相比，希腊军队的陆上战斗力是 1 万人，海上战斗力不足 330 艘船 | |
| | 春季，继大流士之后，波斯国王薛西斯率领波斯军队离开萨迪斯，横渡达达尼尔海峡，进入希腊。再从希腊北部一路南下直扑雅典 | |
| | 为迎战敌人，以 300 名斯巴达战士为首，斯巴达国王列奥尼达率领希腊军队前往国境地带温泉关隘口 | |
| | 8 月，波斯军队在温泉关攻打希腊联军，“温泉关之战”开始。斯巴达重装步兵英勇作战，波斯军队死亡人数多达 2 万人 | |
| | 在亚德米西林海角，双方海上力量相遇。为防止敌人海上军队与陆上军队会合，地米斯托克利阻止波斯船只进入湾内 | |

续表

| 年代（公元前） | 希腊世界 | 希腊之外的世界 |
| --- | --- | --- |
| 480 年 | 波斯军队在温泉关发起第二次进攻，再度败退。精锐近卫军“不死军”也死伤无数 | |
| | 国王薛西斯亲自督战下，18 万波斯大军发起第三次进攻。底比斯士兵 400 人、塞斯比亚士兵 700 人、斯巴达士兵 300 人组成的希腊联军迎战 | |
| | 在波斯军队的猛烈进攻下，底比斯投降。塞斯比亚军队被消灭，留到最后的 300 名斯巴达士兵壮烈牺牲。温泉关之战结束 | |
| | 地米斯托克利强制疏散雅典市内全体住民，率领海上联合军队前往萨拉米斯，计划向波斯海上军队发起进攻 | |
| | 薛西斯进入空城雅典，火烧城市和神庙 | |
| | 9 月 23 日，两军在萨拉米斯海湾发生激战，开启了“萨拉米斯海战”。波斯海上战斗力量为 900 艘左右的船只，与之相比，希腊海上战斗力量只有 375 艘船只 | |
| | 地米斯托克利率领雅典军队将波斯海上军队主力腓尼基船队诱入萨拉米斯海湾内，充分利用新建战船的特点，大获全胜 | |
| | 薛西斯留下陆上军队后撤回到位于小亚细亚的萨迪斯 | |
| | 希腊军队在伊斯米亚举行会议，决定次年攻打米卡勒海角 | |

续表

| 年代（公元前） | 希腊世界 | 希腊之外的世界 |
| --- | --- | --- |
| 479 年 | 8 月 28 日，希腊军队在希腊中部普拉塔亚附近的平原击退波斯军队（普拉塔亚之战），斯巴达英雄列奥尼达的侄子帕萨尼亚斯大显身手 | 孔子去世 |
| | 希腊海上军队取得米卡勒海战的胜利，夺回波斯军队的前线基地——萨摩斯岛 | |
| | 11 月，雅典海上军队夺回西斯托——位于达达尼尔海峡西岸、受波斯控制的小镇，破坏连接海峡两岸的浮桥，切断波斯陆上军队的入侵之路 | |
| | 爱琴海群岛和希腊北部的色雷斯、马其顿、色萨利回归希腊 | |
| 478 年 | 为保护雅典，地米斯托克利着手建设坚固的城墙，将雅典和外港比雷埃夫斯连成一体 | |
| | 帕萨尼亚斯突然出现在波斯统治下的塞浦路斯岛附近 | |
| 477 年 | 帕萨尼亚斯夺取拜占庭（现在的伊斯坦布尔）却被召回祖国斯巴达，因独断专行而受到警告，移居至爱奥尼亚地区东北部的克罗奈伊。斯巴达派将军取代帕萨尼亚斯统治拜占庭，却被雅典人赶走 | |
| | 以拜占庭为首，雅典控制了爱琴海至黑海的各处要地 | |
| | 为保障爱琴海安全，以雅典为中心，成立了集体防守体系提洛同盟（总部设在提洛岛） | |

续表

| 年代（公元前） | 希腊世界 | 希腊之外的世界 |
| --- | --- | --- |
| 471 年 | 因反对派客蒙（米提亚德之子，属于稳健派）提议，地米斯托克利遭陶片放逐离开雅典，移居到伯罗奔尼撒半岛东部的阿尔戈斯 | （467 年）波斯国王薛西斯去世，其子阿尔塔·薛西斯继承波斯王位 |
| | 帕萨尼亚斯再次被召回国内，获罪。拒捕逃进神庙，力竭而亡（43 岁）。后世研究者证实，判处帕萨尼亚斯有罪的证据系伪造 | |
| | 稳健派为彻底搞垮地米斯托克利，召他回国。地米斯托克利无视命令，逃到爱奥尼亚地区的以弗所 | |
| 466 年 | 地米斯托克利与波斯新国王阿尔塔·薛西斯会面，接受阿尔塔·薛西斯的邀请，出任小亚细亚西端的马格尼西亚和另外两个城市的总督，同时为国王出谋划策 | |
| 459 年 | 地米斯托克利在马格尼西亚去世（65 岁）。雅典历史学家修昔底德这样写道："就这样，斯巴达人帕萨尼亚斯和雅典人地米斯托克利走完了他们各自的人生。两人都为希腊争了光。他们的光辉不仅留在他们大有作为的时代，也留给了此后的希腊。" | |
| 449 年 | 克桑提普斯之子、雅典领袖伯里克利（46 岁）与波斯国王阿尔塔·薛西斯（46 岁）签订了和平条约（《卡里阿斯和约》） | |

# 图片出处一览

p4：罗马国家博物馆藏品（罗马），©Alamy Stock Photos

p27 右：英国国家博物馆藏品（伦敦），©Ancient Art & Architecture Collection Ltd/Alamy Stock Photos

p27 左：卢浮宫博物馆藏品（巴黎），©Bridgeman Images

p37：那不勒斯考古学博物馆藏品（那不勒斯），©Bridgeman Images

p58：梵蒂冈美术馆藏品（梵蒂冈），©Bridgeman Images

p60：作者藏品，新潮社写真部拍摄

p64：牛津大学阿什莫林博物馆藏品（牛津），©Bridgeman Images

p66：塔兰托国家考古博物馆藏品（塔兰托），©Alamy Stock Photos

p89：美国俄亥俄州议事堂藏品（哥伦布），©The Ohio Statehouse

p114：描绘波斯士兵的浮雕（帕塞波里斯），©Bridgeman Images

p115 右：卡比托利欧博物馆藏品，©AKG/PPS 通信社

p115 左：拉韦纳国家博物馆藏品（拉韦纳），©AKG/PPS 通信社

p138：描绘薛西斯的浮雕（帕塞波里斯），©Heritage Images Partnership Ltd/Alamy Stosk Photos

p148: 画：畠山莫谷

p149：同上

p151：古市集博物馆藏品（雅典），©AKG/PPS 通信社

p184：列奥尼达像（德摩比利），©Stephen Frink Collection/Alamy Stock Photos

p194：地米斯托克利肖像，梵蒂冈美术馆藏品（梵蒂冈），© Rijksdienst voor het Cultureel Erfgoed/ 德尔斐神庙锡夫诺斯宝库浮雕、© Bridgeman

地图制作：综合精图研究所

参考文献列于第 3 卷卷末

见识城邦

更新知识地图　拓展认知边界

# 希腊人的故事

## 2

## 民主的成熟和崩坏

[日]盐野七生/著
徐越/译

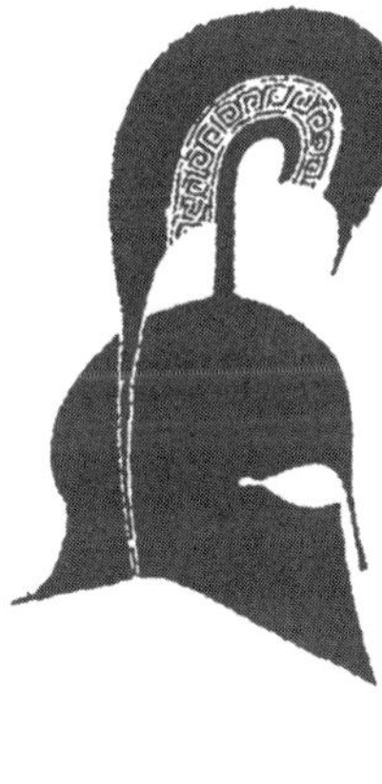

中信出版集团 · 北京

图书在版编目（CIP）数据

希腊人的故事：全三册 /（日）盐野七生著；计丽屏等译. -- 北京：中信出版社，2018.11（2025.5重印）
ISBN 978-7-5086-9571-6

Ⅰ. ①希… Ⅱ. ①盐… ②计… Ⅲ. ①古希腊－历史 Ⅳ. ① K125

中国版本图书馆 CIP 数据核字（2018）第 224464 号



希腊人的故事（全三册）

著　　者：［日］盐野七生
译　　者：计丽屏　徐越　田建国
出版发行：中信出版集团股份有限公司
（北京市朝阳区东三环北路 27 号嘉铭中心　邮编　100020）
承 印 者：北京联兴盛业印刷股份有限公司

开　　本：880mm×1230mm　1/32　　印　　张：41.75　　字　　数：858 千字
版　　次：2018 年 11 月第 1 版　　印　　次：2025 年 5 月第 10 次印刷
京权图字：01-2018-5522
审 图 号：GS（2018）5688 号
书　　号：ISBN 978-7-5086-9571-6
定　　价：148.00 元（全三册）

## 民主的成熟和崩坏

梭伦（Solon，约公元前 640 年—约公元前 560 年），雅典政治家。废除以人身偿还债务的制度，禁止奴隶化，雅典因此形成了中产阶级。

庇西特拉图（Peisistratos，约公元前 600 年—公元前 527 年），雅典政治家。制定一系列有利于中下层农民的政策，推动德拉克马银币的流通，振兴了雅典的经济。

克里斯提尼（Kleisthenes，约公元前 565 年—公元前 492 年），雅典政治家。新创雅典行政区制度，通过国体改造为民主政体的建立奠定了基础。

地米斯托克利（Themistokles，约公元前 524 年—约公元前 459 年），雅典政治家、军人。雅典民主政体和海军的创建者。萨拉米斯海战中击败波斯帝国军队。晚年遭陶片放逐，流亡波斯。

阿里斯泰德（Aristeides，公元前 530 年—公元前 462 年），雅典政治家、军人。马拉松战役时与米提亚德共同率领希腊联军打败波斯军队。

吕库古（Lycurgus，公元前 8 世纪后半期—公元前 7 世纪前半期），为斯巴达制定宪法，创立了监视王室的监察官体制。

列奥尼达（Leonidas，？ —公元前 480 年），斯巴达国王。温泉关之战中，以区区 300 人对抗波斯大军，使波斯付出惨重代价，最终壮烈战死。

帕萨尼亚斯（Pausanias，约公元前 514 年—公元前 471 年），斯巴达王家出身的军人。普拉塔亚之战中率领希腊联军击败波斯军队。后因个人表现突出遭监视官嫉恨，被以奸计害死。

# 目　录

## 第一部　伯里克利时代（公元前 461 年至公元前 429 年的 33 年）

——"民主政体"运作最完善的时代——

### 前　期（公元前 461 年至公元前 451 年的 11 年）

## 后　期（公元前450年至公元前429年的22年）

## 第二部　伯里克利以后（公元前 429 年至公元前 404 年的 26 年）

——“民主政体”失控的“众愚政治”时代——

### 前　期（公元前 429 年至公元前 413 年的 17 年）

## 后　期（公元前412年至公元前404年的9年间）

# 第一部　伯里克利时代

（公元前 461 年至公元前 429 年的 33 年）

——“民主政体”运作最完善的时代——

## 前　期

（公元前 461 年至公元前 451 年的 11 年）

# 对手客蒙

公元前462年，阿里斯泰德死去。雅典上下，为这位被称作“正义之人”的重要政治家的离世而感到悲痛。

实际上，阿里斯泰德代表了富裕阶层的利益，但他本人自始至终过着清贫的生活。位高权重却一生俭朴，没有比这样的事迹更能赢得庶民的好感了。

听说阿里斯泰德身后连葬殓费都没有时，作为城邦国家雅典最高决策机构的公民大会以压倒性的多数决定由国家出资为他举行葬礼，甚至连他没钱结婚的女儿的嫁妆，也一并担起。

回顾自己68年的人生，阿里斯泰德应该是带着平静的心情离开人世的吧。

常年的绊脚石地米斯托克利，被阿里斯泰德用陶片放逐的方式流放国外，随后又以违抗召回令为由，发出了“国际通缉”。两年前，地米斯托克利作为政治顾问被波斯国王收留，从此与雅典政坛绝缘。

再者，作为自己“稳健民主政体”理念的接班人，阿里斯泰德一手培养起来的客蒙（Cimon）时年 48 岁，正值壮年。

客蒙的父亲米提亚德（Miltiades）是雅典打败波斯赢得马拉松战役的功臣。或许是继承了父亲的才华，客蒙在军事上表现非凡，屡建功勋，雅典人为之疯狂。

不仅雅典市民，所有希腊城邦的人民都把长于军事视为领袖必备的能力。理由非常现实，因为在当时的希腊，战败意味着能当兵的适龄男人一律被杀，妇女儿童被变卖为奴。

雅典每年选举 10 位“将军”，要求候选人政治才能与军事才华兼备，相信这是出于同样的考虑。

这就是公元前 5 世纪即将进入后半期时，客蒙获得雅典市民高度支持的原因，也是令阿里斯泰德感到可以放心离去的理由。

话说这位客蒙还是一位“正直之人”。

也许在被誉为“正义之人”并一生以此为傲的阿里斯泰德的心目中，客蒙正直的性格，是他作为雅典领袖最宝贵的品质。

人与人相处，重义、正直，的确属于值得赞美的品德。然而，国与国之间打交道，好品德未必能为国家带来更多利益。在阿里斯泰德死去的一年之后，曾经人气居高不下的客蒙遭陶片放逐。68 岁的阿里斯泰德以自己的年龄估算，以为接班人至少能驰骋政坛 20 年，不料仅一年的光景，客蒙便黯然退场。

一向自诩政治经验丰富的阿里斯泰德，还犯了一个错误，就是轻视了伯里克利（Pericles）的存在。准确地说，他没有看出这位当时

30 岁刚出头的年轻人的政治抱负。

当然，伯里克利这个人阿里斯泰德是知道的，他是长期以来与阿里斯泰德同处“反地米斯托克利”战线的盟友克桑提普斯（Xanthippos）的独生子。这位年轻人来自“超级”富裕的阶层，是世世代代为雅典政坛输送人才的著名的阿尔克迈尼翁家族（Alcmaeonidclan）的成员。伯里克利与娶了这个家族的女孩为妻的客蒙，还是亲戚。

在这样的环境中成长起来的伯里克利，势必成为以阿里斯泰德为首的稳健派的一员。“正义之人”大概对此深信不疑。

可是，年轻的伯里克利却选择了复兴地米斯托克利的政治理念。

公元前 471 年，陶片放逐地米斯托克利的背后操纵者是阿里斯泰德，站在第一线不遗余力达到目的的是彼时 39 岁的客蒙。

10 年以后，以陶片放逐的强制手段将客蒙逐出国门的，是 34 岁的伯里克利。

如果阿里斯泰德晚死一年，这位“正义之人”或许不会走得那么安详。

频频出现于雅典城邦政治史上的阿尔克迈尼翁家族，堪称雅典最有名有势的家族。他们维持势力的战略，或者说处世之道，相当耐人寻味。

首先，家族不会因为某人是其直系的男性成员，便无条件地给予他支持。当然，如果这个人有出众的才华，那他会像克里斯提尼那样，得到家族从人脉到经济全方位的支援。倘若直系男性中没有出现如此有才能的人，家族会将女孩们嫁给那些年轻有为的外族男子，再用家族的影响力为女婿助阵。

虽然外族男子可以为婿，但他们不会完全进入家族的核心。庇西特拉图、克桑提普斯以及客蒙，都娶了阿尔克迈尼翁家族的女孩，与这个家族结成姻亲关系。然而这种关系仅限于亲戚，他们仍然是独立的个体，所以这些人的政治活动没有被这个家族束缚。

长期反对庇西特拉图的僭主制，最终在雅典建立起民主政体的是阿尔克迈尼翁家族的直系成员、一族统帅克里斯提尼。伯里克利的母亲与克里斯提尼的女儿是表姐妹，前者的儿子放逐了同族的客蒙。女人们私下里交往密切，而男人们在政治上争得你死我活，这在阿尔克迈尼翁家族的“维持势力战略”中不是什么稀罕事。

雅典重要的政治家中与这一豪门没有干系的，仅梭伦和地米斯托克利两人。可见这个家族为保持势力，构建人际网络的手段有多么高明。

在伯里克利之后，阿尔克迈尼翁家族还出了一位政治家，他是本书下半部的主人公阿基比亚德。

也就是说，自梭伦开启雅典民主制以来，在这段时期执掌政坛的男人们，哪怕有执政党、在野党之分，都和阿尔克迈尼翁家族有着千丝万缕的联系。而“这段时期”长达150年之久。让我们想象一下以下场景。

丈夫们在公民大会上激烈争辩，他们的妻子聚集在某位家中，勤快地纺纱织布，嬉笑着聊天谈心，年幼的孩子们在母亲身边开心地玩耍。

当这些幼童成长为少年，曾经的玩伴会变成一起读书的同窗、一起去角力场强身健体的朋友。如果哪位孩子幼年时父亲战死，阿尔克迈尼翁家族的“人际关系网”便开始运作。3 岁丧父的阿基比亚德的监护人，即代理父亲正是伯里克利。

那么，作为阿尔克迈尼翁家族的代表、稳健民主派的重要政治家，阿里斯泰德为什么会选客蒙作为接班人，而没有关注家族关系更近的伯里克利呢？

或许他是出于政治成熟度的考虑，毕竟客蒙已经 40 多岁，伯里克利才刚过 30 岁。除了年龄的差距，两人迥异的性格，会不会也是原因之一呢？

客蒙是一位行事张扬的男人。哪怕从战场短暂返回雅典，他的宅邸也是夜夜笙歌，来者都是客。在雅典人口最密集的大市场，客蒙总是被民众围得里三层外三层。这位战场上的常胜将军，不仅善待手下的士兵，对普通市民的态度也相当友好。

而伯里克利一辈子保持着贵族式的生活，这种姿态从未改变过。

他极其厌恶来者不拒的宴会。当时的雅典还有一种限制人数的小范围聚会，叫作“会饮”。伯里克利似乎对此也不感兴趣，史料中从来没有记载过他在家中举办会饮活动。

这里顺便将不同的聚会做一个分类。

古代雅典的会饮：甄选宾客，客人在愉快地饮酒用餐的同时，围绕特定的话题展开讨论的一种知性的聚会。

现代的专题研讨会：募集听众，在不提供任何食物、酒水的严谨的气氛中，专家学者面对付费入场的听众，就预先设定好的议题，依次上台发表演讲。

现代的家庭派对：有条件地选择宾客，提供餐饮，客人不会因某个话题发生争论，主要以交际为目的。

以上三种聚会，估计伯里克利都不会喜欢。所幸，他还不至于厌恶与人交流。

根据史料记载，伯里克利会不时邀请少数亲密的朋友去家中聚会，共同度过一天的时光。是否邀请某人参加，完全取决于他是否与客人趣味相投。至于他是不是雅典人，属于哪个阶级，都不是问题。

希腊的“家庭派对”

宾客中既有来自爱奥尼亚的阿那克萨戈拉斯（Anaxagoras），也有与伯里克利阶级地位、年龄辈分相仿的雅典悲剧作家索福克勒斯（Sophoklēs）。雕刻家兼建筑家的菲狄亚斯（Pheidias）虽然社会地位低下，但却是伯里克利家宴上的常客。

不过，伯里克利宅邸的聚会有别于其他雅典人家的会饮，宾客不会醉酒闹事。

与罗马人不同，希腊人有喝葡萄酒易醉的毛病，也就是说容易喝多。很多人喝醉了随地呕吐，醉汉之间甚至流行互掷呕吐盆的游戏。古代雅典的家庭派对常常充满了恶臭和噪声。

相信这种情形不是伯里克利喜闻乐见的。他自己不举办类似的家宴，也不赴别人家的宴会。

作为政治家无法回避的职责之一，就是在公民大会上发表演说。在这一点上，客蒙与伯里克利的风格也大相径庭。

客蒙演讲时，民众欢呼沸腾，而伯里克利开口说话，大家会安静地聆听，并且思考。

城邦国家雅典，是一个连最底层公民都有权参政的大众民主的国家。阿里斯泰德选择客蒙作为国家领袖，也算合乎情理。显然客蒙更有大众民主制国家政治家的样子。

然而，时代在变化，民众对政治家的要求也与时俱进。在客蒙遭陶片放逐退出政坛之后，领导雅典长达30年的竟然是不像大众民主制国家政治家的伯里克利。

## 宿敌斯巴达

“伯里克利时代”始于客蒙遭陶片放逐。不过，为了让大家理解事件发生的原因，必须回头从 3 年前说起。

公元前 464 年的夏天，一场可怕的大地震袭击了斯巴达，现在想来，它应该属于垂直型地震。在城邦国家斯巴达的拉科尼亚（Laconia）地区，首都斯巴达的受灾情况最为严重，除了九间房屋没有倒塌，几乎全城被毁。

希腊位于地震多发地带，斯巴达所处的伯罗奔尼撒半岛的南部更是直接坐落于地震带上，灾害尤为频繁。尽管斯巴达人早已习惯了这种天灾，但那一年的情况实在惨烈。惊恐的人们叫它“波塞冬的愤怒”，提心吊胆地等待余震过去。在当时人们的认知里，陆地上的地震源自海神波塞冬的指令。

除却忍耐别无出路的斯巴达的市民们，好不容易熬过余震，刚松下一口气，就发现有新的危险朝他们逼近。

大批的希洛人正向刚经历了人力、物力、精神三重打击的首都蜂拥而来。

这些半奴隶身份的农奴被禁止携带武器，他们手中握着的可能只有镰刀、斧头，但人数是斯巴达市民的16倍，而且他们一直对高高在上的斯巴达市民心怀恨意。

城邦国家斯巴达的社会结构与实施“民主制”、连最底层民众都有投票权的雅典不同，斯巴达人选择了由少数人掌握国家政权的“寡头政体”。因此他们的社会分为以下三个等级：

斯巴达公民——从20岁到60岁的现役人口，不超过15000人。他们要服兵役，名闻天下的斯巴达战士指的就是这群人。

庇里阿西人——为军人阶级提供必需物资的手工业者或商人。

希洛人——国有农奴。终其一生为统治阶级的斯巴达战士耕田种地。

根据学者的估算，以上三个阶级的人口比例是1 ∶ 7 ∶ 16。

在斯巴达，具备公民身份必须履行兵役，同时又拥有投票权的斯巴达男性只有一万多。庇里阿西人和希洛人都不是公民，也就是说算不上真正的斯巴达人。

鉴于这样的社会状态，斯巴达对地震和希洛人的暴动始终保持着高度警戒。然而在公元前464年，这两大威胁接踵而至。

斯巴达陷入深刻危机的消息，从手持镰刀、斧头朝首都进军的希洛人人群，传到从没想过造反的庇里阿西人耳里，甚至蔓延到位于拉科尼亚西部的斯巴达属国美塞尼亚，一场暴动演变成直接左右斯巴达存亡的严重事件。

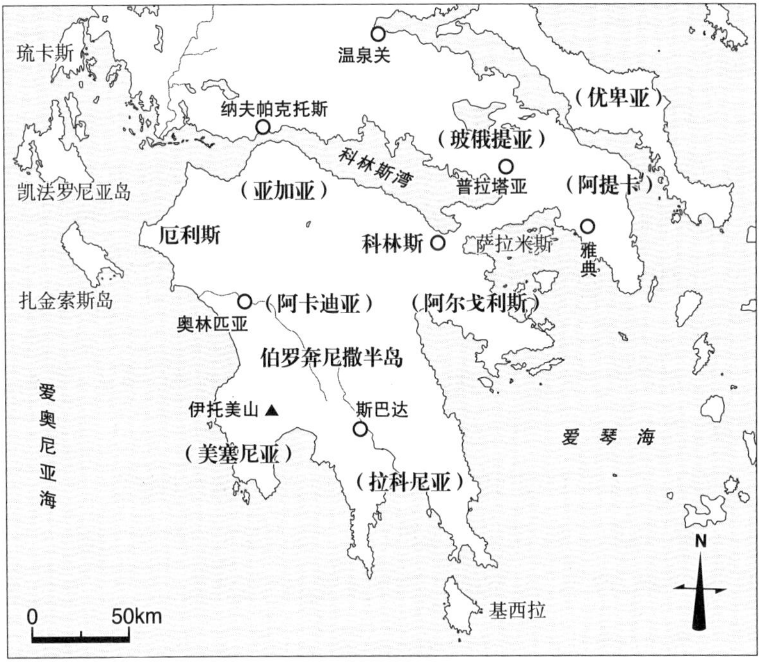


伯罗奔尼撒半岛

就在同一年，斯巴达迎来了他们的新国王——刚满30岁的阿希达穆斯（Archidamos）。

相较于灾后重建，年轻的国王首先得调动兵力。上至60岁以上已经退役的老人，下至尚未经历过“通过仪式”提着希洛人首级回营地的未满20岁的男孩，但凡能拿武器的男人，无一例外地统统被动员起来。

国王率领着这支军队，在步步逼近的希洛人大军前布阵。军队的具体人数不详，以当时的情形，哪怕全国总动员，阿希达穆斯能够调集的兵力也就一万人。

尽管人数处于劣势，但他们毕竟是从 7 岁至 60 岁坚持强身习武的斯巴达男子。斯巴达重装步兵的装备、武器，虽说是刚从倒塌的房屋中找出来的，但较之希洛人手中的镰刀、斧头，威力不可同日而语。结果，斯巴达人击退了数量在自己 10 倍以上的希洛人，将他们赶进首都斯巴达以西 50 公里左右的伊托美山中。

然而，真正的麻烦才刚刚开始。

希腊的山多岩石。因此，攻山犹如攻击城墙高筑的要塞。首先，需要大量的士兵；再者，战法十分复杂。

斯巴达从来没有足够的士兵能够彻底包围山岩打封锁战。

16 年前的希波战争中，斯巴达战士因温泉关血战以及普拉塔亚战役的全胜而声名远扬至远东，但他们擅长平原作战。

“永远不要将后背朝向敌人”“战场上不胜利，毋宁死”，这些斯巴达人自孩童时便接受的教导，在实战中并没有起什么作用。一面防守来自上方、左右甚至背后的袭击一面进攻杀敌的战法，不是斯巴达人所长，或者说是他们的先天缺陷更为合适。纵观斯巴达的历史，他们从来没有攻下过建有城墙的城市。

虽说攻山战有违斯巴达人的天性，可是任由希洛人盘踞山中，只会助长他们的气焰。如果叛乱的势头扩散至庇里阿西人和美塞尼亚地区，斯巴达人再勇猛，仅靠一万名士兵终是难以抵挡。

胶着的状态持续了一年多以后，斯巴达人终于低下头，向雅典求援。之所以熬这么久才开口，是因为斯巴达人的自尊心。

当年波斯来袭，希腊危在旦夕之际，赢得萨拉米斯海战胜利要归功于雅典人。但是在温泉关之战中，是列奥尼达国王率领斯巴达 300 名勇士，以全体战死换取对手损兵 2 万，让波斯大军的南下延迟了一周。更何况，温泉关之战的第二年，在普拉塔亚平原歼灭波斯军大获全胜的是帕萨尼亚斯率领的斯巴达战士。

如此强悍的斯巴达竟然要向雅典讨救兵，实在令人难以接受。倘若是海军，多少还情有可原，毕竟斯巴达没有训练海军的传统，但要求陆军支援，实在让高傲的斯巴达人纠结不已。

形势危急，骄傲的斯巴达人不得不向雅典派去了求援的特使。

在接到斯巴达的正式请求后，雅典紧急召开了公民大会。

最先表态赞成派兵的是客蒙。这个人从来不掩饰自己对斯巴达的好感，甚至为儿子取了一个意为“斯巴达之子”的名字。

不过在大会上，客蒙没有用“情”，而是以“理”服人。他说：“希腊有雅典和斯巴达两只脚，方能四平八稳。我们必须帮助斯巴达。”

而反对客蒙的是吸取了地米斯托克利政治理念的一批人。如果客蒙算“稳健民主派”的话，这批人就是“激进民主派”。彼时，伯里克利尚未成为这一派的领头人，还处于类似副手的位置。因此，在公民大会上与客蒙展开激烈辩论的是比伯里克利稍稍年长的埃非阿尔特斯（Ephialtes）。

埃非阿尔特斯究竟以何种理由反对出兵，史料没有记载。据说埃非阿尔特斯的思想比伯里克利激进数倍，也许他会这样反驳客蒙：“斯巴达一味压榨剥削希洛人、庇里阿西人，不赋予他们公民权，对采取这种社会制度的斯巴达，雅典没有支援的必要！”

然而，当时客蒙的民意基础可谓坚如磐石。最终，公民大会以多数赞成票通过了客蒙的提案，客蒙亲率 4000 重装步兵支援斯巴达。

客蒙顺利率军进入斯巴达后，处境渐渐变得微妙起来。也许是他直率的性格引发了冲突，毕竟“正直之人”不等于“外交高手”。

首先在军事方面，客蒙对自己的军事才能信心十足，他可能向斯巴达军的上层提出了什么建议或忠告，损伤了斯巴达人的自尊心。

斯巴达人天性顽固、保守。对奠定国家体制基础的吕库古“宪法”，他们不会去想“为什么要护宪”，而是“反正就是要护宪”。斯巴达人欠缺灵活性简直到了无药可救的地步。无论结果是否对自己有利，凡外国人提出的建议，他们都坚决予以拒绝。客蒙越直言不讳，在斯巴达越不受待见。

其次是政治上的原因。客蒙及其麾下 4000 雅典士兵的存在，让斯巴达一方颇感不安。

如第一卷中所述，斯巴达的国家政治由每年选出的 5 名监察官操控。这些人以吕库古“宪法”守护者自居，对滞留斯巴达的客蒙和 4000 雅典士兵逐渐产生了怀疑，担心他们的存在会威胁到斯巴达的社会体制。

客蒙再怎么亲斯巴达，终究是来自民主雅典的公民。他率领的 4000 名重装步兵是雅典的中坚力量。他们会不会表面上来救援斯巴达人，其实在暗中帮助希洛人？就算没有直接的行动，这些人的存在本身就是对斯巴达底层人民的激励。监察官们对这 4000 名雅典公民来斯巴达的真正目的产生了怀疑。而客蒙对此毫不知情，一心一意援助斯巴达，想来也是够可悲的。

斯巴达的5名监察官以维护国家体制为使命，只要心存疑虑即可给人定罪，不必冷静地去究清事实。在第一卷中，我说这些监察官类似中世纪将大批无辜民众投进火堆的无耻的异端裁判官，就因为他们都有妄下断言的特质。

不到10年之前，在普拉塔亚平原战中，率领斯巴达重装步兵彻底打败波斯王牌骑兵团，英名远扬至远东地区的统帅帕萨尼亚斯，最终也是惨死在监察官手里。他被定罪的理由是利用普拉塔亚战的声誉煽动希洛人，勾结波斯，企图背叛斯巴达。

帕萨尼亚斯的叛国罪在当时看不过是有些疑点，如今确定完全是冤案。是斯巴达的国家体制决定了5名监察官可以实际控制国家政治。

遭到猜疑的客蒙在斯巴达的处境变得微妙。而这些监察官一旦生疑就会立即采取行动。

客蒙被告知斯巴达已不需要帮忙，请他即刻返回雅典。明明是被请来救援的，结果还没做什么就被斯巴达人要求离开。

希洛人虽然被赶进了伊托美山里，但仍然顽强反抗，叛乱并没有结束。在这种时候，斯巴达要求客蒙及其军队离开，可算是监察官们一旦怀疑便不计后果的典型一例。

客蒙接到逐客令败兴而归，迎接他的是群情激愤的民众。受到斯巴达人如此怠慢，雅典人自然义愤填膺。

雅典人对斯巴达人的行为感到气愤的同时，也对不做任何抗议便顺从而归的客蒙产生强烈的不满，客蒙的民意支持率急剧下滑。反客蒙派没有放过这个好机会。

公元前 461 年的春天，49 岁的客蒙遭陶片放逐，他离开雅典，远离政坛长达 10 年。客蒙下台后，埃非阿尔特斯领导的激进民主派掌握了大权，但埃非阿尔特斯在执政后不久便遭暗杀，暗杀者据说是客蒙的狂热支持者。

埃非阿尔特斯的死，对于政治生涯刚起步的伯里克利而言是一个好消息。这种情形有点像一心想闯出自己事业的儿子，碰巧遇上了父亲的早逝。

就这样，刚满 34 岁且完全不像政治家的伯里克利领导城邦国家雅典进入了新时代。

然而，史称“伯里克利时代”的雅典的黄金时代，实际上并不是那么顺风顺水。

## 30 多岁的伯里克利

繁荣不会从天而降，人们必须为之付出努力和辛劳。

建立繁荣昌盛的国家需要两类人：一类是为走向繁荣开辟道路的人，另一类是为实现繁荣夯实基础的人。如果效仿历史学家普鲁塔克，从罗马人和希腊人中各挑选一位写《比较列传》的话，我会将继承了恺撒事业的罗马开国皇帝奥古斯都拿来与伯里克利对比。

“保江山”与“打江山”性质有所不同，但要论孰轻孰重，实际很难分出上下。伯里克利执政的30年，是不懈努力、付出辛劳的30年。

小林秀雄曾经说过：“道德高尚、精力充沛的行动家，为顺应当时的形势，不得不成为了政治家。”这简直就是伯里克利的写照。

作为“第二代领导人”，年轻的伯里克利必须应对的课题十分明确。

第一，保证雅典的民主政体有效运行。换言之，在维持政体的同时，尽量提高治理效力。

正因为雅典是民主政体，所以民众的要求层出不穷。如果对他们言从计听，社会就无法前进。如何在全面言论自由的前提下，推动社会有序发展，是对政治家领导力的极大考验。

第二，守住希波战争的胜利成果——爱琴海制海权。

解决这个问题的关键，是确保地米斯托克利一手建立起的海军的战斗力。对于雅典而言，守住爱琴海的制海权不仅是出于军事上的考虑，还与经济息息相关。

从进口主食小麦到出口陶壶等手工业制品，城邦国家雅典是一个在国际贸易上保持领先才能生存的国家。因此，强大的军事实力有助于经济发展。

第三，坚守希波战争的胜利成果——提洛同盟。

只有保证这个同盟的健全运作，爱琴海才真正属于希腊人，所以这对雅典是生死攸关的大事。但这个同盟也存在缺陷。

提洛同盟的成员并非雅典以军事力量强行聚集在一起的。各城邦是为抵抗超级大国波斯的侵略，自发结成同盟的。这正是问题所在。

萨拉米斯海战——公元前 480 年。

提洛同盟结成——公元前 477 年。

伯里克利成为雅典领袖——始于公元前 461 年。

伯里克利面临的困难是，在希腊人对波斯的恐惧渐渐淡薄的时代保持同盟的稳定。

毕竟加入提洛同盟是各城邦的自发行为，有利可图便参与其中，感到不利就可能退出。

在那个时代，希腊人对于自主独立、平等的诉求远远高于其他民族，因此要将他们统合在一起相当不易。

地米斯托克利之所以能成功地做到这点，是因为彼时有强敌波斯在前。地米斯托克利将波斯赶出了爱琴海，接下来便是伯里克利守住爱琴海的时代。

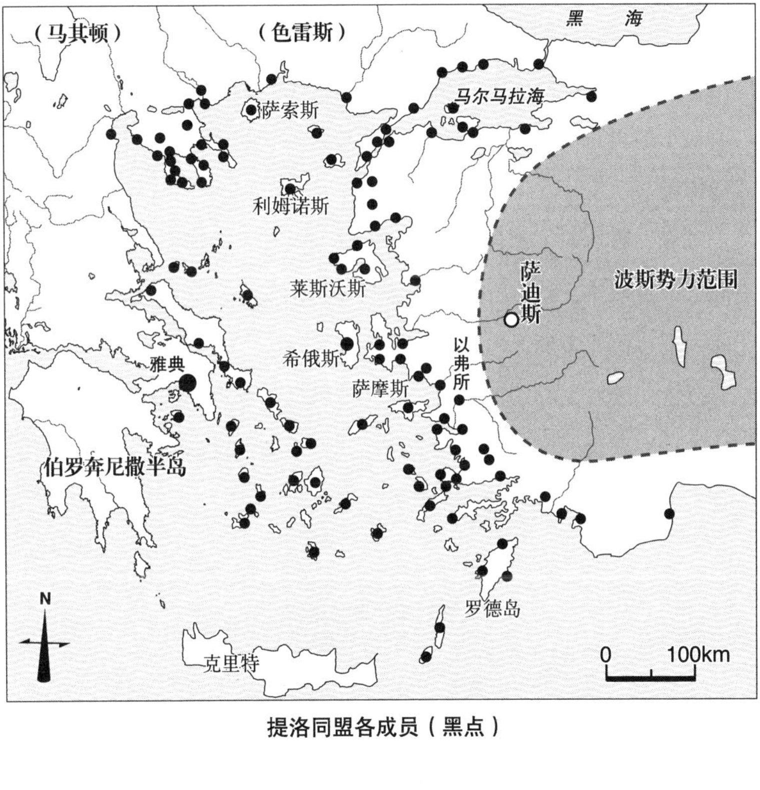


提洛同盟各成员（黑点）

伯里克利面临的第四项课题，对他而言是最简单的。

最先意识到雅典的安全保障有赖于海军，通过打造三层加莱船增强了海军实力的是地米斯托克利。他主张壮大海军，这一主张的有效性首先在萨拉米斯海战中得到了印证，随后又因为雅典掌控爱琴海全域的制海权而成为全雅典人的共识。因此，伯里克利只要延续先人的做法即可。

此外，修筑城墙也是在地米斯托克利的推动下实施的。用城墙将雅典与外港比雷埃夫斯连为一体，已经没有雅典人对它的有效性有所怀疑。不过，城墙建成已经 20 年，必须做一次彻底的改造。所以，伯里克利只需要从政治上判断实施这项大工程的合适时机。

对于伯里克利而言，最棘手的大概是避免卷入战争，这是他的第五项课题。

首先，雅典除了提洛同盟之外，还与其他一些城邦结盟。同盟方之间，一方有难，他方必须履行派兵支援的义务。然而，战争往往会让介入弱小国纷争的大国深陷其中不能自拔。

其次，希腊人必须通过每 4 年在奥林匹亚举办一场运动会才能休战。他们会因为一些微乎其微的理由一次次拿起武器走上战场。所谓一言不合就开打，讲的就是希腊人。

**代表和平的各国语言**

| | |
|---|---|
| 拉丁语 | Pax |
| 意大利语 | Pace |
| 西班牙语 | Paz |
| 法语 | Paix |
| 英语 | Peace |

如今西方各国使用的“和平”一词均源自古罗马人的拉丁语

“Pax”。“维系才是和平”是罗马人的理念，不是希腊人的。

希腊人几乎创造了所有的理念、概念，但唯独没有“和平”。

对于希腊人而言，没有战争的状态不过是短暂的休战状态。就像赛车场上发生事故，安全车出动，赛道上所有的赛车不得互相超车一样，属于暂停时间。

面对这样一群人，想尽量不卷入战争，难度可想而知。

伯里克利在执政期间基本完成了第一至第四项课题，唯有第五项未能如愿。这究竟是缘于希腊人的民族性，还是因为伯里克利本人也是希腊人呢?

## 连续当选

历史学家修昔底德评价伯里克利时代最著名的是以下这句：

“表面上看实行的是民主政体，实际上是一个人统治的国家。”

这句话让人们不由自主地产生疑问：采取少数服从多数的民主政体的情况下，为什么还会出现一人统治？

名门出身并没有为伯里克利带来什么利益。那些反对派成员也几乎全都来自望族。同样，伯里克利的有钱人身份也没有特殊的意义。城邦国家雅典的当权者个个都是无须公款私用的有钱人，以至于法律中没有盗用公款这项罪名。

再者，雅典人如果有意参与国政，不管出身高贵还是财力雄厚，都得在部落选区中获胜，必须被选拔为将军。

相当于城邦国家行政区的部落并不集中在一起。经由克里斯提尼的改革，各部落分散在雅典的阿提卡地区的三个地方。候选人想回到选区拉拢选民，实际上是不可能的，因为将军的选举每年一次。

在这种情况下，伯里克利自30岁初次当选将军以来，连续32年当选，史料中从未有过他落选的记载。

城邦国家雅典赋予全体公民即20岁以上的男性选举权。如果学者的推算无误，那个时期拥有公民权的雅典人应该在6万人左右。部落选区共10个，每个部落的选民大约是6000人。

伯里克利的选区是阿卡曼提斯部落。这个部落的6000位选民中，有半数以上的人由始至终将选票投给伯里克利。长达30年以上的“当选无疑”让现代的政治家们羡慕不已。

连续当选是伯里克利能实现一人统治的原因之一。

一度与伯里克利同时当选为将军的索福克勒斯，在第二年的选举中落败。曾与他一起奔赴战场的伯里克利称这位同辈兼好友写悲剧比当将军对雅典更有意义。或许是出于同样的判断，索福克勒斯所在选区的选民们才没有把选票投给这位希腊三大悲剧作家中最优秀的一位。

在2500年前的雅典，掌管政治、军事、外交、经济等所有国家事务的最高行政机关是政府内阁，它由10个部落选出的10位将军组成。不同于现代国家内阁的是雅典不设总理一职，因此无法任命各部门首长。

10位将军中有像索福克勒斯那样在政治上认同伯里克利的成员，可是反对派同样有机会当选。客蒙虽然遭陶片放逐，但他的支持者仍大有人在，这些人就是伯里克利的政敌。

如此状态下，要实现一人统治，伯里克利必须说服其他9位将军接纳自己的想法，这种可称为“内阁一致”的工作必不可少。如果事先沟通不到位，那么决定国家政策的公民大会上极有可能出现强烈的反对之声。没有什么比内阁分裂更容易失去民心。如果民众对当权者的不信任反复出现，民主政体就会崩溃。

话说回来，民主国家雅典的最高决策机关是公民大会。20岁以上的男子人人都有参加大会并投票的权利。若政治家希望自己的设想成为国策，公民大会就是斗争最激烈的战场。哪怕是成功取得“内阁一致”的政策也经常会在公民大会上被推翻。

## 武器是语言

那么，在这个战场上，伯里克利是如何赢得胜利的呢?

他唯一的武器就是语言。仅靠语言的说服力，30 年间劈波斩浪，简直没有比这更加民主的战斗了。

让我们看看在当时闻名遐迩的伯里克利的“说服力”是何等神器。

有一次，斯巴达国王阿希达穆斯询问来访的雅典人，伯里克利是怎样一个人。

斯巴达王当然会对这位雅典第一人感兴趣。他肯定想了解对手究竟是怎样的人物。

访客是这样回答的:“我和伯里克利在众人面前比武，我赢了，观众们也都认可这个结果。不料，明明输了比赛的伯里克利说是他获胜了，还举出种种证据证明自己的主张。那些亲眼目睹比赛过程的观众，听了伯里克利的一席话后居然开始认为赢家的确是伯里克利。”

乍一听，感觉伯里克利的“说服力”像是用冠冕堂皇的辞藻迷惑听众的诡辩，是一种弄虚作假的手法。不过，仔细阅读史料记载的他的发言、演说，又会觉得并非如此。

如果用体育比赛做比喻的话，这有点像网球比赛的鹰眼挑战，足球比赛的录像裁判。换一个角度观察，大家会发现网球出了界，足球运动员踢进的原来是个乌龙球，从而推翻裁判原本的裁定。

伯里克利的“说服力”之所以有效，最大的原因是，他向雅典民众展现了转换视角后事物呈现的不同形态。

请大家不要忘记，参加公民大会听取执政者的提案并投票表决的人，只占雅典公民总数的十分之一。从当时的高识字率可以想象，这些人都是有相当程度的认知能力的。

与伯里克利生活在同一时代的雅典人，是充分享受到希波战争的胜利果实，充满自信的一群人。自信的人往往能以平常心做出判断。相反，人们一旦丧失自信，就会陷入不安，对现状不满，做决定时容易情绪化。如果出现那样的状况，离民主政体的危机就不远了。

不过在那个时期，伯里克利面对的是信心十足的雅典公民。他在民主国家雅典能够 30 年保持一人统治的状态，除了能成功地说服民众以不同的角度看待问题之外，还得益于他的演说方式。

伯里克利面对民众，不会客套地称诸位都是国家的主人，请毫无保留地提出你们的要求，我们当政者的任务就是将公民的期望变成现实云云。

他会直截了当地告诉民众，基于这样那样的理由，他本人认为某个政策最合适。哪怕有转移视角之嫌，好歹是摆明了现状。随后他会强调，是否采用该政策的决定权在各位公民手里。这种方式用现代语言讲，就是在完美履行说明义务的基础上征求可否的论述。

伯里克利持续一人统治的另一个原因，是他的演说能让听众们对未来心怀希望。

人们听着伯里克利对政策的说明，对他独特的见解点头称是，感叹原来可以这样看问题。与此同时，人们又为自己被称作最终决定者而感到满足，主人翁精神油然而生。听完他的演讲，民众往往能带着积极开朗的心情离去。

劝诱、引导。大概“诱导”一词最能体现伯里克利的论述之道。

在言论自由的民主政体下，强迫民众唯命是从是不可能的。唯一有效的方法是通过“劝诱引导”以理服人。不过，伯里克利的诱导手法之高明，还真是令人惊叹不已，不得不承认他才是真正意义上的政治家。

听完雅典客人以武艺比赛之例评论伯里克利，斯巴达国王放声大笑。笑完他说想见见此人。之后，他俩果真见了面，见面后还成了好朋友。

## 年轻的掌权者们

比伯里克利年轻一岁的斯巴达国王阿希达穆斯明白雅典第一人伯里克利的说服力不是来自诡辩，而是来自巧妙的诱导。阿希达穆斯本人也很善于理性思考，这在不善言辞的斯巴达男人中实属难得。

话又说回来，就算伯里克利在国内能够诱导民众，单凭这一点是不可能实现30年以上的一人统治的。内政也会受到对外关系的影响。

伯里克利作为雅典第一人的30多年中，雅典必须正视的强国有斯巴达和波斯。在那个时代，东地中海世界的三大强国分别是雅典、斯巴达和波斯。

三个国家对应三种不同的政治体制，雅典是民主政体，斯巴达是寡头政体，波斯是君主专制。

或许是出于偶然，三个国家的领导人都是30岁出头就执政掌权，并且在随后的30年中始终保持着领导地位。

当然，三位领袖各有各的烦恼。

伯里克利面对的问题是如何平衡日益增长的民众需求和国家利益。

斯巴达王阿希达穆斯的麻烦是以牵制王权为使命的5名监察官。

如果被这群人猜忌，他有可能像帕萨尼亚斯那样，贵为国王照样被处死。

作为君主专制帝国的主人，波斯国王阿尔塔·薛西斯看似没有地位不保的风险，但他的一生过得也不轻松。这位年轻君主请地米斯托克利做政治顾问，以如此标新立异的手法开始治世，他最担心的就是被世人认为对外态度软弱。

一旦被视为软弱，不仅波斯统治下的埃及等国会爆发叛乱，而且王族内部的不满分子会以此为理由开展暗杀行动，危险无时不在。

尽管三位领袖各有不同的辛劳，不过他们有一个共通点：拥有良知。

战争，似乎无法避免。对他们三位而言，国内最大的敌人就是所谓的民族主义者。但若找到适当的时机，与之相互做出一些妥协，还是有可能避免战争长期化的。

伯里克利一人统治的30余年是雅典尽情享受繁荣的全盛时代，这已经是历史定论。

这个时代之所以能出现，原因之一是雅典的假想敌——斯巴达与波斯的掌权者也是富有良知的人。伯里克利就算再能干，也有不足之处。作为政治家，他的能力的确超一流，但说到军事才能，英国某学者的评价是“有相当的程度但仅此而已”。如果对手看准他的这个软肋发起攻击，那么雅典就没有什么繁荣昌盛可言了。

在西方历史上，若论同时拥有超一流的政治和军事才华的人物，我认为非尤利乌斯·恺撒莫属，无人能出其右。虽然亚历山大大帝、汉尼拔、西庇阿都是非凡的军事天才，但论及政治才华，恺撒勾勒出长治久安的多民族国家——罗马帝国的蓝图，然后交由其继任者实现了大业，绝对出类拔萃。

说到继承人，恺撒没有将实现自己宏伟计划的大任交给战功卓著的副将安东尼，而是托付给当时年仅 17 岁、尚无建树的屋大维（后称奥古斯都）。可能恺撒认为，相较于“热血之人”，治理帝国还是“智慧之人”更为合适。

当时 17 岁的屋大维在军事上几乎一无是处。恺撒没有对他提出“从现在开始学习”之类不现实的要求，而用一个更具操作性的办法，弥补了这位年轻人的不足。

恺撒提拔了一位同样 17 岁的士兵，让他做屋大维的帮手，从此打仗就靠这位阿格里帕了。

如果没有阿格里帕，“智慧之人”奥古斯都恐怕没机会成为罗马帝国的开国皇帝。因为在那场决定未来罗马帝国统治者的亚克兴海战中，他们的对手是安东尼。

伯里克利身边没有类似阿格里帕这样的人物。

甚至有学者认为，伯里克利不该陶片放逐客蒙，两人通力合作反而更有利。然而，这是不现实的。

客蒙虽然军事能力不凡，但在政治上属于亲斯巴达派。而伯里克利将斯巴达视为阻碍雅典提升国力、国威的假想敌。

倘若没有遭陶片放逐，客蒙势必连年当选将军。伯里克利同样如此。那么10位将军会分裂成对立的两派，内阁不一致将成为常态，公民大会最终会沦为两派争斗的战场，甚至可能引发内乱。所以我们只能说，一山不容二虎。

| 国家 | 名字 | 生卒年（公元前） | 作为“第一人”的统治时期（公元前） | 在位时间 |
|---|---|---|---|---|
| 雅典 | 伯里克利 | 495–429年 | 461–430年 | 31年 |
| 斯巴达 | 阿希达穆斯 | 494–427年 | 464–427年 | 37年 |
| 波斯 | 阿尔塔·薛西斯 | 495–425年 | 464–425年 | 39年 |

## 伯里克利的演说

所谓的政治才能与军事才能指的是什么？两者之间有何不同呢？这里我不做严谨的分析，仅从一般的常识角度做个归纳。

政治才能——深思熟虑，让自己长时间酝酿的计划成为国家政策得以实施。

军事才能——随机应变是作战的铁规，前思后想有可能置手下的官兵于死地。因此，战场上必须迅速决断、迅速执行，领导者必须具备当机立断的能力。将于百年之后登场的亚历山大大帝曾说："战场上掌握主动权的一方会赢。"

其实"掌握主动权的一方会赢"不仅限于战场，它同样适用于公民大会。当然方式有所不同。

在战场上，要获得主动权必须立即采取行动；而政治上，领导者需要耐心地花时间让权力稳固。

伯里克利在公民大会演说前总是做好万全的准备。

演说并非普通的发言，自己的构想是否能最终成为国家政策，决定权在听众手里。因此，对伯里克利而言，会场宛如战场。

他会先在家中起草演讲稿，随后花时间仔细斟酌直至成稿。在雅典，演说人照稿宣读有遭陶片放逐的可能，因此内容必须烂熟于心。相信伯里克利不会疏于放声朗读的练习。

通过历史学家修昔底德的文字，我们可以了解到伯里克利那些精湛的演说经过了反复思考、仔细推敲，这让以文为业的我颇感亲近。话说，尤利乌斯·恺撒的文字不仅不会让我产生亲近感，而且让我嫉妒得直咬牙。被视为战争文学经典的《高卢战记》是恺撒口述的作品，根据在场人的证言，恺撒出口成章，文章完全没有事后修改的必要。他果真是文武两道都做到了极致的人物。

伯里克利虽然感觉更像政治家，但面对公民大会上的各种刁难、非议，也不能不具备即刻反驳的反应力和爆发力。

公元前445年前后，伯里克利50岁的时候，雅典为建造帕特农神殿投入了大量资金，反对派以此为由企图逼伯里克利下台。

遇到这样的情况，普通政客一定会竭力强调建造神殿是公共事业，值得国家付出巨额投资。

然而，伯里克利是这样说的："如果诸位认为建神殿不值得耗费国资，那么我来承担全部费用。但有一个条件，神殿建成后要立一块石碑，刻上'本殿由伯里克利出资完成'。雅典公民们，你们只须决定是继续公费建设，还是由我负担后续工程费用。"

当时，矗立于卫城山丘之上的帕特农神殿已逐渐展现出雄伟的形象，令外邦人也为之倾倒。

最终，公民大会决定仍然以公共财政完成神殿的建设。就是说，再次确定神殿是属于全体雅典公民的公共设施。由此，反对派让伯里克利下台的计划彻底破产。

无论是深思熟虑后的演说，还是机敏的瞬间应答，伯里克利最强的武器始终是语言。拥有这种武器他才能在民主政体下，在民众可以自由批判执政者的环境中保持一人统治。

## 巩固地盘

仅凭巧妙的语言是远远不够的。想要实现自己的政治理想，伯里克利必须掌握权力。而赋予他权力的是雅典拥有公民权的人们。

对于34岁开始政治生涯的彼时的伯里克利而言，确立民意基础是他的首要任务。如前文所述，从自己的选区胜出只能让他成为10位将军之一，分量明显不足。

在执政初期，由伯里克利提案且得到公民大会承认的，大多是保护雅典公民既得利益，同时以提高伯里克利个人地位为目的的法规。

其中有一条限制公民权的法令，在当时颇受好评，却被现代学者们斥为“反动”。

限制令是对公民权的要求。此前雅典人要获得公民权，其父必须是雅典公民，新限令在原有要求的基础上，又添加了一项母亲也必须出生在雅典的规定。

如果这条法令溯及既往，那么母亲是外邦人的地米斯托克利、客蒙都得失去公民权。所幸，该限制令不溯及既往，对生活在国外的雅典人也一视同仁。但不可否认，这一法令的出台事实上是以限制公民数量为目的的。

伯里克利的这个提案在公民大会上轻松地以多数票赞成通过。由于雅典在希波战争中获胜，20 年来外邦人不断涌入，引起不少当地民众的不满，这些不满的人在公民大会上投了赞成票。

民主政体的国家须保障公民人人平等地享有权利。然而，忠实地按章办事可能引发既得利益者的不满。

在当时的雅典，既得利益者，或者说拥有公民权这个利益的人是 20 年前打败波斯的主力军。

在他们看来，那些新来的人从未参加过战争，他们在雅典赢得胜利、逐渐繁荣之后才拖家带口移居这里，如今竟然与自己享受同等的权利。既得利益者由此产生不满可以理解。

那些新来的人是原本住在国外的雅典公民，他们大多娶了当地女性为妻。

伯里克利很清楚，为了稳固自己的选民基础，必须与这些新居民保持距离。忽视既得利益者的不满是很危险的。

将限制令视为“反动”，我不能苟同。

因为当时的雅典对外来人口的流入没有任何限制。

雅典公民享有参政权的同时，需要履行服兵役的义务。因为他们承担着保家卫国之责，所以在经济上可享受免除直接税的待遇。

尽管外邦人不能享受以上的特权，但依然有很多人愿意居住在雅典。自雅典打赢希波战争之后，这类外来移民的数量激增。

在商人的眼中，伯里克利时代的雅典是一个充满商业机会的魅力都市。

首先，首都与外港比雷埃夫斯的一体化使雅典城邦成为大经济圈的中心。更重要的是，雅典具备生产畅销品的能力，不缺乏购买他国物产的资金。比雷埃夫斯附近有两个专门造船的海港，外国的商船若遇故障，不愁找不到地方修理。

再者，爱琴海全域完全处于强大的雅典海军的控制之下，商船遭遇海盗袭击的风险逐渐降低。爱琴海上几乎所有的岛屿都加入了雅典主导的提洛同盟，如果外国商船遇风暴需要避难，那些岛屿势必不会拒绝。

如果一个国家的经济实力强大，它的货币以及计量方法便可在国内外通用。雅典的德拉克马银币就是当时的国际流通货币。

总而言之，用现代语言讲，伯里克利时代的雅典周围形成了一个广域经济圈。对生意人而言，这里是拓展事业的最佳之地。

此外，希望居住在雅典却不以赚钱为目的的外国人也不少。虽然古代并没有这样的概念，我们还是姑且把他们统称为“文化人”。

在伯里克利时代，雅典居住着一批以头脑与双手为武器，立志以创作为毕生事业的人。具体地说，他们中有哲学家、历史学家、剧作家、诗人、画家、雕刻家、建筑家等。

这些“文化人”中有不少雅典本地人，也有很多在国外出生，移居雅典后事业达到高峰的人。其中的著名人物有历史学家希罗多德（Herodotos）、雕刻家米隆（Myron）、哲学家阿那克萨戈拉斯等，不胜枚举。

为什么在那个时代，这些人忽然不约而同地奔向雅典呢？

因为这里有机会。

希腊人搞城市建设的时候必须先建神殿。而建造神殿是一门综合性的艺术。从建筑家、雕刻家到石匠，它需要集中各行各业的专家，经年累月才能完成。而且神殿内还要修建诸神的雕像。

除此之外，希腊的体育比赛十分频繁。以奥林匹亚召开的运动会为首，光大型赛会就有四项，每四年或每两年举办一次。体育比赛上的优胜者会为他的国家带来荣誉，因此，再现运动员英姿的雕像需求源源不断，有很大市场。

雅典的比赛并不限于体育。这里每年举办戏剧节，无论悲剧作家还是喜剧作家，每年都必须完成多部作品。

而且这些作品不愁销路。为强迫富人花钱做公益，雅典富裕阶层被要求承担戏剧演出的费用。伯里克利就曾做过埃斯库罗斯（Aeschylus）的《波斯人》的赞助者。

不过，对立志以创作为生的人而言，他们在雅典最大的收获是通过接触他人的作品及与其作者间的交流，获取崭新的视角和观念。搞创作的人都很清楚，没有什么比这种相遇相知更能提升自己的创作力了。

伯里克利时代的雅典为这些“文化人”提供了最好的创作环境。伯里克利称雅典是全希腊人的“学校”。

在很久以后，柏拉图创建了柏拉图学院（Academy），亚里士多德创建了吕克昂学院（Lykeion）。在这些学院出现之前，雅典已经是一个为充满好奇心的感性的艺术家们输送养分的“学校”。

类似的现象也出现在恺撒到奥古斯都时代的罗马。再晚一些，是文艺复兴时期的佛罗伦萨。

为什么这些现象出现在这些地方？因为人才荟萃，尤其是创作欲旺盛的人。

我们甚至可以用这类人的流向判断一个国家能否走向繁荣。

不过，伯里克利是政治家。振兴文化固然重要，但保卫国家安全、提升国民生活水平，才是政治家最重要的责任。

## 极致的“民主政治”

伯里克利的提案中，有一条规定被现代人认为是雅典民主政体的象征，它就是向担任公职的公民支付日薪。

公元前 508 年克里斯提尼改革以后，雅典设立了一个叫“治理委员会”（buoule）的国家行政机构。其成员在 10 个选区中抽签选出，总计 500 位，任期一年。这些公务员有大量繁杂事务需要处理，因此任职期间无法再从事其他工作。

根据梭伦改革，雅典公民分为四个等级。

几乎可以确定的是，客蒙、伯里克利、悲剧作家索福克勒斯、历史学家修昔底德属于富裕的第一或第二等级。

哲学家苏格拉底在街头免费传授真理，仍能维持自己及家人的生活，想来是有些薄产，而且史料证明他曾经两度服役担任重装步兵，因此可以认为他属于第三等级。

由此可见，自梭伦改革以来持续了 150 年的四等级制度只是以财产多寡来划分，对个人从事的活动没有影响。

希腊悲剧在伯里克利时代达到巅峰。最负盛名的三大悲剧作家埃斯库罗斯、索福克勒斯和欧里庇得斯三人所属的等级完全不同。

埃斯库罗斯参加过萨拉米斯海战，应该属于第三或第四等级。

索福克勒斯曾经当选为将军，作为司令官与伯里克利一起率军出征，所以几乎可以确定他属于第一等级。

因为“粉丝”马其顿国王的照顾，安逸地度过后半生的欧里庇得斯，其双亲从事处理新鲜食材的工作，因此属于第四等级。

此外，从事建筑、雕刻工作的人都被视为工匠。

伯里克利的好友菲狄亚斯，曾受托担任帕特农神殿工程总监，他为神殿制作的浮雕群像如今成为大英博物馆镇馆之宝。要论等级，他属于最低的第四等级。

由此可见，雅典的等级制，对于文化艺术创作几乎没有任何影响。正因为有这些超越门第的天才带来知性与感性的双重刺激，希腊文明之花才能盛开得如此绚丽。

不过，文明之花盛开的雅典也有很多生活灰暗的人，他们是被称为“thetes”、隶属第四等级、与艺术创作无缘的一般庶民。罗马人称这类人为“普罗列塔利”（proletarius），将他们定义为靠每日出卖劳力养家糊口的人。

在雅典，农民、工匠以及商人都属于这个等级，他们也是有尊严的公民。在民主政体下，这些人享有参与国政的权利，同时有服兵役的义务。服役期间，他们大多担任轻装步兵或战船的划桨手。战船划桨手为雅典赢得萨拉米斯海战的胜利起到关键性作用，第四等级的力量因此变得强大。

然而，这些人必须每日劳作才能维持生计。战争时期他们为了保家卫国，可以心甘情愿地不取一文，但在和平时期为从事公共服务而断了生活来源，就不是他们所能承受的了。因此，不少人即使抽签当选公务员也会自动放弃。

担任公职本是公民参与城邦国家运作的一个好机会，有些人却因生活所迫不得不放弃。

伯里克利认为这种状况有违民主主义的理念，有损保障公民平等权利的民主国家的形象。因此，他在公民大会上提议制定公职津贴法。

公务员每天的公职津贴与他们平常的日收入大致持平或略低，金额十分有限且不面向所有公务员发放。苏格拉底曾是治理委员会的成员，但没有史料记载他曾领取日薪。在抽签当选的500人中，这个政策大概只针对第四等级。

不管怎么说，这是一项前所未有的法律。在那个时代，无论是参军还是担任文职，但凡公共事务，无薪任职都被视为公民应尽的义务。因此，即使是少额补贴，伯里克利的提案还是引来不少非议，反对者称此举有违公民社会的理念。

公民大会最终以多数票赞成通过了该法，而反对之声依然不绝。反对派指责伯里克利为满足自己的权力欲花钱买选票，而且花的是国家的钱。

如果当时客蒙没遭到陶片放逐，势必会站在反对阵营的第一线。

作为稳健民主派的领袖，在他眼里，伯里克利是一个不折不扣的激进民主派分子。

然而，伯里克利以公职津贴法为契机，打下了坚实的民意基础。利用对手不在雅典的机会，他乘势巩固基本盘，我们不得不承认这种政治嗅觉实在敏锐。

话说回来，伯里克利虽然拥有高超的政治手腕，但军事才华的欠缺依然是他无法忽视的弱点。

所谓有军事才华，不仅要在战场上制定合理的战术，还要具备在战争开始之前谋篇布局，即有制定战略的能力。

伯里克利的公职“strategos”（将军）是“strategy”（战略）的词源。担任这个公职，意味着他在政略和军略上都必须是最高统帅。

## 客蒙回归

从公元前460年到公元前450年，伯里克利从35岁至45岁的这10年，他似乎一直将客蒙视为潜在的对手。在客蒙遭陶片放逐远离雅典政坛期间，伯里克利非常渴望能取得与政敌比肩的军事成就。

当时雅典的军事力量相较于其他城邦，可谓傲视群雄。由于实施民主政治，连最底层的无产者也算公民，雅典城邦的公民总数达到约6万人。当然，这是20岁到50岁，随时可以手握武器奔赴战场的现役公民总数。

另一方面，与雅典同为强国的斯巴达由于长期维持寡头政体，只有1万多成年男性被赋予公民权利。

有读者读完本书的第一卷后发表感想："这下总算清楚了。所谓的民主政体与安全保障互为表里。"说白了，雅典的民主体制暗藏着可以送更多人去前线打仗的意图。

这个冷酷的政治真相，民主政体的创建者克里斯提尼知道，充分利用体制优势打赢波斯的地米斯托克利知道，他们的继承者无论稳健派或激进派，所有的政治家都知道。事实上，雅典能够动用的士兵数量是斯巴达的6倍。

不过，斯巴达军队是由终生从事军事训练的人组成的专业军队。

雅典虽然也全民皆兵，但公民平时过着普通人的生活。

索福克勒斯当选将军的那一年曾率领海军舰队出海打仗。如果他没有当选，应该在照常写他的悲剧。苏格拉底也曾经参军当过步兵。如果没被征兵，他肯定认为在街上向来往的年轻人传授哲学之道才是自己的本业。

另外，自地米斯托克利凭借海军力量打败波斯后，海军是雅典的主力军已成为全民共识。不过，要武装三层加莱船，仅划桨手就需要170名。从掌船的水手到作战的重装步兵，一艘战船出海至少要配备200人。

与此同时，雅典作为提洛同盟的主导者，必须承担保护同盟方安全以及在爱琴海巡逻的任务。为此，雅典始终保持百艘战船出海的状态，如事态严重，战船数量将增加两倍。雅典仅海军就需要2万到4万的兵力。

与没有海军的斯巴达相比，有海军的雅典自然占了上风。尽管军力居希腊城邦国家榜首，但雅典还不具备压倒性的优势。

如果伯里克利能冷静地看待雅典仅具备相对军事优势的现实，就不应该让战线过于分散，不应千里迢迢去补给困难的埃及打仗。然而，这些不该做的事情他都做了。他没有遭陶片放逐，算是不幸中的万幸。

在希腊中部塔那格拉的战役中，由于斯巴达无心与雅典正面交锋，以回国祭祀为由主动撤兵，雅典才算逃过一劫，没有输得太难看。远征埃及时，由于不了解尼罗河的水位变化，再加上统治埃及的波斯人猛烈反击，雅典人被打得七零八落。

伯里克利没被陶片放逐，似乎是因为民众看在他亲自率军远征的情面上，没有穷追猛打追究其责。不过在卫城山上挖掘出的陶片中，刻着伯里克利名字的不少，所以没被放逐可能单纯是因为赞成放逐的票数没有达到法定的6000票的半数以上。

不管怎么说，那个时期的伯里克利强势、好战，他的确做了不少铤而走险的事情。

同一时期，客蒙结束了流放生活，睽违10年回到祖国，随即当选为将军，成功重返雅典政坛。这位作战的高手此时已经59岁。

相信客蒙归来后与伯里克利有过秘密的会谈，虽然没有史料可以证明，但根据前后的史实，我们可以做出这样的推断。

这两位政治家虽然在政治上对立，但同属阿尔克迈尼翁家族。姻亲关系为两人会面提供了便利的条件。

于是，59岁的将军与44岁的将军，达成了“分庭抗礼”的协定。

客蒙全盘接受自己被流放的10年间伯里克利制定的政策。

这个决定有效地阻止了翘首盼客蒙回归的反伯里克利阵营的进一步反弹。

在客蒙接受的政令中，有一项是在雅典与外港比雷埃夫斯之间修建两座城墙使之一体化。20年前地米斯托克利建造城墙时，以尽快完工为优先目标。时隔 20 年，伯里克利如果全盘继承地米斯托克利当年建城墙的理念，就需要对 20 年前的设施进行大规模的改造。

客蒙和被他奉为导师的阿里斯泰德对于雅典 – 比雷埃夫斯的一体化，始终持反对态度，理由是这会刺激斯巴达。

的确，斯巴达对此相当恼火。

有了这个完美的“一体化”，从陆地一侧再怎么猛烈攻击，首都雅典都不会陷落。从雅典通往外港比雷埃夫斯大约 7.5 公里的道路两侧有两堵长墙的坚固防护，哪怕遭遇围城，雅典人依然可以出海购买必需物资，他们本来就有足够的船队。

斯巴达认为雅典修建的长墙完全是针对自己的安全防御措施，因此常年心存不满。

事实上，在赶走波斯人之后，地米斯托克利预见到斯巴达将成为雅典在陆地上的另一个威胁，于是断然决定建造长墙。可见斯巴达人的不悦并非空穴来风。作为地米斯托克利多方面政策的继承者，伯里克利决定全面改建城墙，也是意料之中的事情。

那么，一贯亲斯巴达的客蒙为什么会认可这件事呢？

其实理由非常简单。客蒙被流放仅两年后雅典就迫不及待地开始修建城墙。眼下这项大工程业已完成，雅典人数年来已经享受着它带来的好处。事到如今再提出反对意见，无异于政治上的自杀行为。

客蒙不想自寻死路表示反对的政策还有一项，那就是在公元前 453 年将设立于提洛岛长达 24 年的提洛同盟基金储备库转移至雅典。

伯里克利力推这项政令的理由是，金库放在小岛有遭遇海盗抢劫的危险。但没有多少希腊人相信他的这番说辞。

提洛岛是敬奉阿波罗神的圣地。海盗也有信仰底线，他们不会去碰触交给天神保管的钱财。在当时的希腊，不少城邦和个人都会把神殿作为存钱的场所。

提洛同盟是爱琴海海域的一些城邦国家和岛屿，以共同防卫为目的结成的同盟。各国和各岛根据自己的实力承担相应的义务。同盟成员中，既有雅典这种可以提供200艘战船的强国，也有实力略逊一筹的莱斯沃斯岛（Lesbos）、希俄斯岛（Chios），甚至还有连一艘战船都拿不出的小岛。

说到战船，当时是三层加莱船的时代。制造一艘这样规模的船只，需要花费1塔兰特币的高额费用。建成后须配备200名船员，才能真正运转起来。

因此，提洛同盟在成立之初便规定各成员要根据自身的财力拿出一定的款项，作为同盟的活动基金，每年的累计总额在500—600塔兰特。

将金库转移至雅典，意味着雅典将在承担同盟大半军事任务的同时，掌控基金的使用权。

这种帝国主义的行径，放在当今势必遭到严厉谴责。如果当时客蒙在雅典，他肯定不会同意。

然而，这个决定已得到其他同盟方的同意，雅典的民意也认为既然雅典提供了同盟一半以上的海军战船，金库放在雅典合情合理。政坛空窗期长达10年的客蒙，对此除了接受别无选择。

客蒙虽然对伯里克利的一系列政策做了妥协，但他亲斯巴达的政治理念没有改变。他仍然坚持改善与斯巴达的关系，主张与对方签订

与雅典城一体化的比雷埃夫斯港

至少 5 年的停战协议。

伯里克利在这一点上做了让步。他全权委托客蒙与斯巴达交涉，并表态会尽力促使停战条约得到公民大会的批准。

伯里克利还接受了客蒙的另一个要求。

客蒙提出，和斯巴达签订停战条约以后，他希望率军远征波斯统治下的塞浦路斯岛，理由是向埃及战役中痛击雅典的波斯复仇。这个举动十分符合他的性格。

对打仗一向自信的客蒙第二年一开春便出兵前往塞浦路斯。

客蒙首创了将陆地战中防御力量最强的重装步兵用于登陆战，类似现代海军陆战队的作战方式。这种战术让他屡建战功。塞浦路斯一仗的关键，同样取决于登陆战是否成功。

客蒙与伯里克利能成功达成“分庭抗礼”，是他们二人都冷静地直面现实的结果。

客蒙看到做出重大错误决策的伯里克利依然拥有很高的民众支持率。

伯里克利在客蒙身上看到自身欠缺的军事才能。

客蒙暌违 10 年归来，人们屏息静气地等着政坛上掀起惊涛骇浪。然而，不管客蒙与伯里克利私下是否真有过秘密接触，事实上，雅典政坛风平浪静。

# 对手退场

公元前451年春天，客蒙率军离开雅典出征塞浦路斯。他率领的舰队由200艘战船组成，每艘战船至少配备200名船员，因此出征的雅典公民数量超过4万人。

如此大规模的远征军，按惯例至少应有两位将军担任司令官。不知是客蒙表示自己一人足矣，还是有其他原因，总之这一次仅他一位将军率军出征。虽说有10年没有担任公职，但只要想到他曾经的辉煌战绩，估计没有人会建议他再带一位将军。

塞浦路斯岛东部的登陆战非常成功，客蒙仍然运用了以重装步兵为主力的战法。在重装步兵的重创之下，派驻塞浦路斯岛的波斯军一败涂地。

10年前，客蒙曾经率军成功登陆小亚细亚南部隶属波斯领地的潘非利亚（Pamphylia），大破波斯大军。尽管时间已经过去了10年，客蒙这个名字依然令波斯人闻风丧胆。

雅典军在塞浦路斯岛势如破竹，而统帅客蒙却因病倒下。

塞浦路斯地理位置比较靠近远东，这里的夏季比爱琴海岛屿气温低很多。再加上客蒙已经 60 岁，苦等 10 年终于再掌兵权，老将军或许已经殚精竭虑了。

不久，司令官病逝，雅典军无心再战，将解散军队立即回国。在海浪汹涌的冬天来到之前，他们必须从塞浦路斯岛回到雅典外港比雷埃夫斯。

在古代，论及城邦国家雅典最优秀的武将，一定会提到以下三位的名字。依照年代顺序，他们分别是：

公元前 490 年，击败波斯军赢得马拉松战役胜利，从而结束第一次希波战争的功臣——米提亚德。

10 年之后，在萨拉米斯海战中完胜二度进犯的波斯军，以雅典的胜利结束第二次希波战争的英雄——地米斯托克利。

第三位就是米提亚德之子——客蒙。

相较于父亲和地米斯托克利，客蒙未能用胜利改变历史的走向。他最大的功绩是运用军事力量巩固了提洛同盟的团结。

如果不做“定期保养”，同盟便欠缺持续性。

名为同盟海军实为雅典海军的舰队由 200 艘战船组成，几乎一直由客蒙担任统帅。在他的指挥下，舰队定期进行海上巡逻，或运载重装步兵打登陆战，总之不容波斯肆意妄为。军事上的成功增强了入盟各成员的信心。

客蒙将传统上用于平原会战的重装步兵用作登陆战的主力，目的是加强登陆后军队的地面攻击力。这样可以向与波斯接壤的爱奥尼亚地区的同盟成员证明，不仅在海上，在陆地上其同样会得到妥善的保

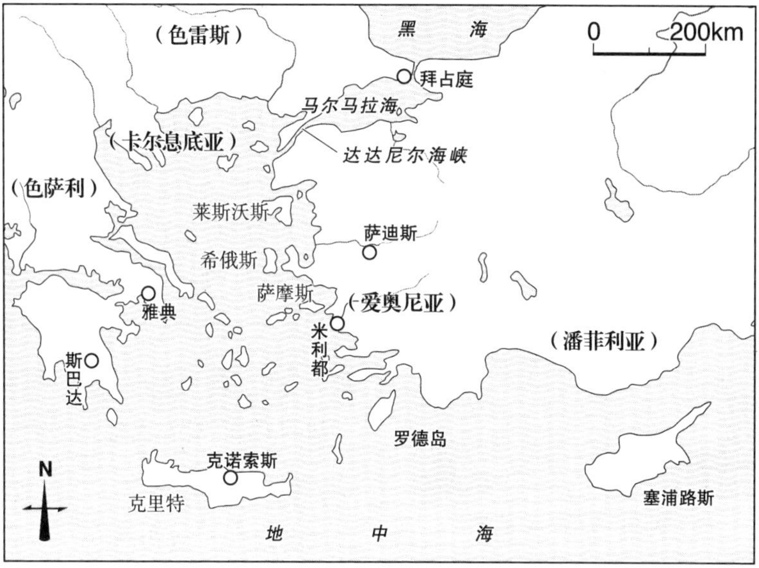


塞浦路斯及其周边

护。只要当地居民有安全感，同盟就不会动摇。

可见，客蒙成为“海军陆战队”战术的高手，也是迫于现实的需要。

总而言之，为同盟团结做出巨大贡献的客蒙是继马拉松之战、萨拉米斯之战的两位英雄之后雅典的又一名将。在遭陶片放逐之前，他已经驰骋沙场 15 年。历数那些辉煌的战绩，名将之誉可谓当之无愧。

客蒙在战场上是一名猛将，生活中是一位豪爽之人。他出手大方，花钱如流水，不仅对所有人开放家宴，还十分热心于公共事业。他不惜重金整修道路、建造公园，因此深得民心。

政敌的挥金如土曾经令伯里克利感到危险，他怀疑那些钱是客蒙

位于塞浦路斯的客蒙半身像

从他打败的对手那里收受的贿赂，于是决定追究。对此，客蒙在公民大会为自己辩护道：“我从来没有作为使节被派往充满诱惑的富饶国家，而且我尊敬以刚健质朴为本的斯巴达，希望能像他们那样生活。我对敛财没有兴趣。但是，如果我从战场上赢得的战利品能够让祖国雅典繁荣富强，我会大有兴趣。”

客蒙的一席话引来民众阵阵欢呼。伯里克利只好放弃追究。

时刻把雅典的假想敌斯巴达挂在嘴边，是客蒙的坏习惯。他是位出类拔萃的武将，但直言不讳并非有效的政治手段，从这个角度看，他不算一位真正的政治家。

不管怎么说，作为反对派的领袖，客蒙始终是伯里克利强劲的对手。所以伯里克利才会动用陶片放逐这种激进的手段将他排除出政坛。

两位对手达成“分庭抗礼”短短一年，客蒙便撒手人寰。伯里克利这一次是真正“排除”了政敌。

然而，伯里克利不会因为这点成功沾沾自喜。他以客蒙的死为契机，180 度地改变了自己的策略。

# 后　期

（公元前 450 年至公元前 429 年的 22 年）

## 脱胎换骨的伯里克利

“掌握主动权的一方赢”不仅适用于战场，同样适用于政治、外交、经济甚至文化领域，可谓放之四海皆准的真理。

在公元前 5 世纪的中期，斯巴达与波斯是城邦国家雅典必须防备的两个强国。这时的雅典失去了军事大师客蒙。此时的伯里克利连续当选将军，他必须继续客蒙未完成的军业。然而，这位司令官在军事方面的水平只能说“有相当的程度，但仅此而已”。

所幸伯里克利手中握有两张牌。

一张是由客蒙主导并由公民大会认可生效的与斯巴达签订的停战条约。

当初伯里克利接受客蒙的建议，主要是给亲斯巴达派一个面子。但在客蒙死后，这个条约为雅典带来了不少利益。停战的 5 年间，雅典无须担心在陆地上受到斯巴达的攻击。

第二张牌与波斯帝国有关。

这个东方的超级大国发动了史上著名的第二次侵略希腊的战争，结果以惨败告终。战后的 30 年间，希腊与波斯始终没有正式的外交关系。因胜利而逐渐强大的雅典和斯巴达或许不需要主动求好，不过希腊的其他城邦国家也都没有与波斯缔结和平条约。

伯里克利打算与波斯缔结和平的外交关系是因为客蒙的离世。但更深层的原因是他认为眼下正是讲和的好时机。

在这 30 年里，雅典与波斯之间的战争其实并没有停止。波斯念念不忘战前曾经属于自己的小亚细亚西岸地区，不断地发起进攻，而提洛同盟的主导者雅典不断地给予回击。由于有客蒙统领，雅典在爱琴海保卫战中始终保有优势，但从未能给予波斯致命打击。

但是，以前的战争不一样。同样是波斯进攻、希腊防守，结果完全不同。

公元前 490 年第一次希波战争，波斯王大流士派遣的军队在距离雅典不到 40 公里的马拉松平原登陆，遭到雅典大军的迎面打击，大败而归。

公元前 480 年第二次希波战争，波斯再度向希腊发起进攻，这一次国王薛西斯御驾亲征，兵力是上一次的 10 倍以上。然而，无论海上的萨拉米斯海战还是陆地上的普拉塔亚之战，波斯军输得颜面无存，国王带着残兵败将逃回亚洲。第二次希波战争再次以希腊的胜利告终。

在战后 30 年的公元前 450 年，坐在波斯王位上的是阿尔塔·薛西斯。这位现实主义者决心不重蹈祖父和父亲覆辙，成功地抑制了宫廷内部好战派，即领土扩张主义者们的势力。而决定雅典一方态度的是，与波斯王同龄的伯里克利。

在客蒙的遗骨随舰队回国后，伯里克利迅速展开了行动。

他决定派遣卡里阿斯（Kallias）作为和谈代表前往波斯。这个人选应该是深思熟虑后的结果。

卡里阿斯娶了客蒙的姐姐为妻，且与客蒙关系密切，这是雅典众所周知的事情。伯里克利选他做谈判代表，是为了向民众显示与波斯谈和并不违背客蒙的意志。

就算是10位将军组成的内阁已达成共识，最终决定权仍然在公民大会手中。民众很清楚，这次塞浦路斯远征军是撤退而非败退。由于司令官客蒙病逝，军队不得不结束胜利在望的战事，这不算铩羽而归。由于客蒙已死，对于向波斯派遣和谈使节而不是舰队，民众只能表示同意。

不知伯里克利在公民大会上是如何说服民众的。突然从两国交战变成握手言和，要让大家接受这个状况，想来需要相当巧妙的诱导之术。

总之，卡里阿斯的波斯之行得到了公民大会的许可。他本人大概也被伯里克利的劝说打动，相信有客蒙战绩在前，和谈必定会顺利，所以欢欣鼓舞地前往东方。

## 《卡里阿斯和约》

任命卡里阿斯为和谈代表还有一个有利因素。

客蒙在波斯也是赫赫有名。让卡里阿斯去和谈可以让波斯王及其家臣想起他的小舅子客蒙，借此提醒对手切莫忘记雅典的军事实力。

波斯王阿尔塔·薛西斯是决定和谈能否成功的关键人物。10年前他以政治顾问的名义收留了被雅典通缉的地米斯托克利。那个时期的地米斯托克利被波斯宫廷称为“对国王影响最大的希腊人”。客蒙打的第一场大仗就是地米斯托克利率军歼灭波斯海军的萨拉米斯海战。此后客蒙又取得了许多耀眼的战绩。我们完全可以想象，通过地米斯托克利，波斯王早已了解客蒙的强大实力。

10年之后，坐在谈判桌对面的是客蒙的姐夫卡里阿斯。这是雅典一方谈判的好筹码。更何况波斯王有祖父及父亲的前车之鉴，不想介入希腊太深，以免陷入战争泥潭。

以雅典谈判代表的名字命名的《卡里阿斯和约》从派遣使者至签署和约耗时两年，这其中有很多原因。

首先，从雅典到波斯首都苏萨的路途十分遥远。

使者先从雅典走海路至爱奥尼亚，再横穿小亚细亚进入波斯境内。随后渡过幼发拉底河、底格里斯河，横穿整个美索不达米亚地区，才能抵达终点苏萨。返回雅典的路线正好相反。

其次是卡里阿斯锲而不舍地就和约与对方展开漫长的谈判。他不仅为雅典，也为爱琴海东面的提洛同盟的重要成员争取到了有利的条件。

城邦国家雅典与波斯帝国签订的和约，简单地说是互不侵犯条约。

雅典和波斯都不侵犯对方的势力范围。

雅典同意塞浦路斯归波斯统治。

波斯尊重爱琴海东部的城邦以及岛屿的独立自主，在距离其边境骑马一日抵达的范围内不设兵力。这意味着波斯放弃了其自第一次希波战争之前一直主张的对这些地区的统治。

此外，雅典承诺不会派遣海军前往波斯治下的叙利亚、巴勒斯坦以及埃及的附近海域，波斯保证不会派任何战船进入爱琴海。

尽管战船的活动范围受到约束，但商船的航行以及商人的通行却获得全面许可。

从此，波斯船只进入雅典外港比雷埃夫斯成了人们司空见惯的景象，后世从波斯首都苏萨旧址出土的雅典陶壶的碎片，或许正是两国关系改善的证明。

与对手讲和对希腊人来说是休战，他们不会称之为和平。和平大抵只会出现在讽刺喜剧作家充满调侃的文字里，但公元前 448 年雅典与波斯的谈和却被希腊人非常罕见地称为“卡里阿斯的和平”。

这大概是因为这次雅典与波斯签署的和约与希腊城邦之间只有几年期限的休战协定不同，它是一个持久的约定。其后近 40 年的时间里，爱琴海摆脱了大国波斯的威胁。

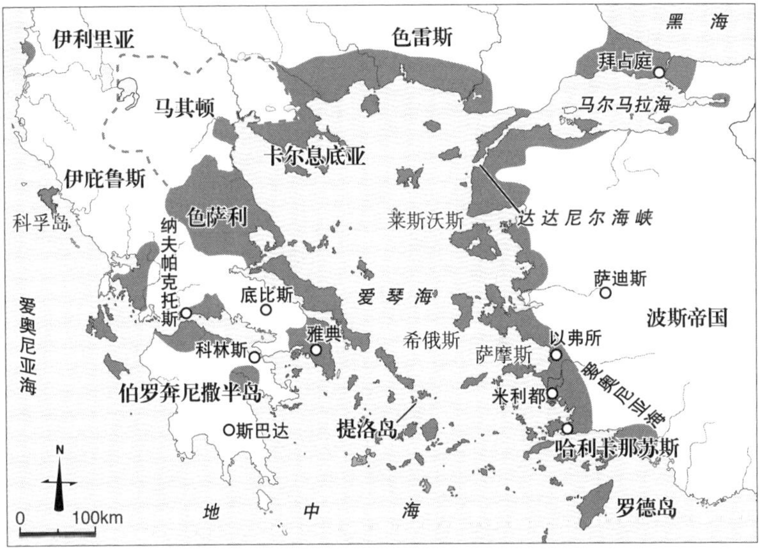


《卡里阿斯和约》确立的雅典霸权领域

伯里克利在 48 岁之际第一次迎来了真正意义上的可以“放开手脚”的局面。

雅典与斯巴达签订了停战协定，尽管期限只有 5 年，但无论如何，这段时间雅典避免了来自陆地的威胁。而且斯巴达两王之一的阿希达穆斯与同龄的伯里克利时有私下接触，双方都抱有相安无事的意愿。

与此同时，与波斯签订的《卡里阿斯和约》化解了来自海上的威胁。

伯里克利酝酿已久的构想终于成为了现实。

# 帕特农

在帕特农神殿之前，雅典不是没有修过奉献给雅典娜女神的神殿。雅典娜是城邦国家雅典的守护神，很久以前卫城山上便矗立着供奉雅典娜女神的殿堂。

不过以前的雅典娜神殿无论规模还是外观都无法和奥林匹亚的宙斯神殿、德尔斐（Delphi）的阿波罗神殿媲美，流于平常。

就算是那样普通的神殿也没有逃过劫难，公元前480年它被大举入侵的波斯军焚毁。雅典人只能委屈他们的守护神住在“临时住宅”里。

33年后，雅典决定重建神殿。当时的雅典市民应该是将《卡里阿斯和约》的签订与重建雅典娜神殿视为同等大事。事实上伯里克利提出重建神殿时，公民大会没有任何异议地通过了该提案。

伯里克利并不打算造一座在希腊比比皆是的普通神殿。

与位于山谷的奥林匹亚、德尔斐不同，在卫城山顶可将雅典城尽收眼底。建造象征城邦国家雅典繁荣兴盛的神殿，没有比这里更好的地方了。

当宏伟壮观的神殿在卫城山顶完工，雅典市民势必对此充满自豪，到访的外邦人势必会为之惊叹和羡慕不已。

这就是伯里克利的设想。他不要一座随处可见的普通神殿，他要造一座希腊前所未有的“帕特农”。

将伯里克利的理想化为现实的，是被他委任为工程总监的菲狄亚斯。

大约比伯里克利年轻5岁的菲狄亚斯彼时已经是一位功成名就的雕塑家。因此，他的工作不只是监督工程，从殿内的雅典娜女神像到装饰神殿的浮雕群像都由他亲手制作。说整座帕特农神殿是菲狄亚斯的作品也不算言过其实。

始于公元前447年的这项庞大的工程，不仅包括帕特农神殿，还包括通往卫城的山道及其周边建筑，完成总体工程历时15年。菲狄亚斯在工程完工两年后死去，伯里克利在完工三年后离世。以帕特农为中心的雅典卫城，堪称他们两人共同的杰作。

时光流逝2500年。如今映入我们眼帘的，是高耸于卫城之上的帕特农遗迹。但神殿的不少装饰雕像可以在伦敦、巴黎以及雅典的博物馆见到。

至高的艺术作品不但可以用肉眼观赏，还可以通过心灵之眼去感受。

大家可以先去博物馆观赏那些残缺的雕像原作以及学者们在此基础上制作的复原图，然后造访雅典，登上卫城山顶，让2500年前的神殿重现在脑海中，想象着当年雅典人眺望神殿时的心情。

经过这样一段心路历程，才会对它有真正的感受。

帕特农是一首宏伟的交响曲。

神殿及其装饰的雕像，都是单独制作完成的。那些雕塑不像平面的浮雕，简直就是一个个三维的立体像。尽管每个雕像的风格和表现手法各不相同，但整体却呈现完美的和谐感，就像一首交响曲。

交响曲（symphonia）原本就是古希腊人发明的词汇。“sym”意为共生，加上意思为声音的“phone”构成“symphonia”一词。古罗马人直接把它当作拉丁语使用，在拉丁语系中地位如同长女的意大利语，沿用了这个词。至于英语的“Symphony”只是在词尾稍做改动。

将帕特农神殿当作一首交响曲聆听，想来不会有违创作者菲狄亚斯的心愿。

正因为帕特农神殿成为了一首恢宏的交响曲，它才超越众多神殿建筑，成为至高无上的艺术作品。

这座希腊史无前例的巨型神殿也是当时最新技术的结晶。希腊是地震多发之地，建筑再雄伟壮观，倘若不抗震也会成为其规划及建造者的耻辱，同时让雅典成为其他城邦的笑柄。

虽然人们建造神殿的初衷是出于现实的需要，但这并不妨碍帕特农成为一件完美融合希腊技术与美学的佳作。它令2500年后的我们不禁对现在的人类是否真的有所进步产生了怀疑。

在帕特农神殿建造期间，伯里克利时常造访工程现场，与菲狄亚斯交换意见。艺术家菲狄亚斯可以全身心地投入制作，连续当选将军、受民众所托执掌国政的伯里克利，却不能沉湎于这种快乐的

现收藏于大英博物馆的帕特农神殿的门楣雕像（复原品）

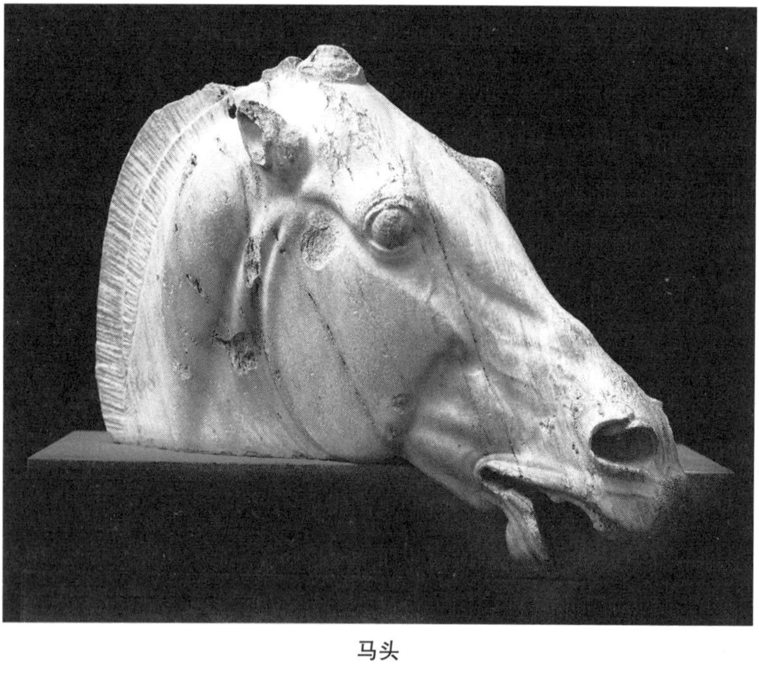

马头

命运之女神

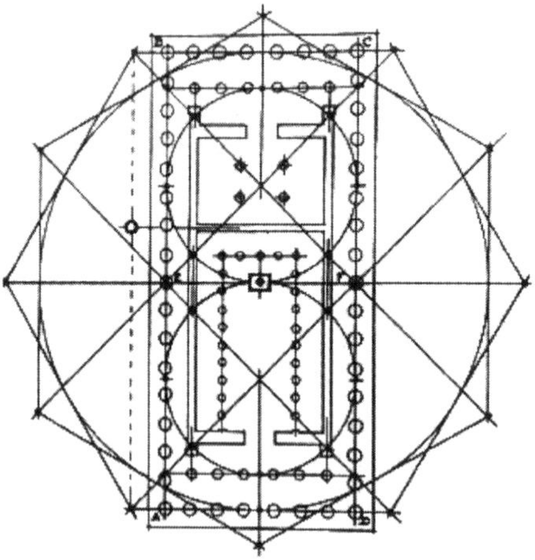

美学与防震技术均来自数学。帕特农神殿的几何分析图。
中央应该是放置雅典娜神像的位置。

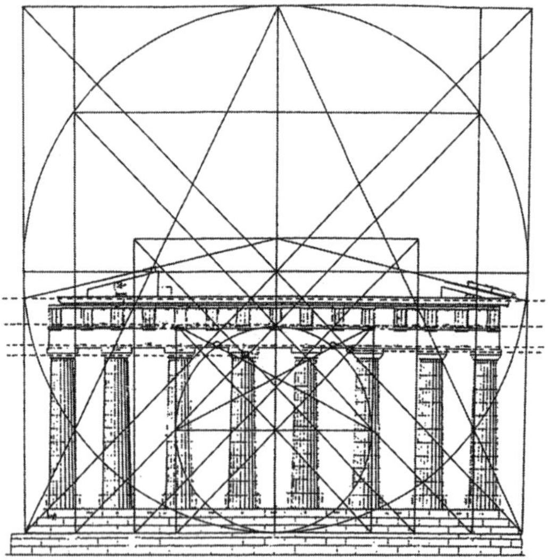

出处 Tons Brunés, *The Secrets of Ancient Geometry and Its Use*, 1967, Phodos International Science Publishers.

时光。

在希腊城邦中只有雅典才有的将军是负责政治、外交、军事等所有国家事务的最高职位。雅典每年从 10 个选区中各选出一人，即 10 位将军。常年连续当选将军的只有伯里克利，所以他实际上就相当于总理。

历史学家修昔底德所说的“表面上看实行的是民主政体，实际上由一个人统治”，指的就是伯里克利时代的雅典。而“一个人统治”指的正是伯里克利。

# 雅典的劳动者

“伯里克利时代”指的是从公元前461年到公元前430年的31年。

那是雅典民主政治的巅峰时期，这已经成为历史定论。

那么，为什么身为超级资产家、来自阿尔克迈尼翁家族的世袭政治家伯里克利能够实现一人统治呢？

这是因为他的理念，或者说他的“政治哲学”，是让城邦国家的所有公民参与政治、行政、军事等国家事务。

其实，他的这个理念本身没有太多的新意。

早在半个世纪前，阿尔克迈尼翁家族的掌门人克里斯提尼就做出了政治改革，让普通的雅典市民也能积极参与国家政治。

30年前，又因为地米斯托克利这位非资产家也不是世袭政治家的将军的上位，雅典第四等级公民、被罗马人叫作“普罗列塔利”的底层公民地位急速上升。

陆地战中，除了从第一或第二等级的公民中选出的将军，决定战争胜败的是第三等级公民占大多数的重装步兵。重装步兵成为城邦的主要战斗力。第四等级的公民在陆地战中只担任辅助性的轻装步兵。

然而，在海战中，这种战力对比关系完全颠倒。

在三层加莱船为主流的时代，武装一艘船需要 200 名船员。其中，船长以下的指挥官、掌船的水手，以及能够应急修理船只的技师合计 10 人。航行中在船中央待机，当两军接近时，跳上敌船厮杀搏斗的重装步兵 20 人，其余的 170 人都是桨手。

希腊的海上战法是，战船到达前线后降下船帆只靠桨手划行前进。当敌船遭到攻击不能动弹时，桨手以船桨为长枪投入战斗。顺便提一句，波斯战船的桨手都是奴隶。而且他们人口众多，有充足的兵力，无须桨手参与作战。

在萨拉米斯海战中，地米斯托克利运用了希腊战法，这非常考验桨手的操作技能。

经地米斯托克利改造的雅典战船相较于波斯一方属于小型船，但建造得非常坚固，而且船底装满石头，这让船只的重量得以增加。

小而重的战船具有不易受海风、洋流影响的优势，但要求船员在司令官发出命令后灵活熟练地操控船只。

雅典赢得萨拉米斯海战胜利的关键，除了战略和战术才能兼备的统帅地米斯托克利，就数勇敢的桨手——雅典第四等级公民。

自萨拉米斯海战以来，雅典海军之所以能 30 年威力不减，也正是因为他们保持了地米斯托克利创造的雅典海军的特色。

除了爱琴海，在著名的腓尼基海军依然活跃的东地中海地区，雅典海军的实力都是首屈一指的，作为划桨手重要来源的第四等级公民的重要性有增无减。

在持续两年的第二次希波战争期间，地米斯托克利似乎向这些人支付了薪酬。

这是理所应当的。战士们再有保家卫国的英雄气概，还是会对留在后方的家人生计牵肠挂肚，这难免影响士气。这些罗马人口中的“普罗列塔利”是必须靠每日出卖劳力以求温饱的穷人。为他们消除后顾之忧，是司令官应尽的责任。

伯里克利全面继承地米斯托克利的这套模式，是因为他完全认可地米斯托克利的观点，相信雅典的未来在海上，雅典将逐步向海洋国家、海洋帝国发展壮大。

要实现这一目标，海军必不可少。那么，作为海军主力战船原动力的底层市民的生活保障问题就不能被忽视。

伯里克利将地米斯托克利在第二次希波战争中给桨手发放薪酬的临时措施进一步制度化，使之变成国家政策。

支付金额换算成月薪在 15 德拉克马左右，基本等于桨手们在非兵役期从事本职工作的报酬。之所以以日薪的方式支付，也许是因为海军从秋末至初春通常不会出海，市民们无须服兵役，可以靠劳动谋生。军队只在海战或陆战时才向他们提供生活补贴。

此外，向贫困家庭支付上述金额的三分之二作为补贴，也成为法律。这或许是针对主要劳动力战死的家庭制定的一项遗族政策。因为雅典原本就规定战死者的孩子由国家负担抚养费直至他们成年。

当然，在战场上担任司令官的将军及其手下的指挥官阶层是不适用这项薪酬制度的。这些人一如既往地以零报酬的方式履行城邦国家的公民义务。如果他们战死，国家不会为他们的家人提供生活保障。

这里提醒一句，雅典的第四等级公民，即罗马人口中的“普罗列塔利”，是无资产者，而不是现在常说的无产阶级。这些人虽然没有赖以生存的财产，但他们本身是出色的生产者。

然而，在资产极具意义的那个时代，没有多少人能意识到这点。

因此，哪怕只是发放小额的补贴，这个政策还是引发了同时代知识分子的口诛笔伐。后来哲学家柏拉图指责此举将雅典公民变成了乞丐集团，欲与之一刀两断。稳健民主派批评伯里克利是“过激的民主主义者”。

建造宏伟的帕特农神殿，坚实的地基必不可少。工程总监菲狄亚斯替伯里克利解决了这个问题。而伯里克利本人必须考虑为民主政体的雅典的持续繁荣奠定不可或缺的国家基石。因此，他才会想到给雅典社会最底层的第四等级公民，即雅典的劳动者阶层，提供生活的保障，使他们能够安身立命。虽然伯里克利本人是第一等级的资产家，不过想象力让他能够站在对方立场思考。

顺便说一下，在雅典还有两项迫使资产家们掏腰包的政策。

首先他们要担任戏剧演出的赞助人，承担一部悲剧和一部喜剧上演所需的全部费用，这是一笔金额不小的开支。

其次他们要负担一艘三层加莱船从建造至出海所需的费用。建造一艘新战船需要 1 塔兰特。1 塔兰特相当于 6000 德拉克马，超过一个雅典劳动者 30 年的总收入。

赞助人要负担的不只是新船的建造。作为战船，有战斗力才有意义。因此，赞助人还需要负担 170 名桨手以及其他船员服役期间的薪水。

与戏剧演出不同的是，赞助人必须担任自己花钱打造的战船的船长，随它奔赴战场。他们就算贡献了钱财，仍然要为保卫祖国冲锋陷阵。

当然，如果他在战场上有英勇表现赢得声誉，或许能当选下一任将军，获得政治上的利益。倘若战死，那就是万事皆空了。

由此可见，雅典城邦善用民众的力量。或者说，没有忘记民众的活力。

就这样，城邦国家雅典成为一个常备百艘战船（船员 2 万人）、必要时可以立即出动 200 艘三层加莱船（船员 4 万人）的海上强国。

雅典能成为海上强国，用伯里克利的话说是因为它有一个“熟练技工集团”。为了维持这个集团的存在，哪怕背负“公民乞丐化”的骂名，也必须向无产者提供生活保障，让他们能充分为国效力。

在伯里克利看来，最底层的公民皆能积极参政的民主雅典最好的象征就是矗立于卫城山丘上向世人展现雄姿的帕特农神殿。

现实主义者总以为他人会同样基于现实考虑问题，不可能做愚蠢的事情。但伯里克利忘了，希腊人将奔赴战场视为强身健体的延伸。

因《卡里阿斯和约》的签订而深信自己从此远离波斯威胁的提洛同盟的各成员首先开始了动摇。

同时，雅典与斯巴达缔结的 5 年停战协议，也即将到期。

## “伯罗奔尼撒同盟”与“提洛同盟”

希腊的两大强国雅典和斯巴达都有各自主导的同盟。雅典主导的提洛同盟与斯巴达担任盟主的伯罗奔尼撒同盟虽然都叫同盟，性质却相当不同。

在波斯入侵之前，斯巴达与雅典已经是希腊的两个强国。

与大家的想象不同，因吕库古法率先建立起国家体制的是斯巴达并非雅典。雅典后来居上，国力最终超越了斯巴达。

对于两国实力的逆转，历史学家修昔底德将原因归结于斯巴达顽固的保守主义和雅典的灵活性以及进取心。简单地说，就是后起之秀雅典赶超了固步自封的斯巴达。

两国迥异的国民性也体现在伯罗奔尼撒同盟和提洛同盟。

### 伯罗奔尼撒同盟

由希腊南部伯罗奔尼撒半岛各城邦国家联合结成的这个同盟，尽管最初是由斯巴达倡议成立的，但不是始终处于斯巴达主导之下。

斯巴达在同盟中的地位仅相当于议长或裁判。

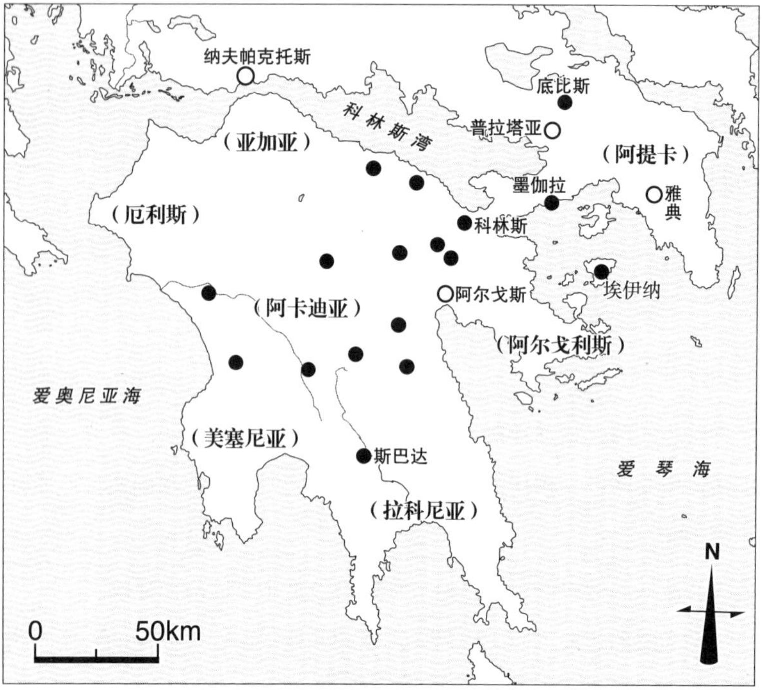


伯罗奔尼撒同盟的主要成员

因为斯巴达本质上是一个对他国不感兴趣的国家。就连希腊最强悍的斯巴达战士的存在，也是为了镇压没有公民权的被统治阶层希洛人和庇里阿西人的反抗，并非以扩张领土为目的。

这是吕库古为保护斯巴达制定的规定，对斯巴达人而言，这是他们必须遵守的“宪法”。

不过，斯巴达也有过一次扩张领土的尝试。城邦国家斯巴达的领土位于拉科尼亚地区，西临美塞尼亚。由于两地相连，斯巴达打算将邻邦据为己有。

拥有希腊最强军队的斯巴达要征服美塞尼亚易如反掌，问题是随后的统治让斯巴达犯了难。军队实力再强不过区区 1 万人，斯巴达人发现他们无法掌控整个美塞尼亚地区。结果，美塞尼亚避免了被吞并，成了斯巴达的属国。

那么，如此坚持一国和平主义的斯巴达人怎么会与其他城邦结盟呢?

这是因为他们看到雅典在庇西特拉图的推动下提升了经济实力，克里斯提尼的政治改革让最底层民众也获得了公民权，这一切令斯巴达感到了危机。

斯巴达人以质朴刚健为座右铭，只认可铁币为流通货币，因此无法与他国通商，这样提升经济就成了一句空话。尽管如此，斯巴达人依然坚持原有的生活方式。

再说国家体制。斯巴达人并不是因为相信自己的寡头政体比民主政体优秀才选择了前者，真正的原因是，如果实施民主政体，斯巴达就不得不向希洛人、庇里阿西人授予公民权。所以，他们不采用民主制度，同时将民主国家视为威胁。

以截然不同的方式增强国力的雅典如果远在天边，或许斯巴达人还能做到闭目塞听。可现实是，斯巴达与城邦国家雅典所在的阿提卡地区仅相隔陆路三天、海路一日的距离。

伯罗奔尼撒同盟于公元前 546 年缔结，彼时雅典正处于庇西特拉图统治的末期。在这位僭主的领导下，农民、手工业者、商人（相当于斯巴达的希洛人、庇里阿西人阶层）携手共进，迈入经济大发展的时代。

以发展经济为重心的庇西特拉图，一贯奉行睦邻外交，其继承者克里斯提尼专注于国内民主政体的建立，两位领袖对扩张领土都没有表现出过多的欲望。

没有来自雅典的压力，伯罗奔尼撒同盟事实上变成一个由伯罗奔尼撒半岛各城邦组成的松散联合体。主导国斯巴达对同盟各国几乎没有强制力。虽然同盟规定斯巴达与他国发生战争时同盟诸国须提供兵力支援远征，但斯巴达几乎没有远征他国的意愿。更何况是否跟随斯巴达远征、提供多少兵力均由同盟各国自行决定，斯巴达无权命令。

加入伯罗奔尼撒同盟的各城邦也没有缴纳同盟会费的义务，这也是松散型同盟的表现。在当时主要流通银币的情况下，斯巴达坚持只认可铁币。哪怕收下了同盟各国缴纳的费用想来也无用武之地。

斯巴达人是出色的“战士”，经济观念为零。他们深信生活水平的提高会让人丧失质朴刚健的精神，因此顽固地坚持保守主义。而经济嗅觉敏锐的雅典人顺应形势变得充满进取心和灵活性。

为什么那些与斯巴达“秉性”不同的伯罗奔尼撒半岛的城邦在无人强迫的情况下自愿加入伯罗奔尼撒同盟呢？

这是因为各城邦都期待紧急时刻能有名震四方的斯巴达战士赶来救援。更何况加盟不用缴纳会费，这种“期待”是免费的。

就这样，伯罗奔尼撒同盟在长达60年的时间里并未将雅典视为假想敌。正因如此，为抵抗波斯帝国的再度侵犯，雅典、斯巴达以及伯罗奔尼撒同盟的各成员在第二次希波战争时能团结一致为保卫希腊共同作战。第二次希波战争发生在公元前480年到公元前479年，对斯巴达和雅典而言，这两年宛如蜜月。

海上的萨拉米斯之战，希腊人在雅典率领下完胜波斯。翌年，在陆地的普拉塔亚之战中，以斯巴达为主力的希腊军队赢得压倒性的胜利。

然而，蜜月总有结束的时候。成功击退波斯入侵的两年后，提洛同盟成立了。

### 提洛同盟

在伯罗奔尼撒同盟结成 70 年之后建立的提洛同盟，从一开始就有明确的目标：抵御波斯。不过制定这个目标并倡议结盟的不是雅典，是居住在爱奥尼亚地区城邦及附近岛屿的希腊人。

这些人在第二次希波战争中站在波斯一方，与希腊同胞厮杀。当时的爱奥尼亚处于波斯的统治之下，他们不得不这样做。

这种状态因波斯军的败退而宣告结束。爱奥尼亚地区的希腊居民，从波斯的统治下解放出来。

不过，彼时的人们并不相信他们能从此远离波斯的威胁。波斯为征服希腊而建的前线基地萨迪斯（Sardeis）情形一如既往，依然由波斯王指派的地方长官管理。从萨迪斯到波斯的首都苏萨有“御道”连接，便于军队移动。爱奥尼亚地区的主要城市以弗所（Ephesus）、米利都（Miletus）和哈利卡那苏斯（Halicarnassus）虽然临海，但毕竟立于陆地之上，这些地方的人始终战战兢兢，不忘背后有强敌波斯。

附近海岛也无一例外面临波斯的威胁。莱斯沃斯、希俄斯、科斯（Kos）等岛屿距离陆地仅 10 公里左右，正如当地的难民偷渡问题显示的那样，哪怕乘橡皮船也能登陆。如果波斯再次来袭，居住在爱奥尼亚地区的希腊人首当其冲。

这些人唯一能依靠的就是打赢萨拉米斯海战并在翌年成功夺回波斯爱琴海海军基地萨摩斯岛（Samos）的雅典。

雅典人接受了来自爱奥尼亚地区的结盟邀请，决定顺势而为充分利用这个机会。

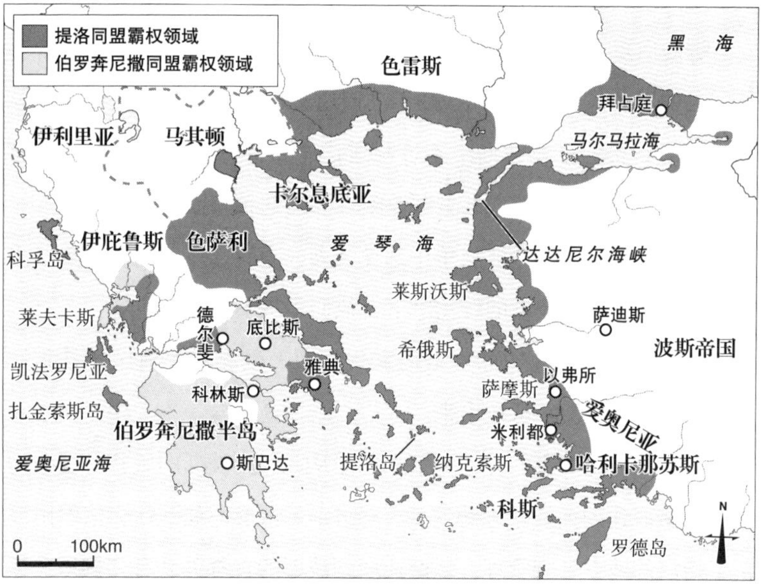

雅典霸权领域

雅典在第二次希波战争的第一年取得萨拉米斯战役的胜利，翌年又打赢米卡勒（Mykale）海战，从波斯手中夺回萨摩斯岛，成功让爱琴海再次成为希腊人之海。

以此为契机，雅典逐渐发展成希腊最强大的海上强国。然而，要让爱琴海长期保持“希腊人之海”的状态，还要牢牢地掌握制海权。要建立所谓制海权首先要让包括对岸在内的相关方进入同一阵营。

海军出征不是坐船去附近的岛屿那样的小事，而是要渡过一望无际的爱琴海。就算是强大的雅典海军，也必须在秋天返回比雷埃夫斯港。如果能与爱奥尼亚地区结成同盟，靠港、补给以及后勤兵站的问题均能得到解决，情形就完全不一样了。

就这样，在波斯人被赶出爱琴海的两年后，公元前 477 年提洛同盟成立。

与希腊中部的德尔斐齐名的提洛岛，也是信奉阿波罗的圣地。由于加盟的各城邦代表在此聚集，所以该同盟被称为提洛同盟。与早年建立的伯罗奔尼撒同盟相比，提洛同盟有很多不同之处。

首先，两者同样是出于防卫目的成立的同盟，但以斯巴达为主的伯罗奔尼撒同盟主要目的在于保卫伯罗奔尼撒半岛，提洛同盟是为了守护爱琴海世界。前者主要依靠陆军力量，而后者的主要军力是海军。

其次，斯巴达并不热衷带领加盟城邦开展军事活动，而雅典从同盟成立之初便发挥着主导作用，这一点始终未变。

虽然伯罗奔尼撒半岛也会遭遇外敌侵略，但不是每年都会发生。而爱琴海上不仅有波斯的船只，还有海盗船出没，所以必须有人定期在整片海域巡逻。能够做到整年不间断巡逻的唯有雅典海军。

第三个不同之处是，提洛同盟的加盟城邦有分担经费的义务。

相较于陆军，海军耗资庞大。光是打造一艘三层加莱船便需要 1 塔兰特，更何况还需配以人力才能形成真正的战船。一艘战船需要 200 名船员，其中桨手 170 人。桨手的技术越娴熟，船只的战斗力越强。从这个意义上说，要提高战力就得向无资产者占大多数的桨手支付薪酬，保障他们的正常生活。

能够常备 100 艘战船，必要时出动 200 艘的城邦，也只有雅典。莱斯沃斯、希俄斯可提供的战船数量不到雅典的五分之一，其他城邦大多只有百分之一，甚至还有一艘战船都无法提供的城邦。

由实力参差不齐的城邦组成的提洛同盟，决定根据各城邦的财力让大家分担同盟每年的支出。

不过每个成员分摊了多少费用，这笔开支占城邦经济收入的具体比例都无据可查。希腊各城邦的经济指标，除了某个时期的雅典之外，都没有明确的资料记载。

估计各成员承担的费用应该不到其收入的一成，因为波斯要求属国缴纳的年贡没有达到这个比例。如果提洛同盟的经费超过这个比例，成员可能宁愿接受波斯的统治。

与没有费用分摊机制的伯罗奔尼撒同盟相比，成员必须缴费的提洛同盟的性质迥然不同。这种差异将在日后逐渐显现。

在雅典人看来，只要同盟机制充分发挥作用，他们就能在爱琴海全域建立起一个大经济体，以这里为市场的各城邦均能得利并迎来经济繁荣，为此缴纳一些费用算不得很大的损失。

然而，并不是所有人都抱有同样的想法。

公元前 454 年，伯里克利决定将存放同盟经费的金库从提洛岛移至雅典。这个决定在第二年被迅速执行，没有任何加盟城邦提出抗议。同盟成立 24 年，各加盟城邦早已接受雅典的主导，所以默认了金库的转移。

这样的状态在5年后由于《卡里阿斯和约》的签订开始发生变化。《卡里阿斯和约》是波斯与雅典缔结的互不侵犯条约，不是波斯与提洛同盟的和约。但当时很多提洛同盟的加盟城邦相信这个和约能消除波斯对自身的威胁。此时，提洛同盟成立已30年。

公元前448年，波斯与雅典签订《卡里阿斯和约》。提洛同盟的各成员闻风而动。

两年后的公元前446年，雅典与斯巴达的5年停战条约即将到期。希腊所有城邦都知道这件事，大家为战乱时代可能再次到来而惶恐不安。

对49岁的伯里克利而言，这是严酷试炼开始的一年。

## “商谈希腊今后和平的会议”

最早采取行动的是阿提卡地区东边优卑亚（Euboea）半岛的城邦，它们宣告脱离同盟，不再缴纳经费。

紧接着是提洛同盟成员墨伽拉（Megara），它位于阿提卡的西面。它的行动更进一步，不只是宣告脱盟和停止缴费。

墨伽拉宣告脱离同盟后，伯里克利旋即做出制裁决定，禁止其商船进入比雷埃夫斯港。对此深感不满的墨伽拉，请求斯巴达派兵攻打雅典。

斯巴达人仿佛终于盼来停战协议期满的那一刻，他们迅速发起了进攻。

这里再重申一次，控制斯巴达国政的不是两位国王，而是公民大会每年选出的5位监察官。也许他们认为地处伯罗奔尼撒半岛附近的墨伽拉脱离雅典有助于维护斯巴达的安全。

率领斯巴达军队的是两王之一的普雷斯托纳克斯。国王亲征意味着正规军出动，由此可见斯巴达人志在必得。

训练有素的斯巴达军团一旦决定行动就雷厉风行。他们很快穿过墨伽拉进入阿提卡地区，直抵厄琉息斯城（Eleusis）。

以厄琉息斯秘仪闻名的这个城镇，距离雅典不足20公里。斯巴达是否会乘势攻打雅典，成了全希腊关注的焦点。

不料，普雷斯托纳克斯国王竟然以“渐入深秋”这种在南欧不能成立的理由，一仗未打班师回朝。

5位监察官勃然大怒，逼迫国王退位。

对于斯巴达国王这个看似不可思议的行动，历史学家修昔底德认为他收了伯里克利的贿赂。

对此我无法苟同，理由有二。

首先，普雷斯托纳克斯被迫退位后似乎一直生活在斯巴达，后来他的儿子继承了王位。在斯巴达的社会环境下，就算他接受了大笔贿赂也无用武之地。以质朴刚健为准则的斯巴达人甚至不懂得如何花钱。城邦上下都没人想到要去建造一座超越帕特农神殿的建筑。

其次，与普雷斯托纳克斯的出身有关。普雷斯托纳克斯的父亲帕萨尼亚斯率军在第二次希波战争中赢得普拉塔亚平原之战，与打赢萨拉米斯海战的克里斯提尼一同被誉为拯救希腊的英雄。这位英雄父亲最终因监察官的奸计落得饿死的下场。虽然这件事发生在普雷斯托纳克斯少年时，但他应该不会忘记这场悲剧。

进攻阿提卡是斯巴达监察官的主意，国王只有行动的权力。普雷斯托纳克斯执行了任务，但他对监察官制度向来没有好感，所以才没有采取更进一步的军事行动，反而做出撤军的决定，哪怕付出退位的代价。

或许，在厄琉西斯郊外的某处，伯里克利与普雷斯托纳克斯曾私下见面密谈。尽管雅典人与斯巴达人有性格上的差异，但这两人毕竟是一辈人，而且伯里克利承认他与另一位斯巴达国王阿希达穆斯是朋友。

伯里克利擅长洞察人性。身为超级富豪的他不缺贿赂的钱财，但对方是斯巴达男人，而且是一位国王。伯里克利应该不会用钱，而是选择以语言为武器，说服了对方。

无论如何，斯巴达人撤军了，墨伽拉问题可以暂时搁置。伯里克利得以集中精力对付优卑亚。

这一次他没有用语言做武器，而是果断投入兵力进行镇压。

优卑亚是与希腊本土隔着一道狭窄海峡的半岛。虽然是半岛，但面积不小，仅城邦国家就有 5 个。

雅典出动了 50 艘三层加莱船、5000 名重装步兵，共计 15000 人从海陆两路对优卑亚发起攻击，迅速镇压了反抗。

对背叛雅典的当地居民的处罚，根据表现轻重不一，按当时希腊处置战败者的手法看属于中规中矩的程度。不过，作为杀鸡儆猴的手段，已足够对其他同盟成员起到警示作用。

雅典人的这次武装行动遭到全希腊的谴责。用现代语言讲，他们这是“帝国主义行径”。

带头谴责的是伯罗奔尼撒同盟中实力仅次于斯巴达的强国科林斯（Corinth）。在斯巴达召开“商谈希腊今后和平的会议”，也是应它的

科林斯及其周边

强烈要求。

科林斯对雅典的敌意并非一朝一夕间形成的，而是由来已久，甚至可追溯到30多年前第二次希波战争时期。

在地米斯托克利的努力下，雅典第一次具备了真正称得上“海军”的海上战斗力。原本希腊第一的海上强国科林斯从此屈居第二。这个差距很快就显现在萨拉米斯海战中，雅典派出200艘战船，科林斯只有40艘参战。

在那个时代，海军实力等于海运实力，也等于贸易实力，三者之间可以形成良性循环。贸易带来收入，有收入就可以投入海军建设，海军实力由此愈发强大。

当年双方携手打赢了萨拉米斯海战，战后30年科林斯始终未能夺回海军第一的宝座，自然不会加入雅典主导的提洛同盟。这个贸易立国的城邦以自己地处伯罗奔尼撒半岛为由，反倒加入了对贸易毫无兴趣的斯巴达辖下的伯罗奔尼撒同盟。

不过，当雅典的市场在东方的爱琴海，科林斯的市场在西方的爱奥尼亚，双方商贸圈没有交集的时候，这两个以贸易立国的城邦还不至于公开表达敌意。

《卡里阿斯和约》的签订改变了形势。雅典很难再从波斯统治下的叙利亚、埃及取得土地用作基地。为开拓新市场，雅典把目光瞄向了西方。

雅典拿下了地处科林斯湾的纳夫帕克托斯（Nafpaktos，后称勒班陀 Lepanto）。它是大陆通往爱奥尼亚海的出口，而且是在面向最狭窄海域的北岸。随着基地的建立，雅典向西扩张的意图日益明显。

其实，仅靠派驻在纳夫帕克托斯的20艘三层加莱船，雅典尚不能封锁科林斯湾。但只要它有心，就可以从本国调遣援军与当地驻军联手，包围科林斯湾。

被激怒的科林斯首先煽动墨伽拉反抗雅典。科林斯与墨伽拉在地理位置上是面向科林斯湾又临接萨拉米斯湾的邻居，双方有着共同的利益。

然而，科林斯的计谋由于斯巴达国王的撤兵以失败告终。

从科林斯的立场看，事态发展至此，接下来唯一能做的就是召集全希腊的城邦国家举行会议，在会上控诉雅典的“帝国主义”行径，阻止其继续扩张。会议召开地选在斯巴达，主要是因为以斯巴达为首的伯罗奔尼撒同盟全体成员可以同仇敌忾向雅典施压，另一个原因是为了唤起斯巴达的责任感。

和雅典缔结的5年停战协议到期后，斯巴达也很担心如果不做些什么可能会让希腊再次陷入混乱。

说起来斯巴达男人是一群奇怪的人。他们对他国的事务漠不关心，却偏偏有着强烈的责任感。伯里克利能成功说服斯巴达国王，就是因为他唤起了对方的责任心。

公元前446年的冬天，在斯巴达召开的“商讨希腊今后和平的会议”上，雅典被推上了被告席。

主持会议的议长是与伯里克利保持友好关系的斯巴达国王阿希达穆斯。

没有确凿的史料可以证明率领雅典代表团的是伯里克利。会议进展情况同样无史料可查。

不过，阅读了会后发表的“共同声明”，我相信伯里克利一定出席了会议。

## 斯巴达与雅典的分庭抗礼

宣告全希腊30年和平的“共同声明”内容大致可归纳为以下几点：

希腊世界从此分为斯巴达和雅典两大阵营。

陆地的强者斯巴达是伯罗奔尼撒同盟的盟主，海上的霸主雅典主导提洛同盟。

斯巴达首次承认雅典在爱琴海的霸权地位，在此之前斯巴达对提洛同盟的态度仅仅是不加入。斯巴达的认可意味着伯罗奔尼撒同盟的全体成员，包括科林斯在内，都不得不接受这个事实。

斯巴达的承认是会议的正式决定，它给雅典带来巨大的利益。

最初以防范波斯为目的结成的提洛同盟，在《卡里阿斯和约》签订后逐渐失去存在的意义，而此时事情又出现了转机。

从前爱琴海沿岸各城邦、岛屿齐心合力对抗波斯的同盟不复存在。如今的提洛同盟变成斯巴达认可的雅典对爱琴海全域享有霸权的代名词。

同盟性质改变了，各成员国不能再以波斯撤退为借口，提出脱离同盟或拒绝分担同盟支出的要求。雅典可以公然打压那些反抗者。

会议还做出了另一项决定。

伯罗奔尼撒同盟与提洛同盟将希腊世界一分为二，双方不得侵入对方的势力范围，若某同盟中有成员国变节要求救援，另一方不得出手相助。

有了正式的约束，向斯巴达求救的墨伽拉只能与雅典重修旧好。两个反叛的城邦重新回到提洛同盟，一如既往地缴纳同盟经费。而雅典也取消了禁止两国船只进入比雷埃夫斯港的处罚。

这次会议原本是应科林斯的要求召开的，结果会议正式承认了雅典对纳夫帕克托斯的所有权。自此以后，科林斯的船队只能从雅典海军基地纳夫帕克托斯的海上经过，前往地中海西岸活动。

科林斯是伯罗奔尼撒同盟中实力仅次于斯巴达的强国。斯巴达会无视科林斯的诉求，肯定是因为有利可图。就像其他议题一样，在这件事情上斯巴达与雅典也在私下达成了交易。

近 10 年来，斯巴达被希洛人的抗争搞得烦恼不断。名震四方的斯巴达战士打平原战天下无敌，打攻城战却一筹莫展，虽然将反抗的希洛人赶进了山里，但后患无穷。他们又不肯接受希洛人提出的以下山换公民待遇的条件。

如果斯巴达赋予希洛人公民权，建立在吕库古法基础上的国家体制就会崩溃。在墨守成规的斯巴达人心目中，公民必须是战士。给予希洛人公民权这种事，一根筋的斯巴达人死也不会答应。

最终他们找到一个妥协的办法。斯巴达保证下山的希洛人的人身安全，条件是希洛人必须离开斯巴达统治的拉科尼亚地区。希洛人接受了这个条件，但要求全员居住在同一地区。

找到一个能容纳万名以上难民的地方并不容易，这让斯巴达又陷入了困境。结果，向斯巴达伸出援手的，正是出席会议的雅典代表。

帮忙不是免费的。雅典可以将这批被驱除的希洛人安置在纳夫帕克托斯，但前提是斯巴达正式承认雅典对纳夫帕克托斯的所有权。

在斯巴达与雅典签订的 5 年停战协议期满之际召开的“商谈希腊和平的会议”上，雅典最初处于被弹劾的位置。

而结果是雅典收获最多，而且他们收获的是最实惠的利益。伯里克利不愧是语言的高手，他说服众人转换视角，改变结果，让自己从输家变成赢家。说不定整个会议就是他在背后操控。

这个推断之所以能成立，是因为会后最先展开的行动是让大批希洛人从斯巴达移居至纳夫帕克托斯。请大家不要忘记，当时主持会议的议长是一直以来与伯里克利意气相投的斯巴达国王阿希达穆斯。

## 深爱的阿斯帕齐娅

作为极致民主政体的设计者和践行者、人类至高文化遗产帕特农神殿的缔造者，伯里克利受到了后世如圣人般的赞誉。他不仅在公共领域是个不法常可的人，在私人领域也是一位不按常理出牌的男人。

如果换一种比较优雅的说法，就是摆脱了固有观念或固有价值观的男人。

年近 50 岁之际，伯里克利在政治和私生活上都做了不按常理出牌的事。

恋爱本身不算什么不按常理出牌的事，哪怕恋爱的对象与伯里克利不属同一个阶层，在雅典也完全不是问题。

伯里克利的好友索福克勒斯与情人有了两个孩子之后，仍与原配过着平常的生活，情人始终是外室。这种情况在当时的雅典属于正常现象。

伯里克利却不同。

他给为他生了两个儿子的妻子找到再婚的对象，然后与她正式离婚。随后和恋爱的对象结婚，在同一屋檐下共同生活。这样的举动在雅典属于不按常理出牌的事，更何况这位对象还是在雅典人眼中的外邦——爱奥尼亚的米利都出生的职业女性。

如果问我希望出生在希腊还是罗马，我会回答，若生为男人两地皆可，倘若生为女人，毫不犹豫选择罗马。

罗马女性拥有财产权，能与男性一同出席宴会，参与社会生活，而在雅典、斯巴达乃至整个希腊，身为女性几乎没有一点儿好处。

在雅典，不论已婚未婚，第三等级以上的女性除了可在节日与丈夫或父亲一起参加例行的神殿祭拜，没有其他的外出机会。日常用品的采购由奴隶代劳，如果想买些特别的东西，可以叫商贩送货上门。街上能见到的女性都属于劳动阶层。那些守着小店忙忙碌碌的女人们反而能享受更多的自由。

那么，中间阶层以上的女人们在家中干些什么呢？她们的生活与荷马时代即神话时代相比毫无变化，无非嘎吱嘎吱地纺纱织布，如荷马作品《奥德赛》的主人公奥德赛的妻子佩涅罗佩一般，坐在机杼前等待丈夫归来。另外，对女人们而言，与家务同等重要的另一项工作是抚育孩子。

在雅典，哪怕是举办会饮，女主人也不会露面与宾客们寒暄。

反观雅典男人，终日出门在外。孩童去学校读书，少年去角斗场强身健体。待成年之后，他们或聚集在大市场高谈阔论，或出席卫城山丘上举行的公民大会。有人前往海外做贸易，也有人服兵役奔赴战场。总而言之，只要生为男人，至少生活不会无聊至极。

雅典的民主政体在伯里克利时代发展到极致，但说到男女同权，却完全没有进步。

正因为是这样的社会形态，有一类女性应运而生。她们能歌善舞、奏乐弹琴，具有能与男性对话的教养，倘若再兼备曼妙的肉体，那就完美无缺了。

希腊人把这类职业女性称为赫泰拉（Hetaira），这些人几乎都是出生于外邦的希腊女子。雅典第四等级公民无资产者家庭的女性或许会在店铺打工，但绝不会去做赫泰拉，否则那才是做了不按常理出牌的事。

雅典古典时期的三大雕塑家菲狄亚斯、米隆、波利克里托斯创作女神、女性雕像时使用的模特儿估计都是赫泰拉。艺术家终究也是男人。让雅典良家妇女赤身裸体或只披一层薄纱站在陌生男人面前，她们是万万不会答应的。

相比之下，男模特倒是不愁人选。角斗场、奥林匹亚运动会上飒爽英姿的男性比比皆是。

伯里克利爱上的是一位名叫阿斯帕齐娅（Aspasia）的赫泰拉。

这段情史我早有耳闻。但第一次在梵蒂冈美术馆见到阿斯帕齐娅的外貌时，我还是不由得吃了一惊，继而忍俊不禁。

伯里克利及其继任者阿基比亚德，以及罗马帝国的开国皇帝奥古斯都是古代公认的三大美男。他们分别将静谧之美、危险之美、冷峻之美展现得淋漓尽致，绝不是单纯的英俊男子。

我一直以为，伯里克利这样的人物爱上的女人，势必像菲狄亚斯创作的雅典娜或米隆的维纳斯一般倾国倾城。没想到，她竟然是一位胖乎乎的女子。

阿斯帕齐娅

的确，没有史料证明阿斯帕齐娅是一位美女。倒是有记录称她素养高雅，能够与苏格拉底等雅典学界精英进行平等的对话。

伯里克利与阿斯帕齐娅相差25岁。两人开始共同生活时，阿斯帕齐娅大约25岁，这个年纪在当时的希腊已经不能算年轻女子，所以说伯里克利爱上的是一位成熟女性。

雅典最高统治者与赫泰拉女子结为夫妻，这件事已经足够不按常理出牌了，不料两人的生活状态更加非同寻常。

伯里克利从不要求阿斯帕齐娅做所谓的良家妇女。尽管他厌恶出席会饮活动，但会不时邀请若干好友来家小聚，聚会上总有阿斯帕齐娅的身影。她不仅与宾客同座，还能参与男人们的话题。

对那些来拜访阿斯帕齐娅的男性朋友，伯里克利也毫无芥蒂。那些频繁出入的男友中有与阿斯帕齐娅同龄的苏格拉底。当时正逐渐表现出哲学家风范的年轻的苏格拉底甚至还带着他的少年弟子一起上门。

结束公务回到家中的伯里克利常常会见到一群年轻人围着妻子谈笑风生的景象。他不会顺势坐下加入谈话，只是向客人们打声招呼，像平时一样拥抱一下心上人，然后将妻子和客人们留在那里，独自走进房间。

研究希腊的历史学家有不少人关注伯里克利对苏格拉底不感兴趣的原因。我们想象一下，如果伯里克利在公民大会上对民众说“你们要知道自己一无所知”，恐怕会招来嘘声一片，继而被赶出会场。政治家可能仅仅因为失言就遭到陶片放逐。

国民不要求执掌国家政权的人能进行深刻的哲学思考，他们需要的是具体有效的解决方案。

伯里克利与哲学家阿那克萨戈拉斯是好朋友，可见他对哲学并非漠不关心。只不过对他来说，哲学是余暇的消遣而不是工作。如果伯里克利听说在他死后一年才出生的柏拉图声称国家政权应该交给哲学家，一定会放声大笑，继而平静地说：“那就让他们来试试。”

伯里克利是政治语言的高手。比他年轻 25 岁的苏格拉底是哲学语言的高手。政治语言和哲学语言完全不同，但他们二人有着不受局外者影响的共性。此外，尽管目标各不相同，但在善于诱导他人接受自己观点这方面，两人非常相似。

和阿斯帕齐娅共同生活后，伯里克利还做了一件不寻常的事情。

深居简出是雅典良家妇女一贯的生活方式，但伯里克利时常带着阿斯帕齐娅出门。

他们不是携带祭品去神殿参拜，而是前往渐显雄姿的帕特农神殿的建设工地。两人聆听工程总监菲狄亚斯的介绍，并与他交换意见。此番场景要令那些认为女人的意见一文不值的雅典男人目瞪口呆。

菲狄亚斯是伯里克利家宴的常客，相信他们三人应该常常谈及帕特农神殿。但耳闻与目睹是完全不同的。想来伯里克利是希望心爱的女人亲眼见见那雄伟的建筑。

从古到今，人们对伯里克利有一个共同的评价，就是他始终保持着贵族式的生活方式。

所谓的贵族式生活与出身高贵或生活奢侈完全无关。

真正意义上的贵族会泰然自若地去做很多人想做却顾及世俗的眼光不敢做的事情，并且始终保持自己的品位与格调。

坚持民主政体，并不需要领袖本人是民主主义者。应该说正因为伯里克利不是单纯善良、一心一意的民主主义者，雅典的民主机制才能保持正常运转。

事实证明，“表面上看实行的是民主政体，实际上是一个人统治”的时代，正是雅典的黄金时代。

阿斯帕齐娅陪伴伯里克利走到生命的终点，始终是他忠实、体贴的伴侣。没有确凿的证据显示他们有正式的婚姻，但两人之间没有不能成婚的障碍，所以我相信他们是正式夫妻。同时代撰写的史料大多将阿斯帕齐娅叫作情妇或小妾，让人感叹与伯里克利同时期的知识分子中，被固有观念束缚的人竟然如此之多。也许是他们无法容忍伟大的伯里克利居然有一个赫泰拉出身的妻子。无论外人如何看待他们，他们两人相处得很好，还生了一个儿子。

只有一件事，就算伯里克利也会感叹："这下麻烦了！"

曾有一条他本人提案并得到公民大会核准的法律规定，只有父母双方都出生在雅典，孩子才有雅典公民资格。而阿斯帕齐娅出生在爱奥尼亚地区的米利都。

伯里克利与前妻所生的两个儿子病死之后，他那与自己同名的儿子才获得雅典公民权。这还是公民大会看在伯里克利为国家做出诸多贡献的面子上，将其作为特例批准的。

伯里克利的儿子在其父死后曾当选将军，没有什么出色的表现便默默离世。虎父大都有犬子。

阿斯帕齐娅在心爱的人离世后又活了 29 年。这多活的 29 年让她目睹城邦国家雅典走向衰败。这是她的爱人耗尽心血想避免的结果。

阿斯帕齐娅死于公元前 400 年。那是雅典败给斯巴达的 4 年之后，苏格拉底被雅典宣判死刑喝下毒酒的 1 年之前。

## 发生变化的“提洛同盟”

公元前448年签订的《卡里阿斯和约》，让雅典实现与东方大国波斯的分庭抗礼。

公元前446年冬季于斯巴达诞生的宣告希腊30年和平的“共同声明”，让雅典在希腊世界实现了与强国斯巴达的分庭抗礼。

所谓分庭抗礼指的是互不侵犯，雅典即使有扩张领土的意图，也不应轻易碰触那些对两国而言很敏感的地区。

然而，雅典不像波斯在小亚细亚地区之外还拥有辽阔的领土，也不像斯巴达奉行一国和平主义，对发展经济无动于衷。

对于庇西特拉图，雅典人一方面在政治上抨击他的僭主制，一方面又因他推出有利经济的政策而长期拥戴他。雅典正是由一些对经济极为敏感的人组成的城邦国家。

面对这样一群人，处于领导地位的伯里克利自然会热衷于开拓新兴市场。为了不招惹波斯和斯巴达，他将视线投向北面和西面。

迈大步前得先站稳脚跟。具体来说就是摆平国内与提洛同盟。

在国内，面对“公民乞丐化”等批判，伯里克利力排众议，断然通过了向担任公职的第四等级公民发放津贴的法案。

这个政策其实是想让被简单归为无资产者，需要靠劳作养家糊口的第四等级人中产化。

尽管伯里克利独揽大权，但他并没有颠覆民主政体的打算。他知道建立中产阶级是保证国家体制运作不可欠缺的一环。

不管是叫无产阶级还是无资产者，这个阶层的中产化除了政治上的需要，对于以海军为军事主力的雅典而言，在安全保障层面也非常必要。此外，中产化还有益于经济发展。也许这个等级每个人的消费力很有限，但他们有人数上的优势，积少成多，终能达到扩大消费的目的。伯里克利在公民大会的演说很少提到众神保佑，话题往往围绕政治、军事展开，也常常涉及经济，这一点非常有趣。

古代并不存在政教分离概念。应该说，西方是在多神教的希腊、罗马消亡，进入一神教统治欧洲、一神教信徒的时代，才产生了有必要政教分离的认识。

稳住国内局势之后，接着要确保伙伴的团结，也就是对提洛同盟进行改革。“商讨希腊今后和平的会议”召开之后，伯里克利对此的态度发生了明显变化。

他决定最大限度利用会议认可的提洛同盟等于雅典势力范围的概念。

加盟诸国根据各自国力提供相应的战船、承担相应支出的规定全面废止。取而代之的是将超过 300 个同盟成员分为三类，分别制定规则。

第一类是保证常备战船百艘，必要时可以出动 200 艘战船的实力雄厚的雅典。

第二类包括平时或紧急事态发生时能够提供的战船数量是雅典五分之一的莱斯沃斯、希俄斯、萨摩斯三个较大的岛屿。这三个岛屿与雅典都不用缴费。

最后一类是以上 4 个城邦之外的所有加盟国。同盟免除它们提供战船的义务，取而代之的是根据国力每年缴纳相应的费用。

雅典还改变了征收费用的体系。

爱琴海全域被分为 5 个征收区，雅典派专门的官吏前往各个区征收费用，从而提高征收的效率。此时同盟的金库已经从提洛岛移至雅典，因此同盟的经费全部集中在雅典。

卡里亚征收区：第二次希波战争时，它是波斯属国卡里亚统治的地区，后因客蒙的积极作战，实际被雅典控制。《卡里阿斯和约》签订后，波斯正式承认它归属雅典以换取塞浦路斯岛的所有权。

这个征收区位于小亚细亚西岸偏南部。历史学家希罗多德的出生地哈利卡那苏斯、医学鼻祖希波克拉底（Hippokrates）的主要活动地科斯岛，以及这个时期开始走上历史舞台的罗德岛（Rhodes），都属于这个地区。

爱奥尼亚征收区：爱奥尼亚地区的中心部，是以米利都、以弗所等为代表的富裕海港都市的聚集区。估计这个地区为同盟贡献了最多的经费。

达达尼尔征收区：包括穿过达达尼尔海峡进入马尔马拉海

（Marmara），直至拜占庭的海域两侧的加盟国。这片海域有雅典从黑海地区进口小麦的主要线路，因此对雅典意义重大。

色雷斯征收区：背靠色雷斯、马其顿两大王国的爱琴海北部地区。这一带矿产资源丰富，一直以来都是雅典人海外资产的集中地。

岛屿征收区：包括利姆诺斯（Límnos）、米克诺斯（Mykono）、提洛岛、纳克索斯（Naxos）等散落于爱琴海中部的岛屿。要去这些岛屿征收费用，这一圈跑下来是够辛苦的。

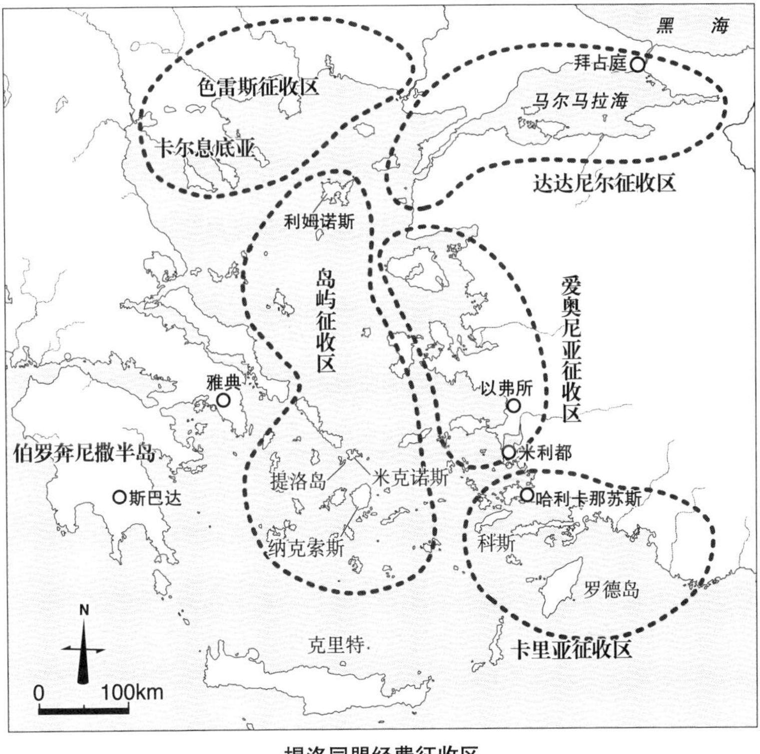

提洛同盟经费征收区

就这样，提洛同盟的名称虽然没改，但其实质与30年前创立时有很大的不同。它从以防御波斯为目的的同盟，变身为各加盟国承认的雅典霸权下的同盟。伯里克利捕捉机会也是眼明手快。

提洛同盟诸国虽然属于外邦，但居民同样是希腊人。伯里克利应该不会认为高压政策是有效的管理手段。他毕竟是无论遭到怎样的批判、中伤，始终尊重他人言论和行动自由的人。实际上，雅典是以一种相当宽松的管理方式维持着提洛同盟的存在。

对于那些仅负担经费的城邦，雅典没有禁止它们拥有战船。禁止它们保有独立的军事力量，等于明确了它们和雅典的从属关系。把那些城邦变成自己的属地明显有悖希腊人崇尚独立的个性，对雅典来说，这不是一个聪明的选择，倒不如让它们保留一些沿海警备规模的海军力量，如果近海发生紧急状况，这些海军可以作为一支军队在雅典司令官的指挥下参与战斗。

此外，雅典外港比雷埃夫斯一带是希腊世界规模最大、设施最完善的造船基地。所有提洛同盟的加盟方都可以在这里定制船只。

向所有加盟方开放的不只造船设施。雅典赢得第二次希波战争胜利不久，地米斯托克利便开始在首都与外港之间组织修建7.5公里左右的长墙。雅典和比雷埃夫斯的一体化使雅典在之后的30年间都是爱琴海的一大贸易中心。爱琴海海域这个大经济体内有了商务中心。

提洛同盟各成员方的人在等待定制商船完工期间，可以往返于比雷埃夫斯与雅典之间，专心从事贸易活动。

相比作为军事同盟的伯罗奔尼撒同盟，转型后的提洛同盟很难简单地定义其属性。

**因为它既是军事同盟又是经济同盟**，还是人才交流的同盟。

在具有压倒性优势的雅典海军的领导下，爱琴海得以避免敌国和海盗的入侵。

在经济意识超前的雅典人的主导下，爱琴海世界大经济体内的投资与贸易变得更为活跃。

文化方面也有交流和发展。

帕特农神殿工程总监菲狄亚斯是雅典人，而他手下负责神殿建设的两名建筑家出生于爱奥尼亚地区的米利都。

伯里克利时代的两大代表性雕塑家菲狄亚斯和米隆，前者的才华集中表现在交响曲一般的雕像群制作上，而流芳百世的《掷铁饼者》的制作者米隆则是一位“独奏”的高手。菲狄亚斯是土生土长的雅典人，而米隆不是雅典公民。

描写伯罗奔尼撒战争的历史学家修昔底德是雅典人，在他之前书写希波战争历史的希罗多德出生于爱奥尼亚地区的哈利卡那苏斯。

苏格拉底、柏拉图都是雅典人，他们对弟子们毫不介意。亚里士多德不是雅典人，却书写了城邦国家雅典的政体史，他出生在马其顿，却在雅典做出成就。

提洛同盟是地米斯托克利和阿里斯泰德两个人的“作品”，前者以萨拉米斯海战的胜利奠定同盟基础，后者在此基础上建立同盟。他们的“作品”存在了31年。

随后接棒的是转型后的提洛同盟。它完全是伯里克利的“作品”。

艺术家、历史学家、哲学家们的作品能留存于世间，人们对它们的赞誉代代相传。出生在2500年以后的我们依然能够见证伯里克利的另一作品帕特农神殿的伟大。

然而，政治家的“作品”无法留存至后世，只能根据它在当时的作用和影响给出评价。

提洛同盟转型后维持了42年。

在此期间，霸权国雅典一直保持着威慑力。支持雅典的莱斯沃斯、希俄斯岛、萨摩斯岛，除了中间发生某个事件的一段时期，一直留在提洛同盟内，也就是说一直处于雅典的霸权之下。

## 开拓新市场

在希腊人中，雅典人历来特别富于进取精神，哪怕远赴海外也不会有任何犹豫。

提洛同盟转型后，雅典人在爱琴海世界的人力和经济投入更为活跃。引导这个趋势朝更恰当、更现实的方向发展，是伯里克利的职责所在。

300 年前，雅典人只要借着向海外发展的东风，便能去想去的地方，建立自己的殖民城市。但伯里克利时代的雅典面对的形势已有所改变。心仪之地或早已被殖民，或是像拿波里、塔兰托（Taranto）、叙拉古（Siracusa，又译锡拉库萨）那样，作为独立国家存在已经有很长的历史。

因此，伯里克利改变了策略。雅典会继续向那些有殖民可能的地区输送移民，使之成为殖民基地，但其野心不局限在实现领土扩张上，此外雅典还要与新兴殖民地周边的既有城邦国家结成同盟。

这是伯里克利在缺乏适合的候选殖民地的情况下做出的迫不得已的策略。但就是这样一个苦肉计，还是出了问题。

西方世界最早被雅典殖民的地区，是位于长靴形的意大利半岛“靴底”与“靴跟”之间的图里（Turi）。在它附近有一个叫作锡巴里（ibari）的城邦国家。

锡巴里城邦派市民代表来到雅典，抗议雅典殖民图里是不当的侵略行为。

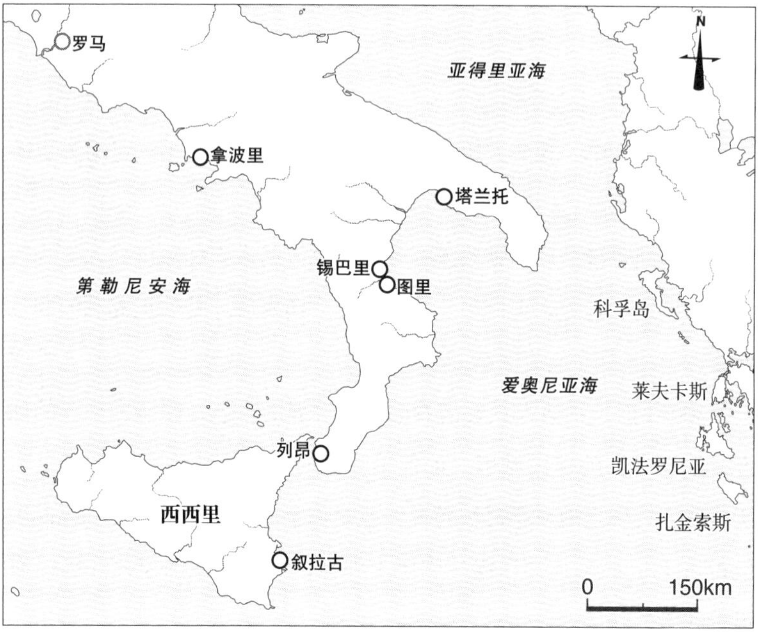


意大利南部和西西里岛

伯里克利以他独特的方式解决了这个问题。

他对锡巴里来的代表说，雅典确实给予雅典移民定居地图里一定的援助，但这些利益不仅属于雅典移民，其他城邦的希腊人也享受了权益。

伯里克利的此番说辞颇有成效。再加上锡巴里代表见雅典到处是来自外邦的希腊人，这繁荣的景象令他们相信对外开放会带来很好的结果。

伯里克利劝锡巴里人与图里结成同盟，并且说他已令图里与塔兰托缔结友好关系，希望锡巴里也能这么做。

塔兰托是无意进行海外扩张的斯巴达人的唯一一块殖民地。当时它建国已超过300年，是南意大利最强的城邦。不想与这个强国为敌的锡巴里听从了伯里克利的建议。

其实，伯里克利真正的意图，是向那些因雅典对图里的殖民化行动而对雅典的西进政策抱有警戒心的南意大利、西西里岛的希腊人传递一个信号：雅典真正想要的不是以武力扩张领土，而是缔结同盟关系。事实上，没过多久雅典便开始争取与意大利南部的希腊城邦结盟并获得成功。

雅典针对爱琴海北部的北进活动采取了同样的方法，只取一点作为基地，与其周边城邦结成同盟。

由于对方尚未摸清这种缓和之策的真正意图，在最初的10年，雅典在北方也取得了颇令人满意的成果。

所谓同盟，不是以武力征服对方再与之结盟，而是与没有被征服的地区，与地位对等的城邦联手。但实际情况并非如此。伯罗奔尼撒同盟的盟主斯巴达和其他加盟国的陆军力量不对等，提洛同盟中的雅典和其他加盟国之间仅海军力量便有着云泥之差。

话说回来，只要同盟表面上“对等”，加盟国就愿意相信这是对等的关系。人们总是期待，久而久之“希望如此”会变成“果真如此”。

这是人的自然心理。

对于这种虚假的“对等”，斯巴达以不发挥主导作用来尽量避免刺激他国，而雅典乐于主导同盟并将得到的利益分给各加盟国，以求得内部的团结。

对斯巴达式或雅典式同盟的有效性颇为怀疑的罗马人，后来创造出一种与二者不同的获取盟友的方法。

罗马人先征服对手，哪怕战争旷日引久，然后在征服了的土地上开通道路、铺设上下水管道。长期坚持这样的做法，战败者最终被罗马同化。

生活在帝国时代罗马的希腊人、《比较列传——希腊罗马名人传》的作者普鲁塔克曾经写道：

“罗马兴盛的最大原因在于他们能够同化战败者的理念。”

罗马帝国也许就是罗马人对何谓平等结盟的多国关系所给出的回答。

在提洛同盟转型即将 5 年之际，其内部发生了首起恶性事件。萨摩斯和米利都这两个同盟国之间的关系恶化。

## 萨摩斯岛事件

米利都如今的海岸线已大幅后退，很难想象它2500年前的地势。古代的米利都是一个海港城市，面向10公里宽的开阔海湾。在它的对岸有一个名叫普里埃内的港口城镇，萨摩斯岛看中了这个与米利都一直保持友好关系的小镇，企图占为己有，这成为恶性事件的导火索。

萨摩斯岛虽然面积只有雅典的五分之一，但它是提洛同盟中以海军力量加盟的三个岛屿之一。米利都人眼看着强大的萨摩斯势力扩张到仅相隔10公里的对岸，十分担心自己作为海港城市的优势会被削弱。

他们派使节前往雅典，对萨摩斯的侵略提出控诉。

面对这个半径不到50公里的地区发生的麻烦，伯里克利要求萨摩斯也派代表来雅典，在听取他们的意见后再做裁决。结果，萨摩斯岛的侵略行为被明令禁止。

这个裁决点燃了雅典国内反伯里克利派的怒火。他们认为伯里克利偏袒米利都是因为其情人阿斯帕齐娅出生在那里。

不知萨摩斯人是被这些来自雅典内部的反对之声鼓舞，还是原本就对裁决结果心怀不满，他们的态度显得相当强硬。当萨摩斯代表从雅典返回时，迎接他们的岛民同样群情激愤。

在第二次希波战争以前，萨摩斯岛是波斯海军的基地。战后这里又成为雅典海军的基地已近 40 年，虽然这是提洛同盟内的海军基地，但态度强硬的当地居民还是希望能拆除基地。

不过，就像希腊所有城邦一样，萨摩斯也面临人口不足的问题。武装战船已经占用了他们几乎所有的兵力，他们没有余力去袭击基地。

于是，萨摩斯人在附近的波斯领地征募了一支雇佣军，成员都是希腊裔。也许《卡里阿斯和约》的签订让萨摩斯人觉得波斯已经不再是仇敌。

雇佣军袭击了雅典的海军基地。事发突然，雅典军毫无防备匆忙应战，很多士兵被俘。

萨摩斯对这些俘虏既不杀害也不囚禁，而是将他们交给了波斯的地方长官。可见萨摩斯并不想与雅典为敌，同时爱奥尼亚地区的希腊人对波斯人确实抱有一种似敌非敌、是贸易对象又不能完全信赖的复杂看法。

事态发展至此，雅典不得不采取实际行动。它派遣使节往返两地，召开公民大会征求意见，两年的时间一下子就过去了。

最终，雅典决定派 60 艘三层加莱船出征。率领这支超过 12000 人的军队出征的两位将军，一位是已经 55 岁的伯里克利，另一位是伯里克利的好友、希腊三大悲剧作家之一的索福克勒斯。

率领萨摩斯海军迎战雅典海军的，是一位名叫墨里索斯的哲学家。

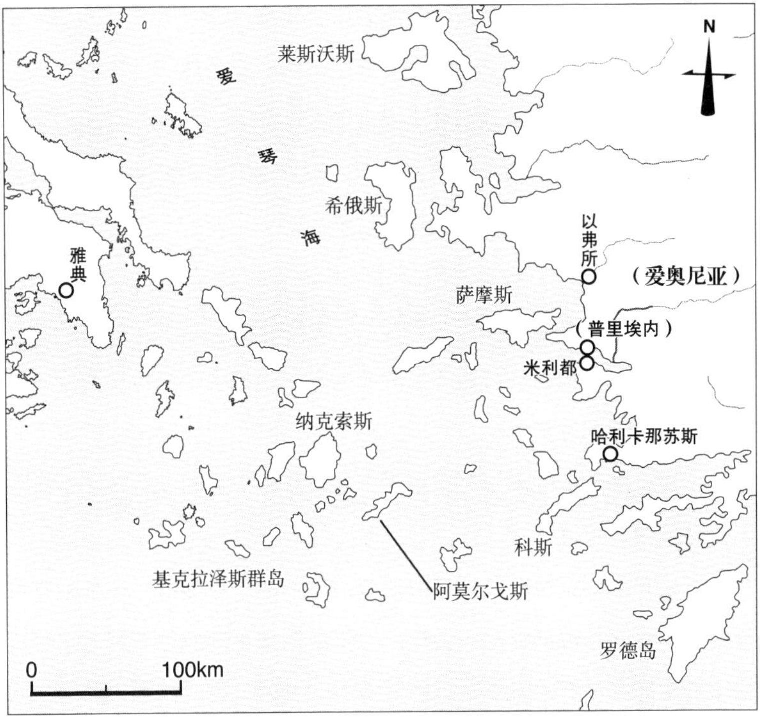


**萨摩斯岛与米利都，以及爱琴海岛屿**

希腊城邦奉行全民皆兵的制度，无论本行是干什么的，为国而战是每个公民应尽的义务。

作为武将，伯里克利的军事才能被2500年后的英国人评价为“有相当的程度但仅此而已”。除他之外，就是悲剧作家与哲学家在指挥作战。所以，要求他们像说出“我来，我见，我征服！”的恺撒那般干脆凌厉，实在也是勉为其难。

雅典军时而海上出击，时而封锁包围，用了8个月的时间，直到公元前439年的春天才迫使萨摩斯人举手投降。

战败的萨摩斯岛接受了伯里克利提出的所有条件。

围绕萨摩斯而建的城墙被全部拆毁。

原本属于萨摩斯领土的纳克索斯岛附近的阿莫尔戈斯岛，今后归雅典所有。

雅典在这次战争中耗费的总计1400塔兰特的费用，由萨摩斯以分期支付的方式全额赔偿。

挑起叛乱的主谋们被驱逐出萨摩斯岛，他们去了海对岸的波斯领地接受波斯王的庇护。

不过，萨摩斯的海军被保留下来，可见伯里克利没有将萨摩斯踢出提洛同盟的意思。

不论是波斯很快释放了萨摩斯交给他们的雅典俘虏，还是雅典将叛乱的主谋交给波斯，这一切让人感觉波斯国王和伯里克利之间有过秘密的沟通，虽然没有史料可以证明。

与伯里克利同世代的波斯国王阿尔塔·薛西斯20年来一直将地米斯托克利作为自己的政治顾问。也正因为有这层关系，他没有与雅典为敌的意思。10年前签署的《卡里阿斯和约》也是在这位国王的积极推动下达成的。

而伯里克利能与假想敌斯巴达的国王阿希达穆斯成为朋友，足以证明他是一个非常懂得利用这类关系的政治家。

尽管未能达到“我来，我见，我征服”的高度，平定萨摩斯岛一战仍然向爱琴海全域再次彰显了雅典海军的威力。战事结束后，一直没有加入提洛同盟的拜占庭迅速提出了入盟申请，那些曾经不愿加盟的城邦也接二连三地要求加盟。

尽管用了 8 个月的时间才平定萨摩斯岛之乱，但伯里克利的支持率并没有下降。同样是海战，但这一次没有萨拉米斯海战那样激烈，因此牺牲的人数较少。何况，战争费用由萨摩斯岛分期偿还。

不过，反对派依然不肯罢休。他们嘲笑伯里克利说："那个洋葱头大言不惭，称阿伽门农用了 10 年才攻下特洛伊，自己只用了 8 个月。"

像伯里克利那样的人不可能口吐如此狂言。不管怎么说，没有超乎常人的神经，大概是做不了民主国家的领袖的。

所幸还有令伯里克利高兴的事情。公元前 438 年，菲狄亚斯雕刻的雅典娜女神雕像终于被摆放在刚完工的帕特农内殿里了。有精美的艺术品，才有美轮美奂的神殿。它不仅属于懂艺术的人，更是全雅典人的心灵寄托。

神殿从开工到完成耗时 9 年。卫城全域的建设随后展开，又用了 6 年的时间。

对艺术家菲狄亚斯和政治家伯里克利而言，以帕特农神殿为中心的卫城整体建设是他们穷其一生为之努力的工作。被入侵的波斯军烧毁的神殿，经过漫长的 42 年，终于重新建起。这是旧殿无法比拟的、雄伟壮观的圣域。

成为强国不易，保持强国地位更需要付出超乎寻常的努力。这有点像获得冠军与蝉联冠军间的差异。

眺望着在阳光照耀下熠熠生辉的帕特农神殿，伯里克利也许正在内心中注视着爱琴海北方。那一带属于提洛同盟的色雷斯征收区和达达尼尔征收区。

## 爱琴海北侧

色雷斯征收区是雅典人传统上的海外财产集中地，以丰富的矿产资源闻名。因此它对雅典的重要性，用时下的话讲，在于对雅典人权益的保护。

这个保护不仅意味着保护既得利益，还包括对新来者的奖励，因此在进一步提升雅典经济的层面也是非常重要的。

统称为卡尔息底亚（Chalcidia）地区的这一带，背后有马其顿和色雷斯两个王国。这两个王国在希腊世界均属落后地区，在那个时代尚未形成南下的力量。

正因为落后，那里的男人们无所畏惧，而且居住在内陆的人们总是在不断寻找走向海洋的出海口。为阻断这股势力，雅典必须在卡尔息底亚地区建立起霸权。

由于那个时代不存在明确的国境线，山脉、湖泊或河川就成了国界。

马其顿王国与色雷斯王国的分界线是个湖泊以及从湖泊注入爱琴海的大河。现在那里已经干涸。

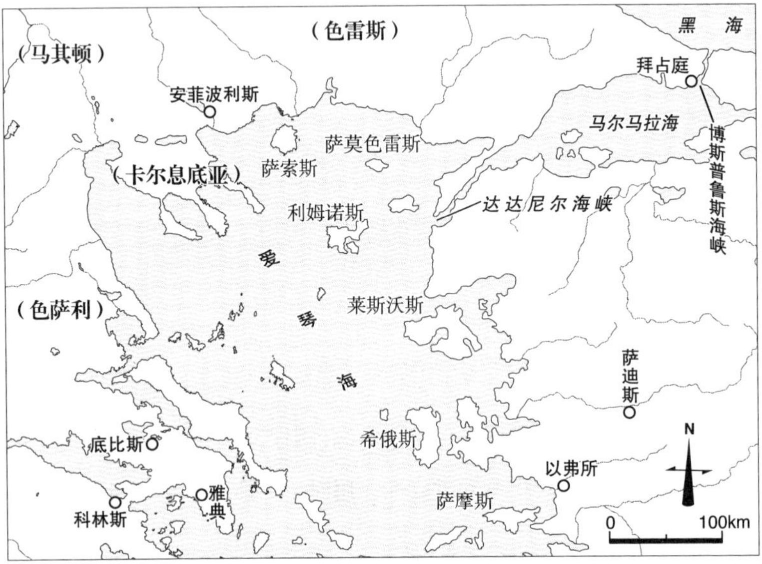


爱琴海和色雷斯地区

这条河的东岸有一个名叫安菲波利斯(Amphipolis)的小镇。也就是说这个小镇正好处在马其顿和色雷斯两国边境。

伯里克利看中了这个小镇，下令雅典人移民至此地，将这里变成殖民都市。

把安菲波利斯作为雅典在这个地区的据点有两个明显的好处。

第一，可借此控制其背后的森林地带。这里是建造三层加莱船所需木材的最佳来源地。

第二，在这里确立雅典霸权，相对来说不会刺激北方的两个王国。

雅典人没有必要赶走原住民重新打造一个都市，只要在原有的基础上迁入雅典移民即可，甚至可以允许附近地区的人移居这里，这就是伯里克利式的殖民策略。雅典在安菲波利斯建立据点后，继续推行伯里克利式的殖民政策，让安菲波利斯与周边的城镇结成了同盟。

与自给自足的农业国斯巴达不同，以进出口贸易为主要经济来源的雅典相比扩张领土，通过和各城邦结成友好关系构建贸易网才是更有效的方式。而且，这些小城邦加入提洛同盟，还可以为雅典军船、商船的停靠提供便利。它们是雅典的贸易对象，同时它们缴纳的同盟经费亦可为雅典带来现金收入。

公元前 437 年前后，雅典在安菲波利斯一带建立了霸权。翌年，也就是公元前 436 年前后，59 岁的伯里克利决定远征黑海。

那一年，雅典海军北上不是为了在达达尼尔征收区到拜占庭一带建立霸权。因为霸权的建立，也就是把这个地区纳入提洛同盟的行动已经结束且获得了令人满意的成果。

此次远征的目的是穿过拜占庭前往黑海沿岸城市，在那里建立市场。

黑海沿岸城市中由希腊人殖民建立起的城邦，比较出名的是锡诺普（Sinope）和特列比松（Trebizond）。除了这两个历史悠久的城邦，位于黑海东岸至北岸的高加索（Caucasus）以及克里米亚半岛，都与雅典有贸易往来。

雅典出口的商品有葡萄酒、橄榄油、优质麻布，以及地中海世界最高级别的红绘和黑绘陶壶，当然还有当时最好的造船技术。

雅典从这个地区进口的主要商品是小麦和木材。木材是保障希腊海军战斗力不可或缺的材料，而小麦对于仅首都人口就超过 10 万人的雅典而言，同样是不可或缺的资源。

雅典建造三层加莱船的木材来源于卡尔息底亚和黑海周边。同理，伯里克利不打算让黑海地区成为雅典唯一的小麦进口来源地，只把它当作三个进口来源地之一。用现在的话说叫“多元化”。

与斯巴达人不同，雅典人喜爱享受舒适的生活。雅典贫瘠的土地上长出的国产粮无法满足他们的口味。雅典人很早就抛弃了自给自足的生活方式，小麦一直是他们最大宗的进口商品，传统的进口来源地是埃及和西西里。

然而，埃及和西西里都是由国王或僭主统治的国家，很难保证不发生政变。如果当地政局不稳中断小麦的出口，雅典立刻会陷入粮食危机。

所以，让进口来源地多元化是一个必须推行的政策。

伯里克利死后，黑海作为市场的重要性不断上升，原因在于连接黑海与爱琴海的达达尼尔海峡的重要性不断增强。那里可以说是城邦雅典的生命线。

从粮食安全的政策上，也可以看出伯里克利是一位具有先见之明的政治家。

话说回来。伯里克利这一年率军远征黑海，进行了怎样的海战或陆战，我们找不到任何相关记录。想来他是带着超过百艘的三层加莱船舰队，巡回于黑海周边的各个城邦，与它们缔结了经济协定。

舰队往返于达达尼尔海峡时，恰好可以向海峡两岸的城邦展示雅典海军威风的形象，由此增强提洛同盟加盟国的向心力。

这很像是 59 岁的伯里克利会采取的做法。

这场远征应该有其他将军作为副将同行，只是不清楚是哪一位。他肯定不是 4 年前镇压萨摩斯岛叛乱时出征的悲剧作家索福克勒斯。伯里克利连年当选将军，而悲剧作家此后再也没有当选过。

这里讲一个笑话。

那是后来发生的事情。有一次，马其顿国王、亚历山大大帝的父亲腓力说："雅典竟然每年都能找出 10 位将军。我这里始终只有帕米尼欧（Parmenion）一个人。" 当然，这完全是在嘲讽雅典。

民主政体雅典独特的官职将军在执掌政治、外交的同时还是军队的司令官。每年从 10 个选区各选出 1 位，共计 10 人。

不过，很难保证各选区每年都能选出称职的人才。或许应该说，庸才当选的概率更大。

伯里克利自知军事能力不足，但他有发现军事人才的能力。事实上，对于比自己年轻约 15 岁的弗尔米奥（Phormio），他就用得非常出色。

海军将领弗尔米奥骁勇善战，但仅靠他一人作用有限。伯里克利时代战争不多，或许就是因为军事方面人才不足。作为连续当选的将军，伯里克利肩负率军出征的职责，但是在 30 余年的伯里克利时代，他亲自率军出征仅有三次，即萨摩斯岛平定战、黑海远征，以及最后的近海出征。

如果因为统帅人才不足就可以避免战争的话，那战争这种罪恶的现象早就应该从人类社会中消失了。现实并非如此。战争的发生从来不以人的意志为转移。

伯里克利从黑海回到雅典的第二年，战争的火苗就再度燃起。

# 战争始于边陲

听到埃比达姆诺斯（Epidamnus）这个地名，能够立刻指出它方位的人，在当时的希腊恐怕寥寥无几。

罗马时代，埃比达姆诺斯改名都拉基乌姆（Dyrrachium），作为横贯希腊的埃纳提亚大道的起点，成为战略重地。但300年前，埃比达姆诺斯只是一个位于希腊世界西北边缘、毗邻亚得里亚海的小镇，是众多希腊城邦中的一个普通的殖民城市。

不过，那里的居民也是希腊人，是只要有10个人聚在一起便能分成两派相互争斗的希腊人。

内斗这种希腊世界里的常见现象也在埃比达姆诺斯上演。输的一派向附近的科孚岛求救被拒，继而转投科林斯，科林斯接受了他们的请求。

尽管被雅典拉开了差距，但科林斯依然拥有希腊第二强的傲人的海军实力。科林斯是一个海运大国，并且以贸易为主要经济来源，主要的市场位于地中海方向的南意大利和西西里岛。

科林斯之所以接受埃比达姆诺斯残党的救援请求，是因为他们打算借机攻占科孚岛建立霸权，夺回被雅典不断蚕食的西方市场。

于是，事情跳过埃比达姆诺斯，变成科孚岛与科林斯的之间的对立。两方相争的结果竟然是科林斯输了海战。

说是战败，其实科林斯不过是损失了 15 艘战船并撤退而已。而科孚岛人因为这个意外的胜利狂喜不已。他们不仅拒绝归还俘虏，还杀了为科林斯打仗的异邦士兵，或将他们变卖为奴，这种种野蛮行径在希腊十分少见。

公元前 435 年，发生在希腊世界边陲的争端就这样结束了。

第二年，实力远胜科孚岛的科林斯为一雪前耻、重振国威而积极备战。他们在希腊全境招募桨手，组成一支大规模的海军舰队，誓要扳回一局。

科林斯备战的消息引起科孚岛的恐慌，惊恐之下科孚岛转向雅典求援。他们派去的全权特使表示，翌年科孚岛与科林斯必有一仗，希望能与雅典结盟，得到雅典海军的支援。

得知此事的科林斯也派了使节前往雅典。这或许是遵循了希腊人先辩论再动手的传统，但真正的意图只有一个——不希望雅典插手此事。由于科林斯特使说话欠缺外交技巧，雅典人显得十分不悦，尤其是伯里克利，态度十分冷淡。

其实这件事并不简单。发生在偏远地区、仅限于局部战的敌对活动有扩大至希腊全境的危险。

那么，听完科孚岛和科林斯使者的申诉以后，61 岁的伯里克利做出了怎样的决断呢？

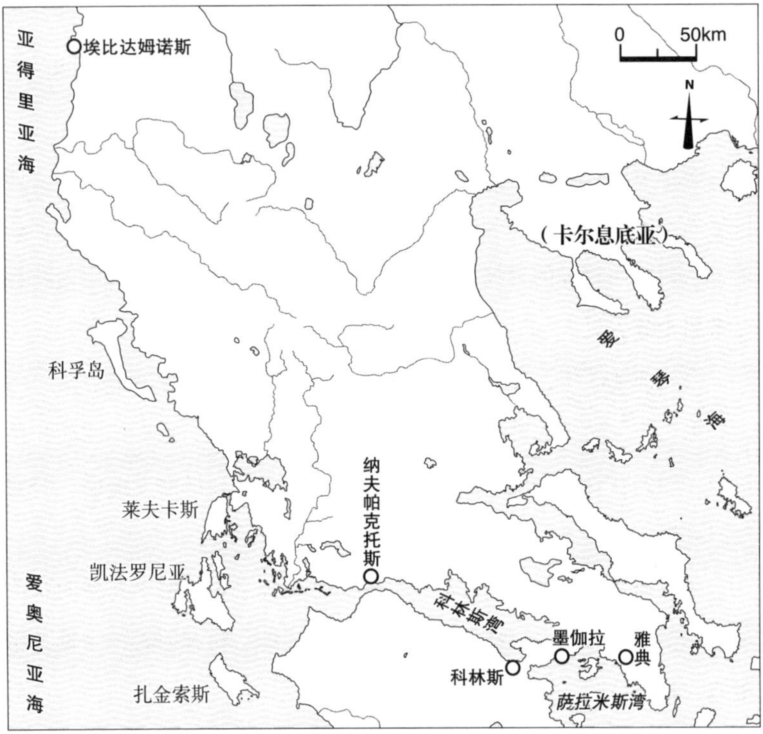


**科孚岛和希腊东北部**

首先，雅典接受科孚岛的结盟请求。也就是说，科孚岛成了提洛同盟的一员。

自从雅典将位于科林斯湾出口的纳夫帕克托斯变为殖民基地，在意大利南部的图里开展殖民活动以来，伯里克利脑海中向西拓展市场的蓝图变得越来越清晰。与科孚岛结盟，等于为他的西进战略又添了一块基石。

既然双方已是同盟关系，雅典决定派海军支援科孚岛。

不过，雅典不打算与科林斯全面为敌。科林斯是伯罗奔尼撒同盟的成员，雅典要尽量避免刺激盟主斯巴达出手干预。

于是，雅典人采取了意大利俗语说的“给锅不给锅盖”的办法。

他们向科孚岛先派遣了10艘三层加莱船，后来又派去20艘。这个数字令现代史学家们不禁怀疑自己是否看漏了一个零。

伯里克利甚至严令战船的指挥官们不得与科林斯海军直接交战。

就这样，在公元前433年的夏天，科孚岛和科林斯以一种奇怪的形式在海上展开了对决。

第一仗科林斯差一点儿取得压倒性胜利。之所以差一点儿，是因为科孚岛船队在10艘雅典战船的保护下成功逃脱没有遭受太大的损失。

三周后展开的第二仗，战况更加滑稽可笑。

为了保全海军大国的面子，志在必得的科林斯组建了150艘战船的大规模舰队朝科孚岛前进。另一方的科孚岛海军依然是在10艘雅典战船的护卫下南下迎战。

就在科林斯海军接近作战海域时，他们接到报告，得知另一支雅典海军船队绕过伯罗奔尼撒半岛进入爱奥尼亚海，正向这里逼近。

科林斯海军司令官以为雅典派来了200艘战船。虽然报告说是只有20艘，加上先遣的10艘，统共不过30艘，但了解雅典海军实力的科林斯海军司令不相信，在这个数字上加了个零，确实200艘看起来更合乎常理。

科林斯纵有150艘战船，但毕竟不是200艘的对手。于是科林斯决定不和雅典交战，直接撤退了。

科孚岛和科林斯的对决就这样莫名其妙地结束了。消息很快传遍整个希腊。传言往往省略细节，结果变成“雅典海军稍稍靠近，科林斯海军便夹着尾巴逃之夭夭”。

颜面尽失的科林斯人火冒三丈。此时他们的怒火已不再针对科孚岛，而是朝向雅典爆发。13 年前被逼喝下的苦水，仿佛又回流到喉咙口。

在斯巴达召开泛希腊城邦会议后，纳夫帕克托斯这 13 年来始终是雅典的基地。

面对牢牢占据科林斯湾出口纳夫帕克托斯的雅典，科林斯人的心情可想而知。

更何况拿下纳夫帕克托斯之后，雅典的“帝国主义”行径不仅没有收敛，反而进一步向属于科林斯传统市场的西方海域延伸。

当年的泛希腊城邦会议决定将希腊世界一分为二，提洛同盟与伯罗奔尼撒同盟约定互不侵犯对方的势力范围，可如今科林斯却不能抗议雅典违反了约定。

因为雅典染指的西方海域及其岛屿，不属于伯罗奔尼撒同盟这个陆地城邦联合体的势力范围。

南意大利的图里在塔兰托、叙拉古两大强国势力范围之外，爱琴海北侧的安菲波利斯位于色雷斯、马其顿两大王国分界线上，可见伯里克利总是瞄准两大势力圈之间的“缝隙”建立雅典的殖民都市。

在荷马的《伊利亚特》中登场的各路英雄里，女神雅典娜最宠爱且不遗余力给予帮助的，不是勇敢的阿喀琉斯，而是献出木马计终结长达10年特洛伊战争的足智多谋的奥德修斯。

城邦国家雅典将雅典娜奉为守护神，崇尚智慧。和前一代领袖地米斯托克利一样，伯里克利也是一位典型的雅典人。

然而，科林斯人不是雅典人。这里再借荷马之言，科林斯人“没有预见未来的能力，但绝不会忘记过去的耻辱”。

科林斯复仇的对象变成了雅典。复仇的怒火让他们根本无暇顾及这会令伯罗奔尼撒同盟卷入战争。

公元前433年初冬，成为全希腊笑柄备受屈辱的科林斯得到一个雪耻的机会。用欧洲人的话讲，这个机会仿佛“摆放在银盘上被端了上来”。

换言之，向雅典复仇的机会不是科林斯自己创造的，是意外送上门来的。

## 扩大的战线

无论先进还是落后，王权国家都存在一个缺陷——王族容易为争夺王位发动叛乱。马其顿也不例外。在这个时期，马其顿国王佩尔狄卡斯胞弟发动了企图夺权的叛乱。

这本是一场马其顿王国内部的斗争，可唯恐王位不稳的国王想要到国外寻找支持。马其顿国王看中的是位于马其顿南边、正在雅典霸权下逐渐兴起的卡尔息底亚地区的一个叫波提狄亚（Potidea）的海港城市。

在卡尔息底亚地区的各城邦中，马其顿国王为什么偏偏挑上了波提狄亚呢？

如果按照提洛同盟经费征收区划分的话，波提狄亚隶属“色雷斯征收区”。当地居民对于雅典霸权逐渐产生不满，这正是马其顿国王看上它的原因。佩尔狄卡斯认为，只要向波提狄亚人表明自己反雅典的立场，势必能让他们成为自己的盟友。

有关这个地区的居民对雅典不满的原因，一些现代学者认为与希腊人强烈的独立意识有关。

事实上，人们的不满很少源于高贵的精神，更多时候是基于非常实际的问题产生的。卡尔息底亚地区的居民对加入提洛同盟并没有异议，他们只是不喜欢负担经费。

恺撒说过：“但凡是人类，并非个个都能正视现实，大多数人只愿意看到自己希望看到的事情。”

与爱奥尼亚相比，卡尔息底亚属于爱琴海世界的落后地区。

人们不太会考虑加入提洛同盟这一经济体能获得的利益，反而对负担经费深恶痛绝。加入经济体的好处无法明确计算，但是向雅典缴纳经费的不利，却是有确凿的数字证明。

这类人的看法虽然片面但并不令人吃惊。当波提狄亚的居民知道马其顿国王会做自己的后盾时，一下子信心大增，继而想到把不久前因为雅典丢了颜面的科林斯拉进同一个阵营。

这种“摆放在银盘上被端上来”的好机会，科林斯自然不会放过。

不过，在希腊世界属于先进国的科林斯可比波提狄亚考虑得多。

如果科林斯派遣正规军，便违背了泛希腊城邦会议上确定的两大同盟互不侵犯对方势力范围的约定。波提狄亚所处的卡尔息底亚地区属于提洛同盟。另一方的科林斯虽说被雅典摆了一道，但毕竟属于伯罗奔尼撒同盟。

于是，科林斯决定组织一支“志愿军”去支援波提狄亚。

科林斯在除斯巴达以外的伯罗奔尼撒半岛地区招募了2000名“志愿军”。他们的军饷由科林斯支付，事实上属于科林斯军队。但由于没有科林斯公民加入，不是正规军，所以无须征得盟主斯巴达的同意。

2000 人的雇佣军没有走海路前往目的地。爱琴海的制海权掌握在雅典手中，在海上航行极有可能遭遇雅典海军。如果雅典人发现他们所乘船只属于科林斯，那么科林斯的参与便暴露无遗。因此，他们决定先坐船北上到卡尔息底亚地区，然后沿陆地长途行军至波提狄亚。

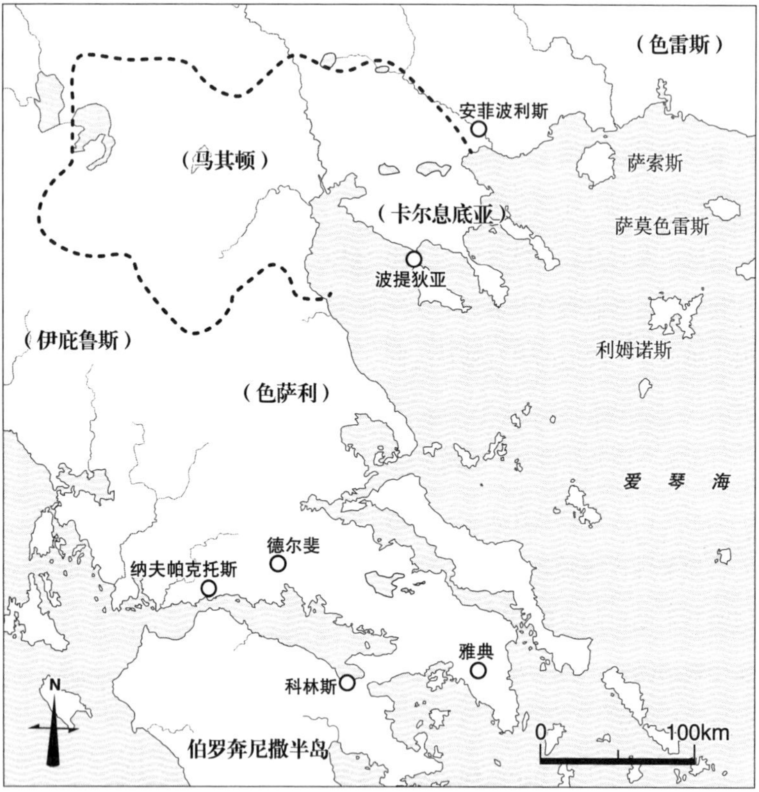

马其顿和卡尔息底亚地区

但是，在科林斯出手之前，雅典抢先采取了行动。

年届 63 岁的伯里克利准确地认识到问题的严重性。

与科孚岛问题的性质不同，卡尔息底亚地区某个城邦的反雅典叛乱大有蔓延至提洛同盟其他城邦的危险。拒绝支付同盟经费这个倡议，任谁都能理解，任谁都会同意。

公元前 432 年 5 月，希腊已进入夏天。1 000 名重装步兵即雅典正规军搭乘 30 艘三层加莱船离开了雅典外港比雷埃夫斯。这是第一支先遣军。紧接着，雅典决定再出动 40 艘战船运载 2 000 名重装步兵。

两支军队都由将军率领。出动重装步兵可见侧重点在陆战。为镇压一个海港城市的叛乱，雅典居然投入了合计 70 艘战船和 3 000 名重装步兵。

去卡尔息底亚地区旅行过的读者，应该理解我下文的意思。

那里的地形犹如三叉戟般插入爱琴海，相比组成队列的正规阵地战，更适合打游击战。而且，正规军打仗非赢即输，而游击战只要不输就是赢。

此外，拥有最强实力的雅典海军也有难以克服的弱点。

一般来说，若海军从海上发起攻击，就算攻击再猛烈，岸上受攻击的一方只要躲起来熬一阵子，总会等来进攻方的撤退。

与之相反，从陆地发起攻击时，对方躲藏也好忍耐也罢，进攻方是不会轻易罢休的。换言之，对方只要不举手投降，进攻方就不会撤退。

斯巴达军队出兵并不频繁且规模只有 1 万人左右，他们在希腊世界之所以能保持不怒自威的姿态，靠的就是陆军斩尽杀绝的攻击力。

这多少有点像现代战争的空中轰炸与陆上攻击的不同。

为了弥补陆地战方面的不足，自客蒙以来，雅典一直将平原会战的主力重装步兵当作“海军陆战队”使用。不过像卡尔息底亚那样的地形，“海军陆战队”恐怕无用武之地。

雅典面临的不利因素除了地形还有将军指挥作战的能力。雅典并不是每年都能出现像地米斯托克利那样能攻坚克难的天才。

就这样，从夏到秋，雅典久攻不下。如果雅典从波提狄亚撤军，提洛同盟就有解体的危险，所以绝不能退兵。马其顿国王佩尔狄卡斯认识到雅典誓不罢休，于是抛弃波提狄亚，再次与雅典接触，但这并没有多少意义。国王态度的转变对局势完全没有影响，这足以证明马其顿在当时不过是个无足轻重的偏僻王国。

雅典攻城不下，斯巴达也左右为难。

尽管科林斯作为伯罗奔尼撒同盟的成员没有正式参战，但那些与雅典军作战的人再怎么说也是伯罗奔尼撒半岛的居民。

利用这件事情大做文章的，首先是“没有预见未来的能力，却绝不会忘记过去的耻辱”的科林斯人。同时，斯巴达的5位监察官也在背后煽风点火，对他们来说，做这种事实在易如反掌。

以“吕库古‘宪法’守护人”自居的5位监察官是维护国家体制的狂热的保守主义者，也是民族主义者，还是传统的反雅典派。由此，反雅典的势头在斯巴达国内不断高涨。

14年前在斯巴达举行的泛希腊城邦会议上，斯巴达和雅典以“30年和平”之名达成了平分天下的协议，按理说这样的状态还应该持续16年。然而，就在和约达成14年后的公元前432年，雅典和斯巴达都面临着和平还是战争的抉择。

## “战争”这个魔物

形势变成这样出乎科林斯人的预料，也不是斯巴达和雅典所希望的。正因为不想参与战争，两国才会在14年前缔结希腊史无前例的长达30年的停战协定。

如果严守协定，雅典军攻击的包括波提狄亚在内的卡尔息底亚地区，以斯巴达为盟主的伯罗奔尼撒同盟无权干涉，因为上述地区在提洛同盟辖内。但是在那里与雅典人打仗的又是科林斯派去的2000名伯罗奔尼撒“志愿军”。

不久，原本已够复杂的局势再添变数。或许是受到善战的波提狄亚的鼓舞，墨伽拉表示脱离提洛同盟，事态愈发错综复杂。

墨伽拉位于雅典首都阿提卡地区以西，与伯罗奔尼撒半岛之间只隔着狭窄的海峡，它的西面与科林斯边境相接。

不知是否受到科林斯的煽动，墨伽拉不仅宣布脱离提洛同盟，而且要求加入伯罗奔尼撒同盟。

对于邻国的这一举动，雅典迅速出手反击，禁止墨伽拉船只停靠比雷埃夫斯港，宣告与墨伽拉断绝贸易关系。

雅典的决定等于给斯巴达监察官们的反雅典情绪火上浇油。他们声称雅典无权对自愿加入伯罗奔尼撒同盟的墨伽拉做出如此不公的制裁。

不过，斯巴达内部还存在着以阿希达穆斯国王为首的不希望与雅典发生冲突的派系。

结果，斯巴达的民意罕见地分成两派。

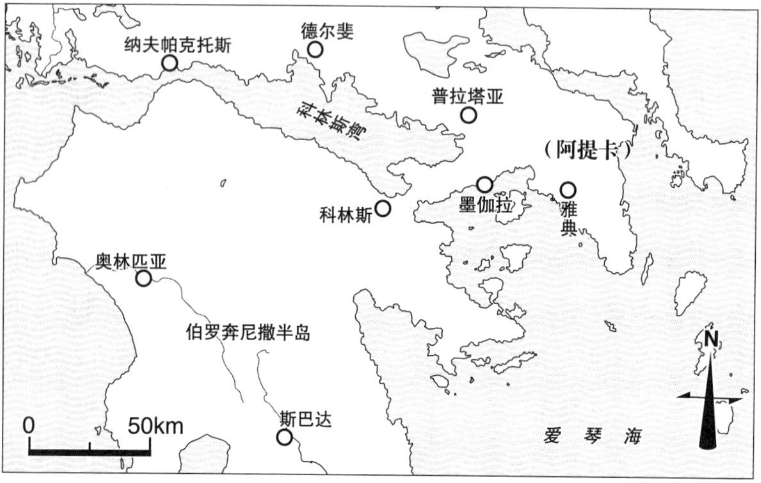


墨伽拉及其周边

发生类似情形时，斯巴达人通常会前往德尔斐的阿波罗神殿，听取女祭司传达的神谕。在雅典，人们会因个人问题去神殿求神谕，但国家不会做出这样的举动。而斯巴达人对待国事、家事都一样。

向来言语含混不清，需要助理祭司翻译的女祭司，这一次的回答异常清晰：“如果居住在伯罗奔尼撒半岛的人们全力以赴，他们将会取得胜利。只要向阿波罗神祈祷，神会保佑伯罗奔尼撒人。”

对这条神谕的真实性，不仅我们现代人，就连古希腊人都表示怀疑。且不说天神附体的女祭司是否可信，那些将女祭司意味不明的话翻译给祈求神谕者的助理祭司有不少都被人收买了。

不过，斯巴达人比任何城邦的人都笃信著名的德尔斐神谕，想来不会染指收买之事，而科林斯人倒有这个可能。

## 各国的谨慎派

在斯巴达内部，谨慎派是有实力的。

这一派的核心人物是国王阿希达穆斯。这位 20 多岁即位、与伯里克利年龄仅相差 1 岁的国王，从开始治国便不断遭遇变故。特大地震、希洛人造反接踵而来，最初的 15 年可谓历尽艰辛。

雅典进入伯里克利时代后，这位斯巴达国王的生活也变得安稳起来。斯巴达国王肩负率军出征的职责，但阿希达穆斯几乎 30 年不曾奔赴战场。因为在此期间，斯巴达与雅典这两个希腊强国没有直接发生过战争。同样是在这个时期，阿希达穆斯还以私人身份拜访了伯里克利位于雅典郊外的庄园。

暌违 30 年，两大强国再次处于对峙的紧张状态，站在第一线的这两人，不知内心作何感想。

他们都是超级精英家庭出身。阿希达穆斯来自吕库古“宪法”之前便统治斯巴达的古老王族，伯里克利是梭伦改革前便已存在的雅典首屈一指的名门——阿尔克迈尼翁家族的一员。

他们在年纪上属于同辈。在两国关系变得紧张的公元前 432 年之前，阿希达穆斯年纪轻轻就登上王位，做了32年的斯巴达国王；伯里克利在“表面上看实行的是民主政体，实际上是一个人统治”的雅典，保持了长达29年的一人统治。

此外，这两个人的气质似乎也很接近。

历史学家修昔底德曾介绍过他们两人的演说，令我吃惊的是，他们的演说几乎不曾提及众神、神谕、命运等，反倒传达了一种命运掌握在我们人类手中的信息。想到这些话出自2500年前的男人之口，我不禁为他们彻底的现实主义和平衡能力惊叹不已。

他们之所以具备这样的思想，应该是与常年位居高位的经验，以及由此蓄积的责任感有关吧。

不过，这两位也各自戴着束缚自己行动的“脚镣”。

对伯里克利而言，他的“脚镣”是雅典的民意。在实施民主政体的国家执政，自然不能无视民意。但是民意有一种看近不看远的特质。

伯里克利用近处的利益、肉眼看得见的实绩，以及动人的语言这强大的武器，成功掌控了民意。正因如此，他才能作为“表面上看实行的是民主政体，实际上是一个人统治”的统治者，保持30年地位不变。

然而，当紧急状态发生时，普通民众多少会失去冷静变得冲动。在公元前432年秋冬的雅典，伯里克利的“脚镣”变得沉重起来。

斯巴达国王阿希达穆斯的“脚铐”是每年公民大会选出的5位监察官。

这5位监察官负责的可不仅是把有先天缺陷的婴儿摔下悬崖，他们真正监管的是来自两个王族的两位国王。防止国王独断专权，是监察官们的首要任务。

当初吕库古为斯巴达设计出这个独特的制度的确有其实际的意义。当时两个王族拥有强大的权势，5位监察官就是吕库古“宪法”的守护人。也就是说，这是象征着牵制王权的斯巴达特有官职。

自吕库古立法已经过去了200年。在此期间，监察官的牵制也许充分发挥了作用，国王的权力逐渐弱化，只剩下率军打仗的权限。

在斯巴达公民大会上，担任议长的阿希达穆斯发表了针对雅典的谨慎派言论，一位监察官立刻做出了主战的反击。常年担任军队司令的人和任期只有一年的监察官的发言竟然具有同等地位，真是令人错愕。

如果涉及内政，外行人的意见也许有一定的参考价值，但这是涉及是否与雅典发生正面冲突的重大问题。更令国王头疼的是，如果自己被强权在握的监察官列入黑名单，哪怕贵为国王也同样会不得善终。

普拉塔亚战役的英雄帕萨尼亚斯背负冤罪被迫自杀，普雷斯托纳克斯国王在伯里克利的劝说下退兵撤军，因此被控收受贿赂，不得不退位，这些都是典型的例子。

在雅典，被准许行使权力的是每年选出的10位将军，他们可以连任。

在斯巴达，实际掌握权力的是每年选出的5位监察官，他们不得连任。

两者的不同显而易见。率军打仗的将军要自己承担风险，而以牵制王权为职责的监察官自身并没有任何风险，因为他们是吕库古“宪法”的守护人，不会受到惩罚。

斯巴达的这种将国家命运托付给不承担风险之人的独特制度，逐渐暴露出其缺陷。在斯巴达奉行的一国和平主义尚且可行的年代，虽然国王吞下了苦果，好在国家还能保持正常运作，但 30 年后，这种体制的魅力完全丧失。

打败雅典成为唯一霸主的斯巴达，竟然失去了维持霸权的能力。用现代语言讲，斯巴达的国家体制缺少“国际竞争力”。

当然，这些问题要到 30 年后才会露出端倪。公元前 432 年的冬天，极力主张与雅典展开军事对决的监察官给希望避免战争的阿希达穆斯国王带来巨大压力，等于给他套上了一副比以往更沉重的脚镣。

所幸斯巴达公民大会最终接受了国王的建议，为避免战争决定和雅典交涉。不过，这份经监察官之手写给雅典的“回避案”，内容像是预见到雅典会断然拒绝。斯巴达人要求雅典解除对波提狄亚的包围即刻撤军，这形同要求解散提洛同盟，自然激起了雅典民众的怒火。

斯巴达与雅典之间这种你来我往掷球般的交涉，给其他国家留下了两国处于僵持状态的印象。

大国处于僵持状态很危险，弱小国家会趁机突然采取行动。

公元前 431 年初，雅典北部城邦底比斯（Thebae，又译忒拜）率先采取行动，这又是一起始于边陲的事件。不过这次事件未能像以往一样简单收场。

它成为决定希腊世界命运的伯罗奔尼撒战争的开始。

# 伯罗奔尼撒战争

回顾希腊人的历史，如果问决定他们命运的有哪几场战争，回答一定是：希波战争、伯罗奔尼撒战争，以及最后的亚历山大东征。

《希腊人的故事》共三卷，第一卷介绍希波战争，第二卷围绕伯罗奔尼撒战争展开，最后一卷讲述亚历山大东征。

这套书如此重视战争，并不意味着我对描写战争本身有兴趣。是谁、何时、怎样发动了战争，战争的发展如何改变当事者乃至局外人的命运，这些人类世界的现象才是我关注的焦点。

希波战争分成两次。公元前 490 年的第一次希波战争速战速决。入侵的波斯军在马拉松地区的会战中失败，随后匆匆撤兵。

因此，所谓“希波战争”通常指的是 10 年后发生的第二次希波战争，这是历史学上的常识。

公元前 480 年，雄心勃勃欲征服全希腊的波斯帝国大军大举进攻，却在萨拉米斯海战中完败，翌年又在普拉塔亚平原战役中一败涂地，迎头反击的希腊军以大获全胜的战果终结战争。

尝尽苦头的东方大国波斯在之后的100年再也没向希腊派过军队。

希腊人胜利的关键是雅典人打赢了萨拉米斯海战，以及斯巴达人打赢了普拉塔亚平原战役。两国冷静且彻底地发挥了各自的强项，大获成功。

第二次希波战争证明，希腊两大强国联手可以击退大国波斯。战争很快在翌年结束，两国得以避免陷入灾难性的长期战。

第二次希波战争结束后的50年，准确地说是48年间，除去一些局部战，希腊人享受了半个世纪的和平。

话说回来，希腊城邦国家不会因为解除了武装就保持和平。希腊人始终是要靠4年一次的奥林匹克大会休战的民族。

所以，和平持续半个世纪的主要原因是雅典和斯巴达变得比以往更为强大。

雅典不断增强海军力量，凡事采取保守态度的斯巴达专注于巩固其引以为傲的陆军力量，没有斯巴达人会有异议。

雅典主导的提洛同盟和斯巴达为盟主的伯罗奔尼撒同盟，成功地达成分庭抗礼状态，是希腊世界保持50年和平的真正的原因。用现代语言讲，是因为形成了势力均衡的状态。

到公元前431年，伯罗奔尼撒战争爆发，同为希腊城邦国家的雅典和斯巴达兵戎相见。

和平已经持续了50年，按理说两国可以继续保持分庭抗礼的状态。

雅典是海军国家，斯巴达是陆军国家。

雅典有意在外国建立基地，但没有扩张领土的企图。就算有此想法，也没有足够的人力输往海外。而斯巴达长久以来奉行一国和平主义，对本国社会结构无法承受的领土扩张没有野心。

这样说来，这两大强国之间并不存在利害冲突。也正因如此，雅典第一人伯里克利和斯巴达国王阿希达穆斯都不希望开战。

尽管如此，伯罗奔尼撒战争还是爆发了。

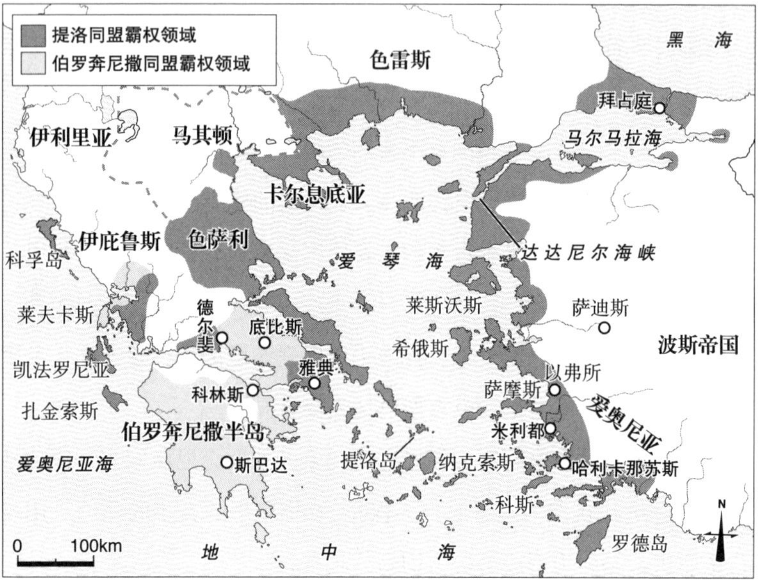


两同盟平分秋色

有关战争的起因，如前文所述是科孚岛与科林斯擦枪走火，而后战火蔓延至其他地区。我们把小石头扔进池塘，水波纹会向四周扩散，而战争正好相反，边陲地带发生的事件产生的影响会向中心聚拢。伯罗奔尼撒战争只是其中一例而已。

从开始写伯罗奔尼撒战争，我心里就有一个近乎愚蠢的简单问题。

雅典的主要军事力量在海上，斯巴达的主要军事力量——应该说唯一的军事力量在陆地上。

海洋国家与立足于陆地的国家如何对战呢?

这两个国家发生过激烈的正面冲突吗?

详情将在下文展开，先说结论：没有。

正因为没有，这场战争才迟迟决不出胜负，以至于打了 27 年。

如此说来，这场战争简直就是一出喜剧。不过悲剧和喜剧如同硬币的正反面，所以才有悲喜剧（tragico-comico）一词。

伯罗奔尼撒战争是一场改变了三大强国命运的战争。

公元前 404 年，不得不无条件投降的雅典被迫放弃海军，解散提洛同盟，保持了百年的霸权地位彻底丧失。

而赢得战争的斯巴达在雅典退场后一国独霸，却无法维持霸主的地位。因为它的社会结构落后于时代潮流。

在战争进行了三分之二才登场的波斯渔翁得利，但它的成功反而导致波斯帝国分崩离析。

波斯帝国的君主专制统治逐渐失去对全境的控制，70 年后，波斯轻易放过了年轻的亚历山大的东征之举，结果导致阿契美尼德王朝灭亡。

伯罗奔尼撒战争或多或少影响了生活在公元前 5 世纪到公元前 4 世纪的所有人，包括对政治、军事并不热衷的苏格拉底。

## 底比斯行动

公元前431年的春天，刚进入适宜出兵的季节底比斯军队便开拔南下，直奔目的地普拉塔亚。

底比斯是雅典城邦所在的阿提卡地区北面的玻俄提亚（Boeotia）地区的一个强国。和雅典、斯巴达两大强国相比，底比斯不过是个中等实力的城邦，但它有统治整个玻俄提亚地区的野心。底比斯这一年的行动纯粹是意欲扩张领土的侵略。

希腊世界从一年前开始处于雅典、斯巴达两大国对峙的状态，这让底比斯看到了实现夙愿的好机会。

那么，它的目标为什么是普拉塔亚呢？

阿提卡地区与玻俄提亚地区之间没有明确的分界线。国境有一个很麻烦的性质，就是只有将紧靠国境外侧的土地占为己有，才会有明确的界线。

普拉塔亚是一个既不属于阿提卡也不属于玻俄提亚的地方城镇，距离底比斯南部不足10公里。

普拉塔亚和雅典有着传统的友好关系。对普拉塔亚而言，雅典就像一个令人尊敬的大哥。雅典军队出征时，普拉塔亚会派兵参战，在雅典将军指挥下作战。

第一次希波战争时，雅典有9000人的军队，普拉塔亚派出了1000名士兵，在米提亚德的率领下为击退波斯军做出了贡献。

第二次希波战争时，普拉塔亚由于不临海，所以没有参与萨拉米斯海战，但在翌年的普拉塔亚平原会战中，他们有600名士兵加入了以8000雅典战士为主力的左翼战线，并且提供了后勤兵站方面的协助。

底比斯瞄准与雅典关系如此密切的普拉塔亚，唯一的理由就是雅典和斯巴达正处于一触即发的僵持状态，没有余力派军救援。更何况底比斯人相信，如果攻击普拉塔亚遭遇困难，斯巴达会帮助他们。

大约20年前，底比斯也加入了伯罗奔尼撒同盟。以斯巴达为盟主的这个同盟与提洛同盟不同，加盟国没有缴纳经费的义务，所以不存在不交钱会受罚的问题。另外，斯巴达采取军事行动时不强求盟国派遣援军，所以伯罗奔尼撒同盟是一个出入自由的松散组织，这对那些不愿和雅典扯上关系的希腊小城邦有着相当的吸引力。

如果读者从头开始阅读本书，读到这里大概可以和专家学者一样感觉到那个时代的“动向”，想到幕后可能是科林斯在操纵。

事实的确如此。在没有预见未来的能力却绝不忘记昔日之仇的典型代表科林斯的煽动下，底比斯决定出手。

科林斯人非常狡猾。他们没有表态会派遣本国军队支援，只答应底比斯，作为伯罗奔尼撒同盟第二强国的科林斯有能力说服斯巴达予以支持。

无论斯巴达、科林斯还是底比斯，在同属于伯罗奔尼撒同盟这一点上，立场是一致的。

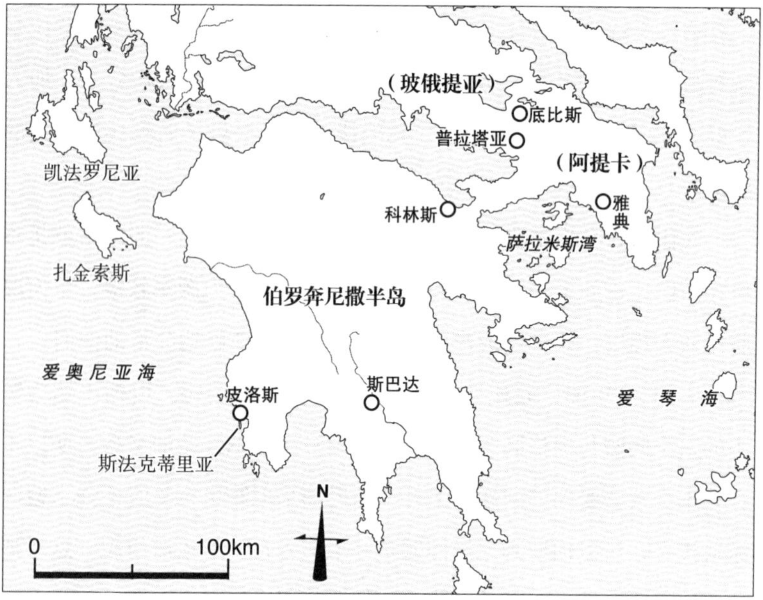


伯罗奔尼撒半岛

鉴于这些原因，底比斯借着雅典与斯巴达对峙的好时机，对普拉塔亚发起了进攻，轻而易举地占领了这片土地。

成功原因之一是普拉塔亚被打得措手不及。而且普拉塔亚不相信底比斯只派了 300 名士兵来攻城，害怕后面还有大军跟进。

躲在家中观察动静的当地人没过几天便搞清了状况。底比斯军队真的只有 300 名士兵，主力军不仅没有抵达，甚至尚未从底比斯出发。

重新找回勇气的普拉塔亚人走上街头，袭击了因轻易获胜而松懈的底比斯士兵。一些士兵被杀，大部分士兵被俘。

底比斯对普拉塔亚的侵略在通过科林斯向斯巴达求救之前，便早早以失败告终。

得知战事的伯里克利立即派特使紧急前往普拉塔亚。特使携带着伯里克利的严命。

严命要求处置底比斯俘虏必须谨慎，等待雅典的指示。另外，考虑到底比斯不会就此罢休，伯里克利命令普拉塔亚的女人和孩子全部前往雅典市内避难。

可是当雅典特使抵达普拉塔亚时，被俘的底比斯士兵已经被愤怒的当地居民全数杀死。

被激怒的底比斯火速向斯巴达派去特使，要求伯罗奔尼撒同盟出兵。

雅典并没有攻击底比斯。阿希达穆斯国王以此为由建议谨慎对待，但他的发言随即被一名监察官的强硬表态推翻得一干二净。在寡头制的斯巴达，对国家政治起决定性作用的最高机构同样是公民大会。大会决定由伯罗奔尼撒同盟的加盟诸国组成同盟军，进攻阿提卡。

阿希达穆斯国王不得不遵从吕库古“宪法”规定的“斯巴达国王的任务”，率领斯巴达正规军重装步兵出征。

被称为“30 年和平”的雅典与斯巴达的分庭抗礼，在半途露出了破绽。

这个势力均衡政策的策划者伯里克利和阿希达穆斯，从此变成两个敌对国的领袖，尽管这并非他们所希望的。

自公元前479年普拉塔亚会战之后，斯巴达领导的伯罗奔尼撒联军暌违48年再次出征。

当年迎战敌军波斯的希腊阵营，斯巴达在右翼，科林斯及其他城邦居中，雅典在左翼。48年后，出现了右翼和中路联手对付左翼的希腊同胞之间的战争。

伯罗奔尼撒联军的军力如下：

伯罗奔尼撒半岛24000人、玻俄提亚地区10000名陆军士兵加1000名骑兵，总计重装步兵34000人，骑兵1000人。

率领这支军队的是斯巴达国王阿希达穆斯。

来自伯罗奔尼撒半岛的24000名士兵中，斯巴达人占多大比例并不清楚。但国王亲征带领的必然是斯巴达正规军，名震天下的斯巴达战士估计至少有5000名。这是48年来斯巴达首次出动这么多士兵。

除了这支陆军，科林斯决定组编一支百艘战船的海军参战。这百艘战船的组编完全应科林斯的主张，主要针对希腊西部属于雅典领地的岛屿。对科林斯而言这是夺回失地之战，所以不受斯巴达国王的指挥。

另一方，雅典得知伯罗奔尼撒联军出动的消息，立即组成了反击军队。

由雅典公民和居住在雅典的外邦人组成的重装步兵合计13000

人。此外，以长枪作为武器的骑兵 1000 人、弓箭骑兵 200 人。

海军方面，主力自然是雅典引以为傲的三层加莱船。雅典有常备 200 艘、非常时期可出动 300 艘战船的雄厚实力。

雅典展开行动，意味着提洛同盟随之而动。爱琴海沿岸的同盟城邦除莱斯沃斯和希俄斯岛之外，能够提供的战船数量极其有限。尽管如此，这场战争的性质仍然是提洛同盟对抗伯罗奔尼撒同盟。

雅典虽然具备完胜伯罗奔尼撒联军的海上战力，但在陆地上抵挡 34000 人大军的只有区区 13000 人。雅典海军必须投入 40000 人，所以陆军的人数已经到达极限。伯里克利相信雅典有足够的能力予以反击。他从 13000 人的陆军中抽出 1900 名士兵，令弗尔米奥带队前往久攻不下的波提狄亚。

伯里克利的策略是予以回击但不做激烈的正面交锋。

雅典的首要任务是保证已经一体化半个世纪之久的首都雅典与外港比雷埃夫斯的安全。充分利用有压倒性实力的雅典海军，是防御的关键。

其次，雅典要求纳夫帕克托斯、科孚岛，以及附近与雅典有同盟关系的岛屿联手，在爱奥尼亚海抵挡科林斯的军事行动。

对普拉塔亚，雅典要求当地军队与底比斯侵入时雅典派去的支援部队一起，阻挡从玻俄提亚南下的底比斯的 10000 名步兵和 1000 名骑兵。

另外，雅典赋予爱琴海同盟城邦死守比雷埃夫斯至黑海制海权的使命。此举目的非常清楚，是保障人口超过 10 万的雅典的粮食供应。

伯里克利还收到一个好消息。

波斯国王阿尔塔·薛西斯拒绝了伯罗奔尼撒同盟希望他们向小亚细亚西岸一带出兵的请求。

如果波斯介入，势必引发提洛同盟主要加盟国所在的爱奥尼亚地区的局势动荡不安，而且雅典与黑海之间的粮食安全保障航线也将陷入危机。

## 战争最初之年

当时的希腊人大概多数都已忘记了第二次希波战争，在战争以后出生的人也为数不少。

但是有预见力的人是不会忘记历史的。

那场战争发生时，伯里克利 15 岁，斯巴达国王阿希达穆斯 14 岁，波斯国王阿尔塔·薛西斯 15 岁。

前两者因尚未成年所以在后方度过了学生时代。而阿尔塔·薛西斯在父王身边亲眼目睹了波澜壮阔的萨拉米斯海战，那是他想忘也无法忘记的经历。触碰希腊势必引火烧身，这是阿尔塔·薛西斯从性情因此变得乖戾的父亲那里学到的教训。而且他还收留了赢得海战却在政治上失意的地米斯托克利，让他做自己的政治顾问并一直关照他直至自己去世。

因而，时年 64 岁的波斯国王拒绝了伯罗奔尼撒同盟的请求。理由是他必须信守 17 年前波斯与雅典缔结的《卡里阿斯和约》。

有学者认为，斯巴达并没有参与伯罗奔尼撒同盟请求波斯国王出兵一事，那是科林斯的单独行动。对此我颇为赞同。

斯巴达人欠缺外交感是不争的事实，他们有过多的自尊心。

希腊各方团结一致反击波斯军是在公元前479年的普拉塔亚平原会战。赢得那场会战的是与阿希达穆斯有血缘关系的帕萨尼亚斯及其手下的斯巴达战士。

这样的斯巴达人会在半个世纪后低下头向当年一败涂地的波斯国王的儿子请求援军吗?

斯巴达人不像雅典人那么狡诈，没有多少心眼。说到底，自尊心是一种宁死也不突破某些底线的决心。

所以，这场著名的伯罗奔尼撒战争，由于波斯的置身事外，变成了一场希腊同胞相互厮杀的战争。

公元前431年春意盎然之际，斯巴达国王阿希达穆斯率领伯罗奔尼撒半岛的24000名士兵，进攻阿提卡地区。

此时国王再次做了尝试。他派一名心腹去见伯里克利，但不是以私人名义，是以公开的使节的身份前往。

在那时，敌对国双方领袖如果有私下接触会被视为叛徒，有被控叛国罪的危险。去对方的地盘拜访做客，转眼成了一去不复返的过往。

很可惜，雅典法律禁止己方与率军进入雅典境内的敌方交涉。雅典人赶走了斯巴达国王的使节，阿希达穆斯最后的努力化成泡影。

## 伯里克利的开战演说

斯巴达虽是寡头政体，但战争来临之际仍需要公民大会决定是否开战。

雅典是民主政体的国家。就算敌人入侵已是事实，是迎战还是媾和还是要由公民大会决定。伯里克利有心迎战也必须得到公民大会的认可。

于是，向民众说明情况就成了这一年再度当选将军的伯里克利的责任。

“各位公民，我的想法没有任何改变，我们对伯罗奔尼撒人绝不能做一点儿让步。”

以这句话开头的伯里克利的演说一言以蔽之就是主张开战。民意沸腾宛如烧开锅的热水，唯有拿开锅盖才能让内部的蒸汽散尽。

彼时 64 岁的伯里克利对于诱导雅典民意早已得心应手。

首先，开宗明义定准基调。如果大会最终决定开战，那么它就是雅典的民心所向，杜绝以后因战况变化产生反战声音的可能。

紧接着，强调开战的责任不在雅典，一切都是伯罗奔尼撒一方的错。

15年前泛希腊城邦会议确定提洛同盟与伯罗奔尼撒同盟分庭抗礼，是要两国承担起各自的责任。斯巴达面对其同盟内发生的问题，非但没有予以仲裁，反而将责任推给雅典。

事实上，科孚岛、波提狄亚以及普拉塔亚都处于雅典辖下，而出手挑衅的科林斯、底比斯属于斯巴达势力范围，伯里克利对斯巴达的非难，理论上非常正确。

不过话说回来，斯巴达人从来就没有承担责任的意识和能力。

坚持一国和平主义的斯巴达，经济上奉行“不追求利益”的原则。不追求经济利益，往往使人在其他方面也变得无所追求。一旦形成了“不争”的生活方式，进取心便会退化。

斯巴达虽然陆上战斗力具备压倒性优势，但在外政方面常常被科林斯牵制，这就是长期“不争”导致的主导力低下的典型例子。所以斯巴达才会对科林斯言听计从，向雅典提出了雅典根本不能接受的要求。要么接受对方的要求，要么开战，伯里克利向民众摆明了观点。

伯里克利对斯巴达的指责在理论上是正确的，但实际上是过于苛求对方。

不过，决定开战的政治家任谁都会用类似的言论引导民众。

政治家伯里克利的演说朝着战争的胜利必定属于雅典的方向展开。

他的根据是雅典有雄厚的资金储备，以及由熟练技工组成的强大海军。战争说到底是受制于国家的经济实力的，而那些冲锋陷阵的士兵越是经验丰富越不容易被一时的战势左右。

有了财力人力，那么“精神力”呢？伯里克利提倡的可不是“一亿人变身火焰冲进敌阵”之类的精神。

他所谓的“精神力”，简单地说是自我克制的能力。

他说，我们雅典人最应该警戒的不是敌方的高明战略，而是一直潜藏于我们内部的自信的丧失。

伯里克利所说的“精神力”指的是无论发生什么情况都不能失去冷静，哪怕财产被掠夺。要相信人是最重要的，其他一切都是人创造的，因此挺过难关的忍耐力至关重要。

作为最高司令官，伯里克利接着向公民们说明了雅典大体的战略构想。敌人从陆地侵入，雅典就从海上攻打他们的国家。

最后，他用以下事例作为结束语——

> 我们的父辈打败了大国波斯，他们当时面对的状况比我们现在更不利。50年后的我们一定能击退来犯之敌。即将到来的战争，是针对入侵的伯罗奔尼撒联军的自卫反击战。

作为政治领袖，伯里克利势必要以自卫作为开战的理由，事实也的确如此。伯里克利演说之后，公民大会进行投票，以压倒性多数决定开战。

## 真意在哪儿

公元前431年，伯罗奔尼撒战争在全希腊的注目下打响。从旁观者的视角看，第一年的战斗始终处于奇妙的状态。

斯巴达国王率领伯罗奔尼撒联军大肆入侵阿提卡北部一带，另一方的雅典海军从伯罗奔尼撒半岛的东岸登陆，征服了附近地区。到这里为止，战争基本按照伯里克利在公民大会提出的战略展开，奇妙的是之后的进程。

率军进攻阿提卡地区的斯巴达国王阿希达穆斯在入侵不到40天时突然下令撤军回国，而彼时仍是适合作战的夏季。

他的理由是军粮不足。几万大军的伙食的确是个棘手的问题。中型城邦底比斯的确无法提供充足的补给。更何况当时希腊正处于收割期，就算去抢粮食数量也有限。

尽管如此，率领如此规模的一支大军出征，不到40天便打道回府，仍然显得异常。同行的监察官对此表示抗议，但国王不改决定。他令来自玻俄提亚的士兵们就地解散返乡，自己带着伯罗奔尼撒半岛的士兵们一路回到了斯巴达。

获悉这个消息的雅典海军也停止了在敌区的破坏行动，返回比雷埃夫斯港。

伯罗奔尼撒战争的第一年就这样结束了。

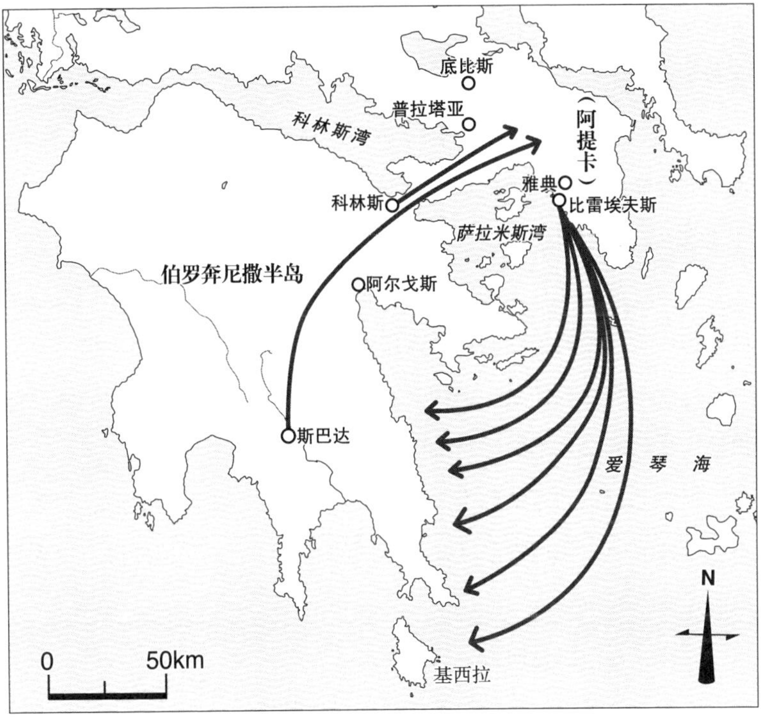


伯罗奔尼撒战争第一年

讲到这里，我觉得我了解了伯里克利的真正意图。

他虽然下令海军登陆入侵敌国领土，但对入侵阿提卡的敌人却始终态度消极。他要求普拉塔亚地区坚壁清野，禁止雅典军在其他地区与敌军正面冲突，坚持相互侵犯对方土地的战法。

这就成了一场消耗战，不断消耗人力和资金。持续打消耗战这种愚蠢的事情，年届 64 岁的伯里克利肯定不会考虑，如果他真有此心，只能说是完全不负责任。

另外，比他年轻 1 岁的老朋友阿希达穆斯常常不惜与顽固的监察官发生冲突而坚持己见，是一位平衡感极好的人物，想来他也不会认为打无用的消耗战是上策。

他们二人在开战前夜中断了联系。他们既是同辈又是多年好友，再加上常年担任领袖，估计不见面也能对对方的心思心领神会。

那么，我们就能做出以下的联想。

阿希达穆斯在每年的春季率领伯罗奔尼撒军队北上侵犯阿提卡地区。另一方的雅典出动海军，入侵伯罗奔尼撒半岛的沿海一带。

这里必须注意的是，无论是雅典的伯里克利还是斯巴达的阿希达穆斯，采取的都是不给予对方致命性打击的“敌对行动”。

斯巴达国王的军队肆虐于阿提卡虽然打击了雅典的农业，但雅典不会因此衰败。凭借提洛同盟和本国的海运能力，从国外进口粮食足以满足雅典的需要。

同样，对斯巴达而言，伯罗奔尼撒半岛沿海一带遭到入侵，蒙受损失的是属于被统治阶级的农奴们，对那些以质朴刚健为本的统治阶级而言是无关痛痒的。

也就是说，斯巴达国王和雅典第一人都把给对方造成的伤害，控制在非致命性的程度。

如果不留余地的话，雅典和斯巴达即刻会发生正面的冲突。

在避免激烈冲突的前提下，以这种战法拖个两三年，两国民众的敌对情绪会逐渐冷却。

然后找个适当的时机，雅典与斯巴达先达成5年的休战协定。5年以后，当形势进一步稳定，再缔结长期休战的“30年和约”。

这是有先例的。公元前451年缔结的雅典–斯巴达休战协定就为5年后以“30年和平”之名实现两国分庭抗礼奠定了基础。而那一年促成“分庭抗礼”的推手就是伯里克利和阿希达穆斯。

如果形势按照我的假设发展，就算双方都要做出一些牺牲，伯罗奔尼撒战争不会持续27年之久。

当时，保持雅典第一人地位30年的伯里克利64岁。

即位33年的阿希达穆斯63岁。

这两人会不负责任地打一场无止境的消耗战吗？倘若如此，那必定是出于置下一代于不顾的老人们的自我膨胀。

然而，事实是伯罗奔尼撒战争持续了27年。

因为伯里克利、阿希达穆斯以及任何人都没预料到的不幸，在第二年很快到来。

## 阵亡者追悼演说

战争第一年结束的冬天，伯里克利和阿希达穆斯都履行了自己应尽的职责。

斯巴达国王应该视察了遭雅典海军摧残的拉科尼亚地区，而伯里克利则出席了雅典阵亡者葬礼。虽然雅典方牺牲人数有限，但因为是在开战首年，所以给大家留下的印象十分强烈。

在环绕首都雅典而建的城墙外不远处，有一片开阔的市民公墓。希腊人和罗马人都采用火葬，因此墓地没有阴森诡异的气氛。再加上雅典冬季依然有灿烂阳光和海上吹来的凉风，且空气干爽，公墓里时常可见雅典人以及亲人墓地在此的外国居民在此散步。

阵亡者专用的墓地也在这里。在能眺望到帕特农神殿的公墓一隅，为阵亡者举行追悼仪式，是雅典的惯例。

出席仪式的除了阵亡者家属以及政府、军队的高官之外，也有不少普通市民。大家追悼为国捐躯的战士，非常合情合理。

另外，雅典规定由当年的将军发表纪念阵亡者的演说。演说者应是率军出征或者派军出征的当事人。

因此，伯罗奔尼撒战争第一年的追悼演说由伯里克利发表。登上讲坛的伯里克利开始了时隔多年的追悼阵亡者的演说。

伯里克利的有趣之处就在于他做事总能出乎意表。他高超的演说技巧在这30年里已是众所周知，但他没有以华丽的辞藻来展现语言的威力。他的演讲从语言的无用开始，这让听者感到十分意外。

他说，任何言语在高贵的牺牲面前都是无用的，但重温死者为国家做出的奉献并非无用。接下来的一段演说堪称雅典民主政体的最佳宣言，2500年以后它还被收入欧洲中学课本。

> 我们雅典的政体，是我们自己创造的，不是模仿他国得来的。如果给它一个名称，可以称作民主政体。因为决定国家方向的不是少数人，是大多数人。
>
> 在这个政体下，所有的公民具有平等的权利。一个人担任公职所获得的名誉，并非缘于他的出身，而是因为他的努力和业绩。哪怕贫穷，只要他能够对国家有所贡献，就不会因出身卑微而默默无闻。

> 除了公共生活，我们在私人的日常生活中也充分享受着自由。雅典公民享受的，是在言论等各方面都得到保障的自由。公民不仅可以对政府的政策提出反对意见，对执政者个人的嫉妒、中伤、羡慕都是自由的。
>
> 即便如此，我们的生活并没有被卷入这些激烈情绪的旋涡。

雅典有各种让我们忘却平日辛劳的娱乐，有定期举办的祭祀、竞技和戏剧活动。即便在战时也照常进行。

这一点以及下面要说的事实，都证明了我们和对手的不同。

我们的对手通过排斥外国人来保证国内的安定，雅典正好相反，我们向外国人敞开大门。我们相信向外国人提供机会会让我们的城邦更为繁荣。

在子弟的教养方面，我们的竞争对手在孩子年幼时就对他们施以严格的教育以培养他们勇敢的性格。我们不像他们一般对子弟施行如此严格的教育，但面临危机的时候，我们的勇气从来不比他们逊色。

对于试炼，他们用非人的残酷训练达到预期的效果，而我们根据每个人的能力给予他们锻炼。我们的勇气不是法律逼迫出来的，它源于雅典公民每日生活的行动准则。

诸位现在所见的雅典的荣光和繁荣，是无数无名英雄创造的，他们给雅典带来永恒的生命。

我们热爱美，但保持节制；

我们热爱知识，但不沉溺；

我们追求财富，是为了寻求超越，并非为了愚蠢的炫耀。

在雅典，贫穷并不可耻，可耻的是不愿努力摆脱贫穷。

我们相信尊重私人利益可以提升人们对公共利益的关心，因为人们在追求私利的事业上展现的能力，也有可能被很好地应用于公共事务。雅典赋予每一位公民担任公职的机会。我们认为，不关心政治的人不是崇尚平静的生活，而是没有履行公民的义务。

诸位每日所见到的，是可以称为全希腊人的学校的雅典。我们的阵亡者为了保护它的荣光和繁荣，献出了他们的生命。

对这些人的光荣牺牲，国家能够回报的，仅仅是将这些牺牲铭记于心，抚养其子女，给予他们经济保障直至他们成年。

在此我可以向雅典全体公民再做一个承诺。尽管我们在战时不得不增强海陆两方面的军力，但我会尽力保证公民们的日常生活一如既往。只有在这两方面都获得成功，雅典才不辱这个伟大城邦之名。

现在，遗属们可以继续沉浸于丧亲的悲哀之中，然后回家去，和其他人一样。

面对这位坚持开战的领袖，遗属以及其他市民没有发出任何抗议或指责之声。雅典人在这种时刻，同样被伯里克利诱导。

战争第二年的公元前430年，进入夏季后，斯巴达国王阿希达穆斯率领伯罗奔尼撒联军入侵阿提卡。这一年，雅典发生了谁也没有预料到的严重事件。

## 瘟疫大暴发

在地米斯托克利充满远见的领导下，雅典整个市区早在50年前便处于城墙的保护之中。之后城墙延伸至外港比雷埃夫斯，雅典成为希腊唯一的被连绵不断的石壁包围的都市。其他城邦之所以没有像样的城墙，是因为斯巴达人一听到城墙二字便会神经过敏，这令各城邦有所顾忌。

在那个时代，斯巴达就不用说了，科林斯、底比斯都没有名副其实的城墙。阿提卡地区的村庄、乡镇更不可能具备防御性的墙垣。这意味着，面对伯罗奔尼撒半岛联军的夏季入侵，当地农民毫无防卫能力。

这些农民也是城邦国家雅典的公民，伯里克利因此准许他们进入雅典市内避难。雅典原本就是希腊人口最多的城邦，从前一年秋天开始又陆续有难民进入，到第二年夏季时，城市已经变得拥挤不堪。

粮食短缺的问题倒是没有发生，因为从黑海至比雷埃夫斯港的粮食补给线依然正常地运作，但市内难民的生活环境非常恶劣。收容所大多被安排在公共设施内，而希腊人没有多少卫生观念。多年以后一位去意大利半岛旅行的英国人说:“希腊人不管做什么先造神殿，而罗马人先铺设道路，整备上下水道。”

在伯里克利时代的雅典，人类至高文化遗产、雄伟的帕特农神殿光芒闪耀，但没有人想到下水道的重要性。

诚然，这是孕育出医学鼻祖希波克拉底的民族，他们无疑具有高水准的医疗技术，医生的数量也相当多，可是医生们面对从难民收容所蔓延至富裕人家的大规模传染病时却一筹莫展，找不到治疗的对策。毕竟这是他们第一次见到这种疾病。那些声称病源是从遥远的埃塞俄比亚经由埃及登陆比雷埃夫斯港的说法，不过是慰藉痛苦民众的传说而已。

这一年,《伯罗奔尼撒战争史》的作者、28 岁的修昔底德成为这场灾难的优秀现场见证人。他的传世巨著中有一些有关瘟疫的片段，堪称纪实文学之经典。历史上出现能与之比肩的作品，要等到 1800 年后薄伽丘的《十日谈》问世。

顺便提一句，罗马时代之所以没有出现记录疫病的杰作，是因为罗马人热衷于建设下水道，所以那段时间当地没有暴发过大规模的传染病。

话说回来，根据修昔底德描述的症状，现代学者推测那一年肆虐雅典的传染病并非薄伽丘时代的黑死病，而有可能是伤寒。

不管怎么说，雅典市内的居民大量死亡。修昔底德也染上了瘟疫，所幸之后得以痊愈。可见年轻力壮的人相对容易康复，死者大多是孩童或年老体弱者。

这场传染病沉重地打击了雅典人，使他们失去了往日的自信。神殿内充满恳求神灵保佑的祈祷声，焚烧献祭动物的烟火熏染着雅典的天空，缕缕黑烟在空中飘荡，久久不散。

入侵阿提卡的斯巴达国王阿希达穆斯也听说了这场席卷雅典城的灾难。随军同行的见习监察官说，此时袭击雅典定能轻易攻克。

阿希达穆斯只回答了一句“难道要不惜牺牲我们的士兵”，便下令撤军回国。就这样，这一年斯巴达对阿提卡的侵略不足一个月就算了事。

伯里克利得知斯巴达国王进入阿提卡后，亲自率领海军入侵敌区。随后，按照惯例，接到阿希达穆斯撤军回国的消息后，他也率军回到了比雷埃夫斯港。

这时，传染病尚未威胁到伯里克利。

但雅典人的怒火正向他逼近。

难民的家园、耕地、家畜被敌人掠夺，来到雅典避难不得不在恶劣的环境下度日，结果又遭遇传染病。难民们眼看着亲人一个个死去，自然是悲愤不已。

愤怒的不仅是难民。常年居住在雅典城内的人们被大量涌进的难民搅得烦恼不断，又听说这些人是害死自己亲人的疾病的源头，烦恼即刻变成了愤怒。当民众发现向神祈祷也无济于事时，他们将愤怒转向了伯里克利。

## 弹劾

但凡这种场合，势必会出现一个声嘶力竭摇旗呐喊的人。

“是谁，劝说我们投入与伯罗奔尼撒同盟的战争？”

“伯里克利！”

“是谁，准许首都雅典接收大量的难民？”

“伯里克利！”

“是谁，说瘟疫会很快过去？”

“伯里克利！”

这情形不禁让人想起某媒体所做的民意调查，回答似乎被提问牵着鼻子走。实现长达30年的一人统治的雅典第一人，一夜之间竟然被视为造成雅典所有不幸的“犯人”。如果说他有什么罪的话，他唯一的罪就是没有预料到瘟疫的传播。

但那可是气度不凡的伯里克利。面对民众激烈的指责，这位65岁的领袖毫无退缩之意。

伯里克利召开公民大会，在会场上进行了严肃的反驳。

诸位对我的愤怒，我有所预料。但请诸位决定是否开战时，我已经对战争的必要做了明确的说明。

今日召开会议的目的，是希望被不安情绪控制的诸位想起你们过去所做的决定。看看你们如今变得多么懦弱、多么消沉。

我的想法没有改变。我始终认为有城邦才有公民。

有人会凭借好运展翅高飞，但他也有回到地面的时候。若接纳他收起翅膀休养生息的祖国不断衰退，他会失去再次高飞的能力。国家的作用就是给有能力的个人提供起飞的基础。

对于必须时刻面对事情的轻重缓急做出抉择的领袖而言，此时国家整体的安全当然优先于个人的安全。对于有权赞成或反对领袖选择的公民而言，冷静接受最优选择是当然的义务。

作为民主国家的领袖，伯里克利这样说合适吗？他的这番言论不禁让生活在21世纪的我们产生这样的感觉。2500年前创造出民主政体的雅典人，难道是这样考虑个人与国家的关系的吗？

国家与个人的关系即使在现代也是难得其解的宏大命题，伯里克利的同辈兼好友、悲剧作家索福克勒斯对此做出了自己的回答。

《安提戈涅》（*Antigonē*）是伯里克利此番演讲12年前的作品。根据观众的投票，这部悲剧获得当年最佳作品的荣誉。

政治家坚持有国家才有个人，艺术家则认为并不能简单地一概而论。

尽管如此，艺术家索福克勒斯当选将军后，依然选择率军奔赴战场。这就是说，索福克勒斯并不完全赞同伯里克利有国家才有个人的观点，但他对公民履行应尽的义务，毫无异议。

伯里克利对这位好友的观点也表现出尊重的态度。

在《安提戈涅》荣膺月桂冠的第二年，他们两位作为将军（司令官）共赴萨摩斯岛平定叛乱。

然而从本质上说，索福克勒斯是艺术家，伯里克利是政治家。艺术家只需提出问题并以最好的形式展示，而政治家必须拿出解决问题的办法。

伯里克利始终坚持有城邦雅典才有雅典公民的观点。所以，他要求民众做出符合雅典公民身份的行动。

伯里克利声称，无论能不能预测，今后必然还会有灾难降临。每当灾难发生都将责任推给他人，是被不安控制、丧失理智的人才会做的事。不辱雅典公民之名的人应该牢记最重要的事是什么，再大的苦难也要承受，要冷静地等待形势好转。

“每个人担起自己的责任，既是为了诸君自己，也是为了雅典城邦。它决定了个人和国家的命运。”伯里克利的演说以这句话结束，众人表示接受，激烈的情绪没有进一步升级，会议得以平稳结束。

然而这些人回到家中，等待他们的是为亲人的伤病或过世而悲痛欲绝的女人们。面对眼前的情景，男人们很快就把伯里克利的“不要局限于眼前，要面向未来”的话抛在脑后。

民怨再度升起，不乏煽风点火之人。在伯里克利没有召集的情况

索福克勒斯

下，公民大会自行召开，以多数赞成票通过了一项 30 年来从未有过的判决：

解除伯里克利的将军之职。

以滥用公款罪判处伯里克利缴纳罚金 50 塔兰特。

滥用公款相当于把国家引入歧途。

伯里克利面对各种非议、批判都能以他的贵族精神泰然应对，唯有滥用公款这一罪名让他忍无可忍。

所幸 30 年来始终支持他的阿卡曼提斯选区的选民们这时没有弃他而去。在第二年的选举中，伯里克利再度当选将军。

这个结果像给燃烧的火焰泼了一盆冷水。曾经沸沸扬扬的罢免公职、滥用公款罪的风波，顿时平静了许多。

不过，正如历史学家修昔底德指出的那样，民众再次认识到伯里克利无法替代并不能平息骚动，不过是让火势减弱而已。

伯里克利应该比任何人都清楚这个状况。那个对他穷追猛打、叫克里昂（Cleon）的男人的激烈言辞，有越来越多的民众愿意倾听。更何况疑似伤寒的传染病也没有完全得到控制。

翌年，公元前 429 年的夏天，斯巴达国王照例率领伯罗奔尼撒联军北上，践踏阿提卡地区。雅典海军照例南下，侵犯伯罗奔尼撒半岛沿海一带。当夏季结束，双方像事先约定好似的都撤军回国，重复了前一年的流程。

至少在这一年，伯里克利制定的战略依然得到贯彻。

持续消极战法对哪一方来说都不容易，毕竟大家的忍耐力都有限度。若在这时发生振奋人心的事情，民众的忍耐力会得以提升。这一年的夏天，久违的喜讯令雅典沸腾。

## 久违的胜利

不知是因为社会地位不像伯里克利、索福克勒斯那样属于上流阶层，还是因为没有当选将军，弗尔米奥是伯里克利自 10 年前开始任用的武将之一。弗尔米奥不是将军（司令官），只能率领小规模的军队，但他们就像一辆小汽车一样机动灵活。他弥补了伯里克利欠缺的军事才华，起到了相当大的作用。弗尔米奥的出生年月不详，他大约比伯里克利年轻 15 岁，这一年应该在 50 岁左右。

公元前 429 年的春天，弗尔米奥从之前驻守的爱琴海北部的卡尔息底亚地区出发，由东向西绕希腊半周，调防到与科林斯海军对峙的爱奥尼亚海域。

雅典只给了他 20 艘三层加莱船，命令他迎战以科林斯海军为主力的伯罗奔尼撒联合海军。趁雅典海军前往伯罗奔尼撒半岛沿海一带扫荡的间隙，科林斯跃跃欲试，打算夺取雅典在希腊西部的基地和岛屿。

弗尔米奥抵达面朝科林斯湾的雅典基地纳夫帕克托斯后，把他带来的 20 艘战船先藏了起来。

离开科林斯港的伯罗奔尼撒联合海军见海上没有雅典战船，认为机不可失，马上朝着科林斯湾的出口方向航行，准备攻打位于海湾口西面的凯法罗尼亚岛（Cefalonia）。

他们战船的数量是 47 艘。由于满载着重装步兵，船体负担沉重，速度缓慢。弗尔米奥没有放过这个机会。

他率领 20 艘战船跟在 47 艘敌船的后面，保持距离不让对方察觉。当对方船只刚驶出海湾，他即刻下令桨手加速划行。

雅典的 20 艘战船迅速围住了对方的 47 艘战船，而且不断缩小包围圈。弗尔米奥的计划不是以自己的船去冲撞对方使之沉没，而是让动弹不得的敌船相互碰撞自沉海底。

对方的 47 艘战船沉没数量不详，被俘的有 12 艘，雅典赢得胜利。

伯罗奔尼撒同盟中海军实力最强的科林斯不可能就此罢休。第二战他们集结了 77 艘战船。而雅典一方依然是 20 艘。

这次战场换在毗邻纳夫帕克托斯的科林斯海湾内。

弗尔米奥改变了战法。他令常驻纳夫帕克托斯海军基地的 11 艘战船一起参战。即便如此，雅典一方总共只有 33 艘，不可能正面迎战对方 77 艘战船。于是弗尔米奥将舰队分成 20 艘和 11 艘两组，从左右两侧展开攻击。当敌船靠近时，两支舰队组成圆形阵型继续打包围战。

实际战况无须多言。第二战又一次证明了雅典海上无敌的事实。

科林斯及其周边

“海军才是保障雅典安全的关键。因为雅典海军是由经验丰富的熟练工组成的集团，它已经达到他国无法轻易赶超的水平。”伯里克利在公民大会上反复强调这一观点，其正确性再次得到了印证。

得知这一消息，雅典人自然是欢天喜地。尽管每一场胜利都令人兴奋，但国家主力军获胜尤其让民众感到心满意足。人们对伯里克利的怒火顿时烟消云散。

# 死

可惜此时伯里克利的生命之火正在渐渐熄灭。作为现役将军，他应该比所有人更早获悉弗尔米奥胜利的消息，应该非常欣慰，但这个喜讯没能让他生命的火焰重新燃起。

66 岁，还算不上会自然死亡的高龄。

索福克勒斯活到 90 岁。苏格拉底被判死刑喝下毒药时 70 岁。柏拉图也很长寿，活到 80 岁。

过去人们的平均寿命短是因为儿童的死亡率高。那时的人类就像野生动物一样，只要能挨过幼年时期，之后的人生全凭个人的体力和运气。

自希波克拉底开始的古代医学，尤其重视提高人的抵抗力，正是出于这个原因。

关于伯里克利的死因，不少史学家认为他染上了疑似伤寒的传染病，但没有资料显示他出现过那种疾病特有的症状。更何况那场瘟疫流行的高峰期是他去世一年前的夏天。虽然此后瘟疫再次暴发，但那是他去世两年后的公元前 427 年。

上一次瘟疫盛行时，伯里克利的一个妹妹和他与前妻所生的两个儿子都因病死亡。有些学者认为是家庭的不幸导致了他的早逝。然而，不断呼吁大家为了国家忍受个人不幸的伯里克利，会因为失去亲人而伤心至死吗？

我认为，半年前被控滥用公款即执政不当，对伯里克利的自尊造成了极大的伤害。像他那样心高气傲的男人，对于这样的责难必定无法忘怀。

伯里克利的病榻前聚集了很多忧心不已的朋友。他们不想让他独自死去，这些人守在他身边的时间越来越长。

有一天，朋友们以为伯里克利睡着了，于是赞诵起他远征的辉煌战绩。这时伯里克利睁开了眼睛。

他说："没想到你们竟然看重这些事情。将军获取战功不过是因为他碰巧那一年被选为司令官，是偶然而已。真正值得称赞的，是没有一位雅典公民因为我错误的政策而死去。"

如果普鲁塔克描述的以上场景是真实情况，那伯里克利临终前的内心不安，应该与我假设的事情有关。

伯罗奔尼撒战争不可避免，但正常情况下，双方应该以避免正面对决的方式僵持两三年，然后在适当的时机达成5年休战协定。待形势进一步稳定，双方再缔结长期休战的"30年和约"。这是伯里克利想要完成而未能完成的事业。再次重申这是我个人的推测。

如修昔底德记录的那样，伯里克利在伯罗奔尼撒战争开始两年半后——公元前429年的秋天死去。

以维持城邦雅典的繁荣为最高目标的伯里克利的宏图大略，不幸中途夭折。这可能是66岁离开人世的伯里克利心中唯一的遗憾。

他的挚友、斯巴达国王阿希达穆斯也在两年后死去。

希波战争结束后的50年内，为希腊的稳定做出贡献的两位人物相继去世。虽身处远方但也为希腊世界的和平做出间接贡献的波斯国王阿尔塔·薛西斯，在伯里克利去世后的第4年死去。主人公新旧交替的时代来临。

伯里克利的死并没有给雅典人带来多大的冲击，他们平静地接受了这个事实。也没有谁提议以国葬的形式追悼他，就像“正义之人”阿里斯泰德去世时那样。

而且，伯里克利不是在战争中牺牲，不能埋葬在雅典城墙外位置最佳的国有公墓。

雅典人似乎对伯里克利没有什么缅怀之情。大多数人的态度也许就像讽刺喜剧作家阿里斯托芬（Aristophanes）嘲讽的那样，认为那个不近人情、不倾听民众声音，犹如奥林匹亚宙斯神般怒声呵斥的霸道的伯里克利终于死了，天下总算太平了！

没有人想到，伯里克利的死之于雅典，或者说对整个希腊都意味着衰败的开始。

修昔底德之所以会这样说，是因为他在急剧衰落的时代开始撰写《伯罗奔尼撒战争史》。伯里克利死时才29岁的修昔底德在当时也不曾想到这个问题。

公元前429年的雅典，没有一篇为伯里克利之死而感伤的诗歌。

但有一部杰出的悲剧。

伯里克利去世的那一年，索福克勒斯创作的《俄狄浦斯王》（*Oedipus Tyrannus*）上演。这部剧讲述了俄狄浦斯一生与命运抗争，最终未能逃脱神的预言的人间悲剧。

伯里克利生前不断呼吁命运不是天神所定，人类要靠自己的奋斗创造命运。但在生命的最后阶段，他的宏大构想因为自身的死亡中途夭折。如果这不是命运，那什么才算命运呢？

伯里克利与索福克勒斯既是同辈又是好友，曾经作为将军共同远征。尽管被伯里克利调侃"做海军司令不如写悲剧"，但索福克勒斯始终是伯里克利的支持者。围绕在伯里克利病榻前的朋友中一定有索福克勒斯。

如果伯里克利知道这位好友又有新作问世，不知会如何评价。也许他还会用那调侃的口吻说："你果真是写悲剧比率领军船，对雅典更有意义。"

最后，讲一个小故事。

伯里克利早已习惯人们对他的批判、责难、中伤，但有一天来纠缠他的男人异常烦人。

他站在正在处理公务的伯里克利身旁，用粗鲁的语言不停地咒骂。伯里克利始终不发一语，也没有流露出愤怒的表情。

罗马的执政官有12名护卫，雅典的将军没有如此待遇。伯里克利只带了一位夜晚帮忙提灯照路的仆人。

傍晚时分，伯里克利结束工作，起身回家。那个男人依然不肯罢休，紧随其后，一路骂骂咧咧。走到家门口时，伯里克利第一次开口说话，不是对那个男人，而是对仆人说：

“拿着灯，送这位公民回家。”

伯里克利对那个人的咒骂不做任何回应，不是因为尊重对方的言论自由，而是出于对滥用言论自由的愚昧者的强烈轻蔑。不发怒是不愿将自己贬低到对方的水准。所谓的愤怒，是对和自己对等的人才会产生的感情。

如上，就是这样一位贵族式的、非民主主义式的男人，引领雅典的民主政治抵达空前绝后的巅峰。

雅典的重装步兵墓碑
（雅典国立考古学博物馆 收藏）

# 第二部　伯里克利以后

（公元前 429 年至公元前 404 年的 26 年）

——“民主政体”失控的“众愚政治”时代——

## 前　期

（公元前 429 年至公元前 413 年的 17 年）

以伯里克利的死为分水岭，雅典进入了众愚政治的时代，这个观点占据希腊历史学主流地位已经很长时间。

公元前480年，地米斯托克利率军一举击败入侵的波斯大军，为雅典的黄金时代开辟了道路。

继承了他的路线，不畏“表面看实行的是民主政体，实际上是一个人统治”的非议，为雅典带来安定的政治环境、繁荣的经济，以及灿烂文化的是伯里克利统治下的30年黄金时代。

以上两段民主政体有效运作的时期，共计50年。

50年之后，雅典经历众愚政治时期直到在伯罗奔尼撒战争中战败的公元前404年，一共是25年的时间。

也就是说，雅典耗费50年构筑起的繁荣，只用了一半的时间就让它走向了衰亡。

作为城邦国家，雅典此后又延续了82年。然而那已经不是令后世赞叹不已的拥有灿烂文明的雅典。

那么，导致雅典衰败的罪魁祸首——众愚政治是什么呢?

demokratia——民主（众）政治。

demagogia——众愚政治。

它们都是希腊人发明的。请注意，貌似不同形态的政体其主角都是“众”（demos）。

## 为何变成众愚政治

城邦雅典的主人是被称为“公民”的民众（demos），所以主权在民。在最高决定权属于民众这一点上，民主政治和众愚政治没有不同。

换言之，哪怕是被视为恶政范本的众愚政治，也不可能从没有民主政治土壤的国家中产生。

如果说“democracy”（民主）是银币的正面，那么“demagogy”（众愚）就是其反面。

覆手之间面目全非，这就是反面。

因此，并不是伯里克利时代的雅典人特别有智慧，在伯里克利死后他们就突然都变成了傻瓜。

然而雅典在伯里克利死后进入众愚政治时代是不争的历史事实。

要解析为什么会变成这样，需要说明另一个问题。

不管是君主政体、贵族政体还是民主政体，人类迄今为止尚未发明出一种没有领导者的政体。

民主也好，众愚也罢，这些体制中都有领袖存在，但性质不同。

民主政体的领袖唤起民众的自信。

众愚政治的领袖巧妙地煽动起民众心底对未来的茫然与不安。

如果说前者是“诱导者”，那么后者就是“煽动者”。

前者展示光明的前景、引领民众，后者掀开阴暗面、挑动人们的不安。因此，煽动者并不限于政治家。

如果以当下为例，那些示威抗议的组织者、宣传媒体和网络，无论他们有意或无心，都是不折不扣的煽动者。

那么，伯里克利给雅典留下令人不安的因素了吗？

理性思考的话，答案是没有。

内政方面，民主政体的常态化历时长久，在诱导高手的领导之下，政体保持稳定。尽管反对派无时不在，但伯里克利时代仍然保持了政权30年的长期稳定。

外交方面，雅典与波斯和斯巴达这两个无法回避的强国达成了一种类似互不侵犯的分庭抗礼的状态。不管波斯还是斯巴达，面对已成为强国的雅典，都没有冒险发动正面冲突的意思。

经济方面也不存在问题。有提洛同盟这个广域经济圈的建立，以及在各地以基地为轴心的经济活动持续活跃，再加上加盟国上交的会费，雅典的国家财政长期稳健，以至于伯里克利可以信心十足地称“战争归根结底要靠经济力赢得胜利”。

在文化上，雅典更是当之无愧的全希腊的“学校”。人们络绎不绝地从希腊各地来到雅典。由于这些人的加入，文化、文明的花朵在伯里克利时代的雅典灿烂盛开。

在军事上，雅典拥有当时地中海世界最强的海军力量。

或许“海军”这个概念原本由地米斯托克利创造，经伯里克利之手得到完善。在此之前地中海只存在商船和海盗船。

陆上战力方面，除了奉行少数精英主义的斯巴达，雅典是全希腊拥有最多兵力的城邦。

古代希腊全体公民皆为士兵。公民权仅限于 20 岁以上的成年男子。他们在行使参政权的同时，肩负保家卫国的义务。

从这个角度看，斯巴达的公民数量在 1 万人左右，雅典则有 5 到 6 万人。据说在伯里克利时代，雅典公民人数超过了 6 万。

在斯巴达，从事农业的希洛人和从事工商业的庇里阿西人没有被授予公民权。而在雅典，那些靠每日出卖劳力求得温饱、被罗马人称为“普罗列塔利”的最底层民众也享有公民权。所以，这些人同样有义务服兵役。

按照一艘三层加莱船至少配备 200 人计算，200 艘战船总共需要 4 万人。整个希腊只有雅典具备随时出动 200 艘战船的实力，正是民主体制为其提供了更多的士兵。

那么，享受着这些红利的雅典人有什么不安呢？

首先是疑似伤寒的瘟疫，以及入侵阿提卡地区的以斯巴达为首的伯罗奔尼撒联军。

瘟疫迟早会过去。至少伯里克利这样说过。

阿提卡遭蹂躏的状况，伯里克利也请大家暂且忍耐。经历伯里克利 30 年执政的雅典人应该很清楚，他绝不是只要求民众忍耐而拿不出对策的人。

既然如此，为什么还会民心动荡？

这是因为瘟疫、敌军入侵引发的不满，和每个人心中原本就多少存在的不安全感相重叠，集聚成一种害怕明天会失去所有的恐慌。

指责这种情绪既负面又没有充足的理由，当然非常简单。但是正如人们常说的，越是感觉不景气，经济状况就越糟糕，要安抚躁动不安的人心，其实是非常困难的事情。

对于未来感到茫然和不安，是人类自然存在的心理。伯里克利存在的意义，就是通过语言诱导使民众保持镇定。

相反，被视为雅典第一位煽动者的克里昂，不断刺激、强化民众对执政者的不满，挑动人们仇富仇权的情绪。

他之所以能成功煽动起多数人的怒火，是因为他自己比任何人都愤怒。

伯里克利离去后，雅典就剩下这位克里昂。

## 煽动者克里昂

皮革是重装步兵军装必不可少的材料。通过制造皮革积累了财富的克里昂，应该是一个颇有才能的经营者。

让他一举成名的，是针对生命末期的伯里克利的弹劾演说。虽然他成功地说服公民大会以滥用公款罪（即政策失误罪）向伯里克利处以罚款，但 30 年始终支持伯里克利的选民们没有弃之而去。

他们并不在乎克里昂鼓吹的那一套，再次把伯里克利送上了将军的位子，甚至连罚款一事也不了了之。遗憾的是，伯里克利在 6 个月后病逝。

虽然伯里克利的死与克里昂没有直接关系，但他事实上的彻底退场使曾经与其唇枪舌战、对其穷追不舍的克里昂成为反对派的领袖。

被视为良知派的一批雅典人首先看到这种危险的趋势。他们推出尼基阿斯（Nicias）作为对抗好战派、反斯巴达的克里昂的先锋。

以伯里克利去世的公元前 429 年为线，当时克里昂大约 35 岁，尼基阿斯 41 岁。

根据梭伦改革制定的等级制，克里昂属于第四等级，拥有千名奴隶劳工的银矿主尼基阿斯绝对是第一等级。

当然，在雅典，第四等级的出身并不妨碍以后的人生发展。

帕特农神殿的工程总监雕塑家菲狄亚斯，希腊三大悲剧作家之一的欧里庇得斯都是劳动阶层出身。克里昂也在数年后当选为相当于雅典城邦内阁大臣的将军。

伯里克利死后，雅典政坛首先分裂成以克里昂和尼基阿斯为首的两派。

要论两位的寿命，克里昂在7年后死去，尼基阿斯比他多活了9年。然而相较于对政府穷追猛打的在野党，执政党的态度多少显得软弱被动。

如果伯里克利死后雅典进入众愚时代这个观点正确的话，那么克里昂和尼基阿斯两人就是“众愚雅典”的主人公。

伯里克利之后的雅典面临两大严峻的问题。

第一，伯罗奔尼撒联军对阿提卡地区的入侵进入第三年。

第二，莱斯沃斯岛叛乱。

## 斯巴达的动向

对于伯里克利的死，不知斯巴达国王阿希达穆斯会作何感想，斯巴达人自己是从来不做任何记录的。不过根据雅典一方的记录，在伯里克利死后的第二年，即公元前 428 年，66 岁的阿希达穆斯一如既往地履行了国王的职责，率军对阿提卡地区进行第三年的入侵。

按照惯例，国王出征率领的是正规重装步兵军团，即大名鼎鼎的“斯巴达战士”。5 位监察官中有 2 位同行。监察官最重要的一项职责就是监视和牵制国王的言行。

这一年与阿希达穆斯同行的监察官没让国王像前两年那么随心所欲。

国王第一年以粮草不足为由，第二年以瘟疫流行为由，两次都是入侵一个多月便下令撤军。监察官向国王施压，要求他采取真正的打击行动，不能再像之前那样走过场。

事实上，国王这次确实改变了战略。也许在伯里克利死后，他对之前做法的效果也产生了怀疑。

不过，阿希达穆斯仍没有对监察官言听计从。他放弃了对阿提卡的侵犯，决定攻击普拉塔亚。

自第一次希波战争马拉松战役中派兵支援雅典以来，普拉塔亚与雅典保持了长达60年的同盟关系。斯巴达攻击普拉塔亚，雅典会如何反应？

这是阿希达穆斯想了解的。或者说，他想试探一下伯里克利死后雅典的态度，根据对方的反应，再决定日后是继续走过场，还是动真格。

大概是出于这个原因，阿希达穆斯没有急于发起攻击。斯巴达军在普拉塔亚城外围起两重木墙后，再一次早早撤军。

## 莱斯沃斯问题

所谓莱斯沃斯岛的叛乱，其实并不是全岛举旗造反。在海岛众多的爱琴海，除了南边的克里特岛和罗德岛之外，莱斯沃斯岛是最大的岛屿。

岛上的居民是最不擅长共处的希腊人，因此即使同一个岛也分成几个城邦。背叛雅典的是位于岛屿东侧、相当于莱斯沃斯首府的米蒂利尼（Mytilene），其他的城邦没有参与行动。

莱斯沃斯岛是与希俄斯岛比肩的提洛同盟的主要成员，由于拥有独立的海军，因此同盟中免缴会费的，除了雅典就是这两个岛。换言之，当雅典出动海军执行任务时，这两个岛都会按惯例派军参战。

正因为地位重要，所以对于雅典而言，莱斯沃斯岛形势不稳兹事体大，哪怕只是一个城邦的叛乱，也可能左右提洛同盟未来的走向。

不知为何，此时莱斯沃斯岛的一角喷出反雅典的火焰。这个城邦不需要缴纳会费，所以应该不是钱的问题。据学者们的分析，导火索是米蒂利尼内部的权力斗争。

这里说到的权力斗争，是主张由米蒂利尼主宰莱斯沃斯全岛的强硬派和主张维持现状以免得罪雅典一派之间的斗争。类似的纷争在希腊中小城邦国家司空见惯，只不过这一次是强硬派占了上风。

他们甚至与斯巴达进行接触，派去谈判特使讨论脱离提洛同盟加入伯罗奔尼撒同盟。

伯罗奔尼撒同盟的海上战斗力与雅典相差甚远，而莱斯沃斯岛拥有海军。米蒂利尼大概认为自己的加入对弱势的伯罗奔尼撒同盟有所帮助，势必受到斯巴达的欢迎。

结果，斯巴达接受了他们的申请，甚至答应派出百艘三层加莱船支援。

其实不用深想也知道，斯巴达向来是行动迟缓的国家，哪怕其做出承诺。

更何况，伯罗奔尼撒同盟海军唯一的依靠是科林斯。即便科林斯人愿意在属于本国市场的爱奥尼亚海域与雅典海军发生冲突，但他们会心甘情愿地远征作为雅典的市场爱琴海，与对方大动干戈吗？

莱斯沃斯岛一角的城邦借伯里克利死后雅典政权处于空窗期之机，趁势烧起叛变之火。对此，斯巴达打算让它自生自灭。

然而，雅典一方不能任由事态继续发展，提洛同盟的命运就是雅典的命运。尽管米蒂利尼没有正式宣布退出提洛同盟，但对这个公然提出要加入伯罗奔尼撒同盟的城邦，雅典绝不能坐视不管。他们必须在这团叛变之火蔓延至爱琴海东部其他加盟城邦之前，将其尽快熄灭。

只有在这种时候，雅典执政、在野两党才完全达成一致。

他们一致决定，针对伯罗奔尼撒联军侵犯阿提卡而且正在普拉塔

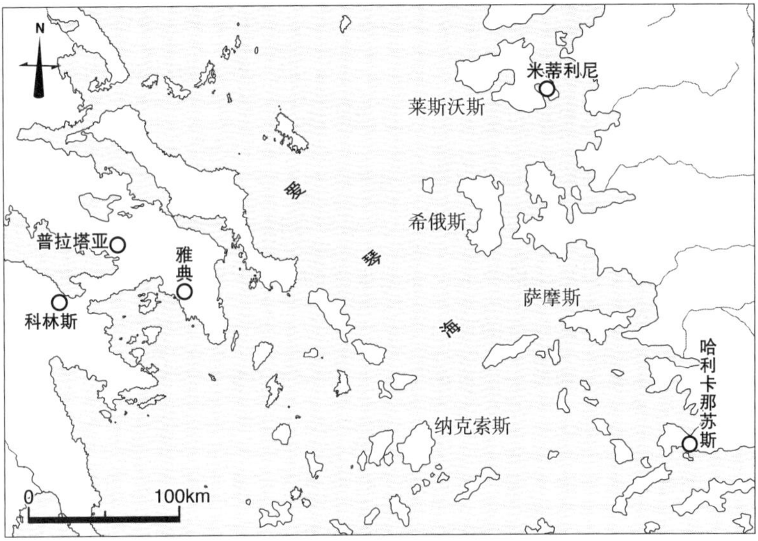


**莱斯沃斯岛及其周边**

亚建造包围墙的情况，今年继续派雅典海军南下对伯罗奔尼撒半岛沿岸一带进行扫荡，与此同时，横穿爱琴海前往莱斯沃斯岛镇压叛乱。

计划兵分两路的雅典海军首先要准备三层加莱船。克里昂为筹集资金，似乎向富裕阶层征收了特别税，据说筹得了200塔兰特。这位克里昂的强势手腕很是了得。

不过，钱是有了，人手还不够。一艘战船仅桨手就需要170人。

为解决桨手人数欠缺的问题，除了第四等级之外，雅典允许居住在雅典的外国人加入。这是在伯里克利时代就已经实施的措施。

虽然叫外国人，但他们不过是出生在希腊其他城邦的人，和雅典人一样都是希腊人。

雅典相信这些人忠诚或者说有爱国心，是因为除了公民权和不动产所有权之外，雅典向他们开放了一切。以外国人为对象的住宅租赁生意兴隆，也算是伯里克利时代雅典的特色。

另一方的斯巴达完全拒绝外国人流入。

正在进行的伯罗奔尼撒战争如果以斯巴达赢雅典失败而结束的话，希波战争以后不断兴起的希腊世界的人才、经济交流将中断，这是雅典让外国居民参战的理由。

这些不具备雅典公民权的外国人不能担任重装步兵，但可以成为桨手。

如此说来，地米斯托克利缔造的雅典海军将底层民众和外国人也纳入战斗力这一点就足以证明民主政体的优越性。正如民主主义者伯里克利所断言的那样，城邦国家雅典的安全保障关键在于海军。

莱斯沃斯岛的米蒂利尼攻城战与萨拉米斯海战、普拉塔亚平原会战情况不同。平原会战哪怕战况再激烈，一天内总会决出个胜负，而攻打一个城邦则需要耗费很长时间。

结果，攻城战一直打到第二年才算结束。带头叛变的米蒂利尼以及跟随它的其他城邦无条件向雅典投降。

此时，一直保持一致行动的雅典执政、在野两党，对于战后处理战败者这件事产生了意见分歧。

克里昂以他一贯的态度主张对叛乱者严惩不贷。他强调必须残酷地惩罚叛变者才足以威慑提洛同盟的其他加盟城邦，让它们看清背叛雅典的代价。他提出：

一、米蒂利尼及其他叛乱城邦的所有领土均由雅典直辖，向当地输送雅典移民。

二、米蒂利尼及其他叛乱城邦的所有成年男子一概作为叛乱分子处死。

三、米蒂利尼及其他叛乱城邦的女人和儿童全部变卖为奴。

那么，对抗克里昂的干将、由良知派推选出的尼基阿斯在公民大会上做了何种反驳呢?

他没有反驳。面对激烈的争吵、对方的叫嚣，尼基阿斯并不害怕，但往往会由于厌恶而放弃交锋。这是他作为政治家最大的缺陷。

不过，当时伯里克利去世才刚两年，公民大会中还留有他的一派人马。其中一人站出来反驳克里昂说，实施如此强硬的处置会导致其他城邦疏远雅典。

克里昂很快察觉到大会的气氛有所改变。他收回之前的方案，又提出了另一套方案。

一、将参与叛乱的所有主谋送来雅典处刑。

二、拆除米蒂利尼的城墙。

三、除却没有参与叛乱的城邦，将莱斯沃斯岛划成30个区块，以分期付款的方式向移居当地的雅典公民出售。

这样一来，莱斯沃斯岛等于沦为雅典的殖民地。

雅典公民大会通过了克里昂第二次提出的方案。

或许是最初的提案过于严酷，相比之下民众感到第二套方案温和不少。

莱斯沃斯岛的海军在这段时期并入了雅典海军。

被引渡到雅典的主要叛乱者据说多达1000人。这些人以反叛罪和勾结斯巴达的罪名，被当作雅典的叛徒处死。

雅典的同盟城邦发起叛乱，莱斯沃斯岛并非首例。12年前萨摩斯岛也发生过同样的事情。

当时伯里克利亲自率军平定叛乱，战后的处置和这一次相差甚远。

城墙的确被拆除了，但伯里克利没有让萨摩斯岛变成雅典的殖民地。分期支付战争赔款是针对萨摩斯岛政府的惩罚，岛屿本身还是维持独立，海军也保留了下来。

当年受到惩处的反叛主谋仅数十人，他们没有被处死，而是被流放岛外。这些人作为波斯国王许可的“暂存者”，被送往附近的波斯领地。过了惩处期，他们仍然可以返回祖国。

公元前439年被处置的萨摩斯岛，以及公元前427年被处置的莱斯沃斯岛，它们日后与雅典的关系又是怎样的呢？

萨摩斯岛一直作为提洛同盟的成员与雅典患难与共。

莱斯沃斯岛也作为同盟一员留了下来，但15年后当雅典遭遇前所未有的国难时，莱斯沃斯岛第一个脱离了提洛同盟。

正为成功镇压莱斯沃斯岛欣喜不已的雅典人，没过多久就失去了他们的另一个盟友。

被伯罗奔尼撒联军围城一年的普拉塔亚终于不堪重负宣布投降。

被围期间，普拉塔亚曾数次请求雅典派兵支援。进入“后伯里克利时代”的雅典虽然没有拒绝，但最终也没派出援军。就这样，他们抛弃了自第一次希波战争以来就和他们站在一起的忠实盟友，而且仅仅是以平定莱斯沃斯岛叛乱没有多余战力为理由。

普拉塔亚人发现守城无望便偷偷放走了很多年轻人，只告诉他们一句话：逃去雅典。

因此，一年后陷落的普拉塔亚城中并没有多少守军，何况它本来就是一个小城邦。留下的具体人数不详。

获胜的伯罗奔尼撒联军处死了投降的 200 名普拉塔亚人和 25 名雅典人。

这 25 名雅典人是伯罗奔尼撒联军首次入侵阿提卡时，作为援军被派遣到当地的残余的雅典士兵。他们的祖国抛弃了普拉塔亚，但他们选择坚持到底。

所有的女人和孩子都被卖为奴隶。普拉塔亚整座城镇被夷为平地，变成底比斯的领地。从此，城邦国家普拉塔亚从陆地上消失。

在此过程中，雅典仅仅是向早先来雅典避难以及后来逃出城的普拉塔亚男性授予了雅典公民权。

雅典人的行为让他们又丧失了另一样东西。他们给同盟成员造成了负面印象：盟友有难，雅典不一定会出手相助。

## 不断升级的残酷

“伯里克利时代”与“后伯里克利时代”存在着明显的差异。

简言之，其区别在于政府是否有着眼未来、一以贯之的政策。

没有这样的政策，人们的行为会像树叶一样随性地朝着不同方向发展。杀害投降的民众、俘虏就是其中一例。

虽然希腊人是每4年举办一次奥运会方能休战的好战民族，但他们很少因为愤怒而彻底丧失自我。他们常常为安葬战死者休战一天，或为交换俘虏停火数日。

当然，这并不代表他们具有现代人所谓的尊重人权的思想。在他们的观念中，只有被视为蛮族的异族可以随意处置，希腊同胞之间不能轻易杀害投降者。

他们不认为胜者拥有绝对的正义，败者是绝对的十恶不赦。也许是受到荷马史诗、希腊悲剧等“教科书”的影响，希腊人很清楚胜败大多数时候靠的是运气。

我认为古希腊人给我们后世留下的最重要的礼物，是指点出中庸的重要性。所谓“中庸”，简单地说就是在左与右两个极端之间寻求适中。

英语称“中庸”为“good sense”，法语叫“bon sens”，意大利语是“buon senso”。日语以“良識”一词对应最为合适。

在“后伯里克利时代”，不仅雅典人，所有的希腊人都变得缺少良知。而那位称雅典是全希腊人的学校的伯里克利，已不在人世了。

**伯罗奔尼撒战争的悲剧在于，失败的不只是雅典，还有整个希腊世界。**

**希腊人自己构建起的价值观，又被他们自己亲手摧毁。**

读希罗多德的《历史》之所以让我们有爽快之感，是因为它是希腊人美好一面的集大成者。

修昔底德的《伯罗奔尼撒战争史》由始至终笔调灰暗，因为它是希腊人丑恶一面的总汇。想到仅相隔半世纪，希腊民族就从联手抗击外敌转为自相残杀，这真令人黯然神伤。

伯里克利死后不到两年发生的莱斯沃斯岛事件和普拉塔亚事件，创下了伯罗奔尼撒战争期间无意义杀戮的先例，此后这种现象不断上演。

开创这个先例的是雅典和斯巴达，性质就更加恶劣。它意味着希腊人的“学校”放弃了“为人师表”。

雅典迷失于无意义的杀戮之中，是因为克里昂的煽动。雅典先经历了“伯里克利时代”才有“后伯里克利时代”，但斯巴达没有类似的经历，它的前后变化是因为自身独特的情况。

自吕库古法确立以来，斯巴达始终奉行一国和平主义。从另一个层面讲，它意味着不干涉他国的事务。

陆军战斗力希腊第一的斯巴达奉行不干涉主义，让那些跟随它的弱小城邦只能随波逐流。

获胜的伯罗奔尼撒联军对投降的普拉塔亚进行残酷惩罚，并非联军统帅阿希达穆斯的意愿。

原因是作为联军的一部分参与普拉塔亚攻城战的底比斯人重提4年前的旧事，强烈要求报仇雪恨。

4年前，底比斯人侵普拉塔亚，他们派去的300名士兵被当地人处死。尽管挑起事端的是底比斯一方，但胜利者无须倾听失败者的辩解。而且，底比斯人的复仇要求得到了与斯巴达国王同行的两位监察官的强烈支持。

斯巴达监察官对雅典的厌恶由来已久，早在他们发誓守护吕库古法的那一刻便已经开始。

由于斯巴达不向本国的希洛人、庇里阿西人开放公民权，斯巴达人必须时刻防范这些人叛乱，他们始终将公民权普及至最底层公民的雅典民主政体视为带来恶劣影响的东西。

底比斯人提出处死投降的200名普拉塔亚人以报4年前300名士兵被杀之仇，而向阿希达穆斯国王强烈要求一并处死25名雅典人的，是与国王同行的斯巴达监察官。

阿希达穆斯国王不得不接受这个要求。根据斯巴达的吕库古法，决定国家方针的不是世袭的国王，而是公民大会选举出的任期 1 年的 5 位监察官。其中两位监察官在国王出征时必须同行，同样基于吕库古法的规定。

就这样，以无意义杀戮为标志，雅典以及斯巴达进入了“后伯里克利时代”。

斯巴达国王阿希达穆斯在完成此次出征的所有任务归国后不久，仿佛油尽灯枯般死去，比他的对手以及盟友伯里克利晚走了两年。

翌年，公元前 426 年，也许是因为雅典和斯巴达两国对野蛮行径都有所收敛，这一年相对比较平静。然而，公元前 425 年又有新的事件发生。

所谓“着眼未来的一贯性政策”有点像同时驾驭数匹骏马的四匹马战车竞赛，手执马缰的车夫的能力极其重要。没了车夫，缰绳便形同虚设。劣马也许跑不远，但换成骏马情形就大不一样了。雅典在“后伯里克利时代”还是有“骏马”的。

## 斯巴达的败北

伯罗奔尼撒半岛的东南角有一个叫皮洛斯（Pylos）的小镇。它不属于斯巴达领地拉科尼亚，而是在西边的美塞尼亚地区，所以也算是斯巴达的辖下。

此时正值伯罗奔尼撒战争第六年到来，交战的雅典和斯巴达都扩大了战线。这也是政策马车失控造成的现象之一。此前双方战争近似相互骚扰，斯巴达北上侵犯阿提卡地区，雅典南下入侵伯罗奔尼撒半岛沿岸一带，但从这一年开始，两国都陆续开辟了新的战场。

不过，双方始终回避正面交战。这一年的战争以皮洛斯－斯法克蒂里亚战役留名史上，因为这场战役最终变成两国的直接对决。这个结果并非两国所期望的，只能说随着战况的发展变成了这样。

雅典一方有三位将军率领海军奔赴再度求援的科孚岛。德摩斯梯尼（Dēmosthénēs）将军率领的5艘战船为占领皮洛斯中途留下。占领的目的有二。第一，在斯巴达拉科尼亚地区的西邻建立雅典基地，向斯巴达人示威。第二，雅典的“市场”迟早会扩展至西地中海，因此必须有连接两端的中间基地。

另一方的斯巴达阻止雅典出兵反击，于是局势变成两国直接交战。不过，起初战争仅限于局部范围。

雅典军队包括战船桨手在内超过了1000人。斯巴达一方士兵数量处于劣势，但其中有300名重装步兵。也许斯巴达人自信这些闻名希腊的斯巴达战士足以打败对手。

经过几轮激战，最终德摩斯梯尼凭借巧妙的战法为雅典赢得了胜利。

被打败的斯巴达震惊不已。令他们惊讶的不是皮洛斯、斯法克蒂里亚等弹丸之地被雅典占领。奉行一国和平主义的斯巴达原本就没有多少扩张领土的欲望。

真正打击到他们的是犹如“国宝”的斯巴达战士一半战死、一半被俘。

正如我反复强调的，斯巴达是一个限制公民权的城邦。唯有公民才能加入重装步兵部队，要找到替补并非易事。更何况国家将公民送上战场就有义务救回这些不幸沦为俘虏的士兵。

雅典同样为这批俘虏而骚动。这些人可都是连小孩都知道的鼎鼎大名的斯巴达战士，他们居然有150人被押送到雅典。也许是雅典人亲眼目睹了这些勇士的英姿，认为有必要礼遇他们，俘虏们在收容所中没有带脚镣之类的枷锁，而且每天都有高质量的伙食供应，待遇之高简直媲美《日内瓦公约》的规定。

然而，这些事情和远方的斯巴达人没有关系。他们迅速派出特使前往雅典谈判，以交还俘虏为条件谈和。

这是一个终结伯罗奔尼撒战争的好机会。

如果与斯巴达特使谈判的是伯里克利，他必定会抓住时机和对方签订休战协议。经过数年休战，便可将两国趋向缓和的关系进一步推向和平，即恢复战前分庭抗礼的状态。那么，伯罗奔尼撒战争 6 年就可以终结。

可是，迎接斯巴达特使的雅典要人中有克利昂。他激进的继续战争论获得民众的支持。他们以为抓了斯巴达俘虏就等于赢得了战争。终结伯罗奔尼撒战争的机会就这样化成泡影。

谈判特使无功而返，但斯巴达还有两个对策可以选择。

第一，充分发挥斯巴达战士打平原战天下无敌的优势，用尽一切手段把雅典从海上引向陆地。随后以胜利者的身份去和对方谈休战，换回俘虏。

第二，与第一个对策正好相反，不再把宝贵的斯巴达正规军送上战场。但战争仍在进行，作为伯罗奔尼撒同盟的盟主，斯巴达不能退出战场。于是，他们想到可以让其他人——非正规军去打仗。

斯巴达人自幼习武，终生经受严格的训练。如果论身体的灵活性，只接受不足两年军事训练的雅典人绝对望尘莫及。然而，斯巴达人的优势仅在身体上。说到斯巴达人的精神层面，正如修昔底德所指，欠缺灵活性。

这种精神上的缺陷让斯巴达人遇到情况恶化时倾向退缩保守，而不是采取积极主动的态度。因此，斯巴达人最终选择了第二种对策。

没有哪个斯巴达人会想到，这个选择对他们来说简直是自寻死路。

下克上，指身居低位的人替代身居高位的一方。

斯巴达规定，率军打仗是国王的职责，但国王率领的必须是正规军。

如果率军的不是国王而是其他人，那么也无须出动正规军，这样就不会损失宝贵的斯巴达战士。

自此以后，除了不可避免的场合，斯巴达两王率军出征的情况急剧减少。

正是斯巴达国内形势的变化造就了伯拉西达（Brasidas）的崛起。

## “编外录用”的开始

斯巴达人对保存本国历史毫无兴趣，连大多数国王的出生年月都无据可查。因此，一介重装步兵出身的伯拉西达的生辰，就更加不得而知。根据雅典一方零散的记录推测，他代替国王率军出征在公元前425年到公元前422年之间，当时他的年龄在45岁以上。

在古代，男子20岁成为正式公民，30岁左右获得一定的职位属于普通现象。40多岁正是成为战场指挥官最好的年纪。

这时他们有体力、有经验。面对瞬息万变的战况，这个年纪的男人还有足够的反应能力可以迅速应对。

刚进入40岁后半期的伯拉西达被赋予的任务是报复雅典。

斯巴达人没想到他们会输掉陆地战，没想到会有众多士兵被俘，甚至连休战的提议也被拒绝。

伯拉西达此时的立场类似以下的情况。

某公司决心报复竞争对手。如果派正式员工上阵，万一失败将有损公司的威信。于是，公司决定派一队非正式员工冲锋陷阵，率领这群人的是唯一的正式员工。这位正式员工就是珍贵的斯巴达战士伯拉西达。

不过，情况也有对伯拉西达有利的方面。由于率领的不是正规军，他出征时没有两位监察官同行。身边少了指手画脚的人，他可以自己决定战略、战术并迅速执行。这是他的“现场”优势。

斯巴达只给了伯拉西达700名士兵。由于是非正规军，这些人都是希洛人。虽然他们的装备和正规军重装步兵相差无几，他们也接受过军事训练，但说到底他们只是一群奴隶。

除了700名希洛人之外，为彰显这是伯罗奔尼撒同盟军的军事行动，军队还添加了1000名来自伯罗奔尼撒半岛的士兵，总共也就1700人。这支由合同工和临时工组成的队伍唯有统帅是正式员工，即伯拉西达。

这位伯拉西达似乎不是典型的刚毅却不懂融通的斯巴达人。

他锁定了一个打击目标，可以让他充分发挥统帅一人独断和小部队灵活机动的优势。

伯拉西达的目标是雅典辖下的卡尔息底亚地区。这里属于爱琴海北部，当年伯里克利在安菲波利斯建立基地，成功将这个地区纳入提洛同盟。可以说，正因为雅典控制了卡尔息底亚及其东面的达达尼尔海峡，爱琴海才真正成为雅典人的海域。

卡尔息底亚对于雅典还有另外一个重要性。这里有大片的森林，是打造雅典三层加莱船不可或缺的木材产地。

伯拉西达打算在这个雅典经济圈的一角打下一根桩子，同时切断雅典的木材来源。

在尽快雪耻这个目标上，实际掌控斯巴达国家政权的5位监察官似乎达成了共识。凡事慢一拍的斯巴达难得行动敏捷。在休战提议被雅典拒绝的第二年，伯拉西达率领1700名士兵北上。那一年是公元前424年，伯罗奔尼撒战争进入第7年。

## 战线扩大

从斯巴达出发前往卡尔息底亚的行程，是一段从南到北纵跨希腊的遥远的路程。人们通常会选择走海路，但伯拉西达没有这样做。

他没有选择海路是因为不能选。如果他们坐船北上，势必会被闻风而动的雅典海军扔进海里喂鱼。

不过，走陆路也不安全。希腊中部的色萨利（Thessalia）地区在伯罗奔尼撒战争期间是雅典的盟友，那是前往卡尔息底亚的必经之地。

此外还得补充军粮。1700 人的小部队同样存在伙食供应的问题。不清楚这个问题他们最终是如何解决的。

这里再次重申，伯拉西达不是国王，他率领的也不是堪称精英的斯巴达战士。

国王及精英们不能做野蛮的事情，而伯拉西达和他的 1700 个手下是被默许的。大概出发前监察官们就给出了这样的暗示。

然而，伯拉西达不是普通的斯巴达男人。尽管军粮要紧，但如果为此犯下暴行，被掠夺的一方势必反抗，从而造成己方伤亡。伯拉西达不打算让这支只有1700人的小部队在抵达目的地前损失一兵一卒。

在那个时代，寡默是斯巴达人的代名词。伯拉西达在这一点上也有异于典型的斯巴达人。

进入相当于敌区的色萨利后，伯拉西达严令不许骚扰经过的村镇，晚上在城外露营。这对当地居民自然是好事，他们似乎向军队提供了粮食。

伯拉西达以这样的方式顺利地通过了色萨利地区。

从色萨利往北是马其顿王国的领土。彼时尚未崛起的边境小国马其顿，也算是伯罗奔尼撒同盟的一员。只要平安进入马其顿境内，雅典领地卡尔息底亚就在眼前。

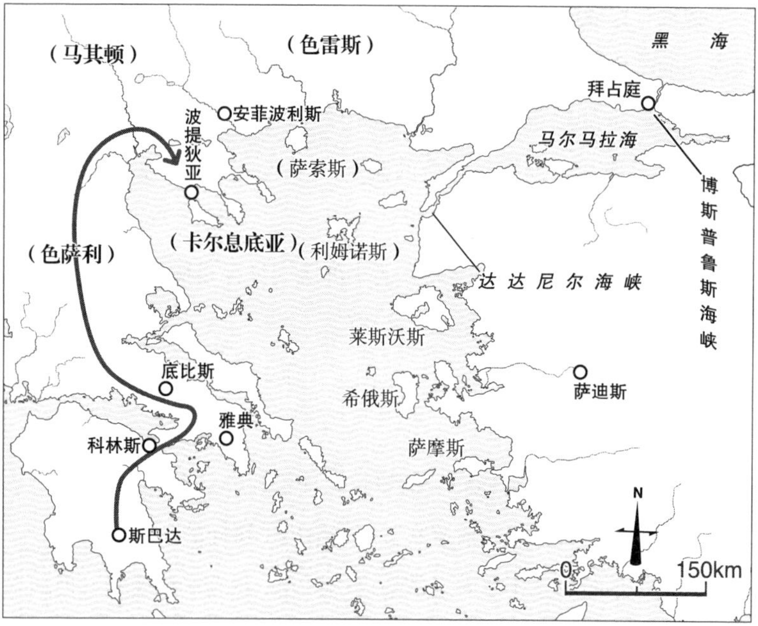


伯拉西达行军路线

就这样，伯拉西达的军队来到正和雅典持续冲突的卡尔息底亚城邦——波提狄亚的城墙下。

得知消息的雅典城内肯定是警报长鸣。

雅典人清楚伯拉西达的真正意图。他不是去支援至今不肯臣服雅典的波提狄亚，而是要拿下雅典在卡尔息底亚地区的重镇安菲波利斯。

为阻止斯巴达人的行动，雅典迅速派两位将军率军出征。

这两位将军分别承担着不同的任务。

率领陆军的攸克利斯直奔安菲波利斯，死守这个战略要地。

率领 7 艘三层加莱船的修昔底德前往萨索斯岛（Thasos）。他的任务是以萨索斯岛为基地，控制住卡尔息底亚地区的各城邦，保证其不会叛变投敌。此时争取更多的盟友对打赢战争有极其重要的意义。

年轻的修昔底德之所以被赋予这个外交任务，可能是因为他提出他的家族自上一代起就拥有色雷斯的银矿，他本人对那一带非常了解，有信心与当地的城邦做好沟通。

雅典的错误不在于选错将军，而是错在他们没有想到伯拉西达不是一个普通的斯巴达人。

冬天即将来临，斯巴达人通常不会在冬季打仗。两位雅典将军判断真正的战役要到第二年开春才打响。因此，他们抵达目的地后没有急于备战。

然而，伯拉西达不是一个普通的斯巴达人。换言之，他是一个罕见的不循规蹈矩的斯巴达人。

与深信打仗全凭真刀真枪的同胞不同，伯拉西达相信语言也是有力的武器。这是他的另一个特点。

眼下正在进行的是雅典主导的提洛同盟和斯巴达主导的伯罗奔尼撒同盟的战争。伯拉西达率领的军队虽说零散，也算伯罗奔尼撒联军。

这位入侵提洛同盟辖下的卡尔息底亚的伯拉西达，不断强调自己不是侵略者，而是解放者。他向当地民众保证，他们脱离雅典的控制后不会成为斯巴达的臣民。

伯拉西达深知，与雅典正规军在战场上正面交锋，自己率领的这支农奴军绝不是对手。所以他放弃兵戎相见，改用宣传达到目的。

这也是伯里克利常用的手段。对那些雅典打算用作基地的城邦，他没有实施驱赶当地居民的措施。哪怕是对雅典极其重要的安菲波利斯，他也只是在原有居民的基础上，安插进部分雅典移民。

伯拉西达的宣传不用说首先是针对安菲波利斯的原住民的，但他也没有忽略当地的雅典移民。那些移民毕竟已经在这片土地上生活了数十年。

他对原住民、移民一视同仁，向所有人提出了优厚的投降条件。

第一，想离开的人尽管离开，可以带上所有想带走的人和物品。为了让打算离开的人有准备的时间，给予 5 天期限。

第二，保证留下的人继续享受现有的权利和财产。

伯拉西达还强调一点，脱离提洛同盟成为独立的城邦，当地可以摆脱缴纳同盟会费的义务。

不用花钱还能得益，不论古今中外这都是最有吸引力的承诺。最终安菲波利斯的居民大半决定留下，这个结果只能说是大势所趋。

在聆听伯拉西达承诺的人群中，有一位雅典派来的将军，他就是攸克利斯。虽然上级命令他死守安菲波利斯，但面对眼前的情形他还能有何作为？他只能在城门向伯拉西达打开前，带着军队离开安菲波利斯。

作为资深将军，攸克利斯知道不管自己以何种方式撤离安菲波利斯，都意味着提洛同盟的一角已被撕裂。他也很清楚，如果就这么返回雅典，自己将受到怎样的处置。

攸克利斯下令让士兵们回国，自己销声匿迹。不清楚他是自杀了，还是找了什么地方隐姓埋名地生活。

另一位将军修昔底德获悉伯拉西达率领的斯巴达军队逼近安菲波利斯以后，立即前往安菲波利斯南边的爱昂（Eion）。但他抵达目的地时，安菲波利斯已经向伯拉西达投降。

修昔底德下令死守爱昂。他手下的士兵包括划桨手在内有 1400 人，再加上被迫撤离安菲波利斯的雅典军，他相信这足以对抗伯拉西达。

安菲波利斯是临河的内陆城邦，而爱昂是位于出海口的港口小镇。修昔底德估计拿下安菲波利斯的伯拉西达会继续向爱昂发起攻击。只要守住爱昂，迟早能夺回安菲波利斯。

然而，重视出海口是贸易国国民的想法，与商业无缘的斯巴达人对此毫无感觉。相信伯拉西达从来没考虑过要掌握港口。此刻他脑子里唯一想的恐怕是把卡尔息底亚这个至关重要的地区从雅典势力范围内分离出去。

虽然我不是伯拉西达，不过我能猜到之后的结果。只要安菲波利斯脱离雅典控制，卡尔息底亚地区的其他城邦势必效仿。

结果，修昔底德不得不放弃死守爱昂，返回雅典。不知雅典民众是觉得他责任感过强，还是太年轻，总之对他的战绩十分不满，针对于他的民愤达到难以想象的程度。

34 岁的年轻司令官刚回国就遭到指控，被判处流放国外 20 年。

陶片放逐法规定的流放期限也只有 10 年，20 年的处罚实在过于严酷，但也许他能逃过死刑已是万幸。或许因为这位被告只有 34 岁，那些主张严惩的人动了恻隐之心，将死刑改判为流放。

## 历史学家的诞生

上述判决促成了一位稀世历史学家的诞生。仅担任一次将军便断绝了政治生涯的修昔底德决定，从今往后专心撰写《伯罗奔尼撒战争史》。

被流放的 20 年，修昔底德在生活上应该是衣食无忧。他在色雷斯，也就是当初率军前往的萨索斯岛的北方拥有银矿。单靠这个收入，修昔底德就能成为和伯里克利、尼基阿斯不相上下的富豪，他无疑属于梭伦制定的等级制中的第一等。

撰写《历史》的历史学家希罗多德，是在波及全希腊的希波战争结束 50 年之后才动笔的。

才华比希罗多德有过之而无不及的修昔底德撰写被后世誉为史书最高杰作的《伯罗奔尼撒战争史》时，战争仍在进行之中。至此，将军修昔底德死去，历史学家修昔底德诞生。

此前，交代时间、地点、人物、事件的历史记录很久以前就出现在埃及、远东等地区，修昔底德的伟大之处是在记录中增加了关于

“为什么”的因果探究。准确地说，书中充满他努力找寻“为什么”的执着。

作为雅典上流社会的子弟，修昔底德原本应该一帆风顺的仕途在34岁时中断。他探寻“为什么”的这份执着，是不是可以理解为一位失败者追求生命意义的信念呢？

话说回来，公元前424年的冬天至翌年春季的这段时间，雅典人可没有余暇揣摩被流放的司令官著书的目的。斯巴达的非正规军已兵不血刃地撬开了提洛同盟的一角。

这场危机让雅典人心惶惶。最擅长在这种时刻煽动不安的克里昂发起了针对政府的批判，让公民大会的气氛愈发紧张。

## 来自斯巴达的提议

危机中的雅典从一个令人意外的地方得到了援手。

这双援手来自斯巴达。对于伯拉西达的辉煌战果，有些斯巴达人并不那么欣喜，他们担心斯巴达社会由此形成“下克上”的风气，所以向雅典提出了休战的建议。

那些感觉前景暗淡又不赞同克里昂那一套的雅典人，抓住了斯巴达送来休战方案的机会。

休战期为一年。在此期间，雅典继续拥有卡尔息底亚地区的控制权。也就是说，暂时保持现状。

在休战期，斯巴达和雅典将为构建永久的和平继续谈判。

此间所有国家的战船禁止通过他国的海域。商船不受禁令限制。

这也是贸易立国的雅典求之不得的条件。

那么，休战又能为斯巴达带来什么呢？

表面上看，条约明文规定雅典须交还一年前在皮洛斯战役中俘虏的 150 名斯巴达战士，归还当时抢占的皮洛斯和斯法克蒂里亚地区。

不过，台面下没有写在条约里的事项，反而对雅典更有吸引力。

斯巴达人答应，以两国在卡尔息底亚地区不再有利害冲突为由，召回伯拉西达及其手下的 1700 名士兵。

面对如此利好，只剩下一贯主张强硬路线的克里昂及其党羽反对休战。

公元前 423 年的春天，雅典公民大会以多数赞成决定以上述条件与斯巴达缔结休战协定。

当时伯拉西达不顾冬季严寒，也不管什么保持现状的约定，正继续在卡尔息底亚地区进行瓦解战。

他雄心勃勃地要征服地形犹如海神的三叉戟一般插入爱琴海的卡尔息底亚地区的所有雅典盟友。

这时，雅典代表带着斯巴达签字的休战协定出现在他的面前。

作为斯巴达公民，伯拉西达有义务遵守政府签署的协定。但在那个节点，他尚未收到归国的命令。

于是，伯拉西达采取了阳奉阴违的对策。

面对雅典代表的抗议，这位斯巴达将军是这样回答的：协定在规定时间内送达才算有效，迟来的协定等于白纸一张。

雅典代表似乎是比协定规定的时间晚到了一些。

真是佩服伯拉西达的口才！如果他生活在 2500 年后的今天，绝对可以成为一名优秀的律师。

雅典派来的代表面对伯拉西达的这番理论，找不到反驳之词。

卡尔息底亚地区及其周边

代表们的无功而返令雅典人愕然失色。雅典人竟然辩不过木讷的斯巴达人，这让他们无法接受。

话说回来，伯拉西达违背休战协定的举动，事实上是斩断了雅典的救命稻草。

不过，伯拉西达也第一次遇到了困难。

尽管以宣传攻势代替军事行动获得了成功，但瓦解战越是成功，越需要相应的军力震慑那些城邦，以使其不会重投雅典麾下。对此，他手上的这支 1700 人的队伍无论如何是不够的。

斯巴达仍然没有向伯拉西达下达归国令。政府对他提出的派遣援军的请求既不答应也不拒绝。伯拉西达无可奈何转向马其顿国王求援。孰知没有比那个时代的马其顿国王更不守信用的盟友了。

对于伯拉西达面临的窘境，雅典人很清楚，也知道他们的休战希望断送在这个人手里了。

于是，雅典决定利用这个机会集中兵力打击伯拉西达军。

雅典派出了50艘三层加莱船，这意味着动用了1万人以上的兵力。除此之外，为应对不可避免的登陆战，又另外增加了1000名“海军陆战队”的重装步兵。总计11000人的规模，对付伯拉西达的区区1700人，相信雅典人是带着十足的信心奔赴战场的。

率领这支军队的有两位将军。其中一位是在雅典政坛和克里昂对立的稳健派领袖尼基阿斯。也就是说，这支军队集结了饱受煽动家克里昂抨击的人们。

雅典军实力雄厚，抵达卡尔息底亚后战果辉煌。那些当初听信伯拉西达甜言蜜语而宣告独立的城邦，又重新回到雅典辖下。

伯拉西达终于被逼到绝境。

不料，已经将对手逼到悬崖边的关键时刻，雅典的两位将军竟然下令撤军回国。

他们对外宣称的理由是寒冬将至，不适合继续作战。不过，我猜测两位将军，尤其是尼基阿斯，是不想把斯巴达逼得太紧。

伯罗奔尼撒战争是一场不宣而战的战争。

这8年来雅典和斯巴达都在避免正面交锋。

当然，其间也发生了皮洛斯战役那种近似“摩擦”的事件。在那场战役中，斯巴达不仅失去了皮洛斯，还有150名宝贵的重装步兵被俘。即便如此，斯巴达也没有正式向雅典宣战。

在斯巴达看来，入侵卡尔息底亚地区不属于城邦发起的军事行动。伯拉西达的确是斯巴达引以为傲的重装步兵的一员，但他率领的军队中有 700 名是希洛人。这些人在国王率正规军出征时，是作为重装步兵的随从同赴战场的。每个步兵手下有 7 名希洛人。

因此，伯拉西达率领的这支军队成了不被斯巴达正式承认，而被其他城邦视为斯巴达军的奇怪军队。

如果伯拉西达军被雅典全歼而斯巴达无所作为，那斯巴达势必会被其他盟友——特别是敌视雅典的科林斯指责为软弱。那么，雅典将面临和斯巴达正规军直接对决的危险。

把自尊心视为头等大事的斯巴达人一旦被指责软弱，定会将和平共处的理智抛到脑后。

47 岁的尼基阿斯尽管不具备长远的眼光，但他有能力看清眼前的形势。为回避和斯巴达正面交锋，他放弃了歼灭伯拉西达军的机会。

无论尼基阿斯心中如何盘算，雅典民众看见的是放弃大好战况掉头回家的军队。民众不满，克里昂自然不会错过火上浇油的机会。靠着煽动民愤，他在第二年的 10 位将军的选举中首次当选为将军。

为兑现选举时的承诺，克里昂要求率军夺回安菲波利斯。对于即将迎来 43 岁生日的他而言，这是名副其实的初次上阵。一心想报复尼基阿斯等稳健派的克里昂提出无须其他将军同行，他要独自率军出征，公民大会居然接受了他的请求。

克里昂率领的雅典军具体人数不详，相信至少有前一年尼基阿斯军队的一半规模。因为上一次有两位将军率军，这次只有克里昂一人。

公元前 422 年 9 月，他们沿海岸北上在爱昂登陆。托伯拉西达不屑之福，这个港口小镇仍然属于雅典领地。

接下来就是沿河往上进攻伯拉西达所在的安菲波利斯。不过，司令官克里昂在行军途中已经失去了士兵的信赖。

在公民大会上面对群众讲话和战场上面对士兵讲话的内容完全不同。

公民大会上只要批判政府、对当权者表示不满，就可能获得民众支持。

面对即将和敌人厮杀的战士，司令官的发言事关每一位战士的性命。

士兵们希望听到的是最具体的内容，是自己该怎样行动。

同时，激烈的批判、责难会令人绝望。司令官必须给予士兵们希望，必胜的希望。

很遗憾，劲敌在前，克里昂依然是在公民大会发言时的做派。煽动者克里昂身份地位有变，却无法改变自己。民众给了他当将军的机会，他却不能脱胎换骨。

安菲波利斯是雅典在卡尔息底亚地区的重镇，在这里展开的攻防战意义重大。然而，简直没有比公元前 422 年秋天在安菲波利斯近郊展开的战斗更糊涂的战斗了。

伯拉西达一方是“有将无兵”，克里昂一方则是“有兵无将”。

我不清楚最终究竟是哪一方获胜，总之士兵牺牲的数量似乎不多。可以确认的是处于进攻第一线的克里昂战死，处于防守第一线的伯拉西达身负重伤，被移送至后方不久后身亡。

雅典军以司令官战死为由，抢在海浪汹涌的冬季来临之前匆匆返回了祖国。

克里昂唯一的功绩就是让伯拉西达做了陪葬。

## 《尼基阿斯和约》

这一年的冬天，雅典和斯巴达迅速展开了休战谈判。克里昂和伯拉西达这两块“绊脚石”的死亡，让两国的稳健派有了机会。

刚到第二年的春天，休战条约已经签署完毕。

《尼基阿斯和约》的条约内容这里就不详细说了，我们主要谈一下斯巴达和雅典各自获得了怎样的利益。

斯巴达获得的利益显而易见。

首先是换回了 4 年前因皮洛斯战役失败被俘的 150 名斯巴达战士，收回了被雅典占领并一直作为中继基地使用的皮洛斯及周边岛屿。这块紧邻斯巴达拉科尼亚地区西部的地方被雅典掌控，是斯巴达无论如何都不能接受的。

斯巴达人得到了他们想要的所有东西，不过还是有些问题没有解决。

伯拉西达率领的 1700 人中，有 700 名是武装过的农奴，不管怎么说他们好歹算是斯巴达人。剩余的 1000 人来自伯罗奔尼撒同盟的其他城邦。

就算伯拉西达的军队本质上不属于斯巴达正规军，但依然是伯罗奔尼撒同盟的军队。

斯巴达作为伯罗奔尼撒同盟的盟主，不能因为伯拉西达战死便撒手不管。

他们必须让伯拉西达留下的战果以某种方式体现出来，从而向伯罗奔尼撒同盟的盟友证明这场远征并非没有意义。

面对不达目的绝不签字的斯巴达，雅典只能做出妥协。《尼基阿斯和约》中最终出现奇妙的内容，也是双方博弈之后无可奈何的结果。

和约将卡尔息底亚地区的城邦分成以下几类：

地图上标○的城邦从和约签订以后脱离雅典的统治，成为独立的城邦。

但是，提洛同盟的会费要按照56年前同盟缔结时规定的金额，继续向雅典缴纳。

地图上标●的城邦，统统归雅典辖下。

如果这些城邦背叛雅典，雅典有权处置。不仅斯巴达不能出手相救，其他城邦一律无权介入。

对急躁的希腊人而言，这个和平协定的有效期实属罕见，长达50年。

为了向所有希腊人证明雅典、斯巴达坚守这份和约的决心，双方签字的协议书制作成三份，分别供奉在奥林匹亚的宙斯神殿、爱奥尼亚的波塞冬神殿，以及德尔斐的阿波罗神殿。也就是说，雅典和斯巴达向天神们立下了誓言。

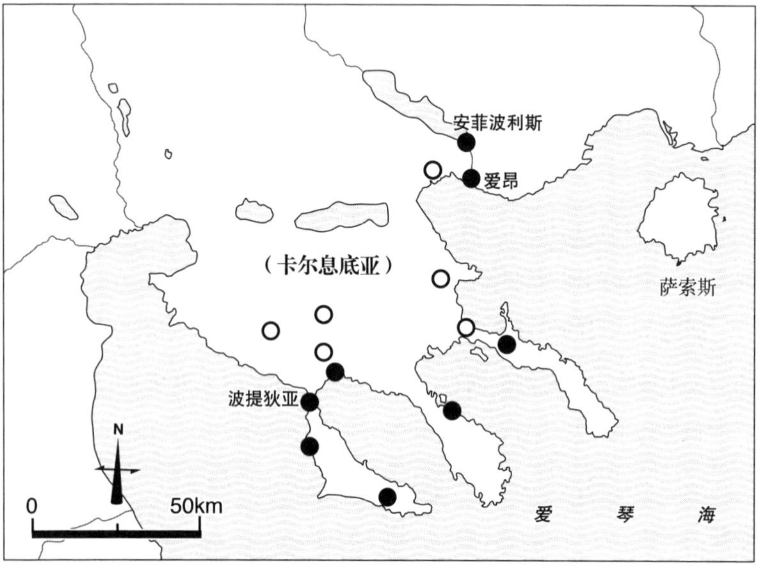


《尼基阿斯和约》缔结后的卡尔息底亚地区

## 对希腊人而言的“和平”

乍一看,《尼基阿斯和约》的签订使卡尔息底亚地区重新回到伯拉西达侵占前雅典统治的状态。

但反映出希腊民族奉灵敬神之虔诚的这份《尼基阿斯和约》被称为“空洞的和约”。给出这种苛评的是生活在那个时代的历史学家修昔底德。

因为这份和约是两个包括国家形态在内各方面存在根本性差异的城邦国家，为解决纠纷相互妥协创造的产物，这种和解并非建立在相互理解基础上的真诚和解。

斯巴达极端厌恶他国人员和物产输入，一贯奉行锁国的一国和平主义。

而雅典的生存依赖于人员和物产的交流。

对“霸权”这个概念，两国也有不同的理解。

斯巴达人理解的“霸权”是侵略他国的领土，将之占为己有。始终以一国和平主义为核心的斯巴达自然对这种霸权主义无动于衷。

雅典人所谓的“霸权”不是占有领土，而是扩大奉行雅典式观念及行为模式的世界版图。雅典人满足于建立基地，不觊觎更多的领土就是一个证明。

仅在对“霸权”的理解上就存在巨大差异的两个城邦签订的《尼基阿斯和约》，自然会成为“空洞的和约”，因为它不能解决根本问题。

伯拉西达之所以能成功瓦解雅典在卡尔息底亚地区的霸权，是因为他很好地宣传了不缴纳同盟会费生活可以更好的理念，触动了人们最为敏感的神经。

对那些因《尼基阿斯和约》重新回归的城邦，雅典不得不从“钱”这种低级但不容轻视的事项开始一一处理。

这些棘手的问题，雅典人单是想想就烦恼不已。

对这份和约予以恶评的雅典文人不止修昔底德一位。

阿里斯托芬在《尼基阿斯和约》签署后不久创作了一部剧名充满反讽意味的喜剧《和平》。

喜剧作家阿里斯托芬当时只有二十多岁，自出道以来他一直是深受民众喜爱的“流行作家”。被他挖苦调侃过的雅典名人不计其数，伯里克利、苏格拉底、克里昂、尼基阿斯，以及即将登场的阿基比亚德都中过他的枪。

在这部名叫《和平》的作品中，阿里斯托芬提出了希腊人为什么总是打仗的问题。

剧情是这样的：因持续战争而对现状绝望的某人前往奥林匹斯山请求众神帮忙。不料，对希腊人的好战厌烦透顶的宙斯诸神已经迁去别处，只剩下赫尔墨斯留守。

更糟糕的是，战争之神霸占了此地，他甚至把总是如影随行的和平女神关进了洞穴。难怪人类世界从早到晚都在战争状态。

雅典人坐在舒适的露天岩石剧场观看这部喜剧，不由得捧腹大笑。

那些乐不可支地将此剧选为当年狄俄尼索斯戏剧节优秀作品的观众都明白，这部剧嘲笑的不是别人，正是雅典人自己。

《尼基阿斯和约》让雅典人发现，他们不再拥有决定规则的实力。这个事实让民众沮丧不已。人们需要用喜剧忘却眼前的忧虑，哪怕只是获得暂时的快乐。

雅典社会气氛整体低迷，这正是政治家出手的机会。

无论和约如何“空洞”，它都是雅典目前必不可缺的。冷静地分析现状，扫除民众心中的阴霾，是领导者的职责所在。

尼基阿斯有充分的能力对现状做出判断，并且总是正确的。但他不具备通过改换视角让民众恢复信心，给彷徨不安的人们展示光明未来的超一流的说服力。

这里有一个杯子，里面的水只剩下一半。

尼基阿斯会向民众指出只有半杯水的现状，说明不得不妥协的原因。

这种做法只会让民众更为沮丧。这不是看看阿里斯托芬的喜剧大笑一场就能解决的问题。

话说回来，像克里昂那样的煽动者也令人诟病。事实证明，那种平素言论极端且富于感染力的人，关键时刻并没有展现出足够的领导力。

伯罗奔尼撒战争进入第 10 年。雅典人感到疲惫不堪。

## 年轻领袖的登场

就在这时，一个人出现了。他指着杯子说，不是还有半杯水嘛，更何况，没有哪条法律规定，也没有哪个人说过，不能再往杯子里注水。

雅典公民们将这位年龄刚达到能担任要职的 30 岁年轻人选为将军。也就是说，他成为每年选出的负责城邦国家雅典政治、军事事务的 10 位将军之一。

既然是之一，自然还有另外 9 位将军，其中就包括一直连任的尼基阿斯。

这位年轻人与尼基阿斯的差别不仅是 20 岁的年龄。

关键在于，他能向民众指出未来的前景。

| | 知性 | 说服力 | 肉体的耐力 | 自我克制力 | 持续的意志力 | 运气 | 容貌 |
|---|---|---|---|---|---|---|---|
| 伯里克利 | 100 | 100 | 90 | 100 | 100 | 90 | 100 |
| 克里昂 | 10 | 50 | 70 | 10 | 10 | 20 | 10 |
| 尼基阿斯 | 90 | 40 | 70 | 50 | 50 | 20 | 20 |
| 阿基比亚德 | 100 | 100 | 100 | 100 或 30 | 70 | 20 | 100 |

以上沿用了写《罗马人的故事》恺撒篇时，我出于好玩制作的评分图。不过写恺撒时没有运气和容貌这两项。

之前没设这两项是因为罗马人对于命运秉持尽人事听天命的态度。一旦做了决定便坦然接受后果。

与之相对，希腊人认为无论怎么尽人事最终都逃不过命运。以此为主题的作品几乎充斥着整个希腊悲剧世界。

在容貌上，罗马人和希腊人的评价标准也不同。

罗马人不是完全不介意领袖的长相。谁都希望率领自己的将军相貌堂堂、魁梧高大。光靠仪表就能增添士兵胜敌的信心。在这一点上，罗马人与希腊人没有不同。

但对罗马人而言，外观上的不足不会带来负面影响。恺撒虽然气宇轩昂，但绝不能算容貌英俊的美男子。

希腊人就不一样了。容貌是评价男子的一个重要的因素。阅读他们的史料会发现，其中论及长相美丑的内容多到令人吃惊。

到底是提出真、善、美的民族。在希腊人看来，美丽的容貌是上天赐予的礼物，是深受众神眷顾的证明。

顺便提一句，接下来登场的阿基比亚德被认为是少年时清秀，青年时俊朗，壮年时再添成熟男子独有的从容气度，一生美貌永驻的男人。与他相关的史料没有一篇不提及他的美貌。

阿基比亚德，公元前450年出生于雅典首屈一指的名门阿尔克迈尼翁家族。在他3岁的时候，父亲战死沙场。在他需要监护人即代理父亲时，同族的伯里克利担当了这个角色。

当时正值“伯里克利时代”的鼎盛期，相信雅典政界第一人伯里克利应该是无暇培养这位少年的。伯里克利似乎也不适合当父亲，他属于相当以自我为中心的人物。他曾以准备公民大会的演讲稿为由拒绝了想来见他的少年。

但不管怎么说，有这层关系在，少年阿基比亚德应该会经常出入伯里克利的宅邸，只不过对他笑脸相迎的是伯里克利的爱妻阿斯帕齐娅。

有不少史学家认为，养育阿基比亚德的不是伯里克利，而是阿斯帕齐娅。

当时频繁出现在阿斯帕齐娅身边的还有年轻的苏格拉底。

希腊史上著名的佳话——哲学家苏格拉底和风云儿阿基比亚德的交往，可能最初就是阿斯帕齐娅介绍的。

而第一个看出这位美少年将成为雅典领袖的，就是苏格拉底。

# 苏格拉底

西方哲学始于希腊哲学，而希腊哲学始于苏格拉底。众所周知，苏格拉底本人没有留下任何文字。

后世之所以能了解苏格拉底的言行，全仰仗和他相差 42 岁的他最年轻的弟子柏拉图。

我在大学时代读哲学专业，对于哲学家柏拉图总有些距离感。但作为文学家的柏拉图总能以寥寥数语令我目瞪口呆，他有超一流的文字水平。从此，哲学家柏拉图就交给其他专家研究，我专心通过文学家柏拉图的笔墨寻找苏格拉底的足迹。

在柏拉图众多的作品中，被誉为杰作的《飨宴》(*Symposion*，又译《会饮》) 的开头是这样的：

某人在路上遇到苏格拉底。后者看上去不同寻常，洗得干干净净，穿得整整齐齐，而他平时总是穿得破破烂烂，脏兮兮的。

于是，某人问苏格拉底今天怎么了。

苏格拉底回答说："我要去阿伽通家里吃晚饭。他的悲剧昨天获得了戏剧节的大奖，今晚盛宴庆祝。去美男子家做客，我得打扮得漂漂亮亮。你愿意一起去吗？”

“好极了。”

“那么，跟我一道走吧。”

可是这个叫阿里司托得姆的人并没有受到邀请。这个宴会是希腊文人们喜爱的会饮，众人会在饭后喝着葡萄酒就某个主题展开讨论。苏格拉底觉得他作为主宾去弟子阿伽通家做客，带上个把人同去不算什么事情。

于是两人动身前往。走着走着，苏格拉底像往常一样突然想什么入了神。

这个境界可称为忘我。一旦陷入忘我的状态，苏格拉底就会一动不动地站在原地，与世隔绝般对周围发生的一切无动于衷。

阿里司托得姆大概早已习惯了苏格拉底的这种行为，等了一会儿，见他仍然没脱离忘我的境界，便留下他，独自一人前往阿伽通家。

阿伽通没见到苏格拉底有些担心，听阿里司托得姆说起事情的原委，也只能不去管他。

过了一阵子，苏格拉底笑呵呵地出现在众人面前，当晚的会饮这才正式开始。

所幸苏格拉底每次陷入忘我境界的时间都不长，而且打仗时不会发作，所以不会给人造成麻烦。每每遇上这种情形，他的朋友、弟子们会见怪不怪地说：“啊，又来了！”然后嬉笑着等他回过神来。

的确，苏格拉底是一个怪人。但又会令人不由自主地喜欢上他。

教别人认识到自己的无知，是苏格拉底授课的基础。但他绝对不会指着哪个人说，你是一个对自己一无所知的蠢货。

和人谈话时，他首先会问，你知道自己无知吗？你还没有察觉到这个问题吧？接着，他会继续说，我可以帮你发现自己的无知。

于是，放下心防的人们开始回答苏格拉底提出的类比性问题，答着答着，会突然发现自己再也答不下去，不知不觉就被他逼到了死角。

这就是以独特的类比法构成的苏格拉底式的“诱导”。

一旦被这种魔力俘获，便只有举手投降。

那些对苏格拉底式的“诱导”感到厌烦，受不了他刨根问底的人会渐渐与他疏远。有人甚至憎恶苏格拉底。尽管苏格拉底远离政治中心，但依然树敌甚多。被讽刺喜剧作家阿里斯托芬嘲讽过的雅典名人中唯有苏格拉底不是政治家。

我们说回以苏格拉底为主角的《飨宴》。那天晚上参与讨论的有6人。

宴会主人、悲剧作家阿伽通。

深受阿伽通尊敬、彼此交往密切的哲学家苏格拉底。

阿伽通的好友——应该说是他的恋人——包萨尼亚。在当时的雅典，这一对是著名的美男子情侣。

医生厄律克西马库和斐德罗也加入了这场知性的飨宴。

还有一位是开创了讽刺喜剧新领域，与三大悲剧作家之一的欧里庇得斯二分希腊戏剧天下的阿里斯托芬。

当晚的主题是“Erōs”（爱）。

哪怕群贤毕至，这种专题研讨的内容还是令人多少感到无趣。我

苏格拉底

硬着头皮读到后半段，忽然觉得场面变得熠熠生辉。

那是因为喝得醉醺醺的阿基比亚德闯入宴会，搅得研讨会天翻地覆。

这个著名的场面我将在后文介绍。这里先做个小铺垫。《飨宴》之所以被誉为杰作中的杰作，正是因为有这段阿基比亚德借着醉意对苏格拉底的深情告白。

这段深情告白可不仅仅是单纯地赞美苏格拉底。

苏格拉底哲学的所有魅力或者说魔力，统统被概括在这段告白中。

如果哪位想了解苏格拉底，我建议在挑战柏拉图为数众多的对话作品之前，先读一读《飨宴》。

在柏拉图大量的对话作品中，有一篇题为《阿基比亚德》。

预见到少年远大前程的苏格拉底，教导当时还是孩子的阿基比亚德成为领袖必须具备哪些德行。作品中的阿基比亚德未满 15 岁，苏格拉底应该也不到 35 岁。

面对意气风发、优越感十足的傲气少年，苏格拉底的教导简言之就是自我克制的重要性。

他依然用他那独特的诱导方式，提出两个相反的命题让对方做二选一的回答。经过一连串的提问和回答，逼对方认输。

阿基比亚德有没有接受挑战呢？在这篇作品中，阿基比亚德始终表现得可爱、天真、率性，在我这个旁观者看来，他早就被苏格拉底的魔力征服了。

《飨宴》谈话的那一年，阿基比亚德已经 34 岁，苏格拉底 54 岁。

《阿基比亚德》与《飨宴》之间相隔 20 年的岁月。

在这 20 年里，苏格拉底始终我行我素地到处拉着人谈话，教他们人生的道理。而阿基比亚德全身心地投入他那波澜起伏的人生旅途。

老师，是专注于思考的哲学家。学生，是靠行动获得成果的政治家、将军。

# 青年政治家阿基比亚德

公元前420年，30岁的阿基比亚德刚达到担任要职的法定年龄便当选为将军，即政治上的执政官和军事上的司令官。这位年轻人在当年就展示出非凡的一面，证明他不只是10位将军之一这么简单。

对几乎年年当选将军的尼基阿斯而言，这位年轻人可不是克里昂之辈，他是一个强劲的对手。

两年前战死的克里昂，用讽刺喜剧作家阿里斯托芬的话说就是，一只嗡嗡乱飞、冷不防射出蜂针的煽动民心的马蜂。但阿基比亚德绝不做那种事情。面对对手，他不会批评、非难，而是堂堂正正地应对挑战。

阿基比亚德不同于皮革制造商克里昂的另一点是，他来自雅典无人不知、堪称名门中之名门的阿尔克迈尼翁家族。不论古今中外，大众对贵族从来都心怀仰慕。

说到容貌，阿基比亚德和尼基阿斯让人感到没有可比性。无论何时何地，阿基比亚德始终是最耀眼的那一个。尼基阿斯虽然长得并不丑，但属于淹没于人群中的大众脸。

如果古代的民主国家雅典赋予妇女参政权的话，阿基比亚德势必连年当选将军。好在希腊的男人们对美也非常敏感。

在年龄上，尼基阿斯 50 岁，阿基比亚德 30 岁，两人相差 20 岁。这个年龄差对尼基阿斯来说很不利，但真正的不利在其他方面。

尼基阿斯少年老成，所以日后他能作为良知派、稳健派的领袖长期屹立在雅典政坛。

相反，阿基比亚德从青年到壮年，无论从好的意义还是坏的意义上说，他都是永远的少年。

他们两人之间最大的隔阂，用现代语言讲，就是采取紧缩路线还是成长路线的问题。

尼基阿斯向民众展示了“杯里只有半杯水”的现状，通过努力促成了《尼基阿斯和约》的签订。而阿基比亚德以“执政在野党”的姿态，主张杯中还有一半的水，只要再加些进去又可以回到满杯的状态。

雅典民众有权决定把雅典的未来托付给他们中的哪一位，这些人对持续了 10 年的战争感到绝望，对未来充满惶恐。

构成提洛同盟一角的卡尔息底亚地区的诸城邦必须回归雅典，这是《尼基阿斯和约》明确规定的事情。

那些地方的人民受到伯拉西达的鼓动，认为无须支付同盟会费的生活会很好，于是脱离了雅典的控制。想说服他们再次回归，雅典不具备充分的理由。就连卡尔息底亚的重镇安菲波利斯也对《尼基阿斯和约》表示不满。唯一能解决问题的办法，就是动用武力。

这样一来，战争还得继续。面对厌战的民众，尼基阿斯没有能力说服他们保持忍耐、坚持到最后的胜利。

阿基比亚德不同意对卡尔息底亚地区采取军事行动，并不是因为他理解当地人民的经济诉求。在伯里克利这位代理父亲身边长大的阿基比亚德非常清楚提洛同盟与城邦国家雅典的命运息息相关。

因此，这位刚满30岁的将军主张，雅典不仅要关注东方，也应该把眼光转向西方。雅典今后除了东边的爱琴海，还可以把势力范围向西延伸至爱奥尼亚海域。用现代语言说，这叫多方位战略。

对此，尼基阿斯当然不能接受，如果迈出这危险的一步，雅典既有的步调将被打乱，他表现出强烈的反对态度。

其实，关注西方的政策并不是阿基比亚德的独创。

早在60年前，萨拉米斯海战的胜利者地米斯托克利已经迈出了向西的一步。之后，全面继承他的理念的伯里克利一面小心谨慎地尽量不去刺激各相关国，一面扎实地推行着这个政策。

在所有相关国家中，斯巴达当然是最举足轻重的。尼基阿斯反对向西扩展的真正原因，正是不想刺激斯巴达。

但阿基比亚德的观点不同。他认为，要让奉行一国和平主义、不愿发挥主导性的斯巴达有所作为，适当的刺激反而更加有效。

当年地米斯托克利就是以雅典在海上的辉煌胜利，让斯巴达不得不站起来在陆地与波斯人决一死战。

伯里克利通过与波斯签订《卡里阿斯和约》，令斯巴达不得不坐下来与雅典商谈和解。

阿基比亚德与两位先人的不同之处在于，他直接将目标锁定在斯巴达。

其实，他不像克里昂那样对斯巴达抱有强烈的憎恨。阿基比亚德行动的目的可能纯粹是为了让斯巴达尽快地“不得已而为之”。

这种战法会过度刺激对手，让雅典处于毫无回旋余地的风险之中。因此，向来意志不算坚定的尼基阿斯才会如此执拗地一路反对到底。

出乎意料的是，民众不顾尼基阿斯这位连年平稳当选将军、50岁的雅典政界第一大佬的强烈反对，接受了阿基比亚德这位首次担任将军，在政治上初露头角的年轻人的主张。

看见尼基阿斯，雅典人仿佛看见垂头丧气的自己。相反，阿基比亚德光鲜俊郎的形象，激发出人们奋进的信心。

这正是阿基比亚德在政坛一出道即成为雅典全民偶像的原因。

阿基比亚德是超级富豪。

在这一点上，尼基阿斯并不逊色，也许他的财产还超过了阿基比亚德。但是以雅典稳健派代表而自豪的尼基阿斯只会做些捐款建小神殿之类踏实却不起眼儿的事情。

反观阿基比亚德，浪费成性、挥霍无度。他曾经称全雅典人都知道他有钱，有钱还要瞻前顾后地花，那是虚伪。这种肆无忌惮的口吻，居然没引起民众的反感，那些普通市民认为他是位性格直率的好人。

阿基比亚德打破了民主雅典的领袖一直以来保持的低调朴素的生活习惯，向传统的领袖形象发起挑战，这反倒赢得了庶民们的好感。

阿基比亚德长得超级英俊。

这是他成为希腊世界的偶像的最大原因。

代表雅典雕塑艺术巅峰的雕塑家有菲狄亚斯、米隆、普拉克西特列斯三位。与生活在伯里克利时代的前两者不同，普拉克西特列斯在艺术风格上有很大的转变。简单地说，此前的希腊雕塑追求完全无可挑剔的理想之美，美中不免带些拒人千里之外的冷漠。而普拉克西特列斯的雕塑充满浓郁的人情味。阿基比亚德现象或许也影响了造型艺术家们。

阿基比亚德的言行大概只能用“天然率真”来形容。

民主政体国家的政治领袖，他们的武器是运用语言的力量进行演说。哪怕是伯里克利，在公民大会发表重要演说之前都会花时间写草稿做充分的准备。

而阿基比亚德向来是临场发挥。

即兴演说难免会出现前言不搭后语，不得不暂时中断的情况。

如果这样的事情发生在其他人身上，雅典民众绝不会原谅。他们会大声嘲笑、起哄，逼得演说者不得不退场。

但对阿基比亚德，雅典人的反应大不相同。

他们像看着步履蹒跚的幼儿摔倒又靠自己的力量站起来的慈爱的长辈，耐心地等待演讲台上一时语塞的阿基比亚德找回头绪完成演讲。

对于这位年轻人 L 与 R 发音不分的缺陷，众人也是一笑了之。

结果，越来越多的年轻人模仿阿基比亚德的演说方式。这让那些以传授语言技巧为业的智者担心找不到生意。和免费教学的苏格拉底不同，这些智者是要收取报酬的。

普拉克西特列斯制作的赫尔墨斯雕像

阿基比亚德倔强、急躁，不达目的誓不罢休，哪怕被指责为轻率。当结果不好时，他绝不推卸责任，一人担起罪名。

他完全摆脱了既有观念的束缚，从来不掩饰对愚钝的、单纯的老好人的轻蔑。最令他厌恶的是那些以有良知自居的伪善的人。但有时他又会毫无节操地抛弃自己的喜恶奉迎世俗，令支持者们嫉妒怨恨。

他超级聪慧，却生来带着地中海式的任性、反复无常，没有长性。

这样的阿基比亚德令雅典民众像热爱一匹不受拘束、恣意奔腾的野马一般爱着他。

正因为如此，他树敌众多。

主要的敌人是以尼基阿斯为首，唯恐《尼基阿斯和约》被毁的雅典的良知派、稳健派。身为流行作家的阿里斯托芬对普通雅典人的心理尤其了解，他曾经借作品《蛙》中的一位角色之口说：

“雅典，不该养育雄狮的孩子。既然养了一头，就得迁就它的脾气。”

在阿基比亚德出生百年后又诞生了另一位雄狮之子，他就是马其顿王国的王子。

评价历史人物，绝不能忽视当事人出生时的环境和成长的时代，否则评价无法成立。以上便是一个例子。

雄狮之子阿基比亚德向公民大会提出结成四国同盟的提案。对此，公民大会以压倒性多数通过。

# 四国同盟

得到苏格拉底真传的阿基比亚德在把握争议走向这一点上做得十分到位。

他绝不做正面攻击，而是先从侧面下手。他把来到雅典的斯巴达使节逼进了公民大会的会场。在那里，阿基比亚德控诉《尼基阿斯和约》签订后，卡尔息底亚地区的诸城邦依然没有回归之意，而斯巴达在这方面毫无作为。

看着那些被逼得语无伦次的斯巴达使节，雅典人情绪高涨。或许是为了缓和气氛，尼基阿斯站起来发言，表示自己愿意去斯巴达探清对方的真意。

不知道为什么，明明是自己反对的事情，尼基阿斯反而推波助澜让其得逞。真是位可悲的人物。他在心里大概会破口大骂：

“见鬼去吧，不知闭嘴的混小子！见鬼去吧，给这种混小子发言权的民主政体！见鬼去吧，为实现那混小子的计划，老子我要低声下气跑到斯巴达去！”

斯巴达留存的阿基比亚德的马赛克画（斯巴达考古学博物馆 收藏）

当然，温和有良知的尼基阿斯绝不会如此粗鲁。不过，如果他能这样发泄，说不定有助于精神稳定。这样说是因为他面对的斯巴达谈判代表是传统的吕库古法护法派、民族主义者、仇视雅典的两位监察官。

不管过程如何不快，最终斯巴达还是接受了雅典的申诉，容许成立四国同盟。

这是因为雅典抓住了斯巴达的弱点，让对方不得不点头同意。斯巴达不是心甘情愿的。

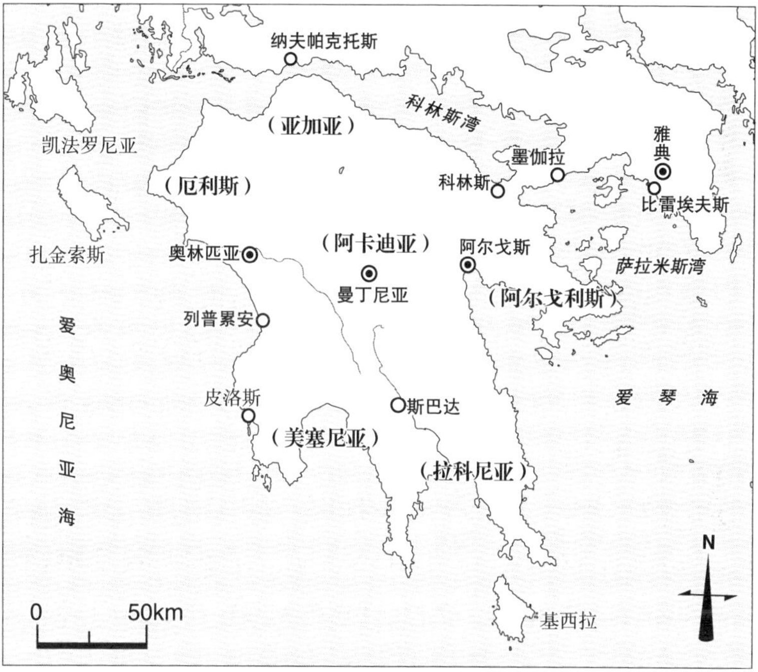

阿基比亚德倡议的四国同盟

四国同盟除了倡议方雅典之外，其他三国都是伯罗奔尼撒半岛的城邦。它们由西向东分别是厄利斯（Elis）、以曼丁尼亚（Mantineia）为中心的阿卡迪亚以及首府位于阿尔戈斯（Argos）的阿尔戈利斯（Argolis）。

只要看地图我们就能很清楚地知道，阿基比亚德提议结盟的真正意图不是防守而是出击。

在伯罗奔尼撒半岛上建立雅典的同盟，不仅可以从北面包围斯巴达所在的拉科尼亚地区，而且可以分隔伯罗奔尼撒同盟的两大强国斯巴达和科林斯。

能否达成切断两大国联系的目标，关键在于北邻科林斯、南连斯巴达的阿尔戈利斯的态度。

阿尔戈利斯这个城邦国家具有鲜明的希腊特色，阿尔戈利斯人将理想视为比现实更重要的东西。

最令阿尔戈利斯人自豪的是其城邦从神话时代延续下来的、比斯巴达还要悠久的历史。让阿尔戈利斯人和他们眼中的下等人——斯巴达人、科林斯人结盟，简直是白日做梦。结果，阿尔戈利斯成了一个光荣的孤立的国家。

在雅典、斯巴达和希腊其他城邦团结一致对抗外敌的希波战争期间，阿尔戈利斯人仅仅因为有斯巴达参与，便拒绝加入全希腊联军。伯罗奔尼撒战争开始以后，他们既不站在斯巴达一方，也不与雅典联手，保持中立。

我不清楚雅典是如何将常年保持中立的阿尔戈利斯拉进自己阵营的。根据学者的推测，阿基比亚德可能是背后的推手，因为有记录证明他曾多次前往阿尔戈斯。刚刚 30 岁的年轻人应该是有这个精力的，从雅典外港比雷埃夫斯坐船前往阿尔戈斯，只要不到一天一夜的时间。

这位阿基比亚德比起成功地说服众人，更擅长说服个人。一对一的场合下他从来都是赢家。

话说回来，这个以阿基比亚德设想、尼基阿斯实践的形式促成的四国同盟，真是一个奇怪的同盟。

《尼基阿斯和约》是雅典与斯巴达之间签的协定。

四国同盟是以斯巴达为假想敌，由雅典与其他三个城邦结成的同盟。

斯巴达为什么能容忍这样一个没有道理且不利于自己的同盟存在呢？

原因是阿基比亚德刺中了斯巴达的软肋。

斯巴达不知如何处理4年前在伯拉西达手下打仗的700名希洛人。

伯拉西达战死后这些人回到斯巴达，他们虽然出身农奴，出征时用的却是重装步兵正规军的装备。也许这让他们有了自己是军人的意识。归国以后，他们拒绝了政府提出的赠给他们一些拉科尼亚地区耕地的建议。

他们下决心再也不做回农奴，要求和斯巴达正规军一样居住在首都斯巴达。

首都斯巴达仅限具备公民权的斯巴达战士及其家属居住。这是作为斯巴达宪法的吕库古法规定的。

如果政府同意这些农奴在首都居住，不用猜也知道，他们接下来就会要求获得公民权。

授予希洛人公民权，意味着吕库古法严格规定的国家体制将分崩离析。

进退两难的斯巴达既得利益阶级，即斯巴达公民权的既得利益者们想到了一个办法，把希洛人隔离在国外的某个地方。可仅仅隔离，并不能保证他们不成为叛乱的火种。既要允许原农奴保持士兵身份，又不能授予他们公民权，斯巴达人找到的最终解决办法是让这些人去驻防边境基地。

被隔离的人仅伯拉西达麾下的希洛人就有 700 人，再加上伯罗奔尼撒战争开始后不久被派去沿海一带防守的 300 人，总共 1000 人及其家属。

这些人的身份变成了“neodamodeis”，意译是“被解放的希洛人”。斯巴达人相信这样做可以消解“下克上”的现象。

“被解放的希洛人”被派去的地方是伯罗奔尼撒半岛西侧的列普累安（Lepreum）。他们的主要任务是抵御绕过半岛南端前往爱奥尼亚海域的雅典海军。然而斯巴达人没有给他们战船，可见隔离才是真正的目的。

正因为雅典清楚斯巴达的目的，所以才会同意斯巴达在列普累安设立基地，以此为交换让他们吞下了“四国同盟”这颗苦果。

斯巴达的妥协被雅典人视为阿基比亚德和尼基阿斯在外交上的胜利。经过公民大会投票，两人翌年都当选将军，实际上也就是当选了军队总司令。

公元前 419 年，31 岁的阿基比亚德利用刚成立的四国同盟展开行动。这场被学者们称为“阿基比亚德战争”的军事行动，从夏天持续到初秋。

雅典只给了这位31岁的年轻人1000名重装步兵。将军出征只有这个规模未免说不过去，但阿基比亚德并不在意。

他率领这支1000人的军队渡过萨拉米斯湾，在伯罗奔尼撒半岛的最东端登陆，一鼓作气穿过半岛的北方，抵达亚加亚（Achaia）地区的爱奥尼亚海沿岸。

四国同盟的厄利斯、阿卡迪亚、阿尔戈利斯均位于半岛北方，所以行军途中不怕遭遇敌军。紧接着，阿基比亚德成功地攻下了半岛最西端的地区。

科林斯人闻讯怒不可遏，这是意料中的事情。

科林斯的市场在爱奥尼亚另一边的地中海西面。商船前往当地需要通过虽不算大但却是必经之地的科林斯湾。

然而，位于海湾中部的纳夫帕克托斯，早在伯里克利时代就是雅典的基地。这一次雅典又攻占了对岸的海角。穿过海角进入爱奥尼亚海域，又是雅典辖下的凯法罗尼亚岛、扎金索斯岛（Zakynthos）等岛屿。

无论是对商船还是军船，科林斯的航海安全都亮起了红灯。如果雅典再进一步行动，科林斯的船队就可能会被封死在科林斯湾内。

怒火中烧的科林斯人直接向斯巴达提出了抗议，质问伯罗奔尼撒同盟存在的意义何在。

对于同盟中实力仅次于斯巴达的强国科林斯的不满，斯巴达不得不有所回应。伯罗奔尼撒战争以两大国回避直接交战的奇妙形式持续至今的状态，终于也走到了尽头。

另一方，雅典的局势也是风云变幻。

阿基比亚德坚持采用的速攻战术获得了军事上的成功，使雅典市场的西向版图进一步扩大。这本来是件令人欢欣鼓舞的事情。

没想到，雅典人反而因此产生了担心。

年轻的阿基比亚德出彩的言行令人感觉整个雅典政坛都是他的天下。其实并非如此。雅典政坛依然处于尼基阿斯派和阿基比亚德派势均力敌的状态。

两派都没能赢得过半优势。

或许有人会说，两党并立，选民有选择的机会，这对民主政体国家不是一个很理想的状态吗？在理论上，这种说法是正确的。

然而正确的理论在人类社会中不一定有正确的表现。这句话是亚里士多德说的。这位哲学家要到 34 年以后才出生，他并不是这个时期的人物。

知识分子存在的意义，是他们能用语言将既有现象中的一些重要的事情概念化。其实理论与现实不一定一致的事实在亚里士多德出生之前，已经存在于人类世界中。

话说回来，雅典的情况又是怎样呢？选民们在两派之间犹豫不定。

两派都没有过半的优势，这意味着双方势力此起彼落。有一派表现得强势，另一派就会压上去。这种状况用如今的讲法，叫经常性政局不稳。

在这一年冬天进行的决定下一年将军人选的选举中，尼基阿斯当选，阿基比亚德落败。

这并不是因为雅典的中老年人嫉妒年轻司令官耀眼的成绩，而是人们对其激进感到忧虑，而反对派恰好利用了民众的这个心理。

阿基比亚德最大的不幸，是城邦国家雅典总是让他有一个好的开始，却不能让他完美地结束。这个不幸伴随他整整一生。

这是出生在民主政体国家的雄狮之子的宿命？

还是因为阿基比亚德不具备伯里克利那样强大的力量，能实现实质上的一人统治？

公元前 418 年，也就是阿基比亚德失去权力的那一年，雅典遭受了始料未及的打击。

## 曼丁尼亚会战

斯巴达终于决定由国王率军出征，这不是为了安抚愤怒的科林斯人。

伯罗奔尼撒战争进入第 13 个年头，斯巴达依然不愿意与雅典展开正面交锋。此时令慢吞吞的斯巴达人行动起来的不是科林斯，而是阿尔戈利斯。

保持光荣的孤立貌似高贵，但事实上不管光荣与否，长期处于孤立状态势必导致问题出现。就像人的大脑、肌肉，如果不经常使用就会退化。四国同盟的达成让阿尔戈利斯人感到从此可以为所欲为，他们侵略了东面的邻居埃皮达鲁斯（Epidaurus）。

对斯巴达来说兹事体大。因两国接壤，阿尔戈利斯一向被斯巴达视为眼中钉。如今这颗眼中钉居然越来越强硬，跑去占领埃皮达鲁斯，这种行径超过了斯巴达容忍的范围。

阿尔戈利斯与斯巴达历来关系不好，并不是因为所谓的邻国常交恶，而是因为阿尔戈利斯是一个实施民主政体的城邦，尽管它没有雅典贯彻得那么彻底。

在阿尔戈利斯，除奴隶以外，全体自由民都有公民权。

而在长期维持寡头政体的斯巴达，公民权只属于专业军人，从事农业生产的希洛人和工商业者庇里阿西人没有公民权。这些人，尤其是希洛人，对邻国阿尔戈利斯十分憧憬。

换言之，在斯巴达既得利益阶级的眼中，阿尔戈利斯不仅是邻国，还是一个会刺激希洛人作乱的危险存在。

阿尔戈利斯没有向与斯巴达接壤的南方展开行动，而是向东边的埃皮达鲁斯发动了侵略。

从做出决定到实施行动向来迟缓的斯巴达，这一年动作异常迅速。理由有二：

第一，不能再让阿尔戈利斯这个眼中钉继续发展壮大。

第二，不能让对阿尔戈利斯抱有好感的希洛人有机会逃离斯巴达加入对方军队。

那么，雅典一方又是怎样对待这件事情的呢？

阿基比亚德落选后，雅典政坛由尼基阿斯一派掌控。

就算这些人不想违背《尼基阿斯和约》与斯巴达人为敌，但有四国同盟契约在，雅典就有义务援助盟国阿尔戈利斯。

这原本是斯巴达与阿尔戈利斯的战争，结果雅典和其他两个城邦都卷入其中，使之变成一场同盟缺陷大暴露的会战。

这场会战在希腊历史上被称为“曼丁尼亚战役”。战场位于伯罗奔尼撒半岛中部的阿卡迪亚地区的曼丁尼亚附近。

这场战役中，斯巴达出动了国王率领的正规军，雅典一方也派出了由两位将军率领的重装步兵团。这个阵势相当于伯罗奔尼撒同盟与提洛同盟的直接对决。那么，拖拖拉拉打了13年的伯罗奔尼撒战争可以就此决出胜负了吧。实际情况并非如此。

首先，不想主动破坏《尼基阿斯和约》的斯巴达回避了与雅典的正面交锋。

其次，基于那个愚蠢透顶的同盟条约而参战的雅典军在左翼，它不是斯巴达军的主要攻击目标。

第三，还是基于那个愚蠢透顶的同盟条约，联军的总指挥权交给了阿尔戈斯一方。

挑战斯巴达的是阿尔戈利斯，自己不过是处于援助的立场。这是雅典参战的态度。

阿尔戈利斯在希腊属于小规模的城邦，长期的孤立又造成其既缺乏充足的战斗力又缺乏军事经验。

小小阿尔戈利斯，在这场伯罗奔尼撒联军对决四国同盟军的曼丁尼亚战役中，不仅担任主力与斯巴达的最精锐部队在中路交战，而且还掌握着四国同盟军的总指挥权。

如果雅典军的司令官是地米斯托克利的话，他应该在战斗前就看出这一阵型的致命缺陷，哪怕耍手段也会把雅典军部署在中路，并且掌握总指挥权。

战役的胜败取决于两军主力的战况。而统一指挥系统是在短时间内完成目标并减少伤亡的唯一办法。

可惜，雅典派出的两位尼基阿斯派的将军没有地米斯托克利那样随机应变的能力。

敌对双方各自寻找有利地形，导致曼丁尼亚战役姗姗来迟，如果有第三方的军官在场观战的话，大概一早就预见到了结果。

两军阵营中唯一阵形严整的是斯巴达的3584名重装步兵。

这些自幼习武、经受了严格训练的斯巴达人，不会给敌人留出一点破绽。为防守左侧，他们左手持盾，在士兵们聚拢成一团时，左手的盾牌还能保护右侧的战友。年轻的斯巴达国王阿基斯（Agis）率领的这支斯巴达精锐军队，不仅一举击溃阿尔戈利斯军，而且取得没有牺牲一名斯巴达人的完胜。

以斯巴达军为主力的伯罗奔尼撒联军最终死亡300人，他们都是不妨叫作杂牌军的小盟邦士兵。

相反，包括雅典军在内的四国同盟军损失巨大。仅雅典就有1100人战死。当阿尔戈利斯军在斯巴达军的猛攻下溃不成形，雅典军没有置盟友于不顾，两位司令官带头杀进敌阵，结果两人全都战死。

雅典不仅输了战斗，还造成包括两位将军在内的大量军人死亡，这导致原本打算从北面将斯巴达人逼往伯罗奔尼撒半岛南方的四国同盟彻底瓦解。

赢得胜利的斯巴达，要求被打败的阿尔戈利斯从此不准外部城邦介入其事务，保证伯罗奔尼撒半岛属于半岛人。斯巴达所指的外部城邦不用说就是雅典。

死伤惨重却换来如此糟糕的结局，雅典人义愤填膺。如果两位将军没有战死，说不定归国后也会被判处死刑。如今没了当事人，民众便把矛头转向尼基阿斯和阿基比亚德。

制定四国同盟战略构想的是阿基比亚德，实施这个战略的是尼基阿斯，这两个人是导致败北的元凶。雅典公民打算用陶片放逐处置他们。

感到危险的阿基比亚德和尼基阿斯第一次联手应对。如果任由事态发展，两人中肯定有一个会遭遇10年的国外流放。于是，他们决定找一个替罪羊。

被他俩挑中的是一位灯具制造商。他在公民大会常常有激进的发言，因此被叫作小克里昂。激进的小克里昂跟这次败北没有半点关系。

尽管如此，雅典政界两位大人物联手，总有办法让赞成他们的票数达到法定的3000票左右。结果，灯具制造商遭到陶片放逐。

话说回来。不愧是雅典公民，他们看出这个制度藏有猫腻。就在当年（公元前417年），陶片放逐法就此作废。这个持续了90年、造成无数人间悲喜剧的制度，终于得以终结。

让两位大人物达成一致的，不只逃避陶片放逐这一件事。

如果雅典军全力以赴却输了战斗，至少在精神上还可获得救赎。可雅典不过是被动卷入曼丁尼亚战役，结果饮恨败北。这场失败不仅导致雅典利用四国同盟打败斯巴达的计划未满两年便化成泡影，而且让那些再次感受到斯巴达威力的城邦逐渐向斯巴达靠拢。

雅典在丧失权威的同时，也面临着丧失权力的危机。雅典公民们茫然无助，不知如何是好。

# 独占奥林匹克领奖台

尼基阿斯和阿基比亚德都认为，有必要提振民心。

为达到这个目的，投些私财做些令大家开心的事，对这两位大富豪来说不算太困难。

不过他们的一致性也就到此为止，接下来他们又分道扬镳。个性不同的两个人决定以不同的方式来提振民心。

53 岁的尼基阿斯投入巨资邀请众多雅典市民前往提洛岛，大家在阿波罗神殿前举行了壮观的祭拜仪式。随后他带领所有人进入神殿，郑重、虔诚地祈求天神保佑城邦国家雅典。

尼基阿斯借此成功地塑造了自己虔诚、笃厚的形象。但同时他也给亲历以及听说这场盛大活动的雅典人留下保守型领袖的印象。

33 岁的阿基比亚德同样投入了巨资。不过使用方法不同。

他去的不是男神阿波罗的所在地，而是众神之王宙斯所在的奥林匹亚。阿基比亚德带着 7 辆四匹马战车参加奥林匹克运动会。大会最后一天的压轴比赛、令观众最为狂热的项目是四匹马战车的决赛。

阿基比亚德早就拥有养马场。但不知道他出征打仗以后，马场是否还能保持以前的状态。阿基比亚德购买良马向来不惜重金，遇见优秀的骑手同样如此。知道阿基比亚德这个爱好的人，常常会带着马匹或骑手上门兜售。

以一辆四匹马战车参赛已经耗资不菲，更何况阿基比亚德带来了7辆。尽管这项比赛并没有对各方参赛的战车数量做出限制，但携7辆四匹马战车参赛，无论如何都是奥林匹克运动会历史上前所未有的事情。

阿基比亚德想让这7辆马车在比赛时发挥不同的作用。前3辆一路疾奔，剩下的4辆防止对手干扰。

不仅战车竞赛，古代奥运会的任何项目都没有犯规一说。驾驭四匹马战车的竞赛甚至不会因为出现死伤而被废除。越是危险的竞技越令观众疯狂。

这一年的奥林匹克运动会上，阿基比亚德的7辆战车中有3辆分别获得第一、第二、第三名。

请大家想象一下，沙尘翻滚的奥林匹亚主会场上3辆四匹马战车争先恐后冲向终点的情景。

这位阿基比亚德一定是亲手驾驭着战车冲在最前面。当然第二、第三名也属于他，雅典队独占整个领奖台。

疯狂的不只是奥林匹亚会场中的观众。

喜讯很快传到雅典，整个雅典为之沸腾。独占领奖台的消息甚至飞过爱琴海，传到莱斯沃斯岛和希俄斯岛上。

提洛同盟两个主要加盟国的居民们像自己获得胜利般欣喜不已。

他们向神殿敬奉大量供品感谢众神的保佑，并且提出今后一年阿基比亚德的赛马饲料由他们提供。

疯狂的不只是雅典的年轻人。

就连67岁的悲剧作家欧里庇得斯都暂时忘记了沉重的悲剧，欣喜之下谱写诗歌一首：

啊！克里尼阿斯的儿子阿基比亚德，让我歌颂你！
你带给我们辉煌的胜利！
从未有希腊人夺取过如此美好的胜利！
荣膺第一、第二、第三名！
主神宙斯一定会替你戴上橄榄叶编织的桂冠！
传令人一定会大声叫着胜利者你的名字！

在当年冬季举行的选举中，阿基比亚德再次当选为将军。

## 柏拉图的《飨宴》

柏拉图《飨宴》的时间背景，大概是在阿基比亚德在奥林匹克运动会获奖后不久。

作品描述的阿伽通宅邸举办的宴会，是为庆祝阿伽通的悲剧作品荣获当年戏剧节的优秀奖。根据学者们的研究，阿伽通获奖是在公元前416年的春季。

这一年阿基比亚德34岁，苏格拉底54岁。

经常拿这两人的关系做文章，引得雅典人捧腹大笑的讽刺喜剧作家阿里斯托芬，也是当晚宾客之一，他应该在30岁前后。

阿基比亚德与苏格拉底即使成为众人的笑柄，也未曾妨碍他们朋友之间的正常交往，当年雅典良好的社会风气，至今令人羡慕不已。柏拉图的《飨宴》同时也是雅典鼎盛期文人社会的写照。

这一天的飨宴，宾主就“爱”这一主题轮流发表了自己的观点，最后由苏格拉底总结。按理说，这次宴会应该像以往一样，优雅安静地结束。

没想到，意外发生了。苏格拉底刚结束发言，前院突然传来一阵骚动，紧接着就听见急促的敲门声。只见喝得醉醺醺的阿基比亚德半靠在替他开门的仆人身上，来到众人面前，后面还跟着一帮同样醉醺醺的男人。他站在门口开口道：

“群贤们！我只是来祝贺阿伽通，替他戴上花冠和绣带。你们决定，我是替他戴上就走呢，还是让我进来加入你们？”

大家自然是请他进门入座。主人阿伽通令仆人过来替新到的客人洗脚。希腊人习惯用一只胳膊肘撑着侧卧着吃晚饭。

阿基比亚德将花冠和绣带挂在阿伽通身上，洗完脚躺下，这才发现苏格拉底也在。

他惊呼：“我的神啊！这是怎么回事？为什么苏格拉底会在这里？！”

“你为何不躺在阿里斯托芬的边上，干吗要躺在阿伽通的身边？哦，我知道了！你想和这里最漂亮的男人靠在一起。”

苏格拉底忍不住开口：“阿伽通，帮帮我吧！自从我爱上这个男人，我就不能看其他年轻人一眼，也不能说一句话。他会嫉妒得大发脾气。希望你能劝他和我和解。”

不等阿伽通开口，阿基比亚德大声叫起来：“没门儿！让我跟你和解，绝对不可能！”

然后，他继续说：

“不过现在，阿伽通，刚才给你的绣带还几条给我好吗？我想在苏格拉底的头上绑上几根。这个人和谁争论都会赢。你戏剧节获奖一年一次，他一年到头儿都在赢。”

见席间安静下来，阿基比亚德继续说：

“各位请打起精神。我看你们根本没沾过酒杯。今夜是庆祝阿伽通在献给酒神的戏剧节上获奖的宴会，不喝对不起酒神。阿伽通来吧，让我们今夜一醉方休。”

阿基比亚德一口气喝干端上来的酒，又令仆人再倒满，端给苏格拉底喝。苏格拉底接过酒杯，一饮而尽。

这时，当晚宾客之一的医生厄律克西马库在边上插嘴说：“岂能如此喝酒！阿基比亚德，这不是灌酒比赛。”

阿基比亚德说：“哦，是你呀，厄律克西马库，最贤明的父亲生下的最贤明的儿子！我为你干杯！”

厄律克西马库和他干杯后说：“除了喝酒之外，你还想做些什么？”

阿基比亚德边喝边答：“什么都可以。悉听尊便。”

于是，厄律克西马库告诉阿基比亚德：“我们刚才对‘爱’发表了各自的看法。新来的你也有这个权利，你来说说如何？”

阿基比亚德说：“很好，就这么定了。不过，有苏格拉底在场，不管我赞扬人还是神，都会被他痛打。”

“你给我闭嘴！”苏格拉底呵斥道。阿基比亚德趁势反击。

“不！向波塞冬发誓我决不！你才应该闭嘴！你比谁都清楚，我从来不能当着你的面赞美他人。”

医生厄律克西马库再次开口：“那么，你不妨赞美一番苏格拉底。”

阿基比亚德问：“你真的要我这样做吗，厄律克西马库？”

苏格拉底大概忍无可忍了，向阿基比亚德抗议：“喂，你够了没有？难道你想用所谓的赞美来让我出丑吗？还是说你有其他目的？”

阿基比亚德说：“我只讲事实，这总可以吧？”

苏格拉底说："当然可以。实际上我命令你说真话。"

阿基比亚德点头答应。接下来他开始歌颂苏格拉底，或者说这是爱的告白。

> 亲爱的朋友们，苏格拉底像手拿笛子就能迷惑人类的森林之神西勒诺斯。不对，他那丑陋的鼻子、凸出的眼球、总是半张的嘴，更像萨梯鲁斯神之一的玛息阿。玛息阿可是挑战过阿波罗神的笛子高手。
>
> 二位神用乐曲迷倒人们，而苏格拉底不需要美妙的笛声帮助，单凭语言就能产生同样的效果。听完苏格拉底说话的人，都会神魂颠倒不能把握自己。
>
> 我听伯里克利演说时，虽然觉得精彩高妙，但我的心灵从来不会为之动摇。
>
> 而听完苏格拉底的讲话，我流泪不止，不断地质问自己都在干些什么。
>
> 我关心政务，就是想借机逃避那塞壬一般的声音，以免我在他的身旁一直坐到老。
>
> 我在任何人面前都没有感到过羞愧，除了在这个人面前。
>
> 因为我知道他的教导非常重要。民众对我有不同的要求，它们同样很重要，我不能忽视。
>
> 有好多次我都希望他从地面上消失。可是如果他真的死了，我肯定是最痛苦的那一个。
>
> 诸位都是他的好朋友，应该明白我说的话。

要知道，苏格拉底迷恋漂亮的年轻人，总是围着他们转，向他们献殷勤。而他自己像西勒诺斯那样丑陋。其实他不在乎地位、金钱，也不在意那些美丽的东西。

你们见到过他的内心吗？

我见过一次。我发现那里像众神居住的世界，金光闪耀。那个世界只有服从他和他的教导的人才能进入。

阿基比亚德曾经以自己的美貌为武器，希望独占苏格拉底。在随后的对话中，他和盘托出了事情的经过。

有一次，阿基比亚德终于找到单独和苏格拉底同榻而卧的机会。结果，他们像父子、兄弟般共度一夜。也就是说，中年丑男苏格拉底并没有受到雅典第一美男子阿基比亚德的诱惑。

这深深地刺伤了比中年丑男年轻 20 岁的阿基比亚德的心灵。所谓“一朝被蛇咬，十年怕井绳”。

如果只是自尊心受伤也就罢了，偏偏年轻的阿基比亚德“同时又对苏格拉底强烈的自制力敬佩不已”。

接着，他又讲述了自己和苏格拉底两次共赴战场的经历。

在全体公民皆为士兵的雅典，根据梭伦制定的财产等级制，阿基比亚德成为骑兵，苏格拉底是步兵，两人同属一个部队。第一次出征时，苏格拉底 38 岁，初次上阵的阿基比亚德 18 岁。第二次出征是在 10 年以后。

苏格拉底在战场上的表现令这位年轻的弟子惊叹不已。即使身处恶劣的环境，苏格拉底也从不抱怨，吃苦耐劳，和其他士兵一样奋勇杀敌。

他还救了负伤的阿基比亚德的性命，并且带领他们两人所属的部队安全撤离到后方。

当司令官对他们进行嘉奖时，苏格拉底强烈要求把勋章发给队长阿基比亚德。

那时的阿基比亚德再次感到羞愧万分，这一次是因为自己的出身高于苏格拉底。

在尽公民义务服兵役时，苏格拉底的表现同样超越常人。根据阿基比亚德的描述，战场上的苏格拉底依然是那位“伟大的苏格拉底”。

苏格拉底陷入忘我状态的事，在战场上也发生过。所幸当时不在激战之中，只是引来士兵们好奇的关注而已。

阿基比亚德继续他的颂歌。

> 没有人可以与苏格拉底相比。前阵子给雅典带来麻烦的伯拉西达，可以比作英雄阿喀琉斯。
>
> 睿智的伯里克利，可以比作涅斯托耳。
>
> 但苏格拉底，我找不到和他相似的人。过去没有，今天也没有。只能说他是独一无二的存在。
>
> 他爱用的那种说话方式，听上去有点傻里傻气，普通人都会觉得很好笑。
>
> 但是能够剥开表面往深层看的人，就会发现他的语言中有美德的意象、崇高的目标，宛如尊尊闪亮的神像。

这就是真正值得赞美的苏格拉底。

所以，阿伽通，你也要当心这个人。

阿基比亚德说完之后，苏格拉底对他说："我看你今天没醉。"

阿基比亚德放声大笑没有作答。

他的笑声中既有向老师一股脑倾诉敬爱之情后的酣畅，又带着一点无可奈何的自嘲，因为他的这番赞美完全暴露了自己对苏格拉底恒久的爱慕。

这个时候，院外一阵喧闹，一群酒徒涌到门前。阿基比亚德站起来，和那群人一起消失在黑夜之中。医生厄律克西马库和斐德罗也起身回家睡觉。

剩下阿伽通、阿里斯托芬和苏格拉底。三个人平静地谈了一阵子话后，阿里斯托芬也说要回家，阿伽通进了自己的卧室。只有苏格拉底没有回家，他在逐渐泛白的天色中走向吕克昂。

柏拉图的《飨宴》到这里就结束了。

吕克昂位于雅典郊外，那里建有供青少年锻炼的体育场。苏格拉底每天都会去那里。

苏格拉底坐在山丘上眺望体育场，周边的草木、房屋在朝阳下渐渐显现，这位 54 岁的哲学家此时此刻在想些什么呢？

柏拉图描绘了说话时的苏格拉底，但从来没有告诉我们沉默时的苏格拉底在想什么。

意大利语中有一句话叫“Pace con se stesso”。直译是“与自己和解”。通常“和解”指的是与他人归于和好。但这里的“和解”应该是指原谅并接纳自己。

意译的话就是尽所能达到自己的目标后拥有了平静的心情。

**“就像度过一天后有安稳的睡眠，度过充实的一生后有平静的长眠。”**

说这话的列奥纳多·达·芬奇，正是做到“Pace con se stesso”的人物。

伯里克利在病床上死去时，大概也觉得自己该做的事情都已经做了。

苏格拉底70岁端起毒酒的那一刻表现得泰然自若，他一定也是做到了与自己和解。

但是，阿基比亚德不一样。

这个男人灵魂与肉体始终处于分裂状态，在生命的最后一刻，他终究没能迎来与自己的和解。

他在哲学与政治的拉扯中度过了一生。虽然哲学与政治本质不同、目标迥异，但我个人认为不至于造成人格分裂。

苏格拉底的“哲学”告诉人们良好的人生必须具备的德行，它只要起到启示的作用便功德圆满。

而伯里克利的政治不仅要告诉人们什么是生活之必需，还要拿出具体的对策，在策略没有实现之前，它不起任何作用。

苏格拉底教导人们，不要以为自己比别人优秀。他又教导人们，不能过分相信天才和万能。

只有坚信这些，才可能比别人优秀，才可能成为“天才”。

相信自己胜于常人，才有率领众人的信心。率领一个组织或国家之类的共同体奋勇前进，大多需要领袖的自负。

两耳不闻窗外事的创作者、科学家们，不计报酬地用自己的一生追求自己的事业，同样源于他们的自负和自尊。

这种精神被后世称为“Noblesse oblige”（贵族的义务，位高则任重）。

自觉无知，的确极其重要。

但如果每个人都把自己看作温顺的小羊，那么谁来带领羊群呢？

当然，自恃天才、以为自己无所不能，有遭遇墨纪拉（妒嫉女神）复仇的危险。换言之，因自负产生的狂妄，最终会让人走上自毁的道路。

这种时候，苏格拉底教授的自我控制力就派上用处了。古代地中海世界的领袖们遵从的中庸之道，其实并不是要求人们一天 24 小时都自我控制。

这就好比普通人减肥失败往往是因为每天每顿严格地控制饭量，造成精神压力，结果功亏一篑。如果昨天吃多了今天就少吃一点，成功率反而会高。

简单地说，我们要保持平衡。如果能长期保持身心的平衡，就能实现整体上的控制。

被称为“哲学家皇帝”的罗马帝国皇帝马可·奥勒留（Marcus Aurelius）在多瑙河前线征战时，白天用拉丁语指挥军团，夜晚独处时用希腊语书写《自省录》(中文亦译《沉思录》)，将一天分成两半过。

罗马帝国的领袖们创造了“工作”与“闲暇”的概念。在这两者之间取得平衡，便能达到自我控制。

从热爱知识这个层面上说，伯里克利并非对哲学漠不关心。

他与阿那克萨戈拉斯是好朋友。如果说苏格拉底的学说是人类哲学的话，阿那克萨戈拉斯关注的是自然哲学。

对于以“政治”为工作的伯里克利而言，哲学大概只能算他的闲暇活动。

此外，伯里克利与苏格拉底之间有25岁的年龄差。彼时不过是一名青年哲学家的苏格拉底，为了与伯里克利的妻子阿斯帕齐娅聊天，成天泡在伯里克利家里，那时伯里克利已是雅典叱咤风云的大政治家。也许他根本看不上这个菜鸟哲学家吧。

相反，经常出入代理父亲家、可能就在那里与苏格拉底相识的阿基比亚德，当时正值15岁前后的青春期。敏锐、善感的阿基比亚德，就这样喝下了年长他20岁的苏格拉底的“猛药”。

本书尚在草稿阶段时，阅读此篇的责任编辑对我说：“苏格拉底太可怕了！”是的，苏格拉底就是一位可怕的智者。

或许这就是《飨宴》想要告诉我们的一个事实。

尽管《飨宴》反映出雅典人热爱知识的高贵精神，但就在两个月后，这些人的祖国雅典便犯下了伯里克利时代从未出现过的野蛮罪行。

那就是对米洛斯岛的处置。

## 米洛斯问题

米洛斯岛是爱琴海南部群岛中的一个小岛，它和宛如从南边环绕爱琴海的克里特岛关系密切。因此，伯罗奔尼撒战争期间，米洛斯和克里特采取同样的态度，既不偏向斯巴达也不接近雅典，始终保持着中立。

米洛斯的中立并没有为雅典带来不利。除去它不缴纳提洛同盟会费以外，没有其他的问题。雅典的军船、商船可以自由地在当地靠港，获得淡水、粮食的补给。

米洛斯这种中立状态持续到第 15 年，公元前 416 年，雅典的态度发生了变化。雅典要攻击克里特岛那样的大岛并非易事，而米洛斯是一座小岛。雅典向米洛斯派出军队，胁迫其加入同盟。

在那时盯上米洛斯的似乎是尼基阿斯。也许他在提洛岛大张旗鼓举行祈愿仪式时注意到了这个问题。提洛岛处于雅典辖下，而它附近的米洛斯岛一直保持中立。另外一个可能性是，尼基阿斯为了打压主张西扩的阿基比亚德，希望用征服米洛斯来证明掌控爱琴海东部才是确立雅典霸权的有效手段。

就这样，这一年的夏天，为攻占米洛斯这个小小的岛屿，雅典派出了38艘战船，运载了2700名重装步兵和300名轻装步兵。除此以外，莱斯沃斯岛和希俄斯岛也一同参战，以显示这次进攻不是雅典单方面的行为，而是提洛同盟的军事行动。这种做法非常像尼基阿斯的风格。

米洛斯为避免陷入战争危机，极力与雅典展开谈判。修昔底德在《伯罗奔尼撒战争史》中对有关的场景做了长达数页的精彩描述，面对大国的专横，小国的无奈令人感到十分悲哀。

尽管如此，米洛斯依然拒绝屈服，展开了防守战。

但决出胜负其实不需要多长时间。夏季结束之前，米洛斯全面投降。

在战后处理问题上，雅典人采取了在伯里克利时代绝不会使用的手段。

他们就地处死米洛斯的所有男子，俘虏的数量因此为零。

妇孺被变卖为奴。事实上已成为无人岛的米洛斯，改由愿意移居当地的雅典人居住。

其实这种野蛮至极的处置方式，不过是伯里克利执政时期的雅典没有采取，但它在古代属于普遍现象。胜者为所欲为，败者俯首听命。这是罗马掌握霸权之前的时代，常见的战后处理办法。

可是，霸权国家如果和其他国家一样按惯例行事，就不可能维持霸权。唯有采取有别于他国的宽容政策，才能真正保持霸权地位。

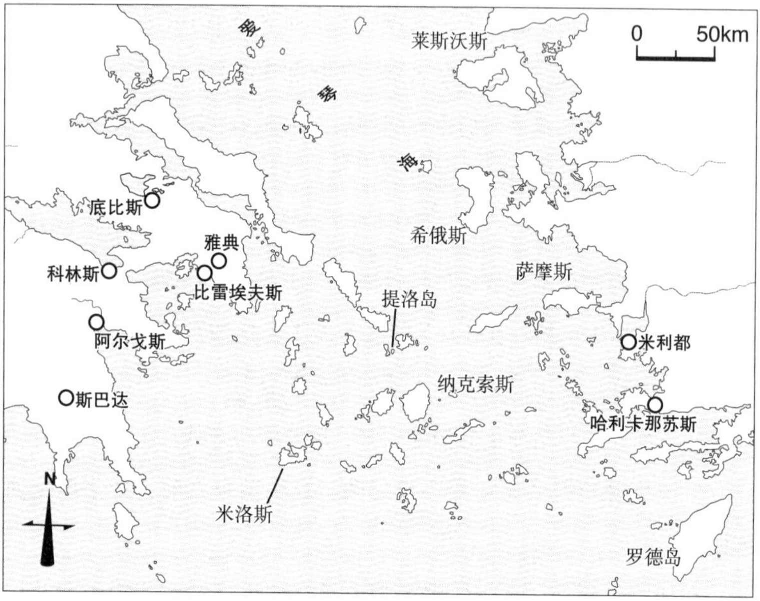


**米洛斯岛及其周边**

赢者才谦让。尼基阿斯虽然政治经验丰富，但还是欠缺了这样的气度。

不是所有的雅典民众都赞成雅典军的这种行径。

在第二年春天的戏剧节上，根据观众的投票，欧里庇得斯的《特洛伊妇女》获得了第二名。

《特洛伊妇女》可以说是荷马《伊利亚特》的后传。它描写了希腊以奥德赛的木马计赢得长达10年的特洛伊战争后，特洛伊妇女们的悲惨故事。

她们哀叹家园被希腊人烧毁，祖国从陆地上消失，她们为被杀的父亲、丈夫和儿子哭泣。特洛伊勇将赫克托尔的遗孀安德洛玛克等王族女人，绝望地接受悲惨的命运。

这些出身高贵的女人被当成战利品分赏给希腊军的将领。她们不得不离开故乡，随希腊将军们去往不同的地方，作为女奴在异国他乡度过余生。

这就是当时战败国女人们的命运。

这部作品在公元前 415 年上演，可能写于公元前 416 年的秋季至冬季。

大国雅典对小国米洛斯实施残暴的战后处置，发生在公元前 416 年的夏末。

虽然将时空背景移至特洛伊战争时，但抨击暴行的欧里庇得斯还是非常了不起。那些坐在露天剧场冰冷的石阶上观赏这部悲剧，将它选为优秀作品的观众，同样很了不起。而我对那个时代如空气般自然存在的雅典的普遍言论自由感佩不已。

尼基阿斯，还有阿基比亚德，大概也坐在观众席上吧。

毕竟祭祀酒神狄俄尼索斯的戏剧节是雅典的春季盛典。所以它值得阿伽通在家中举办飨宴招待朋友庆祝获奖。

欧里庇得斯是希腊三大悲剧作家中的最后一位。

与埃斯库罗斯、索福克勒斯相比，欧里庇得斯作品的风格迥然不同。

如果说亲身参与过萨拉米斯海战的埃斯库罗斯是代表希波战争时期的作家，那么索福克勒斯就是象征伯里克利时代的作家。这两位作家笔下的主人公以男性为主。

比索福克勒斯仅年轻10岁的欧里庇得斯，其作品的主人公大多为女性。

例如身为特洛伊皇太子妃，在丈夫赫克托尔战死、特洛伊灭亡后，作为希腊军统帅阿伽门农的战利品，以奴隶之身在迈锡尼王宫度过余生的安德洛玛克。

爱上继子，最终令自己和对方甚至周围人一并毁灭的王后费德尔。

为了向抛弃自己移情别恋的丈夫复仇，竟然将两人的孩子杀死做成菜肴让丈夫吃下的癫狂暴怒的王妃美狄亚。

她们都成了希腊悲剧的新主人公。

埃斯库罗斯和索福克勒斯塑造的主人公，是即使被命运左右仍勇于进取的男人们。

而欧里庇得斯笔下的主人公们，大多无法摆脱个人的苦恼，丧失自信、敏锐善感，最终伤害的不是别人而是自己。相较于理性的一面，这些人物更多体现出背负忧伤前行的感性色彩。

这是不是很像阿基比亚德呢？

奥林匹亚四匹马战车竞赛中，阿基比亚德独领风骚，欧里庇得斯之所以为之感动，或许是因为阿基比亚德身上那种摇摆不定的气质让这位悲剧作家产生了共鸣。

顺便说一下，阿里斯托芬从来不掩盖他对欧里庇得斯的厌恶，他认为后者总描写雅典人的堕落颓废。两人的年龄相差40岁，如果按世代划分，欧里庇得斯属于伯里克利时代，阿里斯托芬是伯里克利以后的一代。

这两人的差异或许体现出悲剧与喜剧的不同。讽刺喜剧作家阿里斯托芬曾经在自己的作品中借某个角色之口这样说过：

“有的人看起来年轻，其实已经老了。有的人虽然青涩，未成熟前已经枯萎。自知无知被收入学校课本，只能让人们失去柔软的心。这里唯一不变的，是人的愚蠢。只有这个，永远不变地长存。”

听闻此言，我们只能报以苦笑。阿里斯托芬的作品之所以经常在戏剧节上演，是因为雅典人不但喜欢观赏悲剧，也非常喜爱阿里斯托芬式的揶揄和幽默。

如果说欧里庇得斯象征着一种新的雅典氛围，阿里斯托芬同样如此。

给雅典人增添信心的伯里克利已不在人世，不安和愤怒的代言人克里昂也已死去。如今的雅典，进入了尼基阿斯和阿基比亚德的时代。

前往提洛岛向阿波罗神祈愿，是尼基阿斯个人的自由，但雅典民众不相信求神保佑便万事大吉。

阿基比亚德独占奥林匹克运动会领奖台，虽然令人疯狂，但没有人认为这能化解雅典面临的困境。

征服一个弹丸小岛米洛斯，更不能解决问题。

雅典人不知如何是好。只要能消解这种处处碰壁的郁闷心情，他们愿意做任何事情。

围绕如何从根本上打破困局这一问题，这一年冬天举行的公民大会变成阿基比亚德与尼基阿斯激烈争辩的战场。

## 西西里远征

34岁的阿基比亚德似乎对自己的想法确信无疑。要打破现在的僵局，除了向西，没有第二条路可走。

然而，讲宏观战略无法得到公民大会的支持。相较于抽象的理论，庶民们更容易接受具体的方案。

就在这个时候，来自远方的使节出乎意料地出现在雅典。

使节来自西西里西侧的城邦塞杰斯塔（Siggésta）。他们到访的目的是希望雅典给予叙拉古军事打击。

在地中海最大的岛屿西西里岛的城邦中，第一强国叙拉古其实并没有直接威胁到塞杰斯塔，塞杰斯塔和附近的塞利农特（Selinunte）发生了领土之争。塞杰斯塔人认为纠纷始终不能解决的原因是叙拉古在背后支持塞利农特，所以来向雅典讨救兵。

西西里各地的城邦都市都是300年前热衷于走向海外的希腊人建立的殖民地，因此当地居民全是希腊人，他们也具备参加奥运会的资格。

领土之争这个希腊本土的“特产”，被希腊人带到了殖民地。类似塞杰斯塔与塞利农特之间的冲突比比皆是。

当时居住在西西里及南意大利一带的希腊人，从经济层面而言，比本土的希腊人更富有。希腊本土土地贫瘠，而统称为“大希腊”的西方殖民城邦有着广阔的耕地。雅典的粮食必须靠进口，而以叙拉古为首的“大希腊”各城邦，都是可以出口粮食的农业大国。

正因如此，当塞杰斯塔表示愿意向雅典支付60塔兰特以获得军事支持时，没有人表示怀疑。60塔兰特相当于建造60艘三层加莱船的费用。塞杰斯塔的使节甚至提出，还可以奉上他们存放在神殿的钱财。

把神殿当作金库是当时希腊人的一种习惯。提洛同盟的经费曾经放在提洛岛的阿波罗神殿，斯巴达有额外收入时通常会将其储藏于德尔斐的阿波罗神殿里。

希腊人相信，没有人敢在天神眼皮底下偷东西，神殿的防盗功能还是挺强的。

在2500年后的今天，塞杰斯塔依然保存着壮观的神殿遗址。神殿雄伟，其中的金库也一定壮观，当时的雅典人大概就是这么想的。

塞杰斯塔为阿基比亚德的西进计划提供了经济保障。就算雅典需要先垫付必须的军费，反正迟早都是塞杰斯塔负担。

34岁的年轻领袖在公民大会上强烈提出进一步西扩的计划，希望公民大会接受他的主张。

54岁的资深政治家称这种有勇无谋的远征只有年轻人才想得出来，他不能同意。他举出了以下的理由。

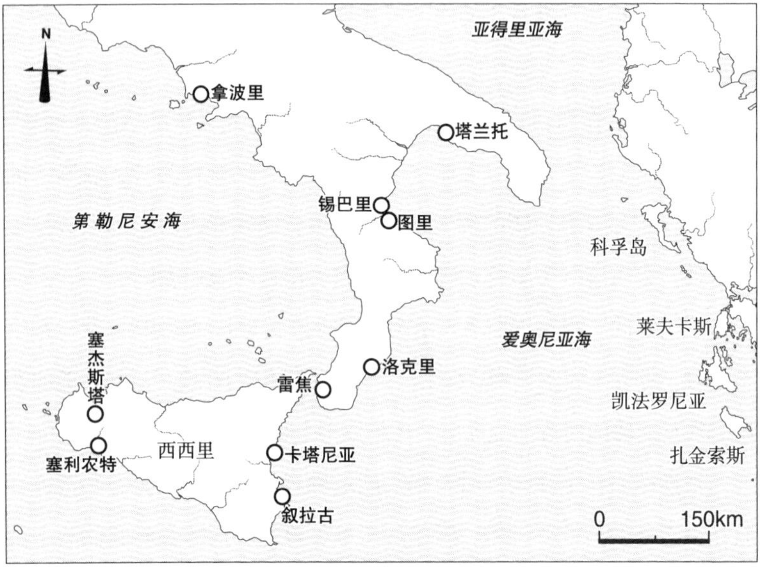


西西里和南意大利

第一，雅典的确是领导提洛同盟的霸权国。但目前雅典仍然处于和斯巴达及伯罗奔尼撒同盟交战的状态。更何况，卡尔息底亚地区的问题尚未完全解决。如今的雅典没有能力再开辟一个新的战场。

第二，即便西西里远征获得成功，如何控制那一大片地域也是个难题。雅典维持提洛同盟的团结已经相当艰难，不可能统治西西里全域。现在雅典需要努力保住现有的成果。

第三，西西里距离遥远。庞大的远征军费开支将掏空雅典的国库。

尼基阿斯以他一贯的方式敲响了警钟。

他举出的理由每一条都很正确。也正因为他指出了雅典面临的严峻现实，在场的民众愈发沮丧，这造成了负面的影响。

塞杰斯塔的神殿

针对尼基阿斯的发言，阿基比亚德表示反对。这位34岁的年轻政治家首先承认，除了一件事情之外，尼基阿斯说的都对。然后，他话锋一转，转入攻势。

他说，首先，雅典人在决定国家重要事项时，不应该以思考方式、世代不同来做切割。一直以来，雅典人面对重大事件，无论年轻人或老年人，都是大家共同商议应对。

紧接着，他直击尼基阿斯论点的主干部分。

雅典，正如尼基阿斯所言，是霸权国家。然而，霸权到手之后不是什么都不做就能维持霸权的。成功地维持霸权，才算真正的霸权国家。为此，我们必须始终掌握主导权，还要有灵活的思维和行动方式，包括不放过大好机会。

西西里的确是远方的大岛，所以我们要派遣大军远征，耗资巨大。

但说到这一路的海上安全，早在我们雅典的掌控之中。

阿基比亚德的讲话用现代语言解释的话，就是这位30多岁的领袖，向民众强调了改变观点、视角，拓展新思路的必要性。与其纠缠在未解决的问题中，不如通过解决其他问题来克服原先的困难。

总之，对于远征西西里，尼基阿斯的“我们已经不行了”和阿基比亚德的“我们还行”两种观点持续对立。

宏观层面上的争论，雅典一般民众或许不能理解。但对具体的内容，他们会做出回应。阿基比亚德提出的军费由塞杰斯塔负担，以及至西西里的海路没有风险这两点打动了民众。

如地图所示，从雅典前往西西里，首先要南下伯罗奔尼撒半岛绕过半岛的南端，沿海岸线北上至科孚岛（Corfu）。从那里往西才是真正的远征。途中可停靠补给淡水等物资的岛屿都和雅典保持着友好关系。

雅典海军可能遇上的唯一障碍是科林斯海军。但雅典在纳夫帕克托斯建有基地，再加上4年前阿基比亚德成功促成了亚加亚地区的中立，所以雅典人随时都可以将科林斯海军困在科林斯湾内。

面对以上事实，尼基阿斯无话可说。但这位以伯里克利之后的雅典领袖自居的老政治家，不想让阿基比亚德那混小子得逞。阿基比亚德发言后，他仿佛孤注一掷地说道：“好，阿基比亚德你想做就去做！

不过我提醒一句，要远征必须有 100 艘三层加莱船和 5000 名重装步兵组成的大军。你确定还要远征吗？”

还没等阿基比亚德张口，民众先做出了回答：“要！”雅典岂有拿不出百艘战船和 5000 名重装步兵的道理。公民大会的气氛顿时变得激情澎湃。

尼基阿斯想让民众清醒地认识到问题的严重性，借此否定阿基比亚德的主张。没想到却因此损伤了雅典人的自尊心。

走到这一步，尼基阿斯已无计可施。公民大会一致决定，特准 3000 塔兰特的临时开支。3000 塔兰特，基本上是雅典国库一年的总收入。

紧接着，大会又选出了西西里远征军的三位司令官。

他们是阿基比亚德、拉马库斯（Lamachus）、尼基阿斯。他们三位都已当选下一年的将军。作为肩负军队司令官职责的将军，尼基阿斯不能拒绝这个任命。

就这样，尼基阿斯再一次参与了他极力反对的事情。

伯罗奔尼撒半岛和西西里

雅典决定派三位司令官出征，并不是因为拉马库斯有丰富的战场经验，而是因为尼基阿斯和阿基比亚德两人事事作对，影响战略、战术的制定。加上拉马库斯的话他们就能以 2 比 1 的民主方式做决定。

三位司令官没有总司令和副将之分。平起平坐的三位将军率领军队，就不要指望指挥系统一体化了。

不管怎么说，这是公民大会决定的。人民的声音就是神的声音，这是雅典民主政体的根本。而指挥权的统一是取得胜利最关键的要素，天神和民众大概对此都同样无知。

决定远征西西里之后，雅典的气氛焕然一新，生气勃勃。位于比雷埃夫斯外港的两家造船厂昼夜不停全天作业。要运载数量众多的重装步兵，必须打造比以往更大的三层加莱船。

士兵家中，女人们忙碌地为丈夫、儿子准备军装，男人们勤快地擦盾磨剑。就连在边上看热闹的孩子们，也是个个眼睛发亮、兴奋不已。

第二年，即公元前 415 年的春天，所有准备都已就绪。雅典经济实力、技术实力和雅典公民意志的结晶，壮观地展现在众人面前。

它们是 134 艘三层加莱船。

其中 100 艘是雅典的船只，包括为增加士兵运载量特制的 40 艘大型船只。这 40 艘都是崭新的战船。

另外的 34 艘来自雅典的盟邦莱斯沃斯岛、希俄斯岛和科孚岛。莱斯沃斯岛和希俄斯岛的船队已经进入比雷埃夫斯港，科孚岛船队在原地等待与大军汇合。

除三层加莱船之外，还有 130 艘帆船用于运输。战船需要运载大批的划桨手，因此远征不可或缺的武器等其他物资只能靠帆船运输。这些运输用的帆船基本上全是雅典提供的。

战斗的主力是几乎成为希腊城邦代名词的重装步兵，共 5100 人。其中雅典人 2200 名，其余的 2900 人是同盟国的士兵，来自那些无法提供船只但可以提供人力的城邦。

另有骑兵 30 人，全都出身于雅典富裕阶层。

由弓箭手、投石手等组成的轻装步兵有 1300 人，其中 400 人是雅典公民。

此外，战船的划桨手以及操控帆船的船员，都是具备熟练技能的公民。虽然雅典全民皆兵，但一般会尽量挑选 20 岁到 45 岁身强体壮正当年的男子奔赴战场。

大致计算一下，包括同盟国士兵在内总人数超过 33000 人的这支军队，仅雅典一国就投入了接近 25000 人的士兵。

雅典只有成年男子具备公民权，那个时期的雅典人口以 6 万计算，差不多两个男人中就有一个出征。

而且，这只是第一批出征的人数。在第二年，雅典不得不派出第二支军队。

这就是雅典民众针对尼基阿斯“你们确定还要远征吗”的质问所给出的回答。

全国上下总动员的热潮，让整个雅典一片欢腾，仿佛他们已经赢得了胜利似的。

## 赫尔墨斯神像斩首事件

不料，就在出征前的一个月，发生了一件怪事。

早晨一觉睡醒，雅典人发现各家门前竖立的赫尔墨斯神像的头部不知被谁统统砍了下来。

紧急召开的公民大会尚未开始，民众已经一片哗然。对于亵渎神灵这种事，就算是知性文明的创始者雅典人，照样暴跳如雷。会场中有几个人声嘶力竭地叫喊着：“一定是阿基比亚德和他那些朋友干的！”

阿基比亚德喝醉酒后带着朋友胡闹恶搞的行径，在雅典无人不知。

但也有人高声回应：“不可能！这是想把阿基比亚德赶下台的反对派的阴谋！”

阿基比亚德很快就明白这次事件的严重性，他听说有两位市民向他提出了控告。

他登上讲坛在民众面前非常干脆地说：“出征迫在眉睫。请检察官立即开始搜捕罪犯，尽早澄清事实。”

“说得对！”“没错！”大多数人点头称是。但被叫来会场的检察官只说了一句话:“司法有司法的行事方式。”

结果，按照“司法的行事方式”没等到判决的阿基比亚德，只能带着被调查的嫌疑犯之身，和另外两位将军共同出征了。

# 出征

在希腊，六月是一年中最舒适最美丽的月份。

一缕缕温暖的阳光洒在大地上，天空清澈碧蓝，从海上吹来的微风终日轻抚着人们的身体。

这一天，比雷埃夫斯港大清早已是人山人海。

满心祈祷出征的父亲、丈夫、儿子平安归来的女人们，紧紧地拉着亲人不肯放手；留在国内的男人们也来为朋友们送行。

这里不分雅典本地人还是外邦人。这场倾雅典全国之力的远征，胜败结果对居住在雅典的外国人同样意义重大。他们中不少人还作为轻装步兵加入了远征军。

当天战船出港的仪式也有别于以往。三位司令官分别站在各自旗舰的船首，他们高高举起手中盛满葡萄酒的黄金杯，随后将酒洒入海中。这是向海神波塞冬祈祷，希望他保佑海路平安。波塞冬一旦发怒，会掀起惊涛骇浪。

首先出发的是帆船队。比战船更容易受风力影响的帆船，按惯例最先出港。

130 艘运输船同时扬起风帆驶入爱琴海。当它们航行至从右舷方向可以眺望萨拉米斯岛，准备继续南下时，远征军主力三层加莱船队依次出港。三位将军乘坐的都是战船。欢送的人群响起阵阵欢呼，现场热烈的气氛达到最高潮。

9 年前也曾作为将军出征，其后以著史作为人生目标的修昔底德，是这样描述当时的情景的：

“那是一场盛大的军事庆典，向全希腊人展示了雅典的伟大和它拥有的全部力量。”

话说修昔底德担任司令官那年，在应对斯巴达的伯拉西达军队进攻时，因犯下无可辩驳的战略错误而被流放海外 20 年。之后他似乎获得减刑，20 年海外流放改判成 20 年不得担任公职。如果事实如此，这位立于历史文学金字塔顶端的《伯罗奔尼撒战争史》的作者，应该也在欢送的人群中，再次成为历史的见证人。

彼时恰是出海的好季节，波塞冬也没有生气，远征军从出发至科孚岛的这一段海路走得顺风顺水。正如阿基比亚德之前保证的那样，从比雷埃夫斯港到科孚岛，如同在雅典自家的海域航行。

为等待所有船只集合完毕，先抵达的船队在科孚岛靠港做短暂停留。就从那个时候开始，问题出现了。

希腊与西西里之间横亘着爱奥尼亚海。离开科孚岛后，雅典军必须在途中停靠若干南意大利的港口，一步步接近目的地西西里，而靠港需要事先征得相关城邦的批准。

为此，船队在前往科孚岛的途中，已经派出三艘战船去和对方交涉。三艘船返回科孚岛时，没有带来一点好消息。

塔兰托拒绝雅典军船靠港，洛克里（Locri）亦如此。唯有雷焦（Reggio）表示同意，但船只可停靠的不是临城的主港，是城外的渔港，并且对方规定远征军不得进入城内。

这些意大利南部的海港城邦在伯里克利时代与雅典保持着良好关系。不过伯里克利是在这一带建立基地和输送雅典移民，并非携大军远征。这次雅典远征军是去攻打西西里，西西里岛第一强国叙拉古是他们的主要目标，这是任何人都能想象到的。

拒绝雅典军靠港的是位于长靴形意大利半岛南端的几个海港城邦。相较于和地处远方的雅典交好，它们更不愿与近邻叙拉古为敌。这些城邦拒绝的理由无一例外都是它们要保持中立。

还有一个坏消息。

三艘战船组成的先遣队还去了西西里的塞杰斯塔。他们在那里发现，当初拜访雅典要求派军的塞杰斯塔使节的承诺都是假的。他们神殿里只储备着 30 塔兰特。所谓随时可以支付 60 塔兰特再加上存在神殿的钱财，全是假话。

雅典相信对方能支付超过 60 塔兰特的费用，因此集结了一支如此庞大的军队，这岂止是掉以轻心，简直是愚蠢之极。

这个坏消息足够令三位司令官灰心丧气。

尼基阿斯一脸阴沉，称既然事态如此，唯有折返雅典。

拉马库斯发出怒吼，说大张旗鼓地出征，岂能就这样觍着脸回去。

三人当中，反倒是最年轻的阿基比亚德表现得最为冷静。他主张至少先到雷焦观察一下情况。

结果，阿基比亚德的意见被采纳。远征军来到了位于南意大利前端的雷焦，但没有入城。雷焦与西西里之间只相隔一条 3 公里宽的墨西拿海峡，西西里近在眼前。

雷焦，当时称瑞吉昂，如今称雷焦卡拉布里亚（Reggio di Calabria）。三位司令官在那里再次坐下协商。这是为确定今后战略而举行的会议，可是 55 岁的尼基阿斯几乎处于放空的状态。与他同辈的拉马库斯提出径直驶向叙拉古，一举投入所有战斗力攻城的激进想法。

这一次仍然是阿基比亚德保持着冷静。他认为不应该直接攻打拥有天然屏障的叙拉古，而是应该打迂回战。他们要先和西西里的其他城邦交好，孤立叙拉古。

随后，阿基比亚德扔下阴郁的尼基阿斯和狂怒的拉马库斯，自己带着小部队奔波于西西里各城邦之间。小规模的军队不会引起对方的警戒，这是他率小部队游说的理由。

阿基比亚德的游说相当见效。

那个时代的西西里虽然有"大希腊"之名，但和希腊本土，尤其是雅典相比，仍然属于偏远地区。

小地方的民众被这位相貌英俊、举止优雅的雅典年轻将军的魅力征服。无论是一对一的谈判，还是面向众人发表演讲，只要阿基比亚德有心拉拢，绝对所向披靡。

阿基比亚德的游说远至西西里的北部和东部，其中最大的收获是让卡塔尼亚（Catania）加入了雅典阵营。卡塔尼亚只是一个中等规模的城邦，但它距离叙拉古只有60公里。作为进攻叙拉古的前线基地，这里再合适不过。

就这样，远征军全体移动至卡塔尼亚。尼基阿斯和拉马库斯也随军到来，远征军司令部设在了此地。

## 出庭命令

一艘从雅典来的船驶进了卡塔尼亚港。来人召见正忙于准备下一场谈判的阿基比亚德，交给他一封公文。

这是雅典法院下达的出庭令，要求阿基比亚德随来者一起即刻归国。

阿基比亚德没有说一句话，也没有做出任何狂怒的反应。

他唯一的要求是带上随从一同走。这个要求得到了准许。雅典法院还不至于把将军五花大绑地押送回国。

阿基比亚德没能和露营的战士以及停泊在港口的战船上的船员们告别。为稳定军心，法院禁止他和外部接触。

就这样，在几乎无人知晓的情况下，阿基比亚德乘船离开了卡塔尼亚港。35 岁的司令官肩负着雅典人的期待从比雷埃夫斯港出征，未满 3 个月就不得不掉头回去。

在归途的船上，阿基比亚德听说了以下事情。

控告他的两个人都是自称克里昂继承者的煽动者，受理此案的检察官和法官虽然不是尼基阿斯派的成员，但他们对阿基比亚德都怀有敌意。

此外，阿基比亚德很清楚，雅典人绝不原谅亵渎神灵的行为，他们会毫不留情地对这种行为予以惩罚。雅典的惩罚，就是死刑。

由于船上载有接到即刻出庭令的当事人，所以阿基比亚德乘坐的这条船不像其他船只沿岸航行，而是一口气横穿爱奥尼亚海，直接驶往比雷埃夫斯港。在横穿爱奥尼亚海之前，船只需要找地方靠港备齐所需物资。结果，船停靠在南意大利的图里。

图里在伯里克利时代就是雅典的殖民城邦。此地虽然靠海，但没有直通大海的入海口，因此不适合大规模的军船停靠。这里作为雅典的基地已有 30 年，只要是雅典人，谁都可以自由上岸。

阿基比亚德乘坐的船停靠在图里外港锡巴里，这里也是伯里克利赢得的雅典友好城邦。他们预定在当地停留 2~3 天，阿基比亚德承诺夜晚返回船上，以此换得自由行动的机会。

然而，就在船准备出港的当天早晨，阿基比亚德及其随从消失得无踪无影。雅典法院在被告人缺席的情况下，判处阿基比亚德死刑。35 岁的司令官新的身份是国际通缉犯。

直到那一年的冬天，都没有人知道阿基比亚德的行踪。

罗马人从先驱希腊人那里学到许多东西，同时也将他们作为反面教材。罗马法律规定，无论有什么理由，都不准对派往前线的司令官下达召回令。

法院还是会受理相关诉状，但受理后的调查以及根据调查结果做出判决，都要等战争结束后再进行。

如果罗马人承袭了希腊人的那一套，就不会有恺撒的高卢战役。恺撒征战欧洲西北部的10年间，首都罗马的反对派们对他发起过无数次的诉讼。

阿基比亚德离去后，率领远征军的司令官剩下尼基阿斯和拉马库斯。作为政界的大佬，尼基阿斯俨然成为实际领导人，再也没有人站出来和他唱反调。

可是尼基阿斯并没有因此振作。55岁的尼基阿斯，政治生涯的开始阶段是和煽动家克里昂相争，克里昂死后阿基比亚德登场，成为他的反对派。如今没了对手，他反倒无所适从。

彼时还是适合作战的秋天。作为将军，他必须有所作为。于是，尼基阿斯实施了阿基比亚德筹划的战略，打算把西西里的一个小城拉入雅典的阵营。

没想到尼基阿斯在那里遭遇了失败。他以武力胁迫对方加入同盟，引发了西西里人的反感。

雅典海军绕着近似三角形的西西里岛的海岸转了一圈，结果还是没有震慑住对方。尼基阿斯不得不承认失败。

他改变方针，接受了拉马库斯提出的攻打叙拉古的建议。

# 叙拉古

那么，被雅典军威胁并被锁定为进攻目标的叙拉古，到底做了些什么呢？

事实上，他们几乎什么也没做过。

在当时的地中海西部，论强国，当属叙拉古和迦太基，两国之间的关系尚未恶化到爆发激烈冲突的程度。

再者，叙拉古是背靠广阔平原的农业国，完全能够做到自给自足。因此叙拉古人没想过通过与他国结盟来保卫自身的安全。尽管叙拉古是科林斯人建立的殖民城邦，但叙拉古与科林斯的关系也不算特别好。

此外，叙拉古城中心建立于天然屏障上，面向开阔的港湾“大港”，是一个地形绝好的海港城市。

由于城市防御性好，多少年来未被重兵攻击过，叙拉古的民众根本没经历过生死攸关的大战。

当他们听说雅典派出西西里远征军时，似乎没想到自己会成为打击目标。直到阿基比亚德开始在西西里的各小城邦活动，叙拉古才闻出浓浓的火药味，发现自己成了雅典人的靶子。

按理说，叙拉古人应该就此开始积极备战，但事实并非如此。

当时叙拉古实行僭主政权，即没有正式建立王政的一人独裁的政权。

不过当地居民是希腊人，这意味着国内派系相斗的现象肯定不少，政坛因此分成执政、在野两党。叙拉古的在野党主张实施斯巴达式的少数人领导制，他们的领头人是赫莫克拉提斯（Hermocrates）。

早在雅典军绕过伯罗奔尼撒半岛北上爱奥尼亚海之际，赫莫克拉提斯便提出了警告。可以说他是唯一敲响警钟的叙拉古人。

然而，警钟并没有震动执政当局。他们认为，接纳反对派的意见会影响到现有政权的稳定，因此备战工作推行得相当迟缓。

等到雅典军在卡塔尼亚建立大本营，紧迫的形势再也不容他们拖拉。叙拉古人真正意识到必须防御雅典军进攻的时间节点，和尼基阿斯承认对西西里小城实施怀柔政策失败的时间正好一致。

长达一年半的激烈的叙拉古攻防战，就此开始。

## 叙拉古攻防战

叙拉古并非没有战斗力，只是没有抗击强敌的力量。它毕竟是西西里的第一强国。能成为第一强国，也是因为其军事实力凌驾于其他城邦之上。

相较于以重装步兵为主力的希腊本土部队，叙拉古的主力军是骑兵，必要时最多可以集结 2000 名骑兵。

这个不同点，可以说是政治体制的不同造成的。叙拉古实施僭主制，没有形成成熟的公民阶层。此外，这也和当地的地形有关。那里的辽阔平原延伸至市区，非常适合养马。

除了骑兵，必要时还可以征集轻装步兵。这个城邦很富裕，有众多的居民。

当然叙拉古也有海军，它毕竟是希腊人建立的海港城市。只不过和爱琴海上无敌的雅典海军相比，无论规模还是战斗力它都相差甚远。

尼基阿斯打算利用自己的强项，从海上向叙拉古发起攻击。同僚拉马库斯表示赞同。

雅典军为这场登陆战几乎出动了所有三层加莱船。他们从卡塔尼亚出港，一鼓作气南下直抵称作“大港”的海湾。靠岸后，按照雅典海军的惯例，除了5000重装步兵，划桨手也变身“海军陆战队员”登陆作战。他们还有骑兵在其中，相信大型战船上运载了战马。

这场突击战大获成功。雅典大军进入开阔的“大港”后迅速登陆，并按照事先拟定的计划，摧毁了流向“大港”的阿纳普斯河上的桥梁，进而占据了附近的奥林匹昂（Olympeion，又译宙斯神殿），封锁住内陆地区与叙拉古城之间的道路。面对眼前的景象，当地民众与其说恐惧，不如说是惊愕。

随后，雅典军马不停蹄地前往达斯孔（Dascon）安营扎寨。这里将成为雅典军进攻叙拉古城的前线阵地，同时也切断了从叙拉古市区通往南方的道路。

在那里，雅典军首次在陆地遭遇1200人的叙拉古骑兵队的袭击。迎战的雅典骑兵只有30人，而且战场较小，无法布下平原会战时雅典步兵、骑兵共同作战的阵列。

雅典士兵们还是勇敢地反击。他们不仅赶走了叙拉古的骑兵队，甚至没让对方接近达斯孔营地。雅典军最终死伤260人，这是二位将军认为可以容忍的数字。

就在这时，骤雨急降，隔着开阔的海湾，人们竟然看不清对岸的叙拉古城中心。

见此情形，尼基阿斯决定暂时中断在达斯孔的筑营行动，全军坐船返回卡塔尼亚。

撤退的理由一是即将进入冬季，二是暴雨中滞留敌后过于危险。

其实，西西里的雨大多是阵雨，到次日早晨便阳光灿烂、晒干泥泞。西西里的冬季也相当温暖，和色雷斯、马其顿一带简直有天壤之别。

攻入敌后不战而退，等于给了对手扭转局面的机会。

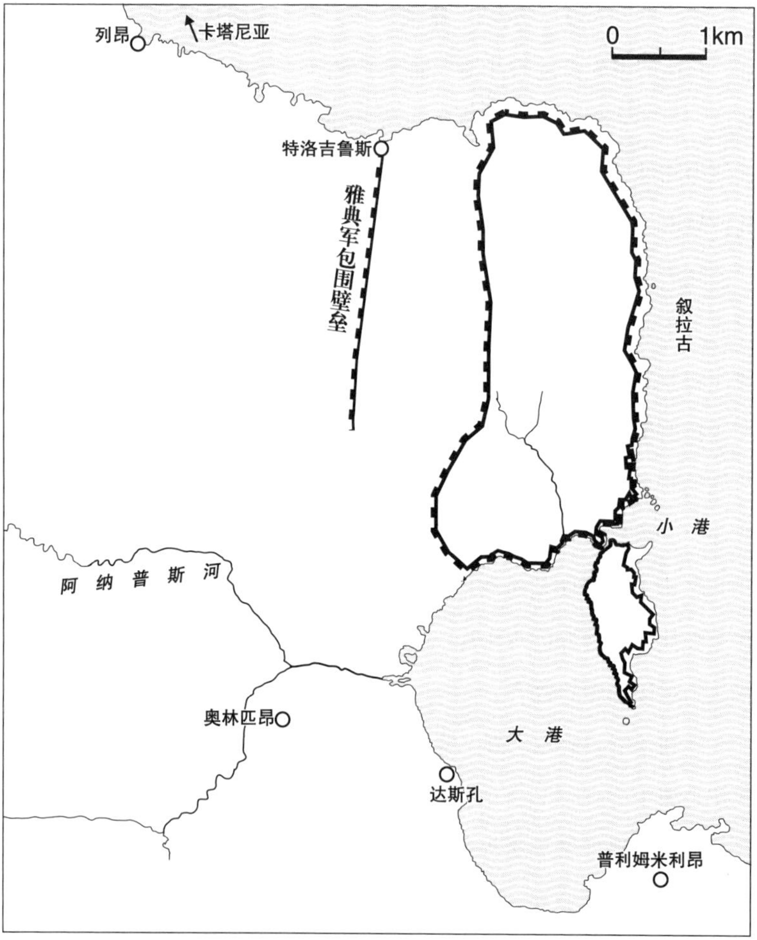


叙拉古及其周边

谨慎当然很重要，但是能根据不同的情况做出到底是谨慎行事还是勇往直前的正确判断，才是获胜的关键。55 岁的尼基阿斯或许在精神上也进入了暮年。

返回卡塔尼亚大本营的尼基阿斯给雅典政府写信申请追加军费，要求尽快派遣骑兵，因为雅典骑兵的数量和敌方过于悬殊。

雅典公民大会决定追加 300 塔兰特军费，并同意再派出 280 名骑兵。

即使加上这些援军，叙拉古和雅典的骑兵数量依然是 1200 对 310，差距很大。面对善用骑兵的对手，不清楚尼基阿斯打算如何解决这个难题。

无论如何，远征第一年的公元前 415 年就这样过去了。

就在这时，人们终于有了阿基比亚德的消息。这位缺席审判被宣告死刑，从而变成国际通缉犯的 35 岁前司令官，逃去了斯巴达。

## 阿基比亚德投奔斯巴达

为什么？居然是斯巴达？

阿基比亚德在被护送回雅典的途中，利用船只停靠南意大利图里的几天时间，秘密寻得一只小船，乘着夜黑逃之夭夭。

他避开与雅典有同盟关系的莱夫卡斯（Leukás）、扎金索斯岛，在伯罗奔尼撒半岛的西北端登陆。

那一带被称为亚加亚地区，5 年前在阿基比亚德的主导下归入雅典辖下，属于四国同盟地区。

尽管四国同盟缔结两年后因联军在曼丁尼亚会战中失败而解体，但亚加亚地区没有回归斯巴达辖下，保持着中立。在伯罗奔尼撒半岛，不与斯巴达结盟也不投靠雅典、保持中立的城邦，只有亚加亚和阿尔戈利斯。

阿基比亚德在亚加亚弃船上岸，就地向斯巴达提出了政治避难的申请。

不过，他并没有直接提出申请，而是旁敲侧击地先拉拢了斯巴达的一位监察官。

决定斯巴达国家政治的不是同时在位的两位国王，而是每年由公民大会选出的任期一年的5位监察官。这是全希腊众所周知的事实，在斯巴达国内也不是秘密。举行公民大会时，当五位监察官入场，连国王也要起立欢迎。

斯巴达公民大会的成员都是20岁至50岁的现役重装步兵。也就是说，如果没有当选监察官，他们不过是一名斯巴达战士，在战场上有义务服从国王的命令。然而，一旦当选监察官，他们在任期中便握有命令国王的权力。

一直以来，斯巴达以这种方式牵制王权，保持政局的稳定。

阿基比亚德之所以从监察官下手，是为了有效且尽快达到政治避难的目的。

他拉关系的方法说起来也挺好笑。阿基比亚德拉拢的这位监察官的祖父也叫阿基比亚德，所以他称两人有血缘关系。

没想到这还真奏效。那位监察官为阿基比亚德积极活动，说服另外几位监察官，最终促成了雅典前司令官流亡斯巴达一事。

我个人认为，斯巴达不会因为那么不靠谱的理由接受阿基比亚德政治避难。真正的原因是，对斯巴达而言，与其让这位危险的雅典人跑去其他国家，不如留他在斯巴达更为安全。

阿基比亚德是促成四国同盟的推手。尽管该同盟已经解体，但当初建立同盟的目的是为了孤立斯巴达，这点斯巴达人是不会忘记的。除此之外，阿基比亚德曾经是雅典的主要政治家及常胜将军，这也是两个加分项。总之，斯巴达接受了阿基比亚德的流亡申请。

阿基比亚德不是那种可以一个人静静度过流亡生涯的人物。他很快就和 5 位监察官建立起亲密的关系，成为两位国王及斯巴达政府的军事顾问。

历史学家修昔底德曾经写过，没有比斯巴达人更欠缺灵活性的希腊人。这就如同他们引以为傲的重装步兵正面进攻天下无敌，但应对方向不明的突然袭击却意外地薄弱。

阿基比亚德建议斯巴达占领位于阿提卡北部的狄凯里亚（Dekeleia）地区，在当地建立斯巴达的基地。

伯罗奔尼撒战争开始后的这 16 年，斯巴达军几乎每年入春后都在国王的率领下北上，对雅典的阿提卡地区进行侵犯。

雅典与斯巴达之间的伯罗奔尼撒战争，实际上是一场没有正式宣战、拖泥带水的战争。因此，斯巴达主导的伯罗奔尼撒同盟军对阿提卡的侵略，与其说是正规的军事行动，不如说掠夺的色彩更为浓厚。

尽管如此，斯巴达每年都重复着同样的远征。开春后派军北上，通过狭窄的伊斯米亚（Isthmia）地峡，进入墨伽拉的领地，由此侵犯阿提卡地区。

此外，斯巴达人有秋天不打仗的习惯，所以入秋后他们会沿原路返回。

阿基比亚德认为，如果斯巴达在狄凯里亚建立基地，军队可避免来回奔波。除了国王等指挥官返回国内，其余人可以在基地休整。

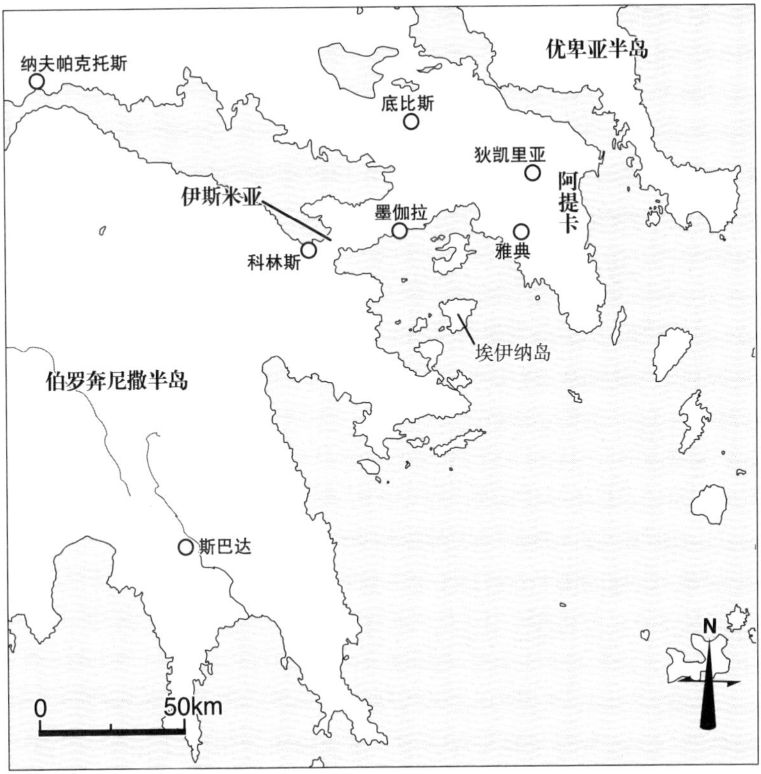


雅典及其周边

斯巴达人听闻此言，觉得阿基比亚德说的很有道理，于是采纳了他的建议。

就因为这个建议，曾经被雅典人深爱的阿基比亚德，从此变成他们憎恨的对象。

理固当然。原本雅典一年中只有半年的时间要忍受敌人的侵略，如果斯巴达在距离雅典不到30公里的狄凯里亚驻军，当地的农民一年 365 天都要处于恐惧之中。

另外还有一件事。虽然没有确凿的证据证明它源自阿基比亚德的建议，但没有过人的聪慧才智，是想不出这么一个前所未有、甚至可以称为恶毒的计策的，怎么看它都不像出自保守的武人气质的斯巴达人。部分学者推测，阿基比亚德有介入的可能性。

这个计策是关于斯巴达如何应对叙拉古提出的派兵请求的。

尼基阿斯率领的雅典军攻入敌区后又返回卡塔尼亚的大本营。叙拉古利用冬天的休战期向斯巴达派去了请求增援的使节。

他们提出两个要求斯巴达派兵的理由。

第一，斯巴达和雅典的伯罗奔尼撒战争仍在持续，既然攻击叙拉古的是雅典一方，那么斯巴达应该帮助叙拉古。

第二，斯巴达人和叙拉古人是源自多利安族的同一民族，所以应该组成统一战线，对抗爱奥尼亚人的雅典。

回顾历史，叙拉古是 300 年前由科林斯人建立的殖民城邦。而科林斯位于伯罗奔尼撒半岛，加入了由斯巴达担任盟主的伯罗奔尼撒同盟。

叙拉古方面主张斯巴达有义务援助，至少有十分之一在理。

希腊历史在荷马描绘的英雄传说时代之后发生了巨大的改变。居住于北方的多利安族大肆南下，在伯罗奔尼撒半岛定居。希腊从此进入多利安人和幸免于难的爱奥尼亚人二分天下的时代。历史学家们称这个时代是希腊的“中世”。

伯罗奔尼撒战争，讲到底是斯巴达率领的伯罗奔尼撒同盟与雅典主导的提洛同盟的对决。将它解释为“多利安民族”与“爱奥尼亚民族”的对决，并非毫无道理。

虽然地中海西部的叙拉古不是伯罗奔尼撒同盟的加盟国，但它的母国科林斯是多利安系希腊人的国家，所以称叙拉古人是多利安人，似乎也说得过去。

不过，在伯罗奔尼撒战争开始的 16 年前，雅典领袖伯里克利以及斯巴达国王阿希达穆斯都不曾想过这样的问题。以民族有别为由要求支援，是战争长期化的恶果之一。

战争长期化会催生的另一个恶果，就是以宗教信仰的不同划分阵营。所幸在多神教的古代，尚不存在这个问题。不管是多利安人还是爱奥尼亚人，信仰的都是奥林匹斯山上以宙斯为首的众神。因此当时的希腊没有出现自中世纪开始显现的“在耶稣的十字架下”“在伊斯兰旗帜下”之类的问题。

话说回来。斯巴达必须以某种形式回应叙拉古的请求。

斯巴达一直不愿意与雅典发生正面冲突。他们希望遵守与雅典缔结的《尼基阿斯和约》，该和约明确规定，双方互不向对方敌国提供直接的军事援助。

因此，不能派遣国王率领的正规军。斯巴达人也想保存他们只有 1 万人左右的重装步兵的实力。斯巴达人不敢忘记，10 年前那场只能算局部战的皮洛斯战役中，150 位斯巴达战士被雅典俘虏，为了让他们平安归来，斯巴达用了整整 4 年的时间。

然而，斯巴达对叙拉古的请求也不能一口拒绝。伯罗奔尼撒半岛的民众开始意识到自己属于多利安系希腊人拒绝叙拉古会让他们失望，进而导致伯罗奔尼撒同盟瓦解。

再说斯巴达按兵不动等于让对手雅典有利可图。

斯巴达首脑们绞尽脑汁，最终得出的结论是采用9年前伯拉西达的方式应对。准确地说，是采用伯拉西达式的改良版。

当年斯巴达纯粹为了给雅典找麻烦，派遣伯拉西达率领700名希洛人攻打与他们毫无利害关系的卡尔息底亚地区。

伯拉西达成功达到目的，雅典因此失去了在当地的要塞安菲波利斯。那一年作为雅典将军被派往第一线的未来的历史学家修昔底德，因战败被问责，受到长达20年的流放惩处。伯拉西达虽然战死，但卡尔息底亚问题从那以后一直令雅典人感到棘手。

长期锁国的斯巴达与叙拉古之间并不存在需要特别考量的利害关系，但斯巴达又不能对后者置之不理。

于是，他们决定再次采用伯拉西达的方法解决问题。但这一次没有沿袭之前的做法。

## 再度编外录用

虽然当年伯拉西达率领的是农奴出身的士兵，但他本人却是不折不扣的斯巴达公民。换言之，他是拥有斯巴达公民权的父亲与拥有公民权的母亲生下的孩子。所以他从少年时开始接受军事训练、过集体生活，最终通过暗杀希洛人、提着其首级归营的野蛮的成人仪式，成为一名斯巴达宝贵的重装步兵。

这次被斯巴达派往叙拉古的吉利普斯（Gylippus）不同。

这位男人的父亲是斯巴达公民，母亲是希洛人。面对“国宝”数量难以保证的现实，斯巴达似乎对士兵的出身渐渐变得睁一只眼闭一只眼。因此，吉利普斯也是从少年时便接受严格的军事训练，但不知道他能否像伯拉西达一样有资格参加公民大会。

另外，伯拉西达除了有700名希洛人组成的非正规军，还被准许率领来自伯罗奔尼撒同盟的1000名同盟国士兵。这次斯巴达没有派给吉利普斯这样的兵力。

因为吉利普斯的正式任务不是通过积极参战来帮助叙拉古，而是向当地军队提供战略指导，向士兵传授作战技巧。

这种做法不禁令人联想到现代先进国家海外作战时不投入地面部队，仅派遣少量军人去指导当地部队。当然，现代与古代是不同的。

在斯巴达，率领正规军的是国王。国王出征，按惯例5位监察官中必有2位同行。

伯拉西达和吉利普斯率领的不是正规军，因此身边没有指手画脚的监察官。这一点反倒对战略战术的制定有利。

伯拉西达曾经率非正规军大获成功，吉利普斯这一次应该沿袭之前的做法。

可是吉利普斯没有走前人的老路。他不仅当指导员，而且自己站在了叙拉古军的第一线。

吉利普斯率领的士兵人数与当年一样在700人左右，军队在公元前414年的春天从斯巴达出发。

公元前414年的春天对前一年的夏天从比雷埃夫斯港出征的雅典军来说，是他们在西西里迎来的第一个春天。

此时司令官尼基阿斯没有立即下令展开军事行动。他在等待去年冬天向雅典申请的骑兵团的到来。与对手骑兵有1比40的数量差距，这令他迟疑不决。

运载着骑兵的雅典船队抵达雅典军大本营卡塔尼亚时，已经是4月末。骑兵团包括250名雅典精英和30名普通市民担当的弓箭骑兵，总计280骑。

有了这支雅典援军，再加上先前向西西里境内的塞杰斯塔城邦要求的 300 骑以及纳克索斯派来的百骑援军，雅典军骑兵的总数达到 710 人，与叙拉古的骑兵差距缩小至 1 比 2。

雅典军真正开始军事行动是进入 5 月后，适合打仗的季节就这样被浪费掉两个月，并且尼基阿斯还改变了战略。

去年秋天尝试过的利用海军进攻“大港”的战略被中止，改为从北边攻击叙拉古的陆地战。

根据这个计划，雅典军首先从卡塔尼亚搭船至列昂，在列昂登陆后占领悬崖高地。随后，雅典军准备建造一道通往“大港”方向的包围叙拉古的壁垒，但他们很快发现悬崖地形陡峭，作业相当困难。

雅典军再一次改变战略。军队从列昂移动至东南的特洛吉鲁斯，从那里建造通往“大港”的壁垒，目的是完全断绝叙拉古城与周边的联系。

这个设想本身非常正确。如果不从陆地发起进攻，临海的城市是不可能被攻陷的。

要完成这道全长超过 5 公里的壁垒，哪怕全部使用当地材料，也需要 35000 人的人力。所幸士兵数量不成问题。

但要将设想变为事实，还需要以下两个先决条件。

第一，施工期间，雅典军必须抵挡住势必会来搞破坏的对手的攻击。

第二，这个战略的最高负责人必须要有哪怕天摇地动也要坚持到底的铁一般的意志。

在最初阶段，壁垒工事进行得相当顺利，骑兵战斗力的增强还是起到了很大的作用。跑来破坏捣乱的叙拉古骑兵，每每都被雅典军打得七零八落。

然而就在这时，吉利普斯一行抵达了叙拉古。

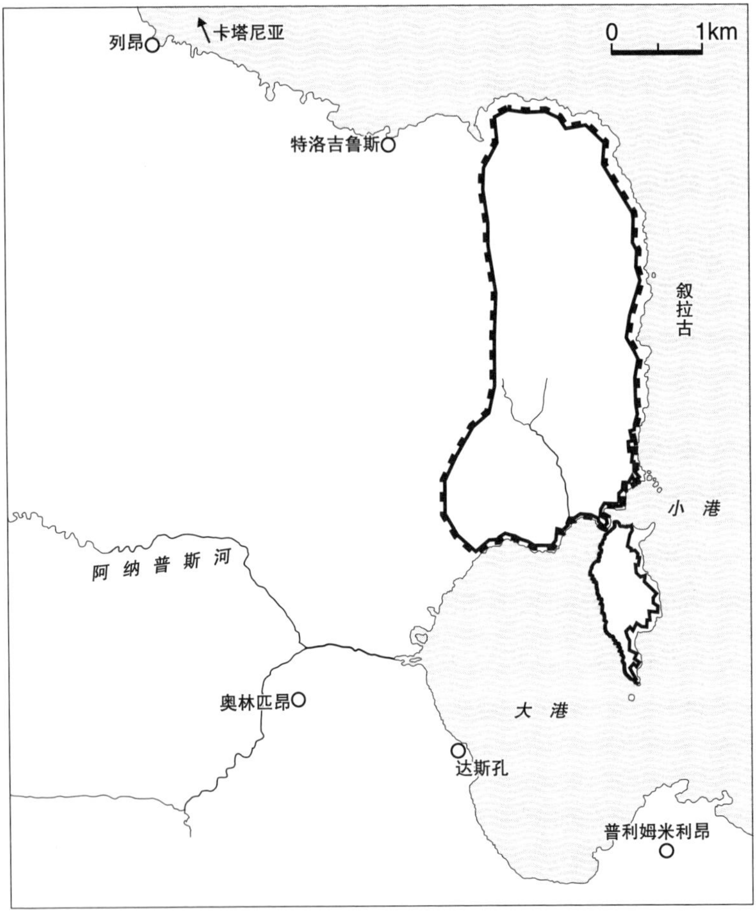


叙拉古及其周边

## 帮手到来

听到斯巴达战士这个称呼，我们后人会想到温泉关之战中抵抗波斯大军壮烈捐躯的列奥尼达，普拉塔亚会战中打得波斯军无还手之力的帕萨尼亚斯，身为斯巴达人却和伯里克利成为好友的阿希达穆斯等“男人中的男人”。

他们都是斯巴达建国以来世代相传的两大王族的成员，从小习武练兵，但不用提着希洛人首级归营完成成人仪式。这些自幼接受帝王教育的男人自然成长为绅士。

非王家出生的斯巴达男子同样也是名满天下的斯巴达战士。他们身强力壮、沉默寡言，唯一看重的是自尊心。

母亲是希洛人的吉利普斯与这些人不同。他从底层一路摸爬滚打上来，大概没想过要去当什么“男人的榜样”。

凡事慢一拍的斯巴达召开公民大会，决定派吉利普斯前往叙拉古，是在公元前 414 年春天。吉利普斯想来早已急不可耐，立即率军从斯巴达出发。如果换了其他人，此时一定直奔叙拉古，而吉利普斯没有那样做。

斯巴达只给了这位草根军官4艘战船。虽然按希腊的惯例桨手登陆后会加入战斗，但士兵的总数不会超过700人。吉利普斯所有的军力就是这批非正规军，不到700人的散兵游勇。

吉利普斯没有直接前往叙拉古，而是先去西西里内陆的城邦招募士兵。不用说，这一路上他都号称自己是斯巴达正式派来的军官。

哪怕是不知天下事的西西里乡下人，也知道斯巴达。更何况这是为了支援西西里同胞叙拉古人抵御雅典入侵，当地民众踊跃参战。就这样，出发时700人的队伍壮大至3000人。

率领这支3000人军队的吉利普斯听说雅典军正在北边建造包围壁垒，南边的防守薄弱，于是他决定走陆路从南边进入叙拉古。

见到这3000人到来，叙拉古的民众欣喜万分。他们以为希腊最强的陆军国家斯巴达真心实意地派出军队来支援自己。吉利普斯及其军队在人们的欢呼声中进入叙拉古城。

如此情形下，吉利普斯超越斯巴达政府赋予他的权限，成为叙拉古防卫军的统帅，也是再自然不过。这样一来吉利普斯已不是指导作战，而是直接率领当地军队作战了。

不知道是不是叙拉古方面认为有吉利普斯一人足矣，他们竟然解除了之前孤军奋战、拼死防守的赫莫克拉提斯的军职。

话说回来，吉利普斯的到来的确令叙拉古的防御战略为之一变。

此外，在吉利普斯抵达叙拉古之前雅典军中发生的不幸事件，也帮了他的大忙。

## 尼基阿斯落单

为修建包围叙拉古的由北向南5公里长的壁垒，雅典人将军队一分为三。最南端也就是距离“大港”最近一侧的工事，交由将军拉马库斯负责。这一带靠近叙拉古城，叙拉古军的破坏活动尤为激烈。相较于修建壁垒，这里的雅典军更多时候在与敌人作战。

雅典军在激战中付出很大的代价，司令官拉马库斯也战死了。

当初率领西西里远征军从比雷埃夫斯港出发的三位将军，先是阿基比亚德因为接到本国的召回令而脱离战线。一年后，拉马库斯战死。

如今，只剩下尼基阿斯一个人。

在遇到这种情况时，人的反应大抵分为两类。

第一类人认为虽然此时需要独自担起全部责任，但所有的事情可以由自己决定，这也不失为一个良好的转机。

第二类人因为少了共同承担责任的伙伴而忐忑不安，担心自己一个人难以应付现状。

56 岁的尼基阿斯属于后者。

更何况他本来就反对远征西西里。叙拉古攻防战打响后，他仍常常考虑如何在保全颜面的情况下撤军回国。

现在将军只有他一位，雅典军总算能实现指挥系统的一体化了。可惜这是尼基阿斯掌控下的一体化。

成为叙拉古防卫军主帅的吉利普斯，没用多少时间便了解了叙拉古军队的实际状态。

叙拉古陆上的主要战斗力是骑兵。希腊本土城邦当作军队主力使用的重装步兵，在叙拉古形同全无。尽管叙拉古是西西里岛第一强国，但它的步兵至多是起辅助作用的轻装步兵。

此外，他们没有能称为海军的船队。不过作为海港城市，叙拉古倒是不缺船只，它们可用来撞击或阻挡敌方的战船。在吉利普斯来到之前，叙拉古人从来没想到利用船只作战。

吉利普斯向叙拉古军的船队——应该说是商船队下令，要求他们对船首进行加固改造。

他将船队留在“小港”内进行改造，自己率领叙拉古的骑兵和他带来的 3000 名士兵，集中打陆地干扰战。

吉利普斯没有全线破坏包围壁垒，而是对它进行分段破坏。

壁垒全线相连才有效果，一旦被切断就失去了意义。

壁垒中间大约 1 公里的墙体遭到叙拉古军的破坏，雅典军迄今为止的心血付之东流。更严重的是，这个时期雅典军死伤者的人数持续攀升。

这段时间，尼基阿斯不在前线，他卧病在床，想来是长期精神压力所致。在病床上，他又改变了战略。

他决定重新启用前一年秋天尝试过的战略，全军坐船南下，攻入“大港”，将那里作为雅典军的前线基地。

雅典军基地的位置由此从前一年的达斯孔改到普利姆米利昂的山崖上。

对这个改变，我完全不能理解。

达斯孔是连接海湾的低洼地带，虽然雅典战船数量众多，但大部分的船还是可以上岸的。普利姆米利昂是高地，对于防守敌人骑兵来袭也许有利，但附近连一个可以容纳船只上岸的沙滩都没有。基地处于悬崖之上，遇到敌人船队来犯时，士兵们必须走下悬崖跑到海边上船，反击速度会受影响。

更何况木制船长期漂浮于海中，会受到海水的侵蚀。叙拉古夏天受到来自北非的热风直击，比雅典炎热，更加快了船底的腐朽速度。

把基地设在普利姆米利昂的唯一好处是可以相隔一公里眺望拥有天然屏障的叙拉古城中的情况。这一公里内侧是“大港”，外侧是外海。

因此只要封锁住这一公里，雅典军就可以从容不迫地从海上向叙拉古城发起攻击。

不过，叙拉古人的“大港”是个面积为 4 公里乘 3 公里的大海湾。雅典军想要从容不迫地进攻，首先得保证叙拉古的船队不会进入湾内，其次是普利姆米利昂的基地不遭受敌人陆军的袭击。只有满足这两个条件，这一公里的距离才真正具有战略价值。

话说回来。相较于雅典的将军，斯巴达草根军官的本事明显更大。

吉利普斯命令在“小港”内完成改造的叙拉古船队，迅速转移至“大港”，并且停靠在城墙附近的沙滩上。

此外，他利用雅典军刚在普利姆米利昂建立基地、尚未稳定的机会，亲自率领叙拉古的骑兵团绕着“大港”海滩不断发起攻击。

结果，雅典军变成海陆两面受敌。湾内有叙拉古的船队，陆上有叙拉古的骑兵。原本计划打包围战的雅典军，反倒被对手包围。

## 尼基阿斯的家书

尼基阿斯不得不承认形势严峻。

这个时候，他第一次给祖国雅典写了一封反映真实战况的信。这封信被某位学者以英国人特有的讥讽口吻称为“Nikias writes home”，是写给雅典全体公民的。

对尼基阿斯而言，雅典的确是“home”。

不过“home”在这里译成“家书”可能比较合适。

接下来，我将介绍与尼基阿斯一直保持良好私人关系的历史学家修昔底德记录的这封家书。由于内容较长，我做了部分删减。

> 雅典公民们，以前写给你们的那些信只是报告当时发生的事情。这一次不同。我会将迄今为止的真实状况告诉你们，请你们做出决断。
>
> 在之前的战斗中，我们的战斗力一直是优于叙拉古军的。但是自从斯巴达人吉利普斯来到叙拉古，战况发生了逆转。叙拉古方面的破坏行动变得激烈，我们不得不中断包围

壁垒的工事。那以后敌人的攻势越来越猛，根据最新的消息，叙拉古组织了船队，准备从海陆两个方向对我们发起攻击。

他们的海军已经迫不及待地开始攻击我们的战船，我们的海军做出反击，不断地消耗精力。敌人的船队停泊在靠近岸边的海滩上，这使他们的船可以很快下水，缩短了出动的时间，同时又便于将船拖到岸上晒干。

我们的海军为尽快登船做出反击，不得不一直将船停泊在海中。船底被海水侵蚀，行船的速度受到影响。

另外，我们的水和粮食的补给也出现了问题。派出去寻找粮食的士兵被埋伏的叙拉古骑兵杀害，牺牲人数不断上升。我们的奴隶纷纷逃离，现在只能派桨手们离开营地去找补给。相比海战，我们在陆地上损失了更多的桨手。

其实，逃亡的不只奴隶，还有同盟国士兵。这意味着雅典海军的桨手们不得不承担起原本奴隶做的事情，在作战时他们还必须奋力划桨。

我希望你们理解，我们无法从西西里获得桨手的补充。我们在西西里的两个盟邦卡塔尼亚和纳克索斯已经没有这个能力。

尼基阿斯强调战船桨手的损失，此外无须做出更多的解释。因为雅典人非常清楚本国海军强大的根源在哪里。

战船的桨手通常由梭伦制定的等级制中的第四等、罗马人叫“普罗列塔利”的民众担任。

他们不是单纯跟随船长的号令划船的水手，而是熟练的技工。常年的实战培养出他们随机应变的能力，他们具备高超的掌船技术，能根据战况适时做出判断，从而最大限度地发挥战船的作用。

伯里克利常常说：“经验丰富的桨手代表了技能之极致。”

这些雅典的桨手面对吸满海水变得沉重不堪的船只，相信也是有心无力。

所以尼基阿斯强调不断损失划桨手是雅典军最大的痛处，完全没有言过其实。

除此之外，尼基阿斯还提及了陆地战中重装、轻装步兵折损愈加严重的现状。

总而言之，修建包围壁垒时，雅典陆上战斗力损失较大，营地设在普利姆米利昂之后，海上战力遭受更多的打击。

在信尾，尼基阿斯希望民众根据他的陈述，了解雅典军在叙拉古的苦境，然后做出决定。

> 因此你们要决定，是让雅典军全体从叙拉古撤退回国，还是再派遣一支战斗力同样强大的军队。

在古代希腊，即便是司令官也不能凭个人意志决定撤军回国。

决定是由公民们做出的。雅典自不用说，就是在寡头制的斯巴达，没有监察官们的同意，贵为国王同样不能擅自决定。

没有得到城邦国家的公民批准就擅自撤军，会被视为临阵脱逃或脱离战线，回国后下令者将作为逃兵被处以死刑。

在罗马法出现之前，古代希腊的前线司令官权力仅限于制定狭义上的战略、战术。

> 我身体状况不佳，希望你们解除我的职务，选出能代替我承担当下职责的人选，尽早派往这里。

尼基阿斯在信中要求雅典人赶快做出决定，因为下一年的春天敌军的实力会进一步增强。字字句句宛如悲鸣。

雅典人总算感觉到事情不妙，紧急召开公民大会。可是，以多数票通过的决议与尼基阿斯的期待完全背道而驰。

## 派遣援军

首先，尼基阿斯的辞职要求没得到批准，他甚至被任命为首席将军，因为随即会有另外两位将军抵达前线。

大概在雅典民众的心目中，身体欠佳不算什么大事。56 岁的年龄在领袖没有“退休”规定的雅典也不成理由。

第二，针对尼基阿斯提出的撤军或派遣大军增援的两个选项，雅典人选择了后者。公民大会几乎是全体一致地决定派出第二支大军。

难道雅典人不了解雅典军在叙拉古的困境吗？

我想他们是理解的。只是考虑到前期投入的人力、经费和军备，不愿就此罢休而已。

人们不是因为好战才让战争继续下去。他们感到退无可退只能前进，所以才让战争旷日持久地打下去。

关于增援的第二支远征军的规模，公民大会做出以下决定。

首先，由于军队庞大只能由国家负担费用，第二支远征军所需的费用将以特别费的形式从国库开支。具体费用虽然不详，但是援军规模有据可查，公民大会决定派出几乎与第一次同等数量的援军。他们的决心显而易见。

就这样，在欢送第一支远征军出征 1 年 4 个月之后，比雷埃夫斯港又送出了援军。

三层加莱船 73 艘。其中雅典船 51 艘，同盟国船 22 艘。

重装步兵 5000 人。其中雅典 1200 人，同盟国士兵 3800 人。

弓箭手、投石手、长枪手等组成的轻装步兵部队 3000 人，其中 1000 人左右是雅典公民。

除此之外，启动三层加莱船的桨手每艘 170 人，加上其他水手，总人数超过 12000 人。运输用的帆船船队应该也加入了战列。

雅典是希腊世界第一海军强国，三层桨战船在雅典的船只中自然占了很大的比重。此外同盟国也提供了三分之一的战船。与前一次相同，陆上的重装、轻装步兵很多来自同盟国。

由此可见，提洛同盟在这个时期依然发挥着正常的功效，各加盟城邦并没有抛弃雅典。

不过，单看雅典一国规模的投入，就令人咋舌。

两次远征军的总人数估计超过 35000 人。

城邦国家雅典是希腊人口最多的地方。伯里克利时代人口数量不断增加，以至于伯里克利不得不推出限制公民权的政策。据说仅成年男子就超过 6 万人。

虽然司令官没有退休年龄，但士兵是从登记在册的18岁到50岁的雅典公民中征集。

彼时56岁的苏格拉底和尚未成年的14岁的柏拉图，都属于编外人员。不过，31岁的阿里斯托芬应该册上有名。这位稀世的希腊讽刺喜剧作家没有被征召入伍，是后世希腊文化爱好者们的幸运。在这段时期，他每年都有作品发表。

尽管雅典处于战争时期，但奉献给酒神狄俄尼索斯的戏剧节每年照常举行。雅典人没有战时自慎的想法，戏剧、哲学、建筑、造型美术等文化一如既往地蓬勃发展。

话说回来，具备公民权的雅典男子两人中就有一人加入了西西里的远征军。柏拉图《飨宴》中登场的人物虽然都不在其中，但上演阿里斯托芬、阿伽通作品的露天剧场，想来冷清了许多。

公元前414年冬季召开的公民大会上，雅典人仿佛押上所有剩余的国力，派遣第二支远征军出征，任命德摩斯梯尼和欧律墨冬（Eurymedon）两位将军作为率军的司令官。

这两人相差几岁，都是40多岁的年纪。

他们两位不属于地米斯托克利那样的天才型武将，但都是脚踏实地能赢得战斗的军官。伯里克利死后，雅典国力不稳，国家之所以没有急剧衰落，多亏这两位实干家。

第二次派遣远征军，雅典似乎投入了所有剩余的兵力，同时司令官级别的人才也尽数出征。

为什么第一支远征军中没有出现这两位将军呢？

当时阿基比亚德是远征的倡议人，尼基阿斯作为牵制他的角色随同出征，他俩出任司令官可以理解，但是没有非拉马库斯不可的理由。

实际上，雅典当时就应该派遣德摩斯梯尼或欧律墨冬出征，尤其是欧律墨冬，他是司令官中唯一熟悉西西里内情的人。

雅典在伯罗奔尼撒战争第四年的公元前 427 年，似乎为了继续执行伯里克利的战略路线，曾再度尝试向西地中海发展。当时率领 40 艘战船在西西里滞留 3 年，并努力与岛上中小城邦建立友好关系的，正是欧律墨冬。

不过，这项军事任务在 3 年后即被迫停止。尼基阿斯对向地中海西部扩展势力并不积极，他利用公民大会终止了西进活动。

自停止西进到西西里远征，中间相隔 9 年。这段时期欧律墨冬始终有良好的战绩，照理说公元前 415 年雅典决定再次西征时，他应该和尼基阿斯、阿基比亚德同时当选为司令官，毕竟他是西西里通。

但就在此前一年，不知什么原因，欧律墨冬遭到起诉，被科以罚金。这也是伯里克利时代之后出现的乱象之一，国内动辄起诉、审判，或许欧律墨冬也是牺牲品。

有志成就大业的人势必树敌，什么都不做的人自然太平。虽然谈不上天才型武将，但欧律墨冬也做出了不少成绩。

可就因为这样，他被排除在西西里远征军的司令官名单之外。

那么，德摩斯梯尼为什么第一次也没当上司令官呢？

这里另有内情，与11年前发生的事有关。

11年前的皮洛斯战役虽然是一场局部战，但却是斯巴达与雅典的首次直接交锋。在这场战役中，斯巴达输给了雅典，他们宝贵的150名重装步兵作为战俘被押送到雅典。

斯巴达人自幼被教导战场上非胜即死，对他们而言，做俘虏是十分耻辱的事情。然而这些人被斯巴达视为“国宝”，为换回战俘，斯巴达无可奈何地向雅典做出了相当大的让步。

当年在皮洛斯战役中率领雅典军的正是德摩斯梯尼。

尼基阿斯在雅典政界是出名的亲斯巴达派，因此他才会与斯巴达签署《尼基阿斯和约》。他没让德摩斯梯尼和自己、阿基比亚德同任远征军司令，是不想引起斯巴达人的不快。

于是，军事经验丰富的德摩斯梯尼被排除在第一次远征军之外。

雅典原以为一支大军足以平定西西里，谁知1年4个月后不得不又送出援军。这一次重任落在了德摩斯梯尼和欧律墨冬肩上。除了他们，雅典已经没有能够胜任将军的人才。

面对如此重大的事项，雅典公民在超乎想象的短时间内做出了决定。看来尼基阿斯的“writes home”还是十分奏效的。

援军出港的时间也确定下来。

欧律墨冬不顾冬季航行的危险，先率领10艘战船直奔叙拉古。雅典通知尼基阿斯援军已经出发，希望这位56岁的司令官能够撑到他们抵达。

第二次远征军的主力由德摩斯梯尼率领，他决定在第二年的春天从比雷埃夫斯港出发。同盟国士兵来雅典集结也需要一段时间。

翌年春季出发，意味着援军要到夏天才能抵达叙拉古。叙拉古得到吉利普斯援助后攻势渐猛，他们不可能让雅典军舒服地等援军到来。

事实上，叙拉古确实没有给对手等待的时间。

## 攻防的第二年

斯巴达的草根将官连冬季也没有浪费。他制定出春季战的战略向事实上已成为他手下的叙拉古的要人们发出指示，要求他们做好相关的各项准备。

他所谓的战略，其实只有一个目标，即削弱雅典主力海军的战斗力。

首先要做的是将他们赶出普利姆米利昂。

叙拉古人问理由何在，吉利普斯是这样回答的。

第一，普利姆米利昂有目前雅典军唯一可以停靠的海岸。

第二，对雅典军而言，普利姆米利昂是存放着远征军所有财产的大本营。

第三，叙拉古如果不拿下普利姆米利昂，就无法占领“大港”。

斯巴达拥有陆上最强战斗力，但海军实力为零。令人意外的是，这位吉利普斯对制海权的重要性理解得如此透彻。

或许因为他出身底层，少了固有观念的束缚，思维变得更灵活、发散。另外，率领叙拉古骑兵阻击雅典军粮草补给队的经验，也为他制定后续战略提供了很好的启示。

吉利普斯还指示，翌年春天开打的战役要积极利用叙拉古船队的战斗力。

叙拉古目前在“小港”内停泊的三层加莱船有 45 艘，已经移动至“大港”的有 35 艘。

这总共 80 艘船将与雅典海军直接交锋，吉利普斯对此也设计了具体的作战方案。

拥有 80 艘船算是拥有相当规模的海军了，但叙拉古的船一半以上是商船。与雅典的三层加莱船相比，其造船技术落后，更重要的是掌船水手以及桨手的技巧相差甚远。

尽管海水浸泡导致船身重量增加，雅典战船的速度依然胜过叙拉古一方。换言之，如果双方船队保持一定的距离，叙拉古就没有胜算。

吉利普斯没有要求叙拉古的水手们提高划船水平。他只下达了一个命令：全力冲击撞沉敌船。

叙拉古人被吉利普斯点拨之后，已经加固了船首及其周边的部分。吉利普斯打算以加固改造过的船只打“撞击战”。这位斯巴达的编外人员，似乎刚进入叙拉古不久，便看到了未来战势的走向。

实际上，如果大家亲眼见过叙拉古的“大港”，可能都会感到这里只有打“撞击战”才能奏效。

“大港”面积有 4 公里乘 3 公里大，的确配得上“大港”之名。然而它毕竟只是个风平浪静的港湾，距离外海有 1 公里。在 2500 年后的当下，这里是帆船新手们的训练场。

就像在地米斯托克利的指挥下最大限度地利用自身优势，在萨拉米斯海战中大获全胜那样，雅典海军擅长的是海上作战。由高级技工组成的雅典海军能够发挥最大优势的地方不是风平浪静的港湾，而是人们必须对风向、潮流、海浪做出准确判断的大海。

在平静且面积有限的海域作战，高级技工与经验、训练不足的业余人员之间的能力差距，并不会对战势造成多大的影响。

就这样，时间慢慢过去。西西里的冬天就快结束，即将迎来春天。

在这段时期，雅典方面获得两个情报，估计是由欧律墨冬打探来的。

所谓胜利者永远不缺追随者。听闻叙拉古人的英勇事迹后，西西里各中小城邦派出的援军络绎不绝地抵达叙拉古。这是第一个情报。

援军的到来意味着叙拉古骑兵以及轻装步兵的战斗力增强了。

情报之二是雅典第一次准确地掌握了叙拉古海军的规模。自叙拉古攻防战开打以来，雅典军的首脑们一直疏于情报收集。他们甚至不知道“小港”内停泊着 45 艘船。

对雅典人来说，形势不断恶化。雅典军不得不等待援军，而叙拉古急不可待。

公元前 413 年的春天，西西里远征已经过去 1 年 6 个月。

## 第一次海战

营地设在普利姆米利昂的雅典海军预料到叙拉古海军将会来袭，于是决定在对方动手之前主动出击。既然掌握了敌军的规模，就能制定相应的战术。

雅典海军将船队一分为二。

针对已进入“大港”的35艘叙拉古战船，雅典一方派出25艘战船迎战。

与此同时，雅典军的另外35艘战船去阻击正从“小港”前往“大港”方向汇合的45艘敌船。

此时此刻，雅典海军能够使用的战船只剩下60艘，这个数目实在令人震惊。

第一次派遣的134艘加上欧律墨冬带来的10艘，雅典军总共应该有144艘战船。

这1年半的战争的确让雅典海军遭受了不小的损失，船只减少到半数以下还是过于惨淡了。

我个人想象，他们缺少的不是船只，而是桨手。桨手总数减少一半，而每艘船需要的人手不能减少。要发挥军用战船原本的作用，必须保证一定的人力。需要 170 名桨手的船只靠 70 个人是划不动的。

雅典可用的 144 艘船减少到 60 艘的原因可以归纳为以下三点。

首先，这 1 年半的战斗使雅典损失了部分船只。

其次，营地改到普利姆米利昂后，由于船不能上岸，不得不一直停泊在海上，因此船底遭受海水侵蚀造成部分船只无法使用。

最后，一些船只不能保证配备 170 名桨手。

这样算下来，差不多只剩下 60 艘。

尼基阿斯在“家信”中讲到最令人痛心的是损失了桨手，实际上它确实影响战局。

雅典在短短 1 年半的时间里有 16000 名公民死去，这还仅仅是桨手牺牲的数量。

话说回来，只要到了海上，哪怕是在风平浪静的海湾内，哪怕规模只有敌方的四分之三，希腊最强的雅典海军还是有足够的应战能力的。

面对除了冲撞毫无战术可言的叙拉古海军，雅典的熟练技工们巧妙地掌控着船只，打乱了敌方的阵型。原本打算撞沉对手的叙拉古船队纷纷被自家船撞沉。

就这样，雅典海军阻止了叙拉古海军的汇合。他们将对方剩余的船队一半赶往“大港”北边的海滩，一半赶向“小港”，结束了当天的海战。

可是，倘若问这一天的战斗谁是输家，只能回答是雅典。因为雅典虽赢了海战，却失去了普利姆米利昂。

在这段时期，雅典军似乎是由欧律墨冬指挥海战，尼基阿斯负责基地防守。

留在营地的雅典军紧张地从悬崖上观察海上的战势，过分担心反而疏忽了防守。

就在这时，吉利普斯率领骑兵和步兵向他们发起了攻击。被追杀的雅典士兵们和尼基阿斯一起跑下悬崖，跳上了刚赢得海战返回的战船。

士兵们见船就上，慌不择路，雅典军只能放弃实际上已被敌军占领的普利姆米利昂大本营，匆匆逃离。

船也不能就这么停在海上。于是他们在“大港”西侧的海滩登陆，将那里作为新的营地。

这一次基地是在岸边。船可以上陆地，但这些船只和士兵不能置身于毫无防御措施的海滩上。

这天夜里，刚打完海战的和从基地逃出来的士兵们一起动手，彻夜未眠地在海滩上修建防御用的木栅。

就这样，原本打算包围敌人的雅典军，越来越陷入被包围的困境。

“大港”虽然是个开阔的港湾，但现在它的北边被叙拉古的船队占领。南边的普利姆米利昂重新回到叙拉古人手里。面朝外海的东边与外海之间有一公里的海路。雅典军只剩下西北海滩这一块阵地。淡水和粮食的补给也出现问题。

身处这种状态，雅典军极可能在援军到来前就被歼灭，他们必须找到出路。这个任务唯有托付给海军。

此时的吉利普斯收到了雅典派出的援军正接近爱奥尼亚海的情报。他决定在雅典援军到来之前和对手一决胜负。

## 第二次海战

雅典军终于完成了位于“大港”西北面海滩边的新营地建设工事。

他们在朝向陆地一侧竖起栅栏，将战船拖到沙滩上，在靠近岸边的海上排列好运输船，每艘船都放下船锚固定，以便充当海上防御栅栏的角色。

运输船不能排列得过于密集。海风与海浪会令聚拢的船只相互碰撞。

因此，船与船之间都保持着一定的距离。其实这样做还有另外的目的。

第一，留出三层加莱船出击的安全通道。

第二，运输船上都有搬运货物的抓手，也就是起重机。必要时可以用它装上石块，在敌船接近时从高处往下砸沉敌船。

闻名天下的雅典海军如果能像第一次海战那样正常发挥控船本领，他们应该有很大的胜算。

然而，吉利普斯不愧是斯巴达“编外人员”，他完全没有采用斯巴达传统的战法。

首先，他集合了叙拉古军的主力骑兵队，以及来自西西里岛各地的志愿兵，从陆地攻击雅典营地。

为保卫营地，雅典的重装步兵不能上船战斗。结果，雅典海军只能在没有主力重装步兵的情况下出海作战。

除此之外，吉利普斯指示叙拉古海军，首要任务是射击对方桨手，其次才是撞船。

为方便步兵在甲板上作战，三层加莱船的桨手们都坐在甲板的下面。虽然头顶受到保护，但是船身两侧却处于无防备状态。船身两侧之所以设计成开放式，是因为双方船只接近时，桨手们可以放下船桨拿起长枪参与战斗。在民主政体的雅典，桨手也是堂堂正正的公民，是公民就有保家卫国的义务。

所谓“射人先射马”，在2500年前的地中海上，吉利普斯完美地实践了这个战术。第二次海战中，叙拉古的战船上增加了很多弓箭手和长枪手。

被当成“马”射中，再怎么技能熟练的桨手也会陷入恐慌。他们努力控制住局面，躲过敌人的攻击撤回营地。这一天的战斗就这样结束了。

第二天、第三天重复着同样的战况。一直打到第四天战斗总算彻底结束，要问谁是赢家，只能说是叙拉古。雅典军虽然守住了营地，但没能给叙拉古海军致命的打击。

雅典军被包围的状态始终没有改善。

## 援军抵达

7月初，翘首以待的援军终于抵达。德摩斯梯尼率领的第二支远征军包括三层加莱船73艘、重装步兵5000人、轻装步兵3000人。

士兵总数近13000人，加上随行的奴隶，总人数超过了15000人。

营地内自然是欢呼声一片。迎接的一方热泪盈眶，抵达的一方见到友人健在欣喜不已。那一夜，雅典军的营地通宵未眠。

难以入睡的还有三位将军。

雅典军必须找出打破困局的方法，43岁的德摩斯梯尼、早先抵达的47岁的欧律墨冬，以及57岁的尼基阿斯，司令官们的确是没工夫睡大觉。

德摩斯梯尼主张打陆地战，但出发点与最初从陆地攻击叙拉古城时不同。他的想法应该是消灭叙拉古军在陆地上的战力，保证通往特洛吉鲁斯的道路安全，随后从那里撤退到卡塔尼亚。

如果这个计划能够成功，就算没打赢战争，至少可以摆脱目前被包围的苦境。

欧律墨冬对此表示赞同，尼基阿斯既不赞成也没反对。

为了对付叙拉古军陆地的主战力——骑兵团，德摩斯梯尼决定率领所有重装步兵在深夜向敌人发起突袭。

从出其不意这一点上说，雅典军的确获得了成功，但是在自己土地上战斗的叙拉古骑兵熟悉地形。灵活机动的骑兵与重装步兵的交锋，势必是熟悉地形的一方占上风。结果，雅典军付出了更多的代价，攻击行动本身只能说以失败告终。

这场失败令德摩斯梯尼痛下决心，他逼迫尼基阿斯做出决定。

事到如今，除全军撤退外无法保全士兵的性命。

现在走还有足够的船只，不如带上所有的士兵冲出“大港”的包围圈，先退到卡塔尼亚。对于德摩斯梯尼的这个主张，欧律墨冬表示赞同。

然而，尼基阿斯表示了反对。

之前要求公民大会解除自己职务没有被准许的尼基阿斯，这一次竟然反对回国。

他真正的理由何在，我们不得而知。

继续战斗还是结束战争，是由雅典公民大会决定的。尼基阿斯或许没有勇气冒着政治风险，在没有得到授权的情况下撤军。或许他只是不愿意自己政界大佬的资历沾上污点。

德摩斯梯尼没有放弃。他执拗地劝服尼基阿斯，甚至不惜对这位前辈恶语相向。用了两周以上的时间，他终于等到尼基阿斯点头答应。

就这样，雅典军将撤退——或者说逃离更为准确——的行动定在8月27日。

## 月全食

可是，就在 8 月 27 日的晚上，发生了全月食。

月亮完全消失不见，士兵们在黑暗中惊恐万分、手足无措。

彼时的希腊人已经知道日食、月食属于自然现象。当年伯里克利远征时也曾遇到过同样的事情，他亲自向那些相信灾难将至、动摇不安的士兵们做出说明，稳住众人的情绪。

而此时的尼基阿斯向随军远征的占卜师询问当夜发生月全食的意义。

占卜师回答说这是大凶的征兆，避凶化吉需要等三九二十七天，出发应该延迟至 27 天以后。

于是，这就成了尼基阿斯的意见。

原本定于 8 月 27 日的出发时间，延后至 9 月 23 日。

德摩斯梯尼和欧律墨冬对此都坚决反对。

其实就算先撤回卡塔尼亚，那里也不是久留之地，如今的西西里几乎全岛敌视雅典。退回卡塔尼亚，结果就是向雅典撤退。军队必须横渡广阔的爱奥尼亚海，继而绕过伯罗奔尼撒半岛的南端穿过爱琴海，抵达雅典有一段漫漫长途。

德摩斯梯尼和欧律墨冬反对的理由是入秋后海上风急浪高，全程走海路很艰难。

三位将军尽管都是将军，级别却不同。

尼基阿斯是首席司令官，这是公民大会决定派遣援军时做出的决定。没有他的准许，出发时间不可能调回原定计划。

雅典军延期出发的情报被叙拉古掌握，也许他们是从逃跑的奴隶那儿得到的消息。奴隶没有公民权，因此被免除兵役，他们的主要工作是照料高级将官的生活起居，所以有机会接触到最高机密。

也可能根本就不存在什么最高机密。为安抚把月全食视为凶兆、慌作一团的士兵们，曾经有队长暗示将撤退回国。

没想到这造成了反效果。

月全食引起的恐惧和不安尚未平息，再听说可以回国，人心自然摇摆不定。

这些情绪不稳的士兵，没过多久又遭遇了叙拉古军的袭击。

## 第三次海战

从8月末开始，叙拉古海军在设于海滩的雅典营地前方海上时而前进时而后退，仿佛在做防止雅典军逃跑的演练。

9月初，欧律墨冬终于说服两位同僚，为突破包围出海行动。这是在“大港”展开的第三场海战。

那一天欧律墨冬采用了雅典海军最擅长的战法。

要最大限度发挥雅典海军控船技术娴熟的优势，最好的办法不是从敌人正面进攻，而是从侧面包抄对方船队，逐渐收缩包围圈。

这是在开阔的海面上才有效的战法。“大港”虽大，但毕竟是海湾，属于浅海。

雅典军的包围速度因此减缓。船身较低的雅典船被叙拉古战船上射下的箭矢、投下的长枪不断击中，而且被击中的几乎全是桨手。

被敌军追赶不断向海滩败退的雅典战船接二连三地触礁，这一天出动的船队几乎全军覆没，只有一部分弃船跳海的士兵被自己人救上岸侥幸活了下来。

站在阵前指挥的欧律墨冬也在混战中战死。

9月初发生的这场海战给雅典军带来了深刻的影响。

他们已经顾不上纠结月全食的征兆、撤退的延期。

除了强行突破，别无他路。不仅德摩斯梯尼，就连尼基阿斯也是这样考虑。

就这样，因占卜师的预言延期撤退的雅典海军在9月23日到来之前开始了行动。

## 最后的海战

9月10日，雅典军决定在“大港”内发起第四次——也是最后一次海战。

他们的目的已经不再是击退敌军，而是强行突破包围，冲出海湾。

这一天，在德摩斯梯尼的指挥下，雅典军调动了所有可以使用的战船。

据称有110艘。

叙拉古方面加上科林斯派来的援军，共有76艘船只。

或许需要付出一定的代价，但雅典军的突围还是有充分的可能性的。

然而，叙拉古人很快发现了雅典军的动向，知道他们不是进攻而是打算逃跑。

既然如此，110艘对76艘的规模上的差距就变得不那么重要了。只要能阻止雅典军突围，就是叙拉古的胜利，海战经验的欠缺也不再是问题。

9月10日。在秋天的阳光下展开的激战以叙拉古损失26艘战船、雅典损失50艘战船告终。

双方剩余的船只数量为雅典60艘、叙拉古50艘。雅典依然占上风。

然而，用剩余的60艘船带上能带走的士兵再进行一次强行突破，尼基阿斯没有这种勇气，德摩斯梯尼也没有。

最主要的是，从激战中侥幸活下来的士兵，已经失去了再战的信心。

唤起士兵们的勇气，率领众人踏上唯一一条生路的领导力，两位司令官都不具备。

## 逃离

士兵们返回本以为再也不会回到的营地。他们有 36 个小时为出发做准备。

雅典军决定放弃海路，从陆路突围。

由“大港”营地从陆路北上，可以一直抵达特洛吉鲁斯。从那里前往卡塔尼亚，有一条沿海的道路。

陆上撤退的行动定在 9 月 12 日的黎明之前。

60 艘战船被留在了营地。雅典海军丢弃多达 60 艘的三层加莱船，还是史上第一次。

被抛弃的不仅是船，还有因伤病无法行动的士兵。这也是雅典史上前所未有的事情。

海上强行突围失败的 36 小时后，即 9 月 12 日的黎明时分，雅典军离开了营地。

从距离上来说，他们要走大约 5 公里的路程。

然而，没有比军队撤退更困难的事情。一步走错，便是败走。队伍秩序一旦混乱，东逃西窜的士兵就成了俎上鱼肉。

于是，雅典军分成前卫和后卫两段。前卫由尼基阿斯率领，后卫由德摩斯梯尼负责。后卫遭遇敌军追击的概率大，所以让年纪较轻的德摩斯梯尼殿后。

这个时候，雅典军究竟还残余多少人，没有详细的记录，但至少有 2 万人。

他们开始行军时发现不可能向北直行。像海上一样，叙拉古调集了所有的骑兵和步兵，在陆地上等着他们。

撤退的军队只能改往西北方向走。向北走必须翻越丘陵地带，朝西北方向走可以沿着阿纳普斯河前进，相对有利。雅典军大概是打算先往西北方向走，再迂回向北，前往卡塔尼亚。

叙拉古军队紧追不放。雅典军与他们至少发生了两次较大的冲突，每次战斗都令雅典军队失去一批士兵。

第一天他们行进了 6 公里，第二天才走了 3 公里。可见叙拉古的追击越来越猛。

到了第三天，雅典军准备渡过阿纳普斯河向北移动，结果遭遇埋伏在河边悬崖上的叙拉古军箭如雨下的射击。雅典军两次试图突破，两次未果。

雅典军放弃渡河，再次改变撤退路线，从西北转往南边。

他们为什么会做出这样的决定，不得而知。参加叙拉古攻防战的雅典军全军覆没，没有一名现场见证者回到雅典。

历史学家修昔底德将这段撤退描述为“pathos”（悲怆），通篇充满伤感。彼时45岁的稀世的历史学家也许是根据侥幸归国的同盟国士兵的证言写下了这一段。

不管怎么说，雅典军改向南方撤退。

叙拉古一方的追击愈发凶猛，尤其集中在德摩斯梯尼率领的后卫部队身上。后卫军不得不边打边撤，与前卫拉开了8公里的距离。

对雅典军来说，这是最后的一击。他们被叙拉古骑兵团团围住。士兵们如同被赶进栅栏中的羊群一般，被躲在橄榄树后面的叙拉古弓箭手们射中，一个接一个地倒下。

德摩斯梯尼要求和骑兵队长谈话。

他提出，如果保证他们所有人的生命安全和自由，他们可以放弃抵抗投降。叙拉古人答应了他的条件。

雅典军后卫部队所有幸存的士兵成为俘虏，8公里之外尼基阿斯率领的前卫军是在次日早晨听说德摩斯梯尼投降的消息的。

也许叙拉古希望雅典前卫军也能缴械投降，特地派人放出风声。

尼基阿斯和对方交涉，他提出支付2000塔兰特，赔偿叙拉古在这场战争中的所有损失，请他们放雅典军撤退。

叙拉古人拒绝了他的建议。

尼基阿斯命令军队继续南下。

行军4公里后，不远处就是注入大海的阿西纳鲁斯河。雅典军快到河岸边时被叙拉古军包围。

又饿又渴、精疲力竭的雅典士兵在叙拉古军的乱箭之下，彻底狂

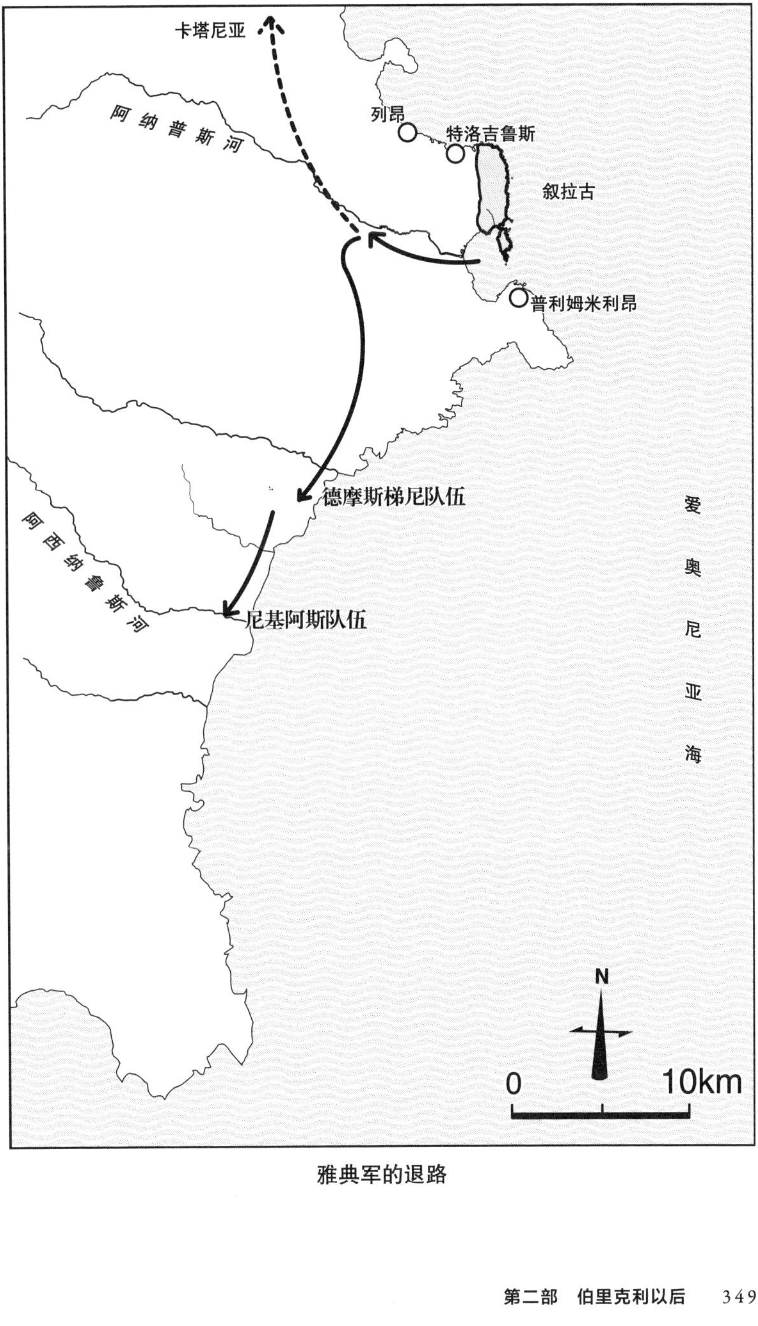
卡塔尼亚
阿纳普斯河
列昂
特洛吉鲁斯
叙拉古
普利姆米利昂
德摩斯梯尼队伍
爱奥尼亚海
阿西纳鲁斯河
尼基阿斯队伍
N
0
10km

雅典军的退路

乱了。

他们扔掉长枪、盾牌，争先恐后地跳进河中。面对这群发疯般喝着河水的雅典士兵，站在岸边的叙拉古士兵的行为只能用杀戮来表述。

结束这场惨剧的是率领叙拉古骑兵队赶来的吉利普斯，他下令停止杀戮。

尼基阿斯向吉利普斯提出无条件投降。吉利普斯接受了投降。

这一天是雅典军陆上撤退行军的第八天。

## 终焉

被俘虏的雅典军士兵总数据称在 7000 人左右。

包括同盟国士兵在内超过 5 万人的远征军，活下来的只有 7000 人。

在叙拉古妇女、儿童的咒骂声中，所有俘虏被拖到街上。

叙拉古的要人们完全没想过要遵守他们答应德摩斯梯尼的条件，即保证士兵的生命安全和自由。

尼基阿斯和德摩斯梯尼被判死刑，并且随即执行。

吉利普斯提出希望把两位将军带回斯巴达，遭到叙拉古人的拒绝。没有这位恩人叙拉古说不定早就败北了，但他们仍然拒绝了吉利普斯的要求。

如果雅典的这两位将军被带去斯巴达，他们生存下来的可能性应该很高。

首先，斯巴达人有着英雄惜英雄的感情。

其次，皮洛斯战役时被雅典俘虏的 150 名斯巴达重装步兵，在雅典受到了堪比《日内瓦条约》规定的礼遇。

雅典和斯巴达都懂得俘虏的利用价值。

但叙拉古人，在讨论人性之前，首先是不懂得俘虏的利用价值。

尼基阿斯 57 岁，德摩斯梯尼 43 岁，两人在叙拉古终结了他们的人生。

不过，被立即处死的这两位或许还算幸运。

剩下的 7000 名俘虏将要面对的，是被拉到叙拉古郊外的采石场强制劳动。

所谓采石，不是说站在野外挖石头，而要到地下采掘。俘虏们从地下挖出石头，再运往地上。白天地面上有叙拉古士兵把守，晚上通往地面的出口被铁栅栏锁住，地下就变成了监狱。

不管患病还是撤退时负伤的伤势恶化，俘虏们一概不准走出地下采石场。

众人挤在一个狭窄的空间内，恶劣的环境使原本健康的人也染上疾病。即使有人死去，尸体也不会被及时抬走。

坑道里只有岩石的缝隙能漏进一点空气。俘虏们在汗水和尸臭中，日复一日地劳动。

进入 12 月后的某一天，全体俘虏被带到地面上，但这不意味着他们的苦工结束了。

战俘们被分成两批，一批是雅典士兵，另一批是同盟国士兵。

后者被当作奴隶变卖。

前者被赶回地下，在坑道内继续牢狱生活，靠着每天两次从地面扔下来的少量水和面包维持生命。

究竟有多少雅典公民成为战俘，无人知晓。

根据学者们的推测，7000 人中有一半是雅典公民。

这就是说，3000 人以上的雅典人没有骑兵、重装步兵或桨手的等级差别，一同忍受着暗无天日的残酷劳动的折磨，在地下坑道内一个接一个地死去。

据说没有一个雅典人活着回国。

2400 年前成为雅典人坟场的这座采石场如今还在，叫作拉托米亚（Latomie）。由于长年累月的开采，现在入口设在地下。走进坑道内，一股凉意扑面而来。

可当我看见墙壁上刮凿的印迹时，身上的凉意立刻变成了寒意。

我完全无法证明石壁上刮凿的残迹与当年的雅典俘虏们有关。

但是，那些雅典人痛苦的呻吟声仿佛穿过 2400 年的岁月，在我耳边回荡。

这就是从坏的开始、坏的推进到最坏的结果，在公元前 415 年至公元前 413 年发生的，雅典西西里远征的结局。

# 后 期

（公元前 412 年至公元前 404 年的 9 年间）

# 闻悉惨剧

没有什么比坏消息传得更快。

雅典国内民众得知远征军全军覆没的消息，是在公元前 413 年入冬之际。以当时信息的传播速度，可以说军队被全歼之后消息立刻就传至雅典。

不到两年半，雅典人以浩大声势送出的队伍，竟然全军覆没。惊闻噩耗的雅典人的心情，历史学家修昔底德是这样描述的：

“他们很久都不肯相信这是真的。”

仅雅典一国就投入了三层加莱船 150 艘、士兵 3 万名、将军 4 人，这几乎是雅典全部的军力，最后竟迎来一个如此悲惨的结局。雅典所有的家庭都有亲人牺牲，相较于哀伤、愤怒，大多数人处于难以置信的状态中。然而，雅典没有彷徨的时间。

西西里远征的失败，势必引发新一波的浪潮。雅典人不得不暂时忘记丧亲之痛，站起身抵御即将席卷而来的大浪。

可以预料的第一波大浪，是以斯巴达为首的伯罗奔尼撒同盟向衰弱的雅典发起更激烈的攻击。所以，必须加强防御。

赢得叙拉古攻防战胜利的是斯巴达以军事顾问的形式派往当地的吉利普斯，城邦国家斯巴达没有参与。

但攻防战结束后，实际结果就是斯巴达变得更强，雅典变得衰弱。

更何况从两年前开始，斯巴达国王阿基斯率领的伯罗奔尼撒联军就在雅典城北不足30公里的狄凯里亚建立了军事基地，全年不间断地侵犯阿提卡地区。

此外，得知叙拉古战役结果后不久，没有海军传统的斯巴达不知出于何种理由，开始打造三层加莱船，正逐渐对雅典海军形成威胁。

同样是三层加莱船，斯巴达与雅典的战船在战斗力上存在明显差距。可是，雅典不能掉以轻心。如果斯巴达陆军、海军从北、南两个方向夹攻，雅典城会陷入孤立无助的境地。

随之而来的另一波大浪，是提洛同盟加盟国脱离同盟。

提洛同盟与纯军事同盟伯罗奔尼撒同盟不同。除军事合作以外，它还是一个共享经济、文化成果的同盟。军事安全保障有赖于经济实力。当年伯里克利的话，犹在雅典人耳边。对于粮食依赖进口的雅典而言，它还是一个保障粮食安全的同盟。伯罗奔尼撒同盟就算瓦解，对闭关锁国的斯巴达也不会产生多大的影响，而提洛同盟的解散则攸关雅典生死。

西西里远征的失败同样令雅典的同盟国蒙受重大损失。虽然三层加莱船主要来自雅典，但同盟国参战士兵的死亡数量几乎与雅典持平。

当然，至死留在采石场、被强制劳动的只有雅典战俘，同盟国的俘虏在采石场待了两个月后被变卖为奴，其中有些人付了赎金得以返回故乡。

但所谓同盟，是因为有利可图才会加入。叙拉古之战的惨状令提洛同盟的加盟国不禁怀疑，今后是否还要跟随雅典。

提洛同盟主要加盟国之一的希俄斯岛，向斯巴达派去使节的消息也传到了雅典。

## 复兴

城邦国家雅典的复兴其实就是雅典海军的复兴，对于这一点，雅典民众达成了共识。

几乎可以确定，在那个时间节点，比雷埃夫斯港应该还停泊着 50 艘三层加莱船。

自地米斯托克利创建雅典海军以来，雅典海军始终保持着常备 200 艘三层加莱船的规模。

雅典军在地米斯托克利的率领下打赢萨拉米斯海战之后，爱琴海的制海权一直掌握在雅典手中。在西西里远征中，雅典两次总共派出 150 艘战船，但它在爱琴海的战斗力并没有因此被掏空。

如果雅典要复兴海军，除了现有的 50 艘战船，还需要再新建 150 艘三层加莱船。每艘船需要 170 名桨手，加上其他水手和负责打仗的战士，一艘战船须配备 200 人，出动 150 艘战船所需人力是 3 万人。

雅典在西西里失去了同样数量的同胞，如今它还有能力复兴海军吗？

完成如此艰巨的任务，必须举国上下团结一致。而且，要尽早完成任务。

首先要提振士气。眼下最简单的办法是以追究战败责任为名要求现任政府下台，随后建立新政府取而代之。城邦国家雅典的最高决定权掌握在民众的手里。

西西里远征前，雅典政界被尼基阿斯率领的稳健派和阿基比亚德率领的激进派一分为二，处于两大政党对立的状态。

两派领袖同时出征之后，雅典政府受到两位民众煽动家的影响。

雅典民众对这个政府投了不信任票，重新选出 10 人组成内阁。

学者们称这个内阁为实干内阁，可是在哪个领域都没出现实干家。

实际上，公民大会选出 10 位政治色彩淡薄的人物，他们既不属于稳健派也不是激进派，更不是煽动家，他们组成了类似危机管理机构的内阁。

这个内阁叫“贤人内阁”可能比较合适，其中包括希腊三大悲剧作家之一的索福克勒斯。就因为比好朋友伯里克利多活了 16 年，这位《安提戈涅》《俄狄浦斯王》的作者尽管已 83 岁高龄还是被推上了第一线。

不过，这个“老贤人内阁”不需要主导政局，其主要任务是稳定人心。在国家财政空空如也的这个时期，雅典复兴即海军复兴，必须由民间主导才能实现。

自梭伦改革以来，城邦国家雅典根据财产的多寡将民众分为四个等级。

第一等级中既有大地主也有矿主，还有在海外拥有资产的富裕阶层。从伯里克利时代算起，这个等级的著名人物包括伯里克利、尼基阿斯、阿基比亚德、悲剧作家索福克勒斯、历史学家修昔底德等。

第二等级如果参战，有能力支付马匹和马夫的费用，通常会作为骑兵参战。

雅典的执政者们，即战时作为司令官率军出征的将军，几乎都来自第一或第二等级。

第三等级可以称为雅典的中坚力量。这些男人担任陆地战主力重装步兵，要担起保家卫国的公民责任。

希波战争中雅典胜利的头号功臣地米斯托克利，根据财产划分的话，应该属于这个等级。因此他当选将军后一直被视为“新人”。

罗马人在公民大会演说时，习惯以“建国之父们、新加入的诸君”作为开场白。新加入者被称为“Novus homo”，其中并无歧视之意。但在希腊，哪怕是在民主的雅典，“新人”多少有点异类分子的含义。

另外，免费传授知识的苏格拉底似乎也属于这个等级。他曾经作为步兵出征。

第四等级被称为无资产者，是因为这个阶层的民众不具备让自己坐享其成的丰厚财产。罗马人将他们称作“普罗列塔利”。“无产者”（proletarier）一词正是来源于此。

在雅典，凭借射箭、投石、用长枪等技能参战的轻装步兵都属于这个等级。当然他们最重要的角色是雅典三层加莱船的划桨手。

话说回来，在民主政体的雅典，虽然人们所属等级不同，但在拥有公民权这一点上是平等的。换言之，全体公民都拥有参与国家政治的权利和保家卫国的责任，人人平等。

响应雅典的复兴要靠海军复兴的号召，率先表态的就是第四等级的男人们。

在牺牲者高达 3 万人以上的灾难发生之后，他们依然表示即使薪酬减半也会参军打仗。

由富人构成的第一等级也不甘落后。他们决定每人承担一艘战船的建造费用，包括桨手及其他水手的薪资。

他们做的不只是捐款造船。在希波战争期间，曾有捐出 1 塔兰特巨款的人亲自担任战船的船长，率领船上的 200 人投入战斗。这种特例在西西里远征大灾难之后变成了惯例。

阅读这段相关史料时，我十分愉快。这战船关乎自己的性命，想来富豪们造船时不会偷工减料。想到这个惯例非常巧妙地利用了人心，还是挺有趣的。

言归正传。在全民齐心协力的努力下，150 艘新船终于打造完成。加上原有的 50 艘，雅典海军实现了复兴。由于个人捐款造船并亲自担任船长的富人为数不少，“三层加莱船船长”成为一个专用语。

要武装三层加莱船，需要 170 名桨手，加上其他水手、修理工等，一艘船至少需要 180 人，再算上搭乘的战士，总共是 200 人。

战士可以由重装步兵担任，可雅典在西西里牺牲了超过3万名第四等级公民，这给雅典带来人力不足的问题，尤其是桨手的人数不足。

了解到这个状况后，第二、第三等级公民中不断涌现出志愿者。不管是曾经的骑兵还是重装步兵，他们舍弃马匹，扔掉长枪、重装装备，坐在了桨手的位置上。

指导这些新手划船的，是第四等级公民、被伯里克利称为“熟练技工”的经验老到的桨手们。

雅典海军再次崛起。雅典人经历了“很久都不肯相信”的失落后，在不到一年的时间内完成了海军的重建。

这支再度崛起的军队果然不负众望。侵入雅典领海萨拉米斯湾的斯巴达海军，被他们打得落花流水。雅典海军令希腊城邦再次认识到，雅典依然是海上最强的。

就这样，对于雅典而言最糟糕的公元前413年过去了，时间进入公元前412年。

从这一年开始，战场从希腊本土转移至爱琴海东部海域。

## 爱琴海之东

从现代回望希腊历史的我们知道，雅典与斯巴达之间的伯罗奔尼撒战争从公元前 431 年到公元前 404 年持续了 27 年，它不仅决定了雅典的命运，也决定了整个希腊世界的命运。

在其最后的 8 年，为什么雅典与斯巴达对决的战场转移至爱琴海东部，至今没有一个令人信服的说明。

雅典与斯巴达都位于爱琴海西部的希腊本土。伯罗奔尼撒战争三分之二的时间即 18 年间，除了雅典远征西西里的两年之外，战场始终在希腊本土。

为什么战场会转到爱琴海东部呢?

首先，雅典一方的确有不得不转移战场的原因。

提洛同盟的主要加盟国，也就是提供军船参战、免缴同盟会费的城邦，以雅典为首，还有莱斯沃斯、希俄斯、萨摩斯等岛屿。与这些岛屿相邻的小亚细亚西岸一带的以弗所、米利都、哈利卡那苏斯，都是爱奥尼亚地区主要的城邦。

它们的北面是达达尼尔海峡。对于从黑海周边地区进口粮食的雅典而言十分重要的地区，都集中在爱琴海东部一带。

雅典常年坚守爱奥尼亚地区，是为了防止那些如珍珠项链般串联在一起的提洛同盟加盟城邦脱离组织。

西西里远征的失败，促使雅典进一步将战场东移。

雅典的理由清楚了。那么，与爱琴海东部没有利害关系的斯巴达又是为了什么呢？

任谁都会有这个疑问。

斯巴达没有雅典街头常见的外国居民。它是一个闭关锁国、常年奉行一国和平主义，以坚守吕库古法为国本的城邦国家。因此，斯巴达没有领土扩张的野心。派遣珍贵的重装步兵去扩张领土，是斯巴达人做梦都没想过的事情。

不过，斯巴达人也有平常人的感情。看见对手雅典渐渐没落，不能说他们一点儿都不开心。他们的这个心理被波斯人抓住了。

对波斯人来说，爱琴海东部一带可是有着相当的利害关系。

时间回溯至 80 年前，公元前 490 年，爱琴海东部处于波斯帝国的统治下，而且波斯正野心勃勃地欲向希腊本土扩张。

那一年发生了第一次希波战争，入侵希腊的波斯军队在马拉松平原遭遇雅典重装步兵团的痛击，大败而归。

10 年之后，第二次希波战争爆发。国王御驾亲征的波斯大军先是在萨拉米斯海战中完败给雅典，随后在第二年的普拉塔亚平原，被斯巴达率领的希腊联军打得落花流水，侥幸脱身的国王逃去了美索不达米亚。

从此以后，历任波斯国王都没有摆脱碰触希腊会引火烧身的阴影。67 年后的公元前 412 年，当时在位的波斯国王是输掉第二次希波战争的国王的孙子。历经三代，雅典阴影仍未消失。但这位国王有强烈的愿望，希望夺回第一次希波战争前属于波斯领地的爱琴海东部。

要夺回失地，必须削弱目前控制着这个地区的雅典的势力，使之放弃管辖权。如今，雅典因西西里远征损失惨重，波斯人认为此刻正是他们完成夙愿的好时机。

不过，波斯人不想自己动手，以免再次引火烧身。

因此，他们找上了斯巴达。波斯人表示会提供资金援助，希望斯巴达军队进入爱琴海东部。

当然，双方也不是一拍即合，能达成合作是因为有一个男人介入。但总体来说，斯巴达进入爱琴海东部，是遵照了金主的意愿。

就这样，雅典与斯巴达之间的伯罗奔尼撒战争的最后三分之一的战斗，集中于远离双方国土的爱琴海东部。

公元前 412 年的夏天，雅典和斯巴达军事、外交对决的“战场”附近，出现了阿基比亚德的身影。

爱琴海岛屿以及爱奥尼亚地区

## 再说阿基比亚德

在3年前的公元前415年的夏天，阿基比亚德作为三位司令官之一，率领西西里远征军离开了雅典。

出征不到半年，本国发来召回令，他将作为赫尔墨斯神像斩首案的主犯被审判。在雅典，亵渎神灵罪的人几乎不用审就可以直接被判死刑。这位35岁的年轻将军似乎没有国法不得不从的想法，他在坐船回国的途中逃跑，向斯巴达提出了政治避难的申请。申请得到了斯巴达的批准。不过，阿基比亚德可不是一位能与世无争地静静度过流亡生涯的人物。

他不仅笼络了实际掌控斯巴达政权的5位监察官，还与国王阿基斯保持密切的关系，成为斯巴达的政治、军事顾问。

他向斯巴达建议在阿提卡北部的狄凯里亚建立基地，这样每年夏季北上侵犯阿提卡地区的斯巴达军队无须秋天原路返回。国王及其随从可以每年归国，其他官兵常驻狄凯里亚。经他这么一指点，斯巴达人恍然大悟。这种军事活动持续了16年，从来没人想到这个主意。斯巴达人思维的僵化，不用修昔底德提醒，我们也能明白。

据古代历史学家称，就在国王阿基斯从夏至秋远离斯巴达的这段时间，阿基比亚德诱惑了王后。

对此，我要为阿基比亚德做一些辩护。

为生下身体强健的男孩，斯巴达的女人被要求具备结实魁梧的体格，这个习俗已经持续了百年以上。在斯巴达男人的心目中，女人就是生孩子的机器。在这一点上，他们和视女人裸体为至美的雅典人截然相反。

因此，斯巴达的女性不习惯被男人当作女人对待。换言之，她们对男人的关注没有免疫力。

在这种环境下，斯巴达出现了一位极具雅典风范的男人——阿基比亚德。

35岁、褪去青涩未至熟年的雅典第一美男子。被这样的男人注视，对爱情没有免疫力的王后会产生怎样的感觉呢?

阿基比亚德根本不需要花心思去诱惑。我是这样认为的。

当然，也有现代学者不满地认为，他何必和王后纠缠，有的是其他女人。

这大概是因为阿基比亚德和国王来往密切，相比斯巴达其他女性，与王后接触的机会更多吧。

不管怎么说，王后怀孕了。想来阿基比亚德应该认为拒绝女性是男人之耻辱。

王后诞下男孩，在斯巴达成了街谈巷议的话题。此前阿基斯国王与王后多年未能生育，连国王的私生活都能介入的监察官们，对继承人早已不再抱有希望。

雅典女性像（普拉克西特列斯作品）

所以这个孩子怎么推算都有问题。王后怀孕的时间和国王留在斯巴达的时间不一致。不过，斯巴达人不懂医学知识，王后似乎也要硬撑到底。再说阿基比亚德，他闭口不谈此事，至少这一点上，他还是有绅士风度的。

斯巴达女性像

初次迎来孩子诞生的阿基斯国王似乎还挺高兴的。他温和的态度使得一时甚嚣尘上的流言蜚语消失得无踪无影。

不管怎么说，王后诞下的孩子是一个健健康康、粉雕玉琢的可爱男孩。在斯巴达，把天生有缺陷的婴儿摔下悬崖是自古即有的风俗，可面对如此健全的孩子，负责审核的5位监察官只能举手放行。

国王亲自给婴儿取了一个很有历史渊源的斯巴达名字——雷奥特齐斯。可是王后在身边只有侍女时会轻声地叫孩子阿基比亚德。

史学家认为，阿基比亚德是因为与王后有私情而无法在斯巴达待下去，所以逃去波斯。这样的观点，我认为并不正确。

阿基比亚德的确是在离开斯巴达后前往小亚细亚西岸。但他搭乘的是斯巴达的船，而且在目的地萨迪斯迎接他的是波斯的地方长官。

我个人认为，阿基比亚德前往正在变成新战场的爱琴海东岸，应该是他和斯巴达国王以及监察官们商议的结果，身份有点像派往波斯的外交使节。

阿基比亚德在萨迪斯也没有消停，这既是他的优点也是他的缺点。这一次他成了代理波斯国王管理当地的地方长官提萨弗涅斯（Tissaphernes）的政治、军事顾问。

顺便说一句，迄今为止唯一得到确认的阿基比亚德的肖像画，就是从斯巴达发掘出的马赛克画。

38 岁的阿基比亚德结束在斯巴达的流亡生活，生平第一次踏足爱琴海东部地区。但他具备迅速掌握状况的能力，并且还有将所见与所闻相联系，从而预测未来的能力。

成为他新雇主的波斯，为什么会同意他去萨摩斯岛，我们不得而知。出身高贵的提萨弗涅斯比阿基比亚德年轻 5 岁，作为东方人，他的缺点是往往认为自己比别人更加精明世故。或许对阿基比亚德而言，他是个容易应付的对手。

自萨拉米斯海战胜利后，萨摩斯岛被雅典海军当作基地已经有 68 年的时间。在此期间，雅典能够一直掌控着爱琴海的制海权，就是因为有大本营设在爱琴海西部比雷埃夫斯的本国海军，和常驻爱琴海东部萨摩斯岛的海军这两支武装，从西向东把守着爱琴海。

萨摩斯岛的北面是希俄斯岛。希俄斯岛以北是莱斯沃斯岛。后两个岛屿城邦都拥有独立的海军力量，也是提洛同盟的主要加盟国。西西里远征的失败让这两个岛屿产生了动摇，它们渐渐出现想脱离同盟的迹象，尤其是希俄斯岛已经开始与斯巴达方面接触。对雅典而言，萨摩斯岛在这个地区的重要性比以往更为明显。

常年被雅典海军当作基地的萨摩斯岛，居住着很多雅典人。阿基比亚德决定将这里作为重新崛起的根据地。

## 政局不稳

另一方面，雅典国内的局势不断发生变化。

雅典人从最初闻悉西西里远征军全灭时“无法相信”的情绪中缓和过来，齐心协力再建雅典海军，社会经历了一段时间绝望和不安情绪的考验后，在某种程度上进入较为平稳的时期。

然而，抬出83岁高龄的索福克勒斯等人组成“老贤人内阁”，不是长久之计。所有人都认为必须建立一个强有力且稳定的政府，但在商讨哪一种政体适合雅典的问题上，民众对民主政体的不信任喷薄而出。

仅从文学界看，历史学家修昔底德、悲剧作家欧里庇得斯、讽刺喜剧作家阿里斯托芬等，反民主主义者意外地多。自伯里克利死后开始的众愚政治，令雅典上流社会的文化人深恶痛绝。

普通市民同样心存疑惑。若说是雅典的民主政体导致雅典军在叙拉古攻防战中的惨败，大家大概无法反驳。发起远征以及继续远征战，都是民主投票做出的决定。结果，雅典一半的男人永别家园，死于异国他乡。

就这样，雅典历史上首次出现了“四百人会议”以及随后的

“五千人会议”的政体。雅典从6万选民构成的民主政体转向了寡头政体。

从此，包括无资产者在内的20岁以上公民具有参政权的政体被废除，参政权仅属于30岁以上拥有资产的公民。

这种改变代表了雅典人希望结束战争的愿望，想法本身是正确的，而且也反映了那个时期的民意。

公元前411年，阿里斯托芬的讽刺喜剧《吕西斯特拉忒》（Lysistrate，又译《公民大会妇女》）上演，收到热烈的反响。

对长年累月的战争忍无可忍的雅典妇女们，在吕西斯特拉忒的带领下向斯巴达妇女喊话，为终止两国男人的战争，决定停止房事。持续争战是男人们犯下的错，此时唯有女人们能解决问题。与罗马相比，希腊女性的地位明显低下。这样想来，说她们唯一有效的抗争武器是拒绝做爱，似乎有点说服力。

雅典与斯巴达之间的对决是已经持续了20年的伯罗奔尼撒战争。

要终结这场战争，除了双方讲和没有第二条出路。

斯巴达提出的条件是雅典解散提洛同盟，也就是要求雅典放弃帝国主义路线。

然而，与纯军事性质的伯罗奔尼撒同盟不同，提洛同盟的成员方除开展军事合作以外，还有经济、文化及其他领域的交流。

换言之，如果解散提洛同盟，作为海军大国、经济大国、文化大国的雅典不可能再存在下去。

作为陆军大国、经济小国且几乎没有对外交流的斯巴达，是无法理解雅典的这种处境的。

倡议拒绝做爱，是解决不了这个大问题的。

民众追究战争责任的呼声，大多是在战争长期进行且战果不佳的形势下涌现出来的。

伯罗奔尼撒战争在这时已经持续了 20 年之久。

决定发动战争的是伯里克利，决定继续战争的是民主政府。远征西西里最初是雅典民众决定的，其间没有及时做出终战的决定，最后以悲剧收场的责任也在民主政府。面对寡头派的严厉指责，民主派毫无反驳之力。或许寡头派认为汇总大众的意见是国家误入歧途的根本原因，如果由被选出的人做决定，就能避免错误的发生。

无论集结“四百人”还是“五千人”，目的都是为了实行由少数人领导的政治体制。

后世的学者们认为两者的不同在于，“四百人会议”是“过激的寡头制”，“五千人会议”是“稳健的寡头制”。

历史学家修昔底德称“五千人会议”是雅典城邦迄今实施的最好的政体。

这一派人的目标就是废除伯里克利时代建立起的完全的民主政体。

一、拥有选举权的公民年龄底线从 20 岁提升至 30 岁。

以前雅典规定担任国家要职的人最低年龄是 30 岁。因此被选举权的年龄限制与以前一样，改变的是拥有选举权的公民年龄要求。也许寡头派认为积累了一定经验、思想成熟的人不会对国家政治做出错误的判断。

二、全面废止向国家公务员支付日薪。

当初伯里克利实施这个政策，是为了让那些靠每天劳作求得温饱的无资产者即劳动者，也有参与公务的机会。但要这些人放弃养家糊口的工作是不现实的，因此就算他们抽签获得公职，也只能辞去。虽说这是个人的决定，但他毕竟放弃了原本每个人都有的平等担任公职的机会。因此，伯里克利推出了公务员在一年任期中由国家以薪水方式支付其生活费的政策，并将之制度化。

这个制度如今被全面废止。尽管国家公务员只有一年的任期，但能够胜任的只有无须劳作、生活有保障的有产者。

不过，三层加莱船的桨手也作为国家公务员领取薪水。没有史料证明他们的报酬也被停掉。

桨手是那个时代的船马达。在叙拉古失去了所有战斗伙伴仍坚定地表示哪怕薪水减半也绝不放弃的这些人，都是来自雅典最下层的无资产者。

在西西里远征失败后，雅典能否再次崛起，关键取决于能否重建雅典海军。在这一点上，寡头派和民主派的认识是一致的。如果失去桨手，三层加莱船不要说海战，就连动也无法动弹。既然水手们主动提出薪水减半，也许寡头政府就同意付给他们一半薪水了。

总之，面对西西里远征军的全军覆没，雅典经历了一年半左右的茫然无措期之后，于公元前 411 年的 6 月进入了“四百人会议”的时代。

唯一反对“四百人会议”的是萨摩斯岛基地的雅典驻军。在同盟国脱离提洛同盟越来越公开化的情况下，有雅典海军常驻的萨摩斯岛的地位愈发重要。自认为已经掌控了雅典国内的“四百人会议”，对萨摩斯岛的反对之声不能置之不理。于是，为说服当地的雅典人，政府派遣了两位高官前往萨摩斯岛。

他们在萨摩斯岛见到的是一群深受阿基比亚德影响的雅典人。

有意夺回爱琴海东部的波斯，以及逐渐与波斯结成同盟的斯巴达，都犯了一个大错，就是给阿基比亚德公开发言的机会。只要他开口，一切就结束了。阿基比亚德优秀的说服力不仅表现在一对一的谈话场合，面对大众发言时，他的说服力在当时的雅典也是无人比肩。

就这样，雅典来的两位高官谈判的对手变成了被缺席判处死刑的国际通缉犯阿基比亚德。

39 岁的阿基比亚德在成为国际通缉犯之前，曾经被视为雅典民主派的领袖。他的代理父亲是伯里克利。让这样一位人物承认寡头政体，简直就是荒诞的喜剧。然而，阿基比亚德没有立即拒绝谈判。

他答应会尽量安抚海军士兵们的不满情绪，同时提出了条件。

他的条件是推举他为常驻萨摩斯岛的雅典海军将军（司令官），但当地是否接受这个推举，最终由萨摩斯岛的雅典公民决定。两位高官答应了他的要求，也许他们脑子里只想着平息萨摩斯岛的反对之声。

他们的决定使 4 年前被定罪、目前依然是通缉犯的阿基比亚德重新恢复了公职。因为萨摩斯岛的雅典人再无兴趣与寡头派纠缠，高高兴兴地将阿基比亚德选为将军。他成为正式隶属于雅典海军的萨摩斯岛常驻军的司令。

阿基比亚德的这种行为被古代历史学家，尤其是修昔底德指责为背信弃义。他一面接受寡头政体，一面又是导致该政体垮台的罪魁祸首。

但是，对当时的阿基比亚德而言，首要任务是再次拿回雅典公职。尽管他暂时还不清楚自己是否能达成回国的目标，但成为将军就意味着掌握了实权。

相信阿基比亚德也不看好寡头政体。

雅典的民主政体哪怕从伯里克利时代算起，也已经持续了 50 年。更何况如今的雅典比以往任何时候都需要全民同心协力。在如此重要的时期，一半以上的公民被排除在国家政治之外，这样的体制不可能带来长治久安。

另外不可忽视的是雅典人复杂的心情。在这一点上不分阶层、男女。

所有雅典人都知道，雅典军在叙拉古攻防战中惨败的主要原因之一，是对手拥有吉利普斯这位斯巴达武将。

尽管斯巴达声称没有正式介入，但没有斯巴达政府的许可，编外人员吉利普斯不可能率军出征。另一方面，由斯巴达国王率领的正规军每年都对阿提卡地区的农田进行大肆破坏。这些都令雅典人的反斯巴达情绪有增无减。

可是寡头派从来不隐瞒他们与斯巴达的接触。不赞成寡头政体的雅典人在理智上能够理解与斯巴达接触是构建两国和平的需要，但他们心底的反斯巴达情感难以磨灭。

所以，雅典今后的政体如何选择，关键在于哪种政体更适合雅典的现实。

事实上，“四百人会议”不足四个月便倒台，随后的“五千人会议”也没能维持超过一年的时间。

公元前410年，雅典恢复了民主政体。

话说人在萨摩斯岛的阿基比亚德，来不及等待国内政权此起彼伏地交迭。他在拿到指挥权后，未等“四百人会议”崩溃便率领驻守萨摩斯岛的雅典海军出征了。

也就是说，阿基比亚德再次换了雇主。他先是从雅典逃往斯巴达，继而投奔波斯，这一次又回到雅典。

如果事情仅仅是这样，介绍这位人物倒也简单。但实际上，他的故事并不单纯是更换雇主这么简单。学者们称阿基比亚德脚踏雅典和波斯两只船。

我个人认为，他这一次应该是换乘了雅典这艘船。不过，他并没有和波斯彻底断绝关系，之后也一直和波斯保持着秘密接触。

为什么会怎样呢?

这就要讲清楚阿基比亚德这个男人面对的困难。

年近40岁的阿基比亚德与波斯负责处理爱琴海东部问题的35岁的提萨弗涅斯究竟有过怎样的交流，史料并没有记载。想深入探究两人的关系只有凭借想象力。我认为雅典男人与波斯男人的对决，采用苏格拉底式的谈话最有效果。

阿基比亚德："波斯是打算夺回70年前曾经占据的爱琴海一带的领土吧？"

提萨弗涅斯："嗯，是这样。"

"雅典是你们的障碍。所以你们向斯巴达提供援助，想把雅典赶出这个地区。"

"这种观点也没错。"

"不过，借斯巴达之力赶走雅典后，对波斯而言最重要的问题是，居住在当地的希腊人是否心甘情愿地接受波斯的统治。"

"的确如此。"

"为防止雅典再次抢占这里，你们不能事成后便抛弃斯巴达。相信你们一定不愿意再和希腊人发生战争。"

"嗯，是这样。"

"爱琴海东部的希腊城邦，不管是以莱斯沃斯、希俄斯为首的诸岛，还是以弗所、米利都那样的陆地城邦，它们都以贸易为生。因此，如果不能提供良好的商业环境，它们不会甘心接受波斯的统治，也许会再次寻求雅典的帮助。

"能够控制这些城邦的斯巴达是一个与商业无缘的国家。你应该知道，那里是一个封闭的社会。铁币是唯一的流通货币，外国人不受欢迎，哪怕商人也不准入境。这种状态下，爱琴海东部的希腊人会因为有斯巴达的军事威胁，便心甘情愿地长期接受波斯的统治吗？"

提萨弗涅斯有些答不上来。"这个嘛，怎么说呢……"

这时，阿基比亚德话锋一转。

"波斯想要夺回爱琴海东部，让当地恢复希波战争前希腊人社会的秩序，最理想的情况就是希腊本土的城邦——无论雅典还是斯巴达，实力不断衰落。所以，不能让这两个国家中的任何一方变得强大，要让它们始终处于相互争斗、相互消耗的状态。”

提萨弗涅斯不置可否：“嗯，嗯……”

“要达到这个目的，最简单的方法就是，波斯停止向斯巴达提供资金援助。”

苏格拉底式对话之所以有效，是因为对方会在穷追不舍的诘问之下思路逐渐混乱，对自己原本持有的观点失去信心。

如果这类对话属于哲学层面的讨论，不会有多大问题，不过是令自认为“有知”的人们意识到自己的“无知”。

倘若话题涉及众多人的命运，情况就比较严重。因为谈判的主导权会被阿基比亚德这样的人所掌控。

受命夺回爱琴海东部失地的波斯地方长官提萨弗涅斯，与拿下萨摩斯岛雅典驻军司令官一职的阿基比亚德，在会谈中是否会出现以上情景，我不能保证。

但事实上，自阿基比亚德在这一带出没之后，为排除雅典势力而结成的斯巴达与波斯的统一战线确实开始出现破绽。

波斯人以资金援助为条件，希望斯巴达帮他们夺回至今被波斯人称作“王的领土”的爱琴海东部地区。但斯巴达拒绝将土地转让给波斯。

普拉塔亚平原战的胜利令斯巴达与打赢萨拉米斯海战的雅典共同成为希腊世界赢得第二次希波战争的两大功臣。如果斯巴达将希腊人居住的地区卖给波斯，势必会引发整个希腊世界的不满。

斯巴达拒绝转让土地是双方关系出现裂痕的原因之一。

另一个原因是波斯提供的资金少于斯巴达的预期。或许这是因为波斯人对斯巴达的军事威胁效果并不满意。

斯巴达也因为形势的发展，到了不能没有海军的时期。斯巴达人第一次意识到，从拥有海军到拥有海军战斗力不是一蹴而就的。作为伯罗奔尼撒同盟的盟主，斯巴达可以从半岛全域征集到足够的人力，但正如伯里克利指出的那样，雅典海军这个“熟练技工的集团”是自地米斯托克利以来经过70年打磨形成的。

既然熟练技工是形成海军战斗力的必要条件，斯巴达只能去挖雅典的墙脚。波斯给雅典桨手们开出的价格，让这些雅典底层民众嗤之以鼻。

得知西西里远征军全军覆没之际，他们向国家表示，哪怕薪酬减半，也会继续出海作战。波斯给出的正是这半数的薪酬。如果波斯给出的薪酬在雅典的数倍以上，对本国寡头政府不满的这些人也许会答应波斯的要求。

波斯人商业天分的欠缺简直令人无语。当然，这可能是将土地视为资源的波斯人和相信人的智慧、技能才是资源的希腊人在观念上的不同。

总之，那个时期并没有出现雅典船员大批外流的现象。

就在同一个时期，阿基比亚德开始率领驻守萨摩斯岛的雅典海军频频出现于海上。他的目的是再次彰显雅典海军海上无敌这一事实。与此同时，阿基比亚德通过打击斯巴达海军，让波斯感到自己的援助得不偿失。没有波斯的资金，斯巴达海军不可能进入爱琴海东部一带。

## 海军将领阿基比亚德

一国的政府对国民有两大应尽的责任：保证安全和粮食供给。

自伯罗奔尼撒战争开始以来，斯巴达几乎每年夏天都会派军北上侵犯阿提卡破坏耕地。雅典人之所以能挨下来，是因为通往黑海粮食产地的运输线一直掌握在他们的手里。

可是，西西里远征失败带来的雅典的衰弱，让伯里克利时代好不容易稳固住的粮食补给线也岌岌可危。

为坚守达达尼尔海峡，雅典在海峡最窄处的塞斯托斯港（Sēstos）常驻 18 艘三层加莱船。

为夺取塞斯托斯港，斯巴达海军将 16 艘三层加莱船编成船队北上爱琴海。

这次向斯巴达提供资金的不是提萨弗涅斯，而是与他肩负同样任务的法那巴佐斯。

现代属于土耳其领土的小亚细亚西岸，以及与之相连的属于希腊领土的莱斯沃斯、希俄斯、萨摩斯诸岛，在古代都被划为爱琴海东部一带。波斯帝国将这片地区划为北部和南部两部分，分别交给两位地方长官掌管。

希波战争时，波斯为征服希腊设立的前线基地萨迪斯，以及吕底亚（Lydia）、卡里亚（Caria）等富饶的内陆地区位于南部，归提萨弗涅斯管辖。北部的埃俄利斯（Aeolis）、佛里几亚（Phrygia）地区则归法那巴佐斯管辖。因此，将雅典势力赶出达达尼尔海峡的作战经费由法那巴佐斯提供。

就这样，在从爱琴海通往马尔马拉海的达达尼尔海峡，雅典和斯巴达于海上展开了直接对决。

第一战的结果是雅典获胜。

获胜的第一个原因是，狭窄的海峡尤其考验水手们的技术，在这方面双方水准相差甚远。

第二个原因是，连海运传统都没有的斯巴达没有能统管全船的称职的船长，他们甚至找不到通晓海上气象知识的人才。

所以斯巴达海军遇上风暴时，常常不知如何躲避。叙拉古攻防战中，派去增援吉利普斯的船队在途中遭遇风暴，原本朝西航行的船被海浪推向南方，结果在北非临时停靠。

公元前 411 年发生的这场战役中，斯巴达的 16 艘军船被强风吹得七零八落，不能集中发起攻击，这成了他们败北的原因之一。

雅典获胜的第三个原因是，阿基比亚德获悉斯巴达海军北上达达尼尔海峡的消息后，率领萨摩斯岛的海军加入了战斗。

驻守塞斯托斯港和萨摩斯岛的两支雅典海军部队具体是如何联手作战的，并没有详细资料可查。但很多学者们认为，之所以将第一战的胜利归功于阿基比亚德，是因为其间雅典针对斯巴达的海战几乎全部是由这位国际通缉犯制定的战略和战术。

赢得塞斯托斯港保卫战后，雅典海军没有立即返回基地。他们趁热打铁继续作战，展开了在海峡两岸及其东北方向的马尔马拉海全域夺回雅典霸权的军事行动。

虽然他们没能如愿夺回拜占庭，但位于其对岸的卡尔西登（Chalcedon）重新归属雅典辖下。

只要能确保达达尼尔海峡、马尔马拉海以及博斯普鲁斯海峡的航行安全，从黑海到比雷埃夫斯港的这条粮食补给线便畅通无阻。

城邦国家雅典在遭遇西西里远征这场重大灾难后并没有一蹶不振，它不仅再次建立起海军队伍，而且海军战力重振雄风。可惜雅典海军的再度崛起被国内政府的弊政拖住了后腿。

爱琴海东部和爱奥尼亚地区的周边

## 新税制的失败

叙拉古攻防战的失败，以及之后雅典的重整旗鼓，使雅典的国库空空如也。为发掘新的收入来源，寡头政府向提洛同盟的所有加盟国实施了新税收政策。

同盟国商船需要向雅典支付相当于运载货物总价 5% 的税金，作为提洛同盟全体的安全保障费。

曾因西西里远征军的惨败出现动摇，但最终还是选择留在同盟内的这些盟国，见证了雅典海军复兴后的力量，因此它们在最初阶段同意缴纳 5% 的税金。

但不久后它们发现，只有雅典的商船被免除税金。

各同盟国的不满喷涌而出，这个政策太不公平！

的确如此。提洛同盟内原本是不需要缴纳货物税的。如今增加的 5% 的税金，最终会体现在商品的售价上。相比其他盟国，雅典商船运载的货物价格明显更有竞争力。

面对盟国强烈的不满，雅典政府不得不撤回新税收政策。

雅典寡头政权缺乏一贯性政策的问题暴露无遗。虽然雅典海军的实力正在逐渐恢复，这正是让同盟国接受提洛同盟是命运共同体的绝好时机，可惜被寡头政府浪费了。

与国内政府的混乱局面形成明显对比的，是人们对阿基比亚德的好评度不断上升。

他在雅典国内原本就有着很高的民众支持度。

那年奥林匹克运动会的最终日，驾着四匹马战车率队独占前三名，令整个雅典为之疯狂的阿基比亚德，时隔 7 年依然没有被雅典人忘记。

他自由奔放的言行举止也颇有人气。

雅典的权贵们哪怕出身富裕阶层，大多数人还是保持着朴素的生活。拥有 1000 名矿工的银矿主尼基阿斯从来没有过奢侈的表现。在民众掌握最终决定权的民主政体下，一个政治家的生活方式绝不能引起民众的反感。

可是，阿基比亚德偏偏反其道而行之：我天生有钱，何必遮遮掩掩。

当年四匹马战车的竞赛相当于现在的 F1 赛事。为了加大获胜的概率，他竟然带了 7 辆战车去参加比赛，最终果然是他一人独占领奖台。除了他本人以外，7 辆战车还需要其他骑手，这绝对是一笔莫大的开支。所有的费用都由阿基比亚德个人负担。

除了赛马之外，他在衣服、家具方面都十分讲究，不惜重金购买，并且对师长苏格拉底的苦苦忠告充耳不闻。

不料这反而令他获得民众的支持。因为不虚伪、正直。

## “三层加莱船的船长”

阿基比亚德即将迈入40岁。

自从他与斯巴达在海上交战以来，他拥有了一批新的支持者。

这些人统称“三层加莱船的船长”。他们不仅自费打造战船捐献给国家，而且乘坐自己的船加入海战，所有人都来自雅典富裕阶层。

这些男人们对阿基比亚德的军事才华给予高度评价，他们甚至认为阿基比亚德将成为第二个伯里克利。

阿基比亚德由代理父亲伯里克利抚养长大，他的母亲来自雅典首屈一指的名门阿尔克迈尼翁家族。对“三层加莱船的船长”们而言，他和他们同属一个阶层。雅典富豪们心目中的伯里克利，是民主政体的领袖，同时也是政局稳定的象征。

政治稳定是富裕阶层最为向往的事情。在这个大前提面前，民主政体与寡头政体的争执都属于次要问题。

“三层加莱船的船长”们逐渐认识到，相较于没有明确方向性的寡头政体，一位有能力的人领导下的民主政体更有利于雅典的政治稳定。

除了这些船长，阿基比亚德的支持者中还有一些曾经和他共同担任过司令官的能干的海军军官。

以特拉西布洛斯（Thrasybulus）、特拉墨涅斯（Thēramenēs）等为首的军官，与阿基比亚德属于同一个世代，均是寡头派成员。他们被寡头政府派往萨摩斯岛与阿基比亚德并肩作战以后，没有人再去介意政体上的分歧。

纵使总司令有高明的战略、战术，没有优秀的副将完美执行，依然打不赢战争。

就这样，相较于雅典国内，“国际通缉犯”阿基比亚德在海外基地的地位不断稳固。

最终令海外基地的雅典人决定拥戴阿基比亚德的是基齐库斯（Cyzicus）海战。这场公元前410年与斯巴达海军的战斗再次彰显了雅典在马尔马拉海的霸权。

## 连战连胜

斯巴达人的骄傲是在波斯也赫赫有名的“斯巴达战士”。由他们组成的重装步兵团强大的关键，是士兵们一手持枪一手拿盾牌组成的集攻防能力于一身的密集方阵。它的威力有点接近现代的装甲车军团，浩浩荡荡，令对手胆寒。

与敌人近距离厮杀时，每位士兵之间保持着准确的距离，枪与剑纵横交错，进退娴熟，密集的队形绝不溃散。斯巴达之所以成为希腊城邦中最强的陆军国家，正是因为斯巴达人自少年起日夜习武练就的这种战斗方式。

然而，天下无敌的斯巴达重装步兵也有一个缺陷。

行动迟缓。所谓“迟缓”指的是遇到突然袭击时，他们随机应变的能力较弱。

斯巴达从来就是一个缺少灵活性的国家，在海上作战也照搬陆地重装步兵的作战方式。没有一位斯巴达海军军官怀疑过这样做的有效性。

这个弱点被阿基比亚德抓住了。看来他在斯巴达流亡期间，不只做了让王后怀孕这一件事。

停泊在基齐库斯港的斯巴达战船，和打算夺回此地的雅典海军战船数量不相上下。为了击败对手，阿基比亚德将他麾下的船队一分为三。

第一队由他亲自指挥，第二队的指挥是特拉西布洛斯，第三队由特拉墨涅斯负责。

季节正值6月初夏。战场位于宽阔但不属于外海的马尔马拉海域。雅典海军的“熟练技工集团”正处于“强将手下无弱兵”的最佳状态。

第一船队慢慢接近港口。在港口的斯巴达海军看到雅典船队的规模，以为能轻而易举地击败对手，便接二连三地驶向港外。

在阿基比亚德率领下，第一船队时而攻击时而后退，往返数次，成功地将斯巴达的战船全部引出港外。

就在这时，躲在附近岛屿隐秘处的第二船队，出现在斯巴达船队的左侧，第三船队从右侧包抄，先前充当诱饵的第一船队此刻也掉头转向，同时从三个方向围住了斯巴达船队。剩下的缺口根本无须担心，反应迟钝且控船技术有限的斯巴达海军战船没有几艘能逃回港内。

雅典军在基齐库斯的胜利导致了国内寡头政体的谢幕。风格稳健但依然属于少数人统治的“五千人会议”在这一年垮台。

话说回来，这个修昔底德口中“雅典最好的政府”执政不满一年便分崩离析，并不完全是由于一场战役的缘故。

首先，寡头派产生内讧，有一人被暗杀，这使得民心渐远。

其次，雅典国内民众重归民主政体的意愿不断增强。

国内是寡头政府，另一方的萨摩斯岛支持民主政体。打败斯巴达海军的又是萨摩斯岛的雅典海军。从政府的角度出发，萨摩斯岛的海军是反对派。而率领海军的阿基比亚德又是众所周知的民主派。

萨摩斯岛对寡头政府表现出不满始于公元前 411 年，到公元前 408 年的这 3 年间，雅典与斯巴达在爱琴海东部发生过四次海战，雅典四战四胜。在雅典国内民众的心目中，位于爱琴海另一侧的萨摩斯岛已不仅仅是一个海军基地。

## 回归民主政体

我们不得不遗憾地承认，人类其实并不厌恶战争。人们厌恶的是长期战，尤其是己方走向失败的漫长征途。

因此，名将们会把赌注押在一场大仗上，一战决出胜负，不分海战或陆战。

马拉松会战中的米提亚德、萨拉米斯海战中的地米斯托克利、普拉塔亚平原战中的帕萨尼亚斯，以及之后的亚历山大大帝概莫能外。

这种倾向与民族性无关。迦太基的汉尼拔，罗马的西庇阿都是如此。

因为没有比败退而导致战争长期化更容易失去民心的。

阿基比亚德的四战四胜对雅典居民而言，不是单纯的战场上的胜利。它的意义在于，依然拥有希腊最多人口的城邦雅典，保住了粮食的补给线。

此外，四战四胜再次显示了雅典人海上无敌的实力，这对那些因西西里远征失败而有意脱离提洛同盟的加盟邦，起到了遏制作用。

提洛同盟是一个广域经济体。主导这个经济体的雅典用现代眼光看不过是手工业比较发达，但在古代它算得上是一个了不起的制造业国家，是经济大国。可以说提洛同盟得以维系，就意味着雅典城邦可以维系下去。

阿基比亚德没有一味在海上作战，他同时也展开了积极的外交活动。不过，在与哪方进行外交谈判这个问题上，他和雅典的寡头政府还是存在分歧的。

本国寡头政府希望终结伯罗奔尼撒战争。这个目标本身非常正确，但其深信除了与斯巴达和解别无他路。

可是，斯巴达一方坚持要求提洛同盟解散，不肯妥协，结果造成和谈毫无进展。寡头政府公开接触斯巴达的行径，引起民众对寡头制的反感。

身处萨摩斯岛的阿基比亚德将目标锁定在波斯。斯巴达在爱琴海东部一带活动，如果没有波斯的资金援助是无法实现的。因此，他选择直接和金主交涉。

在这个时期，相信遵波斯国王之令企图夺回失地的提萨弗涅斯肯定焦头烂额。出钱组建斯巴达海军，虽然凑足了战船数量，但在海上接连败给雅典海军。在波斯帝国内只是一介臣子的提萨弗涅斯，面临被追究战败责任的危险。

于是，他想调遣波斯海军进入爱琴海，与弱势的斯巴达海军并肩作战。对陆军大国波斯而言，其海军就是其辖下弗里吉亚

(Phoenicia)的那些船只。小亚细亚西南部一带属于提萨弗涅斯的管辖区，调遣海军他是可以做到的。

就这样，战船数量是雅典两倍的弗里吉亚船队进入了爱琴海。

阿基比亚德闻讯后，带着他仅有的13艘战船前往当地，与提萨弗涅斯进行了高层会谈。

相信这一次他不再需要苏格拉底式的对话。雅典海军近来屡战屡胜已经证明了一切。再稍稍提一下萨拉米斯海战，便足够有说服力。

萨拉米斯海战发生在70年前，那时阿基比亚德和提萨弗涅斯都未出生。当时雅典海军打得波斯海军几乎灰飞烟灭。当年的波斯海军实际上就是弗里吉亚的船队。

如果让萨拉米斯海战重演，提萨弗涅斯的脑袋肯定不保。

阿基比亚德和提萨弗涅斯会谈之后，带着13艘战船穿过停泊在海湾中的弗里吉亚船队，返回萨摩斯岛。他前脚刚离开，留在当地的密探就送来了报告，说弗里吉亚的船队已离开爱琴海，沿着原路返回。

在雅典，继“四百人会议”短短4个月就垮台后，“五千人会议”撑了8个月也轰然倒台。

寡头政体被终结，雅典回归民主政体。这个民主政权将迎接阿基比亚德的归来。

## “爱他、恨他，又需要他”

公元前408年到公元前407年的冬天，阿基比亚德坚定了归国的意志，在公元前407年的年中实现了返回祖国的愿望。

然而，雅典没有赦免回国罪犯的法律规定。阿基比亚德在西西里远征时，拒绝接受本国的召回令逃去了斯巴达，雅典以缺席审判的方式判他死刑。所以阿基比亚德面临归国即遭逮捕并被处以死刑的危险。

还有一点也是他不能掉以轻心的，那就是本国的农民对他恨之入骨。因为他在流亡期间建议斯巴达在狄凯里亚建立基地，这使阿提卡地区的农民这7年来几乎颗粒无收。

鉴于以上原因，阿基比亚德对他的归国计划始终保持谨慎的态度。他不能以武力向雅典施加压力，必须等对方主动接受他回归。

将近43岁的阿基比亚德应该是在流亡生涯即将进入第8年的公元前407年，做出了此刻是归国最好时机的判断。

萨摩斯岛不存在障碍。当地居民对他能回归祖国如同迎接爱子归来般高兴。不过，为避免斯巴达在他离开爱琴海东部后伺机侵略，他必须提前做好防御措施。尽管他只是萨摩斯岛的雅典公民 4 年前推选出的将军，但无论如何阿基比亚德都必须尽到责任。因此，他率领 20 艘战船，对分散在这一带的提洛同盟加盟国进行巡视，整顿防御体系。

结果这趟行程成了向各盟国征收会费的巡视。他征收到的会费高达 100 塔兰特。这个金额可以打造 100 艘三层加莱船。

战船仅靠富裕阶层捐赠，到底数量有限。同盟国缴纳的会费对于长期争战、经济实力不断衰退的雅典而言，是一笔可喜的收入。阿基比亚德这个不可理喻的男人，为归国备好了伴手礼。

安排妥所有事情后，阿基比亚德掉转船头向西航行。时间正值公元前 407 年，秋天即将来临。

在雅典外港比雷埃夫斯，听到阿基比亚德归来传闻的民众们等待着船只抵达。阿基比亚德并没有立即下船。当聚集在港口的人看见那个伫立于船中的身影时，他们大声欢呼，宛如欢迎英雄凯旋般狂热。睽违 8 年，阿基比亚德再次踏上了故乡的土地。从那一天起，无论他走到哪里，身边总是簇拥着热情的民众。

雅典紧急召开公民大会，以压倒性多数票做出了以下的决定。

撤除对阿基比亚德破坏赫尔墨斯神像的起诉。不追究他违抗本国召回令的罪行。不过问他在斯巴达流亡期间担任军事顾问一事。全额归还他被没收的财产。也就是说，所有针对他的指控都被正式撤销。

好事还不止这一桩。

公民大会再次以压倒性多数票推选阿基比亚德为统领陆海两军的雅典军总司令。祖国雅典对他的欢迎超出了他本人的想象。

不知每天沉浸于民众欢呼声中的阿基比亚德有没有注意到一个现象。

时隔 8 年再见的雅典人变得比以往暴躁。暴躁其实是愤怒的一种表现。雅典人的心此时已经伤痕累累。

悲剧作家欧里庇得斯因不满观众对自己作品的反应，已经接受马其顿国王的邀请，离开了雅典。

苏格拉底还在。但他的爱徒阿伽通加入了抛弃雅典的行列中，和恋人包萨尼亚一起去了马其顿。

柏拉图的《飨宴》中登场的人物，当时还留在雅典的除了 63 岁的苏格拉底，还有比阿基比亚德年轻 5 岁的同世代的讽刺喜剧作家阿里斯托芬。

悲剧描述的是人性的高贵，而喜剧嘲讽人性丑陋的一面。日渐迷失的雅典对阿里斯托芬而言，是一个取之不尽的素材宝库。

阿里斯托芬的喜剧《蛙》的主要人物，有每年雅典戏剧节祭祝的酒神狄俄尼索斯和众多作品在戏剧节上演的悲剧作家埃斯库罗斯、欧里庇得斯两位。剧情主要围绕他们三人的对话展开。这里介绍戏剧的最后一部分。

首先狄俄尼索斯开口称，雅典再这样下去，我们的戏剧节今后将十分堪忧。

狄俄尼索斯：“雅典还有没有能干事的人？你们两位对阿基比亚德怎么看？我认为他对城邦来说是一个麻烦的孩子。”

埃斯库罗斯：“雅典人对他抱有怎样的感情？”

狄俄尼索斯：“应该是爱他、恨他，又需要他吧。你们是怎么想的？”

欧里庇得斯：“我憎恨一个对祖国援助何其迟、伤害何其快，对自己的事情有办法、对祖国的问题束手无策的雅典人。”

狄俄尼索斯：“嗯，你说的不错。埃斯库罗斯，你呢？”

埃斯库罗斯：“雅典，不该养育雄狮的孩子。既然养了一头，就得迁就它的脾气。”

狄俄尼索斯听后，长叹一口气说：“主神宙斯啊！拯救这个城邦的希望在哪里？”

对迷失方向正急速下滑的雅典，连天神也无计可施，这应该就是这部作品想说的重点。

顺便说一下。希腊三大悲剧作家，按照年代排序分别是：埃斯库罗斯、索福克勒斯、欧里庇得斯。

埃斯库罗斯本人参加过萨拉米斯海战，他的作品反映了地米斯托克利时代雅典人的心情。

索福克勒斯的作品风格及其个人的生活方式，可以说代表了伯里克利时代。

欧里庇得斯的作品反映了伯里克利时代以后雅典人的面貌。

阿里斯托芬比他们三位要年轻许多。他笔下的人物，大多是把伯里克利时代当作前尘往事的雅典人。

讽刺喜剧虽然对社会弊端有尖锐的揭批，但没有构建一个新时代的能力。因为批判和创造，是两种性质不同的能力。

对公元前 5 世纪的雅典人而言，阿里斯托芬是一位辛辣、幽默的优秀讽刺喜剧作家。对 2500 年后的我们而言，他是一位机智的稀有的社会记者。

翌年，公元前 406 年的春天，44 岁的阿基比亚德从比雷埃夫斯港出发，前往爱琴海东部。这一次他率领了百艘三层加莱船、1500 名重装步兵以及 150 名骑兵。这浩浩荡荡的阵势，与陆海两军最高司令官的身份十分匹配。

然而，就在他返回祖国的这半年里，爱琴海东部的局势风云突变。

# 吕山德

波斯国王有位名叫居鲁士（Cyrus）的弟弟。这位年轻人野心勃勃，不满足于苏萨王宫里美女如云、左拥右抱的生活。国王授予这位胞弟“安纳托利亚西部最高统治者”的头衔，将他派往小亚细亚西部地区，远离波斯帝国中心的美索不达米亚。

国王的本意是赶走麻烦，居鲁士却将之视为实现野心的契机。他的地位凌驾于提萨弗涅斯等地方长官之上，手中握有用之不尽的资源。

来到辖区的居鲁士首先对屡战屡败的斯巴达海军表示了不满，但没有说停止援助。他提出今后不仅继续提供资金援助，而且会增加金额，前提是斯巴达方面要拿出打败雅典的策略。面对波斯王子给予的压力，斯巴达不得不做出回应。

斯巴达不能派遣国王率领的正规军。自吕库古法以来，斯巴达始终坚持一国和平主义，军事上以防守为重。

在爱琴海东部一带和雅典开战，并不是由于斯巴达领土遭受侵略。若国王率正规军出征就是违宪，但他们也不能违背金主的意愿。

于是，斯巴达人再次使出惯用的伎俩，即起用编外人员。派遣由一介士兵率领的非正规军不违反吕库古法。前有伯拉西达、吉利普斯，这一次是吕山德（Lysander）。极端护宪派的5位监察官，以这种编外人员的机制规避宪法，他们的煞费苦心让人忍俊不禁。

吕山德被任命为海军将军，率军前往爱琴海东部，但仅有一年的任期。斯巴达的护宪派对不断起用编外人员带来的“下克上”的风险，还是保持着警戒心的。

从此，吕山德登上历史舞台。他之前的经历无人知晓。

吕山德不像伯拉西达那样父母均为斯巴达公民、本人曾经作为斯巴达的重装步兵经历过严苛的训练，担任过一年的监察官。这些吕山德都未经历过。换言之，吕山德不属于真正的斯巴达公民。

此外，他和父亲是斯巴达公民、母亲是希洛人、本人也受过重装步兵训练的吉利普斯，似乎也不一样。

希腊所有城邦均实行公民全民皆兵制。不具备公民权的人不能参与国家政治，同时也没有参军义务，这是希腊民族创造出的理念。雅典公民权普及至社会底层，所以尽管它经历了西西里远征那般惨重的打击，依然能够征集到士兵。而斯巴达不向手工业者、商人以及农民开放公民权，它始终面临士兵人数不足的问题。

为解决这个问题，斯巴达人推出一个政策，将那些父母是希洛人，但本人年轻时曾随军队出征，作为辅助兵积累下战场经验的男人，提升为斯巴达公民。这些人统称“被解放的希洛人”，他们在一定程度上弥补了士兵数量不足的问题。

从斯巴达起用编外人员的情况看，随着时间的推移，编外录用的频率越来越高，人员质量越来越差。

古代历史学家称吕山德是“农奴出身的士兵”，现代持相同观点的学者也不少。

有关吕山德的出生年月，目前只知道是在公元前450年至公元前440年之间。如果取一个中间值以公元前445年计算，他比阿基比亚德年轻5岁。

抵达爱琴海东部的这位斯巴达司令官和他的前任们一样，没有去拜访提萨弗涅斯，而去萨迪斯参见了居鲁士。

波斯王子与斯巴达派来的海军将领之间，具体展开了怎样的谈话，我们不得而知。唯一清楚的是，居鲁士非常喜欢这位斯巴达人，称以后联系不必通过地方长官提萨弗涅斯，吕山德可以直接与他本人联系。

吕山德等于拿到了一张空白的委任状。在战略、战术以及资金方面，居鲁士对他有求必应。

派往爱琴海东部的斯巴达海军决定将基地设在以弗所。

为什么会选在这里？以弗所曾经是希腊世界首屈一指的城邦，比雅典更早兴起和繁荣。如今这里因为雅典在西西里的败北，不断被来自内陆的波斯势力渗透。

此外，波斯设在小亚细亚的大本营萨迪斯和以弗所之间修有一条道路，它是第一次希波战争时修建的连接波斯首都苏萨与萨迪斯的“御道”的延长线。也就是说，波斯王子与斯巴达的编外将军可通过陆路直接联系。

吕山德没有浪费这个到手的好机会。他在以弗所建起造船厂，以高薪吸引希腊城邦的造船技师。与此同时，他直接将手伸进雅典海军内部，展开对熟练技工的策反行动。斯巴达海军的实力要超过雅典，人才是最优先考虑的问题。

斯巴达海军事实上降格为波斯的雇佣兵。

但还是有不少雅典水手冒着被判叛逃罪的风险，在高薪的诱惑下，跑去投奔了吕山德率领的斯巴达海军。

希腊民族在精神层面上不断劣化。

萨摩斯岛位于距离以弗所50公里的西南海上。相隔半年回到此地的阿基比亚德见到的就是这里的希腊人。

在距离以弗所10公里左右的地方，有以弗所的外港诺提昂（Notium）。有居鲁士的出手相助，那里停泊的斯巴达海军战船数量增加到90艘。

回到爱琴海东部的阿基比亚德，仅率领着13艘战船出海视察。

那个时候，相较于斯巴达的90艘战船，雅典海军除了国内派来的百艘战船，还有驻守萨摩斯岛的海军，在军力上处于优势。这支海军的统帅阿基比亚德决定，先加入副将特拉西布洛斯攻打弗凯亚的战役，随后再和斯巴达海军做正面交锋。

为此，他们要绕过萨摩斯岛北面的希俄斯岛海域，前往海上距离约200公里的弗凯亚，不能让仅与敌军相隔50公里的萨摩斯岛门洞大开。

于是，阿基比亚德决定带20艘船前往弗凯亚，余下的80艘留在萨摩斯岛。这80艘加上萨摩斯岛驻军的10艘战船，总共90艘，足够与斯巴达海军角力。

阿基比亚德对副官下达严格命令，在他本人返回之前，绝不能向斯巴达海军挑起事端。

安排好相关事宜之后，阿基比亚德带着载满重装步兵的20艘战船，出发前往弗凯亚。

不料，受命防守萨摩斯岛的副官安条克斯（Amtiochus）来不及等司令官归来便采取了行动。

他渴望像阿基比亚德那样赢得辉煌的胜利。阿基比亚德指挥的基齐库斯海战堪称战术使用的典范，安条克斯跃跃欲试，也想立下军功。

这位雅典人不明白，所谓战斗，无论在陆地还是海上，都不仅是士兵与士兵肉体的搏斗，更是司令官与司令官之间头脑的较量。

就这样，史称“诺提昂海战”的战斗在斯巴达海军基地诺提昂附近展开。

手中握有90艘战船的雅典军副官打算把斯巴达海军从港内引向海上，但吕山德没有上钩。他不仅没有上钩，反而趁雅典海军因计划落空而动摇之际，出动全体船队向雅典海军发起了攻击。

阵型大乱的雅典一方损失了15艘战船。吕山德向被俘的15艘战船的船员提出条件，让他们为斯巴达打仗，以换取一条生路。所有人都接受了他的条件。这次海战的结果是雅典海军损失15艘战船，斯巴达海军增加了15艘战船。

爱琴海东部、诺提昂及其周边

阿基比亚德闻讯火速返回萨摩斯岛，率领剩余的船队直奔诺提昂。在港口封锁的状态下，向吕山德下了战书。

吕山德没有理会他的挑战。哪怕雅典海军的前卫冲进港内，攻击了数艘斯巴达战船，吕山德依然不准船队出港迎战。

若与阿基比亚德直接交锋，后果不堪设想，吕山德绝不肯冒险。阿基比亚德挑战未果，只能返回萨摩斯岛。

消息传到雅典国内，沉默了一年的反阿基比亚德派，终于抓到机会再次发声。这一派原本就是煽动家占多数，而雅典也重新回到煽动家耀武扬威的社会状态。

这些人善于煽动民众的不安和怒火，所以被称为煽动家。在他们看来，批判、指责无所谓有没有事实根据。雅典海军虽然在诺提昂海战中遭受损失，但那只是雅典海军上百艘战船中的15艘。可惜这种冷静的意见，完全淹没在煽动家们的叫嚣声中。这些人宣称阿基比亚德去弗凯亚是为喝酒找女人，他扔下雅典海军不顾才导致败给斯巴达人。

## 阿基比亚德失势

受煽动者挑唆的雅典人举行公民大会，当场决定解除阿基比亚德“陆海两军雅典军最高总司令”的职务。此外连“将军”的职务也被一并撤销。

吕山德收获的不只是15艘雅典战船，他最大的战果是把阿基比亚德踢出了战场。

对阿基比亚德而言，这是雅典第三次让他心想而不能事成。

第一次是四国同盟结成后不久的公元前419年。

第二次是西西里远征开始的公元前415年。

这一次是公元前406年。

此时，阿基比亚德面前有两条路可以选择。

第一，立即回国，在公民大会上说明诺提昂败北的实际原因，洗刷自己的罪名。说服民众的自信他还是有的。

不过，这样做意味着与反对派正面交锋。虽然出征是副官的自作主张，但作为最高司令官就应负全部的责任。如果民众同意反对派提出的这种观点，阿基比亚德就可能被起诉，面临被制裁的危险。

第二条路是接受革职的命令，找个地方暂时隐居，待风头过后东山再起。阿基比亚德选择了第二条路，或许他相信雅典人早晚有一天会需要他。他才 40 多岁，有时间等待。

阿基比亚德乘坐其自费打造的曾经作为最高司令官旗舰的三层加莱船，离开了萨摩斯岛。他的目的地是位于马尔马拉海西岸的一个城镇，那里有他的土地和房子。

退出爱琴海东部战场的不单是阿基比亚德。吕山德也因为一年任期届满被召回斯巴达国内。

如果吕山德就此留在斯巴达，那将是雅典人的幸运。然而，吕山德再次被斯巴达人派往战场。

得知吕山德被召回，居鲁士表示了强烈抗议，斯巴达不能置若罔闻。不过，作为斯巴达保守派代表的 5 位监察官并没有让吕山德继续担任原职。他们任命卡里库拉迪塔斯（Kallikratidas）为海军司令，吕山德以副官的身份与其同赴前线。卡里库拉迪塔斯是一名勇敢的陆军将领，但不熟悉海战，实际指挥权明显还是掌握在吕山德手里。

在雅典，阿基比亚德被革职之后，关于“陆海两军雅典军最高总司令”的地位导致集权化的反对声依然不绝于耳。为防止一人独大，雅典决定采用 10 人集体指挥体系，选出的 10 位将军被授予同等的指挥权。相较于吕山德一人指挥的斯巴达海军，雅典海军的指挥权越来越分散。

## 司令官们的死刑

公元前 406 年，雅典民主政府从这一年当选的 10 位将军中挑出 8 人，将他们派往爱琴海东部。

部队增加的不仅是司令官的人数，110 艘战船也在短时间内被打造出来。雅典人通过征收特别税、剥下神殿内神像身上的金箔、熔化祭祀用的银制餐具等方式扩大财源，并呼吁广大市民积极参军，终于获得了 110 艘三层加莱船的战斗力。

令人感慨的是，他们没有足够的时间培训战船的桨手。在这一点上，从雅典挖去大量熟练技工的斯巴达海军处于有利位置。

从比雷埃夫斯港出发的 110 艘战船，再加上萨摩斯岛的战船，雅典军总共 150 艘战船。这支雅典海军船队将和获得波斯资金援助、战船数量增加至百艘以上的斯巴达海军，在海上对决。

战场位于莱斯沃斯岛与小亚细亚西岸之间的阿吉纽西岛（Arginousai）的近海附近。

如今拥有大量熟练水手的斯巴达海军甚至效仿雅典最擅长的战

术，不再直接撞击，转而采用大幅度迂回包抄的战术。不过，使用这种战术除了技术熟练的划桨手，还需要能发出正确指令的舰长级军官。非海运国的斯巴达缺乏相关人才，即便是吕山德也没有达到这个水准。话说回来，这一年雅典也没有出色的海军将领。

结果，一场海上会战变成了混战。站在旗舰的船首高声发号施令的卡里库拉迪塔斯掉进海中，从此再也没有出现。总司令的死令斯巴达海军陷入混乱，他们在这一天的战斗中失去了69艘战船，侥幸脱身的船队逃去已经归斯巴达管辖的希俄斯岛。

但雅典军方面并未赢得完全的胜利。他们在追击退往希俄斯岛的斯巴达船队时遇上风暴，桨手们来不及应对，战船接二连三地沉没。面对漂浮在海上大声呼救的同袍，自身难保的海军们放弃营救，匆匆撤离。

得知消息后，雅典民众——尤其是那些因未获营救而沉没海底的阵亡者的家属怒火中烧。煽动家们趁机造势，人们愤怒的情绪愈发高涨。此时的雅典已经没有能及时有效地平息这种状态的政治家了。

狂怒的雅典民众对被派往战场的8位将军提出诉讼，要求判处他们全体死刑。

负责审议此案的“五百人委员会”中有64岁的苏格拉底，他的反对没有奏效，“五百人委员会”以压倒性多数决定将判决权交给公民大会，这等于变成了人民公审。

两位司令官在听到风声后逃走，剩下的6人被处以死刑。

雅典人早已没有了能一次处死6位司令官的底气和人才储备，但他们还是这样做了。

就这样，打赢了海战却伤害了自己的雅典，在公元前406年的冬天，收到来自斯巴达的和谈建议。这不是斯巴达人在海战败北后做出的绝望决定，而是他们厌倦了对波斯唯命是从。

令斯巴达产生转变的领头人是刚即位不久的帕萨尼亚斯。这位年轻的国王是第二次希波战争中在普拉塔亚平原率领希腊军彻底歼灭波斯大军的帕萨尼亚斯的孙子。

70多年来，波斯始终不敢踏入爱琴海，是因为雅典人地米斯托克利指挥的萨拉米斯海战和斯巴达人帕萨尼亚斯指挥的普拉塔亚平原战，将波斯人彻底赶出了希腊世界。和当年的英雄同姓的年轻的斯巴达国王，对目前斯巴达人亲近波斯的状态，想来是感到难以忍受吧。

这一次，5位监察官与国王站在了同一阵线。而越过斯巴达政府与波斯王子居鲁士关系密切的吕山德，令这些吕库古法的坚定守护者感到极其不安。

可惜希腊世界两大强国达成和解的最后一次机会，因为雅典的拒绝终究未能实现。

此时的雅典公民大会已经完全被煽动家们操控。这些人声称雅典掌握着海上优势，如果议和，斯巴达必须归还伯罗奔尼撒战争开始前所有属于雅典辖下的地区和岛屿。这等于是彻底否定伯罗奔尼撒战争。

斯巴达无法接受这样的条件。斯巴达是伯罗奔尼撒同盟的盟主。伯罗奔尼撒战争是雅典主导的提洛同盟和斯巴达主导的伯罗奔尼撒同盟之间的战争。面对共同征战至今的科林斯、底比斯等盟国，斯巴达不可能权当这场战争没有发生过。

就这样，时间来到公元前 405 年。伯罗奔尼撒战争进入第 26 年。

雅典为选出合适的将军大为苦恼。在前一年，8 位司令官被集体起诉，除了两位逃亡，其余的全部被处死，这使能率领海军的将才严重紧缺。但雅典人依然选出了 10 位将军，令其中 6 人前往爱琴海东部。

吕山德的动作比雅典人更快。

此时的吕山德已经放弃了始终将他视为编外人员的祖国斯巴达，决定为认可自己能力的波斯效力。

波斯正打算收回在 75 年前的希波战争中失去的爱琴海东部一带。为达到这个目的，必须驱逐控制着这个地区的雅典势力。

吕山德认为削弱雅典力量最有效的方法是切断其粮食补给线。于是他率军前往达达尼尔海峡。

想到这个策略并不需要特别聪慧的头脑。雅典人是被对方钻了空子。他们因为起诉司令官的骚乱以及随后的处刑、选新将军等问题浪费了时间，疏忽了对重地达达尼尔海峡的防守。

事实上，率领斯巴达海军进入达达尼尔海峡的吕山德，见到当地实际处于毫无防备的状态，也感到相当吃惊。

吕山德首先占领了两个最容易得手的海港，它们是位于海峡亚洲一侧的阿卑多斯（Abydos）和兰普萨库斯（Lampsacus）。达达尼尔海峡最宽处也仅有 10 公里，那里正是亚洲和欧洲的分界线。掌控住亚洲一侧的两个港口，便能阻断从黑海经马尔马拉海通往爱琴海的雅典粮食供给线。吕山德向拥有希腊世界最多人口的雅典发起了粮食攻击战。

这个消息足够震撼雅典人。如梦初醒的雅典人召开公民大会，向同盟国发出紧急呼吁，最终调集到180艘战船，由6位将军率领前往达达尼尔海峡。

180艘三层加莱船，是提洛同盟当时的总军力。船只需要配备3万名划桨手。作为提洛同盟的领袖，雅典摇摆不定的战略以及因此造成的时间上的损失，使他们的海军在船只和人力两方面都出现不足。

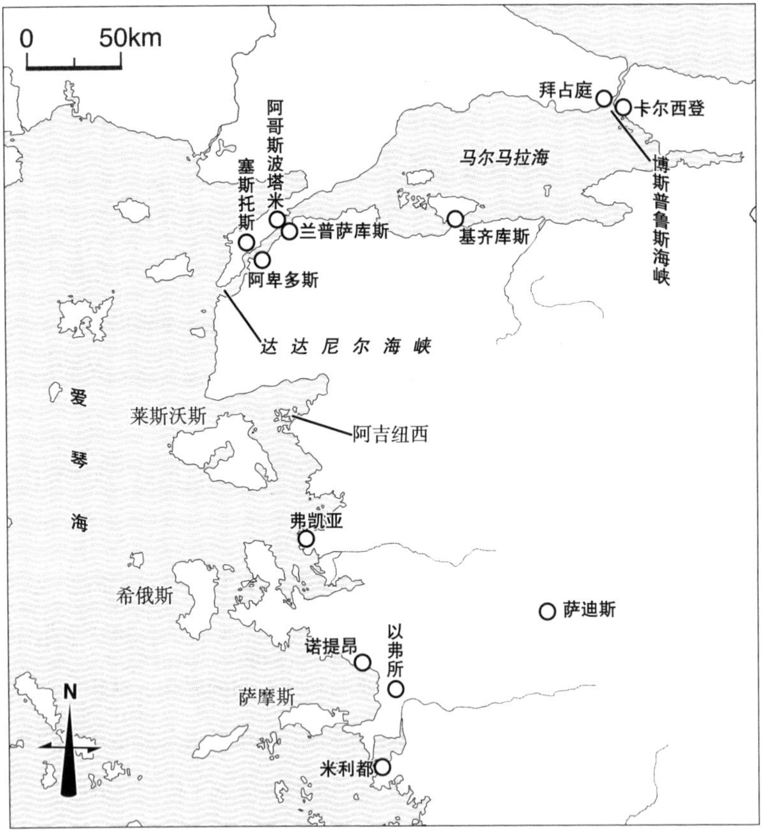


爱琴海东方、达达尼尔海峡周边

进入达达尼尔海峡的雅典海军将战船停靠在欧洲一侧的阿哥斯波塔米（Aegospotami）。他们与集结在兰普萨库斯港的吕山德麾下的斯巴达海军相隔 8 公里。也许 6 位司令官认为这个距离最适合两军对阵，所以选了此地。

在面临达达尼尔海峡的海港中，当时的阿哥斯波塔米是一个几乎没人关注的小港。它因阿哥斯波塔米河从附近流过而得名。与其称它为港口，不如叫它浅滩，总之这里非常不适合 150 艘以上的三层加莱船停泊。

这时，阿基比亚德突然出现在阿哥斯波塔米。被解职后居住在马尔马拉海沿岸城镇的阿基比亚德，没有忽略吕山德及斯巴达海军的动向。他从隐居地一个人策马飞奔来到雅典海军营地，情绪激动地向司令官们提出了自己的主张。

阿基比亚德质问他们为什么把基地设在阿哥斯波塔米，而且还是全军聚集在一起。

此地与敌军仅相隔 8 公里，而且海面过于狭窄。更何况这里远离爱琴海，无法获得友军提供的补给。士兵们不得不下船前往内陆采购军粮。

阿基比亚德建议将基地转移到塞斯托斯港。那里海域开阔，而且常年处于雅典辖下，当地居民和雅典关系友好，同时那里靠近爱琴海，便于接收补给。

虽然塞斯托斯对岸的阿卑多斯掌握在斯巴达人手里，但那里的斯巴达海军的战斗力无须担心。雅典人需要担心的是集结在兰普萨库斯港的斯巴达海军，他们是吕山德的直属部队。吕山德不像我们熟悉的斯巴达人，所以雅典海军首先要让他不能自由行动。

听完阿基比亚德热情的解说，雅典海军的司令官们只是冷冷地回答："你已经不是将军。我们没有义务采纳你的意见。"

如果当时的司令官中有特拉西布洛斯和特拉墨涅斯，或许情况会有所改变。这两位曾经作为阿基比亚德的副将，在爱琴海东部取得屡战屡胜的战果。只可惜他们卷入前一年的起诉案，尽管侥幸逃生，但被革除了海军军官的职务。

结果，阿基比亚德只能灰溜溜地独自踏上归程。

而吕山德发现了雅典海军的弱点。他麾下的海军中有很多是从雅典海军争取过来的水手。虽然相隔 8 公里，但双方水手私下联系的可能性还是存在的。

也许吕山德是无意中听到了这个消息，也许他一早就打算利用这些水手打探敌军的消息。

斯巴达海军严阵以待，只等机遇降临。他们的补给由波斯提供，因此有底气耐心等待。吕山德等待的时机是雅典海军忍受不了基地的不利环境着急出动的时刻。

在两军对峙中，时间来到公元前 405 年 8 月。

## 唯一一次海上败北

这场战役史称“阿哥斯波塔米海战”。但实际战况根本配不上海战之名。

雅典海军闻悉斯巴达海军来袭，便出海迎战。不料斯巴达人匆匆打了几个回合便扬长而去。于是，放松警惕的雅典人返回阿哥斯波塔米港，下船准备找食材做饭。就在这时，他们遭遇掉头回来的斯巴达海军的攻击。雅典海军在来不及反击的情况下被一网打尽。这就是“海战”的经过。

斯巴达海军的船只和士兵损失几乎为零。

雅典海军中幸免于难的是在某两位司令官率领下个别行动的 10 艘战船上的士兵和水手。这些人之所以能活下来，是因为他们没有逃回本国，而逃去了在伯罗奔尼撒战争中保持中立的克里特岛。大家都很清楚，如果逃回雅典，等待他们的就是死刑。

就是这样一场没有发生真正的海上交锋的海战，让雅典把包括参战的同盟国在内的多达 170 艘战船、3 万名士兵拱手交给了敌人。

吕山德亲手用剑削下了被俘的 4 位雅典将军的头颅。

斩首的处刑法，在斯巴达及其他希腊城邦已经很久没有实施了。就算在东方，像波斯那样文明程度高的国家也不再使用这种野蛮的处刑方法。

随后，吕山德从 3 万名俘虏中挑出 3000 人。这些人仅仅因为是雅典公民，便惨死于刀剑之下。

剩下的 27 000 名俘虏在接受了严令后被释放。

吕山德给他们下达的命令是，必须回到自己的国家。如果他们跑去其他地方，会和那 3000 雅典人遭受同样的命运。

吕山德释放俘虏，并不是因为他恢复了善良的人性，只不过是因为斩杀 3000 人已经足够劳神劳力，要杀死 3 万俘虏是不现实的。

以回国为条件释放雅典俘虏的另一个原因是，吕山德打算让雅典进一步陷入军粮不足的危机。

这一年的秋天，吕山德将主要精力放在达达尼尔海峡两岸，他准备把当地城邦一个不漏地统统收归斯巴达辖下。因而，另一边的雅典没再收到一粒来自黑海的小麦。

## 暗杀阿基比亚德

暗杀计划可能在当年的冬天开始酝酿，在新一年即公元前404年到来后不久便迅速执行。

公元前404年，春天尚未到来，阿基比亚德就在隐居地被杀。

有关凶手及其背后的主谋，在当时就是个谜，时至今日依然不明。

袭击阿基比亚德的一群男人，先点燃了房子，随后见阿基比亚德提着剑从火中冲出家门。他们没有接近他，只远远地围起一个包围圈，同时拉开弓箭，射死了阿基比亚德。

对于背后的主谋，在当时有三种说法。

第一，和阿基比亚德同居的女人的父亲。这位波斯权贵因不满阿基比亚德与女儿在一起，派人杀了他。

第二，雅典的反对派。是他们派出刺客执行了暗杀行动。

第三，吕山德派去一队波斯士兵杀了他。

事情的真相连现代的学者们都没有弄清。不过，如果问年仅45

岁的阿基比亚德的死对谁最有利，答案恐怕只有一个：吕山德。

吕山德是那么极力回避直接对决，任凭阿基比亚德挑衅，绝不回应。对吕山德而言，令他恐惧的对手只有阿基比亚德一个。阿基比亚德死后，吕山德才开始着手实施他的下一个战略：彻底瓦解提洛同盟。

# 被遣返的人们

公元前404年的春天，成功完成达达尼尔海峡镇压任务的吕山德，带着在阿哥斯波塔米缴获的已经换上斯巴达军旗的雅典军船，从达达尼尔海峡进入了爱琴海。在阿基比亚德这个威胁消失后，吕山德制定的战略是镇压遍布爱琴海全域的提洛同盟的城邦。

雅典人听说了吕山德的动向，却无计可施。前一年夏天的阿哥斯波塔米海战造成的精神创伤尚未痊愈。雅典虽然还剩少部分英勇的年轻人，但他们什么也做不成。

雅典已经没有海军了。一直以来，凭借海军这块根基，雅典总能从打击中再次崛起。现在海军没有了。

此刻，吕山德率领的斯巴达海军有充足的底气，他们有条不紊地展开了对提洛同盟的瓦解行动。

吕山德用的手段并无新意。

提洛同盟不但是军事同盟，也是一个经济同盟。加盟的诸国有点像现在大公司的分公司、分店，有很多雅典人居住在这些城邦中。

提洛同盟自创建已走过四分之三个世纪，从祖父辈起便生活在盟邦地区的雅典人为数不少。

吕山德要求这些人放下一切全体返回雅典。阿哥斯波塔米海战后3000名同胞惨遭杀害的消息传遍提洛同盟的各个盟邦，所有人都很清楚违令者会被处死。

他们只被准许准备数日，大多数人除了一些随身用品，几乎是两手空空地登上了返回祖国的海船。

雅典富裕阶层的海外资产就这样被一扫而光。

因停止进口黑海地区的小麦而陷入恐慌的雅典本国人，在比雷埃夫斯港等来的不是满载小麦的船只，而是满载被遣返同胞的一艘艘船只。

几乎每天都有来自不同地方的船入港。它们包括：爱琴海北面的卡尔息底亚地区以及达达尼尔海峡附近的城镇，连接爱琴海东部的利姆诺斯、莱斯沃斯以及位于希俄斯岛的以弗所、米利都、哈利卡那苏斯这些希腊文明的诞生地。除此之外，还有爱琴海中部岛屿纳克索斯、米洛斯、埃伊纳，爱琴海全域的海外居民都遭到遣返，提洛同盟的盟邦无一漏网。

唯一没有向吕山德屈服的，是长年被雅典海军当作基地的萨摩斯岛。

然而，区区数十艘战船的抵抗力太微不足道，吕山德甚至连动武的心思都没有。在他眼中，萨摩斯岛是一个不值得耗费时间和劳力的地方。

仅仅因为一次海上惨败，提洛同盟就在创立75年后灭亡了。

像要追赶满载被遣返者的船只似的，吕山德率领150艘三层加莱船逼近雅典外港比雷埃夫斯。

另一方面，由阿基斯和帕萨尼亚斯两位斯巴达国王率领的伯罗奔尼撒联军，从首都雅典北部的阿提卡地区正朝着雅典的方向南下。

雅典城邦自建国以来，首次受到来自陆海两方的攻击。

梭伦改革开启了雅典民主的第一步，雅典在庇西特拉图统治时代经济得到发展。随后在克里斯提尼领导下全面改为民主政体，在地米斯托克利率领下击败波斯，之后经由伯里克利之手实现了民主政体的完善。在此期间雅典经历过多次战争，失去大量的男子，但它始终保持着希腊世界最大城邦的傲人地位。现在这里又增加了大批被遣返者。然而在提洛同盟消亡的情况下，小麦的进口渠道被完全切断。

断粮的攻击手段对雅典最为见效。对于这件事情的严重性，雅典人上下认识一致。他们除了与斯巴达谈判无路可走，这一次没有人反对。

这种时候，煽动家们无用武之地。斯巴达人不喜欢这些激进的民主分子，如果派他们去谈判，势必会被赶回来。

于是，和斯巴达谈判的任务落到了寡头派的特拉墨涅斯身上。与寡头政体的斯巴达交涉，还得是寡头派人士。

特拉墨涅斯当初被“四百人会议”派往萨摩斯岛，成为阿基比亚德的副将，他在那一带曾经和斯巴达有过海上交战的经历。因此，特拉墨涅斯虽然感情上倾向于寡头派，但并不是一个顽固不化的寡头主义者。这位更接近现实主义者的雅典武将逃过了死刑判决，却无法从国家存亡的危机中抽身离去。

在另一方的斯巴达，情况也有变化。吕山德对雅典俘虏残暴的杀戮，引起斯巴达当权者们的厌恶，他们把他排除在谈判席之外。

代替吕山德出面与雅典交涉的，是两王之一的帕萨尼亚斯。另一位国王阿基斯卧病在床。

送走谈判代表特拉墨涅斯之后，雅典人一边面临粮食日益短缺的困境，一边忐忑不安地等待着自己和家人的生命判决，在夏季的 3 个月中苦苦煎熬。向来对祖国的危机也能打趣调侃的讽刺喜剧作家阿里斯托芬，在这段时期没有发表任何作品。如果连他也无心提笔，相信整个雅典都失去了笑声。

特拉墨涅斯从斯巴达归来是在 3 个月之后。

对于终结长达 27 年的战争，不仅雅典，连斯巴达也表示赞同。谈判之所以耗时 3 个月，不是因为伯罗奔尼撒同盟内地位仅次于斯巴达的科林斯和底比斯反对终战，而是因为他们提高了谈和的价码。

科林斯人和底比斯人的态度极其强硬。

他们主张将雅典城夷为平地，杀尽所有打仗适龄男子，妇女和孩子全体变卖为奴。他们认为挑起战争的雅典理应受到这样的处置。

但斯巴达没有同意。尤其是帕萨尼亚斯国王，他面对不肯妥协、坚持严惩雅典的科林斯和底比斯代表，以严厉的口吻说："你们难道忘记了吗？ 你们的国家至今作为自由城邦存在，你们能够作为自由公民在这里发言，这一切都拜 80 年前雅典率领希腊人赶走波斯人所赐。"

雅典逃过一劫。斯巴达年轻国王的态度，可谓英雄惜英雄，欧洲人称之为“骑士精神”。他挽救了雅典，也保全了帕特农神殿。

话说回来，特拉墨涅斯 3 个月后带回来的谈和条件，仍然相当苛刻。

## 无条件投降

一、城邦国家雅典从此成为斯巴达的同盟国。也就是说，无论是本国防卫战还是前往他国作战，没有斯巴达的允许，雅典不得擅自行动。

二、放弃提洛同盟时代控制的所有城邦、岛屿，这些地方从今往后就是和雅典毫无关联的城邦。

三、允许保留 12 艘三层加莱船。雅典拥有的战船不得超过这个数量。

常备 200 艘战船的雅典，今后只能拥有区区 12 艘。雅典海军被彻底消灭。

四、撤除所有建立在比雷埃夫斯外港的防御设施。当地的两间造船厂的规模要收缩至最小程度。

五、连接首都与外港长达 7.5 公里的“长墙”数段被毁，被破坏的部分总长 2 公里。

长墙相连才能发挥作用，当中被切断就形同虚设。

第二次希波战争刚结束，地米斯托克利即下令建起这道“长墙”，伯里克利时代又进行了完善改建的工程。它的作用在 75 年后被终结。

地米斯托克利构思并在他执政期间完成的雅典—比雷埃夫斯外港的一体化，长久以来始终是雅典繁荣的源头。如今化为泡影。

凭借这个一体化，雅典曾成为爱琴海乃至东地中海地区的一大通商中心。这已成为昔日往事。

雅典人的性命被保全了。他们没有被杀，也没有被当成奴隶。在他们生活的城市，帕特农神殿依然闪耀着灿烂的光芒。

但是，城邦国家雅典不仅无法维持海军大国的地位，甚至被迫失去经济大国的地位。

无条件投降的雅典，还有另一个必须接受的条件。

六、接受流亡在外的反民主派人士归国。

斯巴达没有强制雅典放弃民主政体，建立寡头制政府。

斯巴达人将营地设在俯瞰市区的卫城山上。雅典市民在斯巴达士兵的监视之下，“接受”了这些反民主派人士的回归。

虽然新政权只是一个处理战败问题的政府，但雅典已经在事实上从民主政体转向寡头政体。

以上这一切在公元前 404 年春天至秋天的短短数月内，成为现实。

它们发生在雅典击退来犯的波斯大军，为日后的繁荣昌盛铺平道路的 75 年后。

它们发生在保持雅典的繁荣并成功将之发扬光大的伯里克利去世仅仅 25 年后。

作为希腊代表的城邦国家雅典，在公元前 404 年侥幸地躲过了灭亡，但躲不过衰败。

雅典兴盛的四大要素有：

一、民主政体。

二、雅典海军。

三、雅典—比雷埃夫斯港一体化。

四、提洛同盟。

雅典在短短的 25 年内丧失了所有。

它再也不是霸权国家。

苏格拉底的教导正确无比。

人最大的敌人不是别人，是自己。

雅典人败给了他们自己。换言之，是自我毁灭。

伯罗奔尼撒战争前雅典的势力范围（公元前 431 年）

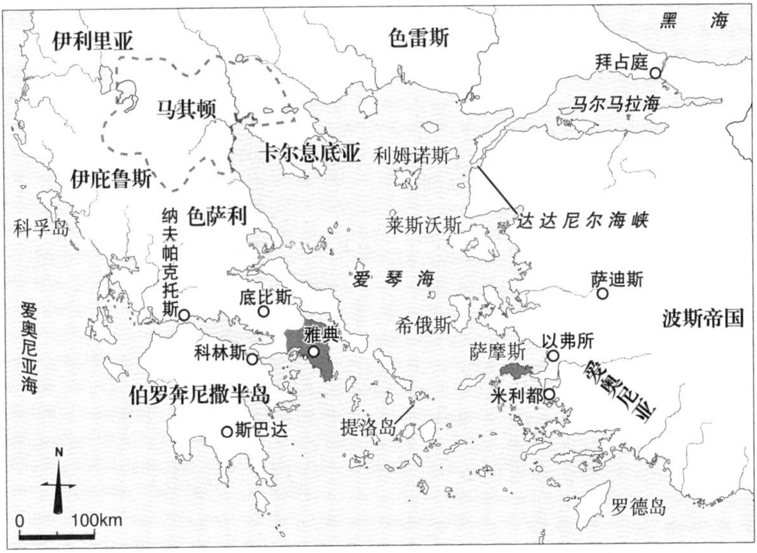


伯罗奔尼撒战争后雅典残存的势力范围（公元前 404 年）

# 年表

| 年代（公元前） | 希腊世界 | 其他地区 |
| --- | --- | --- |
| 546 年 | 以斯巴达为中心的伯罗奔尼撒半岛的城邦国家结成伯罗奔尼撒同盟 | （公元前 539 年）阿契美尼德王朝波斯的居鲁士大帝征服巴比伦，今中东地区归属波斯 |
| 477 年 | 以雅典为中心的遍布爱琴海海域的城邦国家结成提洛同盟 | |
| 464 年 | 夏，以斯巴达为中心的拉科尼亚地区发生严重地震，造成巨大损失。没有公民权的希洛人纷纷叛乱 | 阿尔塔·薛西斯继承波斯王位 |
| 463 年 | 被希洛人叛乱所扰的斯巴达向雅典请求援助 | |
| 462 年 | 稳健民主派领袖阿里斯泰德死去。为压制势力逐渐增长的激进民主派，客蒙继任稳健派领袖<br>雅典公民大会接受斯巴达的求援，决定派遣客蒙率领 4000 名重装步兵出征。后斯巴达担心社会形态遭到破坏，令客蒙即刻率军返回雅典 | |
| 461 年 | 雅典公民大会不满客蒙对斯巴达一味顺从，决定对其实施陶片放逐，客蒙被流放国外 10 年之后，激进民主派的伯里克利成为领袖 | |
| 453 年 | 提洛同盟基金储藏地从提洛岛变更至雅典 | |
| 451 年 | 客蒙的国外流放期满，客蒙回到雅典。与斯巴达签订 5 年期休战协定。春天，客蒙率大军远征塞浦路斯，于途中病逝 | |

续表

| 年代（公元前） | 希腊世界 | 其他地区 |
|---|---|---|
| 450 年 | 伯里克利任命客蒙姐夫卡里阿斯为特使，向波斯国王阿尔塔·薛西斯提出议和 | |
| 448 年 | 雅典与波斯和谈成功，签署以特使名字命名的《卡里阿斯和约》 | |
| 447 年 | 在伯里克利的推动下，雅典开始于卫城山丘建造帕特农神殿。雕塑家菲狄亚斯担任工程总监 | |
| 446 年 | 雅典与斯巴达签订的休战协定到期 | |
| | 这个时期，雅典在面朝科林斯湾的纳夫帕克托斯建立基地 | |
| | 优卑亚的各城邦国家和阿提卡的墨伽拉宣告拒绝缴纳提洛同盟会费。雅典禁止墨伽拉船队进入比雷埃夫斯港 | |
| | 墨伽拉为此向斯巴达求援以对抗雅典 | |
| | 斯巴达军队入侵阿提卡地区。率军的斯巴达国王普雷斯托纳克斯以入秋不宜作战为由，撤军回国。对此不满的监察官逼迫国王退位 | |
| | 伯里克利率军镇压优卑亚 | |
| | 冬，“泛希腊大会”召开。希腊各城邦国家聚集于斯巴达，商议今后和平相关事宜。伯罗奔尼撒同盟、提洛同盟达成 30 年互不侵犯协定 | |
| | 伯里克利对提洛同盟进行改革，将它变成承认雅典霸权的各城邦国家的联合体 | |
| 441 年 | 这个时期，提洛同盟下的萨摩斯岛与米利都围绕附近的普里埃内的归属问题产生对立。雅典应米利都的要求做出仲裁，萨摩斯岛不服裁决，态度强硬，与雅典发生纷争 | |
| 439 年 | 春，雅典军镇压萨摩斯岛 | |
| 438 年 | 帕特农神殿完工 | |
| 437 年 | 雅典在安菲波利斯建立基地，作为巩固周边卡尔息底亚地区的立足点 | |

续表

| 年代（公元前） | 希腊世界 | 其他地区 |
|---|---|---|
| 436 年 | 伯里克利为扩大提洛同盟领域远征黑海。和以锡诺普、特列比松为中心的希腊人城邦国家签订经济协定 | |
| 435 年 | 埃比达姆诺斯发生内乱，败北一方要求科孚岛支援，遭科孚岛拒绝。随后科林斯答应支援，科孚岛与科林斯因此对立，在海战中，科孚岛击败科林斯 | |
| 434 年 | 科林斯为击败科孚岛集结大军。科孚岛表示加入提洛同盟，请求雅典帮助。雅典决定支援科孚岛 | |
| 433 年 | 夏，科林斯和得到雅典援助的科孚岛发生冲突，但没有演变为大规模战争。科林斯撤退。 | 这个时期，波斯帝国的犹太人预言家希尼米返回耶路撒冷进行社会改革 |
| | 冬，马其顿国王佩尔狄卡斯的胞弟发起叛乱，欲夺王位 | |
| | 佩尔狄卡斯利用雅典辖下的波提狄亚高涨的反雅典情绪，唆使其脱离雅典。波提狄亚相信有科林斯和马其顿做其后盾，背叛了雅典 | |
| 432 年 | 科林斯在伯罗奔尼撒半岛征集雇佣兵，组成反雅典的非正规军 | |
| | 5 月，雅典派军前往波提狄亚镇压叛乱 | |
| | 秋季前后，墨伽拉脱离提洛同盟，宣告加入伯罗奔尼撒同盟。雅典采取断绝贸易的措施，引发斯巴达反感，主战声占据主流 | |
| 431 年 | 春，被科林斯煽动的伯罗奔尼撒同盟国底比斯，入侵雅典的同盟国普拉塔亚，占领当地后遭遇反击。普拉塔亚人杀害了底比斯战俘 | |
| | 以此为导火索，伯罗奔尼撒战争爆发 | |
| | 斯巴达监察官决定开战。属于稳健派的国王阿希达穆斯率领伯罗奔尼撒同盟军前往阿提卡地区，袭击雅典周边地区<br>为报复斯巴达，雅典派遣海军攻击伯罗奔尼撒半岛的东岸城市 | |
| | 夏，阿希达穆斯以军粮不足为由撤军 | |

续表

| 年代（公元前） | 希腊世界 | 其他地区 |
|---|---|---|
| 430 年 | 夏，阿希达穆斯率伯罗奔尼撒同盟军入侵阿提卡地区。在雅典城中避难的阿提卡难民的聚集地暴发瘟疫，随即扩散至整个雅典 | 这个时期在东方，撒马利亚人脱离犹太人独立，建立撒马利亚人教团 |
| | 雅典国内因此掀起反伯里克利的浪潮 | |
| | 阿希达穆斯撤军 | |
| | 雅典公民大会以难民数量增多和瘟疫流行导致国力衰退为由，判处伯里克利滥用公款罪，免去其司令官（将军）职务 | |
| 429 年 | 夏，伯罗奔尼撒同盟军照例袭击雅典周边地区，雅典袭击伯罗奔尼撒半岛东岸 | |
| | 同一时期，弗尔米奥率领雅典海军在爱奥尼亚海附近对战科林斯海军，赢得胜利 | |
| | 秋，伯里克利死去。稳健派推举尼基阿斯对抗以反伯里克利的急先锋声名大噪的煽动家克里昂 | |
| 428 年 | 阿希达穆斯与往年一样率军侵略阿提卡地区，随后锁定普拉塔亚为攻击目标，在当地建起包围墙后撤军 | |
| | 莱斯沃斯岛的城邦米蒂利尼竖起反雅典叛旗，接近斯巴达 | |
| 427 年 | 雅典海军镇压米蒂利尼。莱斯沃斯岛所有的城邦国家归雅典直辖 | |
| | 普拉塔亚被伯罗奔尼撒同盟军攻陷。城市被毁，最终变成底比斯的领地 | |
| | 斯巴达国王阿希达穆斯死去 | |

续表

| 年代（公元前） | 希腊世界 | 其他地区 |
|---|---|---|
| 425 年 | 皮洛斯 – 斯法克蒂里亚战役打响。以雅典在皮洛斯建立驻军基地为起端，斯巴达与雅典海军发生冲突，雅典获胜。斯巴达的大部分重装步兵战死或被俘 | 波斯国王阿尔塔·薛西斯死去 |
| | 因克里昂的煽动，雅典失去与斯巴达议和的机会，两个同盟之间的战争继续 | |
| | 斯巴达征募非正规军，伯拉西达被任命为指挥官 | |
| 424 年 | 伯拉西达率领斯巴达非正规军向卡尔息底亚地区进军 | 波斯帝国大流士二世即位 |
| | 雅典为此派出攸克利斯和修昔底德率军赴当地阻击 | |
| | 伯拉西达占领卡尔息底亚的重镇安菲波利斯。攸克利斯令军队回国，自己销声匿迹 | |
| | 修昔底德从卡尔息底亚撤退，因此被雅典公民大会判处流放 20 年。修昔底德从此以著书为生 | |
| 423 年 | 春，不愿看到伯拉西达表现过分突出的斯巴达，向雅典提出议和，双方决定休战一年 | |
| | 伯拉西达以停战协议无效为由，继续瓦解卡尔息底亚地区的提洛同盟 | |
| | 雅典以对方违反停战协议为由，决定派尼基阿斯率军前往卡尔息底亚 | |
| | 尼基阿斯成功地令卡尔息底亚诸城邦重归雅典阵营，却未击灭伯拉西达军队，率军返回雅典 | |
| 422 年 | 批判尼基阿斯消极政策的克里昂首次当选司令官，为击破伯拉西达军队，率军前往卡尔息底亚 | |
| | 秋，克里昂军与伯拉西达军交战。由于两军司令官均在战斗中阵亡，战斗因此结束 | |

续表

| 年代（公元前） | 希腊世界 | 其他地区 |
| --- | --- | --- |
| 421年 | 雅典与斯巴达双方再次议和 | |
| | 春，双方签订《尼基阿斯和约》停战协定。斯巴达换回被雅典俘虏的重装步兵以及被雅典占领的皮洛斯。雅典重新取得对卡尔息底亚诸城邦的控制权。停战协定有效期为50年 | |
| 420年 | 阿基比亚德当选雅典将军。主张与阿尔戈利斯、厄利斯、阿卡迪亚结成四国同盟 | |
| 419年 | 尼基阿斯和阿基比亚德再次当选将军 | |
| | 阿基比亚德率领1000名重装步兵进军伯罗奔尼撒半岛最西部，为雅典市场扩张至爱奥尼亚海对岸打下基础，此举引发科林斯对阿基比亚德的强烈不满 | |
| | 冬，在翌年将军的选举中，阿基比亚德落败 | |
| 418年 | 阿尔戈利斯入侵埃皮达鲁斯。被激怒的斯巴达与参战的四国同盟发生冲突，爆发曼丁尼亚会战，会战以斯巴达胜利告终 | |
| 417年 | 尼基阿斯和阿基比亚德被追究曼丁尼亚会战战败的责任，两人联手将一名煽动者作为替罪羊放逐。当年，雅典废除陶片放逐制度 | |
| | 为振奋民心，尼基阿斯在提洛岛的阿波罗神殿举行盛大祭祀仪式，阿基比亚德率7辆四匹马战车参加奥林匹克运动会，独占领奖台 | |
| 416年夏 | 夏，尼基阿斯率军进攻爱琴海小岛米洛斯，实施残暴的战后处置 | |
| | 冬，西西里城邦塞杰斯塔请求雅典派兵进攻叙拉古。阿基比亚德在公民大会上主张远征，尼基阿斯反对未果，公民大会决定远征。阿基比亚德、拉马库斯及尼基阿斯当选为远征司令官 | |

续表

| 年代（公元前） | 希腊世界 | 其他地区 |
|---|---|---|
| 415年 | 雅典市内发生赫尔墨斯神像被毁事件。阿基比亚德被怀疑是主犯。6月，以雅典为首的提洛同盟联军出发前往西西里。阿基比亚德以嫌疑犯身份出征 | |
| | 军队在科孚岛靠港时，听说南意大利诸城邦拒绝提洛同盟军靠港，并发现塞杰斯塔虚报当初承诺的军费。但雅典军决定继续远征<br>通过交涉，远征军成功在距离目标叙拉古较近的城邦卡塔尼亚建立前线基地 | |
| | 在卡塔尼亚，阿基比亚德接到召回令，他将作为亵渎神像的主犯被审判。归国途中，阿基比亚德利用船靠港上岸之机逃跑 | |
| | 秋，尼基阿斯和拉马库斯两位司令官率提洛同盟军从卡塔尼亚出发，攻入“大港”，上岸后在叙拉古近郊的达斯孔建立营地<br>尼基阿斯向雅典国内要求派遣援军 | |
| | 这个时期，阿基比亚德的行踪得以确定。他逃去斯巴达，通过拉拢监察官，成为斯巴达军事顾问 | |
| | 冬，叙拉古向斯巴达求援 | |
| 414年 | 4月末，雅典以骑兵为主的援军抵达卡塔尼亚<br>雅典军以西西里近郊的特洛吉鲁斯为据点，开始建造包围壁垒 | |
| | 斯巴达公民大会决定派遣吉利普斯率领非正规军支援叙拉古。吉利普斯成为叙拉古军统帅<br>雅典军司令官之一的拉马库斯阵亡，尼基阿斯成为唯一的司令官<br>吉利普斯率领叙拉古军队，破坏提洛同盟军正在建造中的包围壁垒<br>尼基阿斯改变战略，决定从海上攻击叙拉古，军队移动至叙拉古近郊的普利姆米利昂，结果落入叙拉古军海陆两方的包围圈<br>尼基阿斯再次向国内要求增援。公民大会决定在翌年春天派遣援军，并任命德摩斯梯尼和欧律墨冬为司令官 | |

续表

| 年代（公元前） | 希腊世界 | 其他地区 |
| --- | --- | --- |
| 413年 | 春，战斗再次展开。提洛同盟军将军队一分为二，分别攻击了位于“大港”和“小港”的叙拉古海军，却失去了普利姆米利昂阵地<br>第二次海战，提洛同盟军依然未摆脱叙拉古军的包围圈 | |
| | 7月，雅典援军抵达。尽管发起了反攻，但德摩斯梯尼依然主张雅典军全面撤离叙拉古<br>8月27日，月全食现象发生，引发提洛同盟军军心动摇 | |
| | 9月初，两军在“大港”发生激烈冲突，提洛同盟军遭致命性打击<br>9月10日，提洛同盟军做出最后的反击，结果完败于叙拉古军，他们决定从陆路逃离<br>9月12日，提洛同盟军扔下伤员和船只，向特洛吉鲁斯方向逃离，途中遭叙拉古军队追击。同月20日，提洛同盟军彻底毁灭<br>雅典建立危机管理内阁 | |
| 412年 | 这个时期，阿基比亚德作为斯巴达的外交使节前往波斯领地萨迪斯，成为波斯帝国地方长官的军事顾问 | |
| | 由于叙拉古攻防战惨败，各城邦陆续出现脱离提洛同盟的动向 | |
| | 阿基比亚德登陆萨摩斯岛，取得海军指挥权 | |
| 411年 | 雅典废弃民主政体，改为寡头政体。处于民主派阿基比亚德领导下的萨摩斯岛发布反对声明。阿基比亚德说服两位赴萨摩斯岛交涉的雅典高官，为回归雅典铺平道路 | |
| | 接受波斯援助的斯巴达开始对达达尼尔海峡附近的提洛同盟各城邦发起攻击 | |

续表

| 年代（公元前） | 希腊世界 | 其他地区 |
|---|---|---|
| 410年 | 阿基比亚德率领的雅典海军在达达尼尔海峡内的基齐库斯与斯巴达海军对战，赢得胜利。之后，雅典海军在阿基比亚德领导下，在与斯巴达海军的作战中取得连战连胜的战果<br>雅典因寡头政府失误不断，回归民主政体 | |
| 407年 | 阿基比亚德返回雅典国内，成功实现回归政坛的目标。雅典人对此欣喜若狂，公民大会决定任命他为陆海两军总司令 | |
| 406年 | 阿基比亚德率雅典海军前往爱琴海东部一带 | |
| | 斯巴达派遣吕山德率非正规军前往爱琴海。在波斯帝国居鲁士王子的支持下，规模壮大的斯巴达海军在以弗所设立大本营，准备向雅典海军发起进攻 | |
| | 在以弗所附近的诺提昂近海，两军发生激烈冲突。虽然双方都无重大损失，但雅典公民大会在不满战果的煽动家的影响下，决定解除阿基比亚德的职务<br>阿基比亚德逃往马尔马拉海西岸<br>吕山德接到斯巴达发出的归国令<br>居鲁士向斯巴达抗议，吕山德得以重归爱琴海东部战场 | |
| | 雅典公民大会派遣新选出的10位将军中的8位，作为司令官率军前往爱琴海东部<br>在阿吉纽西近海，雅典、斯巴达两军对战，未决出输赢<br>在煽动者的鼓动下，雅典公民大会对派往爱琴海东部战线的8位司令官做出人民公审，除2位逃亡之外，其余6位司令官被处以死刑 | |
| | 冬，斯巴达向雅典提出议和，被煽动者操控的雅典公民大会拒绝和谈 | |

续表

| 年代（公元前） | 希腊世界 | 其他地区 |
| --- | --- | --- |
| 405年 | 领会波斯帝国意图的吕山德进军达达尼尔海峡，占据了位于亚洲一侧的两个海港阿卑多斯和兰普萨库斯 | |
| | 雅典再次选出10位司令官，派遣其中6位率提洛同盟军所有兵力前往爱琴海东部 | |
| | 提洛同盟军进入达达尼尔海峡位于欧洲一侧的阿哥斯波塔米海港。阿基比亚德来到当地，建议将营地改为塞斯托斯港，遭到雅典司令官拒绝 | |
| | 吕山德率领斯巴达海军在阿哥斯波塔米将雅典海军一网打尽。侥幸免遭杀害的俘虏被命令回国，从而导致雅典陷入粮食危机 | |
| | 秋，吕山德称霸达达尼尔全域 | |
| 404年 | 阿基比亚德遭暗杀 | |
| | 吕山德催促提洛同盟各城邦独立，命令居住在当地的雅典人回国。提洛同盟崩溃 | |
| | 雅典向斯巴达无条件投降。伯罗奔尼撒战争结束。雅典海军解散，雅典辖下所有城邦从此独立 | |

# 图片出处一览

p7 上图：雅典国立考古学博物馆藏（希腊）© Bridgeman Images

下图：大英博物馆藏（英国）© Bridgeman Images

p49：插图：畠山莫谷

p54：塞浦路斯岛拉纳卡 © Markus Leupold-Löwenthal

p66-67：大英博物馆藏 © Getty Images

p68：Tons Brunés, *The Secrets of Ancient Geometry and Its Use*, 1967, Rhodos International Science Publishers

p96：梵蒂冈美术馆藏（梵蒂冈）© Lanmas/Alamy Stock Photo

p170：柏林国立美术馆藏（德国）© ullstein bild/Getty Images

p180：雅典国立考古学博物馆藏（希腊）© Bridgeman Images

p236：那不勒斯国立考古学博物馆藏（意大利）© Bridgeman Images

p243：奥林匹亚考古学博物馆藏（希腊）© Konstantinos Tsakalidis/Alamy Stock Photo

p281：© Hemis/Alamy Stock Photo

p370：卢浮宫美术馆藏（法国）© Granger Historical Picture Archive/Alamy Stock Photo

p371：雅典国立考古学博物馆藏（希腊）© Bridgeman Images

p432：玛格纳·加西亚国立博物馆（意大利）© Scala Archives

地图制作：综合精图研究所

参考文献记录于第 3 卷卷末

见识城邦

更新知识地图　拓展认知边界

# 希腊人的故事

## 3

## 新希望

[日]盐野七生/著
田建国/译
田建华/校

中信出版集团 · 北京

图书在版编目（CIP）数据

希腊人的故事：全三册 /（日）盐野七生著；计丽屏等译 . -- 北京：中信出版社，2018.11（2025.5重印）
ISBN 978-7-5086-9571-6

Ⅰ．①希… Ⅱ．①盐… ②计… Ⅲ．①古希腊－历史 Ⅳ．① K125

中国版本图书馆 CIP 数据核字（2018）第 224464 号



希腊人的故事（全三册）

著　　者：［日］盐野七生
译　　者：计丽屏　徐越　田建国
出版发行：中信出版集团股份有限公司
（北京市朝阳区东三环北路 27 号嘉铭中心　　邮编　100020）
承 印 者：北京联兴盛业印刷股份有限公司

开　　本：880mm × 1230mm　1/32　　印　　张：41.75　　字　　数：858 千字
版　　次：2018 年 11 月第 1 版　　印　　次：2025 年 5 月第 10 次印刷
京权图字：01-2018-5522
审 图 号：GS（2018）6444 号
书　　号：ISBN 978-7-5086-9571-6
定　　价：148.00 元（全三册）

# 目　录

## 第二部　新生力量

### 第一章　父亲腓力



### 第二章　儿子亚历山大

# 第一部 希腊城邦国家的终结

## 第一章 雅典的凋败

如果霸权国家战败后有另一个国家代替它掌握霸权，或许能在相当程度上避免给人类社会带来灾难。

问题是实际情况并非总是如此。有人认为多极化的状态才是理想状态，但实际上这种状态也许只是混乱而已。

这种混乱不只祸害当事国，还会殃及其他国家。因而，它不会止步于暂时的混乱，而会成为一种可确切地称为“混沌”的长期现象。

伯罗奔尼撒战争绵延30年之久，它导致城邦国家雅典的凋败，在接下来的42年中又进而导致了希腊城邦国家的终结。

“霸权”一词的词源是古希腊语的“hegemonia”（英语为“hegemony”），指的是一个国家在政治、军事、经济、文化等方面对其他国家有强有力的影响。

在古希腊，这种意义上的霸权国家只有城邦国家雅典。斯巴达虽然在陆战方面堪称希腊第一，但斯巴达战士的国家只有军事力量。

公元前404年，雅典在伯罗奔尼撒战争中战败，从霸权国家的地位上跌落下来。

研究者们认为，从这一年开始到马其顿雄起的半个世纪间，先是斯巴达的霸权时代，接着是底比斯称霸。

果若如此，希腊世界的霸权便只是从雅典转移到斯巴达，再转移到底比斯而已。即便霸权转移时存在一定弊害，造成的混乱也应该会控制在一定程度内。

可是，希腊世界却走向了“城邦国家时代的终结”。

论及政治制度，这些城邦国家有民主政治、寡头政治以及两者的混合，情况各不相同。可雅典、斯巴达和底比斯终归都是城邦国家。与之相对，马其顿是王权国家。

我阅读学者的研究著作时感到，学者必须读懂文字记载背后的东西，即所谓的真话。

虽然书上写的是“霸权时代”，但必须理解为带引号的所谓的霸权时代。

本卷第一部讲述的是真正的霸权国家雅典存在80年之后，带引号的霸权时代42年的历史。

公元前404年战败的只是雅典，半个世纪之后败下阵来的却是希腊的所有城邦国家。

## 自信的丧失

伯罗奔尼撒战争后，雅典抛弃了民主政体（demokratia），转向寡头政体（oligarkhia），而这并非战胜国斯巴达的逼迫所致。

真正的原因在于，绵延近30年的战争以雅典空前屈辱的失败告终，雅典市民对自己沿用百年的民主政体失去了信任。

的确，公元前404年的雅典丧失了80年来一直拥有的所有“力量”。

作为主战力的海军舰船从200艘减少到12艘，只能完成近海警备。

连接首都雅典与外港比雷埃夫斯的7.5公里的“长墙”也多处被毁，“长墙”给予本国防卫和国民粮食两方面的安全保障也化为乌有。

此外，延续了七十多年的提洛同盟遭到瓦解。与本国政府的意见相比，斯巴达的吕山德将军更热衷于听取支持他的波斯的意见。拜他所赐，在脱离雅典获得独立的美名下，爱琴海周边城邦和岛屿全都从提洛同盟分离出去。

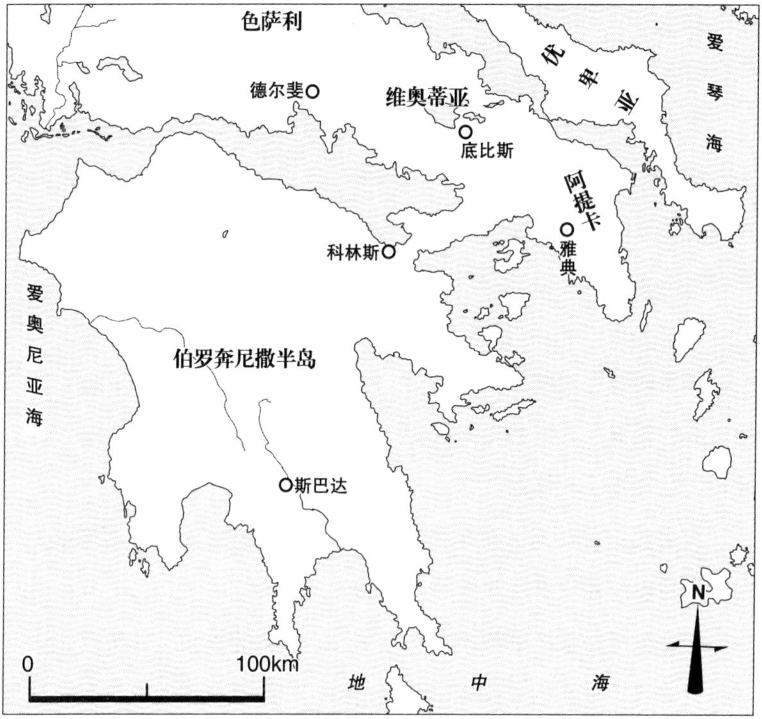


雅典及其周边

以斯巴达为盟主的伯罗奔尼撒同盟只是一个军事同盟，而雅典主导的提洛同盟不同，它不仅是军事同盟，还是经济同盟。提洛同盟是雅典人的“作品”，而雅典人在希腊民族中具有格外出色的经济敏感性。正因如此，这件“作品”甚至促成了当时任何国家都没有想到的广域经济圈。

很多雅典人因此选择在加入同盟的城邦和海岛定居，就像雅典在那里开分公司或分店一样。这些人因吕山德的强制回国令撤回雅典，环绕爱琴海的广域经济圈因此崩溃。由于在伯罗奔尼撒战争中战败，雅典的地位一落千丈，甚至连经济大国的地位也不保。

大家原本觉得一旦有事可以相互帮忙才加入同盟。雅典本来有200艘战舰，确实有事可以前去相帮。可现在它仅有12艘战船，不可能再帮上忙了。雅典已不是海军大国，所以不论以什么名义都不可能继续担任盟主了。

雅典被夺走长期享受的霸权，跌落到与其他城邦国家平起平坐的境地。但雅典人并不是因为对这样的现状感到绝望，才主动抛弃民主政体，选择寡头政体的。

大多数市民面对天翻地覆的现状还处在茫然的状态。恰在此时，坚信雅典也应建立寡头政体的一小部分人回国了。

伯罗奔尼撒战争的战胜方斯巴达甩给雅典的媾和条件中有这样一条：允许逃往他国的反民主派人士回国。作为战败者的雅典不能对此提出异议。

于是，在市民尚未找出反对理由也无力反对的时候，一个称作“三十僭主”的寡头政权在雅典成立。彼时的雅典充斥着从海外基地撤回的人士，嘈杂而混乱。

这“三十人”中，除了奔走于斯巴达进行媾和的塞拉门尼斯之外，其他人几乎都是跟随斯巴达将军吕山德率领的所谓进驻军一同回到雅典的。

这些人的领袖克里提阿（Kritias）这时已经56岁，是当时年仅24岁的哲学家柏拉图的舅舅。克里提阿出身于雅典名门，按梭伦提出的财产等级制划分，他是属于第一等的不折不扣的富人。

据说他还是一位非常俊美的男子。不过，他与小他 10 岁但仍属同代人的美男子阿基比亚德不同。阿基比亚德性格开朗，而克里提阿性格阴沉；阿基比亚德遇事不抱怨、不发怒，而克里提阿的内心总是燃烧着一团强烈的愤怒之火。

克里提阿很有才华。尽管他的诗歌、悲剧、喜剧和以哀歌形式撰写的政治论文只有一些片段留存下来，但我们仍可从中窥见他敏锐的认知和纤细的情感。他一生中没有一部可以算得上扛鼎之作的作品，但这在博学多才的人中并不罕见。

他对哲学饶有兴趣，是苏格拉底的学生。这件事广为流传。公元前 399 年，苏格拉底被判死刑，饮鸩而亡。把苏格拉底送上被告席的人列出的罪状之一是苏格拉底给雅典青年造成了恶劣影响。被指受其影响为害雅典的最重要的两个人正是阿基比亚德和克里提阿。

在雅典，担任国家要职的年龄底线是 30 岁。阿基比亚德刚满这个年龄便跃上了国家的政治舞台。而克里提阿 49 岁以后才在政界登场。

当时雅典人记录、称呼某人时习惯说成“某某之子某某”。和 3 岁丧父的阿基比亚德不同，克里提阿年届五十父亲还精神矍铄，因此他很晚才当上一家之长。

公元前 411 年，寡头政权在雅典建立。那时雅典人刚刚得知远征叙拉古的军队惨烈的结局，尚处于茫然不知所措的状态中。老卡莱斯库劳斯成了核心人物，其子克里提阿就在他身边。这个寡头政体被称为“四百人会议”，是雅典反民主派的集大成者。

这个政权很短命，仅 4 个月便走向终结。紧随其后的是“五千人会议”，虽然执政人数增加了，但它仍是寡头政治。该政权寿命虽比前面的“四百人会议”长，但同样短命。不到两年工夫，雅典的民主政体便杀了回马枪。其后一年多的时间里，虽未发生流血事件，但与建立寡头政权有关的许多人都逃往了其他国家。克里提阿也逃离了雅典，他的父亲似乎就死于这一时期。克里提阿的这段流亡生活持续了6年之久。

公元前404年，雅典在伯罗奔尼撒战争中战败，克里提阿率领同党回到雅典。这次他随战胜方斯巴达的军队归来。

已经56岁的克里提阿在逃亡中信念更加坚定，更起劲地反民主并亲斯巴达。时隔6年，他回国的目的是复兴寡头政权。他决心不让新政权重蹈上一次的覆辙。

“三十僭主”政权建立不久，就被人们叫作“三十暴君”。他们决定从肉体上消灭那些反对派——即民主派人士，并开始付诸行动，执政方针从“不流血”转向了流血的暴力镇压。

不论执政者有无意识，镇压举措总会自然地走向扩大化。

很多有威望的市民被告发并被处以死刑，理由是他们虽然不支持民主派，但也没有积极向寡头派靠拢。这样的案例越来越多，整个雅典被笼罩在恐怖政治之中。

尽管居留在雅典的外国人不算雅典公民，本可置身事外，但如果他们是有钱人便可能会成为镇压的目标，理由是他们抢了海外归来者的工作。这让伯罗奔尼撒战争后一落千丈的雅典经济遭受到第二波打击。

雅典经济因提洛同盟广域经济圈的解体而遭到沉重打击。对这时的雅典而言，居留在雅典的外国人实际起着重新与海外建立经济关系的“连线”作用。

恐怖政治不断升级，遭到肃清的牺牲者已多达1500人。这在“三十僭主”内部也引起了强烈的不满。三十人中的实力派人物塞拉门尼斯就指名道姓地批评了克里提阿。

塞拉门尼斯在年龄上是克里提阿的同辈，他曾代表战败的雅典与斯巴达完成媾和，因此声名鹊起。从心态上讲，他即使属于寡头派，也不是一个顽固的寡头派。在“四百人会议”时代，他被派往不支持“四百人会议”而一直支持民主派的萨摩斯岛，任务是把那里的雅典海军拉到寡头派这边来。然而他被迎接他的阿基比亚德说服，还作为其副将参加了海战。海战期间，他把当初的任务完全忘到脑后，可见他这个寡头派并不坚定。

伯罗奔尼撒战争的末期，爱琴海的东面成为战场，雅典在与斯巴达海战的初期连战连胜。在整个海战中，本应是寡头派的塞拉门尼斯一直在帮助民主派的阿基比亚德。

还有一位叫色拉西布洛斯（Thrasybulos）的寡头派人士，在这个时期和塞拉门尼斯一道被雅典的“四百人会议”派往萨摩斯岛。他也明确表态要留在民主派的萨摩斯岛雅典海军里。在阿基比亚德的指挥下，塞拉门尼斯负责阵形的右翼，色拉西布洛斯率军在左翼战斗，为祖国雅典带来了胜利。

伯罗奔尼撒战争后，公元前404年形成的“三十僭主”中，塞拉门尼斯榜上有名。色拉西布洛斯没有参加其中，他在“三十僭主”变为“三十暴君”的征兆刚刚出现的时候就离开雅典逃往底比斯。这倒不见得是因为他对民主政治恢复了信心，也许只是他对雅典寡头政体的未来不再抱有希望吧。

持续30年之久的伯罗奔尼撒战争以雅典的完败告终。在雅典被彻底打垮的这一时期，雅典知识分子和社会精英中，有很多人像色拉西布洛斯一样选择离开。所以如果采取的方法得当，“三十僭主”也有成功的可能。正因为如此，曾经与色拉西布洛斯共同战斗的塞拉门尼斯对寡头政治抱有幻想，他企图通过加入“三十僭主”，在内部使之刹车。

然而，他的尝试以失败告终。在修昔底德之后书写希腊人历史的色诺芬笔下，塞拉门尼斯与克里提阿的对立甚至没有发展到论战的地步。前者道理说尽，后者面对责难只是一味地暴跳如雷。

根据现代研究者的说法，克里提阿是一流的知识分子。但我认为他的内心已经被一种不安搅得痛苦不堪。那是担心“三十僭主”政权也会同“四百人会议”一样归于失败的不安感。将不安转嫁给别人就是愤怒。这种愤怒使人盲目，让冷静的人变得疯狂。在克里提阿看来，塞拉门尼斯在同党中属于很有能力的人。这使塞拉门尼斯成了克里提阿憎恨的对象，而且恨到只想杀掉的程度。

克里提阿检举塞拉门尼斯并把他推上被告席，理由是怎么都能编造出来的。在雅典，喝毒酒似乎已经成了实施死刑的固定方法。塞拉门尼斯被定为反国家罪，喝下了毒酒。死前他叫喊着要把杯中剩下的几滴毒酒“留给美男子克里提阿”。

这为逃亡底比斯的色拉西布洛斯和他的同党起义创造了契机。

当初色拉西布洛斯离开底比斯南下雅典时，跟随他的雅典人不过70人。随着离首都越来越近，人数不断增加，最终发展为数千人的规模。与其说这些市民对寡头政治感到失望，不如说他们对恐怖政治感到绝望。

克里提阿可靠同党的数量不及对手一半，于是他开始向斯巴达求援，也许他认为斯巴达同为寡头政体，定会伸出援手。

斯巴达回应了这个请求，他们出动了由二王之一的帕萨尼亚斯率领的斯巴达正规军。

如果斯巴达军与色拉西布洛斯率领的雅典民主派发生冲突，消灭后者将不费吹灰之力。

可是，帕萨尼亚斯刚展现了一下斯巴达的军力便立刻撤退，回到了斯巴达。斯巴达以此表态不愿介入雅典内部争斗。

为什么会这样，其内情容后再叙。既然斯巴达把手缩了回去，雅典的寡头派与民主派之间的争斗就成了一场内乱。

起初是规模略大的示威队伍与警察的冲突。双方都拿着武器，都想置对方于死地。

随后在比雷埃夫斯港附近展开的已不能称为冲突，得叫作战斗了。结果寡头派失败，克里提阿在激战中战死，战死的还有另外两位大人物。

“三十僭主”就这样匆匆垮台，这时政权建立刚过半年。

统率民主派获胜的色拉西布洛斯宣布特赦，不再追究克里提阿追随者的一切罪过。这也表现出人们对“三十暴君”的恐怖政治已经有了过敏反应。

雅典的民主政治回来了，但它的功能并未回来。

城邦国家雅典的民主政体能够充分发挥作用，是与下述事项密切相关的。

雅典海军不仅在爱琴海，在整个地中海都是最为强大的。

首都雅典与外港比雷埃夫斯一体化使雅典的经济实力位列希腊世界之首。

提洛同盟使各方面的知识、物资交流越发活跃。

虽然民主政体回来了，但伯罗奔尼撒战争两年后的雅典尚不具备这一切条件。

另外，居留在雅典的外国人也减少了，正是他们使雅典成了希腊城邦中唯一的国际化都市。

说是外国人，其实他们是从希腊其他城邦来雅典定居的人，都是希腊人，都讲希腊语。

雅典虽然一直向这些人敞开门户，但不论他们在雅典居住多少年，都不会取得公民权，即不被允许参与国家政治，其不动产所有权也不会得到确认。但这些外国人却被要求加入防卫军，尽管仅限于辅助战斗。这些人在上述情况下还会选择居住在雅典，是因为那时的雅典充满了商业机会。

由于在伯罗奔尼撒战争中战败，雅典变得一穷二白，失去了这种魅力。恐怖政治又使人们面临被剥夺生命和财产的境遇。外国人继续居住在雅典的好处越来越少。为扭转这种状况，雅典人改变了方针，授予居留在雅典的外国人以雅典公民权。但这并未能阻止居留外国人的进一步减少。这种情况对雅典市民中的传统中间阶层形成了直接的打击。

居留在雅典的外国人原本不能获得不动产。所以雅典有很多住宅都租给了定居在此或因临时来访开展商务活动的外国人。

公元前 480 年，雅典在第二次希波战争中取得巨大胜利之后，外国人的流入开始增多。此后的 七十多年中，外国人支付的房租在许多雅典市民的收入中占据了不小的比例，他们已经习惯这样的状态。

如同突然战败一样，外国人的撤离也来得突然，让人没了任何希望。

其他打击接踵而至。恢复了民主政治的政府开征不动产税。房主们没有了房租收入还不得不缴纳这种新税。

可能因为这个新税种是临时性的，人们居然不知道税率是多少。政府以国库空虚为由，试图用税金来填补窟窿，这种政策显然不可能得到市民的好评。如果这种恶评如潮的政策得以延续，市民对政权的信任度会越来越低。

## 人才外流

更糟糕的现象是人员流动发生了变化。

过去，人才总是从其他国家流入雅典。伯罗奔尼撒战争后，人才转而从雅典流向了其他国家。

这些人员可以分为知识精英和普通百姓两大类。

希腊三大悲剧作家之一的欧里庇得斯应马其顿国王之邀前往马其顿，抛弃了雅典。前途可期的年轻悲剧作家、苏格拉底的学生阿伽通也前往马其顿久矣。不过，这两人去了别的国家后再没有杰作问世。

这意味着，雅典有某种东西能让这些知识精英创造出杰作。至此，留在雅典的名人只剩下苏格拉底和阿里斯托芬两人。苏格拉底安然若素，阿里斯托芬在这个时期几乎没有发表过作品。他连以辛辣的批判引人发笑也做不到了，这位绝代喜剧作家和欣赏他喜剧的雅典人，恐怕都消沉到了极点。

精英以外的人员大多到其他国家当了佣兵。雇主并不是希腊的其他城邦，而是 80 年前被他们打得落花流水的波斯。

我倒真心希望，雇主既为大帝国波斯，所付薪水应该高些。然而情况完全不是这样，使人悲哀。这些雅典人作为重装步兵参战，可雇主付给他们的薪水只相当于当年伯里克利付给三层桨战船桨手的1.5倍。如能保证高薪，他们必定不会跑去外国挣钱。可他们如今在雅典已经生活不下去，只能出国挣钱。

更加悲哀的是，就像艺术家去了别国创作不出杰作一样，这些佣兵根本没参加过什么划时代的战斗，只被用于波斯帝国内部的势力斗争。

这些在雅典过不下去的人到了别国也没能施展才华，这是精英和非精英的共同之处，这一点实在令人感到不可思议。

伯罗奔尼撒战争的胜利者即使在“斯巴达霸权时代”也没有想过要建设一座可与帕特农神殿相媲美的壮丽神殿。

所谓“先有雅典，再有希腊”，这话绝非夸张和过誉。

抛弃祖国远走海外的雅典市民中，有一位年仅二十多岁的年轻人——色诺芬（Xenophon）。

根据梭伦改革的等级划分方法，色诺芬出身于被称作骑士阶层的第二等，若他留在雅典不会生活不下去。他是苏格拉底的学生，这师徒二人的邂逅也是苏格拉底式的。

一天，色诺芬走在一条小路上，苏格拉底从对面走来。路太窄，无论怎么走两个人终会碰面。于是苏格拉底问道：

“去哪里才能得到新鲜的鱼呢？”

年轻的色诺芬面对声名远扬的哲学家恭敬地回答道：“去鱼市就能买到。”

苏格拉底接着问：“去哪里才能得到知识呢？”

23 岁的年轻人答不上来，沉默不语。66 岁的老者对他说：

“请跟我来。”

就这样，色诺芬加入了苏格拉底学生的行列。他与师出同门又年龄相仿的柏拉图不同，虽然这两人都倾向于寡头派。柏拉图和寡头派领袖克里提阿是甥舅关系，但柏拉图始终与现实政治保持着距离，而色诺芬积极地参与政治。在色拉西布洛斯率领的民主派与克里提阿率领的寡头派的内战中，色诺芬站在寡头派一边参加了战斗。

所幸色诺芬没有丢掉性命，后来又遇到特赦，他留在了雅典。不过，面对民主派回归的雅典，他恐怕对未来也不抱什么希望。

在那段时间，一个朋友传来消息，说斯巴达接到波斯国王的弟弟居鲁士的求援，正在征召派往波斯的军队。

他们派到波斯去的军队并不是国王率领的斯巴达正规军。军队虽由斯巴达的将军指挥，却是从别国雇来为别国利益而战的雇佣军。加入这样的军队的人就是为钱而战，与为祖国而战的市民兵相比，会被社会看低。

血气方刚的年轻人色诺芬没有轻易地做出决定，他去找苏格拉底商量这事。

苏格拉底有个怪癖，问他问题他不直接回答。

当时他的回答只是“你可以去德尔斐祈求阿波罗的神谕”，这只能理解为让色诺芬自己思考、自己决定。不过这话里有话。人即使自己通过思考已经有了决定，也要有神祇的同意才会放心前行。苏格拉底参透了这点才给出这样的忠告。

色诺芬似乎真的去了德尔斐，结果是自己思考自己决定去波斯当佣兵。

和这个时期离开祖国的很多雅典人一样，色诺芬并非暂时出国。他 26 岁离开祖国后，直到 72 岁去世都没有再踏上祖国的土地。他数量众多的著作没有一部写于雅典。

色诺芬的全部著作都流传到了现代，这在古代作家中是罕见的幸运。《希腊史》[①] 和《长征记》[②] 这两部书应该是他的代表作。

修昔底德不知何故写到伯罗奔尼撒战争末期便中断了写作，《希腊史》正好从这一战争的末期开始，一直写到希腊城邦国家时代终结的公元前 362 年。同修昔底德的作品相比，色诺芬的《希腊史》无论在观察力、洞察力还是文章表现力等各方面都存在相当大的差距。尽管该书有很大的史料价值，但我认为，作为运用史料讲述历史的史学家，色诺芬不及修昔底德。

然而，色诺芬描写亲身经历的《长征记》，成就确实与世界第一部非虚构作品的地位相称。

顺便一说，《长征记》的原书名在希腊语中是“上”的意思。我想，恐怕古希腊人与日本人相似，认为从地方去首都是“上”京，从首都去地方是“下”吧。[③]

虽然书名为“上”，但色诺芬《长征记》叙述的主要部分并不是

---

① 有汉译本《希腊史》，色诺芬著，徐松岩译注，三联书店，2013 年。——译者注

② 有汉译本《长征记》，色诺芬著，崔金戎译，商务印书馆，1985 年。——译者注

③ 在日本人的方位概念中，从地方到首都或中央称为“上”（上がる），如“上京”（去东京）。而从首都或中央到地方则称为“下”（下る）。——译者注

希腊佣兵从小亚细亚去美索不达米亚的“上”。尽管佣兵在那里打了胜仗，但因波斯国王的弟弟战死，他们被迫滞留在敌营中。毋宁说《长征记》主要叙述的是这些希腊佣兵历经艰险，跨越6000公里的路程回到故国的逃离过程，也就是所谓的“下”。

率领一万人摆脱波斯国王发起的一波波追击，这可是难中之难的事。而28岁的色诺芬正是完成这一难事的指挥官之一。

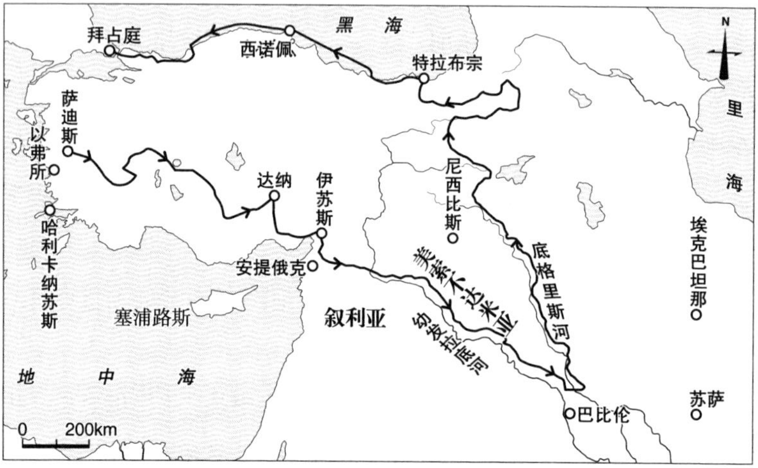


**色诺芬撤回希腊的路线**

这使我不由得想起在此14年前发生的事情。那年，远征西西里的雅典军队进攻西西里第一强国叙拉古失败，而且未能从那里逃出，竟至全军覆没。

当时雅典军队试图从叙拉古向北逃往60公里外的卡塔尼亚，其距离只有色诺芬指挥军队成功逃离敌营的百分之一。

前往叙拉古的雅典军全军覆没，而14年后同样由雅典人率领的希腊佣兵，虽然在与敌人一波波的交锋中耗时两年，但有一半以上的士兵最终踏上了故国的土地。

色诺芬是苏格拉底的学生，却未能成为哲学家。作为史学家他远不及修昔底德，但作为军队领袖，他率领一万士兵撤回希腊，完成了难中之难的事，我认为他具有卓越的能力。

色诺芬5年后被祖国雅典判处流放国外。他曾追随斯巴达引弓射向雅典，所以流放并非事出无因。当初雅典并未把他视为一个多么危险的人物，可是32年后才解除了对他的流放。对色诺芬来说，这可是他从33岁到65岁的几乎全部的人生。

无论政体如何，作为居民共同体的国家能否发挥作用，取决于其能在多大程度上高效利用自己具有的力量。对于自然资源匮乏的雅典而言，**“人”就是资源。**

公元前404年雅典在伯罗奔尼撒战争中战败，此后雅典的实力便以断崖般的趋势下降，那情形令人感慨万千。

城邦国家雅典在所有方面都丧失了主导权，从此再也未能恢复。

让整个雅典为之颤抖的“三十僭主”政权也在不到一年的时间里由于民主派的回归而成为过去。

拜斯巴达国王帕萨尼亚斯所赐，雅典民主政体得以复活。帕萨尼亚斯应“三十僭主”的要求出兵雅典，却又在关键时刻撤军。

这证明了雅典人已经无力自行决定自己国家的命运。

色拉西布洛斯虽然有勇气靠 70 个人起事，但没有那种狡诈的智慧，那种能让民主政体发挥作用的不可或缺的智慧。

最重要的是，雅典人一直下意识地拒绝在认识上有所醒悟，他们不承认让民主政体发挥作用的领袖人物的不可或缺性。

伯里克利的聪明之处在于，虽然实际上他实施的是一人统治，但他能让大家觉得最终做决定的是民众自己。雅典民众没有领悟这种“一人统治”的必要性。伯里克利之后的所有领袖都没有发挥出作用便垮台就是明证。因为民众不想培养“一人统治”的领袖，所以这种人刚崭露头角便会被拿下。

“民主”并非集合更多人的头脑便能搞好政治那么简单。

雅典已经很久没有出现能够领导众人的人了，人们也没有理由认可这种领导人的存在。对雅典人来说，让民主政体发挥作用本身也许已经成为重负。

然而，这里还是希腊人的国度，四年一次的奥林匹克休战还是必要的。

雅典在伯罗奔尼撒战争失败后平静了 10 年，或者说是不得不平静了 10 年。但它并没有同战争这个魔物绝缘。

它没有一以贯之的政策，一会儿参加反斯巴达的城邦联盟与斯巴达为敌，一会儿又与斯巴达联手对其他城邦发起战争。

尚未明白为什么要把人送上战场，人已经实实在在地死亡。每到这时雅典都国库空虚，为填补空虚便乱征新税，结果当然是经济进一步恶化。

这个时期上演了讽刺喜剧作家阿里斯托芬打破10年沉默创作的《吕西斯特拉忒》[1]。

故事情节是雅典女人绝望于把一切交给男人来摆脱自身的惨状，便采取了占领议会的过激行动。

她们断言没有资格执掌政权的男人中，包括恢复民主政体的有功之臣色拉西布洛斯。

在雅典社会，女人不被看作完整的人，自然也没有公民的权利。

被这样的女人嫌弃，这已经不是“讽刺喜剧”，而是“悲剧”了。

无力决定自己命运的冷酷现实，对于曾认定自己能够主宰命运的雅典人来说，也许更加难以忍受。这是一种令人愤懑的心情。

在这样的气氛中，苏格拉底事件爆发了。

① 又译《公民大会妇女》《伊克里西阿》(*Ecclesiazusae*)，阿里斯托芬创作于公元前391年的讽刺喜剧。——译者注

## 审判苏格拉底

公元前399年春，学生色诺芬在遥远的波斯率军步入撤回希腊6000公里行程的最后一程。此时在希腊的雅典，70岁的苏格拉底被押上了被告席。

告发他的人叫美勒托。仅告发苏格拉底这一件事就足以让这无赖历史留名了。阿尼托斯和另一位民主政府的大人物在背后操纵着这个想在文学界出名但并不顺利的年轻人。

逼死苏格拉底的不是“寡头政体”这个少数人领导的政体，而是以全体市民的决定为决策基础的“民主政体”。

诉因有两个，即苏格拉底缺少对希腊传统神祇的信仰，以及给雅典青年讲授哲学从而对他们施加恶劣影响。

我这个对法律一窍不通的人也会对此产生朴素的疑问。

第一个疑问是，信仰不可能存在客观标准，而法律以有无证据为最重要的判断标准，有关信仰的事能用法律来审判吗？

对年轻人施加了恶劣影响是第二个诉因。当时的雅典人听到这条会立刻想到阿基比亚德和克里提阿。这两个人都是苏格拉底的著名学生，而且都被认为给城邦国家雅典带来了祸害。

阿基比亚德的罪名是罔顾法庭的出庭令逃往斯巴达，向敌人斯巴达提供了危害祖国雅典的战略计划。

而克里提阿建立了名为“三十僭主”的寡头政权，造成了雅典的恐怖政治，被视为民主政体的敌人。

此时这两个人都已经不在人世。阿基比亚德于5年前被暗杀，克里提阿也在4年前战死。

那为什么现在这两人会被拿来说事呢?

有现代研究者主张，因为审判苏格拉底的雅典民主政府对民主政体能否存续没有自信。

我认为这两人确实有罪。可是，雅典规定担任要职的人必须年满30岁。阿基比亚德35岁亡命斯巴达，克里提阿56岁那年实施恐怖政治。

他们青少年时代的老师，还要为成人已久的学生的行为负责吗?

我认为，苏格拉底教给他们的是思考的重要性。至于他们后来是民主派还是寡头派，这不是哲学问题，是政治问题。

苏格拉底曾应征入伍打过仗，也被抽中当过国家公务员。他做这些并非因为拥护雅典的民主政体，而是要尽到他作为雅典公民的义务，是出于极其自然的爱国心。

自己的学生是民主派也好，有寡头派的同情者也罢，对他而言都不是问题。

同样，学生属于上流社会也好，属于社会底层也罢，这些也都不是问题。哪怕是不能成为公民的奴隶，只要他有热爱知识之心，苏格拉底都会满心欢喜地把他纳为弟子。而且，他对谁都不收取报酬。雅典的法律是参照绝大多数人的情况制订的，雅典人能以这样的法律来审判苏格拉底这样的人吗？

按照民主政体的雅典的惯例，审判苏格拉底的责任落到了抽签决定的500位市民身上。

告发者美勒托在这500人面前担任检察官的角色。他历数并谴责了苏格拉底的罪行，主张应该叛他死刑。

在检方发言之后500名市民进行了第一轮投票，即裁决投票。

有罪250票，无罪220票，弃权30票。

由此看来，也许这500位审判员中有不少人对苏格拉底被起诉的诉因抱有疑问。

此外，在有罪和无罪的票差很小的情况下，被告缴些数额不大的罚金或自己逃往国外便可结案。雅典有很多这样的案例。

然而，苏格拉底不打算接受这两种妥协方案中的任何一种。

随后开始的辩方辩护是他自己进行的。当时雅典的通行做法是要么委托专业辩护人辩护，要么在法庭上念这些人写的辩辞。但苏格拉底拒绝了这些做法。

当时雅典的法庭上经常出现另一种做法，即带来恸哭的妻儿以博取审判员的同情。苏格拉底也没有采取这种战术。

他断然拒绝了酌情减刑，采用正面作战的方法展开了一场“申辩”。

有些古希腊研究主要都集中在哲学上，让人感到有些片面。这些研究多集中于柏拉图，更准确地说是通过柏拉图的对话集研究苏格拉底。

说到柏拉图著作的译本，不同时代、不同译者做了大量翻译，众多出版社出版了很多译本，数量多到令人难以选择。

这些书中，关于审判苏格拉底的大致有以下三种。

《苏格拉底的申辩》[①]：以审判现场为舞台，叙述了原告起诉、被告辩护和500位审判员的反应等审判的全过程。

《克力同》[②]：以判刑后监狱里的单人牢房为舞台，学生克力同劝苏格拉底说，只要苏格拉底愿意，他可以从监狱逃出去保全生命。苏格拉底说，这样做会违背自己历经多年建立起来的想法，不可为之。他娓娓道来，说尽了道理。

《斐多》[③]：舞台也是监狱里的单人牢房。

离别的时间一点点逼近，苏格拉底盛有毒芹饮料的酒杯就要被喝干了。单人牢房里挤满了赶来的学生。他们坐立不安，有的抱着头，有的绝望地薅着自己的头发。苏格拉底反倒安慰起大家。情节的展开非常符合苏格拉底临终时应有的景象。不同的是苏格拉底还要扮演安慰别人的角色。

在恩师临终时赶来的学生们，是要从面对死亡的苏格拉底口里聆

---

① 有汉译本《苏格拉底的申辩》(*Apologia Sokratous*)，柏拉图著，吴飞译/疏，华夏出版社，2017年。——译者注

② 《克力同》(*Kriton*)汉译本见《游叙弗伦　苏格拉底的申辩　克力同》，柏拉图著，严群译，商务印书馆，1983年。——译者注

③ 有汉译本《斐多》(*Phaedon*)，柏拉图著，杨绛译注，三联书店，2011年。——译者注

听其哲学的真髓，聆听阿基比亚德曾经说过的“令人泪水泉涌不止”的真髓。

《苏格拉底的申辩》《克力同》《斐多》这三部作品就像一出三幕戏剧。

三部作品洋溢着 28 岁的柏拉图对恩师的敬慕之情，闪耀着柏拉图的文学才华，让人感到顶尖作家之杰作的魅力。

我们阅读这些作品，就像坐在观众席的最前排，屏住呼吸观看舞台上剧情展开的戏剧。

我认为西方哲学始于古希腊终于古希腊，苏格拉底是西方哲学世界里的最大明星。

顺便一说，罗马人没有取得什么哲学成就，但在他们仿制的古希腊时代的希腊人雕像中，苏格拉底的雕像是最多的。那些仿制品都是真人大小的半身像，让人很有亲切感，就像是为了摆放在公共图书馆或自家书斋而做，并非要大模大样地放在广场上。

500 位审判员最初做出的判决是 250 人认为有罪，220 人认为无罪。但听了苏格拉底的申辩后，他们的最终判决是 360 人认为有罪，140 人认为无罪，和第一次有巨大的差距。这使付点罚款就能了事的情况一下子变为死刑判决了。

人们读了《苏格拉底的申辩》便会了解情况为何会变成这样。一言以蔽之，苏格拉底激怒了原本想差不多就收场的审判员们。

苏格拉底不承认所有罪状，他的话很明确：“我过去曾两度应征入伍上战场，还当过一次公务员，并未少尽一点雅典公民的义务，既然你们用雅典的法律审判我，那我服从这个法律。”

这是苏格拉底向全体审判员发起的激烈挑战，他等于声称他们正以违反雅典公民应尽义务为由审判他。

听了苏格拉底的这番申辩，仍有审判员投了无罪票，也许他们对苏格拉底陈述的思想抱有同感。然而剩下的360人不这么想。

这360人为何愤怒呢？

我想是由于这时雅典人处于不能决定自己国家命运的状态，内心焦虑。

这时苏格拉底出现了。他明确说不用交罚金或自行流亡的方法收场，他要自己决定自己的命运。

市民们认为，他们能做的事只有焦虑，而苏格拉底一点也不焦虑。于是他们把怒火发泄在苏格拉底身上，结果便是以多数赞成票判苏格拉底死刑。

如果不做这样的想象，我们就无法解释投有罪票的人数为何从第一天的250人变为第二天的360人。

不过，在苏格拉底看来，他的挑衅战术获得了成功。

苏格拉底已年届七旬，接近了人生终点。

伯里克利死的那年他41岁，他属于饱享了雅典黄金时代的一代人。

西西里远征军全军覆没给伯里克利死后的雅典带来了巨大灾难。那年，这位哲学家57岁。

他66岁时又经历了雅典在伯罗奔尼撒战争战败后混乱而悲惨的

时光。

苏格拉底在70年的生涯中体验了民主政体下雅典的所有荣耀和屈辱。

对他而言，学生比家庭更重要。但他们不是被暗杀就是战死，活着的年轻学生又像阿伽通和色诺芬一样，抛弃雅典去了他国。

苏格拉底及其学生们的祖国雅典虽然恢复了民主政体，但并未恢复自信。人们找不到可以一以贯之的政策，只是焦虑地一个劲儿把责任推给别人。

苏格拉底没有任何著作流传下来。虽然他没有成文的作品，但他的一生就是作品。

于是，如何结束一生便如同如何写完作品。

我认为，苏格拉底思考过如何结束自己的一生。

雅典人创造了思想、言行和表达自由这些理念，苏格拉底不但贯彻了这些理念，还思考了人生如何谢幕。

把自己的死法从头到尾展现出来，是他能够给予学生们的最好教诲。

由衷敬佩苏格拉底的柏拉图正确地领会了恩师的这一想法。

《苏格拉底的申辩》《克力同》《斐多》三部作品写得就像一出三幕戏剧，读后使人感到这才是苏格拉底哲学的集大成。

此外，我们认为，正如《斐多》描写的那样，苏格拉底喝干掺有毒芹的饮料之后，并没有表现出痛苦的样子。

首先，他的四肢末端开始麻痹变凉。然后这种症状一点点逼近心脏。这期间他的头脑仍然十分清醒。

然而，毒素不停地侵入他的身体中心，让他犯困。这期间他也一直不觉得疼痛，完全没有痛苦的样子。

苏格拉底最后说："请代我向阿斯克勒庇乌斯神献上一只鸡作为供品！"

也许这不失为一种理想的安乐死方法。

至少毒酒是他自己喝下去的，虽然同样是死刑，但这与绞刑等不同。这种方法应该说在很大程度上考虑到了人的尊严。

苏格拉底没有做出任何难看的动作，他自己拉下了人生的大幕。

尽管苏格拉底以那样站不住脚的罪名不得不赴死，但这反而成就了他的哲学。雅典因处死最后留在雅典的爱国者，证明了它此后绝无力量走出迷茫。

审判苏格拉底不仅是一个哲学题目，也是一个历史题目。

我以为，苏格拉底与地米斯托克利和伯里克利一样，是"真正的雅典人"，他们不可能诞生在希腊的其他城邦。

他们都具有一种才能，能使别人动摇而自己绝不动摇，并能安抚变得不安的人们。

正因为如此，他们即使遭遇一时的失败，也终将成为永远的胜利者。

# 第二章　无法蜕变的斯巴达

# 胜利者的实质

人们都说，野生动物世界里适者生存。我们不由得思考，人类世界又是怎样的呢？

持续近 30 年的伯罗奔尼撒战争中，失败者是雅典，胜利者是斯巴达。

在第二次希波战争中，面对入侵的波斯，雅典和斯巴达这两个城邦国家同心协力，成功地击退了波斯的进攻。从那年算起，两个国家共享希腊半岛霸权长达四分之三个世纪。

公元前 404 年，伯罗奔尼撒战争结束，雅典战败并从霸权国家的地位一落千丈，再也没有恢复过来。

这时，剩下的唯一一个霸权国家明显是斯巴达，雅典只得吞下无条件投降的苦果。其明证是双方媾和条件中有两项重要条款是斯巴达一直以来都在向雅典索求的。

第一项是拆毁连接首都雅典和外港比雷埃夫斯的长 7.5 公里的通道，雅典人称这条通道为“长墙”。

这是一处前所未有的基础设施，称之为通道都怕人说小觑了它。

它宽180米，两侧均有高6米的坚固墙壁护卫。这个设施由地米斯托克利建起之后历经74年的岁月，一如“雅典－比雷埃夫斯一体化”这个名字显示的那样，它成为保障雅典安全的基本设施。即使首都被敌人包围，也可以通过外港比雷埃夫斯保障进口粮食和其他必需品的补给。

对雅典而言，波斯被击退之后有可能从陆路进攻本国的国家只有斯巴达。

斯巴达人似乎也察觉到了这一点。当初雅典建造“长墙”时斯巴达便激烈反对，建成后他们也一直看着不爽，认为这是把斯巴达作为假想敌的象征。

胜利者斯巴达让失败者雅典吞下的第二颗苦果是提洛同盟的解体。

与此同时，斯巴达还让雅典把拥有200艘三层桨战船的常备海军力量减少到十分之一以下——只有12艘。12艘船仅够近海警备之用。

提洛同盟能发挥作用是因为有希腊最强海军力量的雅典在主导。斯巴达想把雅典从霸权国家的地位上拉下来，削弱雅典的海军力量是必然的措施。

但这里有一件事想请读者考虑。

斯巴达让雅典拆毁“长墙”，让雅典海军非军事化进而瓦解提洛同盟，其意图是纯军事性的。

然而，拆毁“长墙”无论对“雅典－比雷埃夫斯一体化”，还是对提洛同盟，都有经济方面的影响。

“雅典－比雷埃夫斯一体化”让雅典成为爱琴海乃至东地中海世界的第一大通商中心，而提洛同盟让雅典受益于广域经济圈。

公元前404年的战败，不仅让雅典从军事大国的地位上跌落下去，还让它失去了经济大国的地位。

可是，斯巴达并未理解到这个层面。斯巴达人的座右铭是质朴刚健，其国内只允许使用铁制通货。这遭到其他国家商人的嫌弃，其他国家的物产也就进不了斯巴达。我们只能无奈地认为，生活在这种环境中的斯巴达人完全没有经济头脑。

这样的国家成为希腊唯一的霸权国家，希腊还有未来吗？

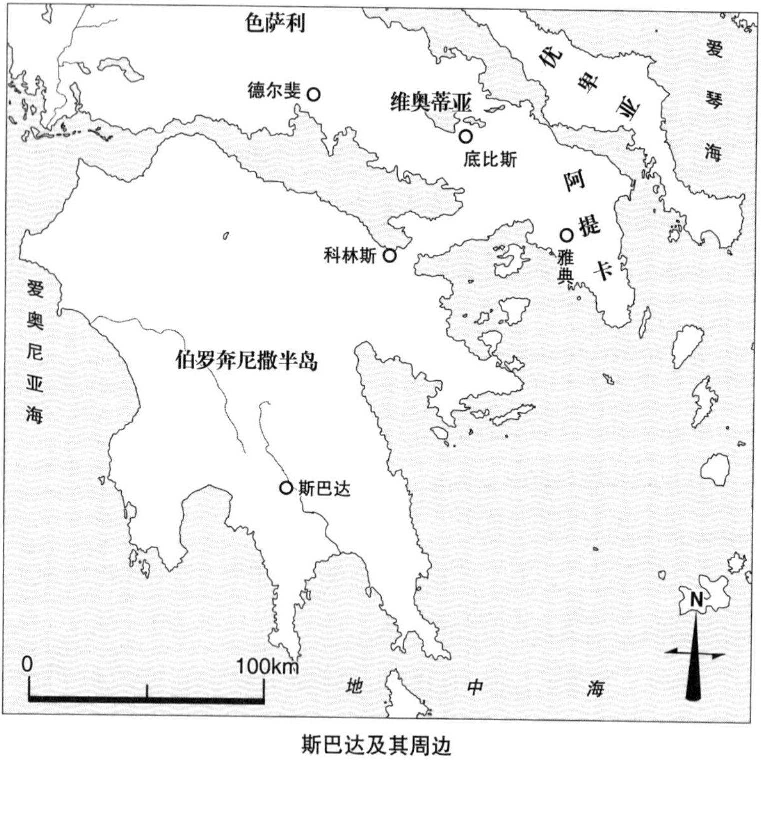


斯巴达及其周边

一个人若只想着自己赚钱，便不能长期赚钱。相反，做生意让别人也赚钱，则自己和别人都能长期赚钱。

我对经济很无知，我所理解的经济只是如此程度。不过我知道，“雅典－比雷埃夫斯一体化”和提洛同盟既是军事政策，也是经济政策。

与希腊其他城邦的人相比，雅典人在经济方面的头脑是出类拔萃的。

他们创造了民主政体，比别的城邦更长久地发挥这个政体的作用。

民主政治还是一种政治思想，目标是通过各社会阶层之间的交流让尽可能多的人受益，进而飞速提高整个国家的收益水平。

而斯巴达是一个坚持固化阶层差别的寡头政体的国家。

斯巴达在伯罗奔尼撒战争后成为希腊唯一的霸权国家，但它并非完全没有问题。

甚至可以说斯巴达自建国以来就一直面临着重大问题。

用今天的话说，斯巴达面临的危机是身份认同危机。

仔细分析持续了近30年的伯罗奔尼撒战争可以得知，在战争中取得重要战果的总是那些受到斯巴达社会排斥的人。

结束战争的有功之臣吕山德的地位也并不高于其他被排斥者。

与之相对，斯巴达的正规军由二王之一率领，有两位监察官随行参谋，那些人在这30年里又做了些什么呢?

每年一到夏天，他们就入侵雅典领土阿提卡，在那里祸害农田，入秋就马上撤回斯巴达，如此循环往复。

年复一年，雅典农民的收成都被抢走，遭受了巨大的损失。

可雅典依靠“雅典－比雷埃夫斯一体化”和强大的海军力量，完善了来自海外的补给体系。耕地遭到破坏不至于对雅典的粮食安全产生威胁。

这很像棒球赛中每次都有人跑垒却不能得分，而且每次派上场的还都是正式选手。如果试着让板凳队员上场反倒得分，全队的气氛又会怎样呢？

可惜斯巴达没有让板凳队员凭实力成为正式选手的机制。这样做会让国家崩溃。斯巴达一直以来正是这样的社会结构。

## 阶层差别的固化

我尝试将斯巴达与江户时代的日本做一个比较。尽管它们有2000年的时代差距，有西方与东方的地域差距，但因为这两者之间仅有的一点共性，我仍然要把它们作为比较对象。

这仅有的一点共性是，两者都因社会等级的固化而享受了300年的和平。

不过，外部环境并非一样。斯巴达的武士们不得不进行对外战争，而日本的武士不需要这样做。

在尚未有日本这个国家的公元前8世纪末，吕库古为斯巴达制订了“宪法”，此后斯巴达一直严格遵守。即便到了伯罗奔尼撒战争结束后的公元前5世纪末，他们仍然坚守着按等级划分的社会差别。这使斯巴达远离希腊其他城邦司空见惯的国内党派争斗，拥有了300年的和平。

在斯巴达，只有一万名斯巴达战士才拥有公民权，他们通过在公民大会上投票参与国家政治，并拿起武器尽到保卫祖国的义务。

数量是斯巴达战士16倍的奴隶则生来从事农业工作，一直干到生命的终结，他们只能一辈子作为农奴来支撑武士的生活。

数量 7 倍于斯巴达战士的半自由民从事手工业和小规模商业工作，和奴隶一样，斯巴达也不承认他们是社会成员。

斯巴达社会等级如此固化，是因为统治者斯巴达人是从北方攻来的，他们征服了原来一直居住在拉科尼亚的奴隶和半自由民。奴隶和半自由民的区别仅在于半自由民投降早，后来投降的那部分人成了奴隶。

虽然斯巴达社会等级的差别长年存在，但这种差别仅限于社会生活方面，经济方面没有太大的差别。

奴隶只须交出农产品收获的一半，剩下的允许归为自有。至于半自由人，这种税赋似乎更轻。

身为统治者的斯巴达公民坚持质朴刚健的原则，再加上国家本身的经济实力不济，他们觉得无需剥削被统治者。

各等级经济方面没有太大差距也是 300 年和平的重要原因。

此外，斯巴达能够长期享受和平的另一个重要原因是它以区区一万名斯巴达战士赢得了希腊最强陆上战斗力的名声。

据说哭闹的孩子一听到斯巴达重装步兵的名号便不敢作声。这不仅对斯巴达国内的奴隶和半自由民起到震慑作用，而且给希腊的其他城邦国家也造成一种压力。

这样的军队在伯罗奔尼撒战争末期就像每次都有人跑垒却不能得分的球队。终结战争的竟是像替补队员一样派出去的奴隶出身的吕山德。

虽然斯巴达最终赢了战争，但这使斯巴达的社会精英陷入了身份认同危机。

斯巴达人完全没有留下历史记录，要接近他们的思想，人们只能根据雅典和其他城邦国家的史实进行推理。推理的结果是，这个时期斯巴达上层的意见似乎存在相当大的对立和分歧。

这种对立在如何处置战败的雅典方面已见端倪。

斯巴达上层也承认，吕山德是结束伯罗奔尼撒战争的功臣，尽管他出身农奴。

这位武将虽可算是斯巴达进行被排斥者的骄傲，但他的战法龌龊。也许是为了洗刷影响，他对战败者进行了极度残忍的处置，没有表现出丝毫犹豫。

正如本书第二卷结束部分介绍的那样，他亲手挥剑砍下已成为俘虏的雅典司令等 4 人的头颅，并下令从俘虏中找出 3000 名雅典人用长矛全部刺死。

他还令雅典人撤离提洛同盟的所有加盟国，威胁说如果反抗，等待他们的是跟这 3000 人同样的命运。于是，居住在海外的雅典人全部撤回了雅典。

提洛同盟的瓦解不是反复战斗的结果，而是只靠这一件事就实现了的，可见吕山德的确能力出众。

但是，吕山德的祖国斯巴达似乎是一个靠战士之魂生存的国度。它甚至不允许吕山德参加置雅典于被告席的媾和会议。

如果吕山德出席会议，也许会采纳一心报复雅典的科林斯的强硬意见。科林斯和底比斯作为伯罗奔尼撒同盟的成员，在斯巴达的指挥下同雅典打了30年仗，终于坐在了媾和会议的战胜者席上。这些城邦强硬地主张杀光雅典全部成年男子，把女子和儿童卖为奴隶，并把雅典城区夷为平地。

吕山德不但未被允许参加媾和谈判，还不得不远离雅典去镇压提洛同盟瓦解后唯一站在雅典一方的萨摩斯岛。代表斯巴达出席会议的是二王之一的帕萨尼亚斯。面对主张把战败的雅典从地图上抹去的科林斯和底比斯的代表，年轻的国王厉声道：

“难道你们忘了吗？你们的国家至今作为自由的城邦存在，你们能够作为自由公民发言，这一切拜75年前雅典率领希腊人赶走入侵的波斯人所赐！难道你们忘记了吗？”

最终，雅典的男人没有被杀，女人和儿童也没有被卖为奴隶，城区也没有被夷为平地，以帕特农神殿为中心的整个卫城都以伯里克利建造的模样留存下来。

各城邦的代表们并非因年轻国王的当头棒喝而恢复了理性。斯巴达是战后希腊世界唯一的霸权国家。在这一事实面前，任何人都只有沉默了。

这一年秋天，帕萨尼亚斯与吕山德再次对立，也是因为如何处置雅典的问题。

战后不久，名为“三十僭主”的寡头政权控制了雅典，但他们因实施恐怖政治而失去了市民的支持，逃亡国外的民主派得以回国。

充满危机感的克里提阿向吕山德求援。后者憎恶民主派是出了名的。吕山德没有附加任何条件就接受了请求。

然而斯巴达国内又来了另外的命令。国王率领正规军前去援助雅典的寡头政权，吕山德要负责指挥左翼参战。

斯巴达的惯例是国王率领右翼部队出站。这样国王率领的正规军可把握战斗的大方向，而指挥左翼的吕山德则归帕萨尼亚斯指挥。

雅典民主派和寡头派在比雷埃夫斯港近郊展开内战，如果斯巴达军队参战，胜负恐怕在战斗打响之前便会见分晓。民主派必定会被永久驱逐出雅典。

然而，斯巴达军的最高司令帕萨尼亚斯几乎没和敌方发生正面接触便率领全军迅速回国了。吕山德只能跟着国王撤退。结果“三十僭主”的领袖克里提阿战死。失去领袖的雅典寡头政权失势，民主政权在雅典复兴了。

因为斯巴达国王帕萨尼亚斯并不同情雅典的民主派。

他只是认为，成为唯一霸权国家的斯巴达没有能力把斯巴达式的寡头政体强加给其他城邦国家。

间接施压要发挥需要适度的量。

希腊的城邦数量众多。我认为，斯巴达国王认识到了要向所有这些城邦施压，即使是“间接施压”，仅靠一万人左右的斯巴达重装步兵肯定不够。

吕山德只会打仗而不具备深入思考的能力，他一定在想，如果希腊的所有城邦都实行寡头政体，那斯巴达会一直保持不可动摇的霸权地位。

这两者的对立是象征着既有势力的国王与久经沙场的军官之间的对立。伯罗奔尼撒战争结束后的两年里，一直是帕萨尼亚斯占据着优势。在这个时期，帕萨尼亚斯身边的监察官共有 5 人之多。

## 执意护宪

讲到斯巴达就不能不提起5位监察官，因为斯巴达独特的监察官制度左右着城邦国家斯巴达的各个方面。极端地说，斯巴达是一个由监察官管理的社会。

两位国王的工作只是率领重装步兵团奔赴战场，在那里指挥战斗而已。

重装步兵是斯巴达的骄傲，他们只要想着“战场上不能逃跑，上战场不是战胜就是战死”就好。

只有一万人左右的重装步兵具有参加公民大会的权利。每年公民大会选出5位监察官。他们自认为是“吕库古法的守护人”。他们的工作涉及国内外的政治事务，这在斯巴达社会中是很自然的。所以，雅典将军去斯巴达交涉，其对手不是国王而是监察官。

这个乍看上去铁壁一般牢固的监察官制度存在两个重大缺陷。

第一是监察官的任期只有一年，而且规定不可以连任，国家政治因此缺乏持续性，存在巨大风险。

第二是监察官从20岁到60岁的现役重装步兵中选出，虽然他们有丰富的行伍经验，却无任何做总司令的经验。

这二者之间有着不容忽视的差异。战场上士兵用肉体战斗，而总司令用头脑战斗。雅典的司令官既是政治领袖，又是军队的总司令。

由于有监察官制度发挥作用，斯巴达至此已经享受了300年国内安定的局面。问题出在斯巴达成为唯一的霸权国家之后。

斯巴达的重装步兵

斯巴达成为希腊唯一霸权国家两年之后，对监察官制度是否继续有效的考验不期而至。

公元前402年，波斯国王的弟弟居鲁士发来求援信，请求斯巴达派遣军队前往波斯本土。

信中所写的请求派兵的理由是，居鲁士要推翻现任国王阿尔塔·薛西斯二世的统治，自己当国王。

信里还说伯罗奔尼撒战争能以斯巴达的胜利结束，是因为有小亚细亚西部最高领袖居鲁士提供资金援助，这次轮到斯巴达帮助他了。

的确，战争末期波斯向斯巴达提供了充足的资金，吕山德用这些资金打赢了绵延 30 年的战争，这是事实。

不过，以前我帮过你，这次轮到你帮我的逻辑，在个人之间可以成立，到了国家层面就不一定了。如果帮忙的结果是负面的，损失是要加诸整个国家的。这时领导人需要冷静地做出判断。在国家层面，即便结果是拒绝对方的请求，也是有它的道理的。

况且，国王的弟弟居鲁士造反的理由太牵强。

现任国王是居鲁士母亲所生的胞兄。居鲁士认为哥哥只因出生早就登上了王位，这违反人伦，所以他要造反，要自己当国王。这就是居鲁士的理由。所谓“违反人伦”的根据是，哥哥是父亲尚未登上王位时所生，而自己生于父亲登上王位之后。对于这样的说法，即便不是希腊人，也会有很多人感到诧异。

如果说哥哥是暴君，或者是个不适合占据王位的无能之辈，即使在规定长子继承的波斯王族，大概也能成为弟弟取而代之的“理由”。

可是阿尔塔·薛西斯二世性格温厚、统治有方，也不是一个好战的国王，推翻这样的国王而由弟弟取而代之，这对波斯人能有多少说服力呢？

居鲁士这时 50 岁上下，年富力强，一直野心勃勃，他已经无法再等下去了，便仗着母后更加宠爱自己举旗造反。面对这种情况，肩负国家政治使命的斯巴达监察官自然要谨慎应对。

帕萨尼亚斯似乎反对援助居鲁士的冒险行为，另一位国王阿基斯年老卧病在床。而那年担任监察官的 5 个人在远见和判断力方面又令人怀疑。

最后斯巴达接受了居鲁士的请求，决定派斯巴达军队去帮助国王的弟弟。

这次他们又选择了以前曾经用过的做法。

他们没有派国王率领斯巴达正规军出征。司令按规定由斯巴达人担任，但在他指挥下打仗的士兵是从希腊全境招募来的志愿者，居鲁士负责付给他们报酬。

居鲁士同意了这个条件。第二年即公元前 401 年，由希腊人组成的居鲁士援军在小亚细亚的波斯城市萨迪斯集结。

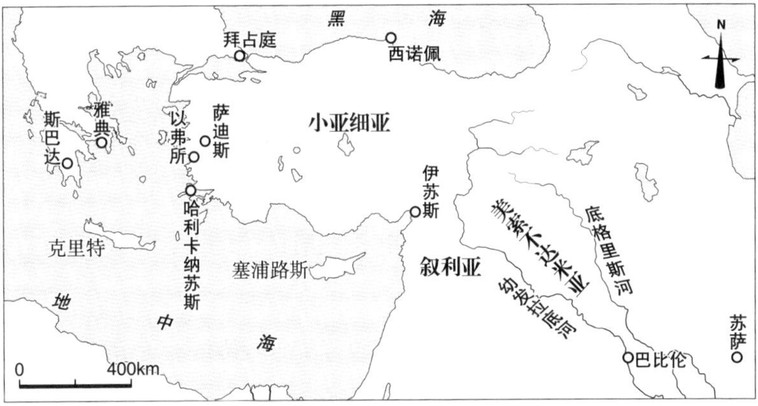

波斯统治下的小亚细亚

色诺芬笔下的《长征记》是一部叙述希腊联军行进 6000 公里撤回希腊的非虚构类杰作，绝非单纯的打斗故事。

色诺芬参加此次行动时年仅二十多岁。他虽然位列末席，却不愧为苏格拉底的弟子。他能够冷静、准确地认识现状，阅读他的这部作品能让我们了解很多事情，并使我们思考。对一名哲学家来说，不带偏见地认识现状是最基本的要求。

集结在萨迪斯的斯巴达的军队规模，仅主力重装步兵就超过一万人，几乎都是希腊人。其中，斯巴达的士兵和指挥官有 1700 人。

我首先想到的是，总共只有一万人左右的斯巴达“虎狼之师”，有 1700 人要送出国去，这行吗？

斯巴达已成为希腊唯一的霸权国家，它需要向希腊其他国家施加压力，哪怕只是震慑。此时斯巴达应该没有余力向波斯派兵。为什么斯巴达的监察官没有想到这些呢？

斯巴达以外的志愿兵来自色萨利等希腊各个城邦。有研究者说，伯罗奔尼撒战争结束后失业的老兵们一齐前来报名了。

如果唯一的霸权国家斯巴达禁止他们这样做，是不会出现这种情况的。

希腊其他城邦的志愿兵起初由本国指挥官率领，现在要受斯巴达人指挥了。

已经归在斯巴达羽翼下的雅典也来了 30 名骑兵，色诺芬也许就是其中一人。

此外，斯巴达派出了 35 艘三层桨战船组成的斯巴达海军。所谓“斯巴达海军”的舰船全是从投降的雅典缴获来的，其船长、水手、桨手都是雅典人。

率领军队的总司令是斯巴达武将克雷阿尔克斯。他可不像吕山德，他不是斯巴达社会的非主流势力。据色诺芬说，他公正仁义，给人以典型斯巴达勇士的印象，没有那种可以参透人心的狡诈。

可惜后来他中了波斯的奸计，在部下尚未开始6000公里撤退行动时，就遭到了暗算。

其他斯巴达将领是一群和克雷阿尔克斯一样的人。于是，年轻的雅典人色诺芬脱颖而出，成为撤退行动的领袖。

斯巴达就这样响应了居鲁士的请求。

大概作为斯巴达实际管理者的5位监察官认为，没有国王率领的军队不是斯巴达正规军，所以没问题。可在所有人的眼睛里，斯巴达都明摆着在全面支援居鲁士。

这样做的结果如何呢?

“斯巴达军”远征到美索不达米亚时，在靠近波斯首都的地方与现任国王的军队打了一场会战，取得了胜利。

可是，急于亲手打败哥哥的居鲁士冲到第一线，结果遭到国王部下反击，不幸身亡。不论古今东西，统帅的生死时常左右着战斗的结局。斯巴达一方虽然在军事上取得了胜利，但得知居鲁士死亡的消息后，他们面对重新起势的波斯军只有逃跑。

这就是6000公里突破撤退行动敌营的肇始。他们要摆脱打着消灭叛军旗号的波斯国王正规军的追击。历经6000公里回到希腊自然要耗费两年的时间。

我们只能认为，答应居鲁士的请求对斯巴达而言是彻底的愚策。

斯巴达的这次外交上的重大失误发生在击败长期对手雅典仅仅3年之后，也就是伯罗奔尼撒战争结束后的第3年。从此之后，斯巴达与波斯现任国王阿尔塔·薛西斯二世之间的关系恶化。这已经是可以充分预测到的事情。

斯巴达在外交方面犯错并非始于这件事。但这一年与以往不同。公元前 399 年，色诺芬把撤退行动活下来的 5000 人交到斯巴达统治者的手上。斯巴达上层围绕支援居鲁士失败一事发生了相当激烈的冲突。

这场冲突发生在国王帕萨尼亚斯与 5 位监察官之间。

远征波斯的失败使得大家都认为帕萨尼亚斯现在应该有力量弹劾监察官了。然而事情并非如此，因为吕山德站在监察官一边。

按说农奴出身的吕山德不是国王的对手，但吕山德是结束伯罗奔尼撒战争的第一功臣，这是斯巴达人承认的铁定事实。也就是说，在斯巴达，这个身经百战的人已经成了有威望的人物。

尽管如此，吕山德一直被排除在重要事务的场合之外，例如与雅典的媾和谈判、响应雅典寡头政权的请求出兵……排斥他的总是帕萨尼亚斯 。

吕山德站到监察官一边，并不是因为他拥护 5 位监察官所制定的斯巴达的对外政策，而是对他这个被排斥的非主流人物而言，监察官更容易成为自己人。

还有一个人也站在监察官一边。他就是一年前刚刚登上王位的阿格西劳斯二世，他支持监察官也是出于个人原因。

斯巴达自古规定由两个王族各出一人担任国王。眼下国王是帕萨尼亚斯和阿基斯。阿基斯寿终正寝。他有一个亲生儿子，但尚未成年。

斯巴达王室的惯例是，在正统继承者尚未成年的这段时间里，由伯父等近亲担任监护人。

可是，前国王的弟弟、44岁的阿格西劳斯不想做侄子的监护人，而是要自己当国王。虽然他在练武时受伤行走不便，但他似乎不甘心拖着这样的身体在卧室里度过后半生。

斯巴达是个尚武的国家，凡是身体有缺陷的新生儿都得被从悬崖上扔下去摔死。因此不难理解阿格西劳斯身有残障便心情不好，想着自己若是当国王就好了。

不管斯巴达人的接受度如何，要篡夺正统继承人的王位，理论武装必不可少，而且还需要有支持者。

阿格西劳斯的支持者是被帕萨尼亚斯弹劾的5名监察官和怨恨帕萨尼亚斯的吕山德。

阿格西劳斯主张，前国王的儿子不是国王阿基斯亲生的，是当时逃亡到斯巴达的阿基比亚德与国王之妻的私生子。吕山德旁敲侧击道，阿格西劳斯虽然身体有缺陷，但他与前国王一样是阿希达穆斯二世之子，这一点是清楚的。对照吕库古法典，相比可能吕库古有雅典血统的年轻人，阿格西劳斯这样的人当国王更加靠谱。自诩吕库古法守护人的监察官对这一说法都不持异议。

就这样，作为王子成长到15岁的列奥提基达斯（Leotychides）没能当上国王，他的叔父登上了王位。

登上王位的阿格西劳斯占据王位40年。据说他从来没有忘记在每年5位监察官就任时向他们送贺礼。每当他们进入公民大会会场，他都会不顾国王身份起立欢迎。

此时，另一位国王帕萨尼亚斯与监察官之间的矛盾尚未爆发。帕萨尼亚斯的权威尚不可动摇，而斯巴达内部有不少人对依靠监察官的国内外管理体系抱有疑问。帕萨尼亚斯在那个时期一直在专心为改革监察官制度扫平障碍，他在谋划修改“宪法”。

4 年过去了。公元前 395 年，火山爆发了。那年，吕山德战死疆场。失去有力支持者的监察官们有一种强烈的危机感，认为再不出招，监察官制度将面临崩溃。

捏造罪名是历代监察官的拿手好戏，他们以反叛国家罪传唤国王帕萨尼亚斯。

帕萨尼亚斯的祖父也叫帕萨尼亚斯。公元前 479 年，他率领斯巴达军队在普拉塔亚战役中打得波斯大军落花流水，因而成为与雅典的地米斯托克利比肩的第二次希波战争中的英雄。此后他被监察官诬陷，因而逃进了神殿，最终饿死。

他的父亲普雷斯托阿纳斯也是监察官制度的牺牲品。普雷斯托阿纳斯对监察官要向雅典开战的决定心怀不满，以秋天将近不适合作战的理由解散军队，回到了国内，使监察官大为光火。结果，他被套上一个私通伯里克利的罪名，被迫退位。

帕萨尼亚斯一家三代都与监察官对立。

这一代的帕萨尼亚斯没有理睬监察官的传唤令，逃到了邻国阿卡迪亚，在那里作为一个希腊人平安度过了 15 年。

帕萨尼亚斯选择逃亡，监察官也不再追究，让他的儿子登上王位了结了此事。既然已经挫败了帕萨尼亚斯修改宪法的尝试，他们的目的就算达到了。

监察官成功地排挤走帕萨尼亚斯，却使斯巴达永远失去了脱胎换骨的机会。

此后，斯巴达所谓霸权国家的地位只维持了 20 年。

阿格西劳斯在王位上坐了 40 年，亲眼看到斯巴达跌下霸权国家的位置。不仅如此，他还亲眼看到了希腊城邦国家时代的终结。

## 公民兵变佣兵

我认为，希腊人最大的不幸，不是审判苏格拉底所反映出的自信丧失，也不是斯巴达人身上的那种古板僵化，而是希腊的男人曾经为自己国家而战，如今被其他国家雇佣为别国而战。希腊城邦国家的公民兵变成了佣兵。

雅典人色诺芬的《长征记》详细叙述了对佣兵化起决定性作用的重大事件，很有历史价值。

伯罗奔尼撒战争末期，波斯以雇佣海军打击敌人斯巴达为由，用钱悄悄抽走了曾经被伯里克利称为“熟练技工集团”的雅典海军。

这是雅典战败的原因之一。在那以后不到 6 年的公元前 401 年，希腊的重装步兵又被波斯的金钱之力悄悄抽空。

斯巴达深深参与到这两次事件之中。甚至可以认为，斯巴达正是导致希腊公民兵变为佣兵的主犯。

重装步兵是靠公民皆兵制度组织起来的希腊城邦国家的主要战斗力。

斯巴达的重装步兵

公民拥有参与国家政治的权利，同时负有作为士兵保卫祖国的义务。

他们的职责与义务将帮助他们保卫自己的国家、工作、房产和家庭。以前希腊城邦国家总是打仗却仍能保持国家的正常运转，在那个时代，人们认为佣兵制度是波斯的东西，没有人认为它与希腊有关。

公元前 490 年马拉松会战之时（这场会战因马拉松比赛这一体育项目而名垂青史），公元前 480 年以及翌年，希腊人在海上的萨拉米斯和陆上的普拉塔亚两度大破波斯军队之时，在雅典和斯巴达分立的整个伯里克利时代，希腊人的语言里甚至没有佣兵这个词汇。

不到百年的时间竟至于此。

希腊公民兵的佣兵化导致希腊城邦国家时代的终结，其最大的原因也在于此。

当然，如果佣兵只是被波斯人支付高额的佣兵费所吸引，这事也并非不值得同情。

自雅典从霸权国家的地位上跌落下来，战败国雅典以及整个希腊的经济实力都在降低。士兵在长期战争结束后成为失业者，他们很难觅得其他工作。

在希腊民族中，雅典人在经济方面能力出众，而提洛同盟的解体使雅典人的经济活动大幅减少，这降低了整个希腊的经济实力。

人们有理由外出挣钱，但如果外出挣钱没有在祖国工作挣得多，就不合算了。波斯王弟居鲁士保证支付的佣兵费并不高，这让希腊人的佣兵化成为历史上的一种可悲现象。

雇主是波斯人，支付的货币是波斯的大流克（daric）。这种钱币是第一次希波战争时由当时的国王大流士一世开始铸造的，于是有了这样的名字。希腊的通货叫“德拉克马”，波斯的通货叫“大流克”。

当时这两种货币的汇率大概是 1 大流克兑换 20 德拉克马。

居鲁士同希腊佣兵签订了每月每人 1 大流克的合同，折合 20 德拉克马。而雅典的劳动者（proletarii）据说 1 个月可挣 15 德拉克马左右。

不过，居鲁士承诺的这一佣兵费是在没有告知希腊士兵战争的对手是现任波斯国王的情况下给出的。

据说只有斯巴达派来的总司令克雷阿尔克斯从一开始便知道这一情况。

得知打仗的对手是波斯现任国王时，集结在萨迪斯的希腊人有一部分离队。指挥官跑得比士兵多，因而归克雷阿尔克斯指挥的士兵人数激增。决定留下来的士兵要求居鲁士提高佣兵费。

居鲁士同意了这一要求，佣兵费从每人 20 大流克涨到了 30 大流克。从金额上看，这是他们在国内月收入的许多倍。

但他们的雇主居鲁士在战争结束之前就战死了，这些钱很可能并未支付。通过色诺芬的书，人们很难想象踏上撤退之路的希腊人在经济上很富裕。

总之，我们通过回顾伯罗奔尼撒战争末期雅典海军被波斯大批抽走的案例发现，波斯人付给希腊佣兵的报酬按月薪计算大约为 1 大流克，约合 20 德拉克马。

这比留在国内工作，算是增收了。

不知是否出于这个原因，希腊人当初只是外出挣钱，后来竟不再回故国，而在波斯居住下来，要以做佣兵为“生计”生活下去了。

在同一时期，雅典苦于财政危机，再也没有能力支付伯里克利时代起一直支付给水手的薪水。虽然雅典的造船技术仍是希腊第一，但却未能复兴海军。

在斯巴达，一直被当地人引以为傲的主要战斗力——重装步兵也减少到了全盛时期的十分之一。

50 年以后，马其顿的年轻国王亚历山大进攻波斯时，最先在会战中遭遇的就是以希腊佣兵为主力的“波斯军队”。

当必须保卫自己国家利益的人去保卫别国的国家利益了，这条路的尽头自然是希腊城邦国家时代的终结。

这里还有一些简单的问题想问。

为什么庞大的波斯帝国要持续从希腊雇佣士兵呢？为什么不用本国士兵，要选择外来佣兵呢？尤其是为什么要雇佣重装步兵，而不招募轻装步兵呢？轻装步兵只要招够数量，农民也能成为战斗力。

## 斯巴达的品牌

过去，波斯一直以其陆军实力统治着整个东方，但它在第一次希波战争中大败于雅典的重装步兵，又在第二次希波战争中大败于斯巴达的重装步兵，败得毫无悬念。

以重装步兵为代表的希腊陆上战斗力的压倒性优势得到了实际验证。

那么，为什么波斯国王不在本国培养希腊式的重装步兵呢?

波斯资金实力雄厚又是大国，并不缺人。它虽然拥有人称“不死军”的一万人的常备军，但那是国王的近卫军团，不是可以左右战局的主力军。

希腊城邦国家无论在资金实力还是人力方面都远不及波斯帝国，为什么波斯帝国只能仰仗希腊人呢?

在我的脑海中，希腊主力重装步兵打赢了第一次和第二次希波战争，对战败的波斯人来说不啻为一个“品牌”。与其拙劣地仿造品牌商品，不如直接购买来得快。况且，作为卖方的希腊已经分裂，连统一谈判都做不到，这就造成了买方市场。

尽管如此，为什么波斯就不能“国产”呢？

我们先不谈连最下层百姓都有公民权的雅典和只把一万名战士视为公民的斯巴达之间的区别。希腊城邦国家的中坚公民组成的重装步兵部队是为自己的祖国而战。在这一点上，雅典、斯巴达、科林斯以及底比斯都是一样的。

而在波斯，“不死军”的万名士兵不过是波斯国王的臣下。对他们而言，波斯不是自己的国家，波斯是波斯国王的国家。

因为士兵是自己国家的主人，所以希腊城邦国家能把重装步兵培养成具有强大战斗力的战士。波斯尚未培育出公民社会，根本不可能培养出希腊式的重装步兵。

然而，伯罗奔尼撒战争结束以后，希腊重装步兵前往波斯谋生的情况越来越严重。

斯巴达过分偏向居鲁士的重大外交失误不到一年就让斯巴达付出了代价。

一向温厚的波斯国王被激怒了，国王的怒火当然指向了斯巴达。

虽然派来支援居鲁士的希腊兵是从希腊全境招募而来，但军队是在斯巴达的主导下形成的。这是明摆着的事实。监察官们所谓的没有国王率领就不算斯巴达正规军的谬论是行不通的。

波斯国王决定动真格了，他把一直以来托付给弟弟居鲁士的将小亚细亚西部纳入波斯帝国计划重新提上议事日程。战争前线基地和以往一样设在了萨迪斯。波斯唯一一条正规铺装的道路“王之道”连接着位于美索不达米亚的首都苏萨和小亚细亚西部城市萨迪斯，特别适合转移部队和运送必需物资。

国王任命长年担任当地长官的提萨菲尔尼斯为此次对斯巴达战争的统帅。伯罗奔尼撒战争末期，他是波斯派往斯巴达运送资金的人。现如今，他要同斯巴达开战了。

波斯“王之道”

如此一来，斯巴达只能奋起抵抗。

斯巴达打赢伯罗奔尼撒战争后从雅典手上夺走了霸权，因而它有义务阻止波斯将其控制下的城邦国家以及毗邻岛屿纳入波斯领土。

然而，斯巴达一贯不擅长在对外政策方面制定长期战略。

到了这种时候，斯巴达居然还不想投入正规军事力量而希望逃避过去。雅典人色诺芬率军完成了6000公里撤退的壮举以后，把生还士兵交给了斯巴达，他们全部被收编进反抗波斯入侵的斯巴达军队。

波斯国王的怒火喷向了斯巴达，他们在小亚细亚西部战场陷入苦战。

我们可以举出三个造成这种状况的原因。

首先，监察官每年全员更换，他们没有勇气做出决断，或者说监察官制度本身不能承担做出决断的全部风险。

第二个原因是，斯巴达首屈一指的武将吕山德这时已经无力为斯巴达继续赢得胜利了。对他来说，农奴出身已不再是问题。他为人狡诈，善于把握机会。虽然其能力出众，但在手下的士兵中没有太高威望。他的手下对他并无敬意，他所命令之事有成果便跟随他，若无成果便弃他而去。

结果，尽管吕山德正处在45岁左右的人生黄金期，但爱琴海东部未能再次成为他活跃的舞台。

最后一个原因是，尚在王位上的帕萨尼亚斯与监察官之间的意见对立已经成为统一对外政策的障碍。5年过去了，什么都没有解决，战士们却一直在白白流血。

公元前396年，斯巴达人终于做出决断，他们高举保护爱琴海东岸希腊人的大旗，派国王率领的斯巴达正规军出战。

率领军队的是腿脚不便且年近五旬的阿格西劳斯。

另一位国王帕萨尼亚斯虽然年纪尚轻，但不能委以如此重任。他根本不想隐瞒自己与监察官之间的对立。把军事力量交给这样一个人十分危险，监察官们还是懂得这一点的。

阿格西劳斯率领的是斯巴达正规军，但他来到小亚细亚后战果平平。

色诺芬似乎与阿格西劳斯关系亲密，对他有上佳的评价。就个人而言，这位斯巴达国王性格开放，虽贵为国王却与当时尚籍籍无名的色诺芬关系亲密。

阿格西劳斯能够当40年国王，是因为他一直和监察官保持良好关系。其实正如他的战绩所反映的那样，他并无特别优秀的军事才能。

国王亲自率领的斯巴达正规军第一次远征希腊本土以外的地方。

斯巴达军把波斯军队赶到萨迪斯，双方在郊外激战一场，最终打败了提萨菲尔尼斯率领的波斯军。

波斯国王对此又是雷霆震怒。

这位提萨菲尔尼斯曾在伯罗奔尼撒战争末期，利用金钱把希腊玩弄于股掌之间，在居鲁士事件中用计暗算过克雷阿尔克斯及其副官。如今他已年届五旬，不幸被愤怒的国王下令斩首，结束了一生。

不到两年，阿格西劳斯也被召回希腊，原因是希腊本土已结成城邦国家联盟，它们举起了打倒斯巴达的旗帜。

这又是波斯国王伸出“长手”造成的。

波斯国王断定，只要本国陷入危险，阿格西劳斯只得回国。同时，波斯国王的金钱流向了希腊各个城邦。

就这样，伯罗奔尼撒战争后成为唯一霸权国家的斯巴达，在十年后被拖入在爱琴海东西两面作战的境地。

如今爱琴海的制海权已被波斯夺走，斯巴达已经不能称为霸权国家了。

就在国王阿格西劳斯回到希腊的那年，留下保卫小亚细亚的斯巴达海军败给了波斯海军。

斯巴达海军船员都是雅典人，他们的对手波斯海军的舰长及手下也都是雅典人。希腊人成了波斯海陆两军的佣兵。

斯巴达没有公布打了败仗的消息，政府担心这会助长反斯巴达的希腊各城邦的势头。隔着爱琴海军队不能自由往来，国王阿格西劳斯和监察官们大概都明白两面作战的困难。

这一年帕萨尼亚斯不再是斯巴达的国王。如前所述，他与监察官的冲突爆发后他被人告发，逃往邻国。空出来的王位便由帕萨尼亚斯二十来岁的年轻儿子继承。

此时决定斯巴达内外政策的仍然是5名监察官和从不违逆他们的国王阿格西劳斯。

然而，面对在小亚细亚与波斯的战争，以及在希腊本土与底比斯、科林斯和雅典的战争，斯巴达终于顶不住了。

如果不摆脱这深陷8年的泥淖，斯巴达就连自身的生存都难以维系。

公元前386年，波斯与斯巴达签订了被称为“国王治下的和平”的媾和协议。所谓“国王治下”是“波斯国王治下”，这已经说明了这个协议的性质。

## 把希腊售予波斯

波斯国王承认斯巴达在希腊本土的霸权。也就是说，波斯以后不再染指爱琴海西面的希腊本土。

作为交换，斯巴达正式承认爱琴海小亚细亚西岸一带及其毗邻岛屿的领有权归波斯国王所有。

小亚细亚西岸及其毗邻岛屿在古代多被称为“爱奥尼亚”。这一带也是希腊文明的发源地。在文明之花转移到雅典全面绽放以前，一切都诞生于此。

哲学之父泰勒斯来自米利都。

数学之父毕达哥拉斯来自萨摩斯岛。

医学之父希波克拉底来自科斯岛。

历史之父希罗多德来自哈利卡纳苏斯。

这里的居民一直都是希腊人。

正因如此，当波斯国王派军企图占领这里时，他们遭遇了全体希腊人的奋起反抗。

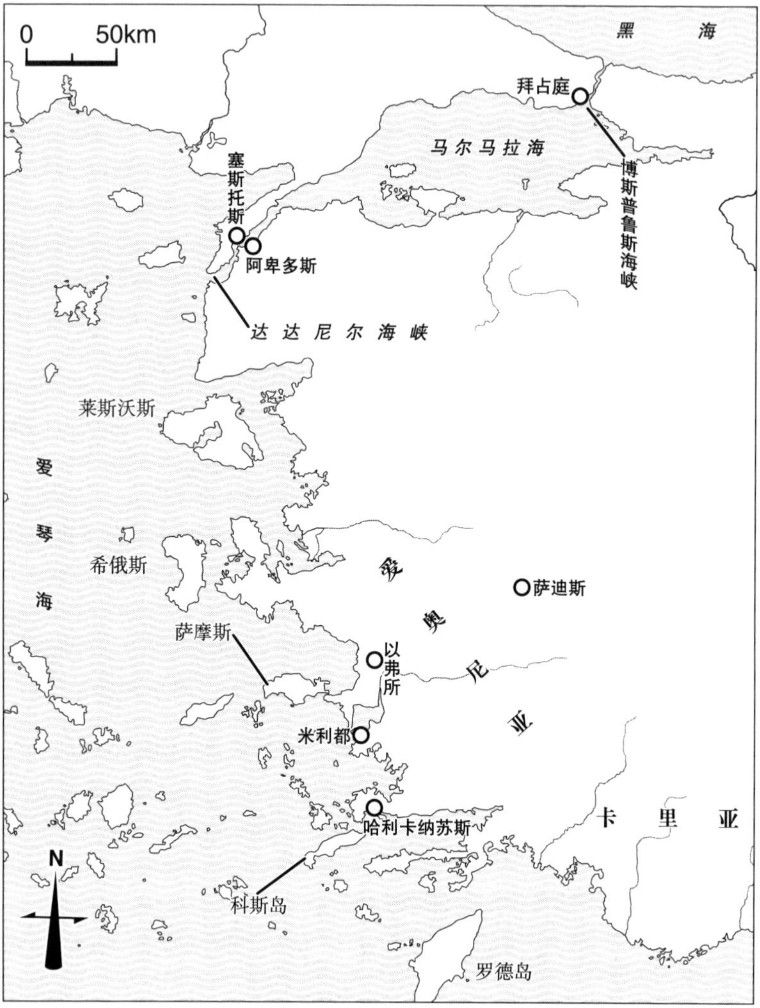
0
50km
黑海
拜占庭
马尔马拉海
塞斯托斯
阿卑多斯
博斯普鲁斯海峡
达达尼尔海峡
莱斯沃斯
爱琴海
希俄斯
爱奥尼亚
萨迪斯
萨摩斯
以弗所
米利都
哈利卡纳苏斯
卡里亚
科斯岛
罗德岛
N

爱奥尼亚地区及其周边

历史上一共有两次希波战争，公元前490年的“第一次”和公元前480年到公元前479年的“第二次”。希腊人参战不只是为了保卫希腊本土，还为了保护爱琴海彼岸爱奥尼亚的希腊人。

在萨拉米斯海战中大获全胜后，希腊人立即派海军把波斯势力彻底赶出了爱琴海。对希腊人来说，爱琴海彼岸同样也是希腊世界。

然而不过百年，准确地说是在93年以后，爱奥尼亚被卖给波斯国王。波斯在93年后终于实现了多年的夙愿。

从此，在希腊人的历史上留下伟大足迹的爱奥尼亚被划入了波斯帝国，直到50年后才由亚历山大重新夺回。

这个时期的希腊人听说波斯与斯巴达之间的“国王治下的和平”，恐怕不会有以前的感慨了。

以这个时期为拐点，其他地区的希腊人对斯巴达的感情发生了变化。

“我们要向斯巴达低头吗？不，绝不！”

这就是他们的想法。

从此时到斯巴达的权威完全崩解还有15年。

这并不是因为斯巴达的军事强大到让他国无力反抗，而是因为科林斯、底比斯、雅典这些希腊强国对付斯巴达的步调还未一致。每当这些城邦要共同对付斯巴达的时候，这三个城邦中总会有一个与斯巴达联手对其他城邦发动战争，这样的状态反反复复。

公元前404年到公元前371年的33年，在历史学上称为“斯巴达霸权时代”。不过，把这个说法理解为学者讽刺的反话可能更接近真实情况。

斯巴达人没花多少时间便明白了，他们出卖爱奥尼亚从波斯国王那里得到的“保证”只是一纸空文。

话虽如此，“斯巴达霸权时代”仍延续了15年，因为没有其他城邦国家可以取代斯巴达。

科林斯一如既往不具备承担风险、挑头干事的能力。

雅典在经济方面有了相当程度的恢复。海运能力也基本恢复到以前的水平，但海军未能发展起来。

海运用帆船就行，还可以少用些水手。但海军不能缺少不受风力影响的三层加莱船。这个时代的雅典无论在精神方面还是经济方面，都无力为这种船所需的众多水手提供保障。

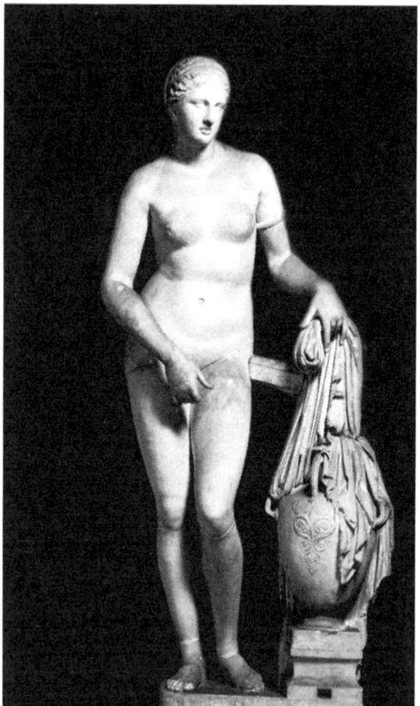

普拉克西特列斯的维纳斯像

然而，雅典不愧是雅典。在文化方面，雅典仍然是“希腊的学校”，一如伯里克利曾经说过的那样。

雕塑家普拉克西特列斯出生于伯罗奔尼撒战争以后。他生活在雅典政治、军事活动都持续低迷的时代，继菲狄亚斯和米隆之后成为古典时期造型艺术的最后接棒人，施展了全部的才华。

在爱奥尼亚被斯巴达卖给波斯的前一年，即公元前 387 年，柏拉图在雅典的“学院”开张了。

柏拉图不在教室里教学，而是在雅典郊外树木掩映之处边漫步边教学，因而又被称为“逍遥学派”。他的学院汇集了来自希腊各地的学生，从马其顿来留学的亚里士多德就是其中一位。

传说亚里士多德在“柏拉图学院”学习过 20 年，其后他在雅典郊外的吕克昂开办了一所学校。

相传为每天参见苏格拉底的年轻人建的体技训练场就在吕克昂。亚里士多德开办的学校因此也被称为“吕克昂学园”。这所学校提供升入“学院”以前的教育。

如今由“吕克昂”这一名词演化而来的法语单词“Lycée”和意大利语发音“liceo”一直沿用至今，意思是一种 5 年制的高中，教授升入大学所需的全部科目。

我们不仅在哲学、数学、医学、历史、建筑、造型美术方面得益于希腊文明，而且还在民主政治到教育制度方面得益于古希腊人。

希腊人继续创造着辉煌的文明，尽管他们被波斯的金钱所摆布。

斯巴达为了自己国家的利益不惜签订“国王治下的和平”之约的做法，当然会让其他地区的希腊人产生某种感慨。

为使自己的霸权存续下去，霸权国家必须要有某种理由使其辖下的国家接受现状。这种理由可以单纯，却必须有魅力。

由于吕山德高压而龌龊的做法，巨额资金流入在伯罗奔尼撒战争

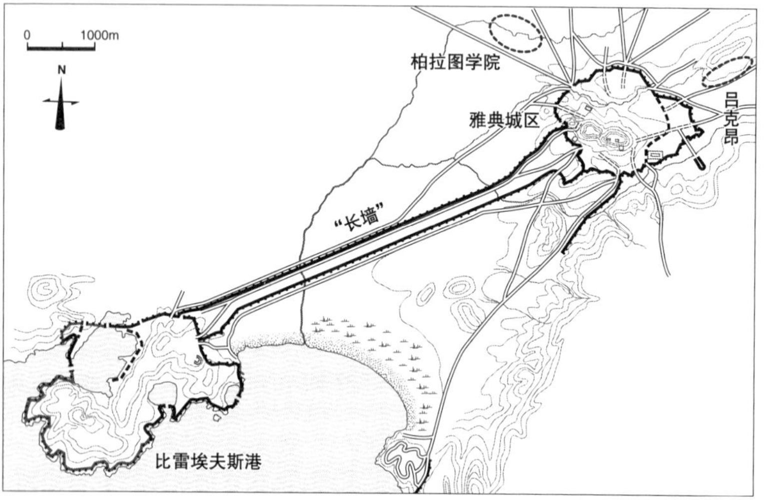

雅典城区及其周边

中获胜的斯巴达。

我真希望他们能用这些钱从雅典招来艺术家和匠人，建造起一座胜过帕特农神殿的壮丽神殿。然而他们没有这样做。一定是自诩为吕库古法守护人的监察官没有允许，理由是这种做法违背斯巴达质朴刚健的信条。

既然这样，他们可以发挥自己的拿手技能，在斯巴达开设一所“西点军校”那样的培养高级军人的学校，向全希腊的年轻人开放。然而斯巴达没有任何人想到过这点。

就算他们这样做了，希腊其他城邦来的年轻人真能忍受冬天住帐篷、睡在草上、吃天下最难吃的炖肉杂烩这样的生活吗？

结果，斯巴达从提洛同盟各加盟国搜刮来的巨额资金在德尔斐的阿波罗神殿里做了一辈子“存款”。

一句话，斯巴达没有吸引外国人的魅力，除了军事力量以外，他们什么都没有创造过。许多年后，建立罗马帝国并把希腊纳入其中的罗马人只给雅典和斯巴达“自由城邦”的特殊待遇，认可它们拥有除了发动战争以外的所有自由，对它们曾经创造的文明表示敬意。

此外，罗马人还给这两个城邦经济援助，尽力帮助它们振兴。

然而，罗马人的这种做法只在雅典产生了一定效果，斯巴达什么都没能留下，想振兴也无济于事。

2400年后的今天，人们去雅典可看的东西很多，那里的宝物数不胜数。

可斯巴达没有什么可看的，那里什么都没有。

那里只有与波斯大军作战，在温泉关与敌人同归于尽的列奥尼达；在普拉塔亚平原把波斯军队打得落花流水的帕萨尼亚斯；与雅典的伯里克利合作开辟了斯巴达30年和平时代的阿希达穆斯。

造访斯巴达，人们只能产生这些壮士曾经行走于这片土地的感慨。他们没有留下任何一座雕像。本书第一卷和第二卷介绍过许多雅典人的容貌，但我却介绍不出斯巴达男人的长相。

我一直觉得，斯巴达轻易地把希腊文明发祥地爱琴海东岸割让给波斯，是因为他们从来就对文明、文化不感兴趣。

到了公元前371年，斯巴达唯一引以为傲的军事力量也面临着危机。

就在所有希腊城邦国家迷茫徘徊之时，它们中唯一崭露头角的底比斯从正面向霸主斯巴达发起了挑战。此时连波斯国王都承认斯巴达在希腊本土的霸权。

第三章 # 底比斯的极限

## 底比斯双雄

60年前伯罗奔尼撒战争开始之时，位于雅典以北70公里的底比斯就已经是一个城邦国家。它一直是斯巴达的伯罗奔尼撒同盟的一员，本不该对斯巴达发起攻击。

底比斯从正面发起挑战，让斯巴达的霸权显得更加脆弱。

这个时期的底比斯有两位了不起的人物。

一位是佩罗皮达斯（Pelopidas）。他出身底比斯名门，在祖先传下的辽阔农庄里长大。传说他生于公元前420年，伯罗奔尼撒战争结束时刚刚16岁。

也就是说，他在战争胜利者、唯一的霸权国家斯巴达强制推行的"寡头政体"下度过了他善感的青春时代。

战争结束以后，斯巴达内部爆发了国王帕萨尼亚斯与5名监察官之间的冲突，其核心原因如下。

帕萨尼亚斯主张给予斯巴达霸权下的各城邦选择本国政体的自由。但监察官主张，它们既然已纳入斯巴达的辖下，就必须改为斯巴达式的寡头政体。两者意见抵牾。

公元前395年，帕萨尼亚斯被判叛国罪，他逃亡邻国。此后，斯巴达的对外政策统一为一条路线，即监察官和另一位国王阿格西劳斯的路线。

也就是说，已率先采用寡头政体的城邦国家不会有问题。若有城邦拒绝寡头政体，斯巴达会派军驻于该国，驻军会监督其建立寡头政体的政府。底比斯就有斯巴达的驻军基地。

从社会地位和资金实力方面看，佩罗皮达斯应该对少数人领导的寡头政体抱有亲近感。然而，他是一个农庄经营者。

经营一个大型农庄需要很多人。为了用好包括奴隶在内的整个团队，即为了人尽其才，农庄主要考虑每个人的个体需求。

于是，据说很有才能的农庄经营者佩罗皮达斯出于现实需要成为民主派。而且，他对常设驻军基地、骑在底比斯人头上的斯巴达持敌视态度，因此是反斯巴达派。

比佩罗皮达斯小两岁的埃帕米农达斯（Epaminondas）同样出身名门，但他并非出生于大农庄主家庭，家庭经济可能也就是中上水平。他因父亲的安排接受过良好的教育，是一个为毕达哥拉斯学派倾倒的哲学青年。

当时的哲学家中反民主派占比很高。就像柏拉图一样，青年时代的埃帕米农达斯似乎也是一位寡头派。

尽管成长环境不同，但上述两人都从少年时代开始就热衷于提高体能和武艺水平。

底比斯也是希腊城邦国家。男人一到成年就有保卫国家的义务。

大家将来都要上战场，谁都不愿意因为疏于锻炼而在战斗一开始就战死沙场。

如果想当指挥官，就更要提高武艺水平。很多事自己不会就无法命令下属去做。

古代名将几乎无一例外都比士兵更擅长武艺。士兵不服气就不会跟着将领征战。

希腊的城邦国家政治上不论是民主政体还是寡头政体，男人们只要年满 20 岁都要登记服兵役。“底比斯双雄”就邂逅于战场。

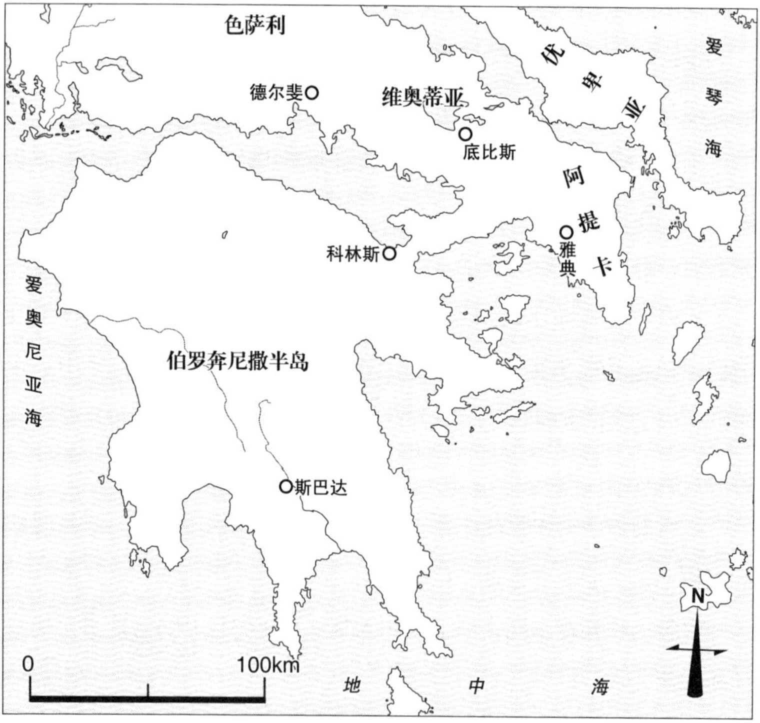


底比斯及其周边

当时，两个人并不在同一支部队作战。得知佩罗皮达斯指挥的部队陷入苦战后，有一支部队被派去增援，埃帕米农达斯就在这支部队。战况对己方来说已经是令人绝望的局面。队长佩罗皮达斯身负重伤，被压在战死的士兵尸体下面，看上去像是已经战死。

面对这样的战局，增援部队无法继续前进。敌人占据优势、气势正盛，若贸然杀入敌阵，增援部队很容易被全歼。

然而，埃帕米农达斯与众不同。他一个人手握长矛冲入敌阵。他的胸甲被敌人的长枪刺中，左臂也被敌人的长剑砍伤，但他仍在一步一步接近倒地不动的佩罗皮达斯。

底比斯年轻人作战时像狮子一样迅猛。斯巴达国王向他们伸出了援手。当时，底比斯还和斯巴达站在同一战线上。

尽管二人都身负重伤，但他们最终还是得救了。这场战斗是35岁的佩罗皮达斯与33岁的埃帕米农达斯之间友情的滥觞。他们之间的友情一直延续到21年后其中一人去世。不，应该说它一直持续到23年后两人均已过世时。后亡人在朋友去世后就当他依然活着一样，他们的友谊从未中断。

据说在战场外，他们两人的性格完全相反。佩罗皮达斯热情奔放，是个行动派，而埃帕米农达斯喜欢静心思考。

对祖国底比斯强烈的爱，对霸权国家斯巴达的轻蔑和憎恶，把他们连在了一起。在此之前，他们二人并不认为民主政体和寡头政体的不同是个问题。

公元前382年，佩罗皮达斯不得不亡命外国。那年他们一位38岁，另一位36岁。当时寡头派控制了底比斯政府，他们认为佩罗皮达斯是个危险分子。因此佩罗皮达斯只得逃亡在外达 3 年之久。

在这 3 年中，佩罗皮达斯曾精心策划了一个政变计划。公元前 379 年与公元前 378 年之交的那个冬天，他带着 11 位同伴化装成猎人潜入底比斯。埃帕米农达斯也是他们的同伙，他在城里接应他们。

整个计划得到完美实施，政变非常成功。几乎没有流血，政府寡头派人士逃往国外。

希腊中部维奥蒂亚地区的实力城邦底比斯，在佩罗皮达斯和埃帕米农达斯二人的完美配合和领导下，得到了统一。他们领导的政权既是寡头政权又是民主政权，尽管信仰某一种政体的人会对这种形式感到不满。

重要的是在他们两人的领导下，底比斯政局趋于稳定。此后的 15 年间，佩罗皮达斯一直处于一把手的位置。他死后的两年国家在埃帕米农达斯的领导下，依然政局稳定。

政治的稳定可以阻止不必要的能量浪费。同雅典和斯巴达相比，底比斯只有中等规模，它只能彻底发挥自己拥有的全部力量。

他们的目标只有一个：打倒斯巴达！既然对手是只有军事实力过硬的斯巴达，那就在战场上战胜他们。

为了实现这一目标，“底比斯双雄”完成了军制改革。

底比斯兵力较少，关键在于如何使其作用最大化。军制改革势在必行。

这两人研究出的战略战术，多年以后为马其顿国王父子所参考。其战略要点是有效利用步兵和骑兵。

另一个要点是创建特殊部队。这个部队由 300 名精英组成。尽管只有区区 300 人，却被冠以“圣队”之名。

底比斯军队的实力发生了天翻地覆的变化。3 年之后考验到来。这次的敌人足够强大，那就是宿敌斯巴达。

结果底比斯轻松获胜。不过对手未拿出全部实力，公元前 375 年的胜利只是一次试验。

决策总是慢半拍的斯巴达开始在意底比斯的动向。

他们请求波斯国王召开会议讨论希腊和平问题，企图给跃跃欲试的底比斯刹刹车。

波斯国王 10 年前与斯巴达签订了“国王治下的和平”协议，斯巴达承认小亚细亚西岸一带为波斯国王的领土。作为交换，波斯国王承认斯巴达在希腊本土的霸权。既然如此，波斯国王没有理由拒绝斯巴达的要求。他甚至对一有事就来找自己仲裁的希腊城邦怀有一种优越感。

然而，斯巴达在波斯首都苏萨进行的外交活动皆以失败告终。

第一，如果能保证波斯对爱琴海亚细亚西岸土地的所有权，波斯就把希腊本土让给斯巴达。所以波斯对希腊本土的各城邦国家已构不成威胁。

第二，希腊本土的各城邦国家已经感觉到斯巴达军事力量的衰微。斯巴达渐渐变得不再可怕。

最后，斯巴达要求底比斯放弃维奥蒂亚，底比斯坚决不从。

战火重燃只是时间问题。

## 打倒斯巴达

斯巴达先走了一步。

那年，执掌斯巴达内外政治的5位监察官命令国王克莱奥姆波罗图斯进攻维奥蒂亚。

克莱奥姆波罗图斯顶替逃亡的父亲帕萨尼亚斯登上王位，是位30岁的年轻人，以前也无战绩。而另一位国王阿格西劳斯已经70岁，此时卧病在床。

既然由国王率领，那就是正规军。于是，和当年伯罗奔尼撒战争时一样，有来自伯罗奔尼撒同盟各加盟国的士兵参战。

与其说这是斯巴达军，不如说是由斯巴达主导的伯罗奔尼撒同盟军。

迎战的底比斯一方也拉来同盟国对抗，组成了底比斯主导的维奥蒂亚同盟军。

希腊的城邦国家规模都很小，一遇会战便会结成同盟参战，这已经成为惯例。

伯罗奔尼撒战争就是雅典主导的提洛同盟与斯巴达主导的伯罗奔

尼撒同盟之间的战争。

由斯巴达主导的伯罗奔尼撒同盟军直指底比斯北上而来，士兵总数为一万人。

其中，斯巴达的主力是让斯巴达引以为傲的重装步兵，人数只有700人。

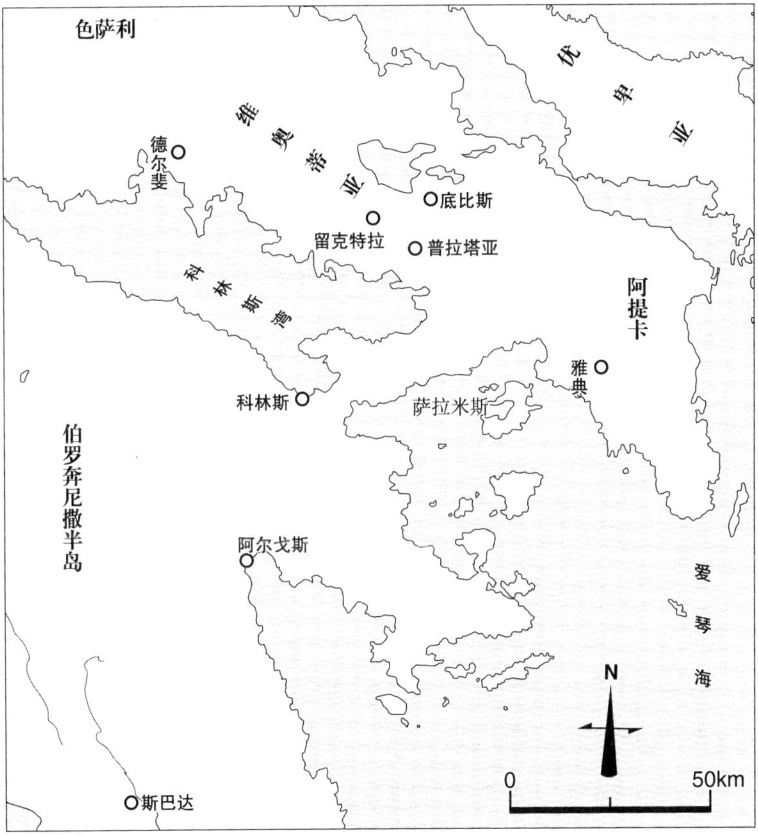


底比斯及其周边

“700”这个数字令我愕然。

100 年前的公元前 479 年，斯巴达在普拉塔亚平原上迎战波斯大军，他们投入了共一万人的主力部队，夺得了胜利。

100 年后，这支主力军只剩 700 人。100 年间人数不该如此锐减，这期间应该会有孩子出生让人口自然增长。

这个惨状应该是斯巴达应波斯要求输出佣兵造成的。

因为史家没有记录，我们不知道佣兵的具体数量。当时的情况竟已发展到连国王率领的斯巴达主力中都有人去当佣兵的地步。

当斯巴达的社会精英——重装步兵远走他国，空缺是否得由来自北方落后地区的佣兵填补？

果若如此，斯巴达军力下降也是理所当然的了。

虽然如此，斯巴达重装步兵的阵型和战法都同全盛时期一样，并无变化。重步兵、轻骑兵的观念也毫无改变。

士兵接到战斗号令后的行进速度极慢。如果有“慢攻”一词，我真想用在这里。

即便如此，如果有“量”上的优势，攻过来的敌人也会感到压力，然而，他们仅有 700 人……

斯巴达主导的伯罗奔尼撒同盟军聚集了一万名士兵，而底比斯主导的维奥蒂亚同盟军只有 6000 人。

底比斯本身是一个中等规模的城邦国家，维奥蒂亚同盟也没有存在多年的伯罗奔尼撒同盟那么团结。

不过历史学家告诉我们，要论骑兵战斗力，底比斯方面占优势。

这正是“底比斯双雄”改革的成果。要想战胜斯巴达，只有依靠骑兵与步兵协同作战的“速攻”。

“底比斯双雄”在战场上也做了分工。

埃帕米农达斯考虑综合战略，是全军的总司令。佩罗皮达斯冲在300人机动部队前面突击，拉开整个战线。

曾经醉心于毕达哥拉斯学说的哲学青年，想出了任何人都不曾想到的战略战术。这一年他已经47岁。

公元前371年夏天，斯巴达主导的伯罗奔尼撒同盟军北上来到维奥蒂亚南边的小镇留克特拉的郊外。

他们决定在这里设下战场，因为这里有一公里见方的平原，适合调动己方一万人的军队。平原西端有一个小山丘，可以在那里构筑营地。

战场是斯巴达方面选定的，但在家门口作战的底比斯更有“地利”。

留克特拉是一个沿河而建的小镇。在希腊的夏天，没有水的地方不能打仗。而这里河面狭窄、水流缓慢，周边还有面积适当的平原。希腊很少有这样的地势。底比斯知道斯巴达把留克特拉郊外作为战场后并未感到意外。

底比斯领导的维奥蒂亚同盟军从战场东北仅15公里外的底比斯出发，由佩罗皮达斯带领进入战场。

联军构筑了营地，但只是平原上的“临阵磨枪”。“底比斯双雄”的想法是进行一场名副其实的背水之战。

斯巴达方面在平原中央布阵，远远望去就知道这是典型的斯巴达军的阵型。

担任全军总司令的斯巴达国王在本国精锐重装步兵的拱卫下在右翼布阵。国王总是率领右翼，这是希腊军队的传统。

重装步兵在右翼布阵，显示出盾和长枪的优势，阵型也忠实地依照斯巴达军的传统，摆成横排 200 人、纵向 12 排的横向矩形阵。

这种密集队形一直被认为是斯巴达军强悍战力的基础，其他城邦国家也从未怀疑过。

但这次留克特拉战役有个特殊情况，斯巴达军就连右翼也不是由纯粹的斯巴战士构成的。

12 排中只有 3 排是传说中让孩子不敢哭闹的斯巴达战士，其他都是来自同盟国的士兵。

从右翼向左，依次是中路两个大队和左翼一个大队。中路和左翼都是来自同盟国的士兵。骑兵布置在右翼和左翼的外侧。

底比斯的布阵彻底颠覆了希腊人的常识。研究者给这个阵型起了一个“斜型阵”的名字。

首先，要同敌人主力对决的左翼安排的都是底比斯的重装步兵，据说人数达 3000 人。

埃帕米农达斯把他们编成横排 60 人、纵向 50 排的巨型长方形阵型。

他命令全副武装了头盔、胸甲、长枪、重剑、盾牌的重装步兵用平时两倍的速度前进。

虽然古希腊男子体格健壮，但在盛夏的草原上奔行无异于从事重体力劳动。

然而这些重装步兵必须忍受的艰苦，与佩罗皮达斯率领的 300 人“圣队”相比，甚至还是很人性化的。

因为 300 人机动部队的士兵装备与别人无异，但被要求以再快两倍的速度前进。

数量优于斯巴达的骑兵配置在这支机动部队的左侧。

左翼集团向右依次是中路的两个大队和右翼的一个大队，士兵来自维奥蒂亚同盟国。

埃帕米农达斯布阵的新意在于没有采取斯巴达军那样的一列横排队形。正像“斜型阵”所说的那样，其新意在于斜线布阵。

当然，给各路人马下的命令也不同。

左翼接到的命令是以超常的速度速攻，中路第一大队接到的命令是以平常速度前进，中路第二大队和右翼接到的命令是在战斗的前半段后退，后半段转为进攻。

埃帕米农达斯真正想要的不是击溃敌人全军，而是击破国王率领的斯巴达正规军。

首先用数量占优的骑兵驱散敌方的骑兵。

继而用佩罗皮达斯率领的 300 人冲击敌人右翼予以击破。

再向已被打乱节奏的敌人右翼投入 3000 人乘胜追击。

这就是三阶段攻击战术。

在萨拉米斯海战以及普拉塔亚陆战中，双方主力冲锋的结果决定了整个战斗的结局。这个战术汲取了这些战斗的经验。

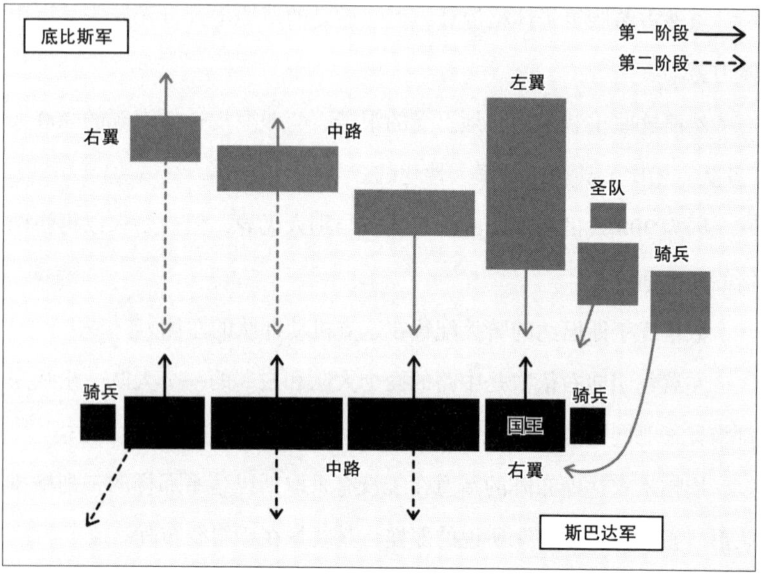


留克特拉战役

一旦得知主力被击破，其他国家的参战人员没有接到命令也会逃跑。

埃帕米农达斯把自己的军队布成斜线形，命令远离敌人的中路第二大队和右翼先后退再转入进攻，大概是要逼斯巴达士兵以外的敌方士兵逃跑吧。

正如萨拉米斯海战和普拉塔亚陆战证实的那样，击破敌方主力便可把胜利导向己方。这是己方人数少于敌人时总司令所能采用的唯一战法。

令人感到悲哀的是，斯巴达年轻国王的曾祖父是普拉塔亚战役的胜利者，而自己却成了这种战法的牺牲者。

这是一场激战。但日头高挂时会战的胜负已见分晓。

进攻缓慢的斯巴达人被底比斯的速攻打乱了阵脚。

声嘶力竭地指挥作战的年轻国王克莱奥姆波洛图斯遭到佩罗皮达斯率领的底比斯机动部队的狙击，很快战死。因不想让国王的遗体落入敌手，斯巴达的重装步兵勉强应战最终全线崩溃。

国王的遗体被运到了后方营地。但斯巴达领导的伯罗奔尼撒同盟军的右翼已经被摧毁。很多盟国士兵逃进营地，距离营地较远的左翼士兵也都七零八落地溃逃四散。

希腊的城邦国家总在打仗。或许由于这个原因，他们精通战场礼仪。胜负确定以后他们会临时休战，收容战死者的遗体，这已经成为惯例。

斯巴达方面也提出了这方面的请求，底比斯表示接受这个请求，但底比斯方面的总司令埃帕米农达斯附加了条件。

首先要收容来自斯巴达盟国的士兵。

收容结束后底比斯方面先行视察，然后才能把斯巴达士兵的遗体运出战场。

埃帕米农达斯想知道斯巴达重装步兵准确的死亡人数。

后世的我们因此知道了伯罗奔尼撒同盟的参战士兵死亡人数为1000人左右。尽管这无外乎是一种推测，但我们可以得知主力斯巴达的损失。

战斗开始前斯巴达战士有700人，其中400人战死，活下来300

人。只此一战，斯巴达的骄傲减少到 300 人。

而底比斯方面的战死者，连同来自维奥蒂亚同盟国的参战士兵在内，也没有超过 300 人。

斯巴达领导的伯罗奔尼撒同盟军来了 1 万人，战死 1400 人。

底比斯领导的维奥蒂亚同盟军以 6000 人迎战，战死 300 人。

单凭这一点，留克特拉战役的胜败已然明朗。这场战斗中值得大书一笔的是斯巴达重装步兵兵团就此形同毁灭。“底比斯双雄”制订的打倒斯巴达的计划完美成功。

战争的同时，斯巴达国内举行了每年例行的祝祭仪式。神殿里升腾起烧烤牺牲羊的青烟，青少年们参加体育比赛，献给神祇。斯巴达战败的消息是在祝祭活动的最后一天送达的。

5 名监察官封锁了消息，直到所有活动结束后才予以公布，连战死者家属服丧也被禁止。

这样的事情，在漫长的斯巴达历史上还是第一次。

斯巴达的战士们都是用“不在战场上战胜，便在战场上战死”的信念培养起来的。死，对他们而言是心甘情愿的事。

但斯巴达在公元前 371 年的战败不仅带来战士之死，更导致了一个国家的死亡。

靠军事力量强大起来的国家一旦失去军事力量，自然会威信全无。

伯罗奔尼撒同盟各国对此非常明了。加盟国开始背叛斯巴达，仿佛石片从行将崩塌的石墙上不断剥落一般。就连斯巴达的西邻、斯巴达多年的农产品产地麦西尼亚也宣布独立了。

伯罗奔尼撒同盟自结盟以来历经200年，终于在公元前371年轰然瓦解。

斯巴达沦为希腊南部伯罗奔尼撒半岛南端一隅的一个普通的城邦国家。

这距离它打败雅典一跃成为唯一霸权国家仅仅过了33年。

留克特拉战役终结了所谓的“斯巴达霸权时代”。

从此开始了“底比斯霸权时代”。然而，这也不过是带引号的霸权时代而已。这便是城邦国家时代的希腊的悲剧。

“底比斯双雄”决定最大限度地利用好这次胜利。他们无暇充分享受在留克特拉取得的胜利。

这倒不是因为他们两人对自己的年龄有什么担心，而是底比斯这个国家的实际情况令人不安。

大企业无所作为是因为怠于利用所拥有的人力资源。中小企业有志于高效利用，人力资源又太少。佩罗皮达斯和埃帕米农达斯面对的就是这样的底比斯。

刚打完胜仗，两人便进行了分工。

佩罗皮达斯负责北方，埃帕米农达斯负责南方。

两个人都在自己负责的地区积极开展外交活动，而不止于军事方面。维奥蒂亚地区以底比斯为中心，若只注意巩固与附近各城邦的同盟关系是无法取得更大发展的。如今底比斯已经把斯巴达拉下马，成为新的霸权国家。

把斯巴达从霸权国家地位拉下来后的 7 年，是“底比斯双雄”东奔西走、日夜操劳的 7 年。

负责北方的佩罗皮达斯走出维奥蒂亚，来到了色萨利。当然，他靠的是军事力量。以前色萨利不过是希腊的落后地区，因而也是在政治上并不重要的地方。但这里平原辽阔，不缺人马。底比斯军队虽然因“双雄”改革取得了长足的进步，仍很难平定这里。而且，色萨利在政治上是僭主体制，有着统一的指挥系统。

佩罗皮达斯不只会冲锋，还懂得迂回前进。他考虑把色萨利的邻国马其顿牵扯进来。两年后，他利用马其顿王国的内部纷争，成功地与其结盟。这样他可以从南北两面对色萨利进行夹击。

作为结盟的信物，翌年马其顿送来了一位王家少年当人质。说是人质，其实他并未被幽禁，是一个行动自由的客人。这位少年就是日后登上马其顿王位的腓力。

这位后来断然推行马其顿王国军事改革的少年，从 15 岁起在底比斯度过了 4 年的时间，亲眼看到了“双雄”改革后脱胎换骨的底比斯军队。

让马其顿脱胎换骨是这位少年长大成人之后完成的事。在那以前，马其顿一直属于落后地区，和这个国家结成同盟并无多大实效。

佩罗皮达斯与色萨利一直斗得非常辛苦。他想使用外交方法解决问题，便大老远地去了波斯的首都，但没起多少作用。

非但如此，就在他东奔西走的时候，敌人钻了他一个小空子，将他逮捕。

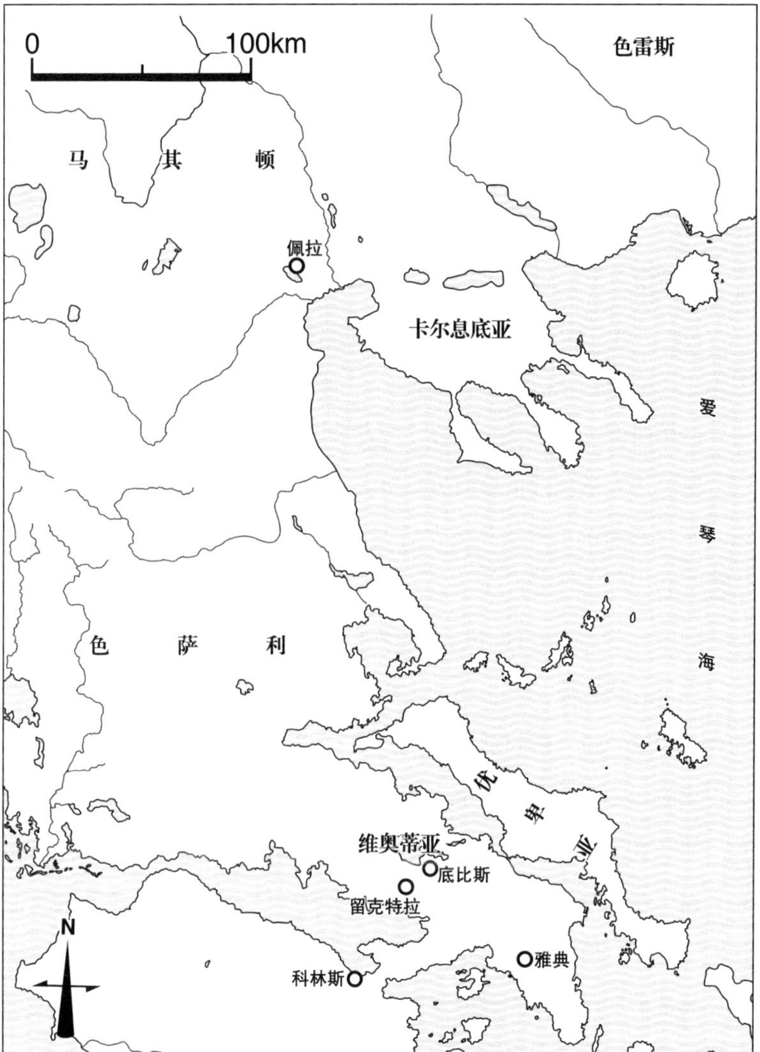


色萨利地区与马其顿周边

得知朋友遇袭，埃帕米农达斯停止在伯罗奔尼撒半岛的转战，紧急北上救出老友，把这件事的影响局限在一场暂时的危机上。

这个袭击霸权国家最重要领导人的事件发生于公元前 368 年，它显示出始于公元前 371 年的底比斯霸权时代也不过是浪得虚名。

负责南方的埃帕米农达斯进行一波接一波的进攻。

目标只有斯巴达。他想借这个机会攻进斯巴达，彻底打垮这个国家。

可是斯巴达一旦专注于防守，力量仍旧很强。

斯巴达大概进行了总动员，出动了尚未成年但自幼练武的年轻人以及年过六旬的退役士兵。在后方守护他们的是即将 75 岁的国王阿格西劳斯。

敌军已经打进了本土，这是斯巴达建国以来首次面对这样的危机。以留克特拉战役中生还的 300 人为中心，连同平时从来不上战场的人都团结一致，奋起反击。

埃帕米农达斯率领下的底比斯军队采用了名副其实的波浪式进攻。第一波进攻发起于留克特拉战役获胜后的第二年，即公元前 370 年。第二波进攻发起于翌年，即公元前 369 年。第三波进攻发起于公元前 367 年。他们似乎不想给斯巴达喘息的时间。

其他伯罗奔尼撒同盟的盟国也背叛了斯巴达，它们的士兵似乎也开始加入这支底比斯军队。

但斯巴达仍在坚持。

他们只在城区防守而绝不打出城去，这使得他们能够坚持下去。

无论佩罗皮达斯还是埃帕米农达斯，他们都未能专心致志地进攻色萨利或斯巴达。

底比斯是民主政体国家。因为是民主政治，所以有反对派。在底比斯国内，寡头派针对东奔西跑的“双雄”掀起了一场起诉风波。起诉在希腊城邦国家已成为一种排除政敌的手段。

佩罗皮达斯首先成为目标，起诉理由是他与埃帕米农达斯二人专权。

埃帕米农达斯的退出使这个起诉未能立案。他从司令官的位子上退下来，只作为一个士兵参加战斗。第二年他又官复原职，这场风波成了一幕愚蠢的闹剧。

起诉风波并未就此收场，反对派的下一个目标是埃帕米农达斯。罪状是他让任期已满的下属指挥官继续执行任务。

战争的延续与指挥官的任期毫无关系，让他们继续执行一段时间的任务也被当作犯了滥用权力罪。如果被判有罪，那等着他的就是死刑。希腊城邦国家排除政敌的手段反映出希腊人过激的性格。

曾经的哲学青年站出来为自己辩护。面对审判员，他说了下面一段话。

> 我，埃帕米农达斯将要受到底比斯公民给予的死刑处罚。
>
> 我的罪状是对斯巴达取得了任何一个底比斯人做梦都不曾想到的胜利，拯救了底比斯使之免于毁灭。不但如此，我还把希腊的其他城邦从斯巴达的锁链下解放出来。

我的第二个罪状是，现在底比斯已经把斯巴达人赶回了他们的老家，让他们觉得自己捡回了一条命。最后一条，我作为司令官正在实施让麦西尼亚独立从而孤立斯巴达的计划，而这被判重罪。

不仅审判员，就连旁听的人都笑了起来，埃帕米农达斯就此从起诉风波中解脱了出来。

底比斯没有余力忙于这种事情。

## 少数精锐的极限

一支棒球队或足球队能打完漫长的赛季当上冠军，是因为队里有充足的选手储备。底比斯的人才储备很薄弱。

佩罗皮达斯和埃帕米农达斯都不能只专注于自己负责的地区。佩罗皮达斯经常南下去助埃帕米农达斯一臂之力，第二年埃帕米农达斯又要北上去增援老友开展对色萨利的战斗。这样的情况反复出现。

旁观者一定会就此得出整个希腊都陷于战乱的判断。

如果我们只关注希腊历史，那么有件事恐怕不会进入人们的视野，希腊人自己也没有留意。那就是这时，与希腊本土只隔着亚得里亚海的罗马，已经开始了决定今后地中海世界走向的划时代的改革。

这个改革始于以立法者名字命名的《李锡尼法》的诞生。

详情请参阅《罗马人的故事》第一卷，这里只概述于下。

还有一件事请诸位记在脑中。即使在古代，信息的传递路径也发挥着很大作用。

一种路径是与别国人的交易。另一种路径是前往德尔斐和提洛岛神殿接受神谕。当时居住在地中海世界的人们对此评价很好，认为特别灵验。

人只要聚在一起自然会交换信息，这两条“路径”非常好地促进了信息的传播。

公元前 390 年，凯尔特族袭击罗马。希腊人了解袭击给罗马人造成了打击，罗马人也一定知晓公元前 370 年前后希腊的乱象。

我认为，如果罗马人不知道同一时期发生在希腊的战乱，他们不会在那么短的时间里那样决绝地完成始于《李锡尼法》的罗马改革。

罗马人认为，希腊城邦国家战乱的最大原因在于城邦内部的持续分裂。

他们认为，民主派和寡头派互阋，哪边都没有压倒性的实力，这才是最大的问题所在。

两大党派不仅在国内对立，很多时候还会拉来别国同党参与斗争。于是国内对立演变成城邦国家间的对立。

于是，罗马人想把这两大党派融合在一起，创造一种不妨碍自由又能实现国内统一的政体。

希腊人创造出“民主政体”和“寡头政体”，而贵族与平民之间斗争不断的罗马创造出“共和政体”（Res Publica）的新概念。既然要“共和”，就要“融合”而不是“对立”。

罗马人做事喜欢具体化。所以，《李锡尼法》开宗明义，承认平民阶层也有权成为两名执政官的候选人。

平民提出的两名执政官中必须有一人出自平民的提案被删除，实现全面放开。

第二年，政府向平民开放所有重要政府职务。

罗马也曾是城邦国家，一切公职人员均由拥有罗马公民权的人选举决定。

这个选举的候选人全面放开，投票每年进行一次。有时两名执政官均为贵族，有时两人都出自平民阶层，因年份而异。

不论结果如何，它都是自由竞争的结果，两派均无法抱怨。

这项改革的最大益处是彻底废除了容易成为贵族（以及精英）阶层或平民阶层利益代表，进而使二者形成对立关系的旧制度。

根本性的改革仅靠一次立法是不能完成的，只有在短期内连续立法才有可能完成。

《李锡尼法》颁布后不到两三年，又出现一个决定性的法案。

该法规定，有担任国家要职经验的人不分贵族、平民均有权获得元老院议席。

以保护平民阶层利益为己任的护民官退休后将成为元老院议员。这就好比工会主席卸任后出任公司董事。

罗马人是罗马法的开山鼻祖，他们非常喜欢法律。但他们不认为立下新法后改革就能成功。

也许他们认为具体的事情可依照法律来决定，抽象的事情要交给神祇。这时，罗马人把民主派和寡头派的理论融合在一起神格化了。我们只能对罗马人如此露骨的现实主义报以一笑。

古罗马广场现在只是罗马城里的一处遗迹。但在古罗马，所有的事情都要汇集到这里处理。从罗马斗兽场方向进入古罗马广场，沿着

“圣道”（Via Sacra）就能来到康克蒂雅神殿（Aedes Concordiae）。虽然现今连一根圆柱都未留下，但它可是在罗马的一等地块古罗马广场上建造的神殿。这座神殿是公元前 367 年为纪念《李锡尼法》而建造的。

“康克蒂雅神殿”这个名称是献给司掌一致、和谐、融合、协调之神的神殿之意。

贵族阶层与平民阶层的对立因《李锡尼法》而化解，从此两者将一致、和谐、融合、协调地为罗马尽力。两方将此事神格化，起誓认同。

当然，司掌此事的神必须是女神，而不是威武的男神。

就这样，罗马人创造了“共和政体”，以对抗希腊人创造的“民主政体”和“寡头政体”。

我总认为师业有赖于弟子。罗马成为希腊的弟子。把老师作为反面教材汲取经验教训证明了弟子的优秀。当时西地中海地区的第一强国叙拉古完全没有在希腊的乱象中学到任何东西，但尚未成为强国的罗马却学到了很多。

公元前 364 年，所谓的“底比斯霸权时代”迎来了第七个年头，佩罗皮达斯在与色萨利军的战斗中战死，享年 56 岁。

埃帕米农达斯此时正在进攻斯巴达，他得知此事一定会觉得自己被掏空了半个身体。他们两人的合作关系长达 20 年之久。

“底比斯双雄”成了“孤胆英雄”。

两年后，时间到了公元前 362 年。这一年发生的事不仅关系到底比斯，也关系到整个希腊的命运。

这年，已经 56 岁的埃帕米农达斯率领底比斯全军南下，第四次进攻斯巴达。军队里还有已归入底比斯麾下的维奥蒂亚地区的士兵。

这年他们无法直抵斯巴达，需要先压制住途中的曼丁尼亚。

曼丁尼亚位于斯巴达领土拉科尼亚地区以北，在阿卡迪亚地区的城邦国家中颇有实力。9 年前斯巴达在留克特拉战役一败涂地，曼丁尼亚就此脱离以斯巴达为盟主的伯罗奔尼撒同盟，倒向底比斯，但后来又离它而去。

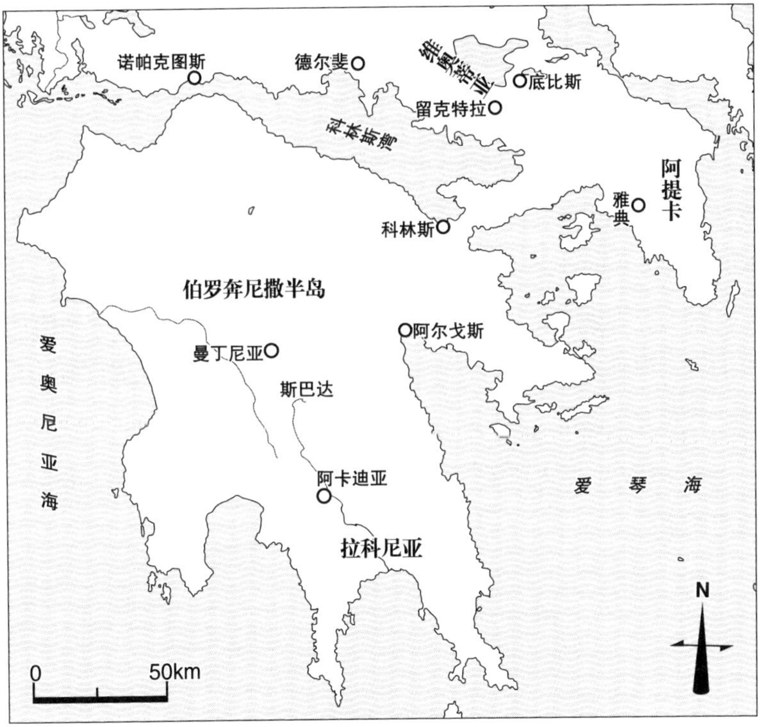


伯罗奔尼撒半岛

研究者们认为，曼丁尼亚“变心”是因为它反感霸权国家底比斯的高压态度。

我不能立即同意这个观点。

底比斯只是一个中等规模的国家，即使它想采取高压态度，也没有足以压制其他国家的军事力量。汇集了精锐力量的“圣队”才 300 人，只相当于 9 年前在战斗中生还的斯巴达精锐士兵的数量。

在一次战斗中可以靠战术取胜，而连续多年对外施压需要强大的实力，底比斯不具备这种力量。

曼丁尼亚仅仅是伯罗奔尼撒半岛中部的一个普通城邦。我认为曼丁尼亚“变心”可能是对底比斯变得过于强大感到不安。不安、嫉妒和恐惧弥漫在希腊所有城邦国家。

底比斯军逼近曼丁尼亚。曼丁尼亚向斯巴达求援，斯巴达当然接受了请求。埃帕米农达斯的真正目标是彻底打倒斯巴达，斯巴达不可能放过阻止他的机会。

然而，雅典也响应了曼丁尼亚的救援请求。雅典并非底比斯的直接目标，但雅典领土阿提卡与底比斯领地维奥蒂亚接壤。底比斯过于强大对雅典来说并非事不关己。

就这样，希腊人在希腊本土对战的最大规模战斗——曼丁尼亚战役打响了。

## 希腊一分为二

加上来自维奥蒂亚同盟城邦和伯罗奔尼撒半岛反斯巴达城邦的军队，埃帕米农达斯率领的是一支有 3 万名步兵和 3000 名骑兵的大军。

另一方是接受曼丁尼亚求援请求、一致抵抗底比斯的斯巴达和雅典，军队共有 2 万名步兵和 2000 名骑兵。

两军虽然都有步兵，但不都是重装步兵，抛石兵等轻装步兵占了绝大多数。百年前，希腊尚有两军相加有 5 万名重装步兵的实力，但这个时代的希腊已今非昔比。

此次希腊本土的所有城邦国家几乎都加入了战斗。

两军没有直奔曼丁尼亚平原，埃帕米农达斯掌握着主导权。

首先，他让自己的骑兵攻击敌方的补给基地曼丁尼亚城。

但攻击没有达到预期效果，部队遭到城里雅典骑兵队的猛烈反击，不得不撤退。

埃帕米农达斯立即转入下一轮战略部署。他得知斯巴达 82 岁的老国王阿格西劳斯率领的斯巴达军正在北上，目标直指曼丁尼亚。

连老国王都出动了，他率领的部队一定集结了斯巴达剩余的所有的战斗力。也就是说，首都斯巴达可能已经处于不设防状态。于是，埃帕米农达斯命令底比斯军急行军，直捣斯巴达。

斯巴达人善于防守。国王阿希达穆斯勇敢地率军进行了阻击。国王的父亲 9 年前在留克特拉战役中被杀，他自己尚未成年就登上了斯巴达的王位。密探来报底比斯军队已经靠近，万事俱备，只等来敌。

大军行进到能远远看见斯巴达的地方，埃帕米农达斯被迫进行决断。

奔曼丁尼亚去的斯巴达大部队一定会掉头回来。那样的话，在这里哪怕消耗少许时间，自己也会受到两面夹击。

敌军攻不进斯巴达领土拉科尼亚，这是 300 年来斯巴达人的骄傲。只要他们活着就誓死不让敌兵打进首都。

眼下还在夏天。如果底比斯一方在适合战斗的季节退兵撤回底比斯，全希腊人都会知道底比斯还不具备霸权国家的实力。费了很大劲儿才建立起同盟关系的那些国家会像雪崩一样四散而去。

埃帕米农达斯下定决心，决定把所有赌注全部押在曼丁尼亚战役上。

反底比斯一方的军队在整个曼丁尼亚平原上布阵，一字排开。

右翼是斯巴达军，左翼是雅典军。原本总指挥可以交给曼丁尼亚军，但它与其他城邦增援的士兵一起被挤在了中路。毕竟曼丁尼亚不过是一个小规模城邦国家。骑兵分布在两翼。

看到敌军如此布阵，埃帕米农达斯没有采用 9 年前留克特拉战役的致胜法宝斜线阵。奇招也有缺点，就是它不能再次使用。

他像当年一样加强了面对敌人右翼的自家军队左翼的军力。

反底比斯联军事实上的主力明显是右翼的斯巴达军。埃帕米农达斯没有改变靠两军主力对决一决胜负的战略。

此外，他还加强了自家军队右翼的力量。在骑兵队列之间插进了抛石兵队列。这是阻止雅典骑兵发挥优良机动性的战术。

战斗终于开始。埃帕米农达斯命令自家军队展开奇特的运动战。

以战舰打比方，他像是让舰船从敌人面前通过，把船腹暴露给敌人，这样做风险极大，但如果做得巧妙，则可收到削弱敌人斗志之功效。

反底比斯联军看到埃帕米农达斯骑马冲在前头，率领底比斯军队横向从阵前穿过，都惊呆了。

底比斯军士兵把头盔斜戴在脑后，把长枪扛在肩上，那姿态看上去无论如何不像是要开战的战士。

然而，就在全军从排成一线的敌军面前闲庭信步般走过的瞬间，埃帕米农达斯发出信号，于是全军立定。

紧接着，响起一片战士拉下头盔的声音，全军战士一起改为右手持枪的姿态，开始了总攻。

接着是一波接一波的冲锋。

根据色诺芬在《希腊史》里对此次战役的叙述，埃帕米农达斯率领的左翼宛若三层加莱船一般全力冲入敌阵，朝镇守敌方右翼的斯巴达军猛插过去，就像船头在破浪前进。

底比斯一方的骑兵和轻装步兵也跟着与敌方左翼的雅典军英勇战斗。

抛石兵抛出的石块如同火山喷火，雨点般砸向雅典的骑兵军团，阻滞了他们的行动，使他们无法发挥出应有的机动性。

战斗打到现在，一切都按照埃帕米农达斯的预想发展。

连续的激战渐渐使人数较多的底比斯一方占据了优势。

配置在左翼的底比斯士兵像船头朝前的战船队全力突入敌阵那样，以纵向长队阵型冲锋，效果初显。不久对方的骑兵队列被击破，斯巴达士兵组成的右翼也被切断，敌军即将溃逃。

照此下去，底比斯人将会重演9年前在留克特拉的胜利。

然而就在这时，不知何人投来了长矛，矛深深扎进正在马上指挥战斗的埃帕米农达斯的胸膛。

士兵们把跌落马下的总司令抬到了后方，此时他口中气息尚存。

然而，刚拔出带着铁制矛头的长矛，他便断了气。

底比斯打赢了战斗。但底比斯军队中无人下令追击败逃的敌人。

最高司令官是全军行动的指挥塔。没有最高司令官的命令，士兵无法行动。底比斯方面已经没有哪一位指挥官有力量让士兵重新行动起来。

已经明显分出胜负的会战就这样以没有胜负的结果告终。两军默默地收着己方士兵的遗体，好像一出默剧。

# 群龙无首

色诺芬接着修昔底德的《伯罗奔尼撒战争史》[①]写了《希腊史》。他写到这场战役结束便选择搁笔。色诺芬在书中苦涩地回顾了公元前362年的这场曼丁尼亚战役。

这是所有希腊城邦国家分为两方进行的一场内部战役。

这场战役既无胜者也无败者，留下的是一个没有领跑的霸权国家的希腊。

《希腊史》书写了长达49年的希腊历史。这部书以这样一句话结束："让希腊痛苦不堪的乱象，在这场战役之后与以前一样毫无改变。"

以公元前362年为界，希腊"群龙无首"。

3年后，在希腊北方的马其顿，23岁的腓力登上王位。

再过3年，腓力的儿子降生，取名亚历山大。

① 汉译本有《伯罗奔尼撒战争史》，徐岩松译，上海人民出版社，2012年。以及谢德风译，商务印书馆，1960年等多种译本。——译者注

# 第二部　新生力量

## 第一章　父亲腓力

## 被诸神背弃

希腊北部和中南部的交界线上有一座山，名叫奥林匹斯，高度接近 3000 米，为希腊半岛最高峰。

顶峰附近云雾缭绕的日子居多。古希腊人相信，那座山上居住着保佑自己的诸神。

然而，这座山没有一点诸神生活的圣地的感觉。正如本书第一卷开头所写的那样，希腊诸神不论善恶都颇为人性化。主神宙斯常常溜出奥林匹斯，沉迷于世间的男欢女爱。其他男神女神也都很人性化，不亚于他们的父亲宙斯。这些神平时都围在宙斯身边聚会，居住在奥林匹斯山上。

诸神与人类十分相像，即使在奥林匹斯山上，他们也会把脸朝向温暖的南方，而不会面朝寒风劲吹的北方。

山的南麓不仅有希腊实力城邦雅典、底比斯、科林斯、斯巴达等，还有因前来接受神谕的人络绎不绝而热闹非凡的德尔斐，以及全希腊的运动员每四年前来一次的奥林匹亚。

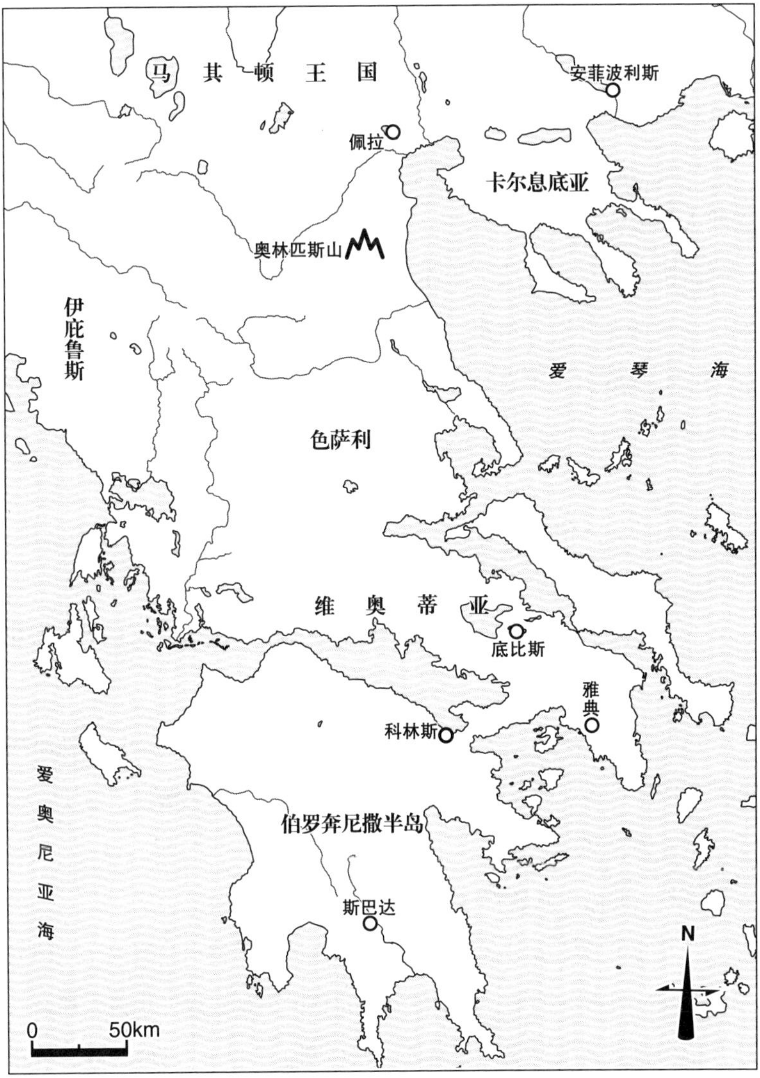

马 其 顿 王 国
安菲波利斯
佩拉
卡尔息底亚
奥林匹斯山
伊庇鲁斯
爱 琴 海
色萨利
维 奥 蒂 亚
底比斯
雅典
科林斯
伯罗奔尼撒半岛
斯巴达
爱奥尼亚海
N
0
50km


马其顿及其周边

马其顿位于奥林匹斯山的北麓，在希腊诸神的背后。

马其顿人在民族上属于希腊人，与希腊人信仰同样的神祇。尽管方言色彩浓厚，但他们使用的语言仍是希腊语。

尽管如此，马其顿 300 年来都不曾被邀请参加在奥林匹亚举行的希腊人的运动会。

希腊城邦尽管有民主政体和寡头政体之分，但它们都是城邦国家。在这些城邦的人看来，坚持君主制政体的马其顿是一个半野蛮的国度。在政治、军事、经济等一切方面，马其顿一直被认为是落后国家。

公元前 480 年，波斯国王薛西斯亲率大军入侵希腊，志在必得。当时全体希腊城邦国家拒绝接受波斯国王的最后通牒并建立联军，只有马其顿未被邀请加入。马其顿早早屈服于波斯国王，接受了作为其属国的条件。

这一年发生了第二次希波战争。在公元前 480 年的萨拉米斯海战和翌年的普拉塔亚战役中，希腊大获全胜，波斯国王逃回了位于美索不达米亚的首都。

不过，此后马其顿首次参加了奥林匹克运动会。

获胜的希腊城邦国家对曾经跟随敌人的马其顿十分宽大。这种宽容并非理性思考的结果，而是战胜方自信的表现。也许雅典人和斯巴达人因为打败波斯而提高了自信，领悟到了“奥林匹克精神”。虽然马其顿人过去依附于敌国波斯，但他们同样是希腊人，一样信仰希腊诸神，一样说希腊语，尽管他们的方言口音很重、很难听懂。

尽管马其顿可以参加在奥林匹亚举行的运动会，也被认可参加其他的运动会，但在后来的120年间，它一直处在被忽视的状态中。马其顿人从来没有在奥林匹亚拿过冠军，因为整个希腊一直处于雅典、斯巴达和底比斯等城邦国家强势的状态。

直到公元前362年，希腊城邦国家之间的内斗让它们迎来了自己的末日，希腊陷入“群龙无首”的境地。

这一年，在奥林匹斯诸神背后的马其顿，一个名为腓力的年轻人迎来了自己20岁的生日。

# 马其顿脱胎换骨

腓力并不是马其顿王位的首选继承人。作为落后国家的马其顿王国，王权制度并不完善。也就是说，有能力的人仍有余地凭实力上位。

公元前 382 年，腓力出生在首都佩拉。他是国王阿敏塔斯的第三子。12 年后他的父王去世，其长兄亚历山大登上王位。

马其顿王族的人都以腓力、亚历山大、佩尔狄卡斯等传统名字起名。腓力正式的称呼是腓力二世。他的儿子是后来被称为“大帝”的亚历山大，其正式称谓是亚历山大三世。

话题回到腓力尚未成为“腓力二世”的马其顿。其长兄亚历山大当上国王仅两年就被一位王族成员杀害。一番动荡之后，登上王位的是其次兄佩尔狄卡斯。在次兄统治时期，弟弟腓力作为人质被送到了底比斯。

虽说是人质，但他完全未被当作囚徒对待。底比斯为了在色萨利称霸，想把北方的马其顿拉到自己一方，便与马其顿建立了友好关系。为保证这种友好关系能延续下去，马其顿国王的弟弟被送到了底比斯。

公元前371年，底比斯在留克特拉战役中一举打败斯巴达，历史由此进入所谓的“底比斯霸权时代”。

腓力在底比斯度过了15岁到19岁的青春岁月。他是重要的人质，所以住在底比斯颇有权势的人物家中。据说因留克特拉战役名震希腊的埃帕米农达斯和佩罗皮达斯都经常造访这户人家。年轻的腓力正值学习能力最强的年纪，住在那里好似在“西点军校”留学一般。

研究者们一致认为，腓力甫登王位便着手进行军事改革，有他在底比斯做人质的经历作为基础。

理应如此。如果他没能利用这个机会学到东西，这个腓力国王一定与之前的马其顿国王们别无二致。

学习有两种，学习别人的长处和吸取他人的教训。

年轻的腓力应该从底比斯很好地学到了如何使用兵团。他一定也了解了底比斯的不足之处。

不管怎么说，底比斯在希腊城邦国家中只拥有中等实力。尽管它是维奥蒂亚地区的霸权国家，但维奥蒂亚在各个方面都很贫乏。底比斯位于农业区，不靠海，从来不是贸易国家。它还没有矿山。这些都造成底比斯人口稀少。

靠着一定要从斯巴达手中夺过霸权的决心，底比斯拥有了一定的实力。埃帕米农达斯也充分地利用了这些力量。但是，为组建“圣队”，他想尽办法也只招到300人。无论每个人多么骁勇善战，300人终究是太少了，力量有限。仅仅9年时间，“底比斯霸权时代”便终结了。

年轻的腓力身在底比斯，一定对局势有过思考。

论领土，马其顿辽阔广大，各地农民组织起来也能形成一支齐整的力量。可以称为封建诸侯的武士阶层也可以组织起来。而且希腊北部有许多矿山，过去都是交给雅典人开发的。

马其顿王国一直没有充分利用它所拥有的力量。那么如何才能充分利用它们呢?

腓力结束在底比斯的人质生涯后，回到了马其顿。4年后，其次兄佩尔狄卡斯在与伊利里亚族的战斗中战死。王位将由他的儿子继承，但他的儿子尚未成年。于是，22岁的腓力成了侄子的监护人，而年幼国王的监护人不止腓力一人。

每次国王去世都要发生家族动荡，这是雅典、斯巴达等希腊城邦国家视马其顿为落后国家的一个重要原因。当时一般只有波斯那样的东方国家才会有托孤摄政王这样的现象。在马其顿，年幼国王的监护人是有可能废黜幼主自己登基的人。腓力有4位这种意义上的竞争对手，他们是同父异母的兄弟，或是王族的亲戚。

22岁的腓力没有浪费时间。首先，他命人在首都佩拉暗杀了一个名声不好的对手。这个人遭到宫廷内外的厌恶，甚至无人把这次暗杀当回事。

接着他对另外两位没有能力但为人不错的对手采用了说服战术，和他们促膝谈心，承诺给他们优厚的经济待遇。于是这两人选择了主动流亡外国。

最后剩下的阿尔格乌斯处置起来颇费周章。阿尔格乌斯跑到雅典，承诺如果雅典在军事上支持他成为国王，他就把安菲波利斯还给雅典。重新占有卡尔息底亚地区的要地安菲波利斯是雅典的夙愿。

腓力对此毫无惧色。他也派出使者前往雅典政府，申明自己登上王位那天的凌晨，归还安菲波利斯就会成为现实，这仅仅是承诺。

此时的雅典已经不是地米斯托克利和伯里克利时代的雅典了，但它仍是人们公认的贤明中不乏狡诈的雅典人的国度。雅典人决定“脚踩两只船”。

雅典政府组织起舰队，载着已经来到雅典的阿尔格乌斯和他那一派的马其顿人，从比雷埃夫斯港出发。在北上的雅典船上，阿尔格乌斯等人对雅典会给予己方军事援助毫不怀疑。然而，船进入马其顿首都佩拉以南 40 公里的港口时，他们发现自己被雅典出卖了。

他们本认为雅典军队也会在这里登陆，可是实际登陆的只有马其顿人和雅典的佣兵，雅典正规军留下一句祈祷他们幸运的话便迅速离港了。

阿尔格乌斯和他那一派人马被撂在了那里。身在首都的腓力得知情况后并未采取行动。

他在等待害怕爆发内战的空气蔓延到整个首都。实际上，几乎没有马其顿人响应阿尔格乌斯的号召起来反对腓力。

即便这样，阿尔格乌斯还是率领为数很少的同党和雅典佣兵北上，目标直指首都佩拉。

直到这时，腓力才发起行动。他宣布要击溃已公开叛变的阿尔格乌斯一伙，并命令军队南下。

在离首都25公里的地方，阿尔格乌斯一伙被彻底歼灭。等着他们的只有余生苦难的流浪生活。

对雅典人，腓力没有不理不睬。他为负伤的雅典佣兵提供充分的医疗救护，用马其顿的船把他们送回了雅典。这是在告诉雅典：我知道你们在脚踩两只船！

从外交上讲，雅典政府犯下了重大过失。没有实力还要要奸，结果形成了如此局面。不过雅典政府马上意识到了这一点。

他们决定立即派出特命全权大使，以承诺归还安菲波利斯为条件，缔结雅典与马其顿之间的友好条约。

交涉不费吹灰之力就成功了，几个月后的公元前359年年初，腓力正式被确定为年幼国王的唯一监护人。

腓力这个人，一旦开始行动就会做到最后。所谓做到最后，就是废黜年幼的国王，自己登上王位。马其顿国内拥护腓力的气氛逐渐形成。

马其顿改变了它的王权体制，血缘不再是继承王位的绝对条件。国王由实力武将们选举决定。马其顿的强者们做出了判断：只有腓力才配当他们的国王。

第一，腓力是先王的胞弟，血统没有问题。

第二，在与非希腊民族的北方蛮族伊利里亚的战斗中，腓力取得了不错的战果，作为军队的总司令是合格的。

第三，腓力颇具外交手腕，与奥林匹斯山以南的城邦国家中仍具较强实力的雅典维持着友好关系。

最后，腓力具有内政手腕，化解了险些发生内战的危机。

马其顿国王腓力二世

在古代希腊，最高领导人无能很容易导致国家灭亡。对于时刻准备统率士兵奔赴战场的人们来说，最高统帅有无能力是一个具体的、关系到切身利益的、严肃的问题。对这类事情具有充分判断力的专业人士最终选择腓力做国王。

公元前 359 年，23 岁的马其顿新任国王登上了王位。

## 新生的马其顿军队

腓力刚把王位弄到手就立即开始军事上的改革。这个改革的划时代意义反映在主力重装步兵的名称变化上。

在城邦国家时代的希腊，不论雅典还是斯巴达，抑或是底比斯，都把重装步兵称为“Hoplites”。

年轻的国王改革后，马其顿的重装步兵被称为“Phalanx”（马其顿重装步兵方阵）。

同样都是重装步兵，他们有什么不同，又为何不同呢？

腓力首先把征召步兵方阵主力的招兵网撒向农民。

过去，重装步兵在雅典是由所谓第三等的中间等级构成，在底比斯也是由中间等级的公民构成，在斯巴达是由占全体男性不到百分之四的精英公民构成。施行王政的马其顿超越了这些民主政体或寡头政体的城邦国家，转向建立国民军。

马其顿是对公民概念淡漠的王国，这样做起来可能容易一些。

腓力理想中的重装步兵不是数量有限的“精锐”，而是数量充足的“老手”。

因为缺乏史料，对比我们只能想象。我怀疑腓力为了他追求的理想状态，可能把招兵对象的年龄限制在 20 岁到 30 岁之间。

要成为他的步兵方阵成员，首先要体力健壮，同时还要动作敏捷。

任何改革彻底完成最少需要 10 年的时间，更何况这是从零开始把人培养成经验丰富的老手，10 年时间是绝对必要的。因此在改革开始阶段将征兵聚焦于年轻农民也是理所当然的。

马其顿重装方阵步兵是新生的马其顿军队的主力，他们必须既健壮又敏捷。这一点的重要性，腓力一定是在底比斯学到的。

四年前，腓力还在底比斯“留学”时，底比斯在留克特拉战役中战胜过斯巴达，而斯巴达以勇猛的希腊最强重装步兵著称。在那次战役中，底比斯敏捷的 300 人击败了健壮但动作迟缓的 700 名斯巴达重装步兵。那是埃帕米农达斯研究了战略战术以后把敏捷的作战理念灌输给底比斯士兵的结果。

腓力首先在这个方面模仿了底比斯。虽然斯巴达被底比斯拉下霸权国家的宝座，但腓力对斯巴达重装步兵强大的真正原因看得十分清楚。

重装步兵强大的最大原因是他们可以顶住敌人的攻击不后退一步。在这一点上，斯巴达的重装步兵堪称勇士。

然而，斯巴达却败给了底比斯。虽然只有 700 人参战是最大的败因，但失败是事实。

腓力希望把斯巴达勇士能顶住敌人攻击而后发挥自身攻击力的特长传授给马其顿的方阵步兵，然后让马其顿重装步兵拥有比斯巴达战

**手持长矛的马其顿重装步兵**

士更强的耐力。

首先，马其顿士兵的头盔、胸甲、腿甲、盾和剑做得轻了一些。

长矛的长度增加了。在希腊城邦国家中，斯巴达以长矛长度最长而著称，腓力军队的长矛长度接近斯巴达的两倍。

斯巴达重装步兵的长矛有 3.5 米，而马其顿的加长至 6.5 米。

这样一来，士兵就不能单手拿长矛了。看一下田径赛中撑杆跳高选手的动作，我们就会知道，士兵必须双手持矛。为防止长矛自然弯曲，还要改为从下方撑起持矛的姿势。

这样的长矛于防御于攻击都无用处。

腓力想出两个办法弥补这个缺陷。

他将接近 7 米长的矛从中间一分为二，再用金属制的套筒连接起来。

这样可以在相当程度上防止长矛木柄产生自然弯曲。

这样也便于士兵运动。士兵用盾牌上的绳子把盾背在肩上，把一分为二的长矛扛在肩上便可以行进。

到了战场，士兵们只要用金属套筒把长矛连接成一根即可。长矛两端都有锋利的矛头，近战时还可以当两根标枪用。

这种马其顿式长矛称为“sarisa”（马其顿长矛），与“Phalanx”一起成为马其顿重装步兵的象征。

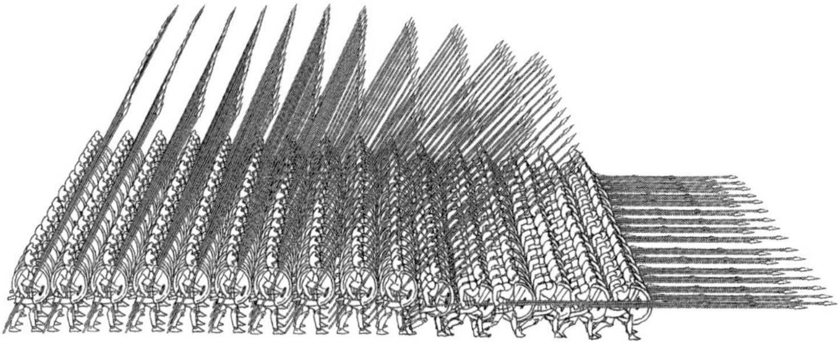

马其顿重装步兵方阵

腓力的另一个想法是把希腊城邦国家重装步兵的传统密集阵型进一步大型化。

马其顿军队的作战单位是大队（相当于罗马军队的两个军团），横向 260 个士兵，纵向 16 排，合计由 4160 个士兵组成。

仅此一项就会使敌人感到压力。此外，近 7 米的长矛不都是竖直持握的。

最前面的 5 排士兵左臂持盾护胸，左右手双手持矛，矛水平朝向前方。

从第 6 排开始，各排的持矛角度逐排往上加大。也就是说，从平持到直角手持，各排持矛角度都有角度差。

当然，进入战斗后，这个角度会发生变化。马其顿长矛是攻击型武器，光像片树林似的立着是没有用的。

一旦会战打响，敌人看到几个这样的方阵会怎样想呢？他们一定会有像遭到巨大刺猬群进攻似的恐惧。

腓力不追求本国战士个人的精英化，而是追求步兵方阵整体的精锐化。

如果年轻国王的这种改革发生在有悠久传统、公民又很自傲的雅典、斯巴达或底比斯，改革也许不会成功。

这种长矛也许会被讥讽根本不是矛，士兵甚至会拒绝拿在手上。也许因为改造对象是落后国家马其顿的农民，所以改革才能结出果实。有不少传统和习惯之类的东西会成为新生事物的绊脚石。

腓力的改革都颇有新意，要让改革得以落实，下面两件事必不可少。

第一，决定改革的人意志不能动摇，必须坚持下去。

第二，要有人能够正确理解改革者的意图，具备带头协助实现改革的决心和能力。

年轻的国王拥有帕米尼欧这位人物。

帕米尼欧生于公元前400年前后，马其顿贵族出身。他比腓力年长18岁，腓力23岁登上王位那年，帕米尼欧已经41岁。

没有史料记载他用了什么办法把年轻农民培养成老练的重装步兵。

据我的想象，他大概会先让他们观看具体实例，去除他们的恐惧心理。

在众目睽睽之下，他让两个士兵各站一侧，一个人手持马其顿长矛，另一个人拿着希腊传统的长矛。然后他说道：

“瞧，你拿的马其顿长矛已经刺到敌人胸膛，而敌人的长矛却离你老远。”

让新兵了解密集队形的好处也会帮助他们消除自然存在的恐惧。

“每个士兵都拿着盾保护着自己的左侧身体，而右侧没有保护。如果是密集队形，右侧就可以得到右边战友所持盾牌的保护。”

一旦去除了士兵的恐惧，接下来只要让他们一丝不苟地反复训练，掌握如何使用近 7 米长的长矛即可。

听说有一次腓力对雅典的使节说：

“雅典还真能选，每年都要选出 10 位将军，我这里就帕米尼欧一个人。”

当时雅典选出的将军净是些平庸无能之辈。这话是讽刺雅典的，但也表现出腓力对他的这位独一无二的合作者的坦率看法。

马其顿的重装步兵方阵一定是由帕米尼欧统率的。

如果两军在平原上对阵，马其顿一方会用好几个步兵方阵，还会加上骑兵和轻装步兵等，这时由国王腓力指挥全军。帕米尼欧指挥的士兵在数量上占绝大多数。这时存在命令无法正确传达到每个方阵大队的风险，规避的办法只有一个，就是充分了解每个方阵最前排最右端的那个士兵的重要性，然后用好他们。

这个士兵起着乐队指挥的作用，不像足球场上队长的作用，这个士兵直接接受帕米尼欧的命令。

方阵中只有最右端的那一排重装步兵左侧靠自己的盾牌保护，而右侧没有战友。为了保护自己的右侧，他们会朝左边靠。这是人本能的反应。如果放任士兵养成这种习惯，就无法迎击正前方攻来的敌人。必须有人有意识地纠正大家向左靠的动作。这也是“乐队指挥”的工作。

腓力的改革之一就是让帕米尼欧发出的命令准确而迅速地传达到这个所谓“中层管理者”的士兵那里。这样马其顿的重装步兵团在相当程度上避免了会战时的混乱。这是他们强大的原因之一，只要每个士兵都明确知道自己该做什么，就没有人会被不安袭扰。

统一的指挥系统是取胜的最大因素。腓力让自己的命令通过帕米尼欧和各步兵大队的队长在全军得到贯彻。

马其顿军队除重装步兵以外也有轻装步兵。他们是弓箭兵、抛石兵和投枪手。投枪手使用的枪比马其顿长矛短很多。腓力只把他们作为主力重装步兵的辅助。这种用兵方法在他儿子那里得到了出色的运用。

对骑兵的巧妙使用也有待于他儿子亚历山大的出场。

腓力并非不知道骑兵的优点。他对占领色萨利地区表现出异常的有兴趣。色萨利紧靠奥林匹斯山南麓，适合养马，那里是骑兵的家园。

古代人还不知马镫为何物，他们不能在马上固定住脚。骑兵要在这样的状态下用矛去刺杀敌人，还要向敌人投出标枪。

要在脚蹬不住的状态下发挥攻击力，如果不从幼年就开始骑马是做不到的。骑兵往往出身于社会地位高、经济状况好的等级。在雅典及后来的罗马都有所谓“骑士等级”便说明了这一点。

色萨利地区多马，熟练的骑兵也多，这是极其自然之事。

但彻底而充分地使用骑兵有待亚历山大出场。

也许腓力已经在相当程度上超越了城邦国家时代的希腊，但与他的儿子相比，他还没有完全超越这个时代。

## 近邻政策

腓力登上王位即将 3 年。这期间马其顿重装步兵在一步一个脚印地成长。

他们不缺少通过实践促进改良的机会。帕米尼欧经常率领“巨大的刺猬”部队奔赴北方，击退伊利里亚人。

伊利里亚族被视为蛮族并不仅仅因为他们不讲希腊语，还因为他们做事只追求眼前利益。一旦天气不好作物歉收，他们不去研究如何改良农耕方法，提高第二年的产量，而是侵入邻国进行掠夺。

他们不与邻近诸国建立友好关系或同盟关系，因为有了这层关系他们就不能侵略、掠夺邻国了。

伊利里亚面向亚得里亚海，人们靠渔业也过得下去。可他们却更愿意当海盗。

伊利里亚族的这种作风长期以来丝毫不加收敛，直到罗马帝国初期他们被彻底剿灭。学者们经常说这是他们的独立自主精神使然，但实际上他们不过是认为当山贼或海盗利益来得快而已。

不知道什么原因，蛮族的目标总是指向南方，马其顿即位于伊利里亚人栖息地的南方。所以马其顿要向东面的色雷斯和奥林匹斯山南方扩张，首先要狠狠打击伊利里亚人，遏制他们的侵略。

公元前356年，腓力26岁。这是他登上王位的第四个年头，也是佳报频传的一年。

他首先接到了去打击伊利里亚人的帕米尼欧发来的捷报。在“巨大的刺猬”方阵面前，伊利里亚人的尸体堆成山。于是，眼下这段时间暂时不需要担心北方了。

接着腓力收到王后奥林匹娅斯诞下一个男婴的喜讯。奥林匹娅斯那年17岁，是腓力的第三个妻子。这位妻子与之前的女人相比有着决然不同的重要性。她是马其顿西邻伊庇鲁斯的公主。这是一场政治婚姻。腓力是这样一个统治者，他既会用武力解决与蛮族的问题，也会通过结姻亲把文明国家拉到自己这一边来。奥林匹娅斯是他真正意义上的正妻。

刚刚诞生的男孩取名亚历山大，这也是马其顿王族的传统名字。从母亲的重要程度看，对腓力而言，这个婴儿才是他第一个嫡出的男性后代。

接着传来的消息也令腓力狂喜不已。在奥林匹亚召开的运动会上，马其顿选手第一次获得了冠军。

这个冠军不是标枪或铁饼项目上的冠军，是比赛最后一天在观众全体起立欢呼中进行的四马战车赛的冠军。驾驭四马战车，头戴月桂冠，这是希腊男子能获得的最高荣誉。

奥林匹亚每四年召开一次运动会，但300年间马其顿没有受到过一次邀请。被允许参加比赛以来经历了120年，在此期间，马其顿人的头上从未有过月桂冠的光芒。

**庆祝在运动会上获得冠军的马其顿金币**

被邀请去奥林匹亚意味着马其顿人被承认是希腊民族的一员。这次他们又得了冠军。这证明马其顿人已经成为希腊民族的出色一员。

腓力只为比赛提供了马匹和战车，驾驭它们获胜的是别的马其顿人。不过，奥林匹亚的四马战车赛不但奖励驾驭者，还表彰马匹和战车的提供者，如同现代的汽车拉力赛中法拉利、梅赛德斯等厂家会和赛车手一起获得冠军奖杯一样。

对于长久以来一直被视为半蛮族的马其顿人来说，与传统的希腊人平起平坐是他们的夙愿。26岁的马其顿国王因这项冠军而获得的巨大喜悦不亚于嫡子诞生带来的欣喜。

但腓力是马其顿的国王，他不能只想着高兴的事不考虑其他。虽然他发起的军事改革得到帕米尼欧的协助，正不断取得成果，但当时的马其顿只是一个普通的农业国家，就算为了维持国民军的存在，也必需找到可靠的财源。

## 提高经济实力

如果腓力是一个平庸的国王，大概会用榨取农民血汗这个最快捷的办法获得资金。但腓力不是一个平凡的领袖。

他把农民打造成士兵，转身又去榨取他们的家庭收入，这太不合逻辑。年轻的马其顿国王不能指望速成，他选择了提高农业效率的方法。

敌人为蛮族的好处之一是他们没有明确的国家边界，打赢了就可以把他们的土地纳入自己的领土。腓力统治初期集中向北进攻，直接扩大了马其顿的版图。

年轻的国王把进攻获取的土地和马其顿既有领土合起来加以规划，再分给农民。他还为农民搞了灌溉工程。于是马其顿的自耕农一时大增。如果明确了土地归自己所有，农民自然热心于农田维护和改良农耕技术的工作。有些现代学者甚至认为腓力的这项政策是土地改革。

年轻的马其顿国王也没有忘记为通商制定政策。鼓励经济发展最重要的条件是国内政治稳定。确立优良货币也是不亚于此的重要事项。若商人不能放心接受“良币”，无论统治者怎样鼓励，物产也不会流通。

我收藏了一些马其顿金币，它们都是良币，产自材料价值和面额不一致便不算良币的时代，在现代的古钱币市场上也是有保证的“良币”。它的质地以及模仿阿波罗神侧脸的铸造技术，不亚于同时代的经济大国迦太基的货币和技术。

当时东地中海地区的国际货币是波斯的大流克和雅典的德拉克马。腓力率领马其顿一举跨入发行国际货币的国家行列。

与此同时，腓力还积极建立据点。他在首都佩拉之外建设了一个用自己名字冠名的新城市，叫作“菲利波波利”。

这座城市不是随便选点建设的。人们只要看一下地图就会明白他的意图。

新城市建在潘盖翁山东侧色雷斯地区远近闻名的富矿旁边。潘盖翁山西侧有安菲波利斯城。伯里克利时代这里曾是雅典的领土，重新占有安菲波利斯是雅典的夙愿。

腓力打算把曾经集中了雅典富裕等级海外资产的色雷斯矿山弄到手。对各个方面都在大胆改革的马其顿来说，没有比用好矿山更能确保财源滚滚。

色雷斯是王国，很像腓力成为国王前的马其顿，政治上不稳定。正因如此，雅典人很早就深入其境了。现在，腓力也不断将侵略之手伸向这里。

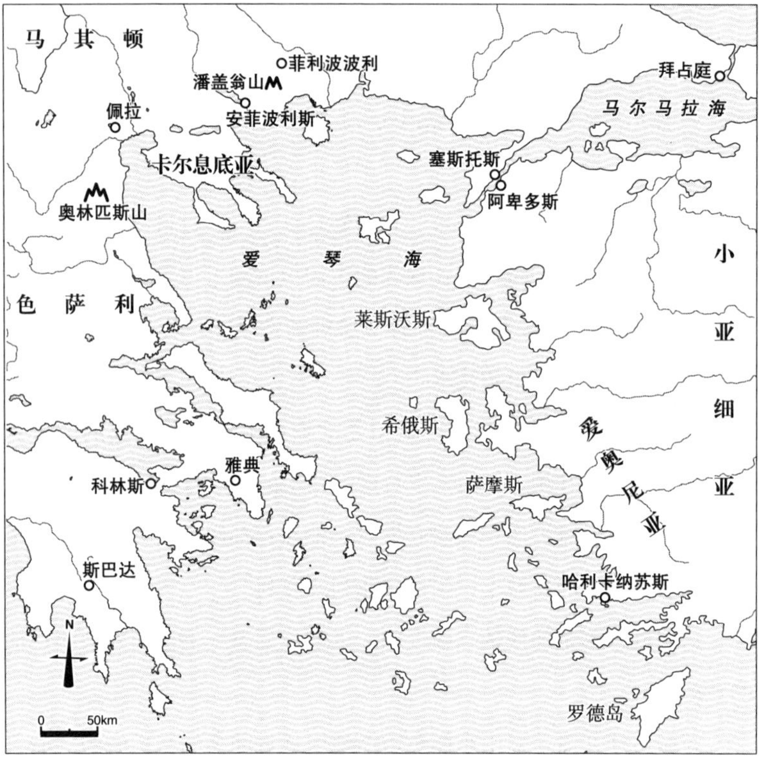

马其顿及其周边

如此一来，马其顿自然会与雅典发生利害冲突。

公元前 4 世纪中叶，雅典虽然仍是民主政体国家，但已经不是地米斯托克利和伯里克利时代的雅典了。

雅典没有目光长远且一以贯之的政略，每年选出 10 位将军，却没有一个人有觉悟承担责任，所有决定都扔给公民大会去做，到了施行阶段，责任人又不明确，拖沓现象更为严重。

这源于事事都需民主决定的传统，但它失去了过去的灵活性。民主政治用得好会有许多益处，但它毕竟只是一种政治体系而已。这种政治后来演变为似乎绝对美好而独一无二的“民主主义”。

过去的雅典人具备灵活性，面对重大事件时，有时会临时让“民主”让步。

公元前 480 年，不得不迎击波斯大军的地米斯托克利就任总司令[①]（strategos autokrator）。在一年任期内，他不需要同其他 9 位将军达成一致。他可以一个人决定、一个人实施。

善于学习希腊的罗马人创造了一个“独裁官”的职位，地位相当于危机管理内阁的首脑，任期为 6 个月。在这期间，“独裁官”可以决定任何事情，并由他带领实施。

一旦设立了“独裁官”，常设的两位执政官就不能再行使他们的否决权。这无外乎是要统一指挥系统。

在罗马，公元前 367 年制订的《李锡尼法》为国内贵族与平民之间的斗争打上了休止符。仅仅 11 年后罗马便产生了最早的平民出身的“独裁官”，证明斗争已被化解。这种情况在腓力当上国王后的第 3 年便开始在马其顿出现。

时代在变迁，不仅在地中海的东方，西方亦然。然而，斯巴达坚持寡头政体未能做出改变，雅典同样固守着民主政体而未能改变。

---

① Strategos autokrator 指古希腊享有自主指挥权的将军，即总司令。在雅典，总司令可在不征求公民大会意见的情况下做出某些军事和外交决定。这种权力主要授予那些远离雅典作战的将军。他们返回雅典后，仍有义务向公民大会说明自己的行动。总司令一职还可授予那些指挥城邦同盟国联军作战的将军。——译者注

而腓力是王国之主，可以一人决策，实施也靠他一人。马其顿与雅典发生冲突时，腓力攻击雅典的主要着眼点就是其僵化的体制。

正如2300年后的现代研究者所写的那样："与其他城邦相比，雅典在腓力扩张领土的过程中帮了他很多忙，尽管雅典人并不愿意这样做。"

由于事关矿山利权，雅典没有轻易退缩。

但事实上，腓力以安菲波利斯为诱饵展开外交战，雅典已被玩弄于他的股掌之中。为阻止年轻的马其顿国王侵略色雷斯，希腊甚至试图与伊利里亚人和佩奥尼亚人那样的蛮族结盟，尽管那些蛮族连结盟的概念都还没有。

最终，潘盖翁矿山的开采权落到了腓力手里。

腓力没有欺骗雅典。雅典人满脑子只想着重新占有安菲波利斯，应对决策出台艰难，露出了破绽。年轻的国王只是钻了这个空子而已。不过，雅典这时表现出的"狼狈相"更为严重。

见马其顿国王没有停止侵略色雷斯王国南部的势头，和雅典有同盟关系的拜占庭、希俄斯岛、罗德岛等纷纷表示要退出同盟。就连赫勒斯滂海峡[①]沿岸以塞斯托斯为首的一系列港口城市也表现出追随之意。这是雅典面临的重大事态。

小麦是雅典人的主食，其进口依赖于黑海周边地区。雅典的船队

① Hellespontos（或 Hellespont）Strait，即今达达尼尔海峡。——译者注

满载着从那里采购的小麦，通过拜占庭（今伊斯坦布尔）进入马尔马拉海，在塞斯托斯靠港后穿过达达尼尔海峡进入爱琴海。船队进入比雷埃夫斯港之前，少不得要在希俄斯岛停靠。对船员来说，踏上陆地补给新鲜饮用水必不可少。

所以对雅典来说，确保这条航线畅通就是“保障食品供应安全”。

为了阻止这些城市和岛屿叛离，雅典决定派遣海军。

这时的雅典海军已经不是伯里克利所说的由雅典公民组成的“熟练技工集团”了。大半水手都是别国的佣兵，只有司令官是雅典公民。逃避兵役的想法在雅典公民中不断扩散，雇佣佣兵实属无奈。但是这样做有两个致命缺陷。

第一，佣兵对雅典并无忠心，一旦战况不利他们立即逃走。

第二，在佣兵制度下，受雇的经常是团队而非个人，佣兵由队长率领。雅典的司令官向这些队长下的命令往往不能顺利下传。

如此勉强派出的海军只有不过 60 艘船。即便不去想伯里克利时代常备 200 艘战船的情况，人们也会有今不如昔之感。

这仗不打还好，打了雅典损失更大。它不但没能阻止那些城邦和岛屿退出同盟，还不得不公开承认拜占庭、希俄斯岛和罗德岛退出同盟。此外，从黑海周边港口城市到莱斯沃斯岛都断绝了与雅典之间的友好关系，雅典不得不吞下这颗苦果。

因为用了很多佣兵，此战耗费了雅典 1000 塔兰特①。毫不夸张地说，城邦国家雅典的国库空虚了。而雅典依靠增税来填补国库，这就

① 古希腊钱币单位，价值因质地为金或银而不同，又因城邦不同而不同。通常指阿提克塔兰特，1 塔兰特合 6000 德拉克马。——译者注

带来了问题。

这期间，腓力又在干什么呢？

他在静观局势，静观雅典日渐迷失。此外，他把帕米尼欧率领的重装步兵派往北方和东方，不懈地扩张着势力。

此时腓力不到30岁却聪颖狡诈过人。他没有把侵略占领的地区正式并入马其顿王国，而把它们划为“马其顿王国影响下的地区”。当地居民都是希腊人，这样做当然是为了不过分刺激希腊其他城邦国家。

这个“马其顿王国影响下的地区”，就是曾为雅典繁荣基础的“提洛同盟”的北方部分。因此，反腓力的情绪首先在雅典高涨起来也是很正常的。

## 挺进奥林匹斯南麓

好机会终于降临，这位马其顿国王要挺进奥林匹斯山南面，即希腊中南部了。

希腊城邦国家之间爆发了史称“神圣战争”的内斗。这是一场由毫无神圣之处的低级问题引起的争斗。

这场争斗围绕希腊人奉为圣地的德尔斐展开，因而被称为“神圣战争”。

奉献给阿波罗的神殿位于德尔斐，它建于何时已不可考。自远古时起，这里就成了希腊人信仰的圣地。不仅对希腊人如此，对居住在地中海世界的人们而言，德尔斐都是最著名的圣地。

阿波罗神的神谕通过侍奉他的女祭司传达给人们，其很高的“灵验率”有着很好的口碑。

真实情况是，女祭司口中说出的话意思含混，需要通过神官翻译传达，但仍有很多人相信。地米斯托克利和伯里克利时代的雅典在国家层面上不接受神谕，罗马也无此做法。但在斯巴达，不少国家政治事务要在接受神谕之后才做决定。个人前往德尔斐参拜就更加稀松平常了。

于是，一年到头都有很多人来德尔斐接受神谕，这里热闹非凡。德尔斐就此成了情报集散地。人们甚至说，去了德尔斐便可知道地中海世界发生的所有事情。

此外，位于德尔斐的阿波罗神殿还有一个存在理由。

对希腊人来说，神殿起着存款金库的作用。人们认为没有人会在神祇的眼皮底下偷盗。确实，没有史料记载德尔斐神殿里的金钱曾经被盗。

果若如此，那就没有比德尔斐的神殿更安全的“金库”了。虽然没有相关史料，但神殿方面一定会让存款人支付金库的使用费。不少史实显示，德尔斐居民有相当好的经济头脑。

就这样，德尔斐靠着灵验的神谕和保证安全的金库保管业成为一块富裕之地。以阿波罗神殿为中心的广阔区域没有用于耕种，而作为“圣城”保留了自然风貌。

然而德尔斐居民中出现了一些人，他们不满足于依靠神谕以及金库赚钱。他们要耕种“圣城”的土地。这引发了“神圣战争”。

底比斯响起了一片谴责声，称这是玷污阿波罗神殿的不敬行为。底比斯迅速与色萨利地区结成同盟，取名“捍卫阿波罗神及其神谕之神圣的同盟”，并起诉德尔斐所在的福西亚地区。我们不知道他们告到了哪里，总之他们提起了诉讼，要求福西亚为玷污“圣城”的行为支付罚金。

被告方福西亚认为这是希腊人的事，他们根本不想支付罚金。他们向喜好德尔斐神谕的斯巴达请求派遣援军对抗底比斯。

自公元前 371 年在留克特拉战役中完败给底比斯，斯巴达不仅从霸权国家的地位上跌落下来，而且已经回到希波战争前不干涉别国内政的一国和平主义路线上了。不过，斯巴达有很多个人对德尔斐信仰笃深，国王阿希达穆斯就是其中一位，他自掏腰包寄去了 15 塔兰特。

尽管福西亚也向雅典请求派遣援军，但雅典正在色雷斯与腓力苦斗，没有余力回应，也没有人自掏腰包捐款。

尽管如此，福西亚极不情愿把摇钱树德尔斐交给底比斯，它接受了底比斯的宣战。当时除马其顿以外，希腊世界已进入佣兵时代，只要筹到钱就会有战斗力。福西亚很快募集到 5000 人的兵力，不久这个数字接近了 1 万。

底比斯是东边与福西亚接壤的维奥蒂亚地区的强国，福西亚这点儿兵力对底比斯来说应该不在话下。然而实际并非如此。

底比斯在公元前 371 年战胜斯巴达，进入“底比斯霸权时代”，9 年后即因曼丁尼亚战役失去了霸权国家的地位。

可是天下只有底比斯人不这么认为。他们认为底比斯在曼丁尼亚打赢了斯巴达，不过因为总司令埃帕米农达斯战死而以平局结束战斗而已。所以，自己还是希腊的一个强国。

因为总司令战死而没有明确分出胜负，这是事实。但埃帕米农达斯死后底比斯已经没有力量继续当霸权国家，这才是“底比斯霸权时代”仅持续 9 年便完结的真正原因。底比斯人没有意识到这个严峻的现实，也未意识到佩罗皮达斯和埃帕米农达斯两位俊杰死后，底比斯已经又回到了中等城邦国家的水平。

公元前 362 年，底比斯因曼丁尼亚战役从霸权国家的地位上跌落下来。从那年起到公元前 353 年为止的 9 年间，“神圣战争”的小规模拉锯战反复发生，总也无法彻底解决问题。

这给马其顿国王腓力提供了准备南进的时间。历史学家把这 9 年称作“神圣战争的第一阶段”。

就在第二阶段尚未开始的公元前 352 年，30 岁的腓力开始行动，他终于向奥林匹斯山南麓的色萨利进军了。

30 岁的马其顿国王不关心谁会把德尔斐的阿波罗神殿弄到手。他的脑子里只想向南挺进。为此，他利用了“神圣战争”。

只有雅典人知道这位腓力相当危险。为了对付腓力，雅典积极拉拢遥远的波斯国王，但并无成果。雅典只想着夺回被腓力抢走的海港城市，只要用这个做诱饵，雅典会不管三七二十一地冲上前去。

在雅典等希腊城邦国家尚未采取实质性行动时，腓力已经把色萨利收入了自己囊中。

公元前 352 年，腓力开始率军南进，当年夏天便控制了色萨利。“群龙无首”的希腊已经没有任何城邦国家能够阻挡腓力了。

30 岁的腓力再次出征。他率领着 2 万多步兵和 300 名骑兵。这支军队最终抵达了温泉关。

温泉关是窄道蜿蜒的隘口。从这个时期前溯 128 年，公元前 480 年斯巴达国王列奥尼达接受了迎击波斯国王的任务，面对 20 万大军压境，国王仅率领 300 名部下，在此阻滞了波斯大军的前进步伐长达一周之久。这段历史希腊妇孺皆知。

波斯国王阿尔塔·薛西斯放出话来，只要斯巴达人交出武器，就准他们所有人安全回国。列奥尼达回答说：“你来取吧！”他与300勇士一起战斗到最后。虽然勇士们全部牺牲，但这个故事至今还会令希腊人热血沸腾。

波斯国王付出己方士兵战死一成、两个王弟战死的代价，但他仍执着地想要突破温泉关，因为越过这个隘口便是希腊所有实力城邦：底比斯、科林斯、雅典、斯巴达……

一百多年过去了，除了隐退状态的斯巴达，其他城邦都向温泉关派去了军队，合起来的规模似乎略小于马其顿军队。

腓力也明白温泉关的意义。他没有在这里强攻，而是选择撤退。他以适合战斗的季节行将结束为由撤兵。他不只退兵，还打道回府回到了马其顿。

我真想写腓力也懂得等待，但我认为他喜欢的是等待本身。

事实是他又回到了起点。不过，年仅30岁的他还有的是时间。另外，马其顿在色萨利地区的统治还需要巩固。

色萨利是良马的产地，因此也是骑兵之国。腓力想要把马其顿军队的300名骑兵扩大到10倍的规模。

# “忧国之士”狄摩西尼

这一时期的雅典被年轻的马其顿国王玩弄于股掌之间。这时有人站出来告诉大家不能这样下去了。

他就是狄摩西尼（Demosthenes），后世赞誉他为“敢于起来反抗暴君的自由旗手”。

狄摩西尼将腓力直呼为“暴君”，他比腓力大两岁，两人属同时代人。声讨“暴君”的“自由旗手”言辞尖锐而充满能量，他不断执着地表达着自己的观点。

马其顿国王在自己的国家里都未压制过言论，更未谴责过雅典的民主政体，然而却被说成“暴君”。

不过，腓力好像并未介意。也许他知道狄摩西尼对雅典公民的影响力也没多大。

安放在大英博物馆和梵蒂冈的狄摩西尼像有一个共同点，那就是表情都显得很沉痛。据说他老后与年轻时的区别只是皱纹和白发的数量，给人的印象是一样的。他的一生是忧国的一生。为了使雅典避免被咄咄逼人的“暴君”吞噬，狄摩西尼请求公民大会采取以下政策。

一、把雅典海军的常备战舰增加到300艘。

二、全力以赴真正修复对陆上防御有用的要塞、桥梁和道路。

三、整编管理雅典国库的公务员，准确掌握国库的实际收入情况。

四、研究国内物产交流和对外贸易两方面的鼓励政策，尽早付诸实行。

五、除了敌人来袭时，平时也必须保障新鲜水的供应。为此要重启水渠的完善工程。

这项工程曾经实施过，后因资金不足而中断。

这些论点全部正确。年轻的狄摩西尼的观点一言以蔽之，就是要回归到伯里克利时代。

然而，所有外部环境都已经与伯里克利时代不同了。问题在于去哪里找实现这些政策的资金。

狄摩西尼

狄摩西尼主张，所需资金可以通过重新制定雅典的社会福利政策来获得。这与他回归伯里克利时代的主张相互矛盾。于是，公民与他渐行渐远。

民主雅典的社会福利政策叫作“theorikon”。这是伯里克利考虑并制定的政策，目的是让第四等人——每天工作养活家庭的人，亦即罗马时代的“无产者”——从事军务而无后顾之忧，或可放心地从事公务员工作。

伯里克利时代的这个政策仅限于从事军务或公务活动的人，他们不能从事本职工作期间，由政府为他们提供经济保障。

克里昂是伯罗奔尼撒战争后在雅典横行一时的煽动家之一。为讨好大众，他把这项政策改成了恒常的福利制度。雅典公民即使不再作为桨手和轻装步兵从事军务，即使不再根据抽签去做国家的行政工作，国家也向他支付比原来工作所挣略少的保障金。改变后的制度已经持续半个世纪之久。

哲学家柏拉图在世时批评伯里克利的这个政策把雅典公民变成了一群乞讨者。我想不如说他批判的是克里昂以后的福利制度。

如果是那样，柏拉图的批判是正确的。光领钱不工作，这是欺骗国家。

这种福利制度也是雅典人逃避兵役成为常态的主要原因。当然会是这样！无论是否服兵役，都会有同样的金钱进到口袋。

然而，这种福利对雅典下层民众来说已经成为“神圣不可侵犯”的了，不管是战事迫在眉睫需要出动军船，还是确保水供应的工程，他们都不允许触动福利制度。

在公民大会上，人数占多数的第四等人会声嘶力竭地喊叫：“不要动福利制度，要让第三等人以上的有资产者付钱！”

在伯罗奔尼撒战争中失败后，雅典经常国库空虚，每到这时都是通过临时增税的措施来填空的。

资产在当时就是不动产。雅典不允许外国人拥有不动产，租给他们住房为雅典中产阶级带来收入。

对此所课的税金属于直接税。这在征收间接税的古代免不了给人重税的印象。

海外资产是上流阶层的财富来源。但如今提洛同盟已成为过去，跨入了马其顿不断侵蚀雅典势力范围的时代，雅典人的这部分财源也在不断缩水。也就是说，雅典公民中所有阶层的经济状况都在恶化。

古代人根深蒂固地认为从事军务活动相当于支付直接税。因此，直接税的别名又叫“血税”。所以上流社会出骑兵，中产阶层出重装步兵，人们去为自己的国家打仗。

第四等人逃避兵役的主要原因在于扩大解释了福利制度。逃避兵役还蔓延到上面的等级。这也是很自然的。已经让他们支付过直接税，再让他们付“血税”，他们当然会认为这是双重征税。

就这样，雅典越来越依赖佣兵，通过增加税收来筹集佣兵经费也成为常态，其结果只能是国防力量的恶化和经济实力的衰退。

尽管忧国之士狄摩西尼极尽辩才，但他的提案一个都未能通过。

他也从未当选过每年的10位将军之一。

也许是对同胞的冷淡感到绝望，狄摩西尼没有成为以公民大会为舞台的政治家，而成了一位面向广大公民发声的言论家。

他撰写并发表了*Philippika*。这个标题用他的思想解释的话可意译为《反腓力辞》。

有四篇《反腓力辞》流传至今，篇篇锦秀，字字玑珠，可谓把希腊人的修辞用到了极致。

狄摩西尼与政治家伯里克利、历史家修昔底德和哲学家柏拉图，都是在语言表现力方面让外国人望尘莫及的雅典人。他们即便是写谴责文章，也要发挥出卓越的创作力。

第一篇《反腓力辞》发表于公元前 351 年，也就是腓力抵达温泉关又撤军的第二年。

狄摩西尼在这篇文章中强烈地告诫雅典人，面对不断扩大势力范围的马其顿国王，只有拿起武器战斗这一条路可走。

然而这位忧国之士的呼吁没有引起任何反响。雅典公民没有奋起反抗马其顿，反而选择与马其顿和解。

第二篇《反腓力辞》发表于 7 年后的公元前 344 年。狄摩西尼已经 40 岁，但笔力不减，这一篇反而比第一篇更为尖锐。

他坚决反对雅典两年前与马其顿缔结的媾和条约，强烈主张废止该条约。因为腓力“尊重”雅典权益的条件是雅典承认色萨利以北的希腊全境为马其顿领土。

此外，伯罗奔尼撒半岛出现了反斯巴达的动向，腓力出手援助这些反斯巴达的城邦。对此，狄摩西尼也敲响了警钟，认为这只会有利于“暴君”。

他还指名道姓地抨击反狄摩西尼派的重要人物、主张与马其顿和解的埃斯基涅斯，说他是叛徒。

然而，这第二次声讨也成为哑炮。

第三篇《反腓力辞》发表于 3 年后的公元前 341 年。

这篇给人的感觉是作者不能用行动表达的思想全都在文章中迸发出来，悲观情绪越来越浓。

狄摩西尼并不只是叹息悲伤。他对小自己两岁的腓力的力量有着正确的认识。他一直在观察希腊城邦国家相对于马其顿在政治和军事方面的凋落，从未挪开自己的目光。他甚至说，现在希腊人深陷的苦境就像是神对人类的无情攻击。

尽管如此，狄摩西尼没有沉沦于绝望，他让自己悲痛的心情彻底爆发。他说："我宁愿死去千回，也不会跪在腓力面前！"

第四篇也是最后一篇《反腓力辞》很快于第二年发表。

文章内容一如以往，对马其顿国王扩大势力范围敲响警钟，要求雅典人奋起反抗。倡导与波斯结盟是这篇文章的唯一新意。

他主张，雅典应该与东方大国波斯联手阻止马其顿扩张。

这种思想与最受雅典人尊重的伊索克拉底的想法完全相反。86岁的伊索克拉底认为，希腊的未来只能在马其顿。

十多年来，腓力屡屡被指名道姓地抨击，他会如何对付这位与自己同辈的雅典言论家呢?

他没有做任何应对。他知道狄摩西尼就在到访马其顿首都佩拉的雅典使节团里，却没有表现出刁难的态度，更不用说扣押他了。

现代的研究者怀疑马其顿国王是不是没有读过《反腓力辞》。

狄摩西尼的声讨书也许是希腊修辞的杰作，强而有力，传递出愤怒的感情，但没有一点讽刺和幽默，读着让人感到窒息。我知道那是忧国之书，但若论有无使人有兴趣读完的力量，我只能说没有。腓力大概没读完就把书扔到一边了吧。

不，也许这四篇腓力全都精读过。

因为《反腓力书》生动地描写了公元前4世纪后半叶以来希腊各城邦一盘散沙的情形。

狄摩西尼不再发表声讨书，但他仍然反对腓力，没有停止反马其顿的言行。

腓力被暗杀时，他对暗杀者大加赞赏。不仅如此，腓力的儿子亚历山大继承王位后，他甚至明确站在马其顿体制内反对派重臣一边。

他憎恨马其顿，而且一以贯之。但是，腓力没把他当作对手，他的儿子也没有。他一辈子都只是一位忧国之士。

狄摩西尼死于公元前322年，死因是自杀。

那一年作为一个独立的城邦国家的雅典最终灭亡，于是他选择了自杀。

“暴君”和他的儿子都放了雅典一马，雅典这才得以苟延残喘。大帝死后，他的将军们不再姑息，希腊被收归其中一名将军统治的马其顿王国，城邦国家的时代就此终结。

这位狄摩西尼留名后世，是因为他拥有罗马的西塞罗这样的崇拜者。

狄摩西尼自杀278年后的公元前44年，罗马的最高统治者尤利乌斯·凯撒遭到暗杀。凯撒曾经治理好的内乱再度爆发。

这一年开始的内乱是第二次内乱，对峙双方是暗杀凯撒的布鲁图及其同党，以及明确表示要继承凯撒遗志的安东尼（因以与克娄帕特拉恋爱而闻名）和屋大维（后来的奥古斯都）一派。

西塞罗与暗杀没有直接关系，但他被认为是布鲁图的思想导师。对西塞罗来说，凯撒被暗杀后罗马与他希望的样子越来越不一样了。

布鲁图及其同党逃到了希腊，罗马成了凯撒派的天下。

哲学家兼政治家西塞罗对此发出了抗议之声，他接二连三地发表了共计 14 篇“声讨书”。

他把这些文章也定名为《反腓力辞》，像是狄摩西尼《反腓力辞》的续篇。他大概也认为狄摩西尼是“敢于起来反抗暴君的自由旗手”。

西塞罗的《反腓力辞》内容多为中伤和低级的个人攻击，缺乏品味。这大概是因为他做过法庭辩护人。

被点名声讨的安东尼没有放过他。

安东尼、屋大维和雷必达的三头同盟甫一成立，西塞罗就被列在肃清名单之首。

63 岁的罗马首屈一指的言论家，在位于福尔米亚的别墅被三头同盟派来的士兵所杀。

一年以后的希腊，在马其顿国王腓力建立的城市近郊，反凯撒派和凯撒派开战，布鲁图得知自己的军队战败后自杀。

11 年之后的公元前 31 年，接踵而来的安东尼与屋大维之间的对抗也宣告结束。第二年，33 岁的屋大维改称奥古斯都，原本只存在于凯撒头脑中的罗马帝政起步。这距离罗马的忧国之士发声仅过了 14 个年头。

由此上溯三百多年回到希腊，自狄摩西尼发表第一篇声讨腓力的文章起，到腓力把希腊全境纳入自己的势力范围，也是 14 年的时间。但这只是单纯的数字上的一致，过程大相径庭。

马其顿国王腓力是一个等着敌手出错的玩家。在希腊，围绕圣地德尔斐的“神圣战争”再度开战。

这次开战和之前的数次战争一样也缘于一些小事。据说控制着德尔斐的福西亚人挪用了存在阿波罗神殿里的钱。福西亚筹集佣兵费用黔驴技穷，就对神殿里的宝物和金库里的钱下了手。对此感到愤慨的底比斯和其他城邦开始向德尔斐进军。

福西亚再次向斯巴达求援，斯巴达派出3000名士兵北上。

福西亚军队的对手底比斯派出4000名步兵和500名骑兵。

希腊中南部到了战争一触即发的状态，波斯的介入使这种状态恶化。

这时，城邦国家时代已经进入末期，希腊人已经把鼎盛时期努力自助的精神抛弃殆尽。

斯巴达能够打赢伯罗奔尼撒战争是因为有波斯的资金援助。于是，对斯巴达出兵3000人抱有危机感的底比斯人此时也在琢磨，自己何不也向波斯请求资金援助呢？

令人不可置信的是波斯国王居然接受了这个请求，立即送300塔兰特。

波斯国王的真正用意不是帮助底比斯。底比斯人声称自己是德尔斐神殿的守护者，而波斯是信奉拜火教的国家，它的国王对希腊人信仰的神祇并不关心。

波斯国王只关心一件事，就是只要希腊城邦的争斗持续下去，与希腊本土隔爱琴海相望的小亚细亚西部的城邦和岛屿就能一直处在波斯的统治之下。

先是斯巴达，现在又是底比斯，瞄着波斯金主的希腊城邦国家层出不穷。

这种混乱持续了3年。为德尔斐而战的两派并未决战，一直小打小闹。似乎阿波罗神对此也感震怒，让一场地震袭击了这一带。两派只在余震不断的这段时间放下了武器。

在这段时间，年过三十的马其顿国王并非无所事事，他继续蚕食曾经在雅典势力范围内的色雷斯。

雅典人也在拼命抵抗，即使耳畔已经没有了狄摩西尼的训诫。因为这不仅关系到色雷斯矿山的权益，还关系到来自黑海的小麦的进口路径。

有时会发生满载小麦的整个帆船队都被马其顿人捕获的事件。对粮食依赖进口的雅典而言，这可是要让市场断粮的大事件。要阻止马其顿的这种行动，雅典只有出动海军明确表示捍卫本国粮食安全才行。然而，狄摩西尼主张的300艘三层桨战船的常备军力，对公元前4世纪中叶的雅典而言只是梦想。

总之，腓力很清楚雅典虽有商船但战船奇缺的现状，他立即撤走部队，但派了一队士兵在雅典领土阿提卡地区的马拉松登陆。

马拉松是近代奥林匹克运动项目马拉松的词源。那里是沿海平原，第一次希波战争时，在此登陆的波斯军队与前来迎击的雅典军队在这里展开了激战。马其顿士兵在这里登陆说明他们离雅典已不足全程一个马拉松赛程的距离了。

“神圣战争”还在拖沓地继续着，雅典与马其顿之间的军事和外交战也在无止境的拖延中。虽说事关粮食大事，但雅典只是不断向马其顿首都佩拉派遣了媾和谈判团，狄摩西尼也是其中一员。

“忧国之士”在外交场合也起不了作用。谈判团由 10 人组成，只有他总是发表强硬观点，别人不接受他的意见。

内部分裂会被对手看透。囊括雅典全部实力人物的谈判团被 30 来岁的腓力玩弄于股掌之间。有时谈判团到了马其顿首都佩拉，要等上 50 天才能见到国王，理由是恰好国王出征色雷斯。雅典谈判团来的目的之一就是保护自己在这个地区的权益，对他们来说，这种傻等是何滋味？

谈判团中最能忍耐的菲洛克拉特斯的努力发挥了作用，公元前 346 年马其顿与雅典成功媾和。媾和只维持了数年，雅典从中得到了什么，又失去了什么呢？

首先，一项具体的收获是被马其顿俘虏的雅典公民终于可以回国。

马其顿国王按照谈判团的要求，让这些人在守护女神雅典娜的祭奠日以前回国了。

马其顿承认色雷斯矿山的开采权一如既往归雅典人所有，但所有权归马其顿国王。我猜测收益可能会由两国按比例分掉。雅典与马其顿可能类似现代的石油公司与产油国的关系。

此外，双方明确约定，马其顿尊重雅典在其粮食补给线路上的活动，马其顿对此不设置任何阻碍，并会配合打击出没于这片海域的海盗。

作为交换，雅典最终失去了念念不忘想要重新占有的安菲波利斯城，正式承认安菲波利斯归马其顿国王所有。这个城市在伯里克利时代由雅典开发并一直是其在色雷斯地区的据点。

安菲波利斯归了马其顿，就等于色雷斯地区南部，以及从那里到爱琴海像三叉戟一样突出去的卡尔息底亚地区全都成为了马其顿的领土。

雅典在 80 年前的伯罗奔尼撒战争中失去了安菲波利斯。80 年来雅典人一直祈愿收复安菲波利斯，这让人感觉他们没有读懂时代的动向。

雅典人为实现这个夙愿牺牲了很多，结果却是全面放弃。

斯巴达未能顺应时代做出改变，在囿于过去未能改变这一点上，雅典也一样。

研究马其顿国王与雅典人的谈判时，有一点让我感到有趣，那就是年仅 35 岁的马其顿国王似乎买到了雅典人的经营能力。

国王把安菲波利斯弄到了手，但完全承认雅典人在以安菲波利斯为中心的整个色雷斯和卡尔息底亚地区有开展经济活动的自由。

腓力懂得提高经济实力的重要性。

他似乎还知道发展文化的重要性。3 年后，他把在柏拉图学院学习过 20 年之久的哲学家亚里士多德聘来做儿子亚历山大的家庭教师。

也许，90 岁的伊索克拉底的一句话说到了点子上。雅典的未来在于并入马其顿，在那里发挥自己拥有的能力。用今天的话说，大约就是依靠软实力生存。

不过，当时的雅典人好像还没横下这条心。

谈判团完成与马其顿的媾和回国后，公民们鼓掌欢迎。公民们认为，能避免与马其顿发生战争就不错了。

拒绝了狄摩西尼的强硬要求、与马其顿达成妥协的菲洛克拉特斯也很满意。当人们问到他与狄摩西尼意见冲突的原因时，他这样说：

“我与他之间的意见不可能一致，因为我喜欢葡萄酒，而他只喝水。”

多数雅典人喝酒，他们不会彻底信任只喝水的人。

然而，腓力显示出他并非一个简单的30岁男人。他让军队再次南下，直指温泉关。

雅典人只能以苦涩的心情回味墨汁未干的媾和条约，那里面没有一项条款禁止马其顿南下。

没有人知道底比斯是何时请求马其顿介入的。但请求介入这事是肯定有的，也许底比斯人痛感波斯国王经常拖延资金援助，“神圣战争”前途未卜，因而急于打开局面。

腓力没有明确表示站在底比斯一边，他选择了中间人的立场。

福西亚也同样烦透了没完没了的战争。马其顿的介入受到战争双方的欢迎。

不过腓力的真实意图是借帮助结束“神圣战争”正式进入希腊中南部。

这时，只有一个人早早看透了这一点。他总是一副痛苦的表情，只喝水而不断发表声讨书《反腓力辞》，他就是狄摩西尼。

腓力虽然抵达了温泉关，但此后行动谨慎。他没有直接向希腊中部展开军事行动。

马其顿与雅典媾和后差不多一直处在友好状态。

他已没有必要把龟缩在伯罗奔尼撒半岛南端的斯巴达当成问题。

他甚至与遥远的波斯缔结了互不侵犯条约。

他向希腊中小城邦表明了捍卫圣地德尔斐的意志，博取他们的好感。

希腊人相信了这一切，他们推举腓力担任德尔斐运动会的主持人。

自古以来，希腊有四种只有希腊人才能参加的运动会。

在奥林匹亚举行的献给主神宙斯的运动会最为著名。

其次是在德尔斐举行的献给阿波罗神的运动会。

还有在科林斯举行的献给海神波塞冬的运动会。

在伯罗奔尼撒半岛尼米亚还有一场献给宙斯的运动会。

这些运动会都是每 4 年举行一次。希腊人会中断战斗前来参加。受托主办这些运动会是非常荣耀的事。

腓力的祖国马其顿长期被视为半蛮族国度，作为国王他一直热衷于马其顿的希腊化。所以担任运动会主持人无疑是一个令他喜悦的礼物，尽管他内心明白这是他实现野心的一个手段。

这个时期，还有更多令他高兴的礼物。“神圣战争”开始向终结的方向发展。与其说是腓力的外交战奏效了，不如说是为德尔斐而争斗的双方都不愿意再继续下去。底比斯与福西亚决定双双放手，把德尔斐神殿的运营全部交予马其顿国王。

腓力甚至得到了德尔斐神殿守护者的地位，而这个神殿一直被视为希腊人信仰的第一神殿。

从马其顿军队抵达温泉关又撤回的那年算起，已过去了十多年。行事谨慎的腓力已年届四旬。

此前腓力在奥林匹斯山南面一直处于所向无敌的状态。然而这时反马其顿势力开始在斯巴达和雅典抬头。

斯巴达的反马其顿情绪仅仅是因为不认可马其顿崛起而对其产生厌恶，而雅典的反马其顿现象牵扯到实际利益，不仅是厌恶。

在此之前，腓力虽然一直行事谨慎，但他忘记了雅典不仅有爱琴海，还有地中海西部这个市场。

腓力向位于科林斯湾出口处的诺帕克图斯派兵，占领了那里。对此，与马其顿缔结过媾和协议的雅典认为马其顿背叛了自己。

诺帕克图斯（后世的黎凡特）是雅典进出地中海的中转基地，是一直起着重要作用的海港城市，雅典的商路畅通和市场繁荣都仰仗于此。

上述情况使反马其顿情绪高涨的斯巴达和雅典抵制由腓力主办的德尔斐运动会。

这是因政治原因抵制希腊运动会的第一个案例。希腊运动会的惯例是哪怕两国正在交战也要暂时放下武器，搁置争议，同场竞技。

还真是这么回事。

**希腊人既能创造民主政治，也能创造独裁政治。**

**既能实现全体公民投票，也能搞投票舞弊。**

**既能发明奥林匹克运动会，也能抵制奥林匹克运动会。**

**因为创造了某个事物，就要创造出它的反面。**这里叫“欧罗巴”，

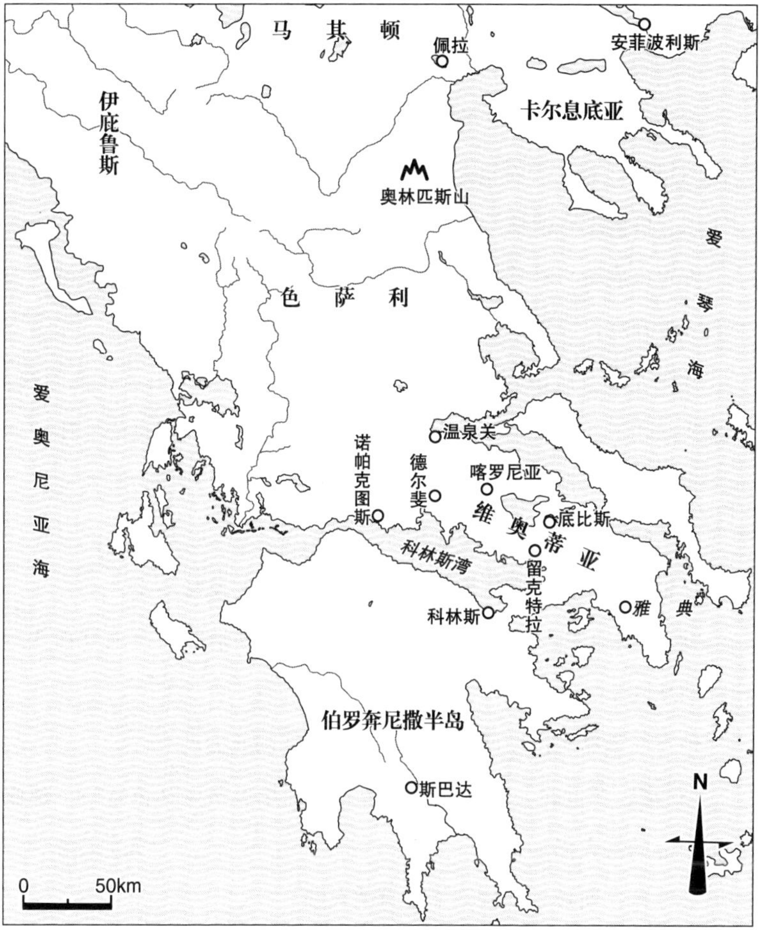


德尔斐及其周边

那里就要命名为“亚细亚”。自此开始，生活在后世的人们无论好坏，很多事情上都有赖于生活在古代的希腊人的创造。

始于希腊的不仅仅有哲学、科学和艺术。

希腊人历史的循环往复也让人钦佩和惊愕。

在公元前 4 世纪中叶的雅典，仅仅抵制奥林匹克运动会平息不了公民的怒火。表面上看这是对不断声讨腓力的狄摩西尼思想的继承，但实际上事情没有朝他希望的方向发展。

首先，成功与马其顿媾和的菲洛克拉特斯成了牺牲品。他被人告发上了审判庭，后来选择了自行逃亡得以免除死刑。

雅典人没有认识到，通过强化自身军事力量与马其顿正面对决，才是狄摩西尼的一贯主张。雅典选择联合底比斯，共同对付马其顿。

底比斯拥有把斯巴达拉下霸权国家地位的胜利经验。雅典选择依靠底比斯的军事力量，而不是依靠自己复兴。

与雅典人一样，底比斯人也对马其顿的崛起忿忿不平。

“底比斯双雄”佩罗皮达斯和埃帕米农达斯活跃时该国就在觊觎色雷斯地区。

色雷斯紧靠底比斯所在的维奥蒂亚地区的北面。

“双雄”在世时，底比斯的梦想是合并维奥蒂亚和色雷斯，建成希腊中部的最大强国。

如今色雷斯被马其顿国王腓力纳入麾下。

就这样，希腊中部的强国雅典和底比斯迅速接近。

组建大规模军队需要时间。希腊中部阴云密布，转眼两年过去了。

## 成为希腊霸主

这两年对即将 44 岁的腓力来说是不断思考的两年。

他面临登上马其顿王位 22 年以来的第一次正式会战。

人们都说，有雅典才有希腊。腓力的对手是雅典以及底比斯，前者全盛时期持续很久，后者曾经打败战胜过雅典的斯巴达。

底比斯和雅典后面还跟着科林斯等弱小城邦。

这意味着，马其顿要与斯巴达以外的希腊中南部所有城邦国家为敌。

腓力过去的战争对手只是居住在巴尔干半岛内陆地区的非希腊蛮族，或是希腊政治体制不完备的色雷斯王国和色萨利地区。马其顿与历史悠久的城邦国家，如雅典、斯巴达、底比斯、科林斯等从未在战场上照过面。

腓力一向行事谨慎，没有发动战争也走到了今天的程度。这也造成他没有与先进国家打仗的经验。

不止最高司令官腓力没有经验，“巨大刺猬”一般的重装步兵方阵以及率领重装步兵的帕米尼欧同样没有经验。

由腓力创立、帕米尼欧培养出来的“马其顿重装步兵方阵”是第一次与希腊实力城邦国家进行会战。

如果在这里撤退，就等于退回奥林匹斯山北面去了。

但局势对全无经验的马其顿军队而言也有两点有利之处。

第一，很多城邦国家一起组建的联军中有用钱雇来的佣兵。而马其顿的军队可谓国民军，军队是一个团结的整体。

第二，因为马其顿军没有任何经验，所以他们不会像对手那样被过去的成功经验束缚。

不过就腓力个人而言，他也许没有清醒地认识到第二点好处。

总之，喀罗尼亚之战是马其顿与希腊城邦国家联盟之间的冲突，是 20 年前还被视为落后国家的新兴国家与先进国家之间的正面对决。

公元前 338 年夏，从北方南下的马其顿军与北上的希腊城邦国家联军，在德尔斐以东 30 公里外的喀罗尼亚平原对阵。

城邦国家联军以底比斯和雅典为主力，以科林斯、墨伽拉为首的中小城邦亦来参战，外加 5000 名佣兵，共计 35000 人。

马其顿军有 3 万名步兵和 2000 名骑兵，共计 32000 人，都是纯粹的马其顿士兵。

腓力登上王位开始军事改革时，马其顿只有 1 万名步兵和 600 名骑兵。20 年以后其兵力已经发展到之前的 3 倍。腓力辛苦吞并的色雷斯和色萨利，对强化马其顿军队实力也做出了贡献。

希腊军的惯例是主力部署在右翼。这种部署别名叫“荣誉部署”，最高司令官也在右翼。

有 12000 人参战的底比斯军组成了城邦联军的右翼，指挥是底比斯人特阿根尼。

雅典有 9000 人参战，在左翼布阵。科林斯等中小城邦派来的士兵共计 9000 人为中路。佣兵 5000，一分为二，分别部署在右翼和左翼的后方。

中路、左翼加上佣兵超过 2 万人。这部分部队交给雅典人卡瑞斯和吕西克列斯指挥，其理由有二。

第一，囿于民主决策的雅典公民大会讨厌将军队交给某个人指挥。

第二，雅典已经没有一位武将值得信赖并可以委以重任了。

与这支城邦联军对阵的马其顿军没有因袭右翼、中路、左翼这种希腊传统的布阵方式。

重装步兵及轻装步兵共 3 万人被一分为二，右路由国王腓力指挥，周围环绕着近卫军，左路交给帕米尼欧指挥。

2000 名骑兵部署在马其顿军的最左翼，由刚满 18 岁的亚历山大指挥。来自色萨利的骑兵也在其中，纯粹的马其顿骑兵大概不足 1000 人。

在希腊，20 岁是开始服兵役的年龄。征召 18 岁的未成年人入伍仅限于十万火急的时候或多面开战、兵力不足的情况。

从喀罗尼亚战役 –1 图所示开战前的布阵可知，腓力并没有把左翼完全交给儿子。

研究者也认为亚历山大是被当作预备队使用。也就是说，18 岁的亚历山大被视为板凳队员。

实际上，父亲已经严命儿子没有命令不得行动。

这样做理所当然，喀罗尼亚战役是亚历山大首次上阵。

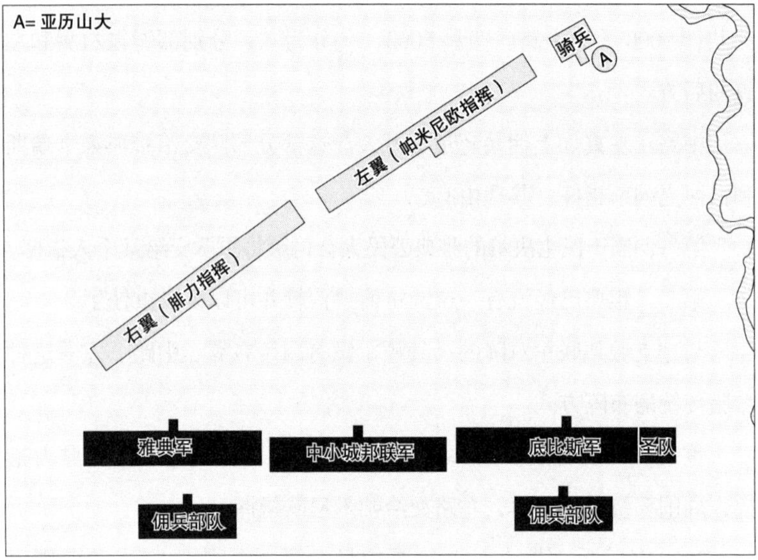


喀罗尼亚战役 –1

公元前 338 年 8 月 2 日，喀罗尼亚平原成为战役的战场。地形有利于城邦联军。

左面是低矮的丘陵，右面有蜿蜒的河流，3 公里见方的平原夹在其中。城邦联军北上而来，自然按照地形布阵，形成左翼雅典军从高处向低处进攻的态势。部署在右翼的底比斯军受河流保护，可以免受敌军左翼骑兵团的攻击。

底比斯军的最右翼是号称不败的 300 人“圣队”，33 年前他们在留克特拉战役中一举把斯巴达从霸权国家的地位上推了下去。

尽管雅典军占据由高向低进攻的优势，但不得不面对马其顿“巨大的刺猬”。较之雅典军，底比斯军的防卫可谓铜墙铁壁。

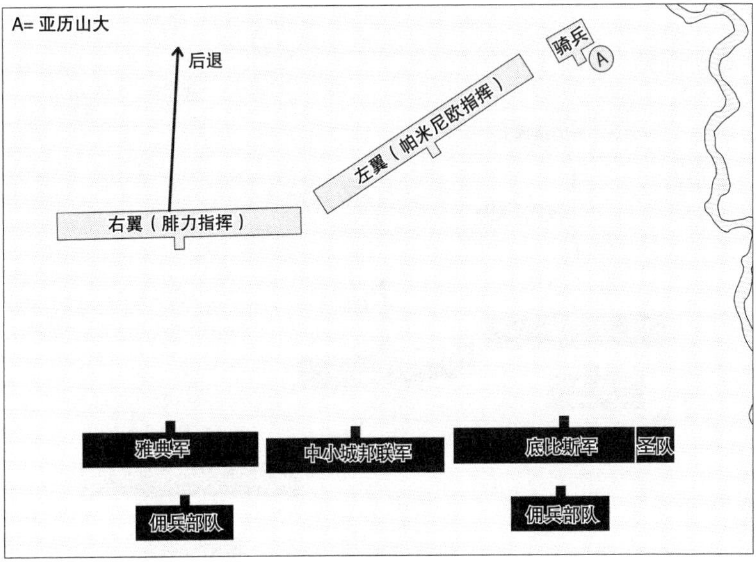


喀罗尼亚战役 –2

44 岁的腓力率军南下，他不得不在明显不利的地形上布阵。国王思考着对策。

战斗在公元前 338 年 8 月 2 日打响。（见喀罗尼亚战役 –2）

腓力命令自己率领的右翼后退，保持刺猬队形不变。队伍一点点地后退，像是经不住敌人的攻击。

后退时，士兵用右手和穿过内环持着盾牌的左手手持近 7 米长的长矛，保持着规定角度。重装士兵们经过长达 20 年的训练和实战，个个都是老手。马其顿方阵很好地执行着国王的命令。

雅典军指挥官看到马其顿方阵后提高了嗓门，大声激励将士：“一口气把敌人赶回马其顿！”

然而，雅典军中没有一个人意识到自己已经从高处下到了低处。

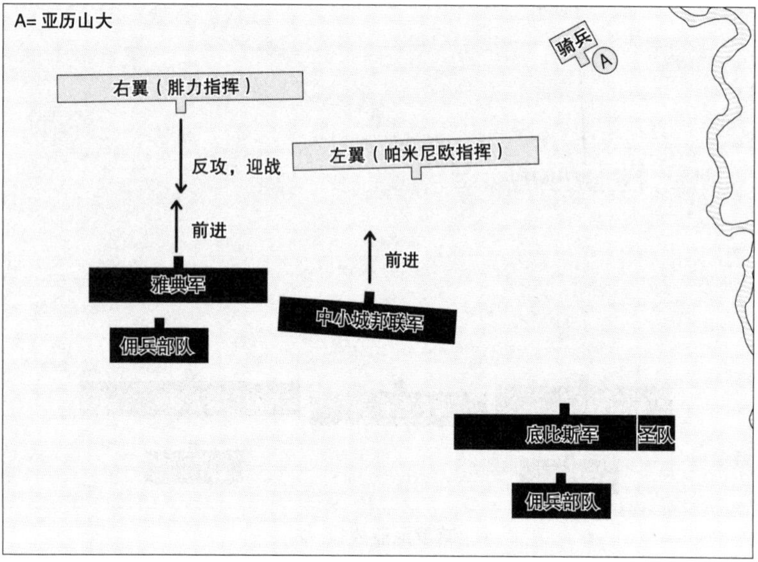


喀罗尼亚战役 –3

这时，腓力发出了命令：“停止后退！”马其顿方阵立即停止后退进入近战，长矛发挥出了威力。（喀罗尼亚战役 –3）

城邦联军的左翼与马其顿军的右翼（应该是右翼的右半部）展开了激战。

大约是受到马其顿方阵后退的刺激，城邦联军的中路也加入到激战中。

研究者说，直到这个阶段，两军都相信自己会获胜。

此时部署在城邦联军右翼的底比斯军尚未采取行动，帕米尼欧率领的马其顿方阵的另一半也未行动。

在布阵图上画出右翼、中路和左翼只是为了让人容易看懂。

我们现代人去画阵型实际并不能分得很清楚。双方相距数公里布阵，各队之间虽有间隔，但在战斗开始前看上去只是一条横线。

用肉眼去观察，只要两军距离超过 1 公里，人们便搞不清敌军的右翼到哪里为止，中路又从哪里开始。

腓力后退和雅典军顺势前进使人们看清了对方布阵的情况。这时，退到最左翼的亚历山大率领的马其顿骑兵团与对面的底比斯军之间的距离缩短了。也就是说，随着两军距离缩短，他们逐渐看清对阵情况。

战斗开始后，原先看上去是一条横线的敌军阵型分出了右翼、中路和左翼。因为战斗一开始，士兵们会靠向自己所属的队伍。

18 岁的亚历山大没有放过这个时机。（见喀罗尼亚战役 –4）

他没有放过出现突破口的时机。

但是父王尚未下令。亚历山大面对获胜的机会恐怕早已把父亲的话忘到了脑后。

根本不需要叫“跟上”。马其顿骑兵紧紧跟在冲锋在前的亚历山大身后，色萨利的骑兵也跟了上来。

2000 名骑兵斜刺过战场，穿过城邦联军右翼与中路之间狭窄的缝隙，绕到镇守右翼的底比斯军背后。

在不知马镫为何物的古代，骑兵骑马的姿势不能像现代赛马选手

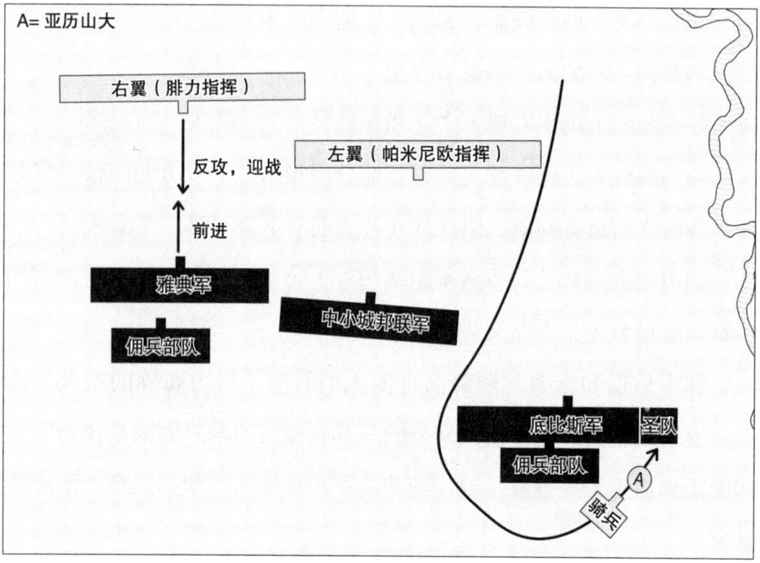


喀罗尼亚战役 –4

那样保持前倾，他们在马背上只能挺直身体、让双脚下垂，那姿势就像美国电影中的印第安人。

骑兵要用这样的姿势穿过战场，接近敌人，全力投枪，这是只有习惯骑马的人才能做的攻击。

2000 名骑兵抱团突击不可能不对其他士兵产生影响。

帕米尼欧指挥的方阵加快了前进的速度。

腓力率领的方阵在你推我搡的近战中行动越发活跃。整个喀罗尼亚战场一下子陷入了激战。

18 岁的亚历山大一直在快攻，马其顿骑兵紧随其后。他们绕到底比斯军背后并未停下，直接冲进了部署在底比斯军最右翼的

“圣队”。

这支战绩辉煌的精锐部队30年来一直享有不败的威名，此时竟全军覆没。根据史书的记载，300人全部被标枪贯穿胸膛而死。

公元前338年8月2日的这场喀罗尼亚战役以马其顿大获全胜告终。

底比斯军有12000人参战，生还者不过十分之一。

9000人的雅典军中1000人战死，2000多人被俘。

没有史料记载马其顿方面的死伤人数。很多时候，史书不会记录那些不会影响事件结果的数字。

不论如何，在几乎以所有希腊城邦国家为敌的战斗中，马其顿取得了完胜。

腓力陶醉于胜利的美酒，但他的内心难道不会五味杂陈吗？

如果按腓力的战术将战斗坚持到最后，喀罗尼亚战役还是会以马其顿方面的胜利告终吧。

因为双方在士兵素质与指挥系统明确化方面的差距已经很明显。

但要按腓力的战术打，一定会拖长战斗时间，敌方乃至己方牺牲者的数量会大大增加。

是亚历山大的冲锋陷阵让战况为之一变。

快攻会缩短战斗时间。缩短战斗时间，战死者的人数就会减少。而且这次快攻的结果是大获全胜。

这就好比比赛中教练还未下令，一个新球员，还是板凳队员，径自跳上场连进三球助球队获胜。这让教练情何以堪。腓力的心情不就跟这教练一样吗？

在日本，这叫作“子胜于父”。

腓力不是平庸的父亲。正因为不平庸，他看到了刚刚起飞尚显稚嫩的儿子的威力。

己方损失轻微，这实际上是一个重大优势。

每个士兵都会认为自己不必无为而死。

想到自己不会像狗一样死去，军中士气高涨。

腓力不是平庸的领袖，他不会不懂这些。

可腓力是马其顿国王，他使落后的马其顿获得如此成就，他很自负。

作为父亲，他该为初次上阵便显露才华的儿子感到骄傲。

但是，他才 44 岁。他现在是希腊最有权势的人物，在喀罗尼亚他又是最高司令官。于是，他先公布了对亚历山大的处罚。

## 父对子的处罚方式

无视最高司令官的严格命令擅自冲锋，按军规这是要严惩的。

可是，马其顿军的每个士兵都知道，是亚历山大抓住战机打了胜仗。

44 岁的父亲用以下方式处罚了 18 岁的儿子。

他让亚历山大带着骨灰罐前往雅典，里面装着战死者火葬后的骨灰，说是奉国王之命交给雅典政府。18 岁的儿子当即领命。

这段时间，雅典正担心在喀罗尼亚获胜的马其顿军会立即进攻雅典，城里弥漫着一股杀气。

而父亲派给儿子这样一个危机四伏的任务。

父亲命令说，你可以带一队士兵前去雅典，但你必须一个人走进城门。你可以穿戴短披风、胸甲和铠甲，但不能戴头盔，也不能佩剑持矛，不能设防，为了表示悼念之意你还必须裸足前往。

有人会因为战败而红了眼，雅典人极有可能投来标枪或挥剑砍来。

然而，当年轻人双手捧着骨灰罐走在路上，路两边站满了人，没有人发出愤怒的喊叫，也没有人口吐脏话谩骂。

雅典人的表情僵住了。那也许是一种感情流露，其中混合着对本国不幸感到的悲哀，以及对勇敢的年轻人的些许赞赏。

18 岁的年轻人经过人群，走过通往卫城的漫长道路，亲手把骨灰罐交到等候在那里的政府官员手中。他致悼念辞后再次沿着来时的道路，迈着坚定的步伐走了回去。

这是一场冒险，只会甚于而不会亚于冲入敌阵之时的风险。

不过，腓力让儿子带着骨灰去雅典，不止有惩罚儿子这一个目的。

他想把雅典拉到自己这边来。

儿子完成使命安然回来后，腓力立即把俘虏中的雅典实力派人物送回雅典，还安排了两位马其顿高官护送，他们要去和战后的雅典政府进行媾和谈判。

媾和条件只有一个，立即让马其顿俘虏的 2000 名雅典士兵全部回国。这是雅典人未曾想到的好条件。马其顿甚至没有提出在雅典市内驻兵。

雅典人害怕马其顿军打过来，因而战战兢兢，他们被这个媾和条件深深吸引，再也没有人去听狄摩西尼声讨腓力的发言了。

被后世奉为“忧国之士”的狄摩西尼那年 46 岁，他也参加了喀罗尼亚战役。他可能是作为骑兵参战的。正因为骑兵跑得快，他逃回了雅典，没有沦落为俘虏。

而喀罗尼亚战役的雅典司令官因战败罪被判处死刑。狄摩西尼未被选为司令官，因而没有被追究战败责任，但再也没有人愿意倾听他的声音了。

马其顿与雅典的第二次媾和成功得轻而易举。这一次雅典没有附加姑息条件。雅典人为和平的到来而狂喜，他们甚至决定授予腓力和亚历山大雅典公民权。

腓力让雅典享受了如此优厚的待遇，对底比斯却充分行使了胜利者的权力，对战败国进行了严厉处罚。

腓力允许底比斯作为城邦国家继续存在。但底比斯所有有实力的人物统统被处死刑，他们的家属全部被卖为奴。

腓力不允许底比斯重建“圣队”，底比斯的军事力量形同归零。

不仅如此，底比斯还不得不接受马其顿在其城内一座城堡里驻兵。

在当时的希腊，只有雅典被城墙包围。城墙会在很多方面造成不便，因而城邦国家大多在城内建造城堡，敌人打过来时可以依托城堡坚持抵抗。

关于市内城堡，大家可以想一想莫斯科的克里姆林宫。尽管规模没有那么大，但会给人类似的印象。

此外，希腊强国中还有斯巴达没有被提及。腓力似乎认为龟缩在伯罗奔尼撒半岛南端的斯巴达已不足为惧。马其顿没有对斯巴达做任何安排。

公元前 338 年秋，马其顿国王召集的泛希腊会议在科林斯开幕。除了斯巴达以外，所有城邦都向科林斯派去了代表。

会上，腓力的角色不止是议长。喀罗尼亚的胜利让他像面对学生的老师一样。“学生们”只要用笔记下老师所念的东西就行了。

马其顿国王没有要求把希腊中南部全部并入马其顿。

不但如此，他还在完全承认各城邦国家独立的基础上，倡导各国结成“联邦”，即英语的“confederation”。

“学生们”用笔记下了“老师”念的提案细节。

一、各城邦国家有权向联邦派遣议员，数量与自身国力相匹配。

二、从此以后，希腊全面禁止联邦加盟国之间的战争行为。整个联邦共同负责防卫，各城邦有义务向联邦提供与自身国力相匹配的兵力。

三、加盟联邦的城邦居民因去外国当佣兵等情况采取与联邦敌对的行为，将被视为全体希腊人民的叛徒，会被驱逐出境、没收财产。

四、联邦尊重所有加盟国的国境和政治独立。

五、不允许任何城邦向其他城邦索要年贡金或在其他国家设置基地。

唯一的例外是该地在战略上对联邦整体防卫有重要意义。

六、向所有人开放海域。

通商自由必须得到完全的保证，将海盗作为全体盟国的敌人对待。

七、希腊联邦军队的总指挥权归马其顿国王腓力二世，国王还拥有召集联邦会议的权力。

八、类似圣地德尔斐争端之类的事，以后可通过诉至联邦最高法院解决。

如果各国针对这些内容达成一致，希腊将会再现大团结的局面。150 年前希腊奋起迎击波斯入侵时曾有过一次这样的局面。

除了龟缩在伯罗奔尼撒半岛南端的斯巴达以外，所有希腊城邦国家都同意了这些条款。

众多国家结成同盟，不能没有共同的目标。科林斯会议开到最后，腓力提出了这个“共同目标”。

那就是进攻并征服波斯。

解放处在波斯国王统治之下、居住在爱琴海对面的希腊人，这是150年前雅典人地米斯托克利提出过的目标。

当时他实现了这个承诺，现在他们要再次达到这个目标。

当然，率领远征军出征的一定是马其顿国王腓力。为了提前做好准备，他甚至已经派帕米尼欧和阿塔洛斯去了亚细亚。

## 离婚，再婚

腓力暂时结束战后处理工作，回到首都佩拉。凯旋后他要做的是与多年的妻子奥林匹娅斯离婚。

离婚后没隔几天，腓力便与年轻得几乎能当他女儿的克丽奥帕特拉结了婚。女方好像是高官阿塔洛斯的侄女。克丽奥帕特拉这个名字和腓力、亚历山大等名字一样多见于马其顿上流阶层。

喀罗尼亚胜利带来的兴奋尚未消退，庆祝国王结婚的盛大宴会又让整个首都为之疯狂。

亚历山大虽然对母亲的处境感到愤慨，但还是出席了父亲的婚宴。

众人之中，克丽奥帕特拉的叔父、与国王沾上亲的阿塔洛斯手拿盛满葡萄酒的杯子，向在座的人们敬酒道：

“祝愿我们的国王能够得到血统纯正的马其顿人后代，干杯！”

话音刚落，亚历山大就把手中盛满葡萄酒的黄金酒杯用力向他砸了过去。

杯子是否砸中，史书没有记载。从后来的情形推测，应该是直接命中，至少阿塔洛斯被泼了一身酒。

奥林匹娅斯与腓力

亚历山大为父亲手下高官轻率的话语发怒也不无道理。他的母亲奥林匹娅斯是伊庇鲁斯的公主。对马其顿而言，伊庇鲁斯是外国。用现在的话说亚历山大是混血儿，不能说是一个血统纯正的马其顿男人。

腓力也发怒了，史家没有告诉我们他如何发怒。亚历山大在父亲的怒骂声中若无其事地走出了大厅。他的朋友们也跟了出去。

他不仅走出了宴会大厅，还走出了王宫。王子就这样离家出走了。

他没有去母亲离婚后回去的伊庇鲁斯王宫，而是去了马其顿北面蛮族伊利里亚族的地盘。他带着一帮年轻的伙伴断然离家出走了。

没有人知道腓力是如何看待这个儿子的。

也许他的本心是放任不管。

但是，不可一直这样放任下去。伊利里亚族是不承认马其顿权威的蛮族。一想到亚历山大可能会统率这个蛮族，腓力就像在做噩梦一样。

但是腓力还有其他必须解决的重要问题。

对雅典和底比斯的处置只是战后处理的前半部分。眼下刻不容缓的重要问题是以所有希腊城邦国家为对象，正式重组希腊。

转年到了公元前336年，这是腓力的大限之年。他46岁，距登上王位已过了23年。

# 暗杀

在挺进奥林匹斯山南方之前，腓力在面向各种势力的外交活动中分别使用了不同的处理方法。对蛮族使用军事力量，对差不多水平的文明国家则用结姻亲拉近关系。

奥林匹斯山北面勉强算是文明国家的只有马其顿及其西邻伊庇鲁斯王国，奥林匹娅斯是伊庇鲁斯的公主。马其顿国王不能与她离了婚就算完事。

于是腓力考虑让伊庇鲁斯现任国王与自己的女儿结婚，重续因离婚而断绝的姻亲关系。

伊庇鲁斯现任国王是腓力前妻奥林匹娅斯的弟弟，也就是亚历山大的舅舅。嫁给伊庇鲁斯国王的克丽奥帕特拉是亚历山大的亲妹妹。

离家出走的亚历山大也参加了在马其顿王宫举行的婚礼和婚宴。

席间，父子又发生了冲突。

不清楚起因为何。

狂怒的父亲持剑站起身，朝儿子走了过来，腓力那天晚上好像喝多了。

腓力醉了，刚走近两三步便摔倒在地。

儿子站着，也没有过去扶上一把。他俯视着父亲冷冷地说道：

“扬言要从欧洲打到亚洲的人，才走几步就成了这个样子！”

撂下这句话，亚历山大又带着伙伴们走出了大厅。

这次他似乎只是走出宴会大厅，没有再次离家出走，因为下面的变故发生时他仍在首都。

公元前 336 年 7 月的一天，已成为当今希腊全境统治者的马其顿国王腓力前往一家位于首都的剧场。有一队近卫兵像平时一样保护着他。前面就要到剧场了，卫兵跟随的距离比平时稍远了一些。

腓力一个人走着。突然，阴影里闪出一个男子，手中持剑扑了上来。

马其顿国王来不及喊出声便被刺死。犯人也没来得及喊出声就被冲上来的卫兵捅成了马蜂窝。犯人是近卫队的成员，叫帕萨尼亚斯。

究竟是谁在背后操纵刺杀国王，古代就有很多说法。

认为是儿子亚历山大操纵暗杀的说法并没有得到很多支持。

亚历山大不是那种躲在暗处搞名堂的人。即便他知道父亲的死对他有利也不会夜袭，他会选择在阳光下堂堂正正地挑战。他绝对不会让可以接近父王的近卫兵去暗杀父亲。与其说这样做违背伦理，毋宁说以他的性格做不出这种事。

有几位古代史专家认为，这是离婚后怀恨在心的奥林匹娅斯幕后操纵的。

亚历山大的母亲的确是一个好强的女人，但恐怕没有智慧去谋划这种事。

古代史专家们的另一种推测可能更接近真相。

这种说法是，帕萨尼亚斯犯罪是为了泄私愤。

近卫兵帕萨尼亚斯有一位年轻美丽的情人。高官阿塔洛斯对这个女孩儿穷追不舍，终于追到手后又转眼间抛弃了她。准确地说是强奸之后抛弃了她。这使女孩儿精神变得不正常。

帕萨尼亚斯对此事感到愤怒，便在腓力面前控诉。他是近卫兵，自然可以天天见到腓力。

可国王对此充耳不闻。他非但不听，还多次向卫兵发火。这使帕萨尼亚斯把对阿塔洛斯的仇恨转嫁到了腓力身上。

也许有人怀疑，他为了这点事就会断然采取行刺国王的重大行动吗？一般不会。

然而，起意杀人是没有客观标准的。

就多数人而言，他们即使非常愤怒也不至于杀人。

可是就有人走出了这一步。警察侦案初期经常出错，就是因为他们不认为这点动机会导致杀人。

无论什么原因，马其顿国王腓力二世死了，在他 46 岁的时候。

继承王位的是他的儿子亚历山大。

不过不要忘记，马其顿虽是王国，但国王得由家臣——或说实力武将全体投票决定。即便亚历山大生来就是继承人，也不能自动登上王位。

亚历山大经全体投票登上马其顿王位。

刚满 20 岁的年轻国王登上了历史舞台。

腓力二世死了，死在 46 岁的盛年。这虽然引人同情，但不知为何无人觉得遗憾。

我认为，他在这个时候退出历史舞台，不只对儿子有好处，也算成全了父亲。

腓力再活下去，这对父子之间迟早会发生激烈的正面冲突。

能够避免这种冲突不但是这对父子的幸运，也是整个希腊的幸运。

有权势的人物之间进行权力交接，两人的能力越强交接越困难。

历史上成功交接的案例实在太少。

46 岁的腓力一定不希望交接，但接力棒还是传到了 20 岁的亚历山大手中。

# 第二章　儿子亚历山大

冬日里的一天，已经决定来年开春出发东征的亚历山大在出征前拜访了旧师。

亚里士多德年逾五十，是马其顿国王亚历山大少年时期的老师。

哲学家听曾经的爱徒热烈地讲述着远征计划，他少年时代的热情丝毫未变。听完后老师说道：

“我知道，这是一个希腊人从未想过的宏伟计划。不过，我认为向后延上几年也不是一件坏事。在这期间，你既可以积累经验，还可以学习谨慎行事的好处。”

21 岁的年轻国王微笑着回答道：

“正如您所说。随着年龄的增长我会增加经验，也能学会谨慎行事。但是，只有年轻时才有的快速反应能力会衰退。”

## 一生之书

被后世尊称为“大帝”的亚历山大于公元前356年7月出生于马其顿首都佩拉。

他的父亲是马其顿国王腓力二世。

母亲是邻国伊庇鲁斯的公主、腓力的妻子奥林匹娅斯。

他是国王的第一个嗣子，妹妹出生前他一直是独生子，集父母的宠爱于一身。

不过，父亲经常外出打仗。不论动物还是人类，都是母亲掌握着子女幼年和童年时期的养育主导权。后来的“大帝”也由母亲带大。

奥林匹娅斯是伊庇鲁斯的公主，生长在与内陆国家马其顿不同的面向大海的国度。那里的希腊化程度较高，至少她自己相信如此。

她不嫌恶丈夫，但当腓力被部下将士簇拥时，她毫不掩饰对其举止的厌恶。

她认为豪放磊落固然很好，但做出与野蛮士兵同样的举止，作为国王腓力缺乏品位。

奥林匹娅斯把独生子培养成一个彻底希腊式的人、文明的人。父亲在这方面经常成为反面教材。

奥林匹娅斯认为，在希腊化方面自己比丈夫优秀。她很有“学问”，这在当时的希腊女子中很罕见。

她把《伊利亚特》[①]念给年纪尚幼的儿子听，到儿子自己能念的时候，她把书送给了儿子。

从此以后，荷马的长篇叙事诗《伊利亚特》成了亚历山大“一生之书”。这部叙事诗中的第一大英雄阿喀琉斯成了少年亚历山大最崇拜的人。

传说诗人荷马创作的《伊利亚特》是西方文学史上最早、最伟大的杰作。如果你认为那是一部仅以篇幅长闻名而内容枯燥的作品，那你可就完全错了。

《伊利亚特》讲述的是希腊与特洛伊之间持续10年之久的战争，作品从第10年开始讲述，而且是从英雄阿喀琉斯的愤怒开始讲起。其后发生了许多故事，最后希腊人靠奥德修斯的木马计攻陷了特洛伊城。这中间戏剧性的场面一个接一个，不让读者有喘息之机。作品中人物也有很多，绝对不是一部乏味的古典作品。

《奥德赛》也被认为是荷马创作的长篇叙事诗，它讲述了特洛伊陷落后奥德修斯辗转返回祖国伊塔卡的过程中发生的故事。这篇作品的主人公奥德修斯想出了木马计，可见他是一个非常狡猾的人。

《伊利亚特》的主人公阿喀琉斯则毫无狡诈之处。他纯朴诚实，

① 古希腊盲诗人荷马创作的长篇叙事诗，有罗念生、王焕生、陈中梅等的多种汉译本。——译者注

一心只想着光明磊落地解决问题。他公开宣称自己宁要短命而辉煌的一生也不要长寿而碌碌无为。

热情多梦的少年崇拜阿喀琉斯而不是奥德修斯，也在情理之中。

# 一生之友

亚历山大

童年时期的亚历山大有一个玩伴，名叫赫菲斯提安（Hephaistion）。

赫菲斯提安生在一个与王族几乎同样古老的马其顿贵族家庭，母亲有雅典人的血统。他与从母亲那里继承了伊庇鲁斯血统的亚历山大一样，都是混血儿。这也许是他们性情相投的原因所在。

论发色，亚历山大是黑色的卷发，赫菲斯提安是茶色的卷发。论身高，似乎赫菲斯提安略高一些。两人年龄一样、体型相仿，都身着少年的短衣，而且不管做什么、去哪里，两人经常出双入对。首都居民都说他们简直是一对双胞胎。

自然，他们也一起读《伊利亚特》。

合上书后，亚历山大说：

“我是阿喀琉斯，你是帕特洛克罗斯。”

赫菲斯提安优雅地笑着让亚历山大说完。

他知道，阿喀琉斯刀枪不入，帕特洛克罗斯却不能。阿喀琉斯的母亲特提斯抓着他的脚踝把他浸在冥河里，因而他全身刀枪不入，只有被抓的脚踝不行。直到现代，人们还管脚踝的这个地方叫作“阿基里斯腱”[①]。

亚历山大是会死的，他是“人类”。他把自己比作除了跟腱都刀枪不入的不死的英雄，这是一个矛盾。不去戳破这幼稚的逻辑矛盾，是赫菲斯提安的优雅之处。

这位幼年时的朋友成了亚历山大的“一生之友”。

① 阿基里斯是古希腊语’χ ι λ λ ε ú ζ（阿喀琉斯）转写为拉丁文后的汉语音译。阿基里斯腱（Achilles Tendon）是人体最大的肌腱，由小腿的比目鱼肌和腓肠肌的肌腱共同构成，下端附于跟骨，俗称“脚筋”。——译者注

# 托命之马

将满 12 岁，亚历山大又邂逅了另一个“一生之友”。

一位科林斯商人来到马其顿，要把一匹产于色萨利地区的马匹卖给国王。

卖价为 13 塔兰特，这可是能让 13 艘军用三层加莱船下水的价格。

我们可不能一提到马就想到现代的英国纯种马。科林斯人卖的这匹马与优雅的英国纯种马完全不同，可说是一匹怪马。这匹马体型像马，头却像牛。它的体格大于其他的马，却是一匹快马，奔跑速度不亚于任何马匹。有人给它取名“比塞弗勒斯”[①]。正如这个名字给人的印象一样，这匹马的正面给人以一种威严的压迫感，似乎一靠近就会被它踢飞。它的目光根本不是沉静的，而是凶猛异常的，似乎它已经决定不与人类发生什么关系。

此前没有一个人能骑好这匹马，因此它还是一匹没上嚼子的名副其实的裸马。马其顿骑兵军团的老手们想驾驭它，在国王的眼前挨个

① Bucephalus，又译布西发拉斯，意为牛头。——译者注

儿试骑，结果所有人都是刚刚跨上马背就被甩落在地。这马只是轻轻抖动身体，就像抖掉身上的脏东西一样。

谁都能一眼看出比塞弗勒斯是一匹特别的马。

不过，花 13 塔兰特买一匹没人能骑的马，放在马场任它游玩，就算马其顿国王也做不到。腓力只能告诉科林斯商人说他不买。

就在这时，看热闹的亚历山大开口了。他请父王买下这匹马。

父亲不能平白无故地接受儿子狂妄的主张。

“你要是能骑得好，我就买下送给你。不过要是失败了，买马的费用就由你自己出。”

骑不好就得支付 13 塔兰特的巨资，亚历山大压根儿没考虑这回事。

还没听完父亲的话，少年就冲进了马场，但他不像之前那些人一样立即尝试上马。

他花了一会儿工夫在马的周围绕来绕去，寻找合适的机会。马也许没把这个小家伙当回事，站在原地纹丝未动。不过，这马还是用眼角盯着少年的动作。

少年一点点向马靠近，但还不想骑上去。在他接近马之前，所有人都屏住了呼吸看着这一切。时间在流逝。

说时迟那时快，少年眨眼间飞身骑上了马背。

比塞弗勒斯使出吃奶的劲儿企图把少年甩下去。没有缰绳，少年紧紧地抓住马的鬃毛。

少年与骏马展开了一场美国西部牛仔竞技表演式的格斗。

忽然，那匹马驼着紧紧抓住鬃毛的少年，冲过惊恐的群众让开的空隙向城外狂奔而去。

连国王在内的所有在场的人都想象着少年被马甩下来，垂头丧气回来的样子。

然而，亚历山大竟笑嘻嘻地骑在比塞弗勒斯背上回来了。人们用赞叹声迎接少年，父亲腓力笑得脸都变了形。

打这以后，比塞弗勒斯就成了少年的爱马，除了亚历山大，它从来不让任何人骑，就连马夫靠近都要被踢。在马熟悉马夫之前，只能由亚历山大与马夫一起照顾它。

意大利语中有一个词叫“cavallo da battaglia”，直译是“战场上的马（战马）”，实际意义是“在紧要关头可以性命相托的马”。

在喀罗尼亚、格拉尼科斯、伊苏斯、高加米拉以及印度的最后一战，在亚历山大获胜的所有大战中，他都把性命托付给了比塞弗勒斯。

亚历山大的骑兵战法是让骑兵军团形成菱形阵型，自己冲锋在前杀入敌阵。

比塞弗勒斯不但体格巨大，还跑得快，用它去实践这个战法，岂不是很理想？

亚历山大与比塞弗勒斯人马合一，他率领马其顿骑兵军团取得了所有战役的胜利。

亚历山大在少年时代不仅早早得到了“一生的朋友”，还得到了“一生的爱马”。

亚历山大 13 岁了，他做梦都想成为英雄阿喀琉斯，喜欢跟性格狂野的爱马嬉戏。但到了这个年龄，只有这些是不够的。父亲腓力决定要赶紧收回培养儿子的主导权。

教师人选也由腓力亲自确定下来。

首先入选的是帮助少年提升体力、提高武艺的教师，名叫列奥尼达。

当时的希腊人只要听到这个名字一定会想到一个人。

136 年前的公元前 480 年，率领 300 名士兵阻击波斯大军，一个星期内把 20 多万波斯人死死挡在温泉关外的人——斯巴达国王列奥尼达。

最后 300 名勇士全体牺牲，波斯方面却战死 2 万人。列奥尼达让“斯巴达战士”的威名响彻整个希腊。

波斯国王提出，只要交出武器就让斯巴达人全部安全回国，列奥尼达用“你来取吧”一句话给顶了回去。他不仅让斯巴达人，也让全希腊的汉子们热血沸腾。不知道为什么，只有斯巴达男性才用列奥尼达这个名字。

在父亲选定的这位列奥尼达的指导下，亚历山大在 13 岁到 15 岁这整整三年中，受到了最好的“斯巴达式教育”。

## 斯巴达式教育

凌晨天还没亮，亚历山大就被叫起床。他迅速戴上重装步兵的装备，连洗脸的时间都没有，更不用说吃早饭了。

重装步兵的装备不仅包括头盔、胸甲和铠甲，还有又重又大的圆盾和缓缓后弯的长剑。他还要把近 7 米长的马其顿长矛从中间一分为二扛在肩上。

此外，结实的大麻袋中还装着行军所需的各种物品，这些都是步兵经常要带的。武器加上其他的所有物件，总重量超过 40 公斤。这就是希腊重装步兵行军的装备。

斯巴达老师让马其顿王子和普通士兵一样背上重装备，进行长距离行军。

白天王子的餐食和士兵一样是军队大锅饭。亚历山大一定学到了饥饿是最好的调味品。

不管下雨积雪，还是烈日暴晒，一切不予宽容。哪怕已倒地而眠，命令一下也得跳起来。亚历山大不得不习惯这一切。

温泉关时代斯巴达战士花费 10 年掌握的一切，亚历山大和他的伙伴们 3 年内必须学会。

这是腓力选列奥尼达当儿子老师的初衷。

只有这样王子才会懂得，士兵必须将自己能做的事做到完美，做不到也要拼命去做。这样他才会发自内心地尊敬士兵。

只有这样，他才能像用自己的手足一样用好所有部下。

“斯巴达式教育”在列奥尼达的指导下进行着，王子的学友伙伴也一起参加。

他们个个都是马其顿王国地位很高的高官的子弟。据说堪称国王左膀右臂的帕米尼欧的儿子菲洛塔斯、马其顿世家出身的克拉特罗斯也在其中。他们要比亚历山大大 4 岁。

亚历山大和赫菲斯提安二人在少年组，其他的伙伴都大他们几岁。

在这个年龄段上，4 岁是相当大的差距。

也许有过这样的情景：年少的两个人上气不接下气地赶到目的地，发现年长的伙伴早已到达，和列奥尼达谈笑风生。他们用冰冷的目光俯视着好不容易赶到的两个人。“畜生，输了像什么样子！”培养王子不服输的心理也是列奥尼达的教育目标。

参加这项“斯巴达式教育”的年轻人，后来都成了亚历山大进攻波斯时的领军大将。

## 恩师亚里士多德

父王腓力的了不起之处在于，他认为只让儿子接受“斯巴达式教育”是不够的。

他聘请哲学家亚里士多德来提升亚历山大的思想境界。

这个时期，亚里士多德刚刚年届四旬。从出生地来说他是马其顿人，但他年轻时留学雅典，在柏拉图开设的“学院”里学习了20年，算是一个雅典人。他是柏拉图的学生，而柏拉图的老师是苏格拉底，这意味着亚历山大也算苏格拉底的弟子。

40来岁正值壮年的哲学家成了老师，学生是亚历山大和他形影不离的赫菲斯提安，以及其他的学友伙伴。他负责教给他们所有必需的教养，这可不是老先生在教育孙辈的少年。

与列奥尼达的“斯巴达式教育”相比，我们不知道亚里士多德给予的“雅典式教育”有哪些具体内容。但我们可以从以下两点进行推测。

第一，哲学家亚里士多德知识和兴趣面非常广阔。这些领域如果按现代大学的讲座分类的话，需要 17 位教授才能授课。

刚才还在论述悲剧，转眼就开始详细分析政治。亚里士多德既是人文学科的专家，又对自然科学到医学的多个领域怀有兴趣。他是一个百科全书式的知识分子。他可能认为，把众多领域纳入视野，才会深刻认识其中的某一领域，才能根据这种认识做出正确的判断。

自然界的现象也好，人类世界也好，他对任何事物都充满兴趣，人们只能叹服于他强烈的好奇心。同时，他还是一位卓尔不群的讲求平衡的人。

他是逻辑学的创始人，却用下面这句话为滥用逻辑敲了警钟。

“即使逻辑正确，用于人类世界也不一定正确。”

这句话不能不让人感叹“知识”和“智力”的区别。

哲学家亚里士多德还有第二个特质。他做完马其顿王子的家庭教师后，又回到雅典。不久，他在雅典郊外一个叫吕克昂的地方开办了一所学校。

如果把柏拉图开办的“学院”看作是大学，那吕克昂学园就是一所高中。其办校目的是全面教授进入专业课之前必须具备的所有教养。

这种理念传承至今，表现在由法语的“Lycée”和意大利语的“liceo”上。“吕克昂”（Lyceum）是这两个词的词源。

为什么这位哲学家要这样做呢?

有这样的想法是因为我们生活在现代，认为古代哲学与现代才有的讲坛哲学是一回事。

其实不然。哲学原本不是获取知识的学问，而是锻炼智力的学问。

古代哲学家亚里士多德教给少年弟子们的东西，基本上可以概括为以下三点。

第一，学习先人们思考什么又如何行动。

这是历史，即纵轴上的信息。

第二是横轴上的信息，也就是日常的信息。

学生需要学习毫无偏见地、冷静地接受这些信息。

最后一点是在第一点和第二点的基础上，提高用自己的头脑思考，用自己的意志冷静判断，然后付诸实践的能力。

这三点既是学习哲学的基本姿态，也是原则。只要掌握了它们，以后不管做什么，不管进军什么领域，都可以用得上。

因为教养是可以应用的，所以才有学习的价值。

这就是后来罗马人所说的“自由学艺”（artes liberales），也就是英语中的“博雅教育”（liberal arts）[①]。少年亚历山大从最适合教授这些的人那里学到了这些内容，并且是在 13 岁到 16 岁感受性最强的年龄段学习的。

如果学生只是原封不动地接受老师的教诲，那么最终他只是个单纯的优等生而已。亚历山大并非如此。他完全没有听从老师下面的这段教诲。

“可把希腊人当作朋友平等相待，但对非希腊人（即蛮族）应以对动物或植物的态度相待。”

亚历山大去波斯以后持相反的态度。

---

① artes liberales 到中世纪已成为欧洲学校的一般教养学科，通常有七科，即语法、修辞学、逻辑学、算术、几何、天文学和音乐，又称文艺七科或自由七科。——译者注

阅读亚里士多德的著作后，我感到亚里士多德这个人终究是一个城邦国家时代的希腊人。而亚历山大是超越了城邦国家时代的希腊人。

他跟随老师学到了一切，但没有一切服从老师。这不正是优秀学生的证明吗？

不论怎样，亚里士多德从哲学角度教会亚历山大用自己的头脑思考的重要性。

还有一件事引起了我的兴趣。从 13 岁到 15 岁这 3 年间，亚历山大集中接受了列奥尼达的训练和亚里士多德的教育，他的学习日程是如何安排的呢？

据说，列奥尼达搞的是斯巴达式的魔鬼训练，太阳还没有升起就已开始，经常持续到太阳落山。等到这一切都结束，学生只能深陷死一般的睡眠之中。

这样学生肯定无法继续接受亚里士多德的教育。而且，少年正在生长发育，这样不但不能锻炼身体，还会损害身体。

可是我们知道，亚历山大在斯巴达式的魔鬼训练和雅典式的授课中坚持了 3 年。训练和授课是每隔 3 天交替进行，还是每天分时段进行的呢？

如果是这样的话，魔鬼训练持续 3 天之后就是亚里士多德的授课，这对亚历山大而言不就是全身心吸收对知识的爱，愉悦而惬意的时光吗？教养的作用是长远的，不能立竿见影，非愉悦地学习不能掌握。

肉体和精神两方面的特训随着亚历山大的成长渐近尾声，他的精神和肉体已逐渐脱离少年期。这时，父王腓力又给了他一个学习处理重要公务的机会。

公元前 340 年，腓力已满 42 岁，他发动了一项军事行动，把已经撒到希腊北边的镇压之网扩大到拜占庭。这次出征他带上了帕米尼欧率领的重装步兵方阵，可谓马其顿王国主力军队的总动员。

腓力把国王不在期间统治马其顿的工作交给了 16 岁的儿子。

亚历山大要统治整个王国，而且这时主力空虚。这完全不是坐在办公桌前就能完成的任务，他不能在应对乘虚而入的北方蛮族方面有任何懈怠。

不久，父亲完成镇压回国了，16 岁的亚历山大把第一次承担的这项公务交还到父亲手中，父亲十分满意。他成功完成了统治方面的“首次上阵”。

我们在这里稍事休息。

亚历山大被后世称为“大帝”。描写他幼年、少年时期的生活时，我经常会笑出来，我觉得腓力这个父亲做得相当不错。

尽管腓力被妻子鄙视，她说他野蛮、没品位，但他这个父亲对儿子的教育问题考虑得相当妥帖。

在体育方面采用斯巴达式训练，在教养方面采用雅典式教育，而且做法一以贯之。

腓力心中总有一种想做一个名副其实的、真正的雅典人的愿望。他是把这个希望寄托在儿子身上了吗？

正如人们从亚历山大后来的演讲中感受到的那样，儿子对父亲取得的成就给予了正确的评价，他承认了父亲的成就。

尽管腓力经常被儿子出乎意料的表现惊到，但作为父亲，他把儿子的才能视为自己的骄傲，完全把儿子当作成年人来看待。

可是这对父子见面就争吵。

亚历山大愤然离席，带着伙伴出走。

腓力在儿子身后怒骂，没完没了。

但没过多久这对父子便重归于好。

这不是因为儿子收起了执拗的锋芒，是父亲在试图改善关系。按我的想象，腓力可能悄悄地叫来了赫菲斯提安，让他想办法。

总之，他们终于重归于好。但两人一碰面就又吵架，真是一对奇特的父子。

第二年，父亲让 17 岁的儿子第一次上战场历练。

不过，腓力没有让亚历山大参加战斗，只是拜托帕米尼欧让亚历山大现场观摩马其顿人与北方希腊人打的小仗。这次体验的成果一年后便展现出来。

# 首上战场

历史上著名的喀罗尼亚战役发生于公元前338年，这是刚满18岁的亚历山大的“初战”。

这场战役不仅改变了希腊历史，也是腓力的一场重要战役。马其顿只是一个新兴国家，而它的敌人是雅典和底比斯这两个历史悠久、可谓城邦之雄的国家。

喀罗尼亚战役是马其顿军队与以雅典和底比斯为主力的希腊城邦国家联军之间的一场战役。

这场战役的具体情况，我已在前面做了详述，此处不再赘叙。这场战役的最高司令官是马其顿国王腓力。

在喀罗尼亚战场上，亚历山大被允许参战，但国王并没有把骑兵全部交给他。腓力把军队一分为二，自己指挥右翼和中路的一半，中路的另一半和左翼交给了帕米尼欧。

在马其顿的阵型里，亚历山大和他的学友伙伴组成的骑兵队在左翼，但被部署在最边缘的位置上。

在总指挥腓力的安排下，18岁儿子的队伍负责辅助作战，具体任务是在马其顿军不得不撤退时起侧面掩护作用。

父亲给亚历山大下了严格的命令，没有父亲的命令绝对不许他行动。

然而，18 岁的儿子行动了。他无视父亲的命令，没有放过转瞬即逝的一线战机，身先士卒地投入进攻。

这次行动决定了喀罗尼亚战役的走向。亚历山大骑在比塞弗勒斯背上，冲入了敌阵。他率领的骑兵队与被他们冲乱的底比斯军之间的战斗决定了喀罗尼亚战役的结果。

研究战略战术的专家提到亚历山大时，很多人都只论述他进入波斯以后的战斗。

喀罗尼亚战役已预示出亚历山大日后将会取得的成就。

当时他被安排辅助主力作战，率领的只是一支小规模的骑兵队，并无司令官的地位。尽管如此，18 岁的亚历山大在喀罗尼亚展现出他作为武将的能力，就好像作家的一切才华尽在处女作中展现一样。

第一，正因为有亚历山大率领的一波接一波的快攻，马其顿军才取得战场主导权并最终取得胜利，缩短了战斗时间。

第二，缩短战斗时间使己方军队的伤亡减少，起到了鼓舞士气的作用。

亚历山大以后的古代名将，如迦太基的汉尼拔，罗马的西庇阿、苏拉，还有凯撒，都把亚历山大推为武将之首。因为他们都曾率领数万名士兵出征，他们从心底里懂得每一个士兵的士气将如何影响战果。

让每个士兵相信自己不会像狗一样死去，这点最能体现领袖的价值。

史料中留下了败北的底比斯和雅典的战死者人数，马其顿方面的战死者数量因为太少而“不值得一记”。

第三点是希腊以往没有出现过的。希腊人第一次见识到，骑兵打先锋，然后由骑兵与步兵绝妙联动展开的战斗，它决定了战役的走向。

在城邦国家时代的希腊，城邦的主战力一直都是重装步兵。骑兵一直被视为富裕等级的专属。

亚历山大在喀罗尼亚用事实证明了骑兵也是卓越的主战力。

然而，很少有人真正认识到这一严峻而冷酷的时代变化。尤其是斯巴达，这个一直重视重装步兵，以致骑兵战斗力为零的国家，不肯承认马其顿新战术的先进性。

马其顿国王腓力承认骑兵的战斗力，靠骑兵在喀罗尼亚取得了胜利。这时，有一个问题等着他解决。

儿子亚历山大是腓力的继承人，迟早会当上马其顿军的最高司令官。如何保证他的人身安全是一个难题。

这位继承人有一个癖好，喜欢冲锋在前，率先杀入敌阵。

亚历山大冲在纵向菱形阵型的最前方杀入敌阵，即便比塞弗勒斯有特异功能，跑得飞快，他也比其他人更明显地暴露在敌人的攻击下。

而且，亚历山大冲锋在前是基于他的信念，无法阻止。

他必须成为全体士兵最好的榜样。这是他给自己定义的责任。任何事情都要冲在前头的秉性支撑着他的这个信念。叱责他也好，讲道理也罢，谁都无法改变他。

但是放任不管又容易造成最坏的事态。最高司令官战死会直接导致战败，这已经被很多场战斗所证实。

领袖存在的意义是，他能做普通士兵不能做的事。最高司令官不是一旦战死即可轻易更换的。

腓力的伟大之处在于，他并不想矫正儿子的这个癖好。

他放任儿子的同时，另外想出一计。

腓力叫来一个名叫克雷托斯（Kleitos）的士兵，让他担任儿子的护卫。

克雷托斯这年37岁，比亚历山大年长19岁，很久以前就与马其顿王子结下不解之缘，在他的姐姐给亚历山大当奶妈的时候他们便联系在一起。也就是说，在亚历山大还是婴儿的时候，克雷托斯就认识他了。

亚历山大

父亲请他在战场上给儿子当护卫。

克雷托斯恭敬地接受了这项任务。其实他本人有才能指挥骑兵军团，但他牺牲了这一切，此后一直追随在只顾冲锋的亚历山大身后，就这样度过自己的一生。

他拥有北方民族马其顿

人罕见的浅黑色皮肤和一副武人的面孔，人们都叫他“黑色的克雷托斯”。

两年过去了。

在喀罗尼亚获胜后的这两年，腓力极其忙碌。

首先，连雅典和底比斯这样强大的城邦国家都败在了马其顿国王手下，希腊再没有城邦能同马其顿抗衡了，他要让希腊人承认马其顿的霸权。除了龟缩在伯罗奔尼撒半岛南端的斯巴达之外，希腊所有城邦都承认了马其顿的霸权。

马其顿各城邦代表参加的科林斯会议正式承认马其顿国王腓力为希腊全军最高司令，在喀罗尼亚战败的雅典和底比斯也投了赞成票。

腓力认为，为远征波斯要建立一支由希腊各地士兵组成的军队。

在腓力看来，只有把连接小亚细亚西部海岸的、希腊人居住的各个城市及附近岛屿全部从波斯的统治之下解放出来，才能收复爱琴海，使之成为希腊人的海。要做到这些，少不得要进攻波斯。

情况确实如此。所以，公元前480年希波战争时，希腊人必须迎战蜂拥而来的波斯大军，打败他们并把他们赶走。

但在150年之后的希腊，曾经强大的雅典、斯巴达和科林斯都只想着眼前，日子得过且过。希腊人再高的荣耀都只存在于往昔而已。

因而，尽管腓力力陈建立希腊联军的必要性，前来参加科林斯会议的各城邦代表恐怕只会在心里发出阵阵嘲笑。

但大家不敢否决马其顿国王的提议，他已经在喀罗尼亚让大家见识到马其顿的军事威力。

腓力没有要求把整个希腊归入马其顿。

各城邦国家保住了自身的独立，现在仅仅被要求归入马其顿的霸权之下而已。

马其顿国王提议建立由腓力主导的希腊联军，由腓力担任最高司令官，目的是远征波斯帝国。

尽管喀罗尼亚的失败者们在心里嘲笑这个想法，但他们还是接受了腓力的建议。喀罗尼亚战役之后，他们也只能如此。

结束科林斯会议回到马其顿的腓力一定极其得意。住在奥林匹斯山的诸神从来都是背对着马其顿的，而他使马其顿成为希腊最强的国家。

第二年他与长年陪伴他的奥林匹娅斯离婚，迎娶了高官阿塔洛斯的侄女为妻。

离婚后的奥林匹娅斯一怒之下回到娘家伊庇鲁斯。思念母亲的亚历山大鄙视父亲，因为父亲娶了同女儿一般年纪的年轻女子为妻。

腓力与伊庇鲁斯公主奥林匹娅斯的婚姻是一桩政治婚姻，虽然这段婚姻破裂了，但两国政治上的联系不能割断。

翌年夏天，马其顿首都佩拉隆重举行了伊庇鲁斯国王与马其顿国王之女的婚礼。每次与父亲见面必定爆发冲突的亚历山大也参加了婚礼，因为新娘是他的亲妹妹。

王族之间的婚礼包括众多公众活动，其中一项是在剧场看戏。在去剧场的路上，腓力遭到袭击，被人暗杀。

这不是马其顿内部异见分子的暗杀，只是一起为泄私愤而实施的行刺。没有任何人预料到希腊最高统治者 46 岁就去世了。

马其顿国王腓力二世的突然死亡，不仅在马其顿，在整个希腊都引起了轩然大波，造成了局势不稳。这对刚刚年满 20 岁的亚历山大来说，是一次严峻的考验。

## 20 岁的国王

马其顿虽是君主制王国，但它毕竟是希腊人的国家，与东方的王国仍有不同之处。

在马其顿，国王继承人不能自动登上王位。马其顿的惯例是召集拥有指部队挥权的将领们开会，在会议上推举出国王。

这个会议还兼有最高法院的作用。没有该会议的判决，即使是国王也不能叛部下死刑。这点也同东方的君主国家不同。

在腓力死后立即召集的会议上，亚历山大被部下正式认可为国王。

有研究者认为，喀罗尼亚战役后的两年间，亚历山大已经确立了其在将士们中的威信。

我也同意这个说法。不过我认为帕米尼欧迅速表态支持亚历山大起了同样重要的作用。

总之，20 岁的亚历山大跨过了第一关。这次会议很快稳定了国内的形势，避免了权力真空状态的存在。

亚历山大没有改变“快攻”的风格，他马上在科林斯召集了希腊所有城邦的代表再次开会。

得知腓力突然死亡的消息后，希腊各城邦开始议论，两年前科林斯会议上的誓约是对腓力而言的，随着腓力死亡，这誓约会不会成为一张废纸。

知道这一动向后，亚历山大只率领骑兵军团抵达科林斯。

他要求集聚而来的代表们再次通过两年前对腓力立下的誓约，即承认马其顿霸权。

他没有以军事力量胁迫大家，尽管实际就是如此。他给誓约附加了一个条款，推动了代表们的决断。

这个条款是霸权国家马其顿完全承认参加科林斯会议的所有希腊城邦国家的自由和独立。

不过，马其顿不认可各城邦之间的战争。如果发生这种战争，它将由科林斯会议的全体成员讨论解决。这是两年前腓力让大家约定的，现在延续了这项约定。

总之，各城邦之间的争斗从此在希腊销声匿迹，各城邦可以自由选择政体了。

在雅典称霸的时代，民主政体大行其道；斯巴达取得霸权以后，寡头政体受到鼓励。现在，这样的时代结束了。马其顿称霸后王权政治并未受到广泛欢迎。

在一国霸权之下保证各地方的自由和独立，这成为亚历山大统治的基本方针。

由于亚历山大尊重了希腊各城邦国家，汇聚到科林斯的各城邦代表接受了他的要求，承认马其顿的霸权，宣誓派遣援军参加马其顿国王统率的远征波斯的行动。20 岁的亚历山大跨过了第二关——再次确认了科林斯会议的誓约。

亚历山大逗留科林斯期间，发生了一个插曲，人们只要一提到亚历山大就一定会提起这件事。这事发生在赫菲斯提安和亚历山大拜访哲学家第欧根尼的时候。亚里士多德教过这位哲学家的思想，故亚历山大应该认识他。

年轻的国王恭敬地对这位住在科林斯城外一个大酒桶里的老哲学家说：

“如果有我能效力的事情，请告诉我，不必客气。”

衣衫褴褛、身体肮脏的第欧根尼从酒桶里仰视着亚历山大说：

“您能靠边一点吗？您站在那里挡住了阳光。”

第欧根尼是“犬儒派”的哲学家，是一个鄙视物质生活、喜欢讽刺文化价值和社会价值的哲人，相当愤世嫉俗。

据说听了第欧根尼的话，亚历山大回应道：“我要不是亚历山大，也想当第欧根尼呢。”不过，我认为亚历山大对自己充满自信，他不可能这样说。这恐怕是哪个冒牌哲学家捏造出来，又在后世知识分子中流传的说法。这些知识分子有一种癖好，只要统治者有点文化就喜欢大书一笔。我觉得，亚历山大和赫菲斯提安恐怕只是相视苦笑一下便离开了。这样恐怕更接近真相。如果他真的要信奉第欧根尼的哲学，就不会去远征波斯了，这好歹是人类的一项大事业。

年轻的国王从科林斯回到马其顿，等待他的是一定会被第欧根尼称作“如此辛苦没有价值”的任务。

北方蛮族认为腓力之死是个可乘之机因而蠢蠢欲动。腓力生前已经基本解决了与伊利里亚族的问题。这次，从更北面南下的凯尔特族成为马其顿未知的敌人。

刚从科林斯回来的年轻国王还未及解下战袍，就要去解决迫在眉睫的问题。

马其顿士兵也一样，未及脱下战袍，就在亚历山大的指挥下全体北上。北上并不那么容易。他们要横跨巴尔干半岛，直指多瑙河。

这次北方的敌人是正在兴起的凯尔特族。50年前，凯尔特族一度南下意大利半岛，占领了罗马，给正在缓缓上升的罗马以沉重打击。这一事件被称为“凯尔特冲击”。这次的敌人与他们同属一个民族。

“凯尔特人”是希腊人给他们起的名字，罗马人称他们为“高卢人”。

罗马人在此时的300年后最终解决了“高卢问题”，靠的是尤利乌斯·凯撒的“高卢战争”。

亚历山大时代的高卢人还没有多么大的势力，他们与伊利里亚人一样是北方的蛮族，憧憬着温暖的气候和丰富的农产品，时常企图南下。

不过，对这个时代的凯尔特族来说，年轻国王率领的马其顿军队过于强大了，这使他们不敢轻易冒进。这让他们和不想耗时间对付北方蛮族的亚历山大很快达成一致。

于是，亚历山大同凯尔特族签订了互不侵犯条约。回到马其顿之后，他得知在此期间有个假消息传遍了整个希腊。

消息说他在多瑙河附近与凯尔特人的战斗中战死。

底比斯人信以为真，打出“打倒马其顿”的旗号起事了。

亚历山大在3年前的喀罗尼亚战役中运用快攻战术全歼了底比斯的精锐“圣队”，底比斯人深深恨着这位年轻的马其顿国王。

底比斯人起来反抗马其顿，他们袭击了设在城里的马其顿军基地，杀光了那里的士兵。

亚历山大得此情报后立即挥师南下。和上次去科林斯不一样，这次他带着步兵主力——马其顿重装步兵方阵一同前往。

他让全军包围底比斯，要求参加科林斯会议的城邦决定如何处置违反誓约起来造反的底比斯。

以雅典为首的城邦国家答复说，当然要严惩底比斯。

年轻国王得到答复后迅速行动。底比斯被彻底摧毁，主要领袖悉数被处死，其他居民全部被卖为奴。

底比斯在希腊城邦国家中属于中等规模，历史悠久。在令整个希腊为之战栗的残酷战争之中，底比斯彻底被夷为平地。

在写古希腊人和古罗马人时我总有一种想法，日本所谓的“武士无二话”也适用于西欧。

百分之百地相信对方，有时会很危险。

可总是怀疑，就什么事都推进不了。

所谓“誓约”是一种相信对方才能成立的约定。纵然没有在合同上签字，违背誓约也是一种极其卑劣的行为。

罗马人喜欢把一切神格化，他们甚至把“信义”都当作神，因为他们的伦理是神位于人制定的法之上。

古代人要严惩叛变行为，是因为那是对信任的背叛。底比斯是在第二次科林斯会议上立下誓约的城邦国家，现在它违背了誓约。所以它要被马其顿以及其他城邦当作叛徒给予处罚。武士一旦推翻自己说出口的话，便不再被视为武士。近现代以后，人们以叛国罪来概括这类背叛行为。

就这样，在不到一年的时间里，亚历山大在狭窄险峻的温泉关走了两个来回。他的辛劳得到了回报。除了仍未响应号召出席科林斯会议的斯巴达以外，希腊所有城邦国家都偃旗息鼓，归到了亚历山大麾下。

亚历山大 21 岁了，终于到了要把父王远征波斯的话付诸实践的时候。

# 东征

亚历山大优先考虑的是自己出征后马其顿的安全和希腊的稳定。

他把这个维系安全稳定的重任交给了安提帕特（Antipatros）。

安提帕特是腓力时代的高官。如果说帕米尼欧是腓力军事方面的臂膀，那么安提帕特就是前国王外交方面的一只臂膀。年轻的国王决定带帕米尼欧去远征，便把留守的重任交给了安提帕特。也许他认为军事方面摆平后就要用到外交了。

亚历山大也许还把另一件棘手的事交给了安提帕特，那就是处理好他母亲奥林匹娅斯的问题。

亚历山大的母亲奥林匹娅斯不仅要强，还什么都要插嘴。遇事总要给儿子写信。对安提帕特来说，她是最需要用外交手腕对付的对手。

除了亚历山大的母亲以外，任何事情都可以用军事力量摆平。亚历山大给代理人安提帕特留下了纯马其顿人组成的 12000 人的步兵团和 1500 人的骑兵队。不过，这些士兵并非只驻守在本国，国王年轻的还想建立在远征过程中完成士兵换班的机制。

留下 12000 名步兵和 1500 名骑兵，自然会减少远征的兵力。参加远征的军队最多也就是 30000 名步兵和 5000 名骑兵的规模，这其中还包括马其顿以外其他地方的支援兵力。

即便如此，年轻的国王也不担心。他说，人少也有人少的好处。

被委以重任的安提帕特的工作相当困难。财政问题大概是让他烦恼的第一件大事。马其顿王国财政状况之惨原本不该考虑远征波斯的。

国库中只剩下70塔兰特。

借款额已经达到1300塔兰特。

腓力根本没想到自己46岁就会遇刺。他为儿子购买马匹的13塔兰特还是借来的。

仅亚历山大带去远征的陆军的开销，每年就要200塔兰特，维持海军运转每年也需要100塔兰特。

在这种状况下，亚里士多德也劝他延期。然而，21岁的亚历山大说人的反应能力会随年龄增长而衰退，他没有听从老师的劝告，决定第二年春天出征。

历史上著名的亚历山大“东征”是在资金运作没有保障的情况下干出的一番大事业。

这是年轻人才敢做出的大冒险。

我问一个意大利人如果用一句话来评价亚历山大，怎样形容才贴切。他当即回答道：

“值得去爱的incosciente。”

“incosciente”在意大利语里的意思是“盲目、冒失且相当轻率”。

但看一下这个“冒失鬼”统率的远征军阵容，人们就知道，冒失只是他性格的一面，另一面并不是这样。

## 内情

既然在科林斯会议上得到了各城邦的认可，那么共计 35000 人的军队的最高司令官就是亚历山大，虽然他只有 21 岁。军队二把手是帕米尼欧，他的年龄在 65 岁以上。

亚历山大给“一把手”和“二把手”分配的任务与以往不同，3 万名步兵的总指挥是帕米尼欧，5000 名骑兵的直接指挥是亚历山大。

先看步兵。21 岁的亚历山大没有把全部步兵都交给帕米尼欧指挥。

总计 3 万人的步兵中，只有 12000 人属于固定的马其顿重装步兵方阵。这是一个人人手持近 7 米的长矛，咄咄逼人的巨大“刺猬”团队，全部由纯粹的马其顿人组成。

从本源上讲，帕米尼欧是这支重装步兵方阵之父。但自从亚历山大接替父亲担任最高司令官以后，这巨大的“刺猬”有了变化。它被分成几个分队，目的在于提高灵活性和机动性。这当然是亚历山大的主意。

远征的 12000 人中的 9000 人被分成 6 个大队。

每个大队分别由1500人组成。6个大队分别由克拉特罗斯等6人指挥。他们都和亚历山大一起在列奥尼达手下接受了“斯巴达式教育”，都是20来岁的年轻人。

12000人减去9000人后还有3000人的方阵步兵，亚历山大把他们打造成特种部队，命名为“持盾卫队”。

首先，他们的装备让我觉得这是一支特种部队。

不论再怎么进行马其顿式的改造，马其顿方阵步兵终归是重装步兵。而持盾卫队的士兵更接近轻装步兵。

他们的主要武器不是长矛，是短枪。左手所持的盾牌也属小型。

持盾卫队没有马其顿重装步兵方阵给予敌人的那种威慑力，但富于机动性，用法不止一种，既可以和重装步兵团一起使用，也可以和骑兵团组合使用。

这是一个机动灵活的集团，对既要保持一贯性又喜欢随机应变的亚历山大来说，这3000人用起来得心应手。

在城邦国家时代的希腊，重装步兵的作用在于顶住敌人的攻击、保持阵型，然后直接转入进攻。这在雅典和斯巴达都一样。

马其顿的年轻国王改变了这一点。重装步兵先防守再进攻的战法大多被保留下来，然后他拿出一部分兵力与骑兵组合使用，把他们改造成从一开始就能进攻的部队。

这支特种部队被称为持盾卫队，是亚历山大战略战术改革的象征性成果。

亚历山大把这支特种部队交给了帕米尼欧的次子、比他大两岁的尼卡诺指挥。他也是亚历山大接受“斯巴达式教育”时的伙伴。

亚历山大往往在行动前不久才给这支部队下达命令，因而要花时间听解释的人不适合做指挥官。

加上这支特种部队，12000 人的步兵队伍中所有士兵都是纯粹的马其顿人。

科林斯会议确定的远征目标是“把波斯统治下的希腊人解放出来”，所以东征军里也有来自希腊各城邦国家的士兵。

从希腊各地征召来的步兵人数与马其顿士兵一样，也是 12000 人。

另外，同行的还有未参加科林斯会议的国家的士兵。他们出身于色雷斯等希腊北部地区，这些地区在腓力时代已被征服，可以说是马其顿的属国。这些属国以及来自克里特岛的士兵一共 6000 人，全部为轻装步兵，只能用于辅助作战。不过，正因为有辅助部队的支持，主战力才能发挥良好的作用。两者同样重要。

接着是亚历山大直接指挥的骑兵，总数为 5000 人，其中 2000 人是马其顿人。

这 2000 人多为出身于马其顿王国统治阶层的年轻人，称为“companion”，意为“国王的伙伴”。

亚历山大认为骑兵决定了战斗的走向。对他来说，这些“国王的伙伴”才是名副其实的主力。他们会率先冲入敌阵，战死率高于其他部队。城邦国家时代的希腊骑兵多来自富裕等级，那些少爷完不成这样的任务。

亚历山大把这 2000 人的指挥权交给了帕米尼欧的大儿子、比自己大 4 岁的菲洛塔斯。这位菲洛塔斯是“斯巴达式教育”时代的高年级生。

像马其顿方阵分为6个大队一样，亚历山大把“国王的伙伴”分成8个中队。

每个中队由250名骑兵组成。采取这种编队方式是为了提高机动性，每个中队也都任命了指挥官。

第一中队的指挥官是克雷托斯。

只有他这支骑兵中队被称为“国王卫队”。亚历山大总是冲在这支中队前面杀入敌阵，受命保护国王的克雷托斯率领的第一骑兵中队只能紧跟在这位“鲁莽”的年轻国王身后。

面对组成横向长方形阵型的步兵，让骑兵军团的阵型呈纵向菱形的做法委实合理。

相对于顶住敌人猛攻而后转为进攻的马其顿方阵，亚历山大认为骑兵的作用在于将楔子钉入敌阵，从而切断敌军的联系。

把楔子钉进敌阵，用前端尖锐的菱形阵自然更加有效。冲在最前面杀入敌阵的是跨在比塞弗勒斯背上的亚历山大，这成了马其顿军队的特色战法。

年轻的国王把“国王的伙伴”也分成8个中队，这里面有两个理由。第一个理由与马其顿方阵一样，主要是为了明确责任和指挥系统。第二个是基于骑兵机动性强，楔子钉进敌阵后可以立即兵分两路，直接包围敌人。

所以，8个中队的指挥官必须全部是随机应变的战术高手，这一点不可或缺。

除第一中队队长克雷托斯以外，以赫菲斯提安为首，所有队长都是年轻国王的学友伙伴，可谓少年朋友的总动员。

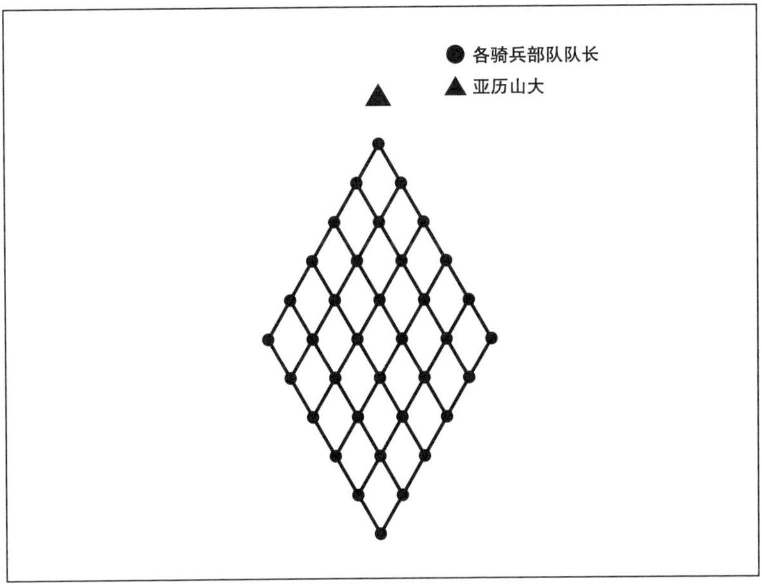


“金刚钻”

据说亚历山大每次跟父亲吵架离家出走，都跟着一伙一起离家出走的年轻人，这使我忍俊不禁。这大概是因为他们都是能相互理解的同辈朋友。

战斗一旦打响，骑兵军团首当其冲，他们的死亡率要高出其他部队。可是他们不能诉苦，因为置身于最危险地带的是亚历山大。

在远征军的骑兵当中，只有 2000 名“国王的伙伴”是马其顿人，不过亚历山大可以信赖的骑兵还有来自色萨利的 1800 人。

希腊中部的色萨利是马其顿的属国。那里平原辽阔适合养马，自然也是优秀骑兵辈出之地。

此外，来自科林斯会议各城邦和色雷斯地区的骑兵，合计也有1200人。

所有这些骑兵的总数达到5000人。前面我们说过，全体骑兵由帕米尼欧的长子菲洛塔斯指挥。

也就是说，亚历山大要求父辈的帕米尼欧同行，但实际行动的各部队都交给了亚历山大这一辈人指挥。

这是亚历山大统率的远征军的第一个特质。

第二个特点是将大部队划分为几个小部队，其目的当然是提高灵活性、机动力，但这在其他方面也有很大的作用。

在亚历山大的军队中，在最高司令官发出的命令即使在战斗中也能准确及时地传达到各个队长。这点令人惊叹。我认为这是确定各队负责人的效果。

第三个特点是30000名步兵和5000名骑兵的这个比例。

这偏离了城邦国家时代希腊人的常识。以往希腊步兵与骑兵的比例最少不低于10 ∶ 1。

这意味着在亚历山大之前，没有一个希腊人关注骑兵的机动性。

军队中占多数的步兵，包括重装步兵，由中产阶层担任。而与步兵相比人数很少的骑兵由富裕阶层担任。这是城邦国家的观念。可能是这种国体妨碍了人们对骑兵重要性的认识。

尽管腓力生于王权国家，但感觉他仍有一只脚踏在城邦国家的时代。而他的儿子不同，他的两只脚都从城邦国家时代拔了出来。也许正因如此，儿子敏锐地认识到骑兵的重要性。

亚历山大东征要从希腊渡过大海奔赴波斯，所以海军必不可少。

这不仅是为了把军队从欧洲运送到亚洲，到了亚洲以后，也需要确保前线与马其顿之间的联络和补给路线，以免远征军在敌人的地盘上陷入孤立无援之境。

说到海军，马其顿是依靠陆上战斗力强大起来的国家，历史上没有过海军，所以也不懂海军。我认为，腓力生前对雅典的宽大是因为他高估了雅典海军的力量。不过，他的儿子没有高估这一点，他也理解海军的重要性。但亚历山大眼下同样没有像样的海军。

海军只能依靠科林斯会议的同盟国了。他成功调集到160艘船，但他寄予希望最大的雅典只派来了20艘三层加莱船。

其实，希腊城邦国家中最不配合亚历山大进攻波斯的就是雅典和斯巴达。

雅典在科林斯会议上投了赞成票，所以好歹派来20艘船。而在暗地里，雅典从未中断过向波斯首都苏萨派遣密使，与波斯国王取得联系。

雅典给人的感觉是脚踩两只船。亚历山大在科林斯会议上明确表示会尊重各个城邦的自由与独立。雅典因此得以延续民主政体，继续讴歌自由。

狄摩西尼一直称腓力为“暴君”，以自己全部的热情去谴责、攻击他，年届半百仍丝毫不改反马其顿的态度。在他看来，“暴君”依旧在，只是儿子接替了父亲而已。

狄摩西尼当然反对亚历山大进攻波斯，他断言一旦开打马其顿军必定会被波斯军队打得落花流水。

和雅典不同，斯巴达是公然不配合。斯巴达一直拒绝参加科林斯会议，因而没有义务配合亚历山大东征。

而且，在过去 70 年里，斯巴达与波斯一直维持着密切的联系。

斯巴达以佣兵形式提供兵力，资金由波斯支付。

正如雅典人色诺芬所著的非虚构作品《长征记》（别名《万人大撤退》）中表现的那样，波斯雇佣的希腊兵的指挥官几乎都是斯巴达人。完成 6000 公里撤退的色诺芬也是把他率领的生还者交给了斯巴达高官。此后两国仍然延续着斯巴达提供士兵、波斯雇佣的关系。

应该说，波斯仍然存在 30 年前已在希腊本土失去价值的“斯巴达品牌”。

斯巴达 70 年来一直坚持把自己国家的士兵送往波斯，所以斯巴达不可能配合东征波斯的行动，不管这次远征是由哪里发动，也不管由谁统率。

尽管雅典和斯巴达两国都不予理睬，亚历山大仍然坚持远征，可见这位 21 岁的马其顿国王的确相当“鲁莽”。

此外，这位 21 岁的国王带去远征的与军事无关的人员组成，也超越了当时的常识。这些人被分成以下各组。

第一组由记录人员组成，他们就像电影场记，任务是跟在亚历山大后面记录发生的一切。

第二组是翻译人员。

这一组由懂波斯语的希腊人组成。他们不仅要在与波斯人谈判时担任口译，审问俘虏时也少不了他们。

亚历山大和以前的地米斯托克利以及后来的凯撒一样，很多时候都是自己亲自审讯抓到的俘虏。也许他认为只有亲自审问了解情况的人才能获得真正有用的情报。

第三组是技师团队。

亚历山大是一位热衷引进新技术的领袖。他开发了运输时可以拆开，组装起来可以在战场上移动的各种攻城器械。这些工具在罗马时代得到了改良，是欧洲中世纪使用的攻城器械的原型。

第四组是医师团队。

其中不光有国王的侍医，还有给士兵看病疗伤的医生。医生团队的规模简直就像跟着一个野战医院。远征军兵力不过 35000 人，带这么多医生与其说是出于人道主义的立场，不如说是为了充分用好士兵，所以要对士兵进行良好的“维护保养”。

亚历山大东征时还有地理、历史、动植物等许多领域的专家随行。我想这大概是受对任何现象都有兴趣的亚里士多德的影响。

随行的还有一位哲学家，名叫卡利斯西尼，好像是亚里士多德的侄子，靠伯父的关系得以同行。亚历山大交给他的工作是统领照顾自己和其他高级将领的少年。希腊和罗马男人都没有让女人照顾起居的习惯。

这些非战斗人员靠马其顿一个国家无法保证，于是亚历山大从希腊全境招募志愿者，将他们组织起来。

年轻国王的学友中只有一个人没有随行东征，这人就是卡桑德。把他留下来的目的是让他给受命摄政的父亲安提帕特当助手。

总之，年轻国王率领的远征军将领除了帕米尼欧和担任警卫的克雷托斯以外，大半都是年轻一代。我甚至认为，史上著名的亚历山大大帝的大远征，其实是一群阳光男孩在鲁莽的统帅率领下搞的一场冒险。

他们行军的速度飞快。因为领头的亚历山大速度快，跟在后面的士兵也加快了行军速度。

公元前334年春，军队从马其顿首都出发，途中与希腊其他地区来的士兵汇合。他们抵达达达尼尔海峡时总共花了不到一个月的时间。

## 迈向亚洲的第一步

达达尼尔海峡旧称赫勒斯滂海峡是欧洲与亚洲的分界线。海峡的最窄处在欧洲的塞斯托斯和亚洲的阿卑多斯隔海相向处。这里不仅海峡宽度不到 5 公里，而且潮流平缓。

公元前 480 年第二次希波战争的时候，波斯王室全体出动远征希腊，仅实战力量就达 20 万人，加上各种随行人员，大军人数超过 30 万人。当时也是在这个海峡，众多船只首尾连接造出了两座桥，从亚洲跨到欧洲。

146 年后，亚历山大率领人数只有波斯军十分之一的军队，要从欧洲跨到亚洲。

总共才 35000 人，不用专门架桥。让 160 艘战船中的大型船在上游减缓水流，再动用其他船只往返运兵，就可以渡过海峡。

假如亚洲一侧的阿卑多斯有波斯兵，往返运兵就不那么容易。然而，腓力已经把塞斯托斯和阿卑多斯这两个地方都变成了马其顿的领土。

用船往返运输 35000 人需要时间。率先渡海到了亚洲的亚历山大认为自己会有一些富余时间。

他把监督渡海的任务交给了帕米尼欧，带着朋友到阿卑多斯以南30公里处的特洛伊古战场观光去了。

那里是他少年时代爱读的叙事诗《伊利亚特》上演的地方，是他崇拜的阿喀琉斯与特洛伊人打仗的古战场遗迹。

已到阿卑多斯却不涉足特洛伊古战场，这对21岁的亚历山大来说大约是不能想象之事。

亚历山大不知道波斯军队得知他登陆后何时会打过来，但这个特洛伊古战场是他不能不去的地方。

幸运的是亚历山大并未遭遇袭击，他的部队也安然渡过了海峡。尽管特洛伊是他憧憬的地方，但他没有在当地久留，不久就回到了已渡过海峡的自家部队。他虽然有点鲁莽，但责任心还是有的。

达达尼尔海峡及其周边

在这期间，波斯国王大流士三世又在做什么呢？

虽说他人在美索不达米亚的首都苏萨，但通过雅典和斯巴达传来的情报，他已经得知马其顿国王率领希腊军队进入了亚洲。不过，当他听说对方人数不过 35000 人以后，危机感便淡薄下去。对大国波斯的国王来说，他亲自统率的军队规模是以 10 万人为单位计算的。

大流士三世认为区区 35000 人用不着自己亲自出马。他把对付亚历山大之事交给替国王统治小亚细亚的地方长官们。

他有底气让自己放心。在军事方面支持这些地方长官的是由希腊人组成的佣兵团。统率这些佣兵的是门农，国王大流士对他的依赖更甚于对波斯家臣。国王把王室的女人嫁给这个罗德岛出身的希腊人，还给了他王族成员待遇。大流士感到，门农对自己的忠心超过了用钱雇来的佣兵队长。

希腊人将军门农是亚历山大在波斯第一仗的真正意义上的敌手。也就是说，亚历山大在波斯地盘上首战的对手是同胞门农率领的希腊佣兵。

## 格拉尼科斯战役

波斯帝国领土从中东延至埃及，对波斯国王来说小亚细亚不过是帝国西端边境一隅。不过，来到这个边境之地的敌人是文明程度很高的希腊人。代国王统治这里的地方长官当然明白这个情况特殊。他们紧急集合召开了作战会议，门农也参加了会议，主张首先采用焦土战术。

亚历山大统率的希腊军队刚进入敌境，补给线应该尚未健全。中断他们的粮草，消耗他们的体力，然后展开会战打垮他们。这就是门农主张的战术。

波斯地方长官全体反对。

所谓总督并不是纯粹意义上的波斯王国官僚。他们的任务是受国王委托统治地方。他们会从统治地方的收益中留出事先规定的一份交给国王，剩下的装入自己的腰包。

使用焦土战术要在尚未收获的季节烧光庄稼，但地方长官必须如往年一样向国王交钱。对他们而言，这样做不但无钱装入腰包，还得倒贴出去。

如果是在穷途末路的危急关头，也许他们会接受这种做法。但此时他们同国王一样小觑了亚历山大率领的 35000 人。

而且，门农的影响力有限。在波斯人地方长官的眼里，门农再怎么深得国王信任，也只是一个来自希腊的佣兵队长。

就这样，作战会议决定派波斯军在距敌方直线距离不到 60 公里的平原上迎战马其顿国王统率的军队，而这支军队刚入敌境，士气高昂。门农不得不接受了这个决定。

门农指挥的希腊佣兵有 8000 人，都是重装步兵。

亚历山大进入亚洲后的第一场战役被称为格拉尼科斯战役，因为这场战役发生的平原上有一条叫作格拉尼科斯河的河流，这条河向北最终流入马尔马拉海。

波斯决定把战场设在这里。亚历山大率军进入战场时，敌军已经严阵以待。

亚历山大是一个会充分利用斥候（侦察兵）的武将。一拨拨派出去的斥候接连带回了情报。亚历山大在去战场的路上就已准确掌握了敌人的阵容。

而且，21 岁的马其顿国王在去战场的路上就已经开始按战场阵型安排部队行军。说他 21 岁是因为格拉尼科斯战役发生于公元前 334 年 5 月，离他 22 岁还有两个月时间。

亚历山大的部队一到战场便兵分两路开始应战。波斯人以为他们需要花时间布阵，因此大为震惊。这话绝非空穴来风。

格拉尼科斯战役是亚历山大成为国王后的第一场像样的战役。毕竟他才 21 岁，估计他周围的人也都感受到他的紧张。

这支远征军中地位仅次于国王的帕米尼欧靠近国王，和他并辔前行。他对国王说，等到天黑再进入战场，搞一场夜袭如何？

听了这位老将的建议，21 岁的国王回答：

“我不想去偷取胜利。”

这个酷酷的回答实际上也很合理。夜袭可以出其不意，但自己的士兵也容易陷入混乱。

夜袭这种进攻方法在以少攻少的时候可以奏效，但在用数以万计的兵力进攻时则不然。河对岸有数以万计的敌人在睡觉。而半夜渡河不可能不发出声响。

亚历山大率领的希腊军饱睡一觉后于第二天早晨进入战场。直到这时，士兵们才看清波斯军队已把对岸不足百米的战线塞满。

在这场格拉尼科斯战役中，如果我们把亚历山大率领的军队称为“马其顿王国和希腊城邦国家联军”，那与之决战的波斯军队就应该称为“波斯地方长官率领的波斯军和门农指挥的希腊佣兵联军”。实际上，挤满格拉尼科斯河东岸的波斯军队明显分成了由波斯人构成的右翼和由希腊佣兵构成的左翼。

波斯兵军服华丽，老远就能一眼识别。

波斯方面最醒目的是号称超过 15000 骑的骑兵军团。波斯领土辽阔，自古以来十分重视培养边骑马边射箭的骑兵。

骑兵后面是 1 万名步兵，他们的作用是在骑兵把敌阵冲乱后进一步杀伤敌人。在他们的右边和后方，还部署着 12000 名从整个波斯征召来的步兵。

波斯一方的左翼是由门农率领的希腊佣兵，仅步兵就有 8000 人之众。

希腊式方阵由 8000 名重装步兵组成，门农及其手下指挥官级别的骑兵也在其中。

格拉尼科斯战役中，波斯方面的兵力达到 45000 人，包括波斯人和为波斯而战的希腊佣兵。

与这 45000 人的兵力相比，亚历山大率领的希腊军队有步兵 3 万人和骑兵 5000 人，共计 35000 人。

然而，马其顿国王没有采用敌人数量占优势时通常使用的布阵方法。他沿河布了一个横向长而纵深浅的阵型。

他命令帕米尼欧指挥左翼部队顶住敌方右翼骑兵团的猛烈进攻，坚决守住战线。

他们已充分预料到超过 15000 人的波斯骑兵军团的进攻将十分猛烈，所以在自家军队的最左翼部署了 1800 名色萨利骑兵。为了避免敌方骑兵从右侧包抄，希腊城邦参战骑兵的一半部署在了左翼。

中路部署的是分成几个大队的马其顿方阵，分别由国王的几位学友伙伴指挥，而帕米尼欧担任总指挥。方阵中近 7 米长的长矛林立，形成一只巨大的刺猬，睥视敌方。

问题在右翼。

已经是国王的亚历山大所处的位置不同于喀罗尼亚战役时，那时他被安排在最左翼。按照希腊军队的传统，最高司令官的位置在右翼，这也是他在格拉尼科斯战役中所处的位置。

不过，他对这个位置的使用有别于过去的最高司令官。

他决定自己指挥右翼，但他可用的兵力只有2500名骑兵，加上弓箭兵等轻装步兵以及一声令下即可运动的特种部队，也远远达不到6000人。

面对门农手下的8000名希腊佣兵，他只有按功能用好兵才有胜算。

5000名骑兵的一半被派去坚守左翼，亚历山大可用的骑兵只有2500人。

其中2000人是被称为“国王的伙伴”的近卫军团。

亚历山大想依靠帕米尼欧长子菲洛塔斯指挥的2000名骑兵掌握战斗前半期的主导权，而把启动战役的任务交给其余的500名骑兵。

这500名骑兵由名叫苏格拉底的队长率领，其作用是向敌人投放诱饵。他们最先渡河杀入敌阵，使指挥敌人左翼的门农认为希腊军从正面实施攻击。

21岁的国王看到，分隔两军的格拉尼科斯河从西南流向东北，途中一处略有转弯，两岸树木茂密。

门农似乎也知道这一点，在那一带的防备较其他地方薄弱。

21岁的国王让2000人的近卫军团向树木遮蔽的方向移动，在将要进到树林尽头时停下，这时向苏格拉底发出了攻击命令。

可怜了苏格拉底率领的那500名骑兵。为虚张声势，让敌人以为是希腊骑兵全体发起了进攻，他们放开嗓子高喊着渡河。对方真的以为马其顿骑兵发起了总攻，于是赶来全力迎战。这500名骑兵一下子陷入即将全军覆没的境地。

亚历山大很冷静，但他绝对不会放弃自己人。这时他已经渡过河去，率领 2000 名骑兵向敌人的侧面突袭。

看见苏格拉底率队喊叫着渡河，波斯骑兵军团也开始冲锋。

可是，即便有 15000 名骑兵的猛烈进攻，要想击溃巨大的刺猬般的马其顿方阵谈何容易。在帕米尼欧的总指挥下，率领各大队的年轻将领们个个英勇战斗。希腊军的左翼一步也没有后退。坚守在最左翼的色萨利骑兵也阻挡住了企图包抄过来的波斯骑兵团。

我们简单地归纳一下亚历山大的战术。

首先，骑兵冲锋把楔子直插敌阵，分割敌人阵营。

接着，由防守转入进攻的步兵和先前一直进攻的骑兵联合作战，包围并消灭已被分割的敌军。

这期间是一波接着一波的快攻。“胜利属于战场上掌握主动权的一方。”这正是亚历山大说的话。

亚历山大毕竟才 21 岁，他在格拉尼科斯战役中有些孤军深入。

他冲在 2000 人的骑兵军团前面杀入敌阵，因为过于深入敌阵而脱离了自己的队伍。

希腊骑兵习惯用长长的翎子装饰头盔，翎子在头上随风飘扬。亚历山大的“国王的伙伴”们也都戴着这种迎风飘扬的华丽装饰。但在五颜六色的翎子中，只有亚历山大一个人可以使用白色，这是规矩。

为了让自己的士兵们在任何地方都能看到最高司令官所在的位置，只有亚历山大的战衣用了白色。但是，自己人看得出来，敌人同

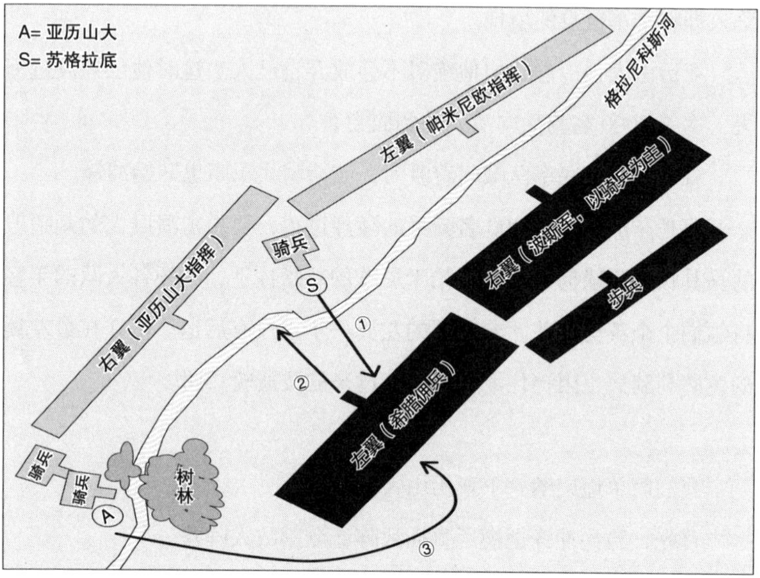


**格拉尼科斯战役**

样也能区分出来。

率先冲入敌阵的“白色翎子”孤军深入，这没能逃过一位波斯武将的眼睛。

敌兵包围了形单影只的亚历山大。

这时，克雷托斯和他率领的250骑及时赶到，使亚历山大摆脱了眼前的危险。

这时，“鲁莽”的亚历山大真正反省了自己，以后他虽然也杀入敌阵，但再也没有孤军深入过。

这场战役自始至终都是快攻，决定胜负所花的时间很短。太阳升起后开战，太阳仍在三竿时战斗已经结束。

据说波斯方面的战死者超过了4000人，其中还有两位地方长官。门农指挥的希腊佣兵部队也战死过半。除了跟门农一起逃跑的人以外，剩下的2000余人被俘。

亚历山大把这2000人押送到马其顿的矿山去强制劳动。按照科林斯会议的决定，以希腊军队为敌、作为佣兵参加战斗者将被视为希腊民族的叛徒，会被严厉处罚。

战胜者亚历山大一方的战死者情况如下。

集合了马其顿精英的近卫骑兵军团战死25人，其他骑兵战死60人。

包括马其顿方阵在内的整个步兵团战死30人。

这115人就是亚历山大在格拉尼科斯战役中损失的士兵人数。

骑兵的损失大于步兵的原因在于，骑兵在亚历山大的军队里是攻击的主力。

另外，即使是勇冠东方的波斯骑兵军团，想要打垮巨大刺猬般的马其顿方阵也的确是一件难事。

就这样，公元前334年初夏，格拉尼科斯战役以亚历山大大获全胜结束。这是亚历山大登上王位后的第一场正式战役，也是他进入敌人地盘后的第一场战役。

希腊人在温泉关一战与敌人同归于尽以后，虽然在萨拉米斯和普拉塔亚等地连续取得大胜，但都是在“主场”取胜，而如今这场胜利是他们在“客场”取得的第一场胜利。

国王似乎也认识到了这一点，他做出了亚历山大式的举动。他把在格拉尼科斯战死的300名波斯士兵的军服装备送回希腊本土，并附上了下面这句话：

“献给斯巴达人以外的全体希腊人。——亚历山大”

斯巴达国王列奥尼达率领斯巴达士兵在温泉关与波斯大军奋战，全体壮烈牺牲，那时的勇士人数是300人。这个数字全希腊人尽皆知。

作为亚历山大进入波斯后的第一役，格拉尼科斯之战的胜利另有其真正的意义。21岁的国王深知这一点。

小亚细亚西岸一带曾经属于希腊世界。自从这里的统治者成了波斯人，时间已经过去了70年。

这场胜利的真正意义在于，从马其顿远征而来的年轻人打垮了波斯人。

这70年间，波斯人一直依靠军事力量把这一带置于自己的统治之下。如果波斯在军事上失败，其统治者的地位将难以为继。

希腊人称为“爱奥尼亚”的希腊文明发祥之地，70年后能否回到希腊人手里，就全看这位马其顿年轻人的了。

## 利用胜利

要把战斗的胜利落到实处，靠的是获胜后的行动。

格拉尼科斯战役发生于5月份，当年适合军事行动的时间还很长。

亚历山大军队从最高司令官到普通士兵都喜欢饮酒欢宴。我以为在远征过程中他们会每天通宵达旦地喝酒嬉闹。实际上完全不是这样。

获胜当晚，马其顿军中会举行盛大宴会来犒劳全体士兵。因而，在格拉尼科斯获胜的那天晚上，场面大概是热闹非凡的。然而，亚历山大比谁都清楚胜利后要做什么事。

他把下一个目标定在了萨迪斯，这是统治小亚细亚的波斯势力在这一地区的一大据点。

波斯首都苏萨甚至有公路直通萨迪斯。如果发生事端，大军能很方便地从波斯帝国的中心美索不达米亚运动到萨迪斯。

这条路全线铺装，被称为“波斯王道”。在辽阔的波斯帝国，这种全线铺装的道路只有连接首都苏萨和萨迪斯的这一条。

这条路体现了历代波斯国王企图征服希腊的执着。

亚历山大必须趁波斯还未从格拉尼科斯的失败中重新站起来，抢先占领萨迪斯。

庆贺活动适可而止，年轻国王统率的希腊军队向南运动，直指萨迪斯。

部队到达萨迪斯城墙前，国王没有下令立即进攻。

统治小亚细亚西海岸的波斯地方长官们几乎都参加了格拉尼科斯战役。地方长官参战意味着他们指挥的波斯军事力量大半都参与了战争。

他们打了败仗，必然造成萨迪斯防守力量骤然减弱，尽管这里是波斯势力多年占据的一大基地。

亚历山大逼迫防守萨迪斯的波斯高官做出选择。当然，他希望这位知道格拉尼科斯战役结果的波斯人做出现实的判断。

是召集所有残存兵力抵抗到底，还是在希腊军队面前打开城门？选择后者可以维持现状，包括保住波斯长官的地位。

波斯高官选择了后者，送来了誓约书。

这样，一直是波斯人城市的萨迪斯变成了一座向希腊人开放的城市。

萨迪斯问题在短时间内得到了解决，亚历山大率领的军队无须减缓南行的速度。

他们的下一个目标是以弗所，然后是米利都和哈利卡纳苏斯。

后面三座城市都是希腊文明的发祥地，居民都是希腊人，为什么它们与居民都是波斯人的萨迪斯不同，在亚历山大面前拒不开城

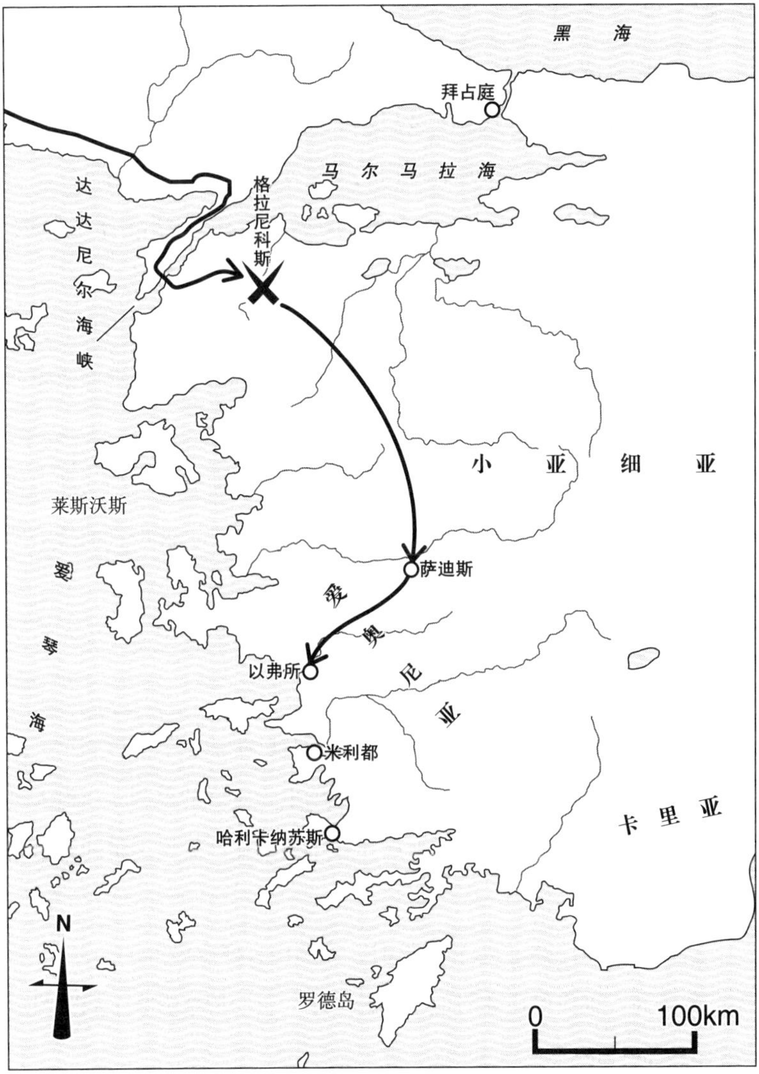
黑 海
拜占庭
马尔马拉海
达达尼尔海峡
格拉尼科斯
莱斯沃斯
爱琴海
小亚细亚
萨迪斯
爱奥尼亚
以弗所
米利都
哈利卡纳苏斯
卡里亚
罗德岛
N
0
100km

从格拉尼科斯到以弗所

门呢？

这里面有两个原因。

第一，这三座城市代表着爱奥尼亚地区，在雅典主导提洛同盟的时代，它们与希腊本土城邦共同构成了隔爱琴海相望的希腊世界。

建造雅典引以为傲的帕特农神殿的建筑家中有两位出身于米利都。

书写希波战争的史学家希罗多德出生于哈利卡纳苏斯。

当希腊的文化、文明中心转移到雅典，这些爱奥尼亚出身的人也把活动的舞台移到了雅典，人才的来源没有任何变化。雅典政治家伯里克利钟爱的女人也是米利都人。

雅典在持续 30 年之久的伯罗奔尼撒战争中败退，此后这种密切的关系发生了变化。斯巴达与波斯联手打败了雅典，波斯进而统治了提洛同盟一翼的爱奥尼亚地区。

可是，波斯人的统治对居住在爱奥尼亚的希腊人来说并无多少不便之处。

波斯人只要拓疆扩土使爱奥尼亚处于自己统治之下便可满足，他们并不干预爱奥尼亚人的生意。只要缴纳事先定好的税金，当地人可以自由地做生意。这样的状况对居住在小亚细亚西海岸一带的希腊人来说并没有什么不便。

这样的状态持续了 70 年。这时，亚历山大横空出世。

我认为，雅典借通商与他国接触甚多，它的情报影响了同盟国对亚历山大的评价。

雅典的言论家狄摩西尼是一个彻底厌恶马其顿的人。他反复宣传马其顿是一个专制国家，马其顿的国王是一个暴君，是公民的敌人，马其顿人远征早晚会被波斯军队打得落花流水。生意人厌恶别人干预自己的经济事务。也许这三个城市的希腊人因此对亚历山大抱有恐惧。

雅典同盟国反马其顿的第二个原因在于门农。

门农逃离格拉尼科斯保住一命，但这次战役的失败让他从一个有 8000 名部下的司令官变成了一介佣兵队长。

部下大多战死，2000 人未能逃出，当了俘虏。他们被送到马其顿的矿山强制劳动。也许他不向亚历山大报仇内心便无法平静。

门农组织了一支抵抗队伍。他是出生在罗德岛的希腊人，了解海军的威力。亚历山大没有自己的海军，又为资金不足而烦恼。门农极有可能成为他的强劲对手。资金不足已经成为亚历山大面临的重大问题。除了雅典的 20 艘战船以外，160 艘船中的其他船只都能解雇。

很快，门农得到消息说腓尼基来的 400 艘船已经到达。这对亚历山大来说，可能是比格拉尼科斯战役更为严重的问题。

有了门农和来自腓尼基的 400 艘船，爱奥尼亚的希腊人对亚历山大的态度越发强硬起来。

不久，以弗所老老实实地打开了城门。这个好消息让年轻的国王高兴得忘记了自己 22 岁的生日。不过，以弗所居民做出这个决定并非因为他们对马其顿国王的实力进行了冷静判断，而是因为他们得知门农和腓尼基的 400 艘船放弃了他们，转向了米利都。

不论什么原因，只要能节约时间、经费和兵力，亚历山大都非常高兴。他认为只要与以弗所缔结同盟关系即可，于是他率军直奔米利都而去。

然而，他刚靠近米利都就看到海上停满了敌人的船只。腓尼基是波斯帝国的一部分，400艘腓尼基船就是波斯国王的海军。

正因如此，深得波斯国王信赖的门农才能把他们召来。亚历山大看到这一切似乎很后悔。他命令刚刚离开的140艘战船立即返回。也许他在想，管他什么经费问题，我不知道。于是，希腊军战船的数量从20艘又回到了160艘，但问题完全没有解决。

帕米尼欧再次向亚历山大进言。他一定对亚历山大说了下面的话。

虽然只有160艘战船，但我们必须对400艘战船发起挑战。否则，400艘船守卫着大海一侧，要在陆地一侧攻陷由门农防守的米利都，恐怕不容易。

但22岁的国王没有采纳这位66岁老将的进言。

亚历山大不是因为帕米尼欧是长辈所以听不进他的意见。他对帕米尼欧说，我们单靠陆上进攻就可以攻陷米利都。

160艘与400艘战船之间的差距说什么都不容忽视。

要想逆转这个局势，需要有与地米斯托克利同等水平的海军将才。生长在陆军国度马其顿的亚历山大不具备这样的才能。他比任何人都清楚这一点。

正因如此，我们这些生活在21世纪的人产生了一个疑问。

充分用好马其顿的陆军力量这没错，但以35000人的兵力在陆地发动进攻，就不担心400艘船上的敌人在背后登陆发起进攻吗?

先说结论，不管亚历山大还是帕米尼欧，他们都不担心这个问题。

自《伊利亚特》时代起，希腊海军的传统就是由自由民担任战船的桨手。

这些战船在海战中靠近敌船后，桨手会立即放下船桨拿起剑和矛参加战斗。在登陆战中，他们同样会扔掉船桨拿起剑和矛冲向敌人，成为优秀的陆战队员。

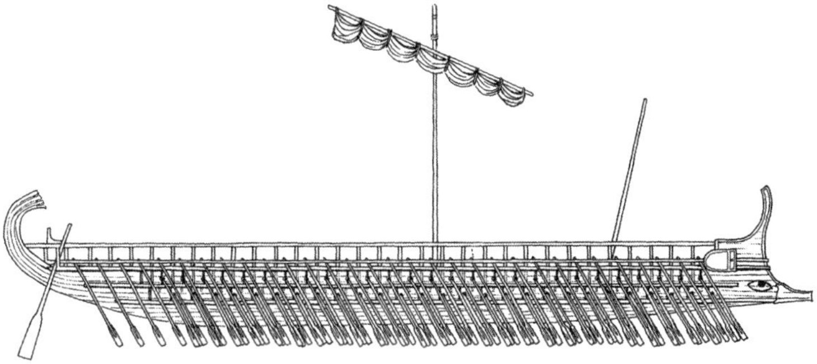

古希腊的战船

而在东方，不管是埃及还是腓尼基，战船桨手都是奴隶。为了防止他们在海上暴动，他们都被用锁链锁在划桨台上，也没有武器。所以，无论在海战中还是在登陆战中，东方战船的桨手都不可能成为士兵。

这种情况的形成有种种原因。欧洲战船与东方战船的最大不同是桨手能否用于战斗。

这种欧洲与亚洲、西方与东方的不同直到中世纪和文艺复兴时期仍然存在，一直到三层桨战船作为军船主力的时代结束，即到公元1571年的黎凡特海战为止。

因而，亚历山大和帕米尼欧都不担心敌方400艘战船上的至少4

万名腓尼基桨手会从背后袭击他们。

所以，尽管400艘战船舶在海上，亚历山大仍能专心进行他的陆上进攻。米利都是临海城市，70年来一直把陆上防卫交给波斯负责。不管专业的门农如何组织，也不可能防得住35000人都是专业士兵的马其顿军队。

门农一看败势明显，立即再次放弃战斗，带着腓尼基的400艘船逃往哈利卡纳苏斯。

事已至此，米利都人只能在22岁的国王面前打开了城门。

亚历山大就这样制服了米利都。尽管米利都是抵抗之后才投降的，但亚历山大还是像对待以弗所那样以宽容的态度处置了米利都。

也就是说，米利都成为一座不再依靠波斯的自由的希腊城市，除了今后要把过去付给波斯地方长官的税金转付给马其顿以外，一切维持现状。这样的处置与其说是“宽容”，不如说是“现实”。

此外，在门农指挥下打仗的希腊佣兵有300人成为俘虏。亚历山大对他们也采取了宽大处理。

亚历山大没有像格拉尼科斯战役结束时那样，把俘虏送去马其顿矿山强制劳动，而是申明他会给予战斗勇敢的士兵良好的待遇，建议他们加入自己的军队。俘虏们当然会接受这个建议，因为根据科林斯会议的规定，他们会被祖国驱逐。

国王这样做并非出于单纯的好心。这是让在逃的门农孤立的一项策略。不过，这时收留的这300名士兵在远征的全过程中一直都是亚历山大的忠诚士兵。

制服了米利都以后，亚历山大的下一个目标是哈利卡纳苏斯。西方中世纪以后，这个城市更名为博德鲁姆。这是小亚细亚南部的一座重要城市，亚历山大不会放过。

这时哈利卡纳苏斯的防守由门农指挥。他对在哈利卡纳苏斯打防御战似乎早有准备。亚历山大动员了技师团队，发起了猛烈进攻。然而攻防战你来我去，整个秋天就要在这拉锯中逝去。

城墙尚未崩溃，哈利卡纳苏斯城内的人却崩溃了。

他们分成了两派。门农和波斯长官主张抵抗到底，而哈利卡纳苏斯原来的统治者卡里亚王族的人主张像以弗所和米利都那样温和地解决问题。

代表王族的是先王的妹妹，一个名叫阿妲的老年贵妇。这个老妇人向亚历山大提出了一个令人愉快的方案。

方案里说，我自己年老无子，如果马其顿国王做我的养子，哈利卡纳苏斯就属于马其顿国王。但是在我活着的时候，必须让我继续统治。

亚历山大正在为攻防战双方相持不下而心烦，对他来说这是一个出乎预料的好消息。

当养子？当什么都行啊！就这样，亚历山大与老妇人成了养子和养母的关系。

大概是对这个解决方法大感欣慰，亚历山大不但承认这位贵妇对哈利卡纳苏斯的统治，还任命她当以这座城市为首府的卡里亚地区的总督。

这位贵妇一向广受人们的尊敬，这事由她定了下来，彻底抵抗派只好跑去外国，门农也只好逃往科斯岛。

这样一来，位于小亚细亚西南部的哈利卡纳苏斯及其周边的卡里亚地区就都归了亚历山大。

也就是说，亚历山大于这年春渡过达达尼尔海峡进入亚细亚，在格拉尼科斯战役中取胜，他已经完成了当初定下的“把居住在小亚细亚西海岸一带的希腊人从波斯人的统治下解放出来”的计划。

从公元前 334 年春天到入冬的 8 个月内，亚历山大完成了这一计划。

尽管不是所有目标都达到了，但亚历山大至少实现了当初预定的设想。

在完全入冬以前，亚历山大决定了三件事并迅速付诸实行。

第一，给此次出征前刚结婚的士兵放假，约定他们来年春天归队，然后便准许他们回马其顿了。

第二，把带领他们回希腊的任务交给部分将领，并让他们在希腊全境征召新兵，新兵要与休假结束的士兵一同归队。

亚历山大的士兵在战场上损失较少，这些新兵并非用来补充军力，而是为了在新征服的地区驻兵。补充兵员是一个必须时刻想着的问题。

第三，冬季他和帕米尼欧兵分两路行动。

亚历山大把年长者分配给帕米尼欧率领的占全军三分之二以上的第一军，让他们运输分量重、体积大的物资。他们可以走不大会遭遇敌人的、平坦宽阔的道路。

亚历山大率领的第二军由年轻士兵组成，他们不需要拉货车，全体轻装赶路，但极有可能与敌人遭遇。

第二军要进入小亚细亚中心地区，这时不能指望散落在安那托利亚内陆地区的小部族会轻易放他们过去。

波斯帝国当时虽然是最大最强的国家，但并不是一个构筑在明确组织体系上的牢固的中央集权国家。国家内有很多部族，部族首领往往被授予“总督”的官衔。在这些总督和部族首领上面，松散地张着一张国王统治的大网，形成国家。这就是波斯帝国的实际形态。

格拉尼科斯战役时波斯对这些总督实行了总动员，于是这场战役成了一场推翻波斯在小亚细亚统治的战役。整个小亚细亚在这个时期产生了权力真空。那些没有被召集去格拉尼科斯的小部族很有可能对战胜者随意采取行动。

但是，不收归这些部族就无法保障希腊人居住的西海岸的安全。即便正值冬季，亚历山大也需要尽快解决这个问题。

亚历山大和帕米尼欧定好翌年春天，即公元前 333 年春上会合的地点，那是位于今土耳其首都安卡拉以南不远的戈尔迪乌姆城。

亚历山大的部队向位于小亚细亚内陆地区的戈尔迪乌姆北上。这次北上过程中希腊军并未消灭遇到的小部族，而是与几乎所有的部族都和平地解决了问题。

年轻的国王告诉部族首领说，我可以和你们约定维持现状，但请记住，如果你们违反约定我绝不轻饶。

这些部族首领只知道格拉尼科斯之战的结果，亚历山大要让他们醒悟当地并未出现权力真空，只是希腊人取代了波斯人。

第二年春天，帕米尼欧的部队先期到达会合地点。这位老将立即给残雪中北上的亚历山大送去了以下消息。

第一，通过与长老们谈话，他已经征服了戈尔迪乌姆，那里已经成为一座安全的城市。

第二，临时回国的战士已经归队，新兵也同他们一并抵达。

新兵的构成如下。

3000 名步兵和 300 名骑兵，均为马其顿人。

此外还有来自色萨利的 200 名骑兵和在伯罗奔尼撒半岛征召的 150 名步兵，总数达到 3650 人。率领 35000 人进入亚细亚的马其顿国王现在可用之兵已近 40000 人。

另一方面，身在首都苏萨的波斯国王大流士收到的尽是坏消息。

首先，不仅小亚细亚西部，就连中心地区都落到了年轻的马其顿国王手中。

第二个消息是逃到科斯岛上的门农犯病去世。这或许是因为他对追随他的部下不断减少感到绝望。

这样一来，国王只得亲征了。

大流士这时 47 岁，正值盛年。但不知道为何，他是一个出招迟缓的人。

波斯的惯例是国王亲自率领的军队必须声势浩大。

他必须在没有爱将门农的情况下组编这样一支大军。此时还有 2

万名斯巴达佣兵留在波斯。

就在大流士心情沉重、心烦意乱的时候，亚历山大已经在戈尔迪乌姆与另一队人马会合完毕，之后便有了一段至今仍然妇孺皆知的有趣插曲。

## 戈尔迪乌姆之结

戈尔迪乌姆自古以来就有一个“格里达尔死结”的传说。

城市的中央广场上摆放着一架单人战车，连接战车和套马木辕的结不同寻常。

如果是用很多根皮带拧成的坚韧粗绳倒也罢了，可这根粗绳又缠绕了许多层。

人打的结总会有绳头，可谁也不知道这根绳的绳头藏在哪里。

戈尔迪乌姆的长老们同意归顺马其顿国王，接受了和平开城的要求。他们告诉年轻的国王、他们的新统治者当地有这样一个传说。这也是暗藏某种心机的戈尔迪乌姆人的挑衅。他们说：

“相传只有解开这个结的人能成为东方的统治者。至今还没有人成功过。”

话说到这里，国王也没了退路。可是他根本不知道这一圈圈绕在那里的粗绳绳头藏在哪里。

马其顿国王默默地凝视了一会儿但没有迷惘。

他想看清胜机究竟藏在何处。

转眼间，亚历山大挥舞着长剑，一剑砍了下去。皮带拧成的粗绳被一刀砍为两段，战车和套马的辕木两相分离。

传说中没有说必须用手解开死结。

也没有任何地方讲到不可以用剑砍断粗绳。

只是以前的所有挑战者都自然而然地认为必须用手解开死结而已。

以前没有人想过只要是未被禁止的事就可以做。

在今天的欧洲，人们对戈尔迪乌姆之结的解释是这样的：

**“坚定的意志和简单、果断的处置是解决复杂问题最有效的方法。”**

公元前 333 年发生在戈尔迪乌姆的这个插曲，是在亚历山大远征的第二年。

这一年，马其顿的年轻国王 23 岁了。

# 通往伊苏斯之路

理论上，隔开欧洲和亚洲的是位于爱琴海东北端的达达尼尔海峡。

可是在感觉上，穿过小亚细亚进入叙利亚以后人们才觉得是踏进了东方。

古代的小亚细亚，尤其是其西海岸住着许多希腊人。要去往小亚细亚须渡过狭窄的达达尼尔海峡，要从小亚细亚进入叙利亚，必须经过托罗斯山脉的险峻山路。

这条山脉有个别名叫“奇里乞亚门”。托罗斯山脉是横亘在从西方去往东方的人们面前的“门”。

如果波斯国王大流士有意切断亚历山大前进的道路，想必他会在这座“门”前以逸待劳，打击刚翻山越岭疲惫不堪的亚历山大和他的军队。

然而，大流士虽有能力想到这一点，却没有执行的领导力。就算自己决定的事，他也会旋即转入怀疑。因而他手下的将领无法行动，即使有所行动，也经常迟滞。

结果，他总是眼睁睁地看着大好机会白白溜走。而正在征服小亚细亚内陆地区的亚历山大并不了解这些情况。

他知道进入“奇里乞亚门”之后的这段时间最为危险。

这段时间，亚历山大满脑子想的只有一件事，即尽快翻过托罗斯山脉到达最近的城市塔尔索斯。

可是，位于小亚细亚内陆地区的安纳托利亚与其东邻卡帕多西亚可不一样，这里虽非荒野但地势复杂。

地势复杂正好适合小部族割据。

所以，要从戈尔迪乌姆经安卡拉再到地中海，必须先一个个征服这些小部族。

年轻的国王虽然统率着数万人马，但在这种时候他并未采取抢掠或杀光的强硬手段。

不过他做了一件事，让部族首领们明白他同意维持现状，但如果他们违背誓约反对马其顿，他绝不轻饶。这才是真正意义上的“抑制措施”，这个措施获得了成功。

大帝国波斯眼中的小亚细亚不过是边陲土地。对小亚细亚的部族首领来说，即使马其顿国王取代波斯国王成为统治者，他们也不会有多大不便。

亚历山大在整个行程中既要征服割据在各个地区的小部族，又要率军跨越高山，所以离开安卡拉抵达地中海花去了他两个多月的时间。

安全跨越托罗斯山脉，出了“奇里乞亚门”抵达塔尔索斯城时，每个士兵心里的石头都落了地。

这期间波斯并未来骚扰。时间也进入了夏季。

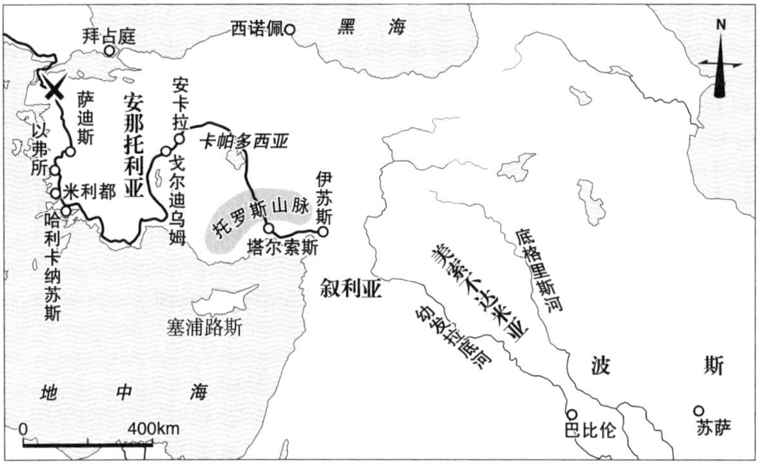

前往伊苏斯的路程

士兵们感受到安全跨越托罗斯山脉和再度看到地中海的双重喜悦，纷纷跳进附近的河里享受着久违的河水沐浴。年轻的国王也加入其中。

当天夜里亚历山大就病倒了。

他洗完澡后光着身子四处走动，可能是着了凉，我们不清楚确切病因。

国王发着高烧，躺在那里痛苦挣扎。他的主治医生立即赶了过来。

这名医生叫腓力，像是马其顿王室的家庭医生，亚历山大自小就让他看病。小王子擦伤后曾经拒绝治疗，他便摁着王子坐下，给他抹药。这种事还不止一次。因为有这重关系，亚历山大远征也带着他同行。

腓力医生诊查了躺在床上的国王，开始当场调制口服药。

这时一个士兵拿着一封帕米尼欧来的信走了进来，一边说消息紧急，一边把信递给了亚历山大。

年轻的国王开始看信。等医生把调制好的药倒进杯子里的时候，国王也看完了信。

帕米尼欧在这封信里告诉亚历山大，他听到传闻说波斯国王大流士企图毒死亚历山大，许以重金成功收买了腓力医生。

亚历山大右手接过医生递过来的盛有口服药的杯子，左手把帕米尼欧的信递给了医生。

国王喝药的同时医生看信。

国王喝干了药而医生面色惨白地看着信。这是他们两人之间上演的无声而紧张的一出戏。

也许是药里加进了安眠药，亚历山大喝完药后陷入了深睡。医生在国王的身边直到天亮也未曾合眼。

早晨，国王醒来。医生看到国王爽朗的笑容，安心感油然而生。那是腓力医生熟悉的亚历山大。

这件事以后，腓力仍旧是亚历山大的主治医生，后者每有不适他都会赶来。

当然，年轻的国王没有责备送来疑似假情报的帕米尼欧，甚至没有拿这事来当笑柄。

向上司报告所有情报是下属的义务，哪怕是看似虚假的情报。如何处理报上来的情报，是由上司决定的。

总之，亚历山大痊愈了。听到亚历山大病倒的消息后，将军们个个面色苍白，现在他们把悬着的心放下了。看到国王恢复了健康，士兵们又精神起来了。

有消息传来，波斯国王大流士已率领大军从东方向西而来。大流士率领的波斯军人数比亚历山大所率军队的 5 倍还多。

但这对亚历山大是个好消息。

波斯帝国的中枢位于中东，夹在幼发拉底河和底格里斯河两大河流之间，希腊人把那里称作美索不达米亚。

如果进攻美索不达米亚，等于深入敌境。这对亚历山大来说在各个方面都不利。

现在波斯军自己来了，离开中东根据地千里迢迢远行来到中近东。

亚历山大越过托罗斯山脉进入了奇里乞亚，在大流士看来，他是踏进自家院子的蛮横之徒。大流士也许在想，必须尽快打垮这个不可饶恕的入侵者，把他赶走。

亚历山大决定等待大流士前来。此前率军不断前进的年轻国王这回决定等待了。

亚历山大和帕米尼欧分头行动。他们兵分两路采取军事行动，巩固刚拿下的奇里乞亚的防御，以保证与大流士正面对决时背后安全。同时也让包括新兵在内的全军士兵在实践中领会灵活机动的战法。

总之，23 岁的亚历山大等待着敌人到来，同时做着确保奇里乞亚安全和训练士兵的工作。

大规模部队行军缓慢，在行军的同时还要集合从各地汇集而来的士兵。埃及也来参战，波斯国王率领的波斯大军进入中近东时已近冬季。

大流士又犯了一个错误。

波斯全军会合后集结在一个叫安提俄克的地方。在这里集结也应在这里与亚历山大对决。安提俄克周边平原辽阔，适合大军作战。然而大流士放弃了这里，率军北上而去。也许他的脑子里只有一个念头——趁敌人尚未深入自家院子就把他赶走。

## 走岔

然而，大流士这一步令人啼笑皆非。

历史上划时代的战役在旁人看来总有令人忍俊不禁的开端。历史上著名的伊苏斯战役也不例外。

大流士大概是过于急躁，亚历山大虽未急躁但的确心神不宁。

亚历山大对对手是国王一事有着强烈的反应。他以前的敌人是总督、佣兵队长、部族首领什么的，这次不同，他要以波斯国王为对手了。这可不像格拉尼科斯战役，当时只是同波斯帝国的地方势力打仗，而现在他要以波斯中央势力为敌手了。23 岁的亚历山大似乎产生了这个年龄应有的极大兴奋。

得知大流士进入安提俄克后，亚历山大立即率军南下，直指安提俄克。

可是，当他抵达安提俄克后却连波斯军队的影子都没发现。根据当地居民的说法，波斯军队早已向北进发。

亚历山大从来不会根据单一情报做出判断，他让部下乘坐渔船再去确认。部下回来告诉他波斯军队的确正在北上。

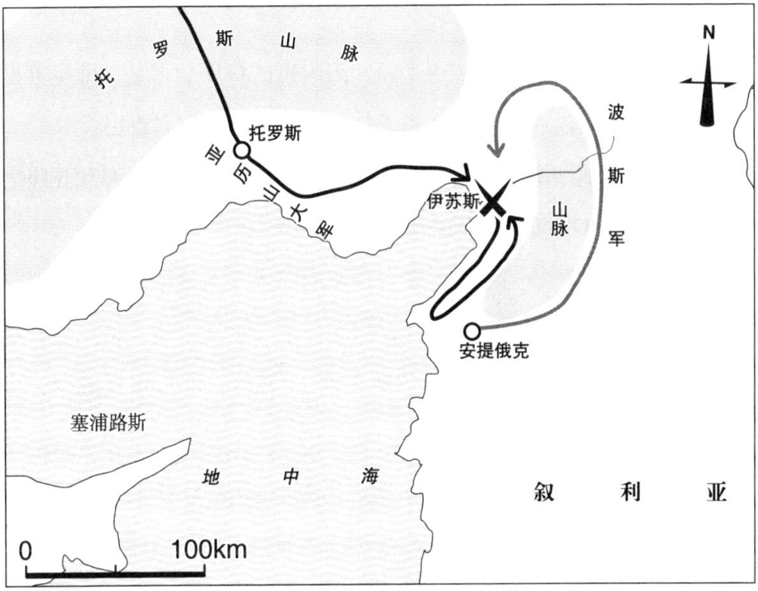

伊苏斯平原周边

双方走岔了。亚历山大沿海边道路南下，而大流士北上。他们之间横亘着一座山脉，两军都没有发现对手在反向行军。

亚历山大了解情况后未有丝毫犹豫。他掉头北上，自己走在军队的前头。

伊苏斯战役本应是南下的亚历山大军和北上的大流士军发生激烈冲突，现在两军的走向颠倒了。

不过，选择伊苏斯为战场的是先行抵达的大流士。

我无论如何都不能理解，大流士当时是已经47岁的成熟男人，是唯一一个在古代被称为“王中之王”的大帝国波斯的头号人物，他为什么要把战场选在伊苏斯呢？

这是一片随处可见的普通平原，因附近的村庄而得名，即伊苏斯平原。如果这里没有发生过这场战役，它必定不会留名青史。

这里西临地中海，东面低矮丘陵延绵，是一片夹在大海和丘陵之间、面积只有 3 公里见方的平原。

平原中央有一条河流过，来自丘陵的河水注入地中海。这条河与格拉尼科斯战役时的那条河一样，河面狭窄、水流平缓。格拉尼科斯战役发生于 5 月份，现在的伊苏斯正值 11 月份，河水水量减少，步兵甚至可以一口气蹚水跑过河去。

根据古代史学家的说法，波斯国王大流士率 60 万大军来到了伊苏斯。

不过，东方人往往会夸大数字。现代的研究者估计其只有 20 万人，实际投入战场的是其中的 15 万人，这个数字较为现实。

公元前 480 年，波斯国王薛西斯率军进攻希腊时的兵力为 20 万人。在波斯，国王亲自率军时兵力不能低于 20 万人，这对号称“王中之王”的波斯国王来说是个面子问题。

即便如此，波斯军也实打实地有 15 万人。亚历山大要用不足 3 万人的兵力去迎战这支波斯军队。

格拉尼科斯战役时亚历山大已有 35000 人的兵力，到了伊苏斯战役，加上国内的补充兵员只有不到 3 万人。这并非因为征服小亚细亚时牺牲者过多。兵力减少另有原因。希腊军在卡里亚设立驻屯基地，在其他每个战略要地设置基地，都需要留下士兵，这造成了兵力的减少。在敌人的腹地，希腊人做不到兵力减少多少就补充多少。

亚历山大在伊苏斯战役中可用的兵力是步兵 24000 人，骑兵 5000 人，共计 29000 人，加上杂兵也只有不到 3 万人。亚历山大将以 3 万人去面对大流士的 15 万人。而且，与格拉尼科斯战役一样，伊苏斯战役的战场也并非由亚历山大选定。

但马其顿的年轻国王不但能充分利用对自己有利的条件，而且有卓越的化不利为有利的才能。

亚历山大得知大流士抵达伊苏斯后，一定当即确信伊苏斯将成为他与波斯国王的首场对决之地。

11 月的确不能说是适合打仗的季节。即使在冬天不下雪的中近东，也有两军相约明年春天再战然后解散军队、各回老家过冬的惯例。

各地承认国王权威的总督和大部族首领带领自己的军队前来，组成波斯国王的军队。

这些部队一旦解散就很难保证翌年春天还能再来集合，波斯国王大流士没有这个自信。大流士一心想的是马上在伊苏斯一战定乾坤。

从这点上说，在波斯国王眼中不过蕞尔小国的马其顿处在有利位置。冬天、露宿和粗糙的饭食对亚历山大及其率领的希腊军而言完全不成问题。

大流士还认为，现在不是回到首都在王宫里过冬的时候。3 万人的敌军已经进到波斯国王家的院子里了。大流士非常急切地要在伊苏斯进行决战。

最高司令官双肩担负着全体将士的命运，他需要具备有看透敌人心理状态的能力。只有具备了这种能力，才能以少胜多。

亚历山大具备这种能力。

亚历山大确信大流士要在伊苏斯一决胜负，便在前往伊苏斯的行军途中考虑好了战略战术，并把自己的想法告诉了各队指挥官。

指挥官们利用运往伊苏斯途中愈发宽敞的道路，一边行进一边按照命令调整阵型。

就这样，抵达伊苏斯平原之前希腊部队已经调整完毕，一到战场即可兵分几路完成全军布阵。

亚历山大渡过达达尼尔海峡进入亚细亚以后，一共进行过 4 次值得称为“战役”的大会战。

这四大战役分别是格拉尼科斯战役、伊苏斯战役、高加米拉战役和海达斯佩斯战役。按我的想法，四大战役中不论对亚历山大个人还是就历史而言，最重要的都是伊苏斯战役。

因而，归纳、总结这次战役展开之前两军最高司令官的姿态或风格，不是无用之功。两军的战略战术及至战役的展开情形都与统帅的性格和风格有关。

大流士，大帝国的统帅，具有东方人的气质，经常被一群顾问和谏官簇拥。

他似乎是一个性格稳沉的人，遇事会在决策前听取所有顾问或谏官的意见，听完之后才做决定。但他往往在拿定主意之前听取意见，所以决断之后他自己会立刻产生怀疑。

看着国王伤透脑筋，他手下的将领们也不得不见风使舵。他们无法预测命令何时生变，如果贸然行事，一旦做错，在波斯等着他们的就是不经审判的死刑。

更糟糕的是对士兵的影响。指挥官们见风使舵，会让按照他们的命令行动的士兵失去自信。

如此一来连统一战斗意志都很困难，遑论彻底贯彻战略战术。

亚历山大与大流士相反，他会采取适度的上对下的独断。

他也经常召集司令官和指挥官开作战会议。与其说亚历山大要在会议上听取手下将领的意见，不如说他想借会议向手下说明战略战术，然后结束会议。虽然独断，但他会向手下将领们详细解释这样做的理由。

除了67岁的帕米尼欧和他手下的克雷托斯外，几乎所有将领都与亚历山大是一代人，相互理解不需要花太多时间。

亚历山大虽然独断，但也有灵活性。他经常会在看过战况之后紧急改变部署。

他一贯实行以快取胜的基本战略，但在战术上能随机应变。

亚历山大有想法但不优柔寡断。改变战术也是当场思考后做出决定，而不是犹豫之后的决断。

各队的队长突然接到改变部署的命令后，行动毫不拖泥带水。改变战术已无必要再解释理由。从指挥军团的司令官到小队的队长都坚信亚历山大改变战术有充分理由。

上层的这种气氛会传递到士兵层面，从最高司令官到底层士兵都怀着必胜的热情。

犹豫会拖胜利的后腿，而信心会推人走向胜利。

大流士

大流士 15 万人和亚历山大 3 万人之间的差距也在这一点上。

毫不含糊地说，赢得战斗的方法只有一个：避免让自己陷入困境，让敌人进退维谷。

如何才能做到这样呢？这就要用战术了。

在战场上，士兵用肉体战斗，总司令用头脑战斗。

国王、将军和士兵都是抵达伊苏斯平原后才看到敌人的大军。

他们一定都注意到了，挤满河对岸的波斯军队尽管兵力 5 倍于己方，但他们注重的不是进攻是防御。

因为河对岸除了敌人右翼骑兵军团以外，战线上都建起了栅栏，尤其战线中央有好几层栅栏防守。在波斯，国王的位置在全军的中央。

见此情景，亚历山大采用轮换制让全军休整一天。往返 200 公里的强行军之后休整一下是必要的，但这可是在敌人能看见的地方。

亚历山大

士兵们忘掉抬眼可见的敌人好好地睡了一觉，又饱饱地吃了一顿。

没有史料准确记载亚历山大是如果度过战斗前夜的。

很难想象他会在帐篷里踱来踱去，直到天亮都不合眼。根据一位古代史学家记述，当晚帕米尼欧前来查看，发现沉睡的亚历山大后惊讶不已。这一幕应该是更接近真相的。

## 伊苏斯战役

公元前333年11月初的一天，伊苏斯战役终于开战了。

天空晴朗。已经进入11月，阳光不如夏天那么强烈，士兵即使身穿甲胄也不会冒汗。

波斯军率先进入战场待敌，其布阵堪称完美。

我刚才之所以说波斯军挤满了河对岸，原因是波斯全军分为四层布阵。总共只有3公里见方的平原被河流一分为二。波斯军实际有15万人，如此数量的兵力如果不分为四层，恐怕在平原上都摆不下。

有纵深的阵容在战斗顺利时可以形成前压的力量，强化攻击力。

但战况一旦不利，就存在一发崩溃的风险。

大流士一定是想靠自己军队人数的优势，一波接一波地向前压上，直到胜利。他大概认为自己已经安排得十分周全，第一层决定胜负，第二层和第三层补空，第四层作为预备。

第一层是右临地中海的右翼，部署着波斯帝国引以为傲的超过2万人的骑兵。

这些骑兵是从帝国各地召集来的波斯社会的精英。无论在欧洲还是在亚洲，习惯从牛羊身上获取奶油和黄油的地方都习惯把社会精英称为“奶油”。在伊苏斯战场上，布阵在波斯军右翼的都是波斯帝国的“奶油”。正为如此，他们的军服装备很华丽，看上去显得人数比实际多。

这个精英军团的左侧是“中路”，部署着超过 2 万名希腊佣兵。

他们多为斯巴达人，装备与过去的斯巴达勇士一样，从头盔、胸甲、腿甲到盾牌，保护身体的装备比其他城邦国家的更大、更坚固。

这些士兵一旦进攻，会给人一种类似小型坦克集群攻过来的压力。这是一个由高级专业人士组成的团队。把他们部署在国王所在的中路最前线，显示出“斯巴达品牌”在波斯仍具影响力。

紧贴佣兵军团的背后，是 1 万名号称“不死军”的波斯精锐，他们围着大流士乘坐的战车布阵。

所谓“不死军”不是说他们打不死，而是战死造成的空缺会立即被后来者补上，一直保持 1 万人的数量而已。这 1 万人是波斯国王的近卫军团。国王御驾亲征的时候，他们一定会同行。

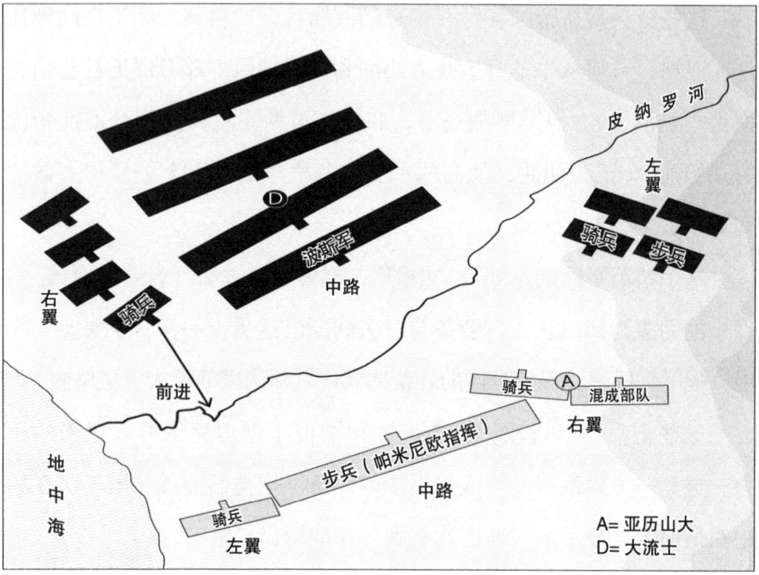


伊苏斯战役 -1

波斯国王在自己的左翼部署了步兵和骑兵的混合军团。

大流士一定知道去年格拉尼科斯战役的过程。当时亚历山大率领的马其顿骑兵军团发起冲锋，不但开启了战端，而且决定了胜负。

大流士还知道，希腊军的最高司令官位于右翼，也就是说亚历山大在右翼。

大流士大概想要阻止亚历山大率领右翼发起冲锋，即使无法阻止，也要对冲锋进行干扰。

所以他让自己左翼的一部分人先渡过河去，部署在希腊军右翼的侧面。我想他设计的是这队人马阻击希腊军右翼冲锋，他右翼的骑兵军团借机发起猛攻，打垮希腊军的左翼全部力量。

这招战术并不差。可是对手棋高一招。

经过充分睡眠之后，亚历山大进入敌人严阵以待的战场。他看到敌人纵深布局的阵形后，把己方改成了与之相反的阵型。

尽管兵力不足敌人的五分之一，但他仍然摆出了横向比敌人更宽的阵型。

使用这种布阵若开战后发起冲锋不顺，容易被数量上占绝对优势的敌人轻易击破。但是，敢冒风险才能获胜。

亚历山大改变了部队部署。

他自己负责右翼，以马其顿方阵为主力的中路交给了帕米尼欧，左翼部署的仍是希腊各地的骑兵，这些都没有变化。

不同的是他把公认实力仅次于马其顿的色萨利骑兵全部放在了左翼。

这个措施加强了左翼，这个方向必定会遭到敌人骑兵军团的猛攻。

同时，他还调整了自己率领的右翼，紧急组建了一支由特种部队和骑兵构成的混合部队，部署在由马其顿骑兵构成的右翼的右边。

在格拉尼科斯战役中，发起进攻的是亚历山大率领的骑兵军团，而在伊苏斯战役中率先启动的是这支步兵骑兵的混合部队。

这支部队的任务是除掉马其顿骑兵冲锋时前来干扰冲锋的敌人。

希腊军靠快攻取胜的战法没有改变，只是有障碍物需要清除。

平原上的战役都是一样的，开始总是进展缓慢。

在伊苏斯也是这样，两军都以缓慢的速度朝着分隔敌我的河流前进。这种前进速度一直保持到双方距离进入 200 米弓箭射程的时候。

伊苏斯战役开始后，希腊军缓慢前进，波斯军只有右翼的骑兵军团在向前挺进。由栅栏护卫的中路和左翼保持待命状态。也许他们觉得自己兵力 5 倍于敌人，随时都有机会压上击溃敌人。东方人对人员数量的信赖几乎到了信仰的程度。

公元前 333 年，伊苏斯战役终于在初冬的阳光下点燃了战火。

尽管希腊军紧急改变部署，但调到最右翼的希腊混合部队出色地完成了清除障碍的任务。他们不仅把波斯的前哨部队赶上了丘陵，还打垮了这支部队，很快就使他们失去了战斗力。

亚历山大见状向马其顿骑兵军团的 3000 名骑兵发出了冲锋命令。

事实上，与其说国王发出了冲锋令，倒不如说他骑在爱马比塞弗勒斯身上高喊着“冲啊！冲啊！”先冲了出去。

马其顿骑兵都知道，国王冲出去后自己要紧跟其后。

他们绝对不会重蹈格拉尼科斯战役的覆辙。当时国王冲在前头杀入敌阵，陷入了孤立无援的境地。

马其顿骑兵全体投入进攻，由此伊苏斯战役正式打响。

在战场靠海的另一边，波斯骑兵也开始了猛烈的进攻。

两军的中路尚未发生激烈的冲突。

亚历山大命令帕米尼欧率领的中路顶住敌人的进攻。马其顿引为骄傲的马其顿方阵形成一个巨型“刺猬”严阵以待，等着为波斯而战的斯巴达佣兵渡河缩短两军之间的距离。横向的长阵型一旦崩溃，失败便很快到来。

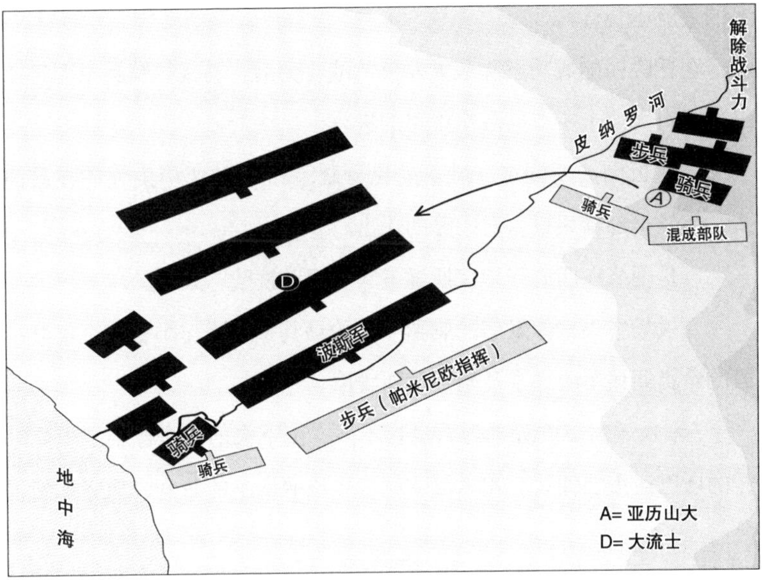


伊苏斯战役 –2

年轻的国王这次虽然也渡河发起了冲锋，但他注意着不要冲过头。国王始终在骑兵军团的前方战斗，而骑兵军团寸步不离国王左右。

马其顿骑兵军团成功地把楔子打进了波斯阵中，分隔开波斯军的中路与左翼，原本这两部分应该联合防守。

阵型崩溃后毁灭接踵而至。马其顿骑兵军团的目标是消灭敌人，在他们的猛攻面前，波斯军的左翼束手无策。如果左翼失去了战斗力，大流士所在的中路左侧就如同没有设防一般。亚历山大率领 3000 名骑兵集中猛攻中路。

战斗由此进入了第二幕。

年轻的国王左右开弓，连续放倒敌兵，视线却不曾离开大型战车上的大流士。

在丘陵一侧成功解除敌人左翼的战斗力后，马其顿骑兵军团迅速强化了对大流士所在的敌军中路的进攻。

只要扳倒波斯国王，胜负立见分晓。23 岁的亚历山大冲在最前头，率领全部骑兵投入对中路的攻击。

可是围绕在四周守护波斯国王的“铜墙铁壁”太厚。

在战场中央，像发怒的刺猬一样的马其顿方阵与小型坦克集群一般的希腊佣兵军团终于开始了激烈碰撞。

7 米长矛组成的森林怎么也攻不破，倒下去的都是像小型坦克一样的斯巴达重装佣兵。帕米尼欧就这样按照国王的命令成功坚守到了最后。

在靠海的一侧，波斯军团渡河大举攻入敌阵，以色萨利骑兵为主体的希腊骑兵一边缓缓后退一边不停反击。两军展开了激战。

数量十倍于敌的波斯骑兵军团在战斗中占据着优势。但色萨利骑兵也非浪得虚名。面对敌人的猛攻他们顽强反击，没有一个士兵逃跑，阵型也没有乱。

波斯国王大流士心生恐惧，伊苏斯战役以完全不同的情形进入了第三幕（见伊苏斯战役 –3）。

亚历山大领头的马其顿骑兵军团从左侧逼近。

挡在前面为国王保驾的“不死军”尽管是精英，但毕竟是步兵，他们纷纷成了敌人马蹄下的牺牲品。在这天的战斗中，他们 1 万人中阵亡了 6000 人。

47 岁的大流士看到这一切，被逼近身边的危险吓得忘记了自己

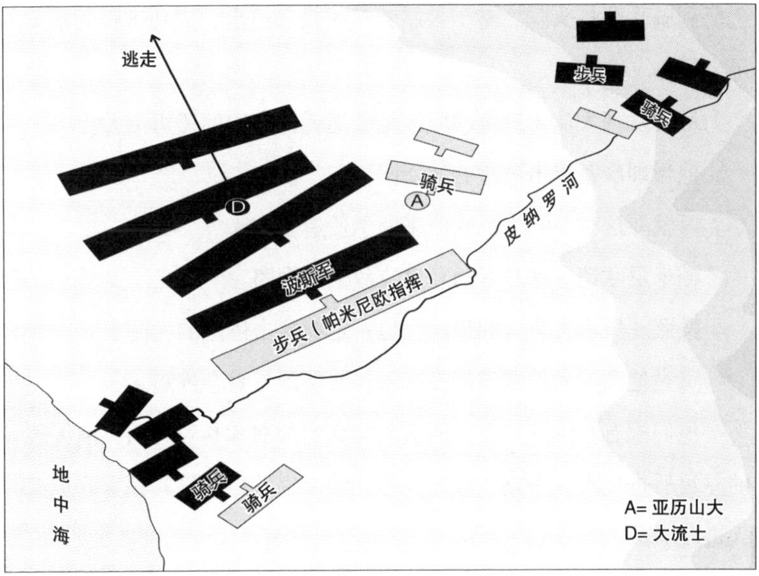


伊苏斯战役 –3

是国王。

他试图坐战车逃走，但身边己方的士兵太多，连路都让不出来。于是，他骑上一匹马一溜烟逃出了战场。中路的波斯骑兵们跟在国王的身后。

在右翼作战的波斯骑兵军团注意到中路发生的这一变故。国王乘坐的是大型战车，士兵们老远就能看到他所处的位置，而且这种消息传得比风还快。

看到国王已经逃跑，骑兵们也没有理由再留在战场上了。于是，他们也调头逃跑，还把自家的步兵队伍冲得七零八落。

整个波斯军就这样全面崩溃了。那些波斯精英没能全部逃脱。由色萨利骑兵队打头阵，整个希腊骑兵团投入追击，成功逃脱的精英不足半数。

最先发现大流士逃跑的应该是已逼近他身边的亚历山大。

他当即准备追击逃跑的波斯国王。

可就在这时，帕米尼欧派来的急使追了上来。

帕米尼欧请求他赶紧回马进攻敌人的中路。

按照亚历山大个人的想法，他一定要追击逃跑的大流士。

可是他和帕米尼欧谁都没有料到波斯国王真会逃跑。

他们没有料到这一点。两人当初商定的战术是亚历山大消灭敌人的左翼后进攻敌人中路。以此为号，帕米尼欧也令马其顿方阵全面转入进攻。

亚历山大大概记起了这件事，他给帕米尼欧回了一个字“回”，真的调头回去了。

就这样，波斯军中路前有马其顿方阵，后有马其顿骑兵军团，他们在两面夹击下彻底崩溃了（见伊苏斯战役 –4）。

3 万人对 15 万人的伊苏斯战役以 3 万人的压倒性胜利告终。

根据古代史学家的说法，波斯方面的牺牲者包括步兵 10 万人、骑兵 1 万人。

多数战死者不是被马其顿兵用长矛刺死的，而是被己方逃跑士兵挤倒踩死的。若全军陷入混乱，士兵人数越多，被压死的人也就会越多。

超过 2 万人的希腊佣兵逃离战场的只有 8000 人。波斯兵往东逃，而他们往西逃。他们大多出生于斯巴达，此时要逃回祖国去，没人搞

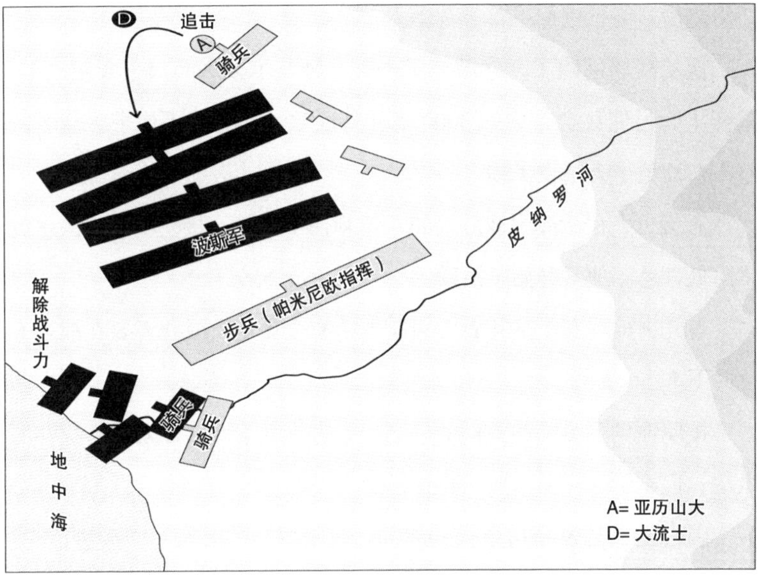


伊苏斯战役 –4

得清他们走的是什么路径。

斯巴达没有参加科林斯会议，没有义务遵守以下决定：凡为他国当佣兵对抗希腊的希腊人将被逐出祖国。所以，只有斯巴达的佣兵能回到祖国。据说他们为找下一份工作四散而去。

亚历山大率领的希腊军据说有 450 人战死。

格拉尼科斯战役中希腊军的战死者为 115 人。在伊苏斯战役中，敌人的数量 5 倍于己，战死者的数量也就有所增加。

在伊苏斯战役中，23 岁的亚历山大取得了绝对胜利。

大流士渡过幼发拉底河才放下心，生还的 4000 名“不死军”之士紧跟着他。大流士带着这 4000 人横跨美索不达米亚，渡过底格里斯河之后，终于逃回了首都苏萨。

他从战场逃跑了。他抛弃了士兵，抛弃了豪华的国王专用战车，抛弃了为付佣兵费带去的3000塔兰特巨款，还抛弃了他带去战场的家人。而他本人毫发无损。

亚历山大在激战中被敌兵的长矛刺伤了大腿，接受了腓力医生的紧急处理后，他又开始了活动。

首先，他埋葬了战死者。希腊军队有个规矩，战死者要在战场火化并下葬。

按照惯例要由率领他们的最高司令官为其下葬。波斯没有这样的做法，但希腊这样做，罗马也这样做。

因为士兵是最高司令官的战友。后来罗马的凯撒对士兵讲话时，总是称呼士兵们为“诸位战友”。

我们不知道亚历山大对士兵讲话时用什么样的称呼。

但是，他比任何人都愿意把部下看作战友，士兵们也把这位年轻的国王当成自己的战友。

埋葬死者后，年轻的国王还要去看望那些负伤的战友们。这也是最高司令官必须参与的战后仪式。最高司令不但要犒劳士兵，还有义务把身负重伤不能继续参加战斗的士兵送回祖国。

不过人们都说，亚历山大指挥的战斗不仅战死者少，而且通常伤兵的人数也很少。伊苏斯战役希腊军的伤兵数量很少，几乎没有必要专门备船送他们回国。也许随军的医生团队为伤兵提供了恰当的治疗，产生了积极的效果。亚历山大每次战斗之后去看望伤兵，都带着医生团队一起去。

这一切结束后，亚历山大才和亲密伙伴赫菲斯提安一起吃了当天的第一顿饭。

这时，手下人进来报告说波斯国王的母亲、王妃以及两位公主哭闹不止，不知该如何处置。

23 岁的亚历山大毕竟年轻，全力作战之后还保持着旺盛的精力和好奇心。他决定前去看望，并且说走就走。当然，与他形影不离的赫菲斯提安也一同前往。

波斯王室有个习惯，预计能够打胜仗时会让家属同行。

150 年前率大军进攻希腊的波斯国王薛西斯是带着弟弟们和儿子们一同前去的。大流士这次不是远征希腊，是在“主场”伊苏斯打仗，所以他带上了女眷。

亚历山大来到后方专为王室女人建起的帐篷，哭喊声从里面传来。

同大流士的国王专用战车一样，王室女人的帐篷也制作得漂亮豪华，象征着波斯的财富。

一见亚历山大和赫菲斯提安走进帐篷，波斯国王的母亲立即跪在其中一人的脚下，一边哭泣一边乞求饶命。

可是这位王太后犯了一个“外交上的重大失误”，她搞错了跪地求饶的对象。

亚历山大和赫菲斯提安两人从身材到穿着都很相像，幼年时代就被说成是双胞胎。赫菲斯提安个头儿略高，波斯王太后便把他当成了马其顿国王。

这个“外交上的重大失误”立即被一个侍奉王室女人的希腊人指出。这下王太后的绝望更到了顶点，因为没有比认错国王更失礼的行为了。

不过，亚历山大从小就喜欢母亲，对别人的母亲也很温柔。

他一边拉着老妇人的手让她站起来，一边跟她说话，称她为“母亲大人”，这是对别人母亲的尊称。他说：

“母亲大人，您完全不必害怕。他是另一个亚历山大。”

他通过翻译继续说下去。

他说大流士国王已经逃走，很有可能还活着。

他许诺，一旦知道大流士的消息立刻通知她们。

他还承诺，贵妇们的待遇一概不变，并严令士兵不得做出任何损害她们名誉和地位的行为。

于是，连佣人也加入其中的“悲伤大合唱”就此安静下来。

没过多久，大流士送来了媾和方案，但遭到亚历山大的断然拒绝。

这个方案内容如下。

第一，波斯割让托罗斯山脉以西的小亚细亚给马其顿国王。

第二，支付 1 万塔兰特的赎金赎回波斯王室的女人们。

最后，作为波斯帝国与马其顿王国解除敌对关系的证明，可以让一位公主嫁给亚历山大。

对此，亚历山大大笑道：

首先，托罗斯山脉以西的小亚细亚已经归我所有。

第二，如果没有必要继续扣留王室的女人们，我会给她们自由且不需要赎金。

第三，只要我愿意，现在就可以让公主成为我的妻子。

总之，波斯国王与亚历山大的第一次对决宣告结束。

亚历山大渡过达达尼尔海峡进入亚细亚，已经过去了两年。

从下一年的春天开始，当代研究者所说的“后伊苏斯时期”在等着这位年轻的国王。

他面前有两个选择。

## 建立海上交通线

前一年 5 月，亚历山大靠格拉尼科斯战役一举扫清了小亚细亚的波斯势力。象征波斯统治的地方长官们大半战死，活下来的也在年轻的马其顿国王面前打开了城门，接受了马其顿的统治。

实际上，小亚细亚的地方长官们并未参加第二年 11 月的伊苏斯战役。

在伊苏斯战役中，亚历山大面对波斯国王亲自率领的军队取得了压倒性胜利。他打赢了波斯帝国的核心力量。而波斯吃了败仗，国王还落下个临阵脱逃的污点。

那些从伊苏斯逃出来的总督和部族首领们看自己国王的眼光必定会与以前不同。他们也许开始认为，亚历山大在小亚细亚对波斯地方官员采取的宽容态度颇有魅力。

这样一来，即便大流士有心雪耻，也只能依靠那些帝国东半部的实力派人物了。

我们以现代的国名大致分析一下庞大的波斯帝国。

小亚细亚对帝国而言是西北边境，它相当于现代的土耳其，与麻烦的希腊世界接壤。格拉尼科斯战役以后这里已经归亚历山大统治。

帝国西南部是埃及。埃及是一个富庶之地，在美索不达米亚建立霸权的民族都会染指这里。正因如此，这里也很难统治。一旦发现波斯的统治有所松懈，当地人会立即发动叛乱。但这里一直处在波斯的统治之下，当地波斯总督还率领军队参加了伊苏斯战役，自己在伊苏斯战死。

这意味着过去波斯统治的埃及在伊苏斯战役之后出现了权力真空。

接着是波斯帝国的核心部分。

波斯帝国的核心区域起于地中海东端，越过幼发拉底河，直达底格里斯河东侧的辽阔大地。按照现代的国别，这里覆盖了中近东各国，包括叙利亚、伊拉克及伊朗的西半部。夹在幼发拉底河和底格里斯河中间的美索不达米亚地区，历史上经常成为中东的核心地区。

亚历山大在伊苏斯获胜的意义在于他征服了这片核心地区。

波斯帝国的东半部分为底格里斯河以东的区域。按照现在的国别，这部分包括伊朗东半部分、阿富汗、巴基斯坦以及北面的土库曼斯坦、乌兹别克斯坦、塔吉克斯坦。这里大半是山区。

实际统治这些地方的实力人物几乎都未参加伊苏斯战役。大流士如果想卷土重来，只能召集这些尚未与亚历山大打过仗的人。

我们回到伊苏斯战役后亚历山大面临两种选择这一话题。

他的第一个选择是趁机进攻美索不达米亚，一口气打垮波斯帝国。

第二个选择正相反，他可以一边征服中近东，一边优先拿下埃及。

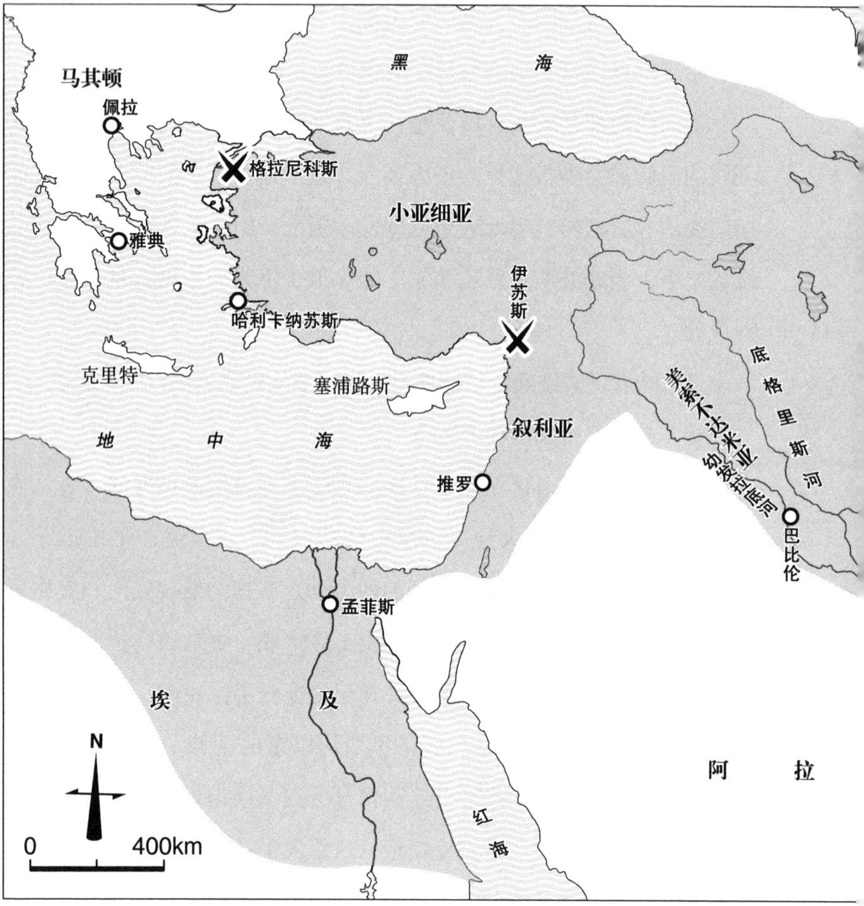


亚历山大东征前的波斯帝国版图

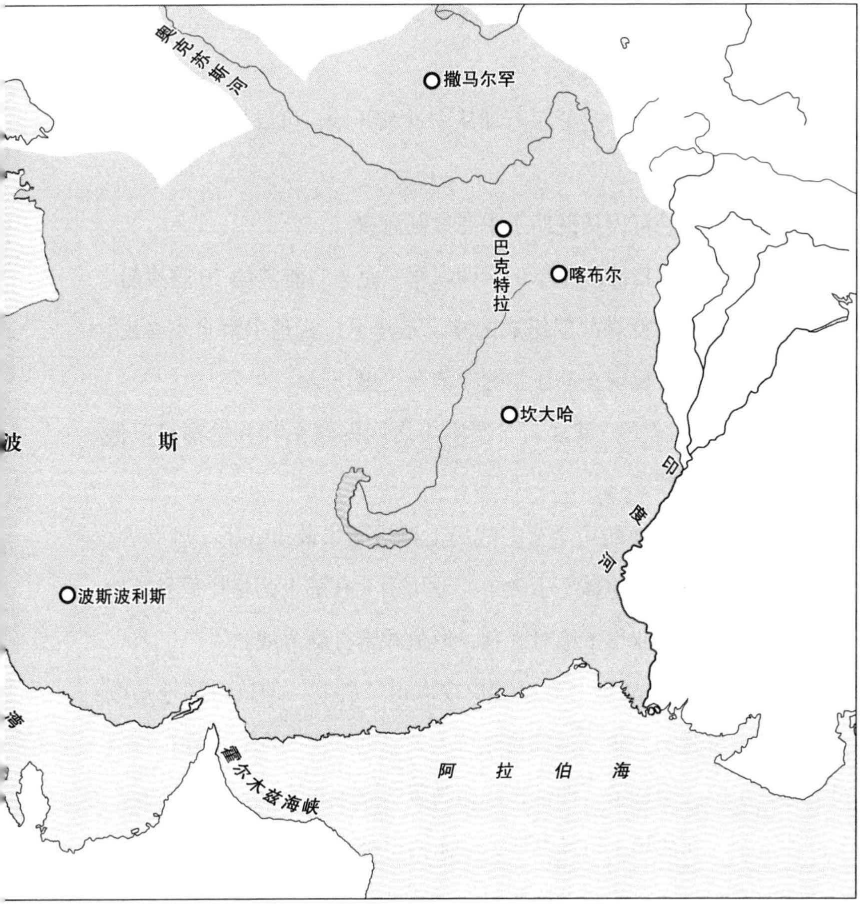
奥克苏斯河
撒马尔罕
巴克特拉
喀布尔
坎大哈
波　　斯
印度河
波斯波利斯
湾
霍尔木兹海峡
阿　拉　伯　海

第一个选择的好处是可以直取尚未再次组建军队的大流士，但也有补给线太长的不利之处。

第二个选择的好处是征服行动从中近东开始，可以最大限度地利用伊苏斯战役的影响。

另一个好处是可以从波斯手中夺过制海权。

亚历山大没有自己的海军，所谓海军只是来自雅典的 20 艘战船。

而波斯拥有 400 艘战船组成的腓尼基海军。东地中海自不必说，就连爱琴海的制海权现在都还掌握在波斯手里。

在这样的状况下，就连与希腊本土之间的联系和补给都难以保证，遑论与马其顿了。

不重视后勤保障的司令官在战场上再勇猛果敢也成不了胜利者。他也许能打赢战斗，但赢不了战争。亚历山大在陆上的格拉尼科斯战役和伊苏斯战役中取得了绝对胜利，但他并未打赢海战。

23 岁的国王在战场上靠连续快攻取得了胜利，但这时的他却改变了方针。尽管士兵中一口气攻克敌人老巢的呼声很高，但这位最高司令选择了第二个选项，即优先考虑制服中近东和埃及。

他这个人在战场上行动神速，学东西也神速。

亚历山大不顾已经入冬，将自己的军队兵分两路。他让帕米尼欧率领一半的军队直捣大马士革。他在审问伊苏斯抓到的俘虏时得知，大流士在去伊苏斯之前把国王的财宝几乎全部送去了大马士革。

他自己则南下攻打中近东。公元前 333 年可以说是伊苏斯战役之年。这一年行将结束，时间将步入公元前 332 年。亚历山大统率的军队不存在冬季休战这类说法。

伊苏斯战役有着深远的影响。

地中海东岸的一系列港口城市齐刷刷地抛弃了波斯，接受了亚历山大的统治。

自北向南有劳迪科亚、的黎波里、贝鲁特、西顿，连附近的海岛塞浦路斯都在马其顿国王的面前打开了城门。

所有这些城市都是港口城市，都拥有海军，尽管规模较小。亚历山大同意维持城市的内部现状，只是其海军由他直接指挥。

**亚历山大金币**

这时，派去大马士革的帕米尼欧带着大量的金银回来了。亚历山大当即让人把金银铸造成金币和银币。就这样，大流士弃之不顾的金锭银条化做了士兵的报酬和奖金。

我藏有一枚这时期的金币，正面是头戴头盔的亚历山大侧面像，背面是胜利女神尼凯。据我所知，亚历山大是第一个把自己的侧面像铸在货币上的人。后来，希腊化时代的国王们纷纷效仿，罗马时代的凯撒及各位皇帝也无不效仿。

总之，大流士扔下的财宝被充分利用，分发给士兵作为报酬和奖金。还有一件东西也做成了金币，那就是在亚历山大面前投降的城市献上的黄金王冠。他立即熔化这些王冠，铸成了金币。

亚历山大是在军费不足甚至借款的情况下坚决进行大远征的，眼下的行动把他从财政不稳定的状况中解放了出来。

亚历山大对奢侈品并无兴趣。大流士丢弃在伊苏斯战场上的豪华物品中，有一只极尽东方之奢华的漂亮小盒，里面装满了珍珠、红宝石和祖母绿宝石。亚历山大望了一眼这些珠宝，转而瞪大眼睛盯着制作豪华的小盒子说：

“要是我，会在里面装一本《伊利亚特》。”

他的意思是将金锭、宝石等当作报酬发给士兵就好。他不想拥有这些。

在战场上，他自己的军服装备跟其他司令官一样，只有头盔上迎风飘扬的白色翎子同大家的不同。这也不是为了同下属拉开差距，只是为了让士兵一看便知最高司令官在哪里战斗。

就这样，亚历山大征服中东之路都很顺利，直到推罗挡在了他的面前。

# 推罗攻防战

推罗是面向地中海的一个中近东港口城市，城区原先在陆地上，不久前城中心移到了距离陆地 500 米开外的海岛上。在有飞机以前，离开陆地的岛屿绝对有利于防守。

这座新的推罗城南北两面都有适合停泊大量船只的港口。

这两个良港都是腓尼基海军的停泊港。随着亚历山大不断推进东征，波斯帝国的海军——腓尼基军船队接二连三地失去停泊港。

他们先是在格拉尼科斯战役后失去了小亚细亚西海岸的米利都和哈利卡纳苏斯，伊苏斯战役后又失去了中近东的贝鲁特和西顿。

这些港口城市由亚历山大统治后，腓尼基海军便被禁止停靠。这些年来他们的停泊港不断减少，推罗已是最后一个了。

海军不能没有停泊港。只有停泊港得到保证，他们才能掌握周边海域的制海权。

我想，当初把推罗纳入自己统治之下的时候，亚历山大并没有充分理解推罗海岛的特殊性，他毕竟是出生在马其顿的领袖。

因而，他根据以往的成功案例考虑和平征服推罗。

他派使者前往推罗，说他想去参拜岛上供奉赫拉克勒斯的神殿，请求对方打开城门。推罗方面冷冷地回道，陆上的旧城区也有赫拉克勒斯神殿，你可以去那里参拜。这样一来，亚历山大只能靠军事力量打开城门了。

人们也许会说，不就是一座海上的港口城市嘛，不理会它继续前行也没什么不方便吧。然而，这里的确有两个不便之处。

第一，这样做不符合亚历山大坚持至今的战略，他绝不会在自己背后留下可能再次投靠波斯的城市。

第二，即便放过推罗，他也不会放过腓尼基海军。

第二条尤为重要，推罗关系到与希腊的海上联系，用现在的话说就是能否建立起“海上交通线”。

年轻的国王是马其顿人，他应该在听到推罗冷淡的回复后才第一次对“大海”有所领悟。

双方开始了推罗攻防战。这战事竟从公元前 332 年 1 月打到同年 7 月。

对于喜欢在战斗中快攻，恨不能一天定胜负的年轻人来说，这是持续紧张的 7 个月。他控制着、忍耐着，但没有忘记寻找胜机。

海上的推罗新城与陆上的旧城之间相隔 500 米。

亚历山大满以为那是一片浅滩，想筑一道堤连接上这 500 米的距离。

可他后来发现，从海边稍向前去海水会突然加深。尽管如此，筑堤工作仍在向前推进。他们把大量木头栅栏埋入海中，阻断海水后投入大量岩石，填入各种填料。然而，岛上的推罗人不会袖手旁观，因为海港城市有船。他们在船上射箭投石块，坚韧地阻碍筑堤工程。

亚历山大不会一味忍受敌人的这种妨碍，他立即出手反击。

他在建造中的大堤前端的两侧建起了两座塔，在上面装上抛石机，居高临下地击沉海面上我行我素忙于阻止工程的敌船。

从这时开始，亚历山大与推罗之间的攻防战越来越像国际象棋的棋局。一旦一方进攻，另一方立即使出新招予以反击。

亚历山大在塔上从高处攻击，让叫苦不迭的推罗人想出了新的攻击方法。

他们在两艘三层加莱船这种大型船上装满了可燃物，用驳船拖着从港口出发，靠近矗立在堤上的高塔后点燃可燃物，用燃烧着的船去撞塔，从而烧毁高塔。当然，在燃烧着的战船猛烈冲撞堤上的高塔之前，两艘牵引船已一左一右分别逃走，牺牲的只是船只而无人员。

推罗的战术取得了完美的成功。两座塔和安置在塔上的抛石机一起烧了起来。大堤上的士兵全力灭火，哪还顾得上攻击敌人。这种战法他们还不只用了一次。推罗人因为这次的成功心情大好，后来也曾用这种战法作战。

亚历山大的大本营位于旧城区临海一侧，推罗派出船队到大本营前的海面上进行威胁。

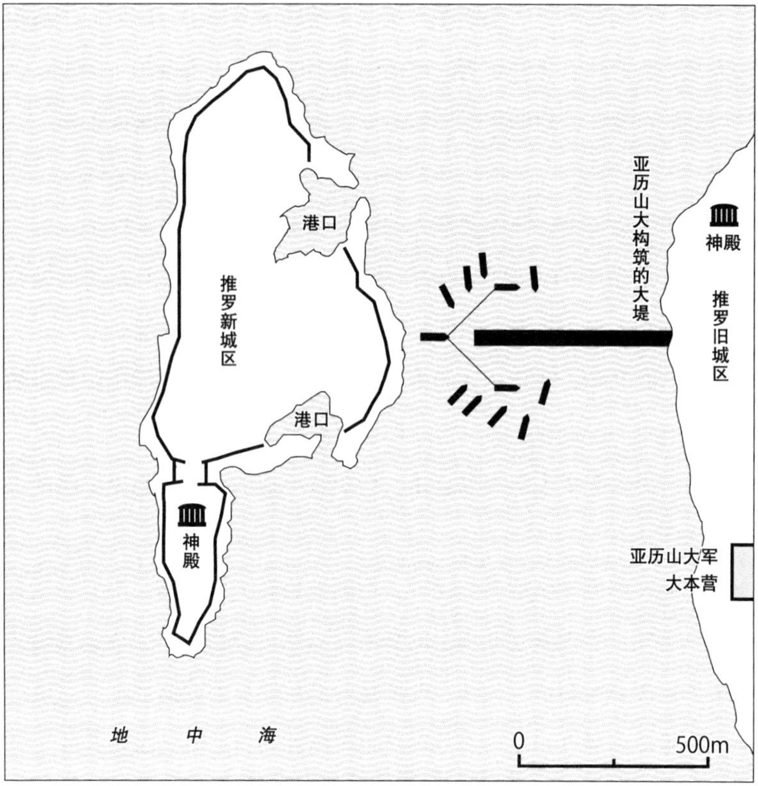


推罗城区图

年轻的国王首次遇到危机。这是他不了解的海上世界带来的危机。

亚历山大没有命令士兵不惜牺牲继续进攻，他不想这样做。

但危机必须破解。靠什么去破解呢？要靠转变思维方式。

亚历山大认为，敌人船来我就应该派船去。

可是他没有自己的海军。除了雅典的20艘船以外，希腊各城邦派来的船队几乎都为了节约经费而已经各自回国。

亚历山大命令士兵继续筑堤，自己率领小队人马往北去了 50 公里以外的西顿。

西顿已经和平地归顺了马其顿。在中近东海港城市中，具备一定实力的西顿和推罗以前一直是竞争对手。西顿人不仅喜滋滋地迎接亚历山大，而且不遗余力地执行了他的命令，觉得这下终于可以除掉可恶的对手了。正因为亚历山大了解这些情况，才选择西顿作为实施新战略的基地。

带着亚历山大紧急调集军船的命令，船只从西顿港向东地中海各地散去。

格拉尼科斯战役和伊苏斯战役获胜的效果巨大。命令送到了小亚细亚沿海城市、罗德岛、塞浦路斯岛，以及中近东到西顿为止的所有港口城市。进入亚细亚后仅过了两年，马其顿年轻国王的英名已经响彻了整个地区。

亚历山大回到推罗等待，以西顿为首的中近东港口城市派来的 80 艘船最先出现在他的面前。

罗德岛来的 10 艘三层加莱船接着抵达。三层加莱船是正规军船，10 艘船便有 2000 人的兵力。

小亚细亚沿海城市也派来 13 艘军船。塞浦路斯岛来的 120 艘船最后抵达。

加上雅典的 20 艘船，亚历山大一下可以动用的船只达到 243 艘，他以前从未拥有过一艘可称为军船的船只。

每支船队都由经验丰富的海军将领统率。在临海的亚历山大的大本营，大概召开过很多次有这些海军将领参加的作战会议。

至此，推罗攻防战进入了第二阶段。

第一阶段时，双方的状态是你筑堤我破坏，你砍断拴船的缆绳，我就把缆绳换成铁链。第二阶段完全不同于第一阶段，舞台转移到广阔的大海上。我想，这是亚历山大听取了海军将领们的意见的结果，他们对大海了如指掌。

得知200多艘船只抵达的消息后，推罗人仍然斗志不减。他们采用游击战术，不停地派出小船队趁敌人午饭时突袭骚扰，打了就走，完全不响应对方希望打的海上会战。

亚历山大的作战会议针对敌人的游击战法确定了以下打法。

会议决定采取封锁战术，把推罗海军封锁在港口里，一艘也不让出港。推罗海军除了打游击出港以外，一直龟缩在南北两港中坚守不出。

会议让塞浦路斯的120艘船在推罗岛北港防守，其他地方的船队在南港实施封锁。

那亚历山大自己只在后方观战吗？答案是否定的，他身不在前线心不甘。

他率领小船队积极参加了封锁战，同时没有忘记放眼整个战场。

随着封锁战的推进，亚历山大的243艘船渐渐转入了对全岛海岸的攻击。

这扩大了推罗必须派兵防守的区域。

面对这种局面，推罗不得不把防守主力集中于包括南北两港在内的核心城区。结果，南面虽有神殿但远离城中心，推罗已经没有富余

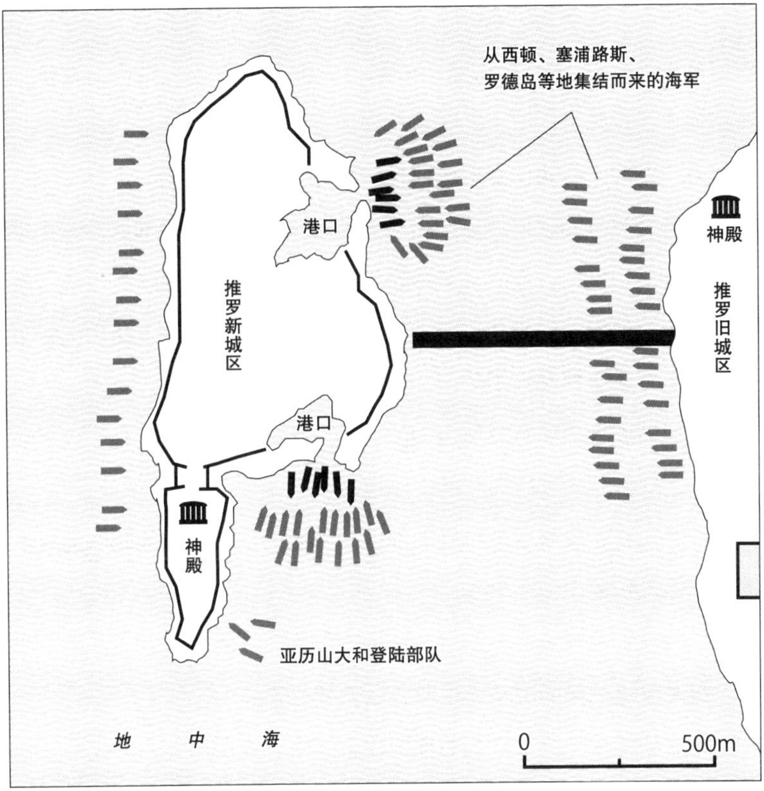

推罗封锁战

的兵力可去防守了。换句话说，那里成了薄弱环节。

推罗城南面很安静，但与岛上其他地方一样有城墙。可如果没有守兵，城墙只不过是一堵高墙而已。

亚历山大觉得可以在这里突破，他认为这里隐藏着胜机。

把沉重的抛石机运到推罗岛南边安装在海滩上，这工作花了整整三天时间。

第四天，亚历山大命令所有船只向推罗岛北部发起总攻。封锁部队接到命令，停止了对北港和南港的封锁，一齐攻入港内，撂倒敌兵，转入了登陆战。

另一方面，石块雨点般砸向推罗防守薄弱的南城墙。

见城墙被打开缺口，亚历山大立即投入了步兵精锐部队。这支被称为“持盾卫队”（hypastai）的部队由专门负责进攻的步兵组成。按我的想象，他们的作用相当于现在的美国海军陆战队。亚历山大一下子把这支部队全部投入了战斗。

推罗岛成为战场。亚历山大的“海军陆战队”并不满足于攻下岛屿南端，他们开始进攻岛屿的中心地区。

推罗人在希腊联军港口登陆部队和南来的“海军陆战队”的夹击下，尸体堆积成山。

据说仅这一天的战斗，推罗方面就战死 8000 人。

在这场持续 7 个月之久的推罗攻防战中，亚历山大一方仅马其顿士兵就死亡 400 人，其中包括在这天的战斗中战死的“海军陆战队”的 20 人。

亚历山大对陷落后的推罗进行了严厉而残酷的处置。

所有生还的推罗人无论男女全部被卖为奴。但这只限于在岛上抵抗到最后的推罗人，居住在陆上旧城区的推罗人不在此列。

推罗岛上的居民被清空，这岛变成了马其顿的海上堡垒——海军基地。

推罗攻防战是亚历山大为建立海上通道而进行的战斗。

持续了7个月之久的推罗攻防战终于结束，亚历山大喘了一口气。这时，他收到了波斯国王的第二封信，是大流士的第二套媾和方案。

从内容上看，第一封信提出的三项条件中有两项没有变化，即为王室女性重获自由支付1万塔兰特的赎金，以及把一位公主嫁给亚历山大。这些同第一封信相同，只有一条有所改变。

波斯国王在第一封信中提出把小亚细亚全境割让给马其顿国王亚历山大，第二封信改成割让幼发拉底河以西的全部地区。

我想，可能是推罗攻防战中发生的事情使大流士受到了冲击。

当时，从小亚细亚及中近东的港口城市到罗德岛及塞浦路斯岛，都响应亚历山大的请求派出了船队，并积极参加了攻防战。

在雅典衰落后70年的岁月里，一直是波斯国王命令这些城邦和岛屿派军船参加战斗，因为波斯国王是这一地方的统治者，这里是波斯帝国的领土。

自从马其顿的年轻国王渡过达达尼尔海峡开始，一切都变了。格拉尼科斯战役后情况开始变化，伊苏斯战役以后则有彻底的变化。

如今是马其顿的年轻国王命令它们派遣军船，东地中海世界恭顺从命。

对波斯国王大流士来说，这种变化不啻为一个冲击。

这个变化让他觉得，只要能阻止亚历山大继续前进的步伐，即便是这个年轻人尚未涉足的地方，从叙利亚内陆到埃及的整个区域，他都可以舍弃。

一旦媾和成功，幼发拉底河将成为波斯与马其顿的国境。然而，这时的亚历山大对此根本不屑一顾。

看了波斯国王送来的媾和请求，帕米尼欧对亚历山大说：

“从种种情况看，应该接受这次的方案。”

年轻的国王当即回答道：

“帕米尼欧大概会这样做，但我不是帕米尼欧。”

现代的研究者中有很多人认为，这是他们两人之间的摩擦之始。但我不这么认为。

不论在此之前还是在此之后，一直是马其顿重臣的帕米尼欧从未改变过自己的做法，他总是向亚历山大报告一切，把自己的所有想法告诉他。并且，即使自己的建议被驳回他的心情也不受影响，下一次有机会他还会重复同样的做法。

亚历山大

尽管只是我的想象，但我认为帕米尼欧是用父亲般的情怀对待年轻的亚历山大的，他们的年龄相差 44 岁。

或者说，帕米尼欧与前国王腓力齐心协力把马其顿建成了强国。他与亚历山大相处时一定会想象，如果腓力活着会怎样对待这个争强好胜的儿子。

不应忘记的是，帕米尼欧是腓力遭到暗杀后第一个表明赞成亚历山大继承王位的人。

在马其顿王国，即使生为国王之子，如果没有家臣们的赞成票也是不能继承王位的。在这样的马其顿，帕米尼欧的赞成具有巨大的影响力。

正像帕米尼欧当初认可腓力一样，他也认可当时只有 20 岁的亚历山大，认为他具备统率马其顿，进而统率希腊的器量。亚历山大当上国王后没有辜负帕米尼欧的期望。

帕米尼欧在与亚历山大相处的过程中应该会觉得，已故的腓力看到这样的儿子一定会感到骄傲。

亚历山大的父亲腓力与帕米尼欧之间只有一个区别。

每次与亚历山大的想法发生冲突时，腓力总是怒斥狂妄的儿子，帕米尼欧则不然。仅此而已。

即使自己的忠告和进言被顶回来，帕米尼欧也不会放在心上，以后照样继续进言。而亚历山大也一直把重要的任务交给这位老将。

有一位意大利人说，帕米尼欧在内心深处是把亚历山大作为养子看待的。

帕米尼欧有三个儿子，在格拉尼科斯战役中他失去了次子。

马其顿的年轻国王在所有方面都才华横溢，但的确相当欠缺细腻的感情。

我真的不明白，面对年长自己 44 岁的忠臣帕米尼欧，亚历山大就不能回答得更加温和一点吗？可话又说回来，“狂妄”是年轻人的特权。

不管帕米尼欧怎么说，亚历山大斩钉截铁地拒绝了波斯国王大流士的第二次媾和请求，还怀着厌恶冒出了一句“我不是帕米尼欧”。亚历山大再度踏上沿地中海南下中近东的征程。

除了加沙以外，已经没有任何城市挡在亚历山大的面前。

听到加沙这个地名，我们现代人只会想到巴勒斯坦人的大本营加沙。在没有人重视耶路撒冷的2300年前的古代，加沙具有很高的知名度。加沙是从中近东进入埃及的必经之路。

公元前332年9月，波斯高官统治着加沙。他拒绝了亚历山大和平开城的建议。

这并非因为他对波斯国王有多么忠心，他只是没有正确认识到亚历山大的力量而已。无知往往会以顽固抵抗的形式表现出来。

加沙决定抵抗到底的重要原因是它雇佣了大量的阿拉伯士兵。历时两个月的加沙攻防战就此开始。

与推罗不同，加沙是内陆城市，但这场攻防战依然耗时两个月，原因是亚历山大与平时一样身先士卒，冲在最前线，这次他负了重伤。

在推罗攻防战中他也受了伤，他被推罗方面抛来的石块重重地砸中了左肩。而在加沙战斗中，他的左肩又被敌兵射来的箭深深刺中。

24岁的亚历山大不等医生赶来，命令身边的一个士兵把箭拔出来。

年轻的士兵一闭眼猛地拔出了那支箭，鲜血一下喷涌而出。年轻的国王昏死过去。

伊苏斯、推罗、加沙，亚历山大这是第三次负伤了。尽管如此，仍然没有一个人能够阻止他冲在最前面。亚历山大不但狂妄而且顽固。

然而，他的顽固建立在深知自己冲锋在前对士兵的心情会有多大影响的基础上。

正因为加沙城阻挡了亚历山大前进的道路，其陷落后付出了沉重的代价。所有重要人物悉数被处死，居民被卖为奴。

结束了这一切后，亚历山大开始挺进埃及。公元前 332 年就要结束了。

# 占领埃及

埃及人一向对波斯的统治心怀不满。他们像欢迎解放者一样欢迎对波斯战无不胜的马其顿国王。

亚历山大在埃及逗留了半年之久。

这半年是没有战斗的半年。东方传来消息说大流士组建了大军。我想亚历山大也许会受到干扰吧，但他一点都不担心，十分愉快。

他先来到尼罗河口三角洲好好地过了个冬天。这是一次漫长的休假，就连不应对历史人物投入感情的学者都说这是一次“理所应当的休息”。

这半年中，亚历山大兼顾了国王的任务与个人的愉悦。亚历山大有着成倍于一般人的好奇心，埃及有很多他想去的地方。

亚历山大渡过达达尼尔海峡进入亚细亚后已经过去3年。3年来，亚历山大从21岁到了24岁。

公元前334年是格拉尼科斯战役之年。

公元前333年是伊苏斯战役之年。

公元前332年是征服中近东建立海上交通线之年。

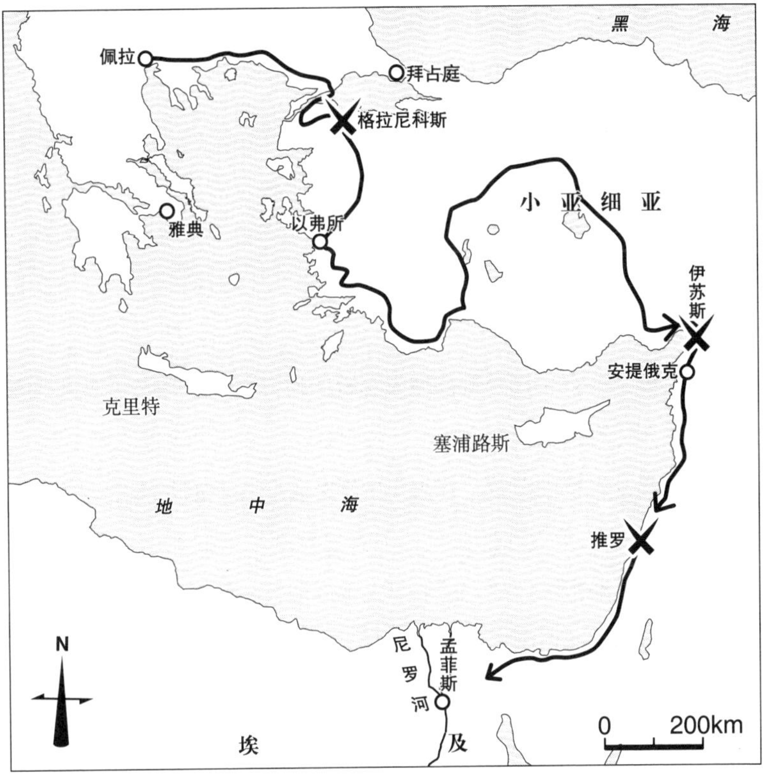


从推罗到埃及

公元前 331 年，亚历山大的军队挺进埃及。

这 3 年亚历山大看上去一直在打仗，但他并未忘记将征服后的地区纳入自己的统治之下。

他一贯的政略和战略是，在自己不断前进时绝对不在背后给波斯势力留下卷土重来的可能性。

亚历山大在每次战役中都取得了压倒性胜利，这让更多的城市和地方接受了亚历山大的和平劝降。他向一直处在波斯统治下的这些城市承诺维持现状。

不过，马其顿的年轻国王从未彻底相信这帮不久前还追随着波斯的人。所谓维持现状是不杀人不流放，不是原封不动地保留这些城市在波斯时代的制度。

波斯国王一直全权委派被称为总督的地方长官对帝国各地进行统治，这些人拥有很大的权力。

从行政、军事到财政，权力集中于总督一人。正因如此，无论格拉尼科斯战役还是伊苏斯战役，多有总督率领任职地士兵参战的情况。可见在波斯帝国内部，总督与大部族的首领并无多大的区别。

总督最初由波斯国王任命从而获得地位，以后世袭领主。

部族首领是当地实力派人物，此后成为波斯国王的臣下，原有权力得到公认。

这些人形成了波斯帝国的统治阶层。如果原封不动地保留原有体制，他们极有可能反水。

亚历山大爱做梦，但也非常现实，他改变了当地的制度状态。

亚历山大决定把集中在总督和部族首领身上的权力一分为三，分别由不同的人掌握。

行政事务交给允准留任的波斯人。

防卫军事交给马其顿人。

征税等财政事务交给非马其顿人的希腊人。

基于这种思路，无论征服这些城市依靠的是军事手段还是和平手段，亚历山大都会在征服后立即开始重组工作。也就是说，战斗与重组同时进行。

埃及把亚历山大作为解放者欢迎。但亚历山大在埃及也未改变权力三分的政策。

亚历山大一直被视为名将，不仅因为他战无不胜，还在于他总能把己方战死者人数控制到极少。

即便如此，他仍然经常从马其顿和希腊各地补充兵员。因为他必须在每个被征服的城市和地方留置将士，此时应他的要求补充的1000名士兵抵达了埃及。

为补充兵员，即使花费7个月的时间他也要攻下推罗。腓尼基海军因失去了停泊港而失去了战斗力，希腊人取而代之掌握了爱琴海和东地中海的制海权。建立海上交通线比拥有大海军更有意义。

然而，亚历山大的权力三分战略并非总能带来好的结果，也并非所有的改革都能从一开始就一帆风顺。

有些波斯人不满足于仅有行政权，通过贿赂把手伸向了其他领域。还有一些希腊人卷着征收来的税金逃走。

亚历山大一旦得知会立即出手打击。他首先撤换负责人，然后追捕不法之徒。

亚历山大在战场上喜欢快攻，平时应对这种事件也非常神速。如果让我找一个词来代表他，我只能选“速度”这个词。

他的政略把亚细亚西部变成了希腊人的世界。

当地所谓的“希腊时代”其实在亚历山大在世时就已开始。

刚进入“希腊时代”，埃及就成了一大强国。埃及有不同于其他地方的特殊情况。

实际统治埃及的是以侍奉神祇为唯一工作的神官。

埃及的老百姓不会轻易服从远在美索不达米亚的波斯国王，也不会轻易服从打败了波斯但仍是新来者的马其顿国王。他们真正服从的是通过神官传递的神的声音。

所以，要把埃及纳入统治之下，就要把神官拉到自己一边。

怎么拉拢?

承认他们存在的理由。

这意味着要表态尊重他们侍奉的神祇。

这样神官们才会接受统治，即使统治者是外国人也无妨。神官并没有统治整个国家的政治野心。

亚历山大似乎早已察知埃及的这种特殊情况。

进而，他也是最早看清埃及在地中海世界的重要性的欧洲人。他认为，埃及可以成为连接西方与东方之间的桥梁。

怎样做才能不使用军事力量而把埃及置于自己的统治之下呢?

把神官阶级拉入己方不过是一个手段而已。

拉拢神官阶级可以成为他的“一个手段”。因为亚历山大生活的那个时代除了没有多少势力的犹太教以外，是绝对的多神教的世界。

代表一神教的基督教和伊斯兰教是这个时代终结后才出现的宗教。

一神教与多神教的区别不在神的数量，本质区别只有一个。

那就是一神教只承认自己所信奉的神。相反，多神教承认别人信奉的神，即使自己并不信奉这些神。多神教的这种承认并非勉强认可，是因为尊敬而包容。

这种态度类似有些日本人自己并不信奉宇迦之御魂神[1]，但会尊重信仰它的人的想法，不会用脚去踢坐镇在稻荷神社前的狐狸石雕。而且，如果稻荷神社精美到可以成为重要的文化遗产，他们会高兴地前去参观。

亚历山大在埃及也是这种态度。

因为他是在多神教百姓创造的希腊文明中成长起来的。

我觉得，要以那个时代的人的心情去理解埃及的这个特殊情况，有两个例子可供参考。

第一个是为什么埃及人对波斯国王的统治“过敏”。

波斯人是信奉拜火教的一神教教徒，但拜火教相当宽容，不像犹太教以及此后的基督教和伊斯兰教是严格的一神教。

波斯人不能成为埃及人信奉的“神之子”。在埃及人看来，波斯统治者没有统治自己的正当权力。波斯对埃及的统治是在军事镇压下施行的。

第二个例子是300年后开始的罗马对埃及的统治。为什么埃及人会接受打败克娄帕特拉成为埃及统治者的奥古斯都，并把他当作自己

① 稻荷神是日本神话中掌管谷物和食物、保佑农业丰产和商业繁盛的神明，宇迦之御魂神是诸多稻荷神中为首的一位。日本有众多祀奉稻荷神的神社。日本人视狐狸为稻荷神的使者，因而稻荷神社前多有狐狸雕像。京都的伏见稻荷大社在日本这类神社中最具代表性。——译者注

国家正当的统治者呢?

因为这位罗马帝国的第一位皇帝是死后被神格化的尤利乌斯·凯撒的义子，他是成为神的人的儿子，所以他是“神之子”。

罗马在很多方面继承了希腊文明，继承了人死后神格化的做法。

就像希腊人在英雄赫拉克勒斯死后把他神格化一样，罗马人对神化那些生前取得了卓越业绩的人的做法并无抵触情绪。

罗马虽不像日本有数不尽的神，但神祇也有 30 万之众。他们甚至接受手下败将信奉的神。神的数量越多，对增加新神也越没有抵触情绪。

实际上，在广袤的罗马帝国，只有埃及没有被纳入帝国正统主权拥有者——罗马元老院和罗马公民的统治之下。正确地说，埃及是历代罗马皇帝的私有领地。

罗马皇帝身上只要不发生特殊的不祥事件，死后都会被神格化。因此继承皇位的皇帝也都是“神之子”。

仅仅依靠军事力量和警察力量去统治庞大的国家，绝对不会长治久安。如果不去关注、照顾埃及的特殊情况，大国无法进行统治。

这一点，亚历山大很早就明了于心。

亚历山大在尼罗河口度过了两个月的冬天，在久违的休假之后他再次开始行动。他先沿着尼罗河溯流而上，前往赫里奥波利斯。然后渡过尼罗河，探访了对岸的孟菲斯。

这一带一直是埃及的中心。亚历山大造访这里的正式理由是参拜埃及的古代诸神。当然，这也是满足他个人好奇心的一次观光。

回程是从孟菲斯沿河顺流而下回到尼罗河三角洲，路线与去时不同。为了了解未曾见过的埃及，他去了辽阔三角洲的西部地区。

抵达目的地后，他再次看到了地中海，这位马其顿年轻人的脑中究竟闪现了什么呢？

他决定在这块面临大海的地方建设一个地中海世界未曾有过的大规模的真正的海港城市。

据说他用短剑亲手在沙滩上画了一个大致的轮廓让身边人看。

他以自己的名字将新城市命名为“亚历山大城”。

亚历山大做事非常讲求速度。城市规划和公共建筑建设等方面负责人的遴选很快就完成了。新城市亚历山大城的建设工程旋即开始。

这位总设计师的性格不允许他在原地守候自己的想法一点点成为现实。他把工程现场交给别人，自己继续西行，看着地中海在自己的右方一路相随。按照现代的国别，他来到了利比亚。

到了这里，他可能已经对绵延不断的地中海和杳无人烟的土地感到了厌倦。

亚历山大想去一座阿蒙[①]的神殿看看，同行的伙伴全体赞成。随他一路来到这里的是他从小的朋友以及警卫小部队。他们这么少的人要深入沙漠实在有些勉强。闻名地中海世界的阿蒙神殿位于沙漠之中，神殿反映了埃及人的嗜好。

亚历山大是说干就干的人，他们当即向阿蒙神殿进发。那是著名的神殿，有专用道路通向那里。

---

① 古埃及人的太阳神。——译者注

一行人来到神殿，神官们出来迎接，丝毫不觉惊讶。我想，他们恐怕已经通过自己的渠道了解过马其顿的年轻国王。

亚历山大居然在这座阿蒙神殿里聆听了“神谕”。

亚历山大在神殿里向神问道：

“如果暗杀父王的主谋还活着，请告诉我他的名字。作为儿子我有义务使他受到惩罚！”

阿蒙之神通过神官之口回答道：

“亚历山大之父不是已死的人类。”

意思是说亚历山大真正的父亲不是腓力，而是神这个不死的存在。

“啊！”亚历山大肯定感到震惊。自己被说成是神之子，不感到吃惊反而不自然了。

他大概马上想到，自己就此获得了统治埃及的正当性。

在埃及，正当统治者的资格不是来自希腊人认为的能力、力量和气量等，而源自他是“神之子”。

收买神官让他们说出自己想要的“神谕”，这在希腊世界并不稀罕。

但亚历山大是一个极度憎恶这种伎俩的人，他必不会去干收买神官的勾当。

所以我认为，侍奉阿蒙神的神官们是用埃及式的方法表明接受亚历山大统治。这在希腊不好使，但在埃及是极其常见的“欢迎词”。

那么，亚历山大相信通过神官之口传达的神谕吗？

从后来的言行看，亚历山大确实并未完全相信所谓的神谕。不过，他大概会在“不影响心情”的情况下相信神谕，比如他或许相信了“我也许是神的儿子”。毕竟他只是一个百战百胜走到今天的 24 岁的年轻人。

心情没受影响的年轻国王和同辈朋友离开了阿蒙神殿。如果他们沿着来时的路返回一定很安全，然而他们决定一出门就转向东方，横跨距离足有 400 公里长的沙漠。

如果他们遇到沙漠风暴，《希腊人的故事》应该就该结束了。说他们鲁莽也好，不计后果也罢，横跨盛夏时节的沙漠，这可是欧洲人的第一次冒险之旅。

幸运的是，也许有了阿蒙神的保佑，他们安全抵达了孟菲斯。

帕米尼欧放下了心里的一块石头，他毫不掩饰自己的心情，迎接了亚历山大。亚历山大当即命令他做好出战准备。他们终于要向东方进发了，大流士在那里等着他们。

年轻的国王并不是因为听了“神之子”的神谕后信以为真，才做出这样的决定。

在突发奇想要建设亚历山大城之前，亚历山大就把出征与大流士进行第二次决战的时间告诉了帕米尼欧，命令他做好一切准备。

亚历山大拥有超群的才能，他可以把预料之外的事情纳入计划中来。

自己积极行动，众将也会积极起来，士兵们也会士气高涨。

面对以波斯大帝国存亡为赌注的战役，消极只会使顺利变为不顺利。

部队在尼罗河三角洲一带集结后迎来了从孟菲斯而来的亚历山大。

他们离开埃及后北上中近东。同去年沿海南下不同，这一年行军走的是内陆。他们首先北上到达推罗。

然后，他们从那里经大马士革转向东北方向行军，目标直指幼发拉底河。有情报说，大流士统率的波斯帝国大部队在幼发拉底河东边的底格里斯河附近等着他们。

公元前 331 年 7 月，亚历山大在行军途中迎来 25 岁的生日。

他统率的希腊军队有步兵 41000 人和骑兵 7250 人，共计 48000 余人，以马其顿士兵为主。

49 岁的大流士统率的波斯军队有超过 20 万人的步兵和 35000 人的骑兵，是一支全部兵力合计接近 25 万人的庞大军队。

此外，大流士还带了 200 辆战车和 15 头大象参战。在波斯国王大流士看来，这是一场退无可退的战斗。

# 通往高加米拉之路

公元前331年，亚历山大离开埃及向大流士严阵以待的美索不达米亚进军。对他而言，这是继伊苏斯战役之后第二次与波斯国王亲自统率的军队对战。

不过，公元前333年的伊苏斯战役与两年后的高加米拉战役之间有着明显区别。

以足球冠军联赛打比方，我们可以这样表述。

决定冠军所属的只有一场决赛，但在半决赛之前各俱乐部队要每轮打两场比赛以决胜负。即使在第一场比赛中以大比分落败，如果在第二场比赛中以更大的分差获胜，仍然可以成为胜者。

从这个意义上说，伊苏斯战役是“第一场比赛”，即将进行的高加米拉战役是“第二场比赛”。

所以，这次战役对伊苏斯战役中完败的大流士来说，是一场绝对不能输的“第二场比赛”。

可是，在伊苏斯战役中取得压倒性胜利的亚历山大肯定也想打赢这场战役。在他看来，高加米拉战役是以波斯国王亲自统率的军队为对手，在敌人的大本营——美索不达米亚打的一场决赛。

公元前331年7月，刚满25岁的亚历山大离开埃及，首先前往推罗，从推罗横跨分隔中近东与中东的山地进入大马士革，那里是带去“决赛”的全军的集结地。

亚历山大完全不会因为喜欢快攻就只想着前进。

他的“快攻”战术只有在背后安全得到保证的前提下才会付诸实行。

他绕道推罗和大马士革，也是为了确认与马其顿之间的“海上交通线”——即联络和补给的通道是否在发挥作用。

亚历山大率部离开大马士革后向幼发拉底河挺进。渡过幼发拉底河就是波斯帝国的核心地区美索不达米亚了。

亚历山大确认了补给保障后转入快攻。他离开大马士革到看到幼发拉底河，耗时不到一个月，直线距离有500公里。在夏季行军，人和马的负担都会有所减轻，但他们不顾绕路选择了绿荫较多的路线行军。

如果他们为了尽快抵达幼发拉底河而选择横跨叙利亚沙漠的近路，一旦遭遇有名的叙利亚沙漠风暴，亚历山大的东征将就此终结。

马其顿的年轻国王下面这三点也做得非常好。

第一，巧妙利用当地向导。

这是西方人的军队头一回踏入东方。亚历山大经常使用多个向导一定是因为他收到的情报五花八门。用多个向导能够提高情报的准确率。进入敌人的地盘当然需要这样考虑。

第二，完美组织自家军队的士兵进行侦察。

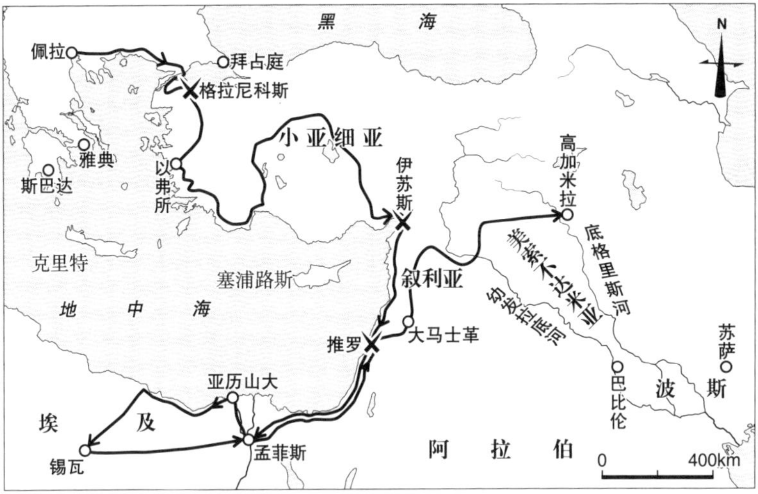


从埃及到中东

阅读古代史学家的叙述，我感觉当时几乎每隔 30 分钟就会有斥候回来报告情况。

即使连续报告说情况没有变化，亚历山大也不会减少外派斥候的人数，因为“没有变化”本身也是情报。

第三，我在前面已经写过，对抓到的俘虏，只要是士兵中地位较高的骑兵，亚历山大都要亲自审问。

记者的采访成功与否，与其说取决于被采访人，不如说取决于采访者的能力。审问的原理也一样。

就这样，虽然士兵和马匹的负担有所减少，但统率他们的最高司令官的负担从未有什么变化。亚历山大统率的总数近 48000 人的希腊军队安全到达了幼发拉底河边。

## 幼发拉底河和底格里斯河

波斯国王大流士应该在这里阻击他们。

虽然夏天水量会减少，幼发拉底河仍是一条大河。亚历山大的48000人不可能保持整齐队形渡过河去，大流士应该趁他们到达对岸队形混乱时实施攻击。

然而，大流士的意图不在于“阻击”，而只在于改变亚历山大的行进方向。

大流士害怕亚历山大渡过幼发拉底河后改变行进路线，沿着这条大河直奔下游杀向东南，去进攻波斯帝国最重要的城市——巴比伦和苏萨。

为了规避这种危险，大流士特意把与亚历山大决战的战场选在巴比伦以北500公里，离底格里斯河东岸不远的高加米拉。

大流士真意如此，便只派了波斯武将马扎亚斯率领的数千人马去幼发拉底河畔。

马扎亚斯也知道大流士的真实意图。当他得知即将渡过幼发拉底河的亚历山大军队人数10倍于己后，立即判断自己完全不是对手，便不战而退，直奔高加米拉，回到了国王身边。

于是，亚历山大安全渡过了幼发拉底河。可是过河之后他并没有改向东南方向行进。他不管巴比伦和苏萨，直奔底格里斯河而去，尽管去那里必须横贯美索不达米亚。

事到如今，我对年已 49 岁的大流士的思维能力之低下感到绝望。

无论是古都巴比伦还是首都苏萨，都一定有相当完备的防御体系。要攻陷这样的大城市，需要耗费相当的时日。在此期间，现在身在高加米拉的波斯军可以挥师南下，从背后攻击正在进攻巴比伦和苏萨的亚历山大。这种风险是需要想到的。

在平原上打仗，根据战法的不同，有时一天就会分出胜负。如果亚历山大在这场波斯投入全部战斗力的战役中获胜，那么巴比伦及苏萨极有可能在他面前和平地打开城门。

我坚信，即使 49 岁的大流士不特意考虑亚历山大是否会在幼发拉底河畔改变行进方向，25 岁的亚历山大也会直接杀向大流士严阵以待的高加米拉。

美索不达米亚是希腊人起的名字，意思是夹在幼发拉底河与底格里斯河两大河之间的地方。这一带现在在伊拉克境内，伊拉克首都巴格达和第二大城市摩苏尔都在这一地区。在古代，那些伊斯兰的发祥城市尚未出现的时候，这一带已经有了巴比伦和苏萨等城市。古代的高加米拉是现在摩苏尔附近的一片平原。

就这样，亚历山大率领的希腊军队没有遇到任何阻碍就渡过了幼发拉底河，完成了横跨美索不达米亚的行军。他们于9月份来到了底格里斯河边，河景尽收眼底。

大流士在底格里斯河也没有采取任何阻击行动，让人觉得他对自己统率的大军很有自信。

渡过底格里斯河与渡过幼发拉底河不同，多少有点艰难。亚历山大选择的渡河地点河面狭窄、水流湍急，士兵和马匹开始都有惧色。

亚历山大身先士卒，骑马下河，像是在下达命令："渡过河去！"士兵们见状也下定决心，跟着下河，结果全军顺利渡河。领袖和全军将士奋勇向前，几乎无人受伤。

亚历山大统率48000人的军队，从现在的叙利亚首都大马士革行军到伊拉克第二大城市摩苏尔，成功横跨了中东全境，却没有多大损失。我们只能认为他有着出色的领导力。

渡过底格里斯河来到东岸以后，亚历山大得到的情报变得更加丰富，准确度也有所提高。

有时大量情报一齐送到，着实让年轻的国王和他的伙伴们喜不自禁。

一个斥候向渡过底格里斯河后稍事休息的亚历山大报告说，前方山上有一队波斯骑兵。

年轻的国王认为那可能是敌人的前哨部队，当即命令自己的部队做好迎战战备。他以为，前哨部队的后面肯定会有敌人主力攻来。可是，根据此后收到的其他斥候的报告，他搞清楚了这队骑兵有1000人，像是前来观察情况的，因而不用担心。

亚历山大不想把这1000人放回去。他派出了骑兵和弓箭兵组成的一队人马。他命令他们不要消灭这些人，要专射马匹抓俘虏。结果敌人逃走了一部分，大多数当了俘虏。

亚历山大一个个审问这些俘虏，这时才准确了解到大流士所率波斯军队的全貌和大流士选做战场的高加米拉平原的现状。

尽管以后免不了有带俘虏的麻烦，但没有比准确了解敌情更大的收获了。

亚历山大带来的翻译团队在这种场合正好派上用场。

俘虏的供词并非剥光衣服严刑拷打的结果。

在希腊，人类裸体被认为有一种极致的美，诸神的雕像都用裸体表现，人们根本不以裸体为耻。

但裸体在东方却是耻辱之最，因为裸体意味着被降到奴隶的等级。对东方男人来说，裸体意味着最大的羞辱。

亚历山大没让俘虏体味如此耻辱。

骑兵是波斯社会的精英，据说年轻的国王甚至用尊重的态度对他们说话。

我想波斯骑兵因此都老老实实地说出了自己知道的一切。

总之，亚历山大一下获得了大量宝贵的情报。

大流士统率的波斯军队不愧是在庞大帝国进行了全国总动员召集来的，它是波斯阿契美尼德王朝开国以来最大规模的大军。

步兵人数超过 20 万人。

骑兵人数接近 4 万人。

200 辆镰刀战车。

投入战场的总兵力为25万人，另有15头大象。

四马战车的两轮分别装有长达1米的锋利镰刀，一旦奔驰起来会把左右敌兵拦腰砍倒。大象背上装有围栏，士兵从上向下投掷标枪、射出弓箭，可以形成雨点般的火力。波斯大军配备了这些在伊苏斯战役中不曾出现过的新式武器。

这反映了大流士胜负在此一战的意志，同时也体现出高加米拉战役中的波斯军带有帝国东半部分的浓重地方特色。

大象产于印度，而波斯帝国的东部边境隔印度仅隔着印度河。

相比之下，亚历山大统率的希腊军兵力只有波斯军队的五分之一。

亚历山大只有略超4万人的步兵和7250人的骑兵，全军总数只有近48000人。

而且，选择战场的不是亚历山大，是大流士。

不过，格拉尼科斯战役和伊苏斯战役的战场都是波斯方面确定的。马其顿的年轻人前往敌方确定的战场，不仅在那里打仗，还在那里取胜。对敌人来说肯定没有比他更可恶的对手了。

这次，大流士决心把那个傲慢的入侵者打得体无完肤。波斯方面已经万事俱备。

## 高加米拉战役

因为附近有一个小村庄名为高加米拉，历史上便把这片平原称为高加米拉平原。大流士把这里作为战场，命令所有步兵整平整个平原。

他们削平高处、填平低处，使地面平坦。与格拉尼科斯和伊苏斯不同，高加米拉没有河流流经。

平整地面的目的是为了充分发挥镰刀战车和大象的作用。

已经抵达幼发拉底河的马扎亚斯远远看见了亚历山大的部队，他向大流士禀告了敌情。大流士得知亚历山大率领的希腊军队的兵力只有自己的五分之一。大流士还有亚历山大从未见过的新式武器——200 辆镰刀战车和 15 头大象。

波斯君主应该认为自己能打赢。但 49 岁的大流士的缺点在于想定之后仍会陷于迷惘。

而亚历山大根本未把敌人选择战场当成一个问题，既已决定在那里打，便不再犹豫。渡过底格里斯河后战场近在咫尺，他立即挥师前往附近的高加米拉平原。

亚历山大一边向高加米拉进发，一边研究斥候不断带回的情报，已在相当程度上准确掌握了敌人的阵容。他注意到，波斯军的布阵与几天前俘虏口供提供的信息相比几乎没有变化。

大流士完成平整地面后，在平坦的平原上摆开了右翼、中路、左翼的阵型，这些天没有变化。

也许他对靠斥候收集情报并不热心，连亚历山大的希腊军到了哪里都不知道。也就是说，波斯军士兵已经连续数天处于临战状态了。

来到距离平原 10 余公里的地方，亚历山大命令全军停止前进。他们停在一座矮山的背后，即使敌人派来斥候，也很难注意到这一带。

亚历山大命人在这块地上围起栅栏，建起一个小规模的寨子。

建寨的目的是收容波斯的骑兵俘虏、摆放攻城器械等重型物资，此外还要存放眼下不急用的所有东西。

士兵上战场只要带上全套武器和入口即能果腹的食物，其余一律不带。

这一切工作结束后，亚历山大命令轻装后的士兵继续行军。天开始昏暗下来，48000 人马在微暗的薄暮中又开始行军。太阳落山时分，全军已经走完了去高加米拉平原的一半路程。

全军再次停止前进，士兵休息，司令官和指挥官召开作战会议。

帕米尼欧建议国王实施夜袭。这次亚历山大的回答仍然是否定的，理由是他想在阳光下堂堂正正地打仗。帕米尼欧接受了他的意见。帕米尼欧接受的原因应该是，对士兵来说，在看得见敌人的情况下打仗要比看不见敌人时更有勇气。没有比看不见敌人更可怕的事情了。

于是，在开战前夜，亚历山大的士兵们把武器放在手边踏实睡了一觉。

与之相对，大流士害怕夜袭，严令枕戈待旦，波斯军全军一宿没有合眼，一直熬到天亮。

士兵已经沉睡，亚历山大和司令官们在黑暗中来到高加米拉平原边上的小山包，从上面眺望敌军。波斯军帐篷前的火把熊熊燃烧，像是布满了整个平原。

天一亮就是公元前 331 年 11 月 1 日。明天就要打响高加米拉战役了，亚历山大眺望了敌军情况后回到士兵中间，和他们一样沉沉睡去。

基本的战略战术已制订完毕，全体司令官和指挥官已将它们全部记在脑海里。

只剩在次日清早的晨曦下看清敌阵，对必要的地方进行微调了。亚历山大手下的将军们都具备迅速、准确执行命令的能力。

这种能力与其说是天生的，不如说是他们随着亚历山大不断作战自然掌握的。

在亚历山大的军中，指挥系统总是明确的。他的指令从司令官和指挥官一直传至一兵一卒，就像有一根看不见的红线把他们连接在一起。

其结果是全体官兵都清楚地知道自己该做什么、仗该如何打、没有命令的时候该如何行动。

这是亚历山大能够像运动自己的手脚一样用好全体士兵的真正原因。

高加米拉战役不是简单的25万人对5万人的战斗，是考验最高指挥官能否做到“用兵如己身”的对决。

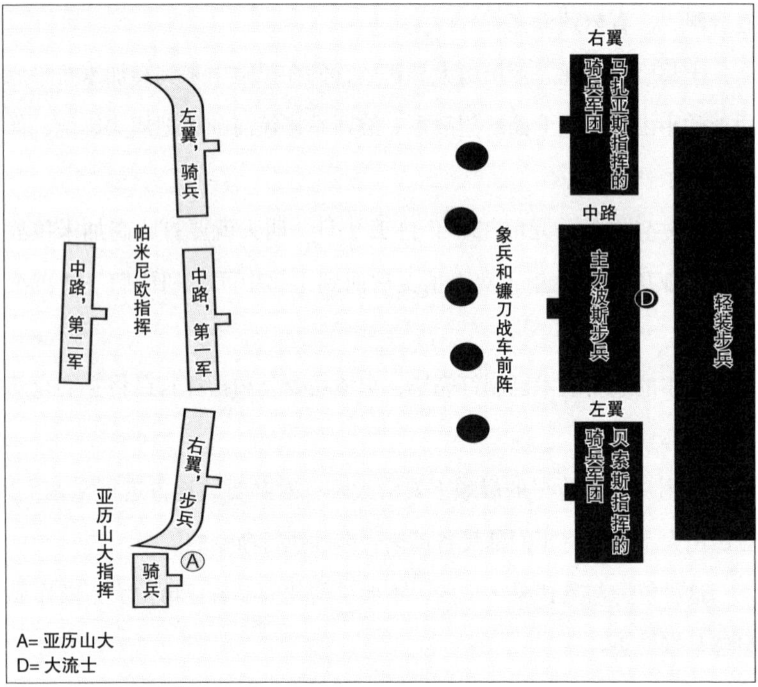


高加米拉战役 –1

公元前331年11月1日，亚历山大在晨曦中第一次看清敌军。

只需一看，他一定就看明白了大流士决不重蹈伊苏斯战役覆辙的决心。

伊苏斯战役中，大流士在隔开两军的河岸上围起栅栏。当时，波斯国王布了一个“等待”的阵型，想看清亚历山大如何出手再发起进攻。

高加米拉没有隔开两军的河，也没有栅栏表示波斯将在开战后先处于等待状态。

取而代之的是15头印度象和200辆镰刀战车分成5队部署在最前线。（见高加米拉战役–1）

这表现大流士希望三世一开战立即发起进攻的心情。

波斯军的正规部队在最前线的正后方。

右翼是波斯将军马扎亚斯率领的波斯骑兵军团，人数达到3万，都是波斯帝国的精英。不过在高加米拉，骑兵军团里也混有相当数量的非波斯人，波斯帝国引以为骄傲的骑兵半数以上已战死于伊苏斯战役。

右翼的左边是波斯军的“中路”。除了2000名希腊佣兵以外全为波斯兵，1万人的“不死军”也部署在中路。

国王位于全军中央是波斯帝国的惯例。大流士三世循例坐在格外豪华的战车上坐镇中路。也就是说，大流士在波斯帝国步兵精锐集团的守护之中。

接着是左翼。左翼是不想重蹈伊苏斯战役覆辙的大流士最重视的部分。左翼必然要同亚历山大率领的希腊军右翼发生激烈冲撞。把左翼交给谁呢？

大流士把左翼交给了巴克特利亚的总督贝索斯。

古代的巴克特利亚相当于今天的阿富汗。伊苏斯战役时波斯军几乎全军都是波斯人，而在高加米拉战役中，波斯军左翼由来自波斯帝国东半部分——即现在的伊朗东部及其东面的阿富汗和北面的乌兹别克斯坦——的士兵构成。

这些地方一直是部族社会，文明程度远不及波斯人。部族间的争斗是家常便饭。这种环境培育了勇猛甚至可以称为凶猛的战士。

主力军的背后部署着轻装步兵大军。这些士兵甚至说不上是预备队，感觉像是集合了一帮剩余兵力。这种前方和后续主力的安排，显示了大流士必胜的决心。

看到波斯方面的阵容之后，亚历山大像往常一样对战略战术做了微调。

不过他没有改变由自己率领的右翼负责进攻，帕米尼欧率领的中路在战斗前半程顶住敌人攻击的基本结构。

在高加米拉战役中，亚历山大只是改变了以前士兵横排保持直线接近敌人的做法，让右翼和左翼稍微错向后方，形成弓形阵。

两翼稍向后错的原因首先是防止数量占绝对优势的敌人从左右两侧包抄过来，其次在于引诱波斯军的右翼和左翼进攻，这一点似乎与前一点相互矛盾。

在伊苏斯战役中，亚历山大一开战就发起了进攻。而在高加米拉战役中，他改变了战术，引诱敌人发起进攻后再转入进攻。

为此，亚历山大特意把中路本来就不多的兵力又分成了两部分，用马其顿方阵巩固第一军，把希腊各城邦士兵组成的第二军部署在第一军的背后。

这个变化让大流士产生了疑惑。对方为什么不进攻，为什么不动呢？大流士在苦思冥想。这期间，布阵等待多日的波斯军等不下去了。

终于，大流士命令镰刀战车和大象出击。

然而，高加米拉战役的新式武器——镰刀战车和大象几乎当即失去了战斗力。

大象身躯庞大具有强大的冲击力，被认为最适合冲垮敌方阵型。然而欧洲人不重视大象这种战斗力的原因不仅在于欧洲不产大象这一点。

罗马人后来创造了一个包括北非在内的大帝国。他们可以轻易得到非洲象，但也没有把大象当作战斗力。这表明人类控制巨型动物非常困难。它们不愿意冲入敌群就会狂奔，大象的狂奔呈U形，它们会冲入后面跟上来的自家士兵中。

一旦御者控制不住大象，他们会立即在致命处针戳大象，使其毙命。

高加米拉战役中也发生了这种使大象失去战斗力的情况。

那15头大象全部拒绝冲入挺着7米长矛，像巨大刺猬般的马其顿方阵。

接着是大流士寄予厚望并专门为其平整战场的200辆镰刀战车。

我们在电影《宾虚》(Ben-Hur)[①]中可以看到类似的战车，但电影中用的是追求画面效果的道具，实际战斗中使用的战车并非那么简陋。它追求的不是画面效果，是将敌兵拦腰砍倒。

战车由两匹马牵引，左右车轮装有人抡不动的又重又长、磨得锋

① 又名《宾汉》，1959年出品的美国电影，导演为威廉·惠勒（William Wyler），曾获1960年奥斯卡金像奖。该影片又由提莫·贝克曼贝托夫（Timur Bekmanbetov）执导于2016年重拍。——译者注

**波斯军的镰刀战车**

利的巨大镰刀。

战车宽 1 米多，可供御者和士兵 2 人乘坐。战车两侧安装的 1 米长的镰刀分别突向左右，随着车轮旋转可以拦腰砍倒敌兵。这种兵器十分恐怖。不过它也有缺陷。缺陷在于它们不能排成密集队形。

大流士在他的中路左右各部署了 100 辆镰刀战车。但这 100 辆战车不能抱团进攻。

首先，战车由马匹牵引，马加上战车，每辆长度超过了 5 米。

战车横向左右各有 1 米长的镰刀突出于车身之外，镰刀加上车身，战车宽度至少 3 米。

镰刀战车这种兵器每台需要的空间达到长 5 米、宽 3 米。

一辆战车就需要如此之大的空间，为了不让战车自相咬合，横向纵向都需要留出相当大的车间距离。

结果，虽然战车总数达到 200 辆，但每辆都必须各自为战。

25 岁的亚历山大看破这一点。

亚历山大给自己的中路守兵下达了孩子气的命令，令人忍俊不禁。

他命令士兵在镰刀战车冲过来时迅速闪开身体，放过战车后再合拢队形，第二辆战车冲过来时再闪开放然后合拢，如此重复即可。

这毕竟不是孩子过家家。士兵们在反复闪开合拢的时候，会对准敌人的马匹投枪射箭。只要拉战车的马匹倒下，杀死车上的御者和士兵就很简单了。

看到大象和镰刀战车这些新式武器这么快就失去了战斗力，我想大流士会相当动摇了。大流士向右翼和左翼的骑兵军团发出了总攻命令。

右翼的波斯骑兵和左翼的巴克特利亚骑兵都开始了集群进攻。希腊军布的是弯曲阵型，好像在说“来打我呀”。

到了这个时候，亚历山大仍然按兵不动。

希腊军的左翼主力是亚历山大继马其顿骑兵之后第二信赖的色萨利骑兵。面对波斯骑兵军团的猛攻，他们顽强地坚守着。

巴克特利亚骑兵军团猛攻希腊右翼，双方展开了一场不同于左翼的战斗。

希腊左翼是骑兵对抗骑兵的战斗，而另一侧是步兵对抗骑兵的战斗。

克里特岛出身的弓箭兵名气之大使人们说起弓箭兵必称克里特岛。

亚历山大命令这些弓箭兵射人先射马。

巴克特利亚骑兵再凶猛，马被打倒了便无能为力。率领他们的贝索斯只能下令撤退。

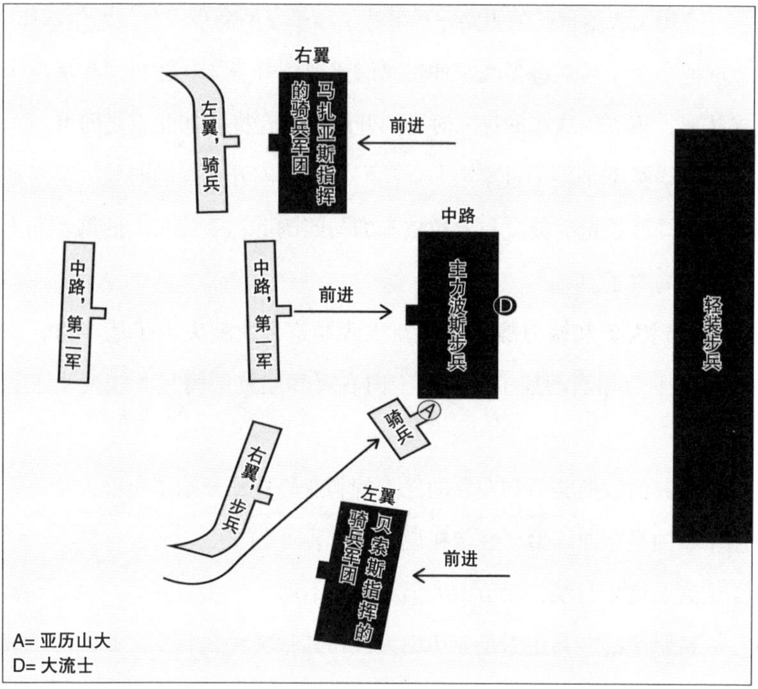


**高加米拉战役 –2**

以上情况使贝索斯率领的左翼与大流士所在的中路之间产生了空隙。（见高加米拉战役 –2）

亚历山大没有放过这个空隙。

一直在自家军队右翼最右端忍着的亚历山大和他的伙伴率领的3000名马其顿骑兵，这时发起了冲锋。

根本不需要发出冲锋号令，亚历山大已经冲在了前头，他的伙伴和他们率领的马其顿骑兵只好跟在统帅的后面。

就这样，呈纵向菱形的3000名马其顿骑兵跟着比塞弗勒斯背上的亚历山大，以他头盔上迎风飘扬的白色翎子为标识，向敌方中路和左翼之间的缝隙冲了进去。

亚历山大一旦做出决策绝不犹豫。伊苏斯战役中，他从右侧迂回进攻敌人的中路。在高加米拉战役中，他猛攻的目标仍是位于敌军中路的大流士，这点没有改变。

同时，帕米尼欧率领的“巨型刺猬”也加入了进攻。亚历山大统率的希腊军全都投入了战场。

此时，战场另一头的战况发生了变化。以色萨利骑兵为主力的希腊军左翼一直在顶着波斯骑兵军团的猛攻，他们开始一点点地后退。

如果这条战线被攻破，希腊军的中路将被包围。

亚历山大在己方马其顿方阵背后部署了由重装步兵组成的第二军，就是为了应对这种情况。

这些重装步兵来自希腊的各个城邦，他们已经不需要等亚历山大发令了，年轻的国王事先已布置了遇到这种情况该如何应对。

现代的战史研究者说，这支第二军的行动决定了左翼的战况。

得到第二军的增援后，一直坚守左翼的色萨利骑兵不但扭转了战局，还转入了进攻。

因为敌人右翼的骑兵军团发生了异常情况。

波斯骑兵一直被誉为波斯帝国的骄傲，但他们中很多人战死在伊苏斯战役中。因而参加高加米拉战役的骑兵军团中加入了不少来自帝国东部的骑兵。

这些来自现代的阿富汗、巴基斯坦等地的骑兵停下了对希腊军左翼的进攻，跑向马其顿设在后方很多远处的营地抢掠财物去了。

这意味着人数有 3 万之众的波斯军右翼分为了两部分，一部分是留下继续战斗的波斯骑兵，另一部分是跑去抢夺财物的东部骑兵。

去掠夺财物的那些骑兵被希腊军的第二军发现并受到追击，还没抢到财物便被歼灭。

在这种态势下，作为波斯社会精英的波斯骑兵仍在坚持与色萨利骑兵战斗。

这时传来了国王逃跑了的消息。（见高加米拉战役 –3）

与伊苏斯战役时一样，亚历山大尚未逼近他的身边。

大流士与亚历山大之间还有很远的距离，波斯军的精锐部队 1 万人以及 2000 名战斗高手——希腊佣兵挡在中间保卫着国王。

在此之前，大流士只看到开战不久大象和镰刀战车的悲惨灭亡，贝索斯所率左翼的撤退，亚历山大率领马其顿骑兵军团猛攻自己所在的中路，以及帕米尼欧率领“巨型刺猬”步步逼近。

右翼的波斯骑兵军团正在同敌人的左翼激战。大流士所在的中路还未遭到过像样的打击。

不过，也许这些足以构成大流士逃跑的理由，他心中的某些东西

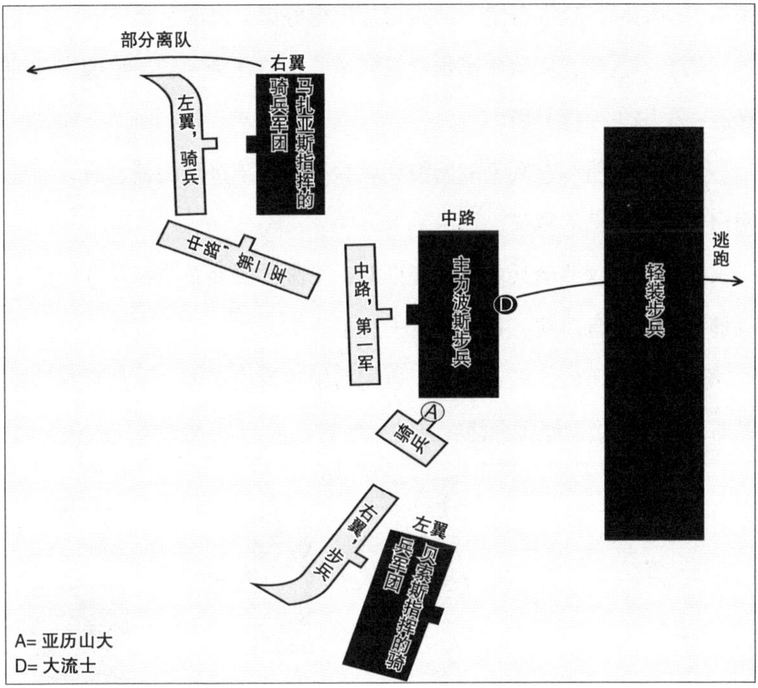


高加米拉战役 –3

可能已经崩溃。

国王在自家部队中辟出一条路逃之夭夭了。

这是继伊苏斯战役以后，波斯国王大流士三世第二次抛弃士兵、放弃战场了。国王逃跑何其迅速，让人觉得他有逃跑癖。

假设大流士没有逃跑，波斯军会打赢高加米拉战役吗？

答案是否定的。战斗也许会拖长，但亚历山大仍会获胜。

虽然兵力只有敌人的五分之一，但胜利者一定会是这位 25 岁的国王，他能够把这五分之一的兵力运用得好像自己的手足一般。

如果不逃跑，大流士恐怕会被斩杀，他将作为阿契美尼德王朝的最后一位国王死得其所。

正在同希腊军左翼交战的波斯骑兵得知国王逃跑的消息后，当即明白再打下去已无意义。

系统指挥这些骑兵的马扎亚斯和手下全体骑兵企图掉转方向逃离战场。然而一旦溃败，指挥也就失灵了。

这次，亚历山大知道大流士逃跑后根本没去追击，而是直扑马扎亚斯，仿佛要把遗憾深深烙在马扎亚斯的心里。（见高加米拉战役 –4）

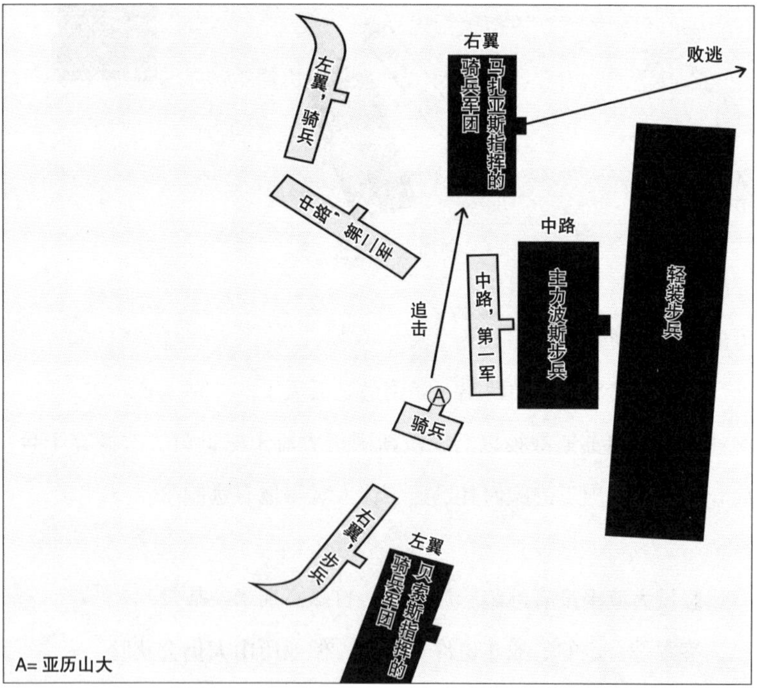


高加米拉战役 –4

以亚历山大为先锋的马其顿骑兵军团的猛攻之下，波斯精英们想全部逃走没那么容易，多数被当场杀死。

但带头逃跑的马扎亚斯及其少数部下还是逃到了巴比伦。

这个时候，贝索斯率领的巴克特利亚骑兵也已无影无踪。后来，他们追上了逃跑途中的大流士。

最悲惨的是那些被国王和骑兵抛弃的波斯军中路的步兵。

帕米尼欧率领的“巨型刺猬”已经从正面攻了进来。

亚历山大率领的骑兵军团又从后面逼近。

波斯骑兵已从右侧逃走，没了对手的希腊军左翼从右侧逼近。

要歼灭数量占优的敌人只能采取围歼战术。这是先包围敌人再缩小包围圈的战法。使用这种战术与其说是撂倒敌兵，不如说是造成敌兵自相残杀的状况。被国王和骑兵抛弃的波斯士兵完全陷入了混乱。一旦阵形崩溃，被自己人踩死的人会比敌人杀死的更多。

这就是历史上著名的高加米拉战役的结局。

波斯国王大流士逃离战场后，既没有去南面的巴比伦也没有去首都苏萨，而是一个劲儿地向东逃去。

他已经预料到，不来追击自己而优先打围歼战的亚历山大一旦结束战斗，必定会来攻打这两座城市。

大流士的预感只有这次灵验了。

## “金刚钻”

要问亚历山大之后的古代名将还有哪些，我只能举出下面三人。

在第二次布匿战争中一连 16 年把罗马军队搅得团团转的迦太基将军汉尼拔。

在最后一战中打败汉尼拔的罗马将军大西庇阿。

再就是罗马首屈一指的武将尤利乌斯·凯撒。亚历山大征服了远至印度的“东方”，而凯撒让丘吉尔说出了“英国历史始于凯撒渡过多佛海峡之时”的话。

这三位对战略战术有绝对自信的人都认为，亚历山大是武将第一人。

但他们三人都没有生搬硬套亚历山大在战场上的做法。虽然他们借鉴了一些，但没有全部照搬他的做法。

为何如此呢？

意大利语中有个说法叫“punta di Diamante”。

它是金刚钻的意思，是指将钻石装在前端的研磨切割工具。把钻石这种最硬的矿石安装在工具的前端，能切开不易切断的物体。

这三位名将充分了解马其顿骑兵军团以纵长菱形阵型冲锋的威力和效果。

不过他们也懂得，只有亚历山大这个“金刚钻”才能使这样的阵型发挥效力。

他们三人并不缺少当“金刚钻”的勇气。

身先士卒冲入敌阵，“金刚钻”将置身于最大的风险之中。

全军最高司令万一有个好歹，中路和左翼打得再好也会全军崩溃，转胜为败。这是采用会战方式打仗的现实情况。

汉尼拔、大西庇阿和凯撒都经常在最前线指挥作战。凯撒甚至常常身披只有他才穿的红色大披风，甘冒被敌人认出的风险。

然而他们都不曾当过“金刚钻”，甚至没有尝试过这种战术。

与偶尔有失的这三位相比，亚历山大可谓百战百胜。

在喀罗尼亚战役、格拉尼科斯战役、伊苏斯战役以及高加米拉战役这些以会战的方式进行的战役中，亚历山大总是“金刚钻”。

他自己承担了最大的风险，在他手下作战的司令官和指挥官不可能对此事实无动于衷。

实际上，年长者表情凝重，同辈人充满热情，年轻人流着热泪，他们都曾恳切地请求他别再做“金刚钻”，说他的安全就是全军的安全。

亚历山大大概也为之所动，他饱含深情一个个地拥抱了恳切请求他的部下，然后明白地说出了自己的想法。

对我来说，你们不仅是最忠诚、最有献身精神的部下，也是最值得信赖的朋友。用言语说不尽我对你们的感激之情。

你们的感情不单是温暖的同情。战争开始以来，你们已经用战绩明确表达了你们对我的爱。

我可以坦白地告诉你们，有你们围在身边，我比过去任何时候都热爱自己的人生。

你们的热情使我幸福。也正因为有我表现出的勇气，你们才会产生这种感情。这也是事实吧。

罗马时代撰写亚历山大传记的库尔提乌斯·鲁夫斯写过，这番话是亚历山大在重要人物面前说的。他并未写这是亚历山大对士兵说的话。

然而，没有比亚历山大更能对将士一视同仁的统帅了。因此，也没有比亚历山大更受士兵爱戴的统帅了。

他在战场上总是冲锋在前，冒着大于其他任何人的风险在战斗。

看着亚历山大头盔上迎风飘舞的白色翎子，不仅将军们，就连一介兵卒都一心要跟着国王去战斗。

亚历山大心目中优秀的领袖必须是部下的模范，部下看到他身先士卒、甘冒风险才会接受他作为自己的表率。

正因如此，他才对司令官和指挥官说“你们那么爱我，不也是因为我表现出的勇气吗？”这样的话。

亚历山大
（取自疑似亚历山大石棺的浮雕。伊斯坦布尔考古学博物馆藏）

总之，亚历山大表明了自己今后还将一如既往做“金刚钻”的意志。

在第二次布匿战争中，迦太基将军汉尼拔和罗马将军大西庇阿互为敌手。但有记载说，战后数年两人相遇，作为武将相互评价甚高。

凯撒的活跃时期要比他们晚 150 年，他当然不曾见过他们。为数众多的史实表明，这位罗马首屈一指的名将从年轻时开始就仰慕亚历山大。

我很愿意想象一下，如果让这三个人相聚谈论武将的话题将会是什么景象。

这三个人一定会在一点上取得一致，那就是与他们相比，亚历山大才是天下第一武将。

他们一定不会对用“金刚钻”把楔子钉进敌阵的战术思想提出异议。三人会对只有亚历山大能让这个战术发挥作用抱有同感。

最后，他们三人可能会笑着说：

“不管怎么说，他还很年轻啊！”

亚历山大的才华在他 20 岁到 30 岁这段时期得到了全面施展。

汉尼拔的鼎盛时期是在 30 岁到 45 岁。从他翻越阿尔卑斯山一路打进罗马领土意大利半岛开始，直到他在扎马战役中败给大西庇阿为止。

大西庇阿打败汉尼拔，结束了第二次布匿战争，他的鼎盛时期在 30 岁以后。

最后是凯撒。他在 40 岁的时候发动了高卢战争，建构了后来的欧洲版图。

与这三人相比，亚历山大怎么说都很年轻，在他们开始活跃的年龄，亚历山大已经去世了。

“金刚钻”的战法正因为他年轻才能获得成功。

## 从巴比伦、苏萨到波斯波利斯

高加米拉战役结束后，亚历山大没有像伊苏斯战役结束后那样举行官兵同乐的大宴会。

伊苏斯战役结束后他有两个选项，一个是直接攻打敌人的老巢——波斯美索不达米亚，另一个是为建立海上交通线而先征服中近东和埃及，然后再进攻美索不达米亚。

高加米拉战役结束后，他只剩一个选择。攻进美索不达米亚并取得了胜利后，他的下一个目标是把波斯帝国的大本营和威势的象征——巴比伦、苏萨以及波斯波利斯收入囊中。等攻下这些城市再追击逃走的大流士也不迟。

会战的好处是一天便能结束战斗。亚历山大在会战胜利后不会忘记巩固胜利成果。

于是，那些与平生初见的大象和镰刀战车奋战的士兵们只得到了一个晚上的休整时间。

年轻的国王照例参加了埋葬战死者的仪式，又照例带着医生团队前去看望伤员，与密友赫菲斯提安二人共进了这天的第一餐。然后，他贪婪地睡了几个小时。

翌日清晨，他们重又开始行军，方向朝南，目标直指位于幼发拉底河附近的古城巴比伦，距离有400公里。行军全程都在底格里斯河与幼发拉底河中间宽广的平原上，行军速度得以加快。征服巴比伦竟如此轻而易举，亚历山大喜出望外。

亚历山大来到环绕这座古城的城墙前。这时，城门从里面打开，波斯人走了出来，请求年轻的国王不要攻城，他们开城投降。

这位名叫马扎亚斯的波斯人第一次与亚历山大面对面。但是从两年前开始，这人就已与亚历山大在某种意义上有了很密切关系。

那年他担任小亚细亚东南部奇里乞亚的总督，受波斯国王委托负责该地的防务。他在行动神速的马其顿年轻国王面前慢了一步，轻易地把奇里乞亚拱手送给了眼前的这位敌手。

这引起国王大流士的不悦，他甚至没有让马扎亚斯参加后来的伊苏斯战役。

让他参加高加米拉战役也完全是因为大流士在伊苏斯战役中损失了众多将军。

马扎亚斯一度遭到大流士的冷落。这次大流士让他复出，给了他一项特别任务。

大流士给马扎亚斯的任务是，在幼发拉底河畔等待前往美索不达米亚的亚历山大军队，改变他们的行进方向，把希腊军引向高加米拉所在的北方，而不是首都苏萨所在的南方。大流士只给了几千人马让他去完成这个任务。

看到十倍于己的希腊军，马扎亚斯觉得一切尝试都是徒劳，便不战而退了。但他不是逃跑，而是回到了大流士严阵以待的高加米拉。

大流士任命马扎亚斯担任波斯骑兵军团司令官，作为进攻主力在右翼作战。

因而，在高加米拉战役中，他没有与亚历山大率领的马其顿骑兵军团直接交战。马扎亚斯率领的波斯骑兵军团勇敢奋战，让色萨利骑兵防守的希腊军左翼不得不后退。

然而，这时传来了国王逃走的消息。这位武将只得带着残部从混战中逃出，回到了巴比伦。

他和跟他逃出高加米拉的波斯骑兵都不想继续追随两度抛弃自己人、放弃战场的波斯国王了。

这种心态通过在人身安全没有保障的情况下无条件投降的行为表现出来。

亚历山大接受了马扎亚斯的投降，同意和平进城。不仅如此，他还任命马扎亚斯担任总督，管辖巴比伦及周边一带。

马扎亚斯的例子能很好体现亚历山大的性格。

一个人干不成大事业，没有众人的配合是绝对不行的。

因此，领导者需要相信他人，给他人以明确的目标，再放手交给他任务。如果总在审查他人是否值得信赖，那将一事无成。从某种意义上说，有时只能凭着直觉大胆用人。

亚历山大最痛恨背叛，因为他人背叛的是他给予的信任。他认为背叛是人类最卑鄙的行为。

波斯高官马扎亚斯没有背叛他的君主，他只是抛弃了两度丢弃国王责任和义务的大流士。

亚历山大认为这不构成背叛。相反，这显出马扎亚斯是最远离背叛的人。

亚历山大大概觉得自己在希腊人称为“蛮族”的波斯人中发现了一个颇通情理的对手。马扎亚斯后来同儿子们一起成了亚历山大忠诚的家臣。

马扎亚斯的例子在波斯精英中掀起了波澜。

自此之后，任用战败的波斯人的情况日趋显著，但他们均非亚历山大招募，也非希腊人推荐的。

几乎所有人的任用都凭亚历山大的第六感。第六感也有不准的时候。这时年轻的国王所做的只是和决定任用时一样迅速地换人而已。

波斯国王的高官们就这样开始转变成希腊人国王手下的高官。

尽管“总督”这个官名没有变化，但内涵有所不同。

波斯帝国的“总督”是行政、军事、经济一手抓，但在亚历山大的帝国里，“总督”只管行政，军事由马其顿人管，财政由其他人管，权力被一分为三。

尽管亚历山大十分喜欢做“金刚钻”，但他也是一个现实的统治者。

亚历山大的做法与他的老师亚里士多德的观点正相反。

亚里士多德被认为是继苏格拉底、柏拉图之后的希腊哲学巨人。他这样教诲少年时代的亚历山大：

> 要像对待自己的领路人一样对待希腊人，要像主人那样

对待蛮族。

你可以把希腊人当作朋友或者亲人去对待，但一定要把蛮族当作奴隶或者动植物去对待。

这些话毕竟出自希腊哲学巨人之口，因而当代的不少研究者愿意认为，这里的“蛮族”是指不讲希腊语的民族，并非歧视性词汇。

然而这个词就带有歧视性，不论出自何人之口。

这源于当时希腊人的常识性观念。我认为，亚历山大对待“蛮族”的不同方式，是他在持续东征的过程中自己学到的。

有句话叫作“巴比伦的荣华”①。亚历山大在古城巴比伦逗留期间一定每天都在惊叹中度过。徜徉在极尽东方之奢侈的建筑之间，来自希腊新兴国家马其顿的年轻人一定有过发自内心的感慨，哪怕只是对赫菲斯提安一个人。他也许还参观了号称世界七大奇迹之一的空中花园。

当时的波斯，不说文明程度，在文化方面甚至不比希腊的雅典逊色，尽管二者有所不同，如果说雅典是“壮丽”之美，波斯就是“华丽”之美。

亚历山大是一个绝对不会忘记终极目标的人。他还没有享尽古城之美带来的愉悦，便抓紧时间前行了。他要尽快拿下波斯帝国的首都苏萨。

---

① 圣经《旧约·以赛亚书》有云，“巴比伦素来为列国的荣耀，为迦勒底人所矜夸的华美”。——译者注

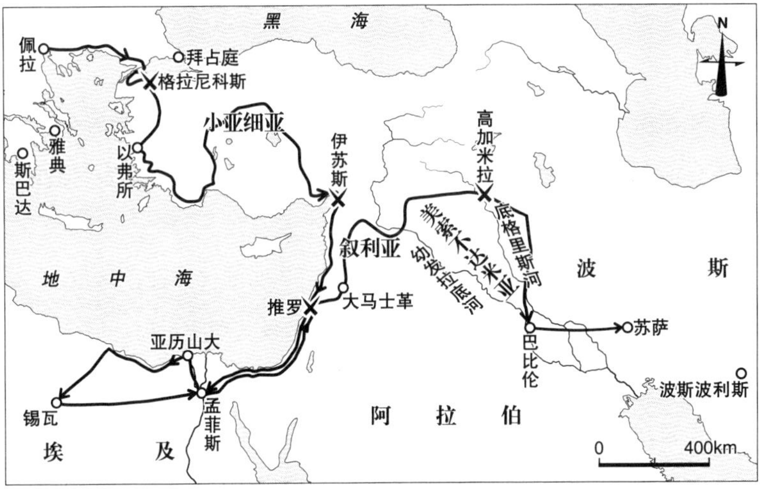


从高加米拉到波斯“心脏”

从巴比伦到苏萨的路程不足400公里，要向东横跨美索不达米亚。巴比伦在幼发拉底河畔，渡过底格里斯河便可到达苏萨。

恐怕亚历山大逗留巴比伦期间就已经展开让首都不流血开城的秘密谈判。我想，有关的疏通工作已经在刚当上巴比伦总督的马扎亚斯与苏萨防务负责人之间进行了。

苏萨不愧是首都，具备相当的防御力量。不使对方动用这些防御力量而以和平方式取得苏萨是最好的，拙劣地显摆军事力量为大忌。把疏通工作交给波斯高官去做也是明智的做法，疏通的结果很好。

亚历山大只在最重要的场合使用那匹自他少年时代就跟着他的爱马比塞弗勒斯，并非在任何时候任何地方都骑这匹马。只有上战场，他才会带这匹爱马去。他只把比塞弗勒斯当作可以托付生命的马。他觉得形象漂亮的白马更适合用于进入被征服城市的入城仪式和阅兵游行。

亚历山大是骑着白马进入波斯帝国首都苏萨的。他身着豪华军装，上面点缀着种种装饰，这些装饰在战场上只会成为累赘。但在胜利者的入城式上，视觉效果不可忽视。

苏萨的居民们洒下了花瓣雨，他们用华丽的仪式迎接这位 25 岁的胜利者。可能是疏通工作卓有成效，欢迎仪式期间没出任何意外。

进入王宫，亚历山大坐上了大流士经常坐的宝座，波斯的权贵们围了上来，一齐匍匐在他面前，表态臣服。

对此，亚历山大一定十分惊讶，随他而来的马其顿武将们也都大为惊讶。

在东方，光屈膝下跪而不磕头，不足以表示向王者臣服。这件事影响深远。

波斯帝国的首都苏萨被顺利征服。

当然，大流士存储的 18000 塔兰特巨款被悄悄取走。不消说，这些钱被直接用作给士兵的报酬和犒赏。

亚历山大任命波斯人担任苏萨的“总督”。也许那人就是马扎亚斯在不流血开城交涉中的谈判对手。

亚历山大还命令此人做了下面这件事。

亚历山大下令接回留在大马士革的大流士的母亲和女儿们，让她们像以前一样居住在王宫的一隅。

大流士的妻子在伊苏斯战役时已经怀有身孕并很快分娩。不久母子双亡。所以，流亡中的大流士只有母亲和两个女儿这三位亲人了。

做完全部必须做的事情之后，亚历山大离开苏萨前往波斯波利斯。当然，与在巴比伦时一样，亚历山大留下了由马其顿人组成的一队士兵。以率军打仗伤亡少而闻名的亚历山大必须在每个战略要地留下士兵，所以他时常需要补充兵员。

波斯波利斯也以不流血的方式开城。我们只能认为，帝国中心地区的波斯人已经不把两次临阵脱逃的大流士当国王看待了。

这座城市在历史上以希腊语的“波斯波利斯”闻名。与自古就是重要城市的巴比伦不同，它是由始于居鲁士的阿契美尼德王朝的历代波斯国王们极尽奢华装扮起来的城市，像是要向古城巴比伦炫耀一般。

波斯波利斯是阿契美尼德王朝时波斯国王们的城市。国王死后一定会葬在这里。

大流士一世是第一个想到把波斯波利斯建成阿契美尼德王朝波斯国王之城的。

这位国王可以视为阿契美尼德王朝的中兴之祖，他是第一个想要征服希腊的波斯国王。

公元前490年，波斯军在雅典附近的马拉松登陆，发动了第一次希波战争。

大败于雅典重装步兵后，波斯军马上撤退，结束了第一次希波战争，只给近代奥林匹克运动留下了一个马拉松项目的名称。

10年后的公元前480年，大流士一世的儿子薛西斯率20万大军进攻希腊。

但在第二次希波战争中一败涂地的仍是波斯。

希腊人在雅典人地米斯托克利的率领下取得了萨拉米斯海战的胜利。在斯巴达人帕萨尼亚斯的英明指挥下，普拉塔亚战役又以希腊人的完胜告终。

阿契美尼德王朝的波斯国王们每次入侵希腊，必遭痛打而只能败退。

尤其是薛西斯，他看到自己亲率的大军在自己眼皮下遭到毁灭，回到首都苏萨后便把国王的公务都抛在了一边。

薛西斯产生了人格分裂。为了忘记这一切，他一心只想把波斯波利斯建成一座最美的城市。

其中王宫的美丽甚至传到了希腊。然而，那都是薛西斯为了忘却绝望以及出于自我厌恶做出的。

这个时期往后，波斯的国王们再也没有把手伸向希腊。他们已经刻骨铭心地懂得，伸手必被烧。

但是波斯也未彻底收手。

继地米斯托克利之后，伯里克利利用提洛同盟把爱琴海变为希腊人之海的30年间，波斯完全收手了。伯里克利死后，波斯再次出手。

不过，这个时期波斯对希腊作战倚靠不是军事力量，是资金实力。波斯图谋向斯巴达提供经济援助，让希腊两大强国雅典和斯巴达自相征讨。

绵延了30年之久的伯罗奔尼撒战争于公元前404年以雅典失败告终，把爱琴海变为希腊人之海的提洛同盟也崩溃了。

结果，因为提洛同盟的作用才变成希腊人地盘的小亚细亚西海岸一带再度回到了第一次希波战争之前的状态，回到了波斯人的统治之下。

自公元前404年雅典战败开始，到公元前334年亚历山大跨过赫勒斯滂海峡攻入亚细亚为止的70年间，希腊世界的东半部分一直处在波斯的统治之下。

如今，马其顿的年轻国王率领希腊军队夺回了爱琴海，而且连波斯波利斯也夺到了手中。

亚历山大在波斯波利斯逗留的时间超过了他在巴比伦和苏萨的时间。

若说这是为了在来年春天行动之前让士兵们得到休整，我们能理解。但亚历山大在逗留期间去祭扫了阿契美尼德王朝历代君王的墓地，这使我们难以理解他内心的想法。

赫菲斯提安是亚历山大形影不离、无话不说的伙伴，他从不做有失礼仪之事，因此他不会把亚历山大的心里话记录下来留给后人。

我们只能想象25岁的亚历山大逗留波斯波利斯期间的内心想法。我想，亚历山大应该认为自己是来打第三次希波战争的。

第一次希波战争的胜者是雅典人米提亚德。

把第二次希波战争引向胜利的是雅典人地米斯托克利和斯巴达人帕萨尼亚斯。

亚历山大自己将以胜利结束第三次希波战争。

在波斯波利斯，亚历山大仍然任命波斯人担任总督。

他还把安放在王宫里的两尊雅典造的雕像运去了雅典。

这两尊雕像是第二次希波战争中，薛西斯入侵雅典作为战利品带回来的。这两尊希腊雕塑杰作时隔150年后回到了故国。

亚历山大下令焚毁了波斯波利斯的王宫。帕米尼欧表示反对，但年轻的国王没有改变主意。

第二次希波战争时，波斯国王薛西斯焚毁了整个雅典！

也许亚历山大心里想，自己烧掉的并非整个波斯波利斯城，只是薛西斯装饰的王宫。所以他坚决执行了自己的决定。

在亚历山大看来，要想让希腊人、波斯人知道阿契美尼德王朝覆灭了，就必须焚毁王宫。

他要让人们知道，波斯以后还会存续，但阿契美尼德王朝及其国王的王宫已经灰飞烟灭。

亚历山大没有动居鲁士建立的阿契美尼德王朝国王墓地一草一木。他严禁破坏这些陵墓，尽管其中葬有发动了第一次希波战争的大流士一世和在第二次希波战争中焚毁雅典的薛西斯。

不管人们生前行为如何，绝不冒渎死者，这也是亚历山大的信条。墓地是死者最后的安息之地，哪怕这里安息的是敌人。

亚历山大是一个严重的自我中心主义者，但他也是懂得站在对方立场上想问题的人。

公元前330年的夏季，亚历山大再次率军启程，目标是位于西北方的埃克巴坦那，波斯国王的夏季离宫就在那里。

不同于在美索不达米亚行军，这次行军是在蜿蜒崎岖的山地上。

这一带已经没有任何部族会挡在年轻的征服者面前。

埃克巴坦那建在一座小山上，夏季凉爽。城市的防御设施完备，通过拉吉（现伊朗首都德黑兰）到里海也很近。

亚历山大照例和平拿下了埃克巴坦那。他决定把这里当作征服波斯帝国东半部分的前线基地。

所谓前线基地就是部队会经常回来的基地。但亚历山大的偏好是一旦离开便不轻易回来。在他看来，这里与其说是前线基地，毋宁说更富于后方补给基地的色彩。

亚历山大决定把帕米尼欧留在埃克巴坦那。根据各种情报，让帕米尼欧同去山地连绵的东方，对年逾七旬的他来说过于苛刻。虽然不跟随国王东征，他的任务同样重要。亚历山大让他做了后方基地的负责人，一半的军队也留给了他。

亚历山大逗留埃克巴坦那期间还做出过比这更加重要的决定，并立即付诸实行。

逗留埃克巴坦那期间，亚历山大收到了令人高兴的消息。这些决定被立即付诸实施也是受到这个消息的影响。

## 斯巴达最终出局

这个消息就是希腊唯一公然反对马其顿霸权的斯巴达终于衰落了。

消息说，从伊苏斯战场逃回祖国的佣兵为主体的斯巴达军，在伯罗奔尼撒半岛的麦加罗波利斯近郊与马其顿军对战，大败亏输，死者人数超过5000，斯巴达国王战死。

斯巴达最终出局，这对就要打进中亚的亚历山大来说是一个值得双倍三倍开心的消息。

第一，可以称为祖国的希腊就此完全稳定地处于马其顿的霸权之下。

第二，以前一直勾结波斯的希腊内部势力因斯巴达的大败而被消灭。

不要忘记，波斯国王大流士还在逃亡之中，并未死亡。

第三，佣兵大国斯巴达的衰落让希腊人醒悟为他国当佣兵的人没有好下场。

亚历山大一直痛恨希腊人抛弃祖国为别国当佣兵的潮流。他毫不怀疑是希腊民族的佣兵化害了希腊世界。

在麦加罗波利斯战役中战死的斯巴达士兵，大半是在伊苏斯战役中为波斯而战，战败后逃回来的佣兵。

从此以后，再也没有希腊士兵为波斯作战了。

于是，亚历山大得到了可以把自己的重要决定付诸实施的外部环境。

这个决定就是准许马其顿以外城邦的希腊士兵回国。

格拉尼科斯战役、伊苏斯战役、高加米拉战役，亚历山大在所有以波斯军为对手的战役中都取得了胜利。此外，他还得到了巴比伦、苏萨、波斯波利斯以及埃克巴坦那等波斯帝国的所有主要城市。

亚历山大认为波斯帝国已经就此崩溃。

他 6 年前召集希腊所有城邦代表召开了科林斯会议，在会上被选为统率希腊兵奔赴波斯的远征军最高司令官。

至今为止的 4 年间，他统率的是全希腊的军队，尽管主力是马其顿士兵。

既然科林斯会议上确定的目标已经达到，亚历山大不再有资格继续统率马其顿以外的希腊人了。

马其顿士兵有义务跟随他这位国王，雅典和科林斯等其他城邦国家的士兵无此义务，因为派遣他们是与马其顿有同盟关系的城邦。

让他们回国，对亚历山大来说是理所当然的行动。

但是，马其顿的年轻国王请求色萨利骑兵作为志愿兵留下。

在这 4 年的时间里，色萨利人已经感受到亚历山大对他们的信赖，他们同意全体留下。也有不少其他城邦的参战人员愿意当志愿兵。他们留下来并非受所属国家指使，是他们自己愿意作为亚历山大麾下的士兵作战。

亚历山大在这 4 年里受到士兵们的爱戴。爱戴他的不仅有马其顿出身的士兵，还有来自希腊各地的士兵。

如此这般，亚历山大统率的军队里佣兵的数量有了增加。

不过，他们并非科林斯会议禁止的佣兵，他们不会像斯巴达佣兵那样为敌对国家而战。虽然他们可以得到刻着亚历山大侧面像的金币和银币，但他们是在与希腊的敌人作战。马其顿士兵也会获得报酬。他们的区别只有一个，那就是其他城邦的士兵不能称呼亚历山大为“我们的国王”。

不知道是因为久违的冬季休整时间太长，还是斯巴达的衰落使亚历山大对希腊的担心一扫而光，他从埃克巴坦那出发后行军的速度快得令人惊异。古代的史学家和现代的研究者都这么说。

亚历山大把士兵中年长的一辈留给了驻在埃克巴坦那的帕米尼欧，在他率领下踏进山地的士兵以年轻人居多。

这也理所当然。他眼下的目标只有一个，就是追击逃走的大流士。

11 月 1 日的高加米拉战役结束后，11 月、12 月，接着是第 2 年的 1 月、2 月和 3 月，这 5 个月给了临阵脱逃的大流士足够的时间，让他拉大了自己与迟早会追上来的亚历山大之间的距离。

亚历山大已经得到波斯帝国的所有核心地区，并于公元前 330 年春开始再次追击大流士。根据斥候团队带回来的情报，大流士居然还在距埃克巴坦那不多远的里海附近！

为什么？为什么大流士会在这种地方磨蹭呢？

我想，这是因为大流士虽然在伊苏斯战役和高加米拉战役中吃了败仗，但他自己逃了出来，还在指望卷土重来。他大概还没有放弃动员整个帝国的总督组成大军向亚历山大发起挑战，一雪前耻。

为了达到这个目的，大流士不仅需要动员跟在他身边的贝索斯等东方的总督，还需要动员帝国核心地区的总督们。

大流士离开帝国核心所在的美索不达米亚，可能是因为他没有下定决心。

大流士才 50 岁，他能在目前的状况下得到他想要的情报。然而，他没有冷静地认识到巴比伦、苏萨、波斯波利斯以及埃克巴坦那这样的帝国核心地区的大城市全部在亚历山大面前开城究竟意味着什么。

他顽固地认为，家臣们的这种变化是源于自己打了败仗。他不愿意承认旧家臣已经抛弃了自己。

然而他也不信任一直跟随自己的帝国东方的总督们。

官名一样都是“总督”，但东方的总督本质上不是国王手下的高级官僚，只是臣服国王权威的地方豪族之长。波斯帝国有很高的文明程度，但那只限于帝国核心地区的上层人士，东方部族的首领们可不是那样。大流士本人是一个文明人，他不能完全相信贝索斯及其伙伴们。

贝索斯等东方的总督逐渐了解国王及其内心的想法，他们接二连三地逃走。国王与他们之间的关系不断恶化也在情理之中。

即使大流士拥有兵力，也没有力量统率这些人。

由于这些情况，亚历山大在出发追击大流士之前，就已经在相当程度上准确掌握了大流士一行的藏身之地。他的追击行动自然会相当神速。

大流士好像知道亚历山大已经到达埃克巴坦那。

他只能放弃不离开美索不达米亚的念头。

他再次开始逃跑，向东去往贝索斯担任总督的巴克特利亚，那里是贝索斯的领地。

## 挺进中亚

古代的巴克特利亚地区是现代伊朗东部的一片区域。

即使在现代，伊朗东部和西部的人思维方式也不一样。

居住在今德黑兰所在的伊朗西部地区和今伊拉克对应的美索不达米亚地区的古代波斯人，对“高加米拉战役是一场决战”有着正确的认识。与此相反，在现代统称中亚的巴克特利亚以东的帝国东方，人们认为波斯不过是输掉了一场战斗而已。

贝索斯与仍对美索不达米亚恋恋不舍的大流士的关系在不断恶化。每次贝索斯说点什么，大流士的表情连旁人都看得明白。这进一步影响到跟随他的将士，让他的逃跑之路变得不再顺利。

讲求速度的亚历山大率领着同辈士兵追了上来。

跟随亚历山大追击的士兵，有堪称“国王的伙伴”的500名骑兵和标枪兵、弓箭兵近千人，以及每个骑兵配一个的随从，总共2000人左右，是一支少而精的部队。

被追击的大流士有贝索斯等部族首领们率领的超过万人的兵力。但大流士和贝索斯已经没有了迎击的念头，只是一个劲儿地逃跑。这时已经进入了夏天。

从这里开始，亚历山大又开始了神速的追击，从古至今的史学家们众口一词地评价其真乃“令人惊异的速度”。一天的行军距离达到60至80公里，我们只能认为这种速度快得“令人惊异”。这是把睡觉、吃饭和休息时间都计算在内的行军速度。

他们首先奔赴拉吉，即今天的德黑兰。在那里，他们得知大流士已经逃走，越过了被称为“里海之门”的险阻。

当天他们夜宿拉吉，第二天一大早继续追击，一口气走完了到“里海之门”的80公里路程。

当他们来到“里海之门”的时候，被任命为巴比伦总督的马扎亚斯的儿子上气不接下气地追了上来，拿出一封信，说是自己父亲写的。

马扎亚斯一年前还是波斯高官，他在信里写着宝贵的情报。

信中说，贝索斯和他的三名总督伙伴把大流士抓了起来，他们正带着已成为阶下囚的国王继续向东逃窜。而且，大流士被废，贝索斯已经取而代之自称波斯国王。

亚历山大没有犹豫，立即穿越“里海之门”，开始了速度更快的追击。

“里海之门”离马扎亚斯说的国王被抓的地方有好几天的路程，亚历山大一行却只用了两天——实际上36小时就走完了这段路。

不过他们抵达时贝索斯一行已经带着被抓的国王离开了那里。

亚历山大又率军进行了16个小时的急行军，继续追击。

到达下一站之后，亚历山大又得知贝索斯已于一天前离开。

就连亚历山大也没有心情再追击了。

为了加快行军速度，他命令全体骑兵把带来的备用马匹借给步兵。于是，全军士兵都成了骑兵。

亚历山大大概把这次追击当成了战斗去完成，他骑上了爱马比塞弗勒斯，把备用的马匹借给了步兵。

亚历山大决定抄近路直奔贝索斯一行逃跑途中不得不停留的达姆甘镇。

所谓近路是不通道路的沙漠。亚历山大在埃及有过走沙漠的经验，不会说到沙漠就犹豫。

然而他们似乎忘记准备饮用水。行走在沙漠中，包括亚历山大在内的全军都为干渴所苦，一夜之间走完了 80 公里。

被追的人对这个速度惊讶不已。为了不落到亚历山大的手上，他们决定扔掉所有累赘，大流士也在被抛弃之列。

三个总督用剑刺伤大流士，把他扔到路旁的草丛中，逃之夭夭。

全速追击敌人的亚历山大路过时没有注意到路边的大流士，后来一个士兵发现了他。

这个士兵让战友快马加鞭赶去通知跑到前面的亚历山大，然后走近身穿华服倒在那里的大流士。

士兵给还没断气的大流士含了一口水，但亚历山大得到急报紧急返回的时候，大流士已经断了气。

马其顿国王俯视着大流士，沉默良久。

他脱下身上的披风盖在大流士的遗体上，命令靠拢过来的部下用

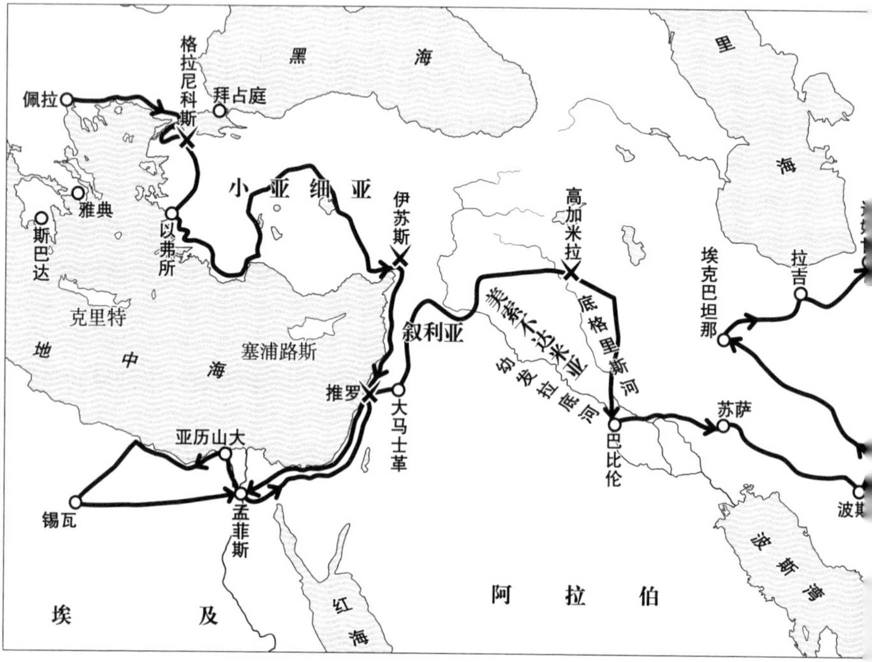


挺进中亚

符合大流士生前身份的方法把他送回苏萨他母亲那里。按照波斯国王大流士三世的身份举行葬礼。

三个总督原以为亚历山大追击的是大流士，只要把大流士交给他，他便会停止追击。然而，他们的期望落空了。亚历山大虽然没有当即继续追击，却也没有停止追击行动。

一年后，亚历山大开始追击把国王刺成重伤抛弃的三个总督。他又一次加快了他那令人惊异的速度。

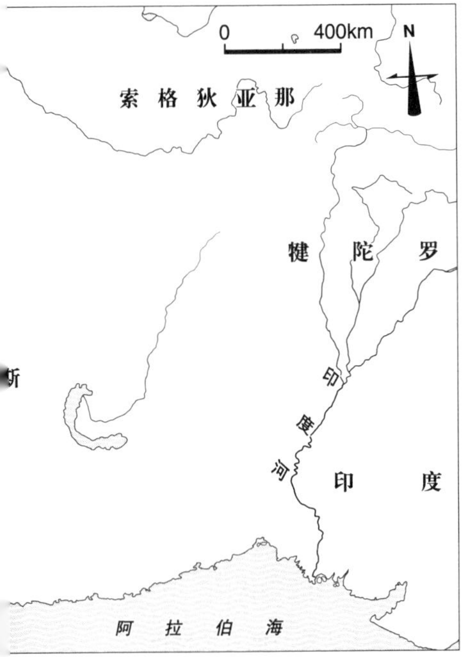


追者与被追者之间的距离日渐缩短。在这样的状况下，贝索斯与其他两个总督闹翻了。

这次贝索斯成了他们逃跑的累赘。他被一道道的绳索捆成了卷儿。

亚历山大根本不想见被抛弃的贝索斯。

他下令扒光贝索斯的衣服，把他裸体捆绑起来。对东方男人来说，裸体比死还要屈辱。

亚历山大只瞥了一眼被拖到路边的贝索斯，算是见了他。

然后亚历山大命人把贝索斯押送到埃克巴坦那。他命令他任命的这个城市的现任总督依据波斯法律对贝索斯进行审判。波斯帝国的法律规定，背叛国王者应判处死罪。

巴克特利亚的波斯总督、在高加米拉战役中统率左翼的贝索斯结束了他的一生。

想通过抛弃贝索斯让亚历山大停止追击的两个总督此后成功躲藏了半年时间。

他们不知道亚历山大一旦开始做某事就绝不会半途而废。最后，他们还是被抓住，像贝索斯一样以背叛国王罪被处以死刑。

对帝国东方三个总督的处置中，最重要的是对巴克特利亚总督贝索斯的处置。

从大流士死亡到处置贝索斯，中间有将近一年的空档。这对有始有终的亚历山大来说是一段难得的空白期。

为什么会有这一年的空档呢？

因为大流士死后，一场亚历山大从未遭遇过的悲剧袭来。

以前，就是拿来 1000 个问题请亚历山大决定，他都能轻松处理好。

只有这个问题伤了他的心，让他陷入了深深的沉思。

第一次，完全是第一次，军队中出现了反亚历山大的动向。

而且这个动向还产生于少年时代就是学友的“国王的伙伴”中间。

如果波斯国王大流士从战场上逃出来并且还活着，他有资格再次组织军队对抗亚历山大。

亚历山大的“朋友”知道这一情况。担任马其顿高官的他们对此产生了不安。由于这种不安，他们在亚历山大麾下团结一致。

他们的这种不安因波斯国王的死而消除，之后他们放下心来。此后他们心中或许已生出了些许松懈。

总之，这是 26 岁的亚历山大第一次遇到类似的难题。

## 走在别人前面的悲剧

马其顿军上层萌发对国王的不满，有以下 5 个原因。

一、任命战败的波斯人担任总督，厚待他们。

二、把波斯人在国王面前伏地起誓表达恭顺的做法强加给胜者马其顿人。

三、亚历山大身穿波斯风格的豪华丝织服装，坐在镶嵌着金银宝石的玉座之上，他似乎忘记了自己是一个质朴刚健的马其顿人，着迷于波斯“柔弱”的生活方式。

四、亚历山大似乎完全相信了在埃及接受的“神之子”的神谕，他认为迄今为止的百战百胜是因为自己是神之子才取得的，他忘记了胜利也来自将士的勇敢战斗，并非仅靠他一人之力。

五、大流士驾崩，波斯的阿契美尼德王朝也灭亡了。既然消灭波斯帝国是希腊各城邦代表在科林斯会议上的决议，他们委托亚历山大担任总指挥的东征目的已经达到。

实际上，亚历山大已经让来自希腊其他城邦的参战士兵各自回国了。

亚历山大率领着马其顿兵以及志愿留下的希腊兵追杀杀害波斯国王的人，要进一步东征。这样下去，马其顿将士什么时候才能回到马其顿呢？

如果我是亚历山大的辩护人，在最后的辩护中我大概会这样说。

一、随着东征的成功推进，亚历山大懂得了仅仅依靠马其顿人和其他希腊人无法统治这个庞大帝国。

亚历山大懂得了如果不能用好战败的波斯人，不管在战役中如何百战百胜，也不能进行随后的统治。

此外，亚历山大没有全盘继承波斯帝国时代的各种制度。虽然保留“总督”这个波斯帝国时的官名，但其权力被分割为行政、军事和财政三部分，波斯人总督的管辖范围缩小到只管行政，由总督率军作战的情况不会再出现。军事事务交给了亚历山大麾下的马其顿人。

已经在小亚细亚开始实施的这种统治方式，在中近东由腓尼基人和巴勒斯坦人执行，在埃及由埃及人执行，在波斯由波斯人执行。总督的工作是接触当地居民，起用懂得当地语言、了解当地人生活习惯的人合乎道理。

要想统治战败者，给战败者以存在的理由最为合理，这是实现长久统治的方法。后来的罗马人完美地继承了这一点。

二、严厉批评匍匐行礼的是罗马时代的史学家们。

不同于亚历山大东征，罗马人的帝国可以认为是西征的成果。

居住在埃及以及罗马统治下的幼发拉底河以西的人，都因亚历山大的影响而相当希腊化了。欧洲人原本没有匍匐行礼的习惯，希腊化的东方人中也久不见这种做法，罗马的当权者根本不必面对这种问题。

但是，亚历山大必须面对这些。他必须统治那些只臣服于神之子的埃及人，和不伏地磕头不足以表达恭顺的波斯人。

年轻的国王接受了匍匐行礼的做法。他接受这种方式并非因为这是战败者的做法，而是因为这是当地的习惯做法。这点引起了他手下将领的不满，他们认为自己是胜者，战败的波斯人应该遵循胜者的习惯，放弃自己习惯的做法。亚历山大当初并未多想，他似乎认为自己手下的将领行同样的礼是理所应当。

后来亚历山大没再把波斯式匍匐行礼的做法强加给马其顿人。

按我的想象，下面这种情况应该对此发挥了作用。

有一天，因为国王召见，赫菲斯提安一身礼服走进了亚历山大的房间看见亚历山大正在一个人思考着什么。

赫菲斯提安要穿着这身礼服按照波斯的方式匍匐磕头向国王行礼。

因为身穿希腊式军服，光是跪下，就会丁零当啷地发出一阵烦人的金属声。再匍匐于地面，这声音更大，不仅烦人而且成为噪音。那头磕在地上倒没事，但头叩下去身子就起不来了。

亚历山大看着这位朋友的样子哑然失笑，后来咯咯地笑着伸出手去，帮他站了起来。赫菲斯提安好不容易才站起来，也跟着笑了起来。两个人快活地相视而笑，像是回到了孩提时代。

赫菲斯提安是想表演给亚历山大看，让他注意到希腊人模仿波斯人的样子是多么难看。

不过，波斯人仍然觉得不匍匐磕头不能表达出恭顺之意，这个问题依然存在。

后来，国王分开召见波斯人和马其顿人。我想这也是赫菲斯提安表演的结果。

不过，这种政治上的微妙决定不能公开。因而马其顿上层人士仍然心存不安，担心不知道什么时候自己又得匍匐磕头。

他们对国王的第三个不满是亚历山大嗜好波斯风格。对此不满只能说明他们不理解亚历山大其人，他们只站在自己的立场上考虑问题，缺乏置身他人立场上思考的想象力。

我没有角色扮演的嗜好，但我去中国的时候会想穿穿中国的服装，访问印度的时候会买一套纱丽。我的意大利女性朋友总对我说想穿正式的和服，哪怕只穿一次。

亚历山大屡屡表现出超越自己年龄的成熟，但他也一直保持着20来岁年轻人的好奇心。我们并不说他已经到了喜欢角色扮演的程度，但他应该会有想试着穿穿异民族服饰的心情吧。

波斯服装豪华但沉重宽大，太不适合做事讲究速度的亚历山大了。衣服长到遮住了脚踝，让他没法骑马。穿成这样显然就当不成“金刚钻”了吧，只能像大流士一样，上战场也得坐在战车里。

亚历山大不可能喜欢这样做，所以他应该只是在宫殿里休息的时候才穿穿波斯服装。在行军帐篷里，我想他该是穿着朴素实用的马其顿服装吧。不然他这位征服者便无法做事了。

下面是高级军官对亚历山大的第四个不满。这个问题与其说是关于亚历山大是否为“神之子”，不如说是关于亚历山大究竟抱有怎样的宗教观。

古代时，不论希腊还是罗马，军队出征必有占卜师同行，战斗开始之前都要占卜，看看即将开始的战斗有吉兆还是有凶兆。总司令面向士兵做的激励演讲都放在占卜仪式之后。

有时与亚历山大军队同行的占卜师也会举行占卜仪式，亚历山大总是默默地听完。

占卜仪式结束后，亚历山大才开始向士兵发表激励演讲。占卜师们总批评国王的演讲里没有敬神的意思。年轻的国王总是当场回击道：

“我在你扮成赫拉克勒斯神搞仪式的时候没有打搅你。所以，你也不要妨碍我演讲！”

在今天看来，这种言论属于政教分离的言论，说这话的人会完全相信他是“神之子”吗？

当我们全力工作取得成功时，不也会觉得自己是天才吗？古人亚历山大也只是在赢得了漂亮的胜利之后，觉得自己也许是“神之子”而已。

他并没有完全相信自己是“神之子”。所以拿这事谴责他，只是从未想过自己也许是“神之子”的人的过激反应而已。

最高司令官本人比任何人都懂得，所有涉及到人的事情，包括打仗，都是因为有别人的协助才会成功。

亚历山大从 20 岁起就只担任最高司令官了。

接下来是将领们的最后一个不满，即大流士死后亚历山大继续挺进征服东方。这个问题最能体现亚历山大与他手下将领之间战略思维的不同之处。

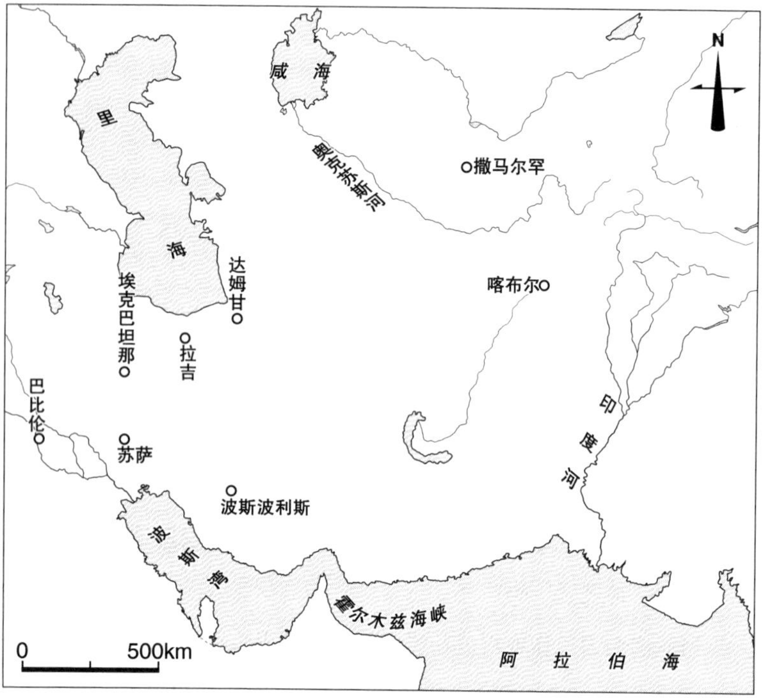


中亚

的确，对波斯帝国核心地区美索不达米亚的征服业已完成，波斯帝国因大流士的死亡而崩溃。

可是，迄今为止在美索不达米亚称霸的所有王朝都灭亡于底格里斯河以东山地人的来袭。这些山地人来自现在的伊朗东部、阿富汗、巴基斯坦以及北面的土库曼斯坦、乌兹别克斯坦。2000 多年过去了，直到现在，中东的稳定依然为其东面各国的动向所左右。

古代波斯帝国的东半部就是这个问题诸多的中亚地区。

杀害大流士的就是以这里为势力基础的贝索斯等三位总督，即三位地方实力派人物。

这三个人如果躲过亚历山大的追击，以后注定会威胁到美索不达米亚。对亚历山大而言，这个问题不能放任不管。

亚历山大的梦想是建立马其顿主导的融合希腊和波斯的大帝国。对他来说，继续向东进攻不是因为单纯的征服欲，是基于冷静的战略思考。

然而，面对心怀不满的同僚，没有人为国王的立场辩护。

如果这些不满表现出来，肯定会有人站出来为亚历山大辩护。首先，亚历山大自己就会站出来说服大家。马其顿国王的宫廷不像上下等级森严的波斯国王的宫廷，尤其是行军途中，与其说是宫廷，它更像是大学运动部的集体外宿活动。

不满尚未表面化。在这种情况下，仅仅藏在心里的不满很容易升级为刺杀国王的阴谋。

而且，实际上不满已经升级了。

从古代史学家到现代的研究者，没有人为我们解明这一事件的真相。升级到暗杀国王的不满情绪萌生于马其顿骑兵军团，他们总是跟在“金刚钻”亚历山大的身后杀入敌阵。

不满的情绪刚开始萌生，尚未形成具体计划。

话虽如此，问题仍是严重的，因为有“国王的伙伴”之称的亚历山大最信任的朋友参与其中。

当人们顺着线索追查这尚未实施就已暴露的阴谋，居然挖出了菲洛塔斯。

菲洛塔斯比亚历山大年长 4 岁，是帕米尼欧的长子。

在此之前，亚历山大一直把骑兵军团总指挥的重任交给菲洛塔斯。这不是因为他是腓力时代的重臣、亚历山大时代一直坐在第二把交椅上的帕米尼欧的儿子。

因为菲洛塔斯实在是一位优秀的武将。

菲洛塔斯在过去的 4 年中没有辜负年轻国王的信任。

在格拉尼科斯战役、伊苏斯战役、高加米拉战役中，亚历山大冲锋在前，骑兵军团紧随其后冲锋陷阵，堪称马其顿军的的一把利刃。骑兵军团的总指挥总是由菲洛塔斯担任。

菲洛塔斯统率的骑兵在平原战场的战役中是 3000 人，追击大流士时是 500 人，尽管人数有变化，但一直是菲洛塔斯担当重任，统率马其顿军主力骑兵军团。

他是可以不打招呼就进出亚历山大大帐的少数几个人之一。

那么，30 岁的菲洛塔斯计划暗杀亚历山大了吗?

答案完全是否定的。

他并未参与这种行动。

但是，他没有把自己了解到的大家流露出来的不安传达给亚历山大。

那么，不满的人为什么把自己的不安告诉了菲洛塔斯，没有告诉赫菲斯提安呢?

因为赫菲斯提安与国王的特殊关系无人不知。菲洛塔斯与国王之间有那么一点点距离。他是帕米尼欧的儿子，因此他被视为对任用波斯人不满的守旧派。

这场未遂的阴谋暴露于亚历山大处理完大流士三世被杀后的种种事务，再次追击贝索斯等人的行军途中。当时他们已经攻入贝索斯曾管辖过的巴克特利亚地区，即今阿富汗的深处。

在翻过一座又一座大山的行军途中，这些问题逼着亚历山大去解决。这是一种怎样的心情！这些与自己并辔驰马的人居然背叛了他的信任。

年轻的国王很好地控制住了自己。他忠实地按照马其顿王国的法律在审判地位高的菲洛塔斯时召集了他的同僚——军中高官到场。

于是，菲洛塔斯的命运握在他的同僚手中。做出判决之前，亚历山大一直一个人留在大帐里。

审菲洛塔斯的赫菲斯提安和克拉特鲁斯等高官，都是同亚历山大一起接受列奥尼达“斯巴达式教育”的学友。

一直以气质高雅闻名的菲洛塔斯面对曾经的学友们，一直主张自己是无辜的，始终没有改变昂首自信的态度。

他说，如果他有刺杀国王的意图，他每天至少两次全副武装进入国王大帐，什么时候都可以动手。

他承认自己知道不安的空气在号称“国王的伙伴”的骑兵军团里涌动。

审判方有人问菲洛塔斯：

“你跟国王关系那么近，为什么不告诉国王？”

菲洛塔斯回答，打小报告不是他的作风，而且他认为没有值得向国王报告的具体计划，所以没有告诉国王。

菲洛塔斯所犯的错误就在这里。

不完整的情报不能称为真正的情报。下面的人把筛选过的信息报上去，这不是真正意义上的情报。

筛选应该由统帅进行。

以前，帕米尼欧曾经送上情报说，医生腓力被波斯国王收买，他也许在调和的药汁里搀了毒药。亚历山大没当回事，因为他十分信任孩提时代以来一直追随他的家庭医生。他一边让医生看帕米尼欧送来的信，一边喝着这位医生调的汤药。

亚历山大的判断是，与其相信传闻，不如相信孩提时代以来一直跟随他的家庭医生。

下面的人是不能对情报下判断，即筛选情报的。

可是菲洛塔斯独自筛选了情报。他犯下了知情不报之罪。

目前战斗还在继续。这是亚历山大必须很好地整合军队内部人员的时期。

他的旧友一致决定以谋逆罪判处菲洛塔斯死刑，没有一个人投反对票。菲洛塔斯一直主张自己没有参加阴谋，是无辜的。他也许没有想到无辜的自己会被判处死刑。

如果亚历山大被杀，他的顺位继承人是第二把手帕米尼欧。可是，这位老将已年届七十，他死后接替他职位的人，无论是从出身还是目前的地位或能力看，都会是菲洛塔斯。这是顺理成章的事。

难道菲洛塔斯的脑子里没有想到这些吗？难道不是因为有了这样的想法他才对国王知情不报吗？他每天至少同国王见面两次，不缺报告机会。

然而，亚历山大面临的问题并没有因为菲洛塔斯的死而得到解决。此外还有几个人被处以死刑，剩下的问题是如何处理帕米尼欧。这位老将有着辉煌的业绩，眼下仍在马其顿军中占据重要地位。马其顿有一条规矩，即儿子犯罪父亲也要负责。

亚历山大不能把帕米尼欧送上由高级将领进行审判的军事法庭，那样给士兵的影响太大。

这个问题必须由国王亚历山大一个人做出决断。

古代史学家们写道，亚历山大向留在埃克巴坦那的帕米尼欧身边紧急派遣了 3 名刺客。

这 3 人都是亚历山大麾下的武将，他们得到的命令不是见面后当场杀死帕米尼欧，而是先让他看菲洛塔斯的审判记录，劝他自裁，如果他拒绝自裁，再杀死他。直到这时，帕米尼欧才知道发生在儿子身上的一切。

单凭想象也能知道年届七旬的老将心中的悲哀。

他有 3 个儿子，次子战死于格拉尼科斯战役，三子在前往埃及途中的战斗中战死，唯一剩下的长子，3 个儿子中最具才华的菲洛塔斯，现在也成了亡人。

帕米尼欧向国王做了报告。被人当作笑柄也罢，他已经顾不上了。他只能承认知情不报的儿子没有搞清自己的立场。

父亲对儿子的行为一无所知。帕米尼欧的罪只有一项，那就是他是菲洛塔斯的父亲。

这一点，劝帕米尼欧自裁的亚历山大肯定比谁都清楚。

如果老将拒绝了国王的劝告，马其顿军会怎样呢？

帕米尼欧与先王腓力一道创建巨型刺猬一般的马其顿方阵。这支重装步兵部队现在和骑兵军团同为马其顿军的主力，威震波斯。

如果帕米尼欧起来反对亚历山大，也许会有为数不少的重装步兵追随他。

如果是那样，虽然灭了波斯帝国，马其顿自身将走向分裂。

对帕米尼欧来说，他的一生功亏一篑。他与先王的关系可谓盟友，也可谓伙伴。他完全认可先王继承人亚历山大的才华，一直像爱护自己的孩子一样爱着他。

帕米尼欧是如何迎来死亡的，没有确切的史料记载。

但帕米尼欧确实没有白白牺牲。

没有一个重装步兵为他的死而激愤叛乱。

马其顿军的士兵们相信，帕米尼欧是为儿子承担责任而选择了自裁。这个事件之后，马其顿军队的统一没有丝毫动摇。

英国学者说："亚历山大的悲剧始于这个时期。"这并非指他的学友伙伴中间出了反叛者。真正的悲剧在于亚历山大不断成长，而他的朋友没有跟着他成长起来。

他已经不是一被父亲腓力责骂便马上和伙伴们离家出走的年龄了。"出走伙伴"们、一起玩笑嬉闹的年轻时代已经一去不复返了。

不是只有赫菲斯提安具有在精神方面跟上走在前面的亚历山大的能力。但他具有比任何人都强烈的感情，想去理解凡事一个人判断、一个人决定并下令付诸实行的亚历山大。

比别人成长得越快越孤独。

亚历山大把长期担任帕米尼欧副将的克拉特鲁斯提拔到帕米尼欧生前的位置上，在马其顿全军他有仅次于亚历山大的地位。

克拉特鲁斯也是亚历山大一起接受“斯巴达式教育”的学友伙伴，与菲洛塔斯同岁。亚历山大没有忘记自己与菲洛塔斯的4岁年龄差，却忘记了与克拉特鲁斯的年龄差。

当年吃力地跟着他们这些年长者的亚历山大，如今已经是统率他们的人了。克拉特鲁斯心悦诚服地接受了这一点。

克拉特鲁斯此后当上了亚历山大的副手。他没有留在埃克巴坦那，而成为全程跟随亚历山大东征的全军副总司令。

菲洛塔斯的死造成了骑兵军团统帅的空缺。亚历山大把2000人的骑兵军团一分为二，分别交给了赫菲斯提安和克雷托斯两人。

研究者们认为，这是亚历山大因菲洛塔斯事件而不再信任他人的缘故。但我认为，这个说法不全面。

赫菲斯提安的忠心不容置疑。但这位性格温柔的朋友造桥比打仗拿手，打大战役时骑兵军团会增加到3000人，这时很难将部队全部交给他。

克雷托斯与其说是司令官，不如说他更像是独狼式武人。多年来亚历山大交给他的唯一任务就是率领200到250名骑兵紧跟在自己后面。

先王腓力无法改变在喀罗尼亚战役中一马当先、陷入敌阵的儿子的秉性，便命令克雷托斯跟着他，不让他孤身一人。克雷托斯与亚历山大的关系由此开始。

从那以后，在格拉尼科斯战役、伊苏斯战役、高加米拉战役等所有战役中，他最重要的任务就是紧紧跟在骑兵军团纵长菱形阵型最前头的亚历山大的后面。他拥有统率整个骑兵军团的能力，却只做着其中一队的队长，因为他要做好亚历山大的保护者。由于一直担任这个角色，克雷托斯在担任司令官之前，能力一直没有长进。

菲洛塔斯死后，他必须率领至少1000名骑兵，不是以前的200名了。

参与菲洛塔斯事件的人被处以死刑后，他们的空位很快就被填补。在这时得到晋升的人中间，有一位是亚历山大死后当上了埃及国王的托勒密。

总之，由于知情不报的菲洛塔斯被处死刑，马其顿军队被迫进行了一次相当规模的改造。

亚历山大是一个几乎不去回首过去，更愿意向前看的人。他又将重新踏上征程。

## 重启东征

公元前329年，待春天到来，还差4个月就满27岁的亚历山大重新踏上了征服东方的征程。

这次他已经不是单纯去追击那三个杀死大流士三世的总督了。虽然对这3人的追击不容懈怠，但通过重启追击去征服波斯帝国的东部全境才是真正的目的。

所以，同上次只带少数精兵追击不同，亚历山大这次带上了全部部队，甚至还运去了攻城器械，因而行军更加困难、更花时间。

分工已经确定。

亚历山大自己是全军的最高司令官。

亚历山大把晋升为二把手的克拉特鲁斯留在身边支持自己。需要时分兵两路，亚历山大统率第一军，克拉特鲁斯统率第二军去完成夹击敌人的任务。

在通过胜仗得到的地盘上，亚历山大会在每一块自己认为是战略要地的地方建立名为亚历山大的新城。这些新城与其说是城市，不如说是基地。从基地建设到修路架桥，基础设施的建设全都由赫菲斯提安负责。

亚历山大要去的波斯帝国东部，是现在的伊朗东部往东到阿富汗、巴基斯坦，向北到土库曼斯坦、乌兹别克斯坦和塔吉克斯坦的广袤地区。

希腊人了解古城巴比伦和苏萨所在的美索不达米亚地区，但迄今为止还没有一个人率军踏上过这些地形复杂而由众多部族割据的地方。

贝索斯以为抛下濒死的大流士就能让亚历山大满足。如今他见亚历山大还是不停地追击，便对逃跑感到了绝望。他烧光马其顿军前进路线的周边地区，断绝了敌人的补给后，率领8000名巴克特利亚士兵奋起迎战。

可是，亚历山大的速度超出了贝索斯的预料。亚历山大要在自己断粮之前收拾掉敌人。

巴克特利亚军遭到了亚历山大所率第一军和克拉特鲁斯所率第二军的夹击，在被消灭之前他们投降了。

只有贝索斯再次逃走。我觉得他手下的士兵已经不是参加过高加米拉战役的那些人了。

如果还是那些与亚历山大交过手的士兵，只要回想一下那次战役中亚历山大的表现，士兵们就该意识到抵抗是徒劳的。

这些士兵投降后请求在亚历山大手下战斗。年轻的国王接受了他们的请求。他还任命波斯人担任了巴克特利亚总督。

巴克特利亚与现代阿富汗位置重叠。这一带的部族首领没有全部起来抵抗亚历山大。实际上他们大多数人没有与迎战的贝索斯同流合污。亚历山大自然认为，只要赶走了贝索斯就算征服了巴克特利亚。

贝索斯这次又成功地逃开了。他逃到一同抛下大流士的另一个同伙的地盘上。在那里他明白自己已经被当成了“瘟神”。

贝索斯的这个同伙叫斯皮塔米尼斯，是古代索格狄亚那地区的波斯总督，这里在现代是乌兹别克斯坦一带。他受贝索斯蛊惑刺杀大流士，亚历山大却没有因此停止追击。他觉得下一个会轮到自己，十分不安。

说是总督，实际上他不过是个部落酋长而已，文明程度不高。他认为，事到如今只能把贝索斯抓起来交给亚历山大，这才是让亚历山大停止追击的办法。

于是，贝索斯被一道道绑成卷儿丢弃了。他以后的命运我在前面已经讲过。

亚历山大让贝索斯成了一个罪犯。

就这样，在重启追击不过半年的时间里，贝索斯问题得到解决。

但亚历山大仍然没有停下脚步。追击杀害大流士的罪犯的行动成了征服波斯帝国东部的行军。

## 游击战的艰辛

收拾杀人犯花了一年，完成征服东方全境又花了两年。

重启正式东征以来已过去了整整三年时间。

也许人们会认为，从现在的国别来看，东方全境包括伊朗东北部、土库曼斯坦、乌兹别克斯坦、阿富汗和巴基斯坦北部的广阔地域，征服这些地方当然需要这么多时间。实际这里还有其他特别的情况。

首先，地形复杂。

割据各地的部族数量众多，没有一个有实力统合它们的大国。波斯国王对它们的统合也不过是那么回事。

因此，两军在平原上作战的会战形式不可能出现，双方只能打游击战。

亚历山大统率的马其顿军迄今为止打的都是可以充分发挥其战略战术才能的战役，所以才会百战百胜。现在他们要跟藏身山地、会在预料不到的时间从出其不意的方向袭来的游击队作战。自从高加米拉战役以来，亚历山大已经 3 年没有打过一场战役了。

在这种情况下，亚历山大能否达到目的将取决于以下三个问题。

第一，统率全军的人是否意志坚定，一以贯之。

第二，全体将士是否身心统一、紧跟统帅。

第三，能否确保补给也是重要问题。

首先第一条，没有人能像亚历山大那样成为拥有“恒久意志”的榜样，这是作为领袖的条件之一。

第二条，亚历山大追求速度。在不可能提速的情况下，他的另一个特质——强大的忍耐力便会发挥作用。

他并不是一味追求快攻。追溯史实我们可以知道，他经常会让士兵休整。尽管没过几天就会重启攻势，但亚历山大仍是一个懂得让部下休息的领袖。

即便告诉他某条路只有山羊过得去，他也会回答说，山羊能过人就能过，然后身先士卒走过去。

他的餐食与士兵们的一样。没有地方支很多帐篷时，他会和将军们挤着睡。

区别他与手下将军的既不是待遇也不是服装，只是在他头盔上翻飞的白色翎子。其他将军戴五颜六色的翎子，只有亚历山大一人能用白色翎子。

无论在雪中行军，还是进攻敌人构筑在山顶上的碉堡，亚历山大绝不会只下命令而自己不动。

士兵们总能望见冲在自己前面的白色翎子，于是他们跟在后面向前冲。

亚历山大从不把部下看成是一群面目模糊的人。

行军路线选错，打仗时战术搞错，亚历山大会坦率地承认那是自己的错误。

只是承认自己错了之后，他总是接着说："所以我决定今后……"这是他一贯的作风，但士兵们听了他的话能感觉到，自己被当作人来对待。

撰写亚历山大传记的古代史学家把"人性"也当作这位年轻国王的特质，列在"快攻"和"忍耐"之后。"humanitas"是英语"humanity"（人性）的拉丁语词源。

最后一条是保障补给线。要让士兵们一直保持士气高涨，这点必不可少。亚历山大的补给线作用发挥到令人佩服的地步。从位于欧洲的希腊到中亚兴都库什山脉的深处，只要亚历山大下令补给物资、补充兵员，它们总能一件一卒不少地及时送到。

亚历山大是一个频繁写信的人，尤其经常写信给母亲。从私信到记录公事的文书都能安然送达，从未丢失，这只能令人惊叹。

补充兵员对亚历山大来说不可或缺。在争霸东方的过程中，他建设了超过 25 座取名为"×× 地区的亚历山大"的新城市，或称基地，在所有基地他都要留下士兵。

补充的兵员总能足量到达指定地点。那时可没有什么联邦快递和黑猫宅急便[①]之类的运输公司，能做到这点真让人佩服。

顺便一说，名为"×× 地区的亚历山大"的城市中有几座现在还在，其中一个是同喀布尔并列当代阿富汗重要城市的坎大哈。

---

① 联邦快递（FedEx Express）是一家总部设在美国的国际性快递公司，成立于 1971 年。黑猫宅急便是日本雅玛多运输股份有限公司的一项快递业务，其商标为一只大黑猫衔着一只小黑猫。——译者注

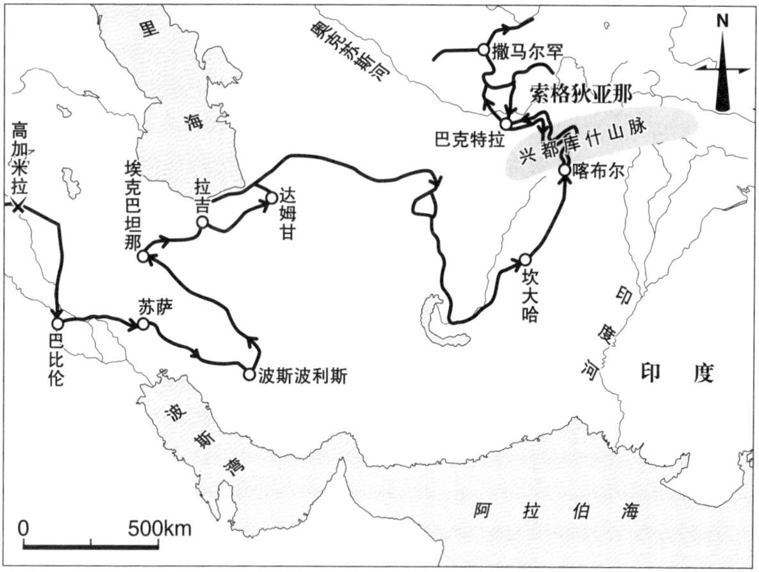

征服中亚

进入罗马时代以后，亚历山大被称为“大帝”。也许由于他总是战无不胜，自古就有无数关于他的战役的分析和研究。

然而，聚焦他在组织和后勤方面能力的研究却寥寥无几。

我想，这也许是因为他太善于作战了。可是，不管打战役还是进行由很多战役积累起来的战争，不重视后勤工作就不能取胜。后来罗马人甚至断言：“罗马军团胜在后勤。”

这解释了亚历山大为什么在同游击队的作战中也能不断取胜。

不管怎样，我认为马其顿军出色的后勤工作充分发挥了作用。这既帮助统帅坚定了意志，也帮助士兵坚定了紧跟统帅的信心。饿着肚子不能打仗，这可是古今东西恒定不变的。

中亚地区的地形和社会形态给欧洲人的征服带来重重困难，征服中亚、完成霸业的欧洲人只有亚历山大一位，前无古人，后无来者。

罗马是一个向西扩张形成大帝国的国家。罗马在东方把国境定在幼发拉底河后就不再继续东扩了。现在看来，罗马的东线仅止于土耳其、叙利亚、约旦、阿拉伯、埃及，罗马人没有以扩张领土为目的进入伊拉克以东地区。

到了近现代，英国、俄罗斯、美国都尝试过征服这一地区，但最终都是撤退。有时我不禁会想，亚历山大成功地征服了东方，能够真正理解和评价其辛劳的，与其说是未曾踏入那里的历史学家，不如说是有着在阿富汗和巴基斯坦作战经验的英国、俄罗斯和美国的前线部队首长们。

除了称霸中亚，在另一件事情上亚历山大也是欧洲第一人。

他是第一个见到石油的欧洲人。

他东征途中山多、沙漠也多。马其顿军经常被迫横穿沙漠。在行军中，他们遇到过一种散发着恶臭、黏糊糊的东西，它把一片沙漠染成了黑色，还会喷出火焰。

希腊人从来没有见过这种情况。士兵们骚动起来，哭喊着，口中叫着“凶兆凶兆”，闹得一发不可收拾。

这时，亚历山大向占卜师求助，说随便你怎样，赶紧举行仪式安抚士兵。

士兵来自希腊乡下，在这种时候跟他们讲理也是白搭。说不定，不，几乎可以肯定，就算亚历山大不认为这是凶兆，他对石油这种物质也确实一无所知。

总之，士兵们镇静了下来，他们绕过喷火的黑色地带，继续在沙漠行军了。

索格狄亚那总督斯皮塔米尼斯虽然把贝索斯抓起来交了出去，企图逃避亚历山大的追究，但他还是没有活过一年。

他手下的将军为亚历山大顽强的追击叫苦不迭，于是出手将斯皮塔米尼斯杀死了，然后拿着他的头颅向亚历山大投降了。

巴克特利亚实力人物贝索斯和索格狄亚那实力人物斯皮塔米尼斯退场了。亚历山大参事实上完成了对波斯帝国东部的征服。

这个成功是亚历山大以不断追击的形式对 3 位总督施加压力的结果。

他们顶不住这种压力首先内部分裂了，最终连他们手下的将士都被亚历山大以不断追击、造成压力的战术玩弄于股掌之间。

亚历山大尚未征服的只有现代的巴基斯坦北部通往印度的山地了。

时间进入公元前 328 年的冬天。亚历山大决定在索格狄亚那的首都撒马尔罕过冬，等待来年开春。

亚历山大 21 岁开始东征，如今他已经 28 岁了。

不知道为什么，不幸似乎专挑情况好转的当口袭来。也许，亚历山大眼看情况明显好转就松懈下来。

古代史学家们写道，这一切都是酒神狄俄尼索斯惹的祸。

同样都喝葡萄酒，希腊人很容易喝醉，而罗马人却不会。原因在于希腊人直接喝酒，而罗马人掺水喝。

罗马人中也有人喜欢直接喝，他们被称为超常酒鬼。罗马第二代皇帝提比略和五贤帝时代的皇帝图拉真喝酒都很厉害，凭他俩的体格，直接狂喝恐怕也不至于烂醉。

正在撒马尔罕过冬的亚历山大和全体将领都明白，从第二年的公元前327年开始，他们将进入征服波斯帝国的最后阶段。

行军途中，亚历山大的宫廷与其说是宫廷，不如说是集体宿舍。大家在中亚的严冬中聚会喝酒，说笑话嬉戏。总督家成了亚历山大和手下将领的宴会场。

克雷托斯比亚历山大年长20岁。与身为国王学友的其他将领不一样，他并非出身于马其顿上层。他的姐姐是亚历山大的乳母。

因为有这层亲密关系，克雷托斯受先王腓力之托保护已经可以上战场的亚历山大。因为无法改变儿子喜欢一马当先冲入敌阵的秉性，国王把保护儿子，不让他孤身陷入敌阵的任务交给了克雷托斯。

克雷托斯出色地完成了这个任务。在格拉尼科斯战役中，亚历山大孤身陷入敌阵，克雷托斯打倒了用剑劈向他的敌兵，救出了亚历山大。

菲洛塔斯死后，克雷托斯还与赫菲斯提安分别担任两支骑兵军团的指挥。他以自己是马其顿武人为最大骄傲，这种心情从未改变。

与亚历山大为代表的新一辈相比，克雷托斯在辈分上帕米尼欧是一代人。因而，他对亚历山大推行的对波斯人的融合政策颇感不爽。

那天晚上，大家并不急着第二天就出发行军。尽管国王亲临，但那毕竟是一场伙伴们的宴会，大家无拘无束，全体喝醉。

由一件不起眼的事情开始，话题转到了帕米尼欧身上。

帕米尼欧之死是亚历山大心头之痛。国王感到被人触到痛处，他收起了脸上的笑容。可是克雷托斯没有在意。

这位 47 岁的武人没有住嘴。

他说起帕米尼欧如何为马其顿鞠躬尽瘁，话题又自然而然地转到了先王腓力身上。他说，亚历山大是得益于先王和帕米尼欧共同创建的马其顿方阵，才会战无不胜。

亚历山大屡屡胜利的原因是他使用了战斗力强却行动迟缓的步兵与机动性好的骑兵相结合的战术。但老辈武人克雷托斯理解不到这一层。克雷托斯统率的是骑兵军团，但他无法忍受国王更看重骑兵的现状。

克雷托斯醉了，说完这些之后仍不停地责备亚历山大。

他叫道：埃及神官说你是“神之子”又算什么！做腓力的儿子你感到耻辱吗？做一个马其顿人有什么不好？波斯人匍匐磕头就重用他们，这不是马其顿国王做的事！你就是小看马其顿人。他接着说，托我这个人的福，“神之子”才能在格拉尼科斯战役后活到今天。

亚历山大的面孔完全扭曲了，他站起身来。

几个将领走近亚历山大，想阻止他下面的动作。另外几个将领把克雷托斯拉出房间，想把喊叫不停的克雷托斯拉到别的房间。

可是，亚历山大也酩酊大醉完全控制不住自己的怒火，开始大声喊叫：克雷托斯去了哪里？

听到国王的声音，克雷托斯甩开同僚们的手走了回来。

走回来的克雷托斯口中念着欧里庇德斯悲剧中的一段话，站到了亚历山大的面前。

他念的那一段说，胜利是士兵们的功劳，将领总是忘记这点。

亚历山大从卫兵手中夺过长枪，朝克雷托斯掷去。

长枪直接命中克雷托斯的胸部，他无声地倒下，当场毙命。

亚历山大的酒醒了，他茫然伫立。朋友们拖着他去了卧室。

从那天夜里起，亚历山大把自己关在房间里不吃不喝，也不允许任何人进入。事发当晚在其他地方办事的赫菲斯提安赶了回来。但他也被禁止进入房间。

房间里传出了亚历山大呼喊克雷托斯和他的姐姐、自己乳母兰妮凯名字的声音。

我想，这是亚历山大第一次陷入自我厌恶的情绪。

不错，挑衅的是克雷托斯，但亚历山大犟上了。

亚历山大活到今天，靠的是平常一心想成为将士榜样的念头。居上位者必须履行的最主要的义务就是自我控制。亚历山大忘记了这一点。

从将领到士兵，所有人都在担心亚历山大，怕他是不是疯了。

连赫菲斯提安也不让进屋了。在这样的情况下，大家动员了占卜师。

可是，任占卜师在屋外怎么喊叫“我是神的使者”，房间的门仍旧紧闭。占卜师扔下一句“这是神祇惩罚平时敬神之心淡薄的国王”，退了下去。

到了第4天早晨，亚历山大出现在因担心他而聚集在广场上的士兵们面前。

士兵们先是担心地望着憔悴至极的国王。也许是见亚历山大挺了过来而心里的石头落了地，士兵们一齐向他发出了欢呼。

面对这些士兵，泪水沿着亚历山大的面颊流了下来。

这是士兵们第一次看见自己的国王在流泪。

28岁的国王出于对他们的责任重新站了起来。从那天起，亚历山大又恢复了以前的样子。

他的下一个目标是征服现代的巴基斯坦东部一带。这片地区一直延伸到印度河，处在印度国王波拉斯的统治之下。

亚历山大照例在奔向下一个目标之前，先巩固好已经征服的地方。这是为了不把敌人留在背后，也是一个充分考虑到现实的战略。这种现实是，不管你用多大的军事力量收拾了“大老板”，如果你放任不管，马上就会出现“中小老板”。如果给他们时间，辛苦完成的霸业会归零。

推翻了巴克特利亚总督贝索斯和索格狄亚那总督斯皮塔米尼斯，由现代的阿富汗、土库曼斯坦、乌兹别克斯坦和塔吉克斯坦构成的当时的中亚，就只剩中小部落的首领了。

这些“中小老板”在亚历山大显示的力量面前纷纷不战而降，但不知道什么时候他们就会反水。那种一旦承诺就一定守信的做法，即日本所谓的“武士没二话”，在那里根本行不通。

既然现状如此，相较于使用军事力量一个个地去推翻他们，把他们之中愿意听话并对亚历山大怀有敬意的人拉到自己这边来才是捷径。

巴克特利亚有一个中等规模的部族，其首领叫奥克夏特斯（Oxyartes）。这个人处理圆通，是一个现实主义者。他不但接受了年轻征服者的统治，还把带来的女儿献了出来。

据古代史学家们的说法，这个名叫罗克珊娜（Roxanne）的姑娘是一位绝代佳人。

亚历山大已经 28 岁了，在此之前不曾对女人有过感觉。他这次没有把她立为侧室，而是直接同她结婚。所以，三百年后写到此事的史学家都认为，她一定是一位绝世佳人。

然而，亚历山大其实是一位厌恶拥有情人或侧室的人。

古代的史学家们也认可这是一桩政治婚姻。一般认为政治婚姻是与和征服者势力相匹配的人家联姻，这位中等部族首领的女儿似乎不够格，这让他们犯了难。这种犯难使得罗克珊娜被写成一位绝世佳人。不仅在古代，现代的电影里也是这样。

且不论她是不是那样的美女，既然结了婚，亚历山大是不是办了仪式也尽到了丈夫的义务呢？似乎并不是这样。按理 28 岁可以立即要孩子了，但女方过了 5 年才生孩子。这件事也被当成亚历山大对女人没有兴趣的佐证。

尽管如此，亚历山大把罗克珊娜的父亲变成了自己人，这点立竿见影。

巴克特利亚人奥克夏特斯说服同胞们，告诉他们归顺亚历山大的统治是一个不坏的选择。如果不同意，他将配合亚历山大的副将克拉特鲁斯进行军事打压。亚历山大甚至为准备与印度国王波拉斯进行决战而回到了巴克特拉城。这里是取名为“亚历山大”的其中一个城市。

就在这座城市里，亚历山大又遭遇了马其顿守旧派的阴谋。

在亚历山大率领的马其顿军队中，常有人不赞同年轻国王推行的与当地人融合的政策。

在这些人看来，他们的国王娶马其顿女人或希腊女人也就罢了，现在同战败的中亚国家的女人结婚，他们不能容忍。

如果这个女人生了儿子，那孩子迟早会当上马其顿国王。单单想到将来要服从一个有非希腊血统的国王的命令，他们就忍受不了。

于是他们搞起暗杀国王的阴谋，主谋应该是他们思想上的领袖卡利斯西尼。他是哲学家亚里士多德的侄孙，也是一位哲学家，是随同亚历山大东征的为数众多的非军事人员之一。

亚历山大把监督做勤务工作的少年团队的差事，交给了自己少年时代的恩师亚里士多德的这位侄孙。

虽说是做勤务，这些少年都是有较高社会地位的人家的子弟。通过侍奉高官，在他们身边学习高官应该做些什么，这才是少年们的真正目的。用现在的话说他们是“士官生”，即后备干部。卡利斯西尼煽动了这些少年。

得知未遂的暗杀计划之后，亚历山大对恩师的侄孙毫不留情。卡利斯西尼被捕后被送到了后方，死于狱中。

这件事招致希腊哲学家，即当时知识分子们的强烈反对。

亚历山大因此被他们定性为一个不惜钳制思想的“暴君”。

可是讽刺的是，仅仅过了 5 年，他们一直讴歌的彻底的言论自由和民主政治便崩溃了，因为一直认可这种自由的“暴君”的去世。

我不认为亚历山大是一个暴君，但认为他是一个独裁者。“独裁”一词在辞典里有下面的意思。

一、凡重大事项均由自己一人思考并决断。

二、特定的个人、组织、阶级等掌握所有权力，实施统治。

亚历山大是第一个真正意义上的独裁者。尤其是在军事方面，他始终独断专行。

亚历山大回到位于今阿富汗境内的巴克特拉，为与印度国王波拉斯决战做准备，着手重新整编军队。这也是为了填补克雷托斯死后的空缺。可是，亚历山大一旦动手，就不仅仅是填空了。他借此机会，为进一步提高效率而改编了军队。他本来就不是一个听取每个人的希望后再交代任务的领袖。

根据亚历山大的安排，骑兵军团一直担任马其顿军队的进攻主力。骑兵军团插入敌方左翼与中路之间狭小的缝隙，把敌人的左翼与中路分割开来。以此为信号，巨型刺猬般的马其顿方阵转入攻势。采用这种包围战法是马其顿军队以往战无不胜的原因。

肩负如此重任的骑兵军团别名为“国王的伙伴”，其 3000 名骑兵的总指挥以前由菲洛塔斯担任，菲洛塔斯死后由克雷托斯和赫菲斯提安两人担任。

当然，一马当先冲在纵长菱形骑兵队伍最前面的人，即“金刚钻”，一如既往是国王自己。

与印度国王决战前，亚历山大把这支骑兵军团分成了5个部分，每队最多600人，并任命了各大队的指挥官。各队可以根据指挥官的判断比以往更加灵活、更加自由地行动。

第一大队的指挥官是亚历山大自己。这一队的名称意译为“国王卫队”。

接近30岁的亚历山大在自己指挥的600多名骑兵中加入了为数不少的波斯骑兵。

年轻的国王在征服东方的过程中也没有忘记教育那些被任命为总督、成为自己下属的波斯人。被分配到“国王卫队”的这些波斯青年身上穿的不是传统的波斯军装，而是希腊式军装。

第二到第五大队的指挥权分别交给了赫菲斯提安、克拉特鲁斯、佩尔狄卡斯和德米特里乌斯这4个人。单看这些指挥官，就知道亚历山大多么重视骑兵军团的攻击力了。他们全都具备指挥整个军团的能力。

值得注意的是，第一大队由亚历山大亲自率领，他自己作为“金刚钻”冲入敌阵。其他4个大队的任务是紧跟其后发起攻击。组成这4个大队的骑兵几乎全是马其顿人，以及少数波斯人等东方人。

亚历山大已经料到有人不愿与所谓的蛮族并肩作战，这样做是对他们的一种照顾。

可亚历山大的照顾不是普通人的那种照顾。换句话说，这种照顾仍是一种“强迫”，因为骑兵队里出现来了一年前还是敌人的“蛮族”出身的人。

亚历山大统率的军队从原来的马其顿·希腊军队渐渐地变成了一支多民族军队。

这是他同化战败者的战略之一。

与骑兵军团相比，已经以“马其顿方阵”之名名扬四海的部队还保留着浓厚的马其顿色彩。

直到3年以前，马其顿重装步兵的总指挥还是帕米尼欧。这位忠臣退场之后，原来的第二把手克拉特鲁斯得到了晋升。加上相当于“海军陆战队”的专事进攻的步兵，这支队伍达到了3万人。

亚历山大把这3万人分成了10个大队，各队指挥交给了塞琉古等年轻人。

这是为了让部队小规模化，促进士兵在战场上行动的机动性。一直以来，随机应变的任务基本上由亚历山大一人承担。从今以后，亚历山大要让比他年轻的一代去亲身体验。“胜负感”是只有经常身处胜负场上才能领会的感觉。

公元前334年渡过达达尼尔海峡开始东征时，亚历山大统率的是一支由5000名骑兵和3万名步兵组成的军队。

7年后的公元前327年，士兵数量几乎没有改变。

减去3次大战役和其他战斗中损失的人员数量，以及留给东征途中建设的众多基地的防御人员数量，再加上从马其顿派来的补充兵员，总兵力维持在35000人到4万人。仅凭这一项，人们就不得不认可亚历山大作为领袖的力量。

不过，这也是因为亚历山大对统率庞大军队没有兴趣。

军队大了行动迟缓，后勤问题也会增加。

所以，他把东方士兵编入自己的军队不是为了增加兵力，而是要同化战败者。

他在战场内外一向主张“胜利属于掌握主导权的一方”。主导权并非靠人多就能掌握。

亚历山大不像波斯国王那样认为人多就能打胜仗。在灭掉波斯大帝国以后，在相信靠质量而不是数量取胜这一点上，他仍旧是一个希腊人。

分割军团，明确各个部队的指挥负责人，也是以少胜多的战略需要。亚历山大在这个基本战略方面没有任何改变。

# 通向印度之路

公元前 327 年的希腊人完全不了解印度。

他们为幼发拉底河和底格里斯河两大河中间的地方取名“美索不达米亚”，因而他们知道巴比伦、苏萨和波斯波利斯。但再往东，从现代的伊朗东部到阿富汗及其北方一带，进而到巴基斯坦，他们几乎完全不了解，更别说印度河以东更为广袤的印度了。

然而，这对已经 29 岁的亚历山大来说并不是问题。对他而言，仅凭下面这些就有足够的理由继续东征了。

第一，波斯的阿契美尼德王朝已经因大流士三世之死而灭亡。被誉为波斯中兴之祖的阿契美尼德王朝的大流士一世曾经远征到了印度河，使这条大河的西边皆为波斯帝国的领土。波斯国王大流士一世也曾入侵希腊，发动过第一次希波战争。

第二个理由是，把今巴基斯坦北部置于自己的统治之下，自称印度国王的波拉斯与希腊人有过节。高加米拉战役时，大流士三世要求帝国全境实力人物参战，波拉斯送去了 15 头大象。尽管波拉斯实际上是一个独立国家的国王，但这个国家与波斯帝国有同盟关系。

按照亚历山大的逻辑，不征服波拉斯的国家，便不能算是征服了旧波斯帝国全境。

亚历山大的做法是首先尝试以外交解决问题，对印度国王波拉斯他首先展开了外交攻势。他把在征服巴克特利亚的过程中结交的印度朋友作为使节派去了印度。

西方历史记载印度国王波拉斯有成年的儿子。我据此推断他比亚历山大年长 10 岁。这样他应该在 40 岁上下，继承王位已有 13 年的历史。

他当然知道，他派去 15 头大象参战的高加米拉战役是以怎样的结果告终的。他也知道战役之后大流士三世的结局。

尽管如此，他那刚愎自用的态度似乎并无改变。他这样回复了希腊年轻人的要求：

“如果要来，我们手执武器欢迎。”

这就是不欢迎。在亚历山大看来，这可不是回他一句“哦，是吗”就能过去的。

于是，年轻的国王继格拉尼科斯战役、伊苏斯战役和高加米拉战役之后，走上了发动最后一场大战役——海达斯佩斯战役的道路。

他们于公元前 327 年夏天离开巴克特拉，一边打击不断出没的游击队，一边前进。当年冬天在今阿富汗的喀布尔过冬，翌年开春再向波拉斯严阵以待的今巴基斯坦北部挺进。

那个冬天士兵们得到了休息，但亚历山大和手下的将领们无法休息。

第一，他们要等待从马其顿赶来的补充兵员。

第二，他们要把带来的士兵按特长技能分别编队，对他们加以训练，以便他们掌握在亚历山大手下作战所需的机动性和灵活性。

第三，他们要把新老士兵合编起来。先把全体士兵分成小队，再把几个小队合成中队，然后合成大队，进而形成军团，进一步明确指挥系统。这样，最高司令官亚历山大发出的所有命令都能更快、更准确地传达到末端士兵。“快攻”并不是只有“金刚钻”亚历山大一个人需要具备的能力。做完了所有这些事，一个冬天就过去了。

公元前326年春天，东征重启。

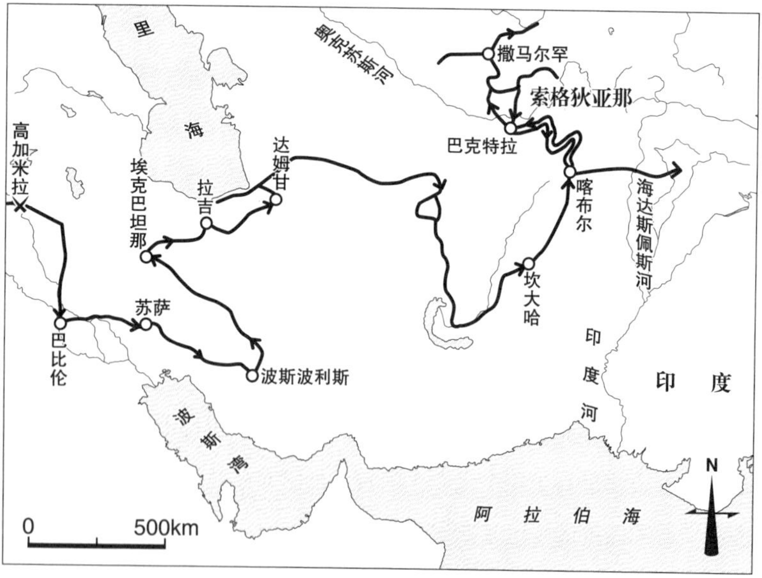


从中亚到海达斯佩斯

以前所有战役的战场都不是亚历山大所选，他每次都在敌人选择的战场上作战。想想那也理所当然。因为打过来的是亚历山大，迎战他的一方当然会选择一个对自己有利的战场，在那里严阵以待。

根据一拨接一拨派出去的斥候带回的报告，亚历山大得知印度国王波拉斯在注入印度河的支流海达斯佩斯河的东岸严阵以待。这里位于今天巴基斯坦北部，直线距离往东有 600 公里。

还在今阿富汗到今巴基斯坦的行军路上，亚历山大已搞清了波拉斯军队的规模。

步兵 5 万人，骑兵 6000 人，双轮镰刀战车 500 辆，大象 200 头。

而亚历山大的兵力为步兵 4 万人，骑兵 4000 人，没有战车和大象。

听说得知这个情况后亚历山大非常高兴。

他不是因为双方兵力基本势均力敌而高兴。高加米拉战役时敌我兵力有着五倍的差距。他要与敢以势均力敌的兵力应战的对手作战，这让他心情大好。

这是一次同游击队打了很久之后的久违的战役。同不知会从哪里杀出来的敌人相比，这次战役以平原为战场，可以施展战略战术。高加米拉战役后 5 年才遇到这样的战役，他当然高兴。

可是，亚历山大也有误算之处。

在高加米拉战役曾有 15 头大象，而这次海达斯佩斯战役增加到 200 头。亚历山大以为这只是简单的数字不同而已。因为印度是大象的产地，所以波拉斯能带来为数众多的大象。

然而，量变导致质变。

高加米拉战役时，印度是应波斯国王的请求派大象去参战的。现在不同，波拉斯亲自指挥军队参加海达斯佩斯战役，他调集了惯于战斗的大象200头。

首先，这些大象体格巨大，而且已经习惯了战场，即使被枪刺到或被箭射中也不会轻易失去自制力。它们不会轻易发怒奔跑。

另外，象兵的技能也格外高超。在高加米拉战役中，大象刚开始发狂奔跑，象兵就慌了手脚，用匕首去刺大象的要害，使大象失去战斗力。这样的情况不会发生在海达斯佩斯战役中。

这200头大象以及象兵都是打仗老手。亚历山大直到亲眼见到、参与作战后才悟到它们的威力。

## 最后的大战役海达斯佩斯战役

公元前326年5月，两军隔海达斯佩斯河对阵。这里是印度河的支流，虽然是支流，河面也有1公里宽，在这个季节仍然水量巨大、水流湍急。

波拉斯面对河流亦即面对敌人，建起了一道200头大象组成的"厚墙"。

波拉斯想，只要希腊人渡河，就在河岸上把他们一口气踩死。

亚历山大再过两个月就要30岁了。他看到眼前的阵势后陷入了沉思。

首先，他把大本营设在可以隔着1公里宽的河面看到象群的河边。这大本营不过是集中在一起的战地帐篷。他的目的就是要让敌人看得见自己。即使在军队需要秘密调动时，大本营的位置也仍然保持不变。

这是亚历山大实施佯动战术的第一步。（见海达斯佩斯战役 -1）

"佯动战术"在词典中的解释是："引人注目地展开无关行动引开敌方注意，使其误解战斗真实意图的战术。"

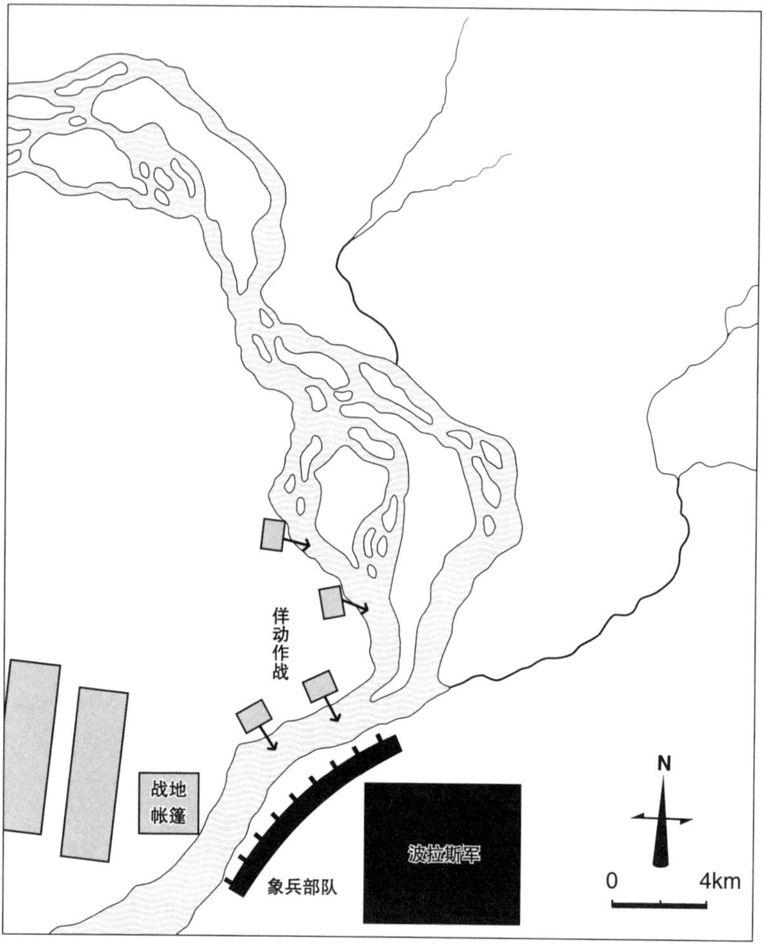


海达斯佩斯战役—1

这个战术的第二步是让人在敌方散布消息，说亚历山大一方渡河作战要延期到水量减少后的秋季进行。亚历山大把这个消息告诉行军途中抓获的印度人后释放了他们，看着他们逃回位于对岸的印度军。

被敌人俘虏的人回到同胞中间，一定想把敌方的情报传递回去。亚历山大利用他们散布假情报。

波拉斯好像根本不懂搜集情报的方法，居然相信了这一套。

随后，亚历山大施展了更加细腻的演技。他让自己的军队行动起来，假装要渡河进攻，让士兵们发出嘈杂的喊叫声。

波拉斯疑惑了，延期到秋季渡河的情报和眼前见到的骚动，哪一个才是亚历山大的真正的行动呢？

因此，波拉斯彻夜无法撤回后方休息，因为眼下对岸骚动不止。

亚历山大在不同的日子会在不同的地方搞这种佯动渡河的作战，而且一搞几天。

亚历山大每次一动，波拉斯就不得不派士兵去迎战。他不知道这是佯动，只能每次派兵迎战。

10天的佯动以后，波拉斯的心理陷入了“老说狼来了，谁都不再相信”的状态，即使对岸再有渡河骚动，他也不再调兵遣将。波拉斯的迎战心理出现了松懈的迹象。

而亚历山大在这期间去摸索了哪里容易渡河，发现了一个合适的地点。

这个地点位于大本营上游20公里处。那里河面狭窄，不到500米宽。河流向东转个大弯逶迤而去，距离波拉斯的大本营有50公里之遥。在全军渡河完毕之前，希腊人不希望被敌人发现。

亚历山大决定在那里渡河，他随即召开了作战会议。

在司令官到小队队长的全体指挥官面前，亚历山大像往常一样向每个人下达了明确而具体的命令。

首先，他把全军一分为二，第一军由亚历山大统率渡河，第二军交给第二把手克拉特鲁斯指挥。

亚历山大给克拉特鲁斯的命令是：留在大本营，看到对岸头朝自己的200头大象调转90度后立即就地渡河，渡河完毕后立即从敌军背后发起进攻。

这样，亚历山大率领第一军从20公里外的上游渡河，从那里向敌人严阵以待的下游发起进攻，向敌人放出“诱饵”。这是一种第一军和第二军对敌人形成夹击的战术。

为形成夹击之势，第一军只是开始时当“诱饵”，后面必须迅速转为攻击主力。

亚历山大把骑兵军团4000名骑兵中的3000人配给了第一军。各大队的指挥官是学友伙伴赫菲斯提安和佩尔狄卡斯为首的年轻一代。

亚历山大留下的名言是，胜利属于始终掌握主导权的一方。第一军有不满30岁的亚历山大以及骑兵和专事进攻的步兵这些精兵，从指挥官到士兵都是年轻人。要在战场上持续掌握主导权，速度决定一切。

天色渐渐昏暗下来。以天黑为信号，第一军开始北上，奔赴渡河地点。他们在黑暗中离开，让帐篷保持原样，帐篷前的篝火依旧燃烧。

抵达渡河地点时天还没亮。黑暗中，赫菲斯提安让人把事先造好的大量小船运到河边，为的是把这些小船排在一起，上面铺上木板，建造舟桥。

亚历山大两年前就命令赫菲斯提安开始制造小船。也就是说，刺杀克雷托斯之前的公元前328年，印度河之战就已在亚历山大的脑中。

受命于亚历山大的赫菲斯提安以年轻的国王根本没有想到的办法完成了使命。

小船全部是组装式的，只要它们能够支撑铺在上面的木板就行，因为人不用乘坐这些船去下游。小船需要时组装起来，拆开即可运走。

士兵们摇身一变成了工兵。他们隔开适当间隔把组装好的船连接起来，在上面铺上备妥的木板，完成了舟桥的建造。

很快，天空泛起了鱼肚白，渡河作战开始了。

士兵们渡过500米宽的河，没有遇到任何障碍。亚历山大严命不许出声，部下当然服从，甚至连马都服从，真令人忍俊不禁。然而，他们立刻发现了问题。

亚历山大满心以为己方已经渡过了海达斯佩斯河，却发现他们只是到了河里的一个洲岛。从河这边观察，亚历山大看不到对岸。

难道只是上了洲岛吗？众人无语，但没有一个人想要退回去。这里到对岸的距离应该和刚才的距离差不多，然而河很深，只要看一眼缓缓的水流，大家就能明白。

面对眼前的河流，士兵们个个沉默不语。这时，亚历山大的声音在他们头上响起。

“我们连达达尼尔海峡都渡过来了，还能让这般小河挡住我们前进吗？”说着，年轻的国王跟爱马比塞弗勒斯开始渡河。

没有一个人想要离开亚历山大。

骑兵骑在马上，只有马头露在水面上，步兵们用双手把武器高高举起，全军跟在国王的后面。所有人都想着要努力渡河。

渡河花去的时间超出了预期。天已大亮。他们成功渡河而没有损失一兵一卒，只能说他们干得太棒了。

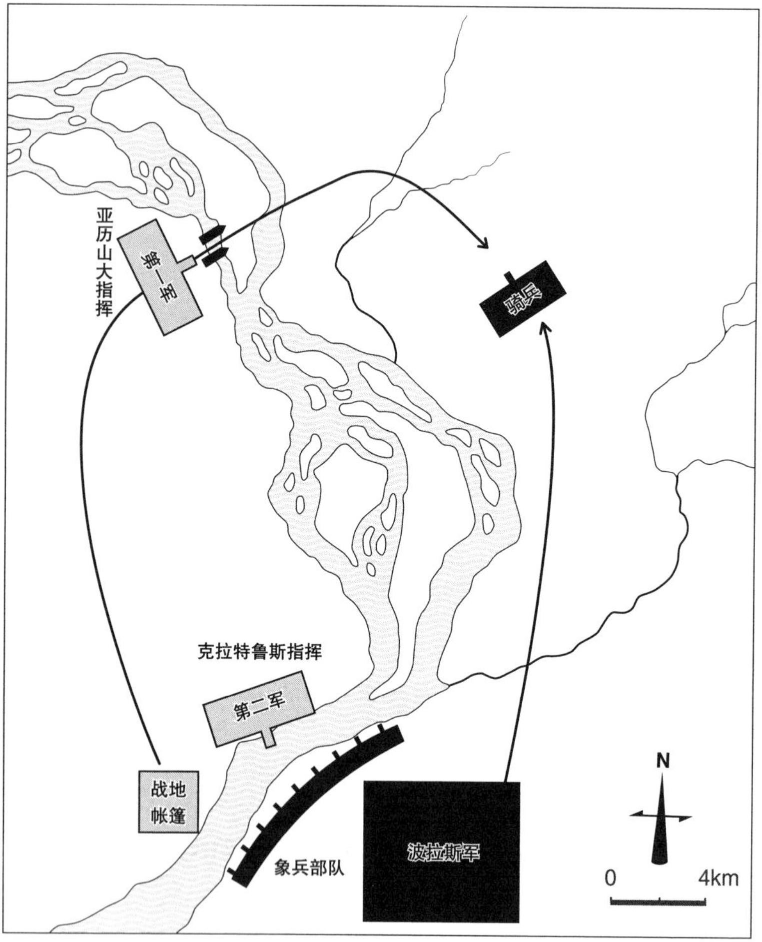


海达斯佩斯战役—2

仅第一军士兵的人数就接近 2 万。这么多人总会被敌人的哨兵发现。亚历山大军队渡河的消息马上传到了波拉斯那里。

波拉斯终于明白，这次不是佯装渡河。但 1 公里开外的对岸照样支着希腊人的帐篷，还看得见士兵们来回走动。

波拉斯下不了决心让自己手下的军队全部去迎战亚历山大。

于是，他首先派儿子率领 2000 名骑兵去迎战亚历山大。

他再把全军一分为二，让一半部队像以前一样监视对岸敌军的动向，剩下的一半人调转 90 度，前去与亚历山大率领的军队作战。（见海达斯佩斯战役 –2）

200 头大象也被分为两部分。这影响了克拉特鲁斯率领的第二军渡河的速度。但也拖延了波拉斯布置全军迎战的步伐。

国王儿子率领的 2000 名骑兵被渡过河便立即布好阵型的亚历山大消灭了，王子战死。

波拉斯没了选择，只能自己率军迎战。

然而，亚历山大这时又抢先一步。消灭王子率领的 2000 名骑兵之后，他迅速从自己军队中抽出骑兵和相当于“海军陆战队”的进攻步兵组成一支混编部队，让年轻的科那斯指挥，命他们迂回到北上而来的波拉斯军的左侧。

亚历山大从前面，克拉特鲁斯从后面，混编部队从侧面三面进攻波拉斯军。剩下的一面临河，河边尽是沼泽地。如果能将敌人的镰刀战车赶进去，就能让现代大型收割机一般的镰刀战车失去战斗力。

仅提高战略战术的机动性这一点而言，这场海达斯佩斯战役延续了以往亚历山大经历的所有战役的打法。

亚历山大总是胜利者的原因在于每场战役他都会有进步。

斯巴达的重装步兵军团是让波斯人都崇拜的“品牌”。

腓力改进了重装步兵军团，创造出巨型刺猬般的“马其顿步兵方阵”。

现在轮到亚历山大。

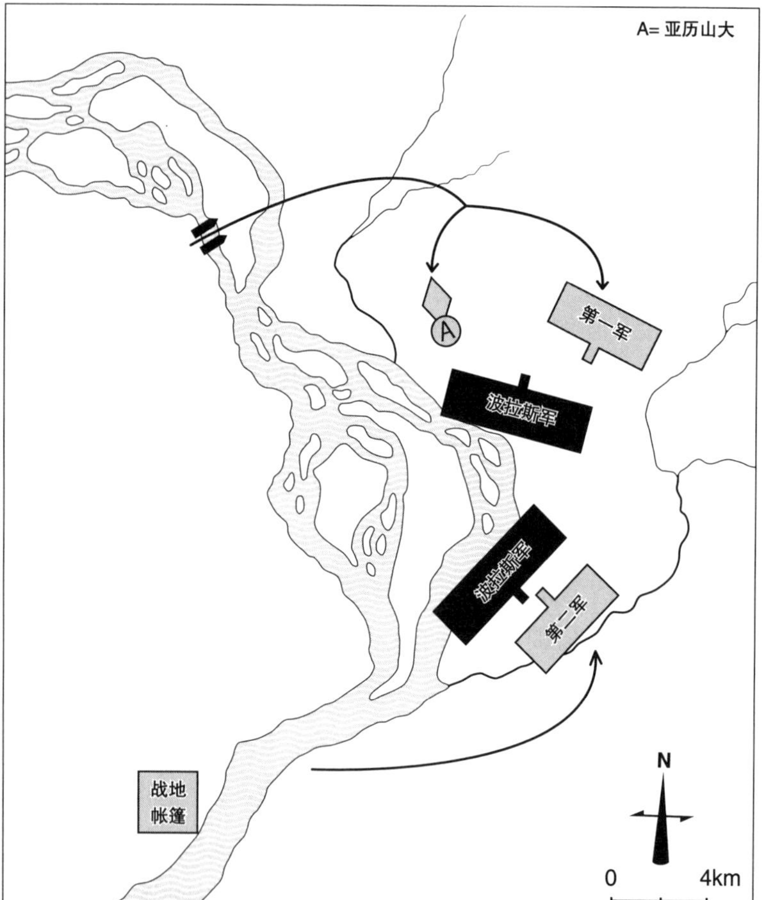


海达斯佩斯战役—3

亚历山大在军事方面的改革不仅限于有机地利用骑兵和步兵，还在于把骑兵和步兵分成小队。这样做自然是为了提高机动性。提高机动性必定会导致装备的轻量化。

在亚历山大的军队里，盾这个重装步兵的标志也小型化了，他们不再使用斯巴达那种大型盾。

因马其顿方阵而驰名的长矛被称为“马其顿长矛”（sarisa），它有近 7 米长，现在也改成了普通的长度。

缓缓前进的步兵长方形方阵，以其大型化形成马其顿方阵的威力。现在，马其顿方阵也被亚历山大分成众多的分队。

部队的装备更轻，武器更好用，分成小队后反应灵敏，这就是亚历山大实行改革的结果。后来的罗马军团几乎原封未动地继承了这些，只进行过小小的改良。

那么，海达斯佩斯战役实际上展开的情况如何呢？

实际战况是除了亚历山大对大象作战之勇猛产生误判，其他都按照他的预料展开。

因轮子陷入泥沼，镰刀战车接二连三地失去战斗力。波拉斯见状只好让留在河边的另一半军队也加入进来，全军迎战亚历山大。

大象在战场上的威力源于象群集体前进。而波拉斯的象兵是开始时的一半要等后面来的另一半，因而做不到集体前进。

在这期间，克拉特鲁斯率领的第二军已经成功渡河，开始了围歼战。（见海达斯佩斯战役 –3）

惯于征战的象群很老练，被包围了也不怯战。箭和矛也只能在大象的巨型身体上造成一点擦伤而已。即使大象被一头头地隔开，任何敌人想靠近，都会被它用长长的鼻子卷起来摔出去，再被它的脚踩扁。所以，接近大象很困难。

正因大象如此勇猛，所以波斯国王乘战车，印度国王骑大象。面对如此象群，亚历山大没有放弃。飘扬在他头盔上的白色翎子，在身躯庞大的大象面前看上去像是一只翩翩飞舞的白色蝴蝶。

亚历山大几处负伤。波拉斯骑在大象背上亲自指挥。他受到马其顿士兵的标枪和弓箭的集中攻击，因出血过多开始失去意识。但波拉斯没有逃跑。

不知为何，象兵没有注意到，而大象注意到了主人已经浑身是血。

一直载着国王的这头大象体格比其他大象更大。这头大象前腿弯曲着地停了下来，可能是想把受了伤的主人放下来。

这是一个信号。在印度，大象都受过训练，如果国王骑坐的大象前腿弯曲停下来，其他大象都会跟着这样做。

刚刚开战时有 200 头大象，战斗中死了一些，减少到 85 头。这 85 头大象全部前腿弯曲停了下来，海达斯佩斯战役就此结束。

在象群的后面，被马其顿军的箭射中和被矛刺中倒下的印度士兵的尸体横七竖八地躺了一地。被大象踩死的马其顿士兵的尸体也散落其中，数量大约是印度士兵的二十分之一。

亚历山大起初以为波拉斯死了，便派兵前去收尸。

大象看到这些士兵向国王靠了过来，突然站立起来，用长长的鼻子卷起国王的身体，把他放回安装在象背上的王座，似乎不让敌兵碰国王一根手指头。

亚历山大见状很感动。

海达斯佩斯战役以亚历山大的压倒性胜利告终。失血过多丧失意识的波拉斯成了俘虏。

亚历山大命令象兵把国王再次放到地上，然后让马其顿军的医生团队进行急救。

急救结束之后，亚历山大首次与波拉斯碰面。

年轻的国王向波拉斯问道："您希望我如何处置您？"

波拉斯躺着答道："不论死活，请把我当作国王对待。"

亚历山大决定给波拉斯国王的待遇。

第一，释放国王而不收赎金。给予所有生还的士兵自由。海达斯佩斯战役因此没有俘虏。

第二，承认波拉斯过去统治的所有小国今后依然是波拉斯的属国。

第三，印度国王波拉斯从此以后成为马其顿和波斯国王亚历山大的盟友。

我觉得，也许亚历山大和波拉斯在第一次碰面时就产生了相互信任吧。

波拉斯没有从战场上逃跑。仅此一事，按亚历山大的想法，波拉斯就比大流士适合做国王。

波拉斯战败而亚历山大仍把他视为国王。波拉斯也立即回报了亚历山大。

他提出要提供三种帮助，帮助年轻的国王实现梦想，横穿印度直抵恒河。

第一，提供若干印度人做向导，由波拉斯担保他们值得信赖。

第二，提供在此次战役中生还的勇敢战斗的 85 头大象外加 50

头，共计 135 头大象，以及所需的全部象兵和饲养人员。

第三，提供从波拉斯军中选拔出来的 5000 名印度兵。

可以想象，这样的体谅与两位国王的地位相匹配，这让年轻的胜利者心情不错。

亚历山大在海达斯佩斯战役中又成为胜利者。

波拉斯损失了 23000 人，而亚历山大仅损失了 1000 人。

与以往的战役相比，这次亚历山大的损失较多。亚历山大给遗属与生还者一样的免税优惠，但这并不会使他的内心平静下来，因为以前战役的战死者通常是以百人为单位计算的。

在海达斯佩斯战役中，亚历山大还失去了爱马比塞弗勒斯。

这匹名为牛头之意的比塞弗勒斯与亚历山大的关系，可以追溯到他的少年时代。

这匹马体格健壮，奔跑起来任何马都追不上它的速度。亚历山大把这匹马当作“只带上战场的马”，这在欧洲至今为人所津津乐道。比塞弗勒斯之于亚历山大是“可托付生命之马”。

亚历山大 18 岁第一次上战场的喀罗尼亚战役，21 岁时的格拉尼科斯战役，23 岁时的伊苏斯战役，25 岁时的高加米拉战役，以及 29 岁时的这场海达斯佩斯战役，在所有的战役中，亚历山大都把性命托付给了这匹马——比塞弗勒斯。

从邂逅到现在，整整 17 年，亚历山大和这匹马一直保持着人马一体的关系。

在这场海达斯佩斯战役中，比塞弗勒斯完成了一匹被人托付性命之马所应尽的义务和职责。

打完仗回到营地，主人在大帐前下马后，比塞弗勒斯立即倒地，再也不动了。等亚历山大听到士兵的叫喊声回头看时，比塞弗勒斯已经断了气。

作为马匹，比塞弗勒斯已属老年，它在死前完成了自己的职责。

亚历山大会因敌人的大象对波拉斯表现出的忠心而感动，他对比塞弗勒斯之死的感受绝不仅仅是感动。他决定在打这场战役的地方建设一座新城。

这座城没有像以往那样被命名为“× × 地区的亚历山大”，而是被命名为“比塞弗勒”（Bucephalia）。

年轻的国王并没有为爱马之死悲伤得不能自拔。他面临着自己从未想到过的事件。

士兵们得知波拉斯要为亚历山大横跨印度提供帮助后，发生了恐慌。亚历山大手下的士兵突然罢工了。

## 士兵拒绝从军

代表罢工士兵向亚历山大施加压力的是科那斯（Kenos）。

亚历山大在海达斯佩斯战役中把科那斯提拔为骑兵和进攻步兵混编部队（即现在意义上的海军陆战队）的指挥官，把迂回到左侧进攻波拉斯主力部队的任务交给了他。

这是亚历山大取得胜利的原因之一。科那斯不但因此取得了亚历山大的信任，士兵对其的评价也有所提高。

科那斯对亚历山大说：

“我们一定会紧紧跟随你的。但自从渡过达达尼尔海峡，已经过去了 8 年的时间。这 8 年我们是在不断的战斗中度过的。我们已经身心俱疲。再向东去，我们实在太受不了。”

这不是拒绝战斗又是什么？百战百胜的亚历山大竟被他称为战友的士兵们拒绝。

然而，亚历山大不能说，你们不干我就换波斯人干。他依赖的还是马其顿士兵。士兵们年轻，亚历山大也年轻。大家都是年轻人，不会轻易让步。双方各不相让，事态严重的风险大增。

对科那斯的情况说明，亚历山大只“哼”了一声就回大帐去了。

亚历山大虽然嗤之以鼻，却心生一计。

他决定模仿从孩提时代开始就一直景仰的英雄阿喀琉斯。

亚历山大

荷马创作的长篇史诗《伊利亚特》中的英雄阿喀琉斯不满进攻特洛伊的希腊联军统帅阿伽门农的专横，呆在自己的帐中不再上战场。《伊利亚特》开头便落笔于阿喀琉斯对不了解他心情的同僚们的愤怒和哀叹。

亚历山大也学阿喀琉斯的样子呆在帐中不出，但结果却不似《伊利亚特》那样。亚历山大在大帐里待了 3 天，士兵们没有反省，强硬的态度没有变化。

第 4 天，面对集合的士兵，亚历山大说：

“你们成功地让我做了一件任何战斗、任何敌将都没能做到的事情。你们想回家了，好吧，我答应你们的要求。”

士兵中间响起了一片欢呼声。也许他们认为自己得到满意的答复。然而，他们的理解太肤浅了。

他们的国王虽然同意他们回家，但他接着说：

“不过，由我决定回哪里和怎么回。”

士兵们忘记了，亚历山大拥有非凡的好奇心，他最厌恶重复已经做过的事情。他们还忘记了，亚历山大为了做自己想做的事情，不论多么辛苦，都有坚持到底的坚韧、坚定和顽强的精神。

# 印度河

亚历山大不愧跟随逻辑学的创始人亚里士多德学习过。

士兵们拒绝前进的理由是不愿意渡过印度河继续东征，但并没有说不愿意沿印度河顺流而下。如果顺流而下，拒绝前进的理由就站不住脚了。

亚历山大想知道，印度河究竟是像当时希腊人想象的那样流入湖泊，还是流入大海。

士兵们做梦也没有想到自己的国王会有如此狡猾的想法。他们充分享受了亚历山大给他们的一个月的假期。

但在这既无战斗又不行军的一个月中，士兵们还是闲不下来，被拉去建造了一座纪念碑。

马其顿的年轻人下令在自己脚踏过的最东方，建造一座壮丽的石碑，献给以宙斯为首的奥林匹斯诸神。

士兵们欢欢喜喜地参与了这项工程。他们认为，国王想在踏上归途之前留下证据，告诉人们我们曾经来到过这里。

纪念碑落成。人们在碑前举行了焚牛献给诸神的感谢仪式。仪式结束后，士兵们才知道了亚历山大的真实意图。他们被告知，接下来的行军计划是沿着印度河南下。

如果沿着来时的路回去，向西大约两个月他们就可以结束行军了。南下则要绕个大圈子，回家得花上一年多的时间。但是，想回家的是士兵，亚历山大从未想过回家。

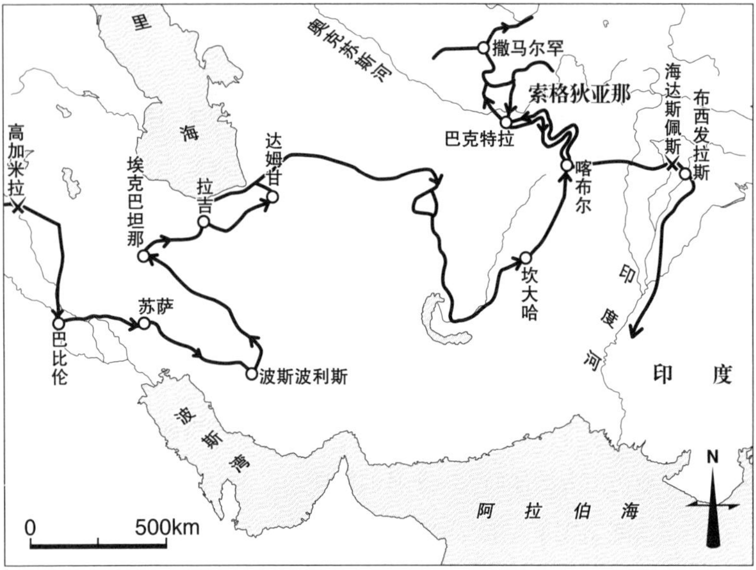


挺进印度河河口

就这样，他们开始沿着印度河向下游行军。这一带相当于现在的巴基斯坦南部，是另一位印度人国王的领地。

这位国王与波拉斯有亲戚关系，他把进入自己领地的亚历山大的军队视为侵略者，坚决予以抗击。

他并没有像波拉斯那样出来会战，亚历山大只能攻打这位国王坚守不出的城池。

隔着城墙打攻防战，起初的进展并不理想。亚历山大不耐烦了，冲到城墙下面，像往常一样战斗在最前线。

说时迟那时快，城墙上射下的一支箭射中了亚历山大的胸膛。因为只有他一人头戴白翎，他成了靶子。

亚历山大倒在地上一动不动，那枝箭深深扎进他的胸口，眼见得他的脸变得苍白起来。

在他身边作战的士兵们赶了过来。他们明白国王负了重伤，濒临死亡，而附近连个医生也没有。

慌张中，一个士兵用脚踏在倒地不动的国王的胸部，卯足了劲把箭拔了出来。他以为只要把箭拔出来就好了。

然而，这样做是不行的。

东方的箭做得像小鱼叉一样。

如果胡乱拔箭，周围的肉会被全部拽出来。

大量的鲜血从胸甲下面涌出。

等医师赶来的时候，国王已经昏死过去。

士兵们看着浑身是血的国王被担架抬走，同仇敌忾，一心报仇。没有任何人下令，全体士兵全都转入了总攻。城主号称国王，其实不过是个部族首领。在心中燃烧着复仇之火的马其顿士兵的总攻下，城池陷落了。

攻陷城池之后，士兵们心头的怒火仍不能熄灭，他们用箭和矛杀死了城内所有的居民。马其顿的士兵们左一个右一个地边走边杀，一心想为自己死去的国王报仇。

然而，亚历山大没死。

我们不知道是医师如何施救的，但他们确实拼尽全力。

据说波拉斯送来了印度药。亚历山大伤虽重却只是外伤。幸运的是，箭似乎并没有伤及内脏器官。

占卜师向诸神祈祷，却不灵验。人们只能等待 30 岁国王的肉体凭自己的力量自然痊愈。

医师已无计可施，只能让大家保持绝对安静。

以前亚历山大曾多次负伤，但都没有这次这么严重。

他恢复了神态但意识朦胧。由于大量出血，他的脸上毫无血色。他趴在床上连说话的力气都没有，谁都看得出他伤势严重。

亚历山大的大帐周围静得出奇，只有医师和高级将领进出。士兵们离得老远围着大帐，十分不安。

没有人向他们介绍国王的状况，他们越来越强烈地认为国王已死，认为医师和将军们秘不发丧。

一天天过去，士兵中间弥漫的这种不安以及由此而生的恐惧濒临爆发。他们哭着，开始喊叫国王已死，事态一发不可收拾。

到了如此地步，第二把手克拉特鲁斯出面解释，说国王虽然伤重但仍活着，但仍不能平息事态。

士兵们的哭喊声传进了在大帐里卧床的亚历山大的耳朵。

士兵可不是只有几百人，他们的数量超过了 4 万人。虽说他们是担心过头，但要消除他们内心的恐惧谈何容易。

亚历山大下令备船，同时命令集合士兵沿河列队。

他想躺在担架上上船，让沿岸列队的士兵们看到他的身影，从而消除他们内心的不安和恐惧。

亚历山大很顺利地上了船。

船载着亚历山大，开始静静地沿河向下游划去。

可是，只是看看躺在船上的亚历山大，士兵们的不安和恐惧并没有消除。

看着士兵们默默地望着自己，亚历山大略抬起上半身，向他们挥起了双手。

这是为了表示自己还活着。

这样才好不容易有了效果。虽然是躺在船上的床上招手，但士兵们见状终于放下了心。

士兵中间响起了欢呼声："国王！国王！"欢呼声随着船行在河岸上响起。

这些士兵与两个月前向亚历山大提出拒绝前进的是同一拨人。

两个月前代表这些士兵向亚历山大陈述拒绝前进理由的科那斯队长，在这天的游行结束后又代表士兵们向疲惫至极的亚历山大说：

"如果没有您，我们真不知道怎么办才好。所以，请您承诺，再也不要在最前线战斗了！"

不过，他很快就悟到了，亚历山大一点儿都没听进去自己的进言。

但是，这次亚历山大听从了医师们的忠告。他听医师的话保持绝对安静，但这安静只是肉体上的，不是大脑里的。

# 探险未知之地

刚进入公元前325年，结束恢复期重新站起来的亚历山大宣布了回哪里和如何回的具体办法。

全军超过4万人被一分为三。

第一军由年长的2万人组成，在克拉特鲁斯的率领下向西进发。

第一个目的地是亚历山大已经征服并建设的城市——“亚历山大·阿拉科西亚”，即现在阿富汗境内的坎大哈。

这件事表明，第一军要确认并在必要时修正征服后阿富汗一带的统治体制。在亚历山大征服的整个区域内，这一带是统治最为艰难的地方。所以，亚历山大有充分理由把第一军交给第二把手。

这一带已经被征服，第一军是去已知地域行军，不用担心安全。亚历山大决定把组装式攻城器械等重而碍事的物资以及无关人员交给第一军带走。

不过，他并没有说第一军路过坎大哈后可以直接回到苏萨。

离开阿富汗后，第一军要进入伊朗东南部，在波斯湾入口处的霍尔木兹海峡附近与走其他路线过来的亚历山大会师，然后再去苏萨。

尽管克拉特鲁斯是第二把手，亚历山大并没有授予他全权处理权。所有决定由亚历山大一人做出。

在这个意义上，亚历山大是相当独裁的，而克拉特鲁斯是他理想的副手。

受列奥尼达的斯巴达式教育，上亚里士多德的教养课，克拉特鲁斯一直是亚历山大的学友。他不仅有足够的能力完成第二把手的任务，而且对赋予第二把手的任务有着充分的认识。

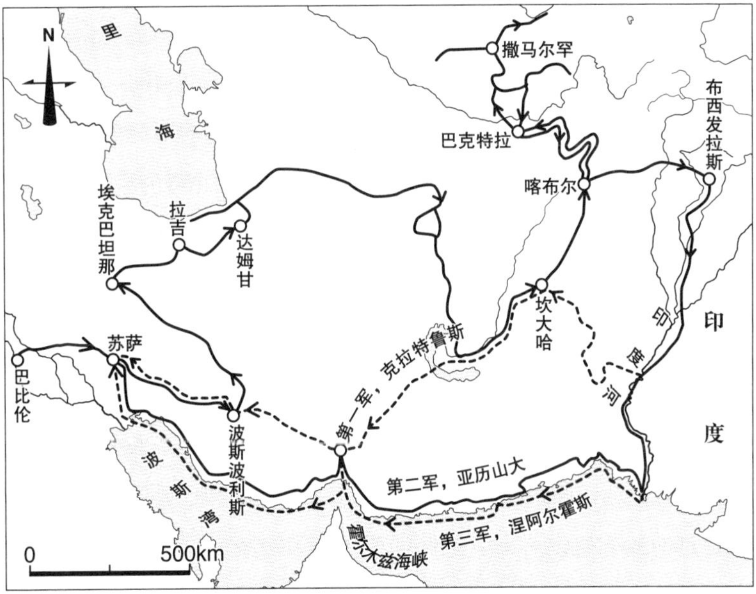


回苏萨之路

亚历山大自己率领的第二军由1万名年轻士兵组成。

第二军不是去确认霸权，也不是去征服新的地方，称其为探险更为合适。

第二军的路线是从现在的巴基斯坦南部沿海地区进入伊朗南部沿海地区，在霍尔木兹海峡附近与第一军会师，然后左手向海沿波斯湾东北岸行进，直到看见底格里斯河和幼发拉底河这两大河注入波斯湾的河口后，再去苏萨。

在亚历山大时代，连亚洲的波斯人都从未到过这里，更不用说欧洲的希腊人了。

这次行军不算征服之行，尽管现代这一带有巴基斯坦的重要城市卡拉奇，但当时那里不过是一座荒村，连镇子都谈不上，更不是值得征讨的城市。要去这些地方，除探险以外不会有别的目的。

最后一支军队是由剩下的士兵和技术团队组成的第三军。

亚历山大把这支部队的指挥权交给了克里特岛出身的涅阿尔霍斯。

第三军形式上走的是与第二军并行的路线，但是在海上从印度洋进入波斯湾，从那里北上。

亚历山大已经远征到了人迹未至的地方，归途还要走人所未走的陆路和海路。

简单地说这是强烈的好奇心使然，但亚历山大这个人又非常讨厌徒劳无功。这样说的证据是尽管他踏上了归途，却还要照例在那些从未到过的地方建设“××地区的亚历山大”城。如果说这是为后人考虑，那就是所谓的先期投资，其效果会在他死后得到验证。

公元前 325 年 2 月，从重伤中恢复过来的亚历山大号令全军，花 3 个月的时间为三个方面军的行军做准备。如前所述，三个方面军的作用各不相同，出发准备工作要根据它们各自的作用来。

6 月，第一军在克拉特鲁斯的率领下首先出发。

第一军出发后一个月左右，第二军和第三军开始沿着印度河南下。

8 月抵达印度河河口。在这里，亚历山大和涅阿尔霍斯之间有一段对话，别人听来绝对会笑话他们。

面对汪洋大海，亚历山大问涅阿尔霍斯道：

“这究竟是大湖，还是大海啊？”

亚历山大毕竟生长在内陆国家马其顿，所以才这么询问出生于爱琴海克里特岛的涅阿尔霍斯。

涅阿尔霍斯用手指沾点水舔了一下，回答道：“这是大海。”

靠这种程度的知识去探险，亚历山大肯定不知道这个地方有绝对不容忽视的季风现象了。受季风影响，第三军虽然已经建好船队，却只能等季风季节过去后才能出港。于是第二军只好先行出发了。

亚历山大鲁莽却不草率。为去未知之地，当时能考虑到的事情他都毫无懈怠地做了准备。

首先，只带体力好的年轻人去。

其次，让他们严守纪律，所以没有发生散兵游勇抢掠、强奸这类会激起当地居民敌意的事情。

再次，给全体士兵以平等待遇，包括统率他们的亚历山大在内。

最后，行军时尽可能走能见到大海的地方，没有比深入未知之地更让士兵恐惧的了。人是一种看到大海便会放心，被包围便会不安的动物。

这毕竟是探险之行，不会不出一点预料之外的糟糕事，其中之一是在沙漠里迷路。

人们没有想到会迷路也就没有准备足够的饮用水。到了知道迷路的时候，亚历山大便拿出他的对策付诸实施。

骑兵，包括亚历山大在内全体下马，把步兵背着走的行李全部放上马背，全体人员就都成了步兵。

在夏天的烈日之下，带来的水全部喝光，但所有人忍着干渴继续前行。

在临时休息的时候，有人发现了泉水。但水量少得可怜，不能为所有人解渴。

士兵们把水盛在头盔里，端到亚历山大面前。如果分给所有人喝，那每个人一滴水也摊不上。士兵们想这水至少要先让国王喝。

年轻的国王接过水来。士兵们都在直勾勾地仰望着他。

亚历山大把拿在手里的头盔倒扣了过来，里面那少得可怜的水把他脚下的一小片沙子打湿了。

什么话也不必说。他不说，士兵们也都理解。国王迈开步伐，士兵们默默地跟在后面。

就这样，他们走完了从巴基斯坦南部海岸到伊朗南部海岸的未知之地。

这是欧洲人在这里的首次探险。这是一次艰苦卓绝的旅行，却没有一个人牺牲。

这一年冬季来临时，亚历山大进入了霍尔木兹海峡伊朗一侧的一个小城。在这个小城里，他们终于与克拉特鲁斯率领的第一军会师。

第一军的规模超过了 2 万人，但也没有一个人牺牲。

转年到公元前 324 年。这年 2 月，由涅阿尔霍斯率领的海军也进入了霍尔木兹海峡，他们因为季风拖到 10 月份都没能出发。三军在两大河的波斯湾入口处会师。

从这里开始，他们将进入波斯帝国的核心地区。花费一年多时间进行的未知土地的探险之行就此结束。

抵达苏萨的时候已经是仲春季节。

公元前 334 年渡过达达尼尔海峡开始的“东征”终于在 10 年之后的这一年结束了。

亚历山大已经 31 岁。

## 同化战败者与实现民族融合的梦想

31岁的亚历山大时隔6年回到文明城市苏萨，终于能够享受久违舒适的生活环境了。但只有士兵能够饱享休假的愉悦，领导人不行，一堆必须尽快解决的问题正等着他们。

其中包括处理未能按要求执行任务的波斯人高官。

6年前，亚历山大出发追击逃跑的大流士，前去征服波斯帝国的东部时，任命波斯人担任后方几个地区的统治者，即“总督”。

这些总督中有几个人掌握了超越权限的权力。不知道他们是想钻“山中无老虎”的空子，还是暗自盼望前往中亚的亚历山大在同游击队作战时被打死。

总之，他们超越了应有的行政权，雇佣私兵，拥有了军队。

这完全违背了亚历山大的初衷。波斯帝国时代的总督是将行政、军事和财政大权一把抓的，亚历山大打破了这一传统。他保留了总督的官名，但总督只能负责行政事务，军事事务交由马其顿人、征税等财政事务交给了希腊人管理，权力一分为三。

而且，有越权行为的并不止总督。负责财政的人本来任务只是公正收税，却渐渐出现了暴敛私财之人。

这是当事人没有公共事业心的表现，但公共事业心是希腊人的发明，不是东方的东西。这并不是说亚洲人没有公共事业心，不过一般而言是比较欠缺的。民主政体也是公共事业心的产物，也源于希腊的政治理念。

亚历山大向来憎恶违法乱纪。他认为，违法乱纪是统治庞大帝国的最大敌人。

对查明有违法行为的人他立即予以撤职严处。然后他任命以马其顿人为主的希腊人替代他们。暴敛私财的主犯逃到了希腊，但被亚历山大派去追捕的人杀死。

他们全都背叛了亚历山大对他们的信任。一般人必定会因此陷入不相信任何人的心理状态。

可是亚历山大不是这样，他说：

> 欧洲和亚洲如今已是一个国家了。
>
> 你们所有人都和我是同一个国家的人，你们都是我的士兵，也是我的朋友。
>
> 在这个国家里，任何人都享有同等的权利，负有同等的义务。
>
> 你们所有人，已经共同拥有了在一个国王之下和平生存的命运！

亚历山大是一个会巧妙掌控人心的人。他懂得说服众人光靠抽象的理论是不够的，还要用具体形式体现出来。

于是，在春光烂漫的苏萨举行了一场只有他才想得出来的大型活动。

他举办了一场1万名马其顿将士与1万名波斯姑娘的集体婚礼。

在战斗中，担任“金刚钻”的总是亚历山大。在集体婚礼上，亚历山大又站到了前头。

波斯阿契美尼德王朝的最后一任国王大流士有两个女儿。亚历山大同他的长女结了婚，又让次女和赫菲斯提安结了婚。

他还安排第二把手克拉特鲁斯与斯皮塔米尼斯的女儿结婚。斯皮塔米尼斯是索格狄亚那的总督，也是杀害大流士的凶手之一，后来因亚历山大的追击，他被自己人背叛杀死。其他的将士跟随在他们的后面。

这简直就和打仗一样，亚历山大冲锋在前，突入敌阵，骑兵军团紧跟其后，不让国王孤军奋战。

只有一点不同，那就是战斗中他们杀向敌人，而婚礼上是冲向东方女人的酥胸。

亚历山大不是已经与罗克珊娜结婚了吗？还有，不是说马其顿将士们都有妻子，东征前留在了国内吗？

尽管有这些问题，但亚历山大不在乎。

同化战败者和由此实现民族融合才是他最重要的政略。

实际上，在同一时期，亚历山大已经着人组建了一支由波斯年轻人独立组成的3万人的军团。

亚历山大是马其顿国王与邻国伊庇鲁斯的公主所生的混血儿，不易受马其顿传统束缚，即使如此他这事办得也太不像话。

首先，士兵是奉命结婚。其次，几乎所有男人都是重婚。

更加岂有此理的是，据说他对与波斯姑娘结婚的马其顿将士说了这样的话：

“你们回国的时候，你们的妻子以及你们与妻子生的孩子都要留在波斯。如果是男孩，就得让他接受马其顿式的教育。”

这不就跟只要配种，其他都不管一样了吗？

不过，我们不知道说这话的人自己是否尽到了这个义务。与亚历山大结婚的波斯公主虽已成人，却没有一点怀孕的征兆。赫菲斯提安的妻子也一样。克拉特鲁斯似乎尽到了责任，此后他的血统被亚历山大死后诞生的希腊化时代的一个强国继承了下去。

不过，这是少有的例外之一。

亚历山大同化战败者并借此实现民族融合的梦想，随着他的死去烟消云散。

等到后来罗马强盛，他的这个梦想才成为了现实。

罗马人是一个现实的民族。这个民族宁愿通过制定法律使其制度化，走质朴而踏实的道路，也不会选择由一个人做出暂时性的创举。

因为再好的政策也不免会被制定这项政策的人的命运所左右，不能持续。他们希望避免这种情况。

罗马人是这样同化战败者和实现民族融合的。

要成为罗马主力军团的士兵，首要条件是拥有罗马公民权。握有罗马帝国主权的人不是被称为“将军”（imperator）的军队最高司令官，也不是皇帝，是罗马公民。所以，罗马帝国规定，只有拥有罗马公民权的人才负得起保卫罗马帝国安全的责任。

军团士兵的服役年限是从 17 岁起的 20 年。当兵期间他们要在基地里过集体生活，不允许结婚。

不过，罗马人是现实的，当兵期间士兵可与居住在基地外的女人交往，对此国家不止是允许，甚至是鼓励。罗马军团的基地当时都设在被称为“Limes”（古罗马的边境）的帝国边境上，现在其中一些地方成了维也纳、布达佩斯这样的首都。

也就是说，与军团士兵相好的女人都是被罗马征服的战败国的姑娘。军团士兵与战败国的姑娘会有孩子。

军团士兵到 37 岁服满兵役退伍时，几乎所有人都会和长年交往的女人结婚。当然，他们生的孩子都会成为罗马公民。这些孩子成年后将获得与祖辈都是罗马公民的人同等的待遇。

当然，为最大限度地利用这个待遇而去当军团士兵，是这些孩子的自由。为退役军人和当地居民着想，罗马在军团基地附近通常建有城镇。如果这些人想进入商界，他们可以住在城镇中，专门与军团做生意，这也是他们的自由。

在撰写《罗马人的故事》一书时我曾想过，这已经成为混血儿的量产体系。

然而，罗马同化战败者的方法还不止于此。

在罗马时代，被罗马征服的人称作“行省居民”（provincialis），他们也会被充分用于国家最重要的安全保障工作。

在军团基地里，还有数量几乎与主力军团士兵同样多的辅助兵。

他们是行省出身的人，在罗马人看来就是战败者。他们的兵役期比军团士兵长 5 年，为 25 年。

当他们服满兵役退伍时，罗马会授予他们罗马公民权，像是给他们发放退休金。当时，“罗马治下的和平”（Pax Romana）在不断扩大，有很高比例的士兵会干到退役期满。罗马公民没流一滴血，就把这些人收为罗马公民了。

这些人的孩子当然也拥有罗马公民权。授予国家防卫人员的罗马公民权是可以传给子孙的世袭权利。

罗马因尤利乌斯·凯撒提议设立的法律改变了做法，开始把罗马公民权授予教师和医师。不论战败者还是肤色不同的人，从事教育和医疗工作的人都被授予罗马公民权，享受免除直接税的优惠。

不过这种公民权只限一代人享有。儿子也从事教师和医师的职业，才可以继承公民权，这和授予防卫人员的世袭公民权有所不同。

罗马军团不仅是混血儿的量产者，更重要的是，它还是一座同化战败者进而融合各民族的大型工厂。

罗马人从先行者希腊人那里学到了很多东西，也有拒绝接受的东西。

其中一个就是对公民权的看法。

在希腊，以雅典为首的城邦国家都只承认双亲均出生于本国的孩子拥有公民权。

柏拉图的父母都是雅典人，所以开设“学院”时，他可以购买周边的土地建校。

相反，亚里士多德开设高中，为培养雅典人的一般教养做出贡献。他因为出生于马其顿而没有雅典公民权。雅典禁止外国人拥有不动产。所以开设“吕克昂学园”时，亚里士多德只能长期借土地办学。

这是因为希腊人思想中的公民权是一种“既得权”。

而罗马人思想中的公民权是“取得权”，是一种只要为罗马尽心尽力，不管是谁都可以获得的“取得权”。

亚历山大是希腊人，还不具备罗马人的那种公民权思想。但我觉得，他还是有些感觉的，尽管并不清晰。

由于有亚历山大，希腊和罗马的文明才会被并称为“希腊—罗马文明”。

即使在罗马，同化战败者以求民族融合的战略在刚刚起步的时候，也曾招致过强烈的反对。

尤利乌斯·凯撒把元老院（相当于今天的国会）的议席授予他征服的高卢实力部族的首领，元老院内的保守派由此都成了他的敌人。他最后遭到了布鲁图一派元老院议员的暗杀。

这件事发生于公元前 44 年，从亚历山大开始实施这个政策的年份算起，在 280 年之后。

希腊人把其他民族视为“蛮族”，予以歧视。就连哲学家亚里士多德也认为，如果希腊人战胜了，那他们就应该是统治者，战败的“蛮族”应该是被统治者。

亚历山大试图消除这种歧视。

罗马成功地消除了这种歧视。

亚历山大并非死于暗杀，他死后没有接班人继承他的思想。凯撒虽被暗杀，却有接班人。罗马帝国第一代皇帝奥古斯都和第二代皇帝提比略把凯撒的政策法律化并且一贯实行，使其成为了一种制度。

到了凯撒百年之后的五贤帝时代，同化战败者进行民族融合已经成为罗马帝国上下的共识。

生活在这个时代的《希腊罗马名人传》作者普鲁塔克写道：

“让罗马强大起来的原因没有别的，只有成功同化战败者的思想。”

顺便说一句，普鲁塔克是希腊人，因而上面那句话是出自一个被罗马人成功同化的战败国公民之口。普鲁塔克在《希腊罗马名人传》里把罗马人尤利乌斯·凯撒与亚历山大相提并论。

## 亚历山大的愤怒

话题回到31岁的亚历山大。

年轻的国王为1万对新人举办了一场豪华集体婚礼。到了夏天，他突然遇到一个重大问题。

士兵们再次造反。这次不像上次那样只是士兵拒绝前进，这是一场很容易发展成为叛乱的斗争。

这场斗争的起因是亚历山大的一个决定。

即将32岁的亚历山大计划让自己的军队年轻化。

东征以来已经过了10年。跟随他渡过达达尼尔海峡的马其顿士兵中的老兵在10年后的今天已经年逾五旬，他们的人数已接近1万人。

年轻的国王决定让这1万人退伍回马其顿去。当然，亚历山大给予他们优渥的退休金以及特别待遇，为他们全额偿还了累计借款。

然而，这1万人举起了反旗。

在希腊，现役兵的年龄是20岁到60岁。一满60岁，士兵要从现役转为预备役。这是一条不成文的规定。

这1万人的不满在于60岁前退役意味着被解雇。

他们手中还有大义名分。

有一个传播甚广的流言说，亚历山大打算用波斯人士兵来填补他们回国后留下的空缺。

这对自认为胜者的马其顿士兵来说是不可忍受之事。这已经不再是圆满退役还是被解雇的问题了。马其顿的国王要排斥马其顿人，是想把老兵换成战败的波斯人吗？问题的性质有了变化。

就这样，这1万人的不满引起其他士兵们的同感。这样下去可能会出现马其顿军自行崩溃的危险。

得知情况后，亚历山大孤身深入到士兵中间。面对士兵，他不但没有努力解释，反而暴跳如雷，把三十来岁年轻人的愤怒毫不掩饰地呈现在他们的面前。

“你们以为自己是什么？”据说他这样说道。

也许这是我最后一次直接跟你们讲话，因为我根本没有放弃让你们离开的打算。你们去哪里我不感兴趣。不过，在你们离开之前我要把话撂在这里。

我先说说你们的处境因为先父腓力得到了多大的改善。

在腓力当国王之前，你们不过是山里整天追着羊群跑的穷苦农牧民。日子过得很不安全，你们每天都提心吊胆，害怕近邻伊利里亚和色雷斯的蛮族袭来。

腓力让只能兽皮裹身的你们穿上甲胄成了士兵，从山里搬到城里，战胜了过去让你们恐惧的蛮族，把你们培养成无所畏惧的真正的男人。

就这样，你们不仅征服了邻近的蛮族，还因为腓力开发矿山过上了更加文明的生活。

后来，你们进攻希腊中南部，击破了色萨利、底比斯、雅典和斯巴达，把整个希腊的霸权握在了手里。马其顿国王也被所有希腊城邦推选为进攻老对头波斯的联军总司令。

腓力做完这一切死去了。对他的丰功伟绩谁都不会有异议。说到他死后我们做了些什么，那完全是另外一回事了。

也许先父根本没有想到自己会在那个年龄死去，他留给我的国库空空，里面只有 70 塔兰特，还有 1300 塔兰特的借款。靠这点钱根本不可能东征。我只能再借 800 塔兰特。如果不去借款，我连 35000 名士兵都没法养活。

在这样的状况下，我们毅然决然地开始了东征。爱琴海的制海权长期掌握在波斯人的手里。可是，我们还是渡过了爱琴海北部的达达尼尔海峡。

我们不仅渡过了海峡，还在格拉尼科斯战役中战胜了那些波斯总督。我们征服了小亚细亚，从西海岸直到内陆。

还有中近东、埃及、叙利亚、巴比伦、巴克特利亚，我们征服的地方不胜枚举。你们勇敢战斗，胜利后享受到手的财富。你们不应该忘记这些。

被征服的国王们献上了黄金王冠，我把它们也化成金币分给你们，难道你们都忘记了吗？

我率领你们作战得到的报酬，只有一件紫色披风和一顶王冠。我与你们吃同样的食物，睡同样的帐篷。我没有理由去聚敛财宝。

在最近的日子里，你们应该过得舒适了很多。你们可以忘记一切，贪婪地睡觉。但我不行，夜晚对我来说是思考如何应对明天的时间。

跟你们战斗在最前线的人不一样，我是最高司令官。如果有人说我躲避危险，我倒想看看他是谁。

如果你们要我看你们在战斗中负的伤，那我也让你们看看我的伤。

我的身体上到处都是刀伤、箭伤、石块砸伤的伤疤。这就是我翻越高山、穿过沙漠、渡过河流得到的功勋！是我把荣誉和财富都给了你们而得到的勋章！

正如你们所做的那样，我也娶了波斯女人为妻。因为这样做了，我们的儿子们会成为亲戚。

你们借的钱，我都为你们还了。我不知道你们得到了那么多报酬，为什么还要借钱。我不会追究这一切，我已经为你们全额偿还了。

还有，你们跟我一同度过了10年，参加了东征这个没有任何人尝试过的伟大事业，享有了别人根本享受不到的荣誉！

有人不幸倒在了战场上，他们当然也配得到与这个荣誉相称的待遇。我已经决定为他们铸铜像安放在故乡，他们的遗属将享受免税的待遇。这些事都在扎扎实实地做着。

最后，还有一事我要补充一下。

那就是我从来没有让你们中的任何一个人遇到过我背对敌人临阵脱逃的情况。

现在我听说你们要回国，要跟我一刀两断。

“我为何让跟我共同战斗了10年的士兵，和因负伤不能继续服兵役的士兵回故乡，你们根本不懂，你们居然要跟我一刀两断。

既然如此，我也要说，那你滚吧，有多远滚多远吧！

回国后你们可以到处去说，我们把自己的国王抛弃在别的国家。你们去说吧！

在祖国，不管你们说什么人们都会相信，你们会成为他们的英雄，诸神也会爱你们的！

这样的士兵和我缘分已尽。

滚吧，有多远滚多远吧！”

就这样，亚历山大一吐胸中不快，离开了现场，身边依然没有人护卫。

他态度凛然，一个人在士兵们中间穿行，瞪着他们每一个人，然后离开了现场。所有士兵鸦雀无声地目送亚历山大。

不大一会儿，士兵们的心头便涌起了反省的念头。他们单纯、朴素，打心底里后悔。有的人后悔之极，兀自痛哭了起来。

他们分别通过自己的指挥官向国王表达谢罪之意，请求宽恕。

然而，亚历山大很执拗，就是不点头。

于是，后悔的念头在士兵们的心里越积越大，他们聚集在亚历山大所在王宫前的院子里静坐，得不到宽恕便不散去。

1 万人，再大的院子也会被填满。

亚历山大很快让自己的心情焕然一新。

年轻的国王走到院子里，站在士兵们的面前。他只说了一句话："好吧！"士兵们一下子放下心来，现场响起了一片欢呼声。

亚历山大又对他们说道：

"今天晚上举行盛大宴会，庆祝我们恢复关系！"

欢呼声更加高涨。

当天晚上，国王的宫廷花园变成了招待全体士兵的巨型宴会会场。所有人都想和国王干杯，年轻的国王身边热闹非凡。于是，那天晚上的宴会变成了不拘礼仪的饮酒大会。酒也是希腊式的喝法——直接喝干烈酒。

士兵们再次感到亚历山大就是他们的国王。他们把这种喜悦和烈酒一起，舒心地喝了下去。

1 万人回国的事得以顺利进行。

年轻的国王把率领这 1 万名士兵回国的任务交给了克拉特鲁斯。

在马其顿军中地位仅次于国王的第二把手专程领队回国。这事一经明确，1 万名士兵的回国就成了圆满退役的人员回国，而不是被裁撤人员回国了。

极易引起马其顿士兵大量离队的士兵抗议事件得到了平稳解决。

这年的夏天和秋天，亚历山大是在埃克巴坦那度过的。这不仅是因为那里是波斯历代国王的避暑之地。

亚历山大让 1 万人回国后，留在他身边的都是年轻士兵。也就是说，他们这代人只有在亚历山大手下战斗的经验，已经不了解先王腓力的作风了。这些年轻人很少对波斯过度敏感。

尽管让部分士兵回国的真正目的在于让军队年轻化，但送回国的士兵数量毕竟有 1 万人。

亚历山大不可能让第二把手克拉特鲁斯把 1 万人送到以后空手回来。他肯定命令克拉特鲁斯在马其顿为主的希腊全境征召志愿兵，再把他们带出来。

在东征的 10 年中，所有补充兵员都安全抵达了指定地点。没有快递服务而能做到这一点，委实令人佩服。不过，每次补充兵员的规模都在两三千人，没有一次超过五千人。忠厚老实的克拉特鲁斯带来的兵员规模也不会有。

也就是说，仅靠这点补充兵员填不满 1 万人的空缺。

这样，被裁撤人员的担心就成为现实了，他们的国王得用波斯的年轻人来填补马其顿兵回国产生的空缺。

不过，亚历山大并不是要完全用波斯人替换。年轻阶层尚在，科那斯也是其中的一员。此外，克拉特鲁斯要带回来的新兵与留下来的人一样是马其顿兵，即便不是马其顿人，也是希腊人。所以，即使波斯人加入马其顿军，毕竟还是少数，规模还不至于刺激到马其顿的守旧派。

希腊人新兵需要训练，波斯人新兵就更需要训练了，因为还需改变他们不同的生活习惯。

亚历山大那年要在埃克巴坦那度过夏天，并不是想躲避苏萨的炎热，而是因为他在波斯帝国的首都苏萨容易引人注目，而在避暑地埃克巴坦那这些麻烦会少很多。

亚历山大把埃克巴坦那郊外变成了武艺训练场。他让事先选拔出的波斯年轻人在此集训。

虽说是武艺训练，但主办者是希腊人，结果它成了运动会的延续。在希腊，每 4 年要在奥林匹亚举行一次运动会，各地也有各自的运动会。这种运动会与武艺训练的区别仅仅在于有没有观众。日复一日地在埃克巴坦那举行的是没有观众的运动会。

希腊人参加运动会不是全裸就是半裸。我不禁会想，波斯人认为奴隶才会赤身裸体，亚历山大是如何让他们接受这种希腊式做法的呢？不论古代的史学家还是现代的研究者，没有一个人提到这件事。

也许因为亚历山大召集的波斯青年年轻，适应希腊式做法的速度快得出乎意料。

毕竟穿着波斯式的长袍上阵，动作会变得迟钝。亚历山大的军队重视机动性，穿长袍是不中用的。正因为波斯士兵在战场上也穿长袍，波斯军才会一败再败。

波斯的年轻人大概也了解这些。可以想象，在与异文化融合的过程中他们妥协了，就反映在穿短衣这点上。

# 密友之死

进入秋天，武艺训练仍在继续。亚历山大也很热心，一连多日亲临现场。不仅如此，很多时候他还会亲自参加训练。

很多人并没有注意到，赫菲斯提安不久前还总出现在亚历山大的身旁，最近看不到他的身影了。

亚历山大在朋友卧病之初常去探视，赫菲斯提安说不是什么大不了的病，不用担心。当时，旁人看不出他有多严重的病。

于是，亚历山大把生病的朋友安顿在城里的宫殿里，自己在离城数公里的郊外平原上参与新兵的武艺训练，就这样度过了多日。

深秋的一天，亚历山大正和平时一样训练波斯的年轻人，一个马其顿士兵气喘吁吁地跑到他身边，告诉他赫菲斯提安的病情突然恶化。

年轻的国王连汗都顾不上擦一把，飞身上马，向城里飞奔而去。

然而，当亚历山大快马加鞭赶到的时候，赫菲斯提安已经没有了呼吸。

亚历山大抱住朋友的遗体，哭号不已，许久许久，谁也没有办法。

亚历山大一边哭着一边不断呼喊朋友的名字。曾经的学友们好不容易才把他从亡友的遗体边拉开。

国王的学友们好不容易把半疯的亚历山大拉到了他自己的房间里。赫菲斯提安也曾经是这些学友中的一员。国王在他们面前紧闭房门，把自己关在里面，不吃也不喝。

人们已经听不见哭喊声了。三天三夜，亚历山大飘荡在黑不见底的悲伤深渊里。

**亚历山大和赫菲斯提安**

据说亚历山大和赫菲斯提安少年时代的老师亚里士多德曾经评论说，他们两人拥有分在两具躯壳中的一颗心。

亚历山大失去了另外一半的心。他失去了自少年时代开始就无人可比的亲密朋友，赫菲斯提安伴随在自己身边已再自然不过。

不论何时，不论何地，朋友总在身旁。古代的史学家们写道，只有赫菲斯提安洞悉亚历山大内心的一切。

无话不说，当然可以洞悉内心。赫菲斯提安与国王关系如此亲近，却一次也没有利用这种关系去谋取自己的利益。

谁都知道他们之间的特别关系。可是特别关系之外，什么都没有。

克雷托斯死后，赫菲斯提安继续发挥着克雷托斯的作用，直到去世。

也就是说打仗时他紧紧跟着一马当先冲入敌阵的亚历山大，国王一旦有事立即上前救驾。

担起这份工作以后，赫菲斯提安头盔上的翎子被定为蓝色，而亚历山大的翎子是白色的。混战中只要看到白蓝两色的翎子，马其顿军的将士们便会安心战斗。现在，那根蓝色翎子消失了。

我想起曾经在电视里看过的 BBC 制作的节目。在那台节目中，英国人以冷静的态度用人体模型具体指出并解说了东征 10 年中亚历山大的所有受伤情况。

我一边看节目一边想，所谓体无完肤指的就是这个情况吧。

可是，我又在想，所有这些都是外伤，不是心头之伤。心上的伤是无法进行科学的分析的。写年轻的马其顿国王写到现在，我有一种强烈的感受，这种感受强烈到几乎成为一种确信：从赫菲斯提安死去的那一刻开始，亚历山大便开始走向死亡。

英国 BBC 电视台的节目也认为，亚历山大在沿印度河而下的途中身负重伤，险些丧命。即便如此，他只花了两个月就痊愈了。

然而，因密友之死受的伤是不会痊愈的。

亚历山大有异常强烈的责任心。赫菲斯提安去世第 4 天，他又开始履行国王的职责了。

在一场为医神阿斯克勒庇俄斯举行的祭祀活动上，亚历山大当着众人说道：

“我举行祭祀是因为国王的义务。诸神中阿斯克勒庇俄斯没有给我带来过一点幸运。这么早就从我的身边夺走了赫菲斯提安，这最能表明阿斯克勒庇俄斯的怠慢了！”

神官和占卜师自然要谴责亚历山大缺乏敬神之心。聚集的人们虽然不至于谴责，但也目瞪口呆。

亚历山大对这些反应毫不在意。哪怕夺走赫菲斯提安的是神，对亚历山大而言也是敌人。

# 梦想西征

转年进入了公元前323年，在旁人看来，亚历山大已经完全恢复到正常的状态。他召集全体将领，在接下来的远征之前召开了一次作战会议。

他的第一个目标是征服阿拉伯半岛。国王考虑把军队一分为三，从陆上和海上的三个方向完成远征。

陆军一分为二，第一军由克拉特鲁斯率领向西进军，从北面攻入阿拉伯半岛。

亚历山大自己率领第二军，从波斯湾偏南的地方攻入半岛内

从东征到西征

陆地区。他似乎并不了解阿拉伯半岛的内陆地区是大片的沙漠，但他知道那里有沙漠。

海军由克里特岛出生的涅阿尔霍斯率领，任务是南下波斯湾，绕过阿拉伯半岛，寻找红海的入口。

当时的战船，如果船员操作不是十分熟练就得沿海边航行，需要频繁靠港，结果会变成征服沿海地区的行动。

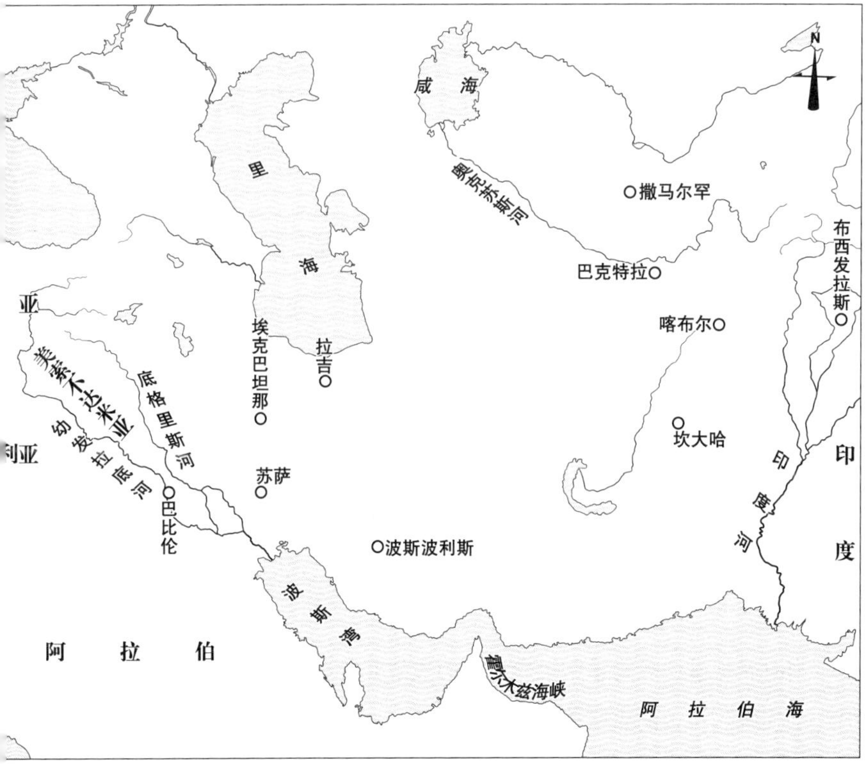

于是，从结果上看，涅阿尔霍斯开辟了从现在的巴基斯坦南部海岸到伊朗南部海岸的波斯湾航线。现在他又肩负着开辟从阿拉伯半岛到红海航线的任务。

9年前征服埃及时，亚历山大就已经知道红海的存在。他认为只要绕着阿拉伯半岛走，一定会在某个地方到达红海。

征服阿拉伯半岛在他脑中不是一个独立的目的，他是要为统合美索不达米亚和埃及找一个连接点。当然，阿拉伯半岛是古代花高价才能买到的乳香等香料的产地，但这不是亚历山大征服阿拉伯半岛的主要目的。

亚历山大已经在考虑征服阿拉伯半岛之后要进一步西征。

按现在的国别，亚历山大9年前征服埃及，已经把名为昔兰尼加的今利比亚东半部纳入了自己的统治之下。

从今利比亚的西半部开始是西地中海世界第一强国迦太基的领土，包括现在的突尼斯到阿尔及利亚的整个地域。亚历山大在9年前征服中近东唯一吃了苦头的推罗攻防战中知道了迦太基的存在。

推罗是海上的一个岛屿，当地人擅长海战，当时亚历山大没有足够的海军。

由于同为腓尼基民族，迦太基提出要增援推罗。如果这真的成为现实，亚历山大一定会更加辛苦，因为海上部队是强国迦太基的主力部队。

当时腓尼基民族与希腊民族之间的决战并没有实现。西地中海的另一个强国叙拉古的军队已经在北非登陆，迦太基只能专心于本国的防卫，没有余力向东地中海派出援军了。

从那时起，迦太基的存在就刻在了年轻国王的脑海里。

所以，对转而西征的亚历山大来说，以迦太基为目标是理所当然的。

亚历山大的头脑再次被宏大的远征计划塞满。东征打到了印度河，却因士兵们拒绝前进而无以为继。那就改成西征。跟随他的将士们大概又会觉得是可忍孰不可忍了。

有人曾经说过：跟着亚历山大的确非常辛苦，但肯定不会无聊。

作战会议的会场从苏萨移到了巴比伦，亚历山大那充满 30 来岁年轻人热情的谈吐一点也没有变。学友伙伴和士兵们看到他们的国王这个样子，都以为他已经从痛苦中完全走了出来。

然而，如果他们具有能洞悉人心的感受性，应该会注意到下面的情况。

亚历山大已经同以前不一样了。他会在热情洋溢地说话时说到一半忽然停下，沉默片刻，然后摇摇头，再接着刚才的话往下说。

年轻的国王还不能适应没有赫菲斯提安的情况。

若是以前，只要投去视线，就有人用目光回答他。即使没有言语的交流，也有人会理解他。这样的人现已不复存在。

亚历山大自孩提时代起就习惯把头微微歪向左侧。赫菲斯提安总在他视线投去的方向。这位朋友总是无言地回答亚历山大无言的问题。

赫菲斯提安在自己身边，长期以来已经是再正常不过的事情了，亚历山大会不由自主地歪过头把视线投过去。可现在，每当他投去视线，他都会感到这个动作是那么虚无。

亚历山大逐件安排好征服西方要做的事，看上去比以前更加活泼而积极，这或许都出于他想忘记独一无二的朋友之死的念头。

会议确定全军 4 月在巴比伦集结，5 月从巴比伦出征。

造船开始了。亚历山大时常亲临现场，与已成为海军将领的涅阿尔霍斯反复讨论。

先王腓力时代，马其顿与军船无缘。而亚历山大时代，马其顿正在逐渐成为陆海军事大国。

然而，就在出征日子临近的时候，亚历山大在一次与将领们开会时突然倒下。

在将领们的搀扶下，国王回到了自己的房间，直接倒在了床上。赶来的医生也不知道病因。

从这天开始，他有时起得来床，有时又起不来，这样的日子不断重复。

他会一连三天在高烧中挣扎，第四天早晨却精神抖擞地出现在大家面前。手下的将领们都感到亚历山大没什么大事，没有一个人提出推迟出征。

可是，精神的日子就那么几天，高烧再次袭来，亚历山大又躺在了病床上。几天后他又精神抖擞地出现在大家面前。他忠实履行希腊人国王的职责，入浴净身，然后规规矩矩地祭祀诸神。

亚历山大恢复体力到再次病倒的间隔越来越短。他宣布延期出征。

此后，人们仍然无法阻止间隔的缩短。亚历山大每天挣扎在高烧之中。现在的研究者一致认为亚历山大得了疟疾。如果是疟疾，凭他 32 岁时的体力是可以恢复的。而现实是这病实实在在地消耗着他的体力。

亚历山大把曾经的学友伙伴、现在在自己手下担任要职的人全部召集到自己的房间里，命令他们哪怕他死去也要进行西征。全体人员起誓服从国王的命令。

到了这种时候，士兵们也都知道了国王的病情。

他们请求上司，说哪怕只看一眼，也让他们见国王一面。

亚历山大听到了士兵们的请求后，决定答应他们的要求。床被搬到了王宫前的花园里。

## 最后的告别

巨大的王宫花园里，希望见一眼国王的士兵们排起了长长的队伍。

亚历山大已经没有力气向士兵们挥动双手，告诉他们自己还活着了。

亚历山大躺在搬到花园里的床上，连抬起上身的气力也没有。他身下垫了很多垫子，在垫子的支撑下，他微微地抬起了上身。

士兵们排成一队，从国王的面前走过。有些人不出声地哭泣，有些人紧咬嘴唇，努力控制着不要哭出来。

年轻的国王微微动动头和眼睛，回应着他们每一个人。他已经发不出声音了。

就这样，亚历山大和并肩战斗的士兵们做了最后的告别。

告别之后，没有一个士兵愿意离开。他们全都留在了花园里。

亚历山大不停地默默告别，直到最后一个士兵。

一切结束之后，在全体士兵的目送之下，国王的病床被搬进了宫殿。真正意义上的告别仪式结束了。

两天后的夜里，亚历山大去世了。

这是公元前 323 年 6 月 10 日，再过一个月他就满 33 岁了。然而，他已经燃尽了自己的生命之烛。

自从 21 岁那年离开欧洲来到亚洲，亚历山大一次也没有回过马其顿和希腊，他死在了美索不达米亚。

国王死后，在他手下担任要职、几乎都是军队司令官的人们一致做出了一个决定。

他们决定，让西征回到起点，理由是西征不现实。

我在想，当初的东征，也有相当大的不现实成分啊！

西征在亚历山大一步步走向死亡的过程中一直占据着他的大脑。后来，罗马人实现了这个西征的梦想。

不论史学家还是研究他人历史著作的学者，很多人会在讲述马其顿年轻国王的一生之后，加上对亚历山大性格、才华和业绩等的评论，像是在做总结。

但我无论如何也不想用自己的话去做总结，只是试着做了一份追踪他一生足迹的年谱。

请你看一下这份年谱，静下心来，在一位不到 33 岁便去世的青年的一生中驰骋你的想象。

我想，大凡是人，自己的一生被人简单地做了总结，谁也不会释然。亚历山大肯定也不喜欢自己短暂而充实的一生被人草率地总结。若每个人都静下心来，一边回顾他的一生一边思考，一定更能让他高兴。

我想请大家思考：

为什么只有他被后人称为“大帝”？

他不是基督教的圣人，为什么信仰基督教的父母会给孩子取名亚历山大，至今不绝？（亚历山大英语为Alexander，意大利语为Alexandro，昵称Alex。）

仅仅因为他是广袤地域的征服者吗？

抑或是有更充分的理由？

为什么过了2300年，人们依然如此爱亚历山大？

# 亚历山大的一生

| 年代（公元前） | 事　件 |
| --- | --- |
| 356 年 7 月 | 马其顿国王腓力与伊庇鲁斯公主生亚历山大 |
| 343 年前后—340 年前后（13—16 岁） | 接受列奥尼达的“斯巴达式教育”和亚里士多德的教养培训 |
| 336 年 7 月（20 岁）<br>秋（20 岁） | 父王被暗杀，亚历山大成为马其顿国王<br>在科林斯召集希腊全境的城邦国家代表开会，再次确认父王授予的全权，包括担任征服波斯的远征军最高司令官一职 |
| 335 年春（20 岁）<br>秋（21 岁） | 征服威胁马其顿北部边境的北方蛮族。消灭举旗造反的底比斯 |
| 334 年春（21 岁）<br>5 月（21 岁）<br>夏至秋（22 岁） | 渡过达达尼尔海峡，攻入亚洲<br>格拉尼科斯战役<br>征服小亚细亚西海岸一带 |
| 333 年春—秋（22—23 岁）<br>11 月（23 岁） | 征服小亚细亚内陆地区。“戈尔迪乌姆之结”<br>伊苏斯战役。波斯国王大流士三世临阵脱逃 |
| 332 年春至秋（23—24 岁）<br>12 月（24 岁） | 征服中近东全境。推罗、加沙攻防战。身受重伤<br>兵不血刃征服埃及 |
| 331 年 7 月—9 月（25 岁）<br>11 月（25 岁） | 为了再次与波斯国王决战而渡过幼发拉底河和底格里斯河。<br>高加米拉战役。大流士三世再度临阵脱逃。 |

续表

| 年代（公元前） | 事　件 |
| --- | --- |
| 330 年 1 月 –5 月（25 岁） | 征服美索不达米亚全境、古都巴比伦、波斯首都苏萨、波斯历代国王陵墓所在地波斯波利斯所在的波斯核心地区全境<br>在希腊，斯巴达在美加罗波利斯战役中失败，衰落已成定局。 |
| 夏（26 岁） | 追击逃跑的大流士，开始征服波斯东半部<br>波斯国王大流士三世被属下将军杀害 |
| 秋（26 岁） | 处死菲洛塔斯，菲洛塔斯的父亲帕米尼欧自裁 |
| 329 年夏（27 岁） | 杀害大流士的总督贝索斯因背叛罪被逮捕并处死。亚历山大继续东征 |
| 328 年秋（28 岁） | 背叛贝索斯的斯皮塔米尼斯也未能逃过亚历山大追击，战败而死 |
| 冬（28 岁） | 杀克雷托斯 |
| 327 年春至秋（28—29 岁） | 继续东征。赫菲斯提安受亚历山大之命开始为渡过波斯帝国与印度之界河的印度河做准备 |
| 326 年 5 月（29 岁） | 与印度国王波拉斯进行海达斯佩斯战役 |
| 夏（30 岁） | 亚历山大试图渡过印度河横跨印度，因士兵拒绝前进而作罢 |
| 冬（30 岁） | 顺印度河而下。作战中负重伤，生命垂危 |
| 325 年春（30 岁） | 亚历山大痊愈，集合全军，分为三个方面军 |
| 6 月（30 岁） | 克拉特鲁斯率第一军向西进发 |
| 8 月（31 岁） | 亚历山大率第二军经印度河河口向西进发 |
| 10 月（31 岁） | 涅阿尔霍斯率海军从海路向波斯湾进发 |
| 12 月（31 岁） | 第一军与第二军两军在霍尔木兹海峡伊朗一侧会师 |
| 324 年 2 月（31 岁） | 与海军会师。第一军经陆路向苏萨进发<br>第二军在幼发拉底河和底格里斯河流入波斯湾的河口与海军会师。海军完成从印度到波斯航线的开辟 |
| 3 月（31 岁） | 亚历山大时隔 6 年回到苏萨。10 年东征结束 |
| 春（31 岁） | 为 1 万名马其顿男人与 1 万名波斯女人举行集体婚礼。凡事总爱冲在前头的亚历山大与大流士三世的长女结婚，其好友赫菲斯提安与大流士次女结婚 |
| 夏（32 岁） | 士兵造反引起亚历山大震怒<br>士兵们反省，和好后举行宴会<br>亚历山大去埃克巴坦那训练波斯人 |
| 秋（32 岁） | 赫菲斯提安因病去世 |

续表

| 年代（公元前） | 事　　件 |
|---|---|
| 323年春（32岁） | 开始准备征服阿拉伯半岛和迦太基的西征 |
| 4月（32岁） | 前去征服西方的军队在巴比伦集结 |
| 5月（32岁） | 确定出征日期 |
| | 亚历山大突然病倒。高烧与退烧不断反复 |
| 6月10日（32岁） | 亚历山大逝世于33岁生日前一个月 |
| | 属下将领以不现实为由决定停止西征 |

# 第三章　希腊化世界

## “交给更优秀的人”

亚历山大没有留下一般意义上的遗言。

以前，他曾多次因感冒、在战场上负伤而卧床，每次都能恢复并回到工作中。这次他大概也认为自己过一段时间便会痊愈，虽然病情好好坏坏，但他距33岁差一个月，仍很年轻。

但是，与士兵的最后告别结束后，他不但起不了床，就连声音也发不出来了。

将领们聚集在国王房间里，问躺在床上的亚历山大：

“这个帝国，您打算交给谁？”

根据古代史学家们的记载，亚历山大痛苦地喘着气，回答道：

“交给更优秀的人。”

这不是遗言，因为没有明确指定将王位传给谁。现代的研究者有不少人认为，在濒死的状态下，剩下的体力已经不足以让他明确说出传给谁了。

可是在我看来，主要原因是亚历山大自己已经无法判断谁才是“更优秀的人”了。

请求亚历山大回答的将领们，都是从他继承马其顿王位开始 13 年如一日一直紧跟这位年轻国王的人。

除了色雷斯出身的攸美尼斯和克里特岛出身的涅阿尔霍斯以外，其他 5 个人被研究者们称为“离家出走的伙伴”或“学友伙伴”。每当亚历山大同父王争执被父王骂“滚出去”的时候，他们都会跟着亚历山大一道出走，列奥尼达的“斯巴达式教育”和亚里士多德的课业，他们也都跟亚历山大一起学过来。

他们全都出生于马其顿贵族人家，都是 30 来岁，属于亚历山大的同代人。

这 5 个人是马其顿人，加上同为希腊民族但出身色雷斯和克里特的两个人，这 7 个人是真正意义上的亚历山大属下的“将领”。这 7 个人都是跟亚历山大一起在历时 10 年的东征中打拼过来的战友伙伴。

因为能得心应手地使用这 7 个人，亚历山大才取得了成功。亚历山大既然能用好他们，肯定从性格到能力能准确地把握他们。

只要分析一下亚历山大什么时候交给他们每个人什么任务，我们甚至可以想象出他们每一个人的性格和能力。

他们 7 个人全都拥有作为武将的卓越能力，拥有统率一支军队的统率力和责任心，能够完成交给他们的任务。他们在忠于国王方面也完全没有问题。

与其说他们组成了国王的宫廷和军队的总参谋部，不如说是大学的探险俱乐部更为合适。在国王面前，他们毫无顾忌地争论，就连性格沉稳的赫菲斯提安与攸美尼斯关系不好，也会受到亚历山大斥责，让他适可而止。

亚历山大的“学友伙伴”就是如此开放并拥有卓越才华的集体，但他们与年轻的国王相比，缺少某种决定性的东西。

“某种决定性的东西”，换句话说就是洞察力。词典对洞察力这个词的解释是能够看透事物的能力。在意大利，缺乏这种能力的人往往被说成只能看到自己鼻尖的人。所以，具有洞察力的人就是有能力看得更远的人。

不过，如果没有能力自己动脑筋思考，所谓洞察力便不是货真价实的。

我觉得，亚历山大没有给属下将领思考的时间。

亚历山大做任何事情都喜欢追求速度，思考应该也很神速。

属下将领们受命完成任务时已经精疲力竭，死一般地睡了一觉起来，亚历山大已经在思考新的事情，并向他们做出具体而明确的解释。当他们做完了这些回来以后，又在思考下面事情的亚历山大又会给他们别的指示。

东征 10 年，难道不是一直在这样重复吗？

结果，他们只有时间思考眼前的事情，洞察事物的能力退化了。头脑和肌肉一样，一直不用便会劣化。

当他们听亚历山大说“交给更优秀的人”时肯定感到困惑。开始时大家可能还在想“交给谁”，到了后来便开始想“也许是我吧”。

此时，已经没有人能训斥他们，让他们适可而止了。

# 继业者战争

就这样，继业者之间开始了相互讨伐。

从亚历山大死后不久到公元前 270 年，他们相互讨伐了半个世纪之久。

他们已经用事实证明，继业者中没有一个人具有“某种决定性的东西”。

详细叙述持续了如此长时间的继业者战争，不仅会让我和读者心情沮丧，还有脱离历史本质之虞。

希腊化世界是亚历山大真正意义上的遗产。所谓的历史本质在于这个遗产在继业者战争期间及其后能一直存续下去。

为此，我把这半个世纪的历史总结成下表，请读者边看表边展开自己的想象。

继业者战争持续了半个世纪之久的重要原因之一是亚历山大家族里没有合适的接班人。

异母兄长精神失常。亚历山大的直系儿子出生在他死后，他的母亲在马其顿人看来是中亚蛮族，不少马其顿士兵对母亲为蛮族的国王感到抵触。

因而，继业者战争实际上是让这两个人中的一个做名义上的国王，背后由谁操纵的摄政者之争。

腓力一辈中的两个年长者也参加进来，情况变得更加复杂。

不久，窗户纸被捅破，当事人全都走到了台前。于是，王位被称为“追随者”（Epigonen）的年轻一代继承。这是继业者战争持续半个世纪之久的第一个重要原因。

第二个重要原因是亚历山大手下的7位将军旗鼓相当、半斤八两。

争执到最后，当初的7个人减少到2个人。继业者们一个很早便死于战斗，一个因部下背叛被杀，第三个由于战败死于狱中，第四个也死于战斗。涅阿尔霍斯好像要为故去的国王殉葬一般，早早退出继业者的争斗隐退了。

剩下的是塞琉古和托勒密两人，这两人胜出并非因为他们是“更优秀的人”。

与其他5个竞争者相比，他们同样在内讧中耗费了能量，只是他们两人无谓耗费的比例小一点而已。

这导致了叙利亚塞琉古王国的建立和埃及托勒密王朝的建立。

## 亚历山大的继业者们

| | 姓名（生卒年）（年代为公元前） | 亚历山大去世时其年龄 | 与亚历山大的关系及个人经历 |
|---|---|---|---|
| 家族 | 腓力三世（359—318年） | 36岁 | 异母兄长。脾气暴戾，精神异常。亚历山大的母亲奥林匹娅斯下令在亚历山大去世5年后将其杀害 |
| | 亚历山大四世（323—310年） | 0岁 | 唯一的儿子。父亲亚历山大去世13年后与祖母奥林匹娅斯、母亲罗克珊娜一起被卡山德所杀 |
| 上一辈 | 安提帕特（397—319年） | 74岁 | 东征时受亚历山大之托统治马其顿和希腊，出色地完成了任务。但屡屡与奥林匹娅斯发生争执，与克拉特鲁斯对调后前往巴比伦。亚历山大去世后立即行动。亚历山大去世4年后战死。继业者战争交儿子卡山德接棒 |
| | 安提戈纳斯（382—301） | 59岁 | 参加东征。格拉尼科斯战役后受亚历山大之命统治被征服的小亚细亚。亚历山大死后积极行动。后战死。继业者战争交儿子德米特里乌斯接棒 |
| 国王的伙伴（亚历山大的将军们） | 克拉特鲁斯（360—321年） | 37岁 | 学友伙伴。公元前330年开始顶替自裁的帕米尼欧成为亚历山大的第二把手。率领1万名老兵回到马其顿后与安提帕特对调，负责统治马其顿和希腊。亚历山大去世时并不在场。2年后与岳父安提帕特联手以过去的同僚为敌，在战斗中战死。他是一个最适合担任第二把手却不一定能胜任第一把手的好例子 |

续表

| | 姓名（生卒年）（年代为公元前） | 亚历山大去世时其年龄 | 与亚历山大的关系及个人经历 |
|---|---|---|---|
| 国王的伙伴（亚历山大的将军们） | 佩尔狄卡斯（355—321 年） | 32 岁 | 出身于仅次于王族的马其顿名门。亚历山大去世后比其他任何人都积极地运作，制订对策。明目张胆的行动遭到同僚们的憎恶，于是与众多同僚为敌。于亚历山大去世 2 年后遭背叛而被杀 |
| | 莱西马库斯（361—281 年） | 38 岁 | 学友伙伴。亚历山大去世后握有小亚细亚的统治权。但他不满足于此，继续进行继业者战争，在战斗中战死 |
| | 塞琉古（358—281 年） | 35 岁 | 学友伙伴。他也参加了继业者战争，但重视确保自己的领地。为对抗埃及的亚历山大政权，在安提俄克建都。由此在叙利亚建立了塞琉古王国，但仍未停止伙伴相争，最后战死 |
| | 托勒密（367—283 年） | 44 岁 | 学友伙伴。他也参加了继业者战争，但并未抱很大希望，成为埃及托勒密王国的始祖。在曾经的同僚们中间，只有他自然死亡。 |
| | 攸美尼斯（362—316 年） | 39 岁 | 色雷斯出生的他不是马其顿人，亚历山大认可其才能而予以重用。在与过去的同僚们进行继业者战争，在战斗中被捕后被杀 |
| | 涅阿尔霍斯（356—300 年） | 33 岁 | 克里特岛出生，亚历山大认可其才能，提拔他为以陆军为主力的马其顿军的海军将领。亚历山大去世后，他像殉葬一般很早退出了继业者战争。留有从印度洋到波斯湾的航海记 |

续表

| | 姓名（生卒年）（年代为公元前） | 亚历山大去世时其年龄 | 与亚历山大的关系及个人经历 |
|---|---|---|---|
| 追随者、上一辈的儿子们 | 卡山德（350—297年） | 27岁 | 安提帕特之子。为了协助父亲完成任务而留在马其顿，未参加东征。其间一直身在马其顿，反对亚历山大同化败者和民族融合的政策。积极参加继业者战争，为把马其顿王国攫为己有而不择手段。亚历山大去世13年后，杀害了亚历山大的母亲奥林匹娅斯、妻子罗克珊娜和儿子亚历山大四世。后病死，野心并未实现。 |
| | 德米特里乌斯（337—283年） | 14岁 | 安提戈纳斯之子。父亲有野心，却止于一介总督。他继承父亲的野心，积极参加了亚历山大帝国的继业者战争。能征善战，但拙于利用胜利成果。其他方面亦才华横溢，但无恒心。在继业者战争中被捕，在狱中自杀。只看外表和举止，被视为亚历山大再世。此人为美男子，有过5次政治婚姻 |

塞琉古是很优秀的武将，为亚历山大所重用。而托勒密只是一个平庸的武将，几乎没有可称为军功的业绩。

亚历山大去世的时候，后者正在埃及总督的任上。还好，他是一个现实主义者，他认为能够把埃及变成自己的领地足矣。

他还有一种政治上的狡猾，利用竞争对手漠不关心的态度，把亚历山大的遗体运到埃及下葬。这为他赢得了正统性，表明他是已故的国王真正意义上的继承人。

托勒密不愧是一个现实主义者，很早就着手掌握自己的王国——

埃及。他让儿子登基当上第二代国王，自己退下来编写并留下了亚历山大言行录之类的书。不过，这本书把实际上没有受到重用的托勒密写得十分受重用，阅读时很打折扣。亚历山大的学友伙伴中，只有他撰写并留下了这样的东西。

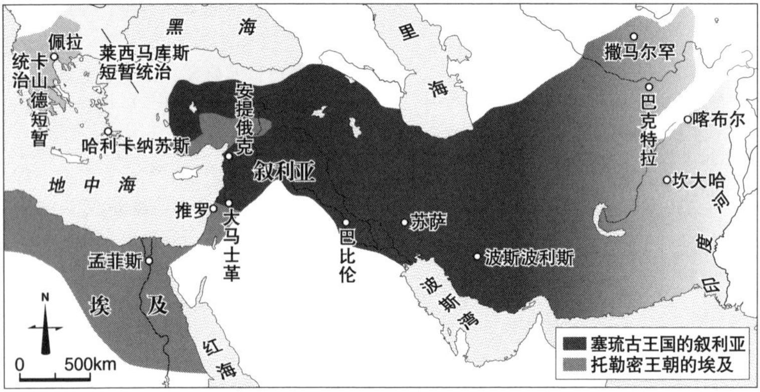


被塞琉古王国的叙利亚和托勒密王朝的埃及一分为二的亚历山大帝国

亚历山大的葬礼在巴比伦隆重举行，让人感到惊讶的是竟然没有一个人提出要把他葬在巴比伦。这里可是国王生前设计的自己帝国的首都啊。

正因如此，才没有任何人反对托勒密把亚历山大的遗体运去埃及。这件事情说明，亚历山大刚死，争夺继承权的武将们就从脑子里抹去了亚洲。所以，他们大帝的陵墓放在巴比伦是不可接受的，因为国王的陵墓将给予内讧获胜者地位正统性。

实际上，在长达半个世纪的内讧中，底格里斯河以东地区已经开始一点点地叛离马其顿。

首先，今巴基斯坦地区脱离了马其顿。接着，今阿富汗及其北方的各部族也叛离了。

它们并不是先叛乱再与前来镇压的亚历山大旧部作战获胜而独立的。它们是趁亚历山大旧部在西方内讧之机，逐步脱离控制的。

塞琉古很担心这种叛离倾向，但他一个人无能为力。他自己也是继业者战争的参与者之一，他在地中海附近的安提俄克建都，欧洲才是他关心的地方。

继业者战争开始于亚历山大去世后，持续了近半个世纪，结果使亚历山大征服的地区被一分为四。

——塞琉古建起的王国包括叙利亚、美索不达米亚、波斯在内的从地中海到中亚的广袤地域。

——当上埃及主人的托勒密建立的托勒密王国。

——安提戈纳斯的子孙们统治的马其顿王国，这个王国将马其顿和希腊其他地域置于自己的统治之下。

——以帕加马为首的几个小亚细亚小王国。

亚历山大的帝国被大致分成了四大块。

不过需要注意的是，这是“分割”而非“解体”。

分割不过是分成几块而已。

而解体是一个组织的各部分相互分离，四分五裂。

亚历山大的帝国虽然被分割，但没有四分五裂。

这就是“希腊化世界”，在罗马正式走上历史舞台以前的200年间地中海东半部都属于“希腊化世界”。

半个世纪的继业者战争没有成为形成这个世界的障碍。

因为“继业者”或“追随者”的战斗只限于当事人之间，并未发展成整个地中海地区的战争。

在此期间，没有发生过亚历山大生前那样的大规模战役，不断变换敌我的战斗只是小打小闹的规模。

这对一般人的生活几乎没有什么影响。

因此，所谓希腊化时代，从整体上看是亚历山大生前就已经开始，在他死后并未中断发展的和平时代。

那么，为什么会这样呢?

## 亚历山大的遗产

第一个必须列举的原因是亚历山大登上历史舞台所带来的政治稳定。

希腊人围绕民主政体、寡头政体的政治抗争销声匿迹了，只要没有严重的恶政，人们也可以接受王权政治了，政治气氛逐渐稳定下来。

第二，亚历山大打破了以前的国家与民族的藩篱。

世界变大了。原本就富有进取精神的希腊人一下子迈向了广阔的世界。

亚历山大在东征途中建设了许多名为“××地区的亚历山大”的城市。据研究者说，这种城市的数量多达25个或70个。

25个是像埃及的亚历山大那样在一无所有的土地上新建的城市的数目。

70个则是包括今阿富汗坎大哈那样在已有村庄的基础上扩建的城市的数目。

这些城市并不是亚历山大想用自己的名字冠名便建设起来的，是因为新征服的地方需要有基地提供保障。

这些城市也有可能用于其他目的。

军事基地后来成了经济基地。我想亚历山大也考虑到了这种应用效果，所以在各地建设起多达 70 座的“×× 地区的亚历山大”。

在敷设连接这些城市的大道之前，他死去了。

如果知道只消一两天行程就能到达另外的城市，人们来往于此地的行为便会活跃起来。而且各地的亚历山大城都有亚历山大留置的士兵常驻，治安也很安全。

日益活跃的人员和物资交流必然导致人们对事物的看法和想法的交流。

“希腊化世界”虽被分割却未解体，希腊语成为地中海世界通用语也是一大原因。

在此之前，希腊有阿提卡方言、马其顿方言，但没有一种堪称标准语的希腊语。由于雅典在文明文化方面的实力，阿提卡方言被当作标准语使用。亚历山大虽然也能操一口完美的阿提卡方言，但与众多农民出身的士兵讲话时，他还是使用马其顿方言。

这种希腊语被亚历山大标准化。随着亚历山大的征战，被称为“Koine”的这种希腊语成为“希腊化世界”的标准语。

这种希腊语又传播到地中海的西部，成为古代社会的通用语。希腊的贸易商不论走到哪里，不管对方是波斯人，是迦太基人，还是罗马人，语言都能相通。

亚历山大在生前还统一了各国的货币换算值。

不过这种统一并未形成固定值。波斯与希腊的货币换算值被确定在一个宽松的范围内，也许这是一种设定了上限和下限的区间变动制度。

所有这一切必定有助于建立一个大经济圈，并使其持续发挥作用。

这个大经济圈的两大基地，一个是面朝地中海的埃及的亚历山大，另一个是亚历山大设想中可以使人轻松出入波斯湾的巴比伦。

在他病倒前不久，他还在思考开辟从波斯湾绕道阿拉伯半岛北上红海，进而抵达埃及的航线。

由于继业者并无兴趣，巴比伦与希腊渐行渐远。埃及的亚历山大则发展成地中海最大的经济城市，取代了以前与爱琴海第一大海港城市比雷埃夫斯一体化的雅典。

人们自由往来，各地物产广泛流通，语言统一，而且没有大规模战争，社会安泰。如此环境下，学问和艺术之花盛开理所当然。

首先是亚历山大的“Mouseion”（图书馆），使学者们把埃及的亚历山大当作研究活动的一大据点。

“Mouseion”这个词语是“museum”（博物馆）的词源，意译为图书馆。东自美索不达米亚，西至西西里的叙拉古，研究者们为了阅读收藏在这里的万卷图书云集亚历山大。

从波斯天文学家到欧几里得等来自希腊的数学家，就连出生于地中海西部叙拉古的阿基米德都成了亚历山大“图书馆”中的研究者。

读书，思考。思考后与同好交流。交流后写成论文发表。

一般认为古代科学的鼎盛时期是公元前 3 世纪开始的那 100 年，

这段时间与希腊化时代完全重合。解剖学也诞生于这个时代。以脉搏了解病情也在这个时代成为一般常识。

在哲学方面，去雅典的留学生依然很多。柏拉图创设的“学院”、亚里士多德办的“吕克昂学园”那时依然存在。哲学也与雅典到希腊化世界的时代发展不无关系。

伊壁鸠鲁是萨摩斯岛出身的希腊人，与他一起代表希腊化时代哲学最高成就的芝诺，是塞浦路斯岛出身的腓尼基人。

我再把话题转向艺术。仅聚焦于造型艺术，希腊化时代作品群的完成度堪称无可挑剔。1500 年后的米开朗基罗感叹道，我们还能做些什么？对此，我们只能说，我们懂，我们也有同感。

希腊美术经历了古代、古典时代和希腊化时代。这些时代的作品至今仍是各国美术馆的至宝。

希腊化世界的统治者仍旧是希腊人。分割出去的各王国的国王都是希腊裔。

但他们没有排斥希腊人以外的民族。他们虽然没有像亚历山大希望的那样完全同化和融合被称为亚细亚人的东方人，但他们成功做到了保持社会稳定，与东方人共存。

生活在希腊化时代的人们也许已经像斯多葛学派鼻祖芝诺所说的那样，“从比身高还高的欲望中解放出来，拥有面对现实生活下去的勇气”。

在这位哲学家的晚年，亚历山大继业者们的战争终结了。

“亚历山大症候群”在经历半个世纪的内讧之后终于消解。

虽然未再出现多么有能力的国王，但希腊化时代仍旧延续下去。这里有两个明确的原因。

第一是地中海西部的各个强国根本无暇向东方伸手。

在长达半个世纪的内讧时代，西方的迦太基一直在与叙拉古争斗。

东方的内讧结束于公元前270年前后。这时，迦太基的强国地位没有动摇，但罗马却刚刚辛苦地完成了对意大利半岛的征服。

短短6年之后，罗马与迦太基之间就爆发了第一次布匿战争。

罗马赢得这一战争23年以后，迦太基名将汉尼拔越过阿尔卑斯山，挑起第二次布匿战争。

罗马又打赢了第二次布匿战争，成为地中海西部的霸主。在此之前，罗马完全无力将手伸向东部。

4年以后，罗马开始进入东方。首先爆发了与马其顿的战争，因为第二次布匿战争中马其顿王国站在了汉尼拔一边。此后，罗马挺进地中海东部，但那在历史上已属于“罗马史”的范畴了。

“希腊化世界”并没有因为罗马人的入侵而衰落。

罗马人尊重希腊人所成就的各方面的业绩。

“学院”“吕克昂学园”“图书馆”，“希腊化世界”的新统治者罗马人没有把它们迁移到自己的首都罗马去，而是让自己的子弟去留学。

罗马人也没有因为“Koine”是战败者的语言就强行推行自己的拉丁语。罗马的精英们学习希腊语，他们选择使用双语。在地中海世界东部，就连皇帝的告示也是用拉丁语和希腊语并行发布的。凯撒与克娄帕特拉的枕边情话也有很大可能性用的是希腊语。

当然，希腊人创作的艺术品得以全部保留下来。

希腊经过亚历山大时代后被罗马继承了下来。

我认为在文化与文明的传承方面，这是一个历史上罕有的幸福案例。

我有一份罗马时代绘制的被称为“Tabula Peutingeriana”[①]的旅行地图的中世纪摹本的复制品。它全长近7米，便携用的，两头连着画轴，可以卷着看。

地图右端即东方，是印度河。因为这是罗马时代绘制的地图，所以用拉丁语写着：“HIC ALEXANDER RESPONSUM ACCEPIT”。

直译为“亚历山大在此接受神谕”。

其实，真相是由于士兵拒绝前行，亚历山大已经到了这里却要返回。考虑到如实记录可能会有损亚历山大威严，所以才这样写的吧。

而罗马史学家记载的神谕是：“亚历山大，以后你仍要东去吗？”诸神都与士兵同感，想到这里我忍俊不禁，对罗马时代的人只有这样说才让人信服。

地图的左端即西边，画着古代称为布里塔尼亚的英吉利。

① 即Peutinger Map，波伊廷格古地图，是绘制于古罗马时代的一份道路地图。该地图长6.75米，宽34厘米，由羊皮纸缀合而成。存世的唯一一份为中世纪摹本，现藏于维也纳奥地利国立图书馆。该地图历史上曾长期由德意志人Peutinger家族保管，因而得名。——译者注

大概没有必要专门向罗马时代的人解释了，因为最早让他们知道布里塔尼亚的人是率领罗马军团渡过多佛海峡的尤利乌斯·凯撒。

这份地图是给旅行者用的，已经普及到一般百姓。

从亚历山大抵达的印度河，到凯撒踏上的布里塔尼亚，这就是古代欧洲人了解的世界。

这种情况直到古代结束进入中世纪都没有改变。

直到文艺复兴时代以后，情况才发生了变化。威尼斯出生的马可·波罗向东沿陆路走到了中国，热那亚出生的克里斯托弗·哥伦布向西由海路到达了新大陆。世界由于这两个意大利人而变得更为辽阔了。

他们两人之后，意大利人、西班牙人、葡萄牙人不断前往未知之地探险。在历史上，这个时代被称为大航海时代。

此前 1500 多年的岁月里，欧洲人一直认为东起亚历山大所到之处，西至凯撒所踏之地，中间的地方就是整个世界。

普鲁塔克的著作《希腊罗马名人传》[①]（Le Vite Parallels）是一部用一位希腊人物对比一位罗马人物的方法撰写的评传集。

书中把亚历山大与凯撒列为一对撰写。

我不禁想象，难道古代人普鲁塔克也拿着为旅行者绘制的这份地图旅行过吗?

---

① 又译《希腊罗马英豪列传》《比较列传》，有吉林出版集团有限责任公司2011年出版的席代岳译本等众多汉译本。——译者注

# 十七岁时的夏天

——致读者

荻原朔太郎[1]有这样一首诗：

想去法兰西，
法兰西太远。
那就让我穿新衣，
随性去旅行。

我在伊豆度过了一个夏天。我把这首诗改后这样吟咏：

想去地中海，
地中海太远。
那就让我光脚丫，吧嗒吧嗒伊豆海里走……

① 萩原朔太郎（1886—1942），日本诗人，主张用简明的语言表达坦率的感情，确立了近代日语自由诗的地位。著有《吠月》《青猫》《诗的原理》等多部诗集和诗论等。——译者注

诗被改得不成样子！我对自己诗心之贫乏感到绝望，但 17 岁的我很乐观。

我没有停止过展开自己的想象。从伊豆的海出发可以穿过东海，穿过南海，横跨印度洋进入红海，再沿着红海北上，通过苏伊士运河与地中海相连。我的思绪飞到了古希腊人称为葡萄酒之海的地中海。

9 年后的秋天，我的双脚吧嗒吧嗒地行走在曾经是罗马帝国外港的奥斯提亚的海滨。

绕地球半圈花了 9 年的时间。这是因为当时日本整体上还很贫穷。第二年，高声讴歌战后日本复兴的东京奥林匹克运动会开幕了。

我则开始了环地中海的旅行。那毕竟是 1 美元兑换 360 日元的时代，所谓旅行，在陆上就乘公共汽车，海上就乘游艇。

来到游艇码头，停靠在那里的船头都挂着写有“一个人随心而行”的牌子。你可以应聘合适的游艇上的工作，随它一起走。上了船你得工作，航行期间有食宿，可以免费乘船。

我并没有游艇工作经验，游艇却可以带我走。那游艇也就是长 10 米的小型游艇，只能沿着海岸航行，早晨起航，傍晚到达下一个目的地。但这样的游艇也有它的好处。

在用这种方式环游地中海的人们心目中，乘坐游艇不是玩体育，游艇只是你旅行时的“脚”。每次靠港，都可以住上几宿，在周边观光一圈。这才是主要目的。我经常遇到一些把游艇扔在港口一个多星期，跑到陆上去转悠的人。他们好像不仅把我当成驾驶游艇的助手，还当成一个旅伴。所以，我会全程与他们同行。

这个时候，我会开着借来的吉普车，沿着迦太基罗马水渠的遗址驱车100公里去探寻水源地。看了一圈北非的罗马时代遗迹，停靠亚历山大港，就能从尼罗河去开罗，再去金字塔。当然，我没有错过去耶路撒冷的机会，从大马士革穿过叙利亚沙漠，就到了帕尔米拉。现在这里已经成了战乱之地，但以前并非这样。20世纪60年代前半期似乎是世界上难得的安全时期。不论去哪里都不用检查身体，只要出示护照即可。

两年多后我回到罗马，偶然邂逅了回国后要担任《中央公论》主编的粕谷一希[①]。当时我时间充裕，他在罗马逗留的几天都由我陪同。最后一天，粕谷先生说：

"我把'文艺复兴的女人们'这个题目交给你，试着写写吧。"

地中海也有点转腻了，所以我接受了。粕谷先生指定的责编是当时在巴黎进行编辑学习活动，遍访各报刊社的塙嘉彦[②]。我和他是那种可以一起用原文阅读所需史书和研究著作并交流想法的伙伴。

记得那是熬夜校对完《文艺复兴的女人们》的第一部《伊莎贝拉·德·埃斯特》，走到印刷厂门口时的事情。早晨的天空开始泛白，塙先生突然停下了脚步对我说：

"我们跟搞翻译作品的岩波[③]抗衡一下，搞国产的吧。"

---

① 粕谷一希（1930—2014），日本评论家、出版家、编辑。东京大学法学部毕业。曾长期担任《中央公论》杂志的主编。——译者注

② 塙嘉彦（1935—1980），日本《中央公论》杂志编辑，曾任主编。东京大学法文科毕业。——译者注

③ 即岩波书店（Iwatani Shoten），日本的一家出版社，由岩波茂雄创立于1913年。岩波书店出版了大量学术著作，对普及经典著作和学术研究成果有所贡献。该社还出版《岩波文库》《岩波新书》等丛书，对文化普及也有很大作用。——译者注

30 多岁，年龄只差 3 岁的两个小年轻竟要对抗被视为学者大本营的岩波书店，怎么想精神都不正常。于是，我们把这件事当成了两人之间的密约。

所以，15 年后他患白血病去世前，我们二人的告别也只要一句话就足够了。

“我会坚持下去！”

已经说不出话的塙先生用眼神回答了我。

塙嘉彦去世后，有不少认可我作品的编辑。

每当我说起想写的主题时，他们总是说：“好呀，你写吧！”只是是杂志编辑，他们会接着说“我们会连载”；如果是做书的，他们会说“做成书吧”。

出版业不是慈善事业，即使利润不那么丰厚也是一种要营利的事业。如果老让出版社亏损，编辑不可能把“做成书吧”挂在嘴上。

所以向我伸出援手的是你们，你们不但阅读，还买我的书来阅读。

虽然我与销售量上百万册的书无缘，但有你们购买我的书，不至于使出版社的仓库堆满被退货的书，这对我来说是最大的支持！

我从未从属于什么组织，除了卖作品以外没有别的收入渠道。我能在这样的情况下坚持写作 50 年，是因为我拥有许多读者，他们通过购买我的作品为我创造了能坚持工作的环境。

在《罗马人的故事》成套发行之际，我向读者们表达过这种感激的心情。丰田公司的丰田章一郎[①]先生笑我说“你这是遍访最终用户啊”。我虽然不能遍访全日本，但还是去了五六个地方。每到一处我就会重复同样的话。

我知道你们阅读书籍，是期待获得新的知识和阅读历史的愉悦。但如果仅此而已，那走的就是单行线。但作者与读者的关系不是单向的。

因为购买和阅读作品会把撰写下一部作品的机会带给作者。

从那时起到现在即将11个年头。我已经没有体力遍访读者表示感谢了。

我已经决定以本卷结束我在调查、思考并以此重构历史这个意义上的“历史随笔”的创作，我应该说点什么留下来。请允许我用写在本卷最后的这句话代表我的心声：

“真的感谢你们！因为有了你们，我才得以坚持写到今天！”

此外，我把自己的全部作品列成图表请大家浏览，虽然它仅限于“历史随笔”。

你们帮助我完成了哪一部作品，在图表上一看便知。

最后再次感谢你们！用意大利语说就是“Grazie mille”。

谢你一千回！

盐野七生

2017年秋于罗马

---

① 丰田章一郎(1925— )，日本企业家，丰田汽车公司创始人丰田喜一郎的长子，毕业于名古屋大学。1952年加入丰田汽车公司，1982年任社长，1992年任会长，1999年起任名誉会长。——译者注

# 参考文献

原资料

Aristofane, *La festa delle donne*, G. Paduano (ed. and trans.), BUR, Milano 1983.

Aristofane, *Le donne al parlamento*, G. Paduano (ed. and trans.), BUR, Milano 1984.

Aristofane, *Lisistrata*, G. Paduano (ed. and trans.), BUR, Milano 1986.

Aristofane, *Gli Acarnesi. Le Nuvole. Le Vespe. Gli Uccelli*, G. Paduano (ed. and trans.), Garzanti, Milano 1988.

Aristofane, *Pluto*, G. Paduano (ed. and trans.), BUR, Milano 1988.

Aristofane, *Le Rane*, G. Paduano (ed. and trans.), BUR, Milano 1998.

Aristofane, *I cavalieri*, G. Paduano (ed. and trans.), BUR, Milano 2013.

Aristofane, *Pace*, U. Albini (ed. and trans.), Garzanti, Milano 2013.

Aristotele, *Topici*, A. Zadro (ed.), Loffredo, Napoli 1974.

Aristotele, *Trattato sul cosmo per Alessandro*, G. Reale (ed.), Loffredo, Napoli 1974.

Aristotele, *Le Categorie*, M. Zanatta (ed. and trans.), 2° edition, BUR, Milano 1987.

Aristotele, *La Costituzione degli Ateniesi*, G. Lozza (ed.), Arnoldo Mondadori Editore, Milano 1991.

Aristotele, *Poetica*, D. Lanza (ed.), BUR, Milano, 1993.

Aristotele, *Retorica*, M. Dorati (ed.), Oscar Mondadori, Milano 1995.

Aristotele, *Opere biologiche*, M. Vegetti - D. Lanza (ed.), 2° edition, UTET, Torino 1996.

Aristotele, *L'anima*, G. Movia (ed.), Bompiani, Milano 2001.

Aristotele, *Politica*, C.A. Viano (ed. and trans.), BUR, Milano 2002.

Aristotele, *Problemi*, M.F. Ferrini (ed.), Bompiani, Milano 2002.

Aristotele, *Fisiognomica*, M.F. Ferrini (ed.), Bompiani, Milano 2007.

Aristotele, *I colori e i suoni*, M.F. Ferrini (ed.), Bompiani, Milano 2008.

Aristotele, *I Dialoghi*, M. Zanatta (ed.), BUR, Milano 2002.

Aristotele, *Le Tre Etiche*, A. Fermani (ed.), Bompiani, Milano 2008.

Aristotele, *Vita, attività e carattere degli animali. Historia animalium. Libri VIII e IX*, A.L. Carbone (ed.), Edizioni Due Punti, 2008.

Aristotele, *Meccanica*, M.F. Ferrini (ed.), Bompiani, Milano 2010.

Aristotele, *Fisica*, R. Radice (ed. and trans.), Bompiani, Milano 2011.

Aristotele, *Le Piante*, M.F. Ferrini (ed.), Bompiani, Milano 2012.

Aristotele, *La Generazione e la Corruzione*, M. Migliori - L. Palpacelli (ed.), Bompiani, Milano 2013.

Aristotele, *Il movimento degli animali*, P. Giuffrida (ed.), Mimesis Edizioni, 2014.

Aristotele, *Organon*, M. Migliori (ed. and trans.), Bompiani, Milano 2016.

Aristotele, *Metafisica*, E. Berti (ed.), Laterza, Bari 2017.

Aristotele, *Sull'Impero. Lettera ad Alessandro*, F. Cicoli - F. Moretti(ed.), Mimesis, 2017.

Arriano, *Anabasi di Alessandro*, D. Ambaglio (trans.), vol. I-II, BUR, Milano 1994.

Demostene, *Filippiche*, G. Cortassa (ed.), II edition, Garzanti, Milano 2007.

Diodoro Siculo, *Biblioteca Storica*, G. Cordiano and M. Zorat (ed.), vol.1-2-3, BUR, Milano 2004, 2014, 2016.

Diogene Laerzio, *Vite dei Filosofi*, M. Gigante (ed.), vol.1-2, Biblioteca Universale Laterza, Bari 2010.

Erodoto, *Storie*, F. Càssola (intr.) and A.I. D'Accinni (trad.), vol.I-II-III-IV, BUR, Milano 1989.

Erodoto, *Le Storie. Libri VIII-IX. La vittoria della Grecia*, F. Barberis (ed. and trans.), Garzanti, Milano 2001.

Erodoto, *Le Storie. Libri V-VI-VII. I Persiani contro i Greci*, F. Barberis (ed. and trans.), Garzanti, Milano 2006.

Erodoto, *Storie. Volume Quarto (libri VIII-IX)*, A.I. D'Accinni (trad.), BUR, Milano 2010.

Eschilo, *I Persiani*, M. Centanni (ed.), Feltrinelli, Milano 2014.

Isocrate, *Orazioni*, C. Ghirga and R. Romussi (ed. and trans.), BUR, Milano 1993.

Omero, *Odissea*, G. Tonna (ed. and trans.), Garzanti, Milano 1986.

Omero, *Iliade*, F. Codino (intr.) and G. Tonna (trans.), Garzanti, Milano 1987.

Pausania, *Viaggio in Grecia*, S. Rizzo (ed. and trans.), vol. I-II. BUR, Milano 1991-92.

Platone, *Simposio*, F. Ferrari (ed. and trans.), BUR, Milano 1985.

Platone, *Lettere*, P. Innocenti (ed. and trans.), BUR, Milano 1986.

Platone, *Simposio. Apologia di Socrate. Critone. Fedone*, E. Savino (ed.), Arnoldo Mondadori Editore, Milano 1987.

Platone, *Apologia di Socrate. Critone. Fedone. Il Convito*, E. Savino (intr.) and N. Marziano (trans.), Garzanti, Milano 1988.

Platone, *La Repubblica*, G. Lorza (ed.), Arnoldo Mondadori Editore, Milano 1990.

Platone, *Alcibiade Primo. Alcibiade Secondo*, D. Puliga (ed. and trans.), BUR, Milano 1995.

Platone, *Le Leggi*, F. Ferrari and S. Poli (trans.), BUR, Milano 2005.

Plutarco, *Vite Parallele*, C. Carena (ed. and trans.), vol. I-II, Giulio Einaudi Editore,

Torino 1958.

Quinto Curzio Rufo, *Storia di Alessandro Magno*, G. Baraldi (ed. and trans.), vol. I-II, Zanichelli Editore, Bologna 1986.

Senofonte, *Le tavole di Licurgo*, G. F. Gianotti (ed.), II edition, Sellerio Editore, Palermo 1985.

Senofonte, *Anabasi*, I. Calvino (intr.) and F. Ferrari (ed. and trans.), BUR, Milano 1987.

Senofonte, *Memorabili*, A. Santoni (ed. and trans.), BUR, Milano 1989.

Senofonte, *Economico*, F. Roscalla (ed. and trans.), BUR, Milano 1991.

Senofonte, *Elleniche*, M. Ceva (ed.), Arnoldo Mondadori Editore, Milano 2011.

Senofonte, *Anabasi. Elleniche*, D. Musti (intr.) and U. Bultrighini - M. Mari (ed. and trans.), Newton Compton Editori, Roma 2012.

Strabone, *Geografia. Il Peloponneso*, A. M. Biraschi (ed. and trans.), vol. VIII, BUR, Milano 1992.

Tucidide, *La guerra del Peloponneso*, E. Savino (ed. and trans.), Garzanti, Milano 2013.

Tucidide, *La guerra del Peloponneso*, M. I. Finley (ed.) and F. Ferrari (trans.), BUR, Milano 2014.

研究著作

Abbagnano N. - Fornero G., *Filosofi e filosofie nella storia*, I, Paravia, Torino 1986.

Abbott E., *Pericles and the Golden Age of Athens*, G. P. Putnam's Sons, 1898.

Abbott J., *History of Darius the Great: Makers of History*, Cosimo, Inc., 2009.

Albini U., *Riso alla greca: Aristofane o la fabbrica del comico*, Garzanti, 1997.

Anderson J. K., *Military Theory and Practice in the Age of Xenophon*, University of California Press, 1970.

Andrews A., *Greek Society*, Penguin, 1967.

Ashley J.R., *The Macedonian Empire: The Era of Warfare Under Philip II and Alexander the Great, 359-323 B.C.*, McFarland, 2004.

Austin M.M., *The Hellenistic World from Alexander to the Roman Conquest: A Selection of Ancient Sources in Translation*, Cambridge University Press, Cambridge 1981.

Babuder G., *La donna spartana*, Apollonio, Capodistria 1978.

Badian E., *"The Peace of Callias"*, The Journal of Hellenic Studies 50 (1987), pp.1-39.

Baltrusch E., *Sparta. Geschichte, Gesellschaft, Kultur*, München 1998.

Barkworth P.R., *The Organization of Xerxes' Army*, in Iranica Antiqua, n.27, 1993.

Bean G.E., *Aegean Turkey: An archaeological Guide*, 3rd edition, E. Benn, London 1972.

Benson E.F., *The Life of Alcibiades: The Idol of Athens*, D. Appleton Co, New York 1929.

Berti M., *Fra tirannide e democrazia: Ipparco figlio di Carmo e il destino dei Pisistratidi ad Atene*, Edizioni dell'Orso, Alessandria 2004.

Bianchi U., *La religione greca*, Torino 1975.

Bieber M., *Alexander the Great in Greek and Roman Art*, Heinemann, Chicago 1964.

Billows R.A., *Marathon: How One Battle Changed Western Civilization*, Duckworth Publishers, 2010.

Blok J.H. - Lardinois A. (eds), *Solon of Athens: New Historical and Philological Approaches*, Leiden, Brill, 2006.

Boardman J., *The Greeks overseas*, 2nd edition, Penguin Books, Harmondsworth 1973.

Boardman J., *Athenian Red Figure Vases. The Archaic Period*, Thames and Hudson, London 1975.

Boardman J., *The Cambridge ancient history, Volume 4*, (II ed.), Cambridge University Press, Cambridge 1988.

Boardman J., *The Cambridge ancient history, Volume 5*, Cambridge University Press, 1988.

Bommelaer J.-F., *Lysandre de Sparte. Histoire et traditions*, De Boccard, Paris 1981.

Bosworth A.B., *Conquest and Empire : The Reign of Alexander the Great*, Cambridge 1988.

Bosworth A.B., *The Legacy of Alexander*, Oxford University Press, Oxford 2005.

Bradford E., *Thermopylae: The Battle for the West*, Da Capo Press, 2004.

Buck R.J., *Boiotia and the Boiotian League, 432-371 B.C.*, University of Alberta, 1994.

Buckley T., *Aspects of Greek History 750-323 BC*, Routledge (UK) 1996.

Bultrighini U., *Maledetta democrazia. Studi su Crizia*, Edizioni dell'Orso, Alessandria 1999.

Burn A.R., *Persia and the Greeks - The Defence of the West, 546-478 B.C.*, II - The Median and Achaemenid Periods, Cambridge University Press, 1985.

Bury J.B. - Cook S.A. - Adcock F.E. (ed.), *The Cambridge Ancient History: The Persian Empire and the West, vol.IV*, Cambridge University Press, London 1969.

Bury J.B. - Cook S.A. - Adcock F.E. (ed.), *The Cambridge Ancient History: Athens 478-401 B.C., vol.V*, Cambridge University Press, London 1969.

Bury J.B. - Cook S.A. - Adcock F.E. (ed.), *The Cambridge Ancient History: Macedon, vol.VI*, Cambridge University Press, London 1969.

Bury J. B. - Cook S. A. - Adcock F. E. (ed.), *The Cambridge Ancient History: The Hellenistic Monarchies and the Rise of Rome (I-XIX chapters), vol. VII*, Cambridge University Press, London 1969.

Cahill T., *Sailing the Wine - Dark Sea: Why the Greeks Matter*, Doubleday, New York 2003.

Calvo F., *Cercare l'uomo. Socrate, Platone, Aristotele*, Marietti, Genova 1990.

Campanella D., *Nascita, apogeo e caduta di Sparta*, Nuova Cultura, Roma 2007.

Campbell D. B., *Greek and Roman Siege Machinery, 399 BC - AD 363*, Osprey Publishing, Oxford 2003.

Campbell D. B., *Besieged: Siege Warfare in the Ancient World*, Osprey Publishing, Oxford 2006.

Canfora L., *Un mestiere pericoloso. La vita quotidiana dei filosofi greci*, Sellerio, Palermo 2000.

Canfora L., *Critica della retorica democratica*, Laterza, Roma-Bari 2002.

Canfora L., *La guerra civile ateniese*, Rizzoli, 2013.

Canfora L., *La crisi dell'utopia. Aristofane contro Platone*, Collana I Robinson. Letture, Laterza, Roma-Bari 2014.

Cartledge P., *Sparta and Lakonia: a Regional History 1300-362 BC*, II edition, Routledge, London 2001.

Cawkwell G., *Epaminondas and Thebes*, in: *The Classical Quarterly, New Series, vol. 22, n° 2*, november 1972, pp. 254-278.

Cawkwell G., *The Greek Wars: The Failure of Persia*, Oxford University Press, 2005.

Cerchiai L., Jannelli L., Longo F., *Città greche della Magna Grecia e della Sicilia*, Arsenale Editrice, Verona 2004.

Cerri G., *Platone sociologo della comunicazione*, Milano 1991.

Charbonneaux J. Martin R - Villard F., *Grèce classique*, Librairie Gallimard, Paris 1969.

Charbonneaux J. - Martin R. - Villard F., *Grèce hellénistique*, Librairie Gallimard, Paris 1970.

Citati P., *Alessandro Magno*, Adelphi, 2004.

Connolly P., *The Greek Armies*, Macdonald, 1977.

Cook J.M., *The Greeks in Ionia and the East*, Thames and Hudson, London 1962.

Cook J.M., *The Persian Empire*, London 1983.

Crosher J., *The Greeks*, Mcdonald Educational Ltd., 1974.

Dahmen K., *The Legend of Alexander the Great on Greek and Roman Coins*, Routledge, London 2007.

Davies J. K., *Athenian Propertied Families 600-300 B. C.*, Oxford University Press, London 1971.

Davis P.K., *Leuctra*, in: *100 Decisive Battles*, Oxford University Press (US), 2001.

De Sanctis G., *Filippo e Alessandro dal regno macedone alla monarchia universale. Lezioni universitarie 1949-1950*, Monica Berti - Virgilio Costa (ed.), Edizioni Tored, Tivoli (Roma) 2011.

Detienne M., *L'invention de la mythologie*, Paris 1981.

Doherty P., *The Death of Alexander the Great*, Carroll & Graf, 2004.

Ducrey P., *Le Traitement des prisonniers de guerre dans la Grèce antique, des origines à la conquête romaine*, Ecole française d'Athènes, Travaux et Mémoires, XVII, E. de Boccard, Paris 1968.

Ehrenberg V., *From Solon to Socrates : Greek History and Civilization During the 6th and 5th Centuries BC*, Hoboken: Taylor & Francis, 2010.

Ellis W.M., *Ptolemy of Egypt*, London 1993.

Engels D.W., *Alexander the Great and the Logistics of the Macedonian Army*, University of California Press, Berkeley 1978.

Erdas D., *Cratero il Macedone. Testimonianze e frammenti*, Edizioni TORED, Tivoli (Rome) 2002.

Fields N., *Ancient Greek Fortifications, 500-300 BC*, Osprey Publishing, Oxford 2007.

Fields N., *Ancient Greek Warship, 500-322 BC*, Osprey New Vanguard 132, Oxford 2007.

Fields N., *Thermopylae 480 BC: Last Stand of the 300*, Osprey Publishing, Oxford 2007.

Fields N., *Syracuse 415-413 BC: Destruction of the Athenian Imperial Fleet*, Osprey Publishing, Oxford 2008.

Fink D.L., *The Battle of Marathon in Scholarship*, McFarland, 2014.

Franco C., *Il regno di Lisimaco: strutture amministrative e rapporti con le città*, Giardini, Pisa 1993.

Frediani A., *Le grandi battaglie di Alessandro Magno. L'inarrestabile marcia del condottiero che non conobbe sconfitte*, Newton Compton, Roma 2012.

Fuller J.F.C., *The Generalship of Alexander the Great*, London 1960.

Ghirshman R., *Iran: Parthians and Sassanians*, Thames and Hudson, 1962.

Glover R., *The Elephant in Ancient War*, 《The Classical Journal》, 39, 1944, pp.257-269.

Graham A.J., *Colony and Mother City in Ancient Greece*, Manchester University Press, 1964.

Grainger J.D., *Seleukos Nikator: Constructing a Hellenistic Kingdom*, Routledge, New

York 1990.
Green P., *The Year of Salamis, 480-479 BC*, Weidenfeld and Nicolson, London 1970.
Green P., *Alexander the Great and the Hellenistic Age*, Orion, 2007.
Gruen E.S., *The Hellenistic World and the Coming of Rome*, University of California Press, Berkeley 1984.
Hale J.R., *Lords of the Sea: The Epic Story of the Athenian Navy and the Birth of Democracy*, Viking, 2014.
Hammond N.G.L., *Alexander the Great, King, Commander and Statesman*, Park Ridge, N.J., 1980.
Hammond N.G.L., *The Genius of Alexander the Great*, University of North Carolina Press, Chapel Hill 1997.
Hanson V.D., *The Western Way of War: Infantry Battle in Classical Greece*, Hodder & Stoughton, London 1989.
Hanson V.D., *A war like no other: how the Athenians and Spartans fought the Peloponnesian War*, Random House, New York 2005.
Heath T.L., *Greek Mathematics*, Dover, New York 1963.
Heckel W., *The conspiracy against Philotas*, 《Phoenix》, XXXI (1977), pp.307-339.
Heftner H., *Alkibiades. Staatsmann und Feldherr*. Wissenschaftliche Buchgesellschaft, Darmstadt 2011.
Hesk J., *Deception and Democracy in Classical Athens*, Cambridge University Press, 2000.
Hirsch S. W., *The Friendship of the Barbarians. Xenophon and the Persian Empire*, Hanover/London 1985.
Hornblower S., *Leuctra to Mantineia and the Revolt of the Satraps*, in: *The Greek world, 479-323 BC*, Taylor & Francis, 2006.
Hornell J., *Water Transport. Origins and Early Evolution*, Cambridge 1968.
Jaeger W., *Paideia. Die Formung des griechischen Menschen*, 3 Bde., Berlin 1934-1947.
Jaré G., *L'educazione spartana. Cenni*, Tip. Mondovì, Mantova 1878.
Jones R., Heckel W., *Macedonian Warrior: Alexander's Elite Infantryman*, Osprey Publishing, Oxford 2006.
Jori A., *Medicina e medici nell'antica Grecia. Saggio sul "Perì téchnes" ippocratico*, il Mulino editore, Bologna-Napoli 1996.
Just R., *Women in Athenian Law and Life*, Routledge 1991 (UK).
Kagan D., *The Peace of Nicias and the Sicilian Expedition*, Cornell University Press, Ithaca (NY) 1981.
Kagan D., *Pericles of Athens and the Birth of Democracy*, The Free Press, 1991.
Kagan D., *The Fall of the Athenian Empire*, Cornell University Press, 1991.

Kagan D., *The Peloponnesian War: Athens and Sparta in Savage Conflict 431-404 BC*, Penguin Books, London 2004.

Kerényi K., *Die Religion der Griechen und Römer*, 1963.

Krentz P., *The Thirty at Athens*, Cornell University Press, Ithaca (NY) 1982.

Lami G.F., *Socrate, Platone, Aristotele. Una filosofia della Polis da Politeia a Politika*, Rubbettino, Catanzaro 2005.

Landström B., *Skeppet*, Bokförlaget Forum AB, Stockholm 1961.

Lavelle B. M., *Fame, Money and Power: The Rise of Peisistratos and "Democratic" Tyranny at Athens*, The University of Michigan Press, 2005.

Lear J., *Aristotle: the desire to understand*, Cambridge University Press, 1988.

Levi P., *Atlas of the Greek World*, Phaidon Press, Oxford 1984.

Lewis D.M., *Cleisthenes and Attica, Historia*, 12, 1963.

Lippold A., *Pausanias von Sparta und die Perser*, in RhM 108, 1965.

Lombardo G., *Cimone. Ricostruzione della biografia e discussioni storiografiche*, Roma 1934.

Long A. A. - Sedley D.N., *The Hellenistic Philosophers, 2 voll.*, Cambridge University Press, 1987.

Markle M.M., *The Macedonian Sarissa, Spear, and Related Armor*, 《American Journal of Archaeology》, LXXXI (1977), pp.323-339.

Michel P. -H., *De Pythagore à Euclide, Contribution à l'histoire des mathématiques préeuclidiennes*, Les Belles Lettres, Paris 1950.

Morrison J.S., Coates J.F., Rankov N.B., *The Athenian Trireme. The History and Reconstruction of an Ancient Greek Warship*, Cambridge University Press, Cambridge 2000.

Mossé C., *La Fin de la démocratie athénienne. Aspects sociaux et politiques du déclin de la cité grecque au IV$^{e}$ siècle av. J.-C.*, Paris 1962.

Mossé C., *Le Procès de Socrate*, Complexe, Bruxelles 1987.

Mossé C., *Le Citoyen dans la Grèce antique*, Nathan, Paris 1993.

Mossé C., *Démosthène ou les ambiguïtés de la politique*, Armand Colin, Paris 1994.

Musti D., *Demokratía. Origini di un'idea*, Laterza, Roma-Bari, 1995.

Nafissi M., *Pausania, il vincitore di Platea*, in Bearzot C. - Landucci F. (ed.), *Contro le leggi immutabili: gli Spartani fra tradizione e innovazione*. Collana: Ricerche e Storia. Editore: Vita e Pensiero Università.

Napoli M., *Civiltà della magna Grecia*, Roma 1969.

Ober J., *Political Dissent in Democratic Athens: Intellectual Critics of Popular Rule*, Princeton University Press, 2001.

Palumbo V., *Le donne di Alessandro Magno*, Sonzogno, Milano 2005.

Parente M. I., *Introduzione a lo stoicismo ellenistico*, Bari, Laterza, 2004.

Parke H.W., *Greek Mercenary Soldiers, from the Earliest Times to the Battle of Ipsus*, Oxford 1933.

Pastoretto P., *La battaglia del fiume Granico*, in Panoplia (1996), n. 25.

Pédech P., *Historiens compagnons d'Alexandre. Callisthène - Onésicrite - Néarque - Ptolémée - Aristobule*, Paris 1984.

Pedretti C.A., *Gli ipaspisti di Alessandro*, in *Panoplia* (1994), nn. 17-18.

Podlecki A.J., *Perikles and His Circle*, Routledge (UK) 1997.

Pritchett W.K., *The Greek State at War Volumes I-V*, University of California Press, Berkeley 1971-91.

Proto B., *Alle fonti della storia: la Preistoria, l'Antico Oriente, la Grecia*, I, A.P.E. Mursia, Milano 1988.

Reale G., *Cinismo, Epicureismo e Stoicismo*, in *Storia della filosofia greca e romana*, vol. 5, Bompiani, Milano 2008.

Rhodes P.J., *A Commentary on the Aristotelian Athenaion Politeia*, Oxford University Press, 1981.

Robinson C.E., *The Days of Alkibiades*, E. Arnold, 1916.

Rolandi S.B., *Dizionario Mitologico: Dei ed Eroi dell'Olimpo*, Giunti Editore S.p.A., 2015.

Roochnik D., *The Tragedy of Reason. Toward a Platonic conception of Logos*, Routledge, New York 1990.

Rougé J., *La marine dans l'Antiquité*, PUF, Paris 1975.

Rusch S.M., *Sparta at War: Strategy, Tactics and Campaigns*, Frontline Books, London 2011.

Sabin P., van Wees H., Whitby M., *The Cambridge History of Greek and Roman Warfare I: Greece, the Hellenistic world and the rise of Rome*, Cambridge University Press, Cambridge 2007.

Samons L.J. - Fornara C.W., *Athens from Cleisthenes to Pericles*, University of California Press, Berkeley 1991.

Samons L.J., *The Peloponnesian War*, in *What's Wrong with Democracy?*, California, University of California Press, Los Angeles 2004.

Sarri F., *Socrate e la nascita del concetto occidentale di anima*, Vita e Pensiero, 1997.

Schmeja H., *Dareios, Xerxes, Artaxerxes. Drei persische Königsnamen*, in *Griechischer Deutung (Zu Herodot 6,98,3)*, Die Sprache 21, 1975.

Sealey R., *The Decline of the Spartan Hegemony*, in: *A History of the Greek City States, Ca. 700-338 B.C.*, University of California Press, 1976.

Sekunda N.V., *The Army of Alexander the Great*, Osprey Publishing, Oxford 1984.
Sekunda N.V., *The Spartan Army*, Osprey Publishing, Oxford 1998.
Sekunda N.V., *Greek Hoplite 480-323 BC*, Osprey Warrior 27, Oxford 2000.
Sekunda N. V., *Marathon 490 BC: the First Persian Invasion of Greece*, Osprey Publishing, Oxford 2002.
Sekunda N. V., *Macedonian Armies after Alexander 323-168 BC*, Osprey Publishing, Oxford 2012.
Seltman C., *Greek Coins*, 3rd edition, London 1960.
Shepherd W., *Salamis 480 BC: The naval campaign that saved Greece*, Osprey Publishing, Oxford 2010.
Shepherd W., *Plataea 479 BC: The Most Glorious Victory Ever Seen*, Osprey Publishing, Oxford 2012.
Shepherd W., *Pylos and Sphacteria 425 BC.*, Osprey Publishing, Oxford 2013.
Shrimpton G.S., *The Theban Supremacy in Fourth-Century Literature*, in *Phoenix*, vol. 25, n° 4, Classical Association of Canada, 1971.
Sidnell P., *Warhorse: Cavalry in Ancient Warfare*, Continuum, London 2006.
Smith W., *The Supremacy of Thebes*, in: *A Smaller History of Greece*, Echo Library, 2006.
Spinola G., *Il Museo Pio Clementino*, da 《Guide Cataloghi Musei Vaticani 3-4》, vol.I-II, Città del Vaticano, Roma 1996-99.
Squillace G., *Filippo il Macedone*, Laterza, Roma-Bari 2009.
van Steen G., *"Politics and Aristophanes: watchword Caution!"*, 2007, in: M. McDonald and J.M. Walton, *The Cambridge Companion to Greek and Roman Theatre*, Cambridge University Press.
Stewart A., *One Hundred Greek Sculptors: Their Careers and Extant Works*, Part III of Stewart's Greek Sculpture, Yale University Press.
Taaffe L. K., *Aristophanes and Women*, Routledge, London and New York 1993.
Talbert R.J.A., *Barrington. Atlas of the Greek and Roman World*, Princeton University Press, New Jersey 2000.
Tarn W.W., *Alexander the Great*, 2 vols, Cambridge 1948.
Tarn W.W., *The Greeks in Bactria and India*, 3rd edition, Cambridge 1966.
Thomas C.G.- Conant C., *Citadel to City-State: The Transformation of Greece, 1200-700 B.C.E.*, Indiana University Press, 2003.
Vegetti M., *L'etica degli antichi*, Roma-Bari 1989.
Vernant J.-P. (ed.), *L'Homme grec*, Paris, Le Seuil, 1993.
Wade-Gery H.T., *The Question of Tribute in 449/8 B.C.*, in: *Hesperia* (American School of Classical Studies at Athens) 14 (3): 212-229, July-September 1945).

Warry J., *Alexander 334-323 BC, Conquest of the Persian Empire*, Osprey Publishing, Oxford 2008.

Wassermann F.M., *Post-Periclean Democracy in Action: The Mytilenean Debate (Thuc. III 37-48)*, Transactions and Proceedings of the American Philological Association, vol.87, 1956.

Will E., *Korinthiaka, Recherches sur l'histoire et la civilisation de Corinthe*, De Boccard, Paris 1955.

Will E., *Le monde grec et l'Orient*, vol.I, Paris 1972.

Will W., *Athen und Alexander*, München 1983.

Worthington I., *By the Spear. Philip II, Alexander the Great, and the Rise and Fall of the Macedonian Empire*, Oxford University Press, Oxford 2014.

Wuilleumier P., *Tarente, des origines à la conquête romaine*, De Boccard, Paris 1939.

# 图片出处一览

p43：画：畠山莫谷

p53：同上

p66：罗马时代雕塑仿制品，梵蒂冈美术馆藏（梵蒂冈），© Grenger Historical Picture Archive/ Alamy Stock Photo

p115：梵蒂冈美术馆藏（梵蒂冈），© De Agostini Picture Library/A. Dagli Orti/ Bridgeman Images

p118：画：畠山莫谷

p119：同上

p125：菲茨威廉博物馆藏（剑桥）© Fitzwilliam Museum, Unifersity of Cambridge, UK/ Bridgeman Images

p139：罗马时代雕塑仿制品，梵蒂冈美术馆藏（梵蒂冈），© Erin Babnic/ Alamy Stock Photo

p171：菲茨威廉博物馆藏（剑桥）© Fitzwilliam Museum, University of Cambridge, UK

p182：大英博物馆藏（伦敦），© BM Images

p199：卫城博物馆藏（雅典），© DeAgostini/Gretty Images

p239：画：畠山莫谷

p260：那波利国立考古学博物馆藏（那波利），© Adam Eastland Art + Architecture/Alamy Stock Photo

p261：同上

p281：个人收藏

p292：埃尔巴赫城藏（埃尔巴赫）© Betriebsgesellschaft Schloss Erbach GmbH

p322：画：畠山莫谷

p333：伊斯坦布尔考古学博物馆藏（伊斯坦布尔），© Firdes Sayilan/Shatterstock.com

地图制作：综合精图研究所